贾康（1954—），湖北武汉人。第十一届、十二届全国政协委员和政协经济委员会委员，华夏新供给经济学研究院首席经济学家，中国财政科学研究院研究员、博士生导师，中国财政学会顾问。曾长期担任财政部财政科学研究所所长，国家"十一五""十二五"和"十三五"规划专家委员会委员。系孙冶方经济学奖、黄达—蒙代尔经济学奖和中国软科学大奖获得者，1997年被评为国家百千万人才工程高层次学术带头人。多次受中央领导同志之邀座谈经济工作。著有《新供给经济学》《供给侧改革：新供给简明读本》《中国的坎：如何跨越"中等收入陷阱"》《供给侧改革十讲》等著作。

历史的足音——改革开放 40 年研究文库

改革时代创新研讨集萃

贾　康◎著

中国言实出版社

图书在版编目（CIP）数据

改革时代创新研讨集萃 / 贾康著 . —— 北京：
中国言实出版社, 2018.7
　ISBN 978-7-5171-2837-3

　Ⅰ. ①改… Ⅱ. ①贾… Ⅲ. ①改革开放—中国—文集
Ⅳ. ①D61-53

　中国版本图书馆 CIP 数据核字（2018）第 141130 号

出 版 人：王昕朋
总 监 制：朱艳华
责任编辑：严　实
文字编辑：张　强
出版统筹：冯素丽
责任印制：佟贵兆
封面设计：徐　晴

出版发行　　中国言实出版社
　　　　地　址：北京市朝阳区北苑路 180 号加利大厦 5 号楼 105 室
　　　　邮　编：100101
　　　　编辑部：北京市海淀区北太平庄路甲 1 号
　　　　邮　编：100088
　　　　电　话：64924853（总编室）64924716（发行部）
　　　　网　址：www.zgyscbs.cn
　　　　E-mail：zgyscbs@263.net
经　　销　新华书店
印　　刷　北京虎彩文化传播有限公司
版　　次　2018 年 9 月第 1 版　　2018 年 9 月第 1 次印刷
规　　格　710 毫米 ×1000 毫米　1/16　41.25 印张
字　　数　608 千字
定　　价　238.00 元　ISBN 978-7-5171-2837-3

目　录

第三篇　发展战略与宏观调控、经济管理

第四篇　财政基础理论创新

第五篇　财政改革研究

第六篇　收入分配与税制改革

第一篇

配套改革

将中国改革开放的现代化伟业进行到底

——纪念改革开放40周年

依中国共产党 1978 年的十一届三中全会计，改革开放将迎来其 40 周年纪念。全面深刻地认识和继续实质性地推进改革开放，事关国家的前途、民族的命运、人民的福祉。笔者秉持"天下兴亡，匹夫有责"的社会责任意识，就此作简要的考察与讨论。

一、改革开放的伟大历史意义

自工业革命发生，中国在世界上便迅速落伍，只是当时的中国人还浑然不觉，兀自陶醉于所谓"康雍乾盛世"的"落日辉煌"之中。到 1840 年鸦片战争爆发，中国这个世界上唯一的"古老文明没有中断的国度"，颓态毕现，自此一路积贫积弱，下滑在被欺凌、被瓜分的危局中，经甲午海战惨败、戊戌维新速夭、八国联军洗劫之后，在 20 世纪百年间，终于有三件大事依次发生：辛亥革命推翻千年帝制；继救亡图存的抗战胜利而于 1949 年中华人民共和国成立；70 年代末实行改革开放展开现代化建设新时期——正是在改革开放之中，中国人终于得到了一个可以谨慎乐观的前瞻：近两百年来无数志士仁人追求、期盼和为之献身的伟大民族复兴的愿景，已经"从未如此接近"。中国改革开放正在为古老中华注入新生的活力，同时，也将强有力地影响作为"人类命运共同体"的整个世界。

正如科斯生前所评，中国的奋斗也是世界的奋斗。在最主要的相关经济体"你追我赶式"大国崛起的世界发展历程中，中国的现代化，可望成为最典型的"和平崛起"、与竞争方"共赢"的文明升级案例。

中国目前所处的可进而联通现代化"民族伟大复兴"的这一历史新起点，是在充满曲折坎坷、血泪歌哭、牺牲磨难、前赴后继而不懈奋斗的一百余年之后，决定性地拜改革开放之功而得以达到的——前人的努力中，从不缺少悲壮、激越、舍身成仁、慷慨取义和惊天动地的英勇行为，但在使人民富裕、国家强盛的成效方面，却从未像改革开放40年这般，使复兴之路越走越宽、令全球瞩目。作为世界第一人口大国，中国的经济总量从改革开放初期的全球第十位之后，已一升再升而达到第二位，人均国民收入则已从原来的仅数百美元，不断增长至8000美元以上，成为世界银行可比口径的"上中等收入"经济体，并有希望在未来10年内跨越"中等收入陷阱"而成长为高收入经济体。邓小平在改革开放之初高瞻远瞩谋划的中国实现现代化的"三步走"宏伟战略目标，在前两步已提前实现之后，未来很有希望先以"全面小康"为阶段性节点，后以综合国力、软硬实力的可持续提升为现实支撑，在中华人民共和国成立100周年之际，落实于"中华民族伟大复兴中国梦"的梦想成真。

在时光流逝中，我们可日益清晰地看到，中国改革开放的伟大历史意义首先在于：回归在人本主义立场上，基于对"文革"十年浩劫的拨乱反正，以及对于传统体制弊病的深刻反思，牢牢把握现代化之路的正确大方向，紧紧抓牢再不可错失的战略机遇，使我们得以把经济社会发展的激励机制搞对，将各种潜藏的积极因素释放，使中国社会大踏步地跟上时代，令这艘巨轮迅速驶上人类社会文明发展的主航道，并以超常规的发展来造福于中国和世界人民。

事实胜于雄辩，实践检验真理。"世界潮流浩浩荡荡，顺之则昌逆之则亡"。在浩浩荡荡的世界发展潮流中，中国人是以改革开放的壮举，极其明显地缩小了与现代化前沿状态的距离，在追赶文明发展潮头的过程之中，意欲"后来居上"，并且顺应"大道之行"的客观规律，于创新中实现"天下大同"取向的包容性增长。正如习近平主席所说，改革开放成为中国实现现代化的"关键一招"。

二、已有的巨大进步，前行的任重道远

改革开放为中国经济社会带来的巨大进步，鲜明地表现在、但又绝不仅限于经济总量、人均收入等方面，这种进步是与物质、精神、政治、文化、生态等多维度文明的推陈出新、再造提升息息相关和紧密结合的。已有论者（如旭东）试图总结锐意改革开放的邓小平等党的领导人所启动的这一历史过程中形成的贡献与进步。这些贡献与进步至少包括：

1. 几千年来最高统治者第一次呼吁解放思想，以极大的魄力为开启民智打开了"魔瓶"。解放思想、实事求是这一思想路线，体现了马克思主义的精髓，指导着国人冲决原来本本主义盛行、条条框框充斥、思想观念僵化的落后愚昧状态，可称惊天动地、振聋发聩，是中国否定愚民政治、真正走向现代化的基础性、先决性的伟大转折。尽管对于如何进一步解放思想，仍然将"七嘴八舌见仁见智"，思想解放中当然不可避免地还会表现为"鱼龙混杂沙泥俱下"，但这是历史进步的题中应有之义和关键性的前提。

2. 以市场化为取向推进经济体制改革，直至邓小平南方谈话和党的十四大确立社会主义市场经济目标模式，通过鼓励多种经济成分共同发展、实施多种放权简政措施，打开无数微观主体发挥聪明才智的潜力空间，极大地解放生产力，显著地提高供给体系质量和效率，从而使神州大地迅速地改变种种落伍状态，旧貌换新颜，实力得大增。

3. 明确贫穷不是社会主义，国家要以经济建设为中心，强调这一基本路线 100 年不动摇，使得社会从无休止的政治运动转为"聚精会神搞建设，一心一意谋发展"，务实以实干兴邦，创新而新意迭出，摒弃平均主义大锅饭，允许一部分人、一部分地区先富起来，并进而追求共同富裕，使物质利益原则和致富努力，与承认私有产权保护等社会的投资、创业环境相得益彰，"加快致富步伐"成为积极和正面的词汇，落到人民群众对美好生活的向往和全社会广泛的实干行为中。

4. 认定闭关锁国死路一条，实行开放走向世界，在国际合作与竞争中抓住"和平与发展"的时代主题和战略机遇期，相应地在外交思想上

实现重大调整，从意识形态标签第一转变为国家利益第一，使中国有望从意识形态高热的国家转为走向正常国家，也得以从边缘国家逐步地和卓有成效地走向世界政治中心。

5. 在坚持基本政治原则的前提下，推法治、讲稳定、限特权、优治理，允许文学艺术领域的多样化、社会成员偏好的多元化、基层社会管理的自治化，使社会组织和运行走向现代化轨道。

6. 执政党的党内生活从残酷的政治斗争转向民主集中制，废止领导干部终身制，在政治生活的基本领域开启现代化进程。

7. 平反历史上的冤假错案，废止把国民分三六九等、标明"黑五类"出身的血统论，为人权、民主等现代文明概念与规则奠定基础和提供前提。

8. 强调尊重知识、尊重人才，恢复高考，发展教育，振兴科技，走创新型国家道路，使科技"第一生产力"和"创新发展"成为推动现代化的有力引擎。

正是以上简要提及的改革新时期从思想到经济、政治、文化、社会等方面诸如此类的巨大进步，引出了40年建设发展有目共睹的巨大成就，并与之结合在一起，构成了中国改革开放以数千年文明史、全球200余个经济体为参照系的全方位进步与贡献。我们有充分的理由为此而感到欢欣鼓舞！

同时，亟须指出，在中国业已进入的改革深水区，深化改革的难度已空前提高，"矛盾累积隐患叠加"的问题所在多有，如何在"好吃的肉都吃光了，剩下的都是硬骨头"的情况下，把难啃的硬骨头啃下来，其挑战性有目共睹。继续消除僵化观念的束缚和"冲破利益固化的藩篱"，需要"革自己的命"的极大的胆识、魄力、责任担当和高超智慧。

中国的改革是"行百里者半九十"的长跑，我们尚在半途，展望前行之路，可谓任重道远。简而言之：中国经济的总量已全球第二，但如何加快发展方式转变打造升级版，尚未解决；改革启动了使许多人受益的创富运动，但如何很好地普惠于全体社会成员，尚未解决；全面法治化取向下，发扬人民民主的要求十分明确，但如何真正形成公平正义的民主法治社会，尚未解决；改革必须坚持市场取向和物质利益原则，形成充分的激励，但如何有效地矫正"市场失灵"和成功地限制"为富不仁"，尚未解决；允许一部分人、一部分地区先富起来，符合事物发展的客观规律，但"先富"势头形成之后如何很好调节个人、区域间的收入分配差异，有效推进"共富"进程，尚未解决；政府积极运用产业政策、技术经济政策以更好、更有作为地发挥其职能作用，确有必要，但以什么样的机制施行好这种政策措施而防止权力的任性与扭曲，尚未解决；领导干部"职务终身制"的废止，十分值得肯定，但领导干部的"待遇终身制"如何改变，尚未解决；等等。

在走向现代化过程中，在全球合作与竞争中，中国确实在开始挑战美国。表现在总量上按 GDP 计算，超越日本以后中国现在已排在世界第二。但是人们已注意到，从历史经验来看，凡是到美国后面占领老二位置的经济体，都会受到非常明显的"老大的打压"。我们现在已经感受到这样的压力了。

真正说"超越美国"，不应认为这是仅在总量上就能够体现的一个历史过程。现在很多人都在预测，多少年以后中国总量上将要走在美国前面。这个过程，如果我们中国人自己不犯大的错误，有可能实现。但是中国真正要超越美国，一定是主要依靠总量之外相伴随的增长质量、综合国力，还有在物质层面的种种发展支撑之上的、人们所说的软实力、巧实力——这涉及文化意义的、总体上带有意识形态核心价值观感召力的一种通盘实力的形成，这一点对中国来说，现在看还相距比较遥远。中国当下需要清醒意识到：我们现在仍然是一个发展中国家，虽然是新兴经济体的领头雁，但是在总体综合评判上，总量并不说明关键问题。对比之下，美国仍然是高居于发达国家、现代经济体前列的世界头号强国；中国不过是一个表现着追赶的特征、已经有一种挑战意味地走在发展中国家前列的经济体。一高一低之间已经形成了一个战略均势，就是经济的大循环中，作为主要的两个贸易伙伴之间，经济利益上似乎谁都离不开谁了，但是国际竞争可不只是讲这个层面，它有更加复杂的内容。中国如果不能够把自己对冲种种下行因素的上行因素发挥出来，比如说，改革带来的制度红利；将改革和创新所焕发的"科技第一生产力"实际推进到创新型国家轨道上，并且在节能降耗等方面实质性地往前走；以及中国如果不能够在若干年内实质性地在反腐败、反过度垄断方面真正解决自己的问题、做好自己的事情；等等，那么这样一个质上的超越，其实是很难设想的。这是一个非常严峻的、长期的、历史性的长跑，最后才能看结果的高端和低端的竞争。所以必须强调：中国今后的现代化，主要是面对一个质的挑战。具有关键性的、决定性意义的是质量——发展方式转变、经济社会转轨中的增长质量，而且认识和评价这个质量，要进一步提升到整个民众所认同的、带有幸福感和人文评判特征的以及其他相关文明因素相融合的一种综合考量。

在"长跑"中不失时机地解决与这些相关的一系列挑战性问题，正是我们在纪念改革开放40年时所面对的历史性考验，而且如逆水行舟，不进则退，时不我待。

三、改革发展现阶段的四个基本特征

以近年中国的改革发展观察，可总结如下四个方面的"纠结"：

（一）"发展阶段转变"和"矛盾凸显"相交织。

在中国各地稍作些调研就可以感受到，我们仍然处于"可以大有作为的战略机遇期"，但在30余年高速增长、成为中等收入经济体后正合乎一般规律地转向"新常态"的新起点，经济增长在基数今非昔比的"大规模"特征下速度不可能延续"两位数"高速增长状况，正在转为中高速，然而继续发展的底气和市场成长的巨大潜力，仍在各大经济体中首屈一指，不论是大城市，还是中小城镇和许多农村区域，建设场景触目可及，给人印象深刻。

但与此同时，来自资源、环境的矛盾制约和来自人际关系的矛盾制约，更是日趋明显、咄咄逼人：雾霾已动辄打击大半个中国，地方某些扩大建成区的拆迁和新上马的重化工项目，一而再再而三遇到民众的强烈反对且往往演变成震动全局的群体事件；进入"中等收入阶段"后，收入分配问题更为凸显，差距扩大、分配不公问题不可忽视，社会心态越来越明显地倾向于不少其他经济体曾在跌入"中等收入陷阱"前表现过的"端起碗吃饭，放下筷子骂娘"、追求"民粹主义基础上的福利赶超"的特征。

（二）经济运行中的"下行因素"和"上行因素"在对冲。

中国经济潜在增长率已在下台阶，从 10% 左右下行到 6.5%—7% 的区间，"新常态"新已明确，而常还有待达到，即还未像模像样地完成触底企稳，相关的下行因素包括劳动力成本上升，人口红利即将迅速消失，老龄化社会压力正迅速到来，以及较高基数上投资"报酬递减"的影响，实体经济升级换代的难度加大，等等。

但可以对冲下行因素的若干上行因素，是最值得我们重视与争取的。这些上行因素包括新型城镇化红利（"动力源"需求释放引发的"成长引擎"效应）、科技创新红利（走创新型国家道路、跟上"第三次产业革命"大潮激发科技"第一生产力"的乘数效应）、社会管理红利（在社区治理、非营利机构和志愿者组织成长等方面的基层自治、社会和谐、兴利除弊效应），而使所有这些红利能够如愿释放出来的关键，是实质性"攻坚克难"的改革能否不停留于口号而变为现实，进而可综合性地凝聚而成提升和保持全要素生产率、化解种种矛盾制约的"改革红利"。

已经受一系列改革洗礼但仍存在艰巨改革任务的国有企业，和业已壮大的民间资本、社会资金，以及可随之调动的民间智慧和潜能、活力，必须依托改革摆脱羁绊而更多贡献其"正能量"。新一轮价税财联动改革、投融资改革、国企国资体系改革和行政、司法改革等，实在无可回避。上述的下行因素和上行因素对冲之后，我们应力求争取的，是今后尽可能长时间实现 6.5%—7% 左右年均速度的中高速增长平台、打造出结构优化的增长质量"升级版"。

（三）深化改革的努力和既得利益的阻力相博弈。

自党的十一届三中全会开始，到邓小平南方谈话后实施 1994 年宏观层面以财税为重点的配套改革，再到千年之交前后以"入世"锁定全面开放格局，一系列改革创新打开了生产力解放和国家现代化的新时代，但渐进改革中既得利益也渐成局面，尾大不掉，虽然深化改革、加快转型自 20 世纪 90 年代后一路强调至今，但在"利益固化的藩篱"之前步履维艰。

党的十八大之后，高层关于"壮士断腕"的改革的决心已有明确表示，但社会上、企业界、市场中对于在体制内"自动手术""自我革命"

的怀疑仍未消除。在深化改革努力与既得利益阻力的博弈背后，是改革与社会"矛盾累积"问题的赛跑，早已被人形象比喻为"两只老虎的赛跑"，这两只老虎各自要素齐全，似乎也看不大清楚对方，但都在往前跑，谁跑得更快一些，将决定国家的前途、民族的命运、"中国梦"的成败。化解既得利益阻碍，是改革的最难之处，又是我们必须面对和交出答卷的历史性的考验。

（四）使改革于 2020 年取得决定性成果，是挑战机遇并存局面下接受历史考验的改革新起点和争取"继续大踏步跟上时代"来引领的"新常态"的关键时间安排。

既然追求可持续增长和现代化，以及中华民族伟大复兴的关键在于进一步解放生产力，实现现代国家治理之下的包容性发展，那么以创新驱动带来"动力转型"，以供给侧结构优化供给和制度供给更有效地支持升级增质，将是决定我们能否合格地应对挑战把握机遇的关键。为实现中央明确给出的 2020 年即"十三五"收官时，党的十八届三中全会以来部署的改革任务要取得决定性成果的时间表，我们必须以更大的决心、勇气、魄力和更高的智慧与操作水准，推进"五位一体"的全面改革，在总体"路线图"下还要配之以多轮"最小一揽子"的配套改革设计。即将召开的党的十九大，将注定成为指导改革深化中披荆斩棘过大关的又一次历史性会议。

四、全面改革中攻坚克难的压力、动力与可用经验

一言以蔽之，在三十余年改革开放之后，中国改革已进入"深水区"，阻力前所未有，所有"帕累托改进"式的"只有人受益而不会有人受损"的改革事项都已做完，现任何一项深化改革的任务都会面临既得利益的"固化藩篱"形成的强有力的障碍，而且各项改革大都已经深度关联交织，"牵一发动全身"，过去在局部发力寻求突破就可以改观全局的空间，已明显收窄，更多更大的考验，正集中于"全面改革"这个基本概念之上。

"全面深化改革决定可持续增长"，这是在关乎中华民族伟大复兴命运的经济社会转轨"未完成"，而攻坚克难的改革势不可免情况下，

必须确立的重要认识和关键要领。

抚今追昔，与20世纪80年代、90年代相比，我们今天的改革环境和任务已有极大不同，然而中国经济社会的转轨仍在进行中。进入深水区，有些"石头"可能是摸不到了，显然需要更高水平的顶层规划，而党的十八大以来的历届全会，正是提供了为社会高度关注、迫切需要的顶层规划性质的方针指导。以此把握改革推进的方向和路径、哲理与要领，正需要继往开来，把邓小平南行的创新壮举及其服务于党的基本路线的思想解放精神元素发扬光大。

——从压力看，20世纪80年代以后大刀阔斧的开拓性改革，固然是由于"文革"和传统体制弊病已生成了"不改革开放死路一条"的倒逼，再乘势加上思想解放大潮的有力助推，表现为改革者破釜沉舟的"哀兵"式一鼓作气、义无反顾、奋发昂扬地开创新局；而当下阶段的改革深化与攻坚克难，同样有进展之中"矛盾累积隐患叠加"的风险威胁，问题导向和形势逼迫之下，只能奋力向前涉险滩、啃硬骨头，"壮士断腕"般攻坚克难，力求在新的历史起点上继续大踏步地跟上时代，这如同"逆水行舟不进则退"，照样是别无选择的，照样要反复强调"狭路相逢勇者胜""唯改革创新者胜"。

——从动力看，党的十一届三中全会开启的中国人认清与把握世界大势和文明发展主流，紧紧扭住以经济建设为中心的基本路线"一百年不动摇"地追求"和平崛起"的民族伟大复兴，已推进到使"从未如此接近"的中国梦实现其"梦想成真"的关键性历史阶段。同时，改革的复杂程度和推进难度，正应得上"行百里者半九十"这句老话。在认识、适应经济新常态的同时，最为至关重要的是还必须能动地引领它。供给侧结构性改革正是沿着80年代从制度供给入手推动全局的基本逻辑和创新发展规律，继往开来并升级式地寻求可持续发展，这必须也必将得到80年代以来"解放思想、实事求是"所构建的创新发展的动力源、动力体系的升级式的支持。

——从经验看，20世纪80年代后的改革推进中，不仅有农村改革"蓄之既久，其发必速"的高歌猛进，也有城市改革的坎坷试错、"价格闯关"的时机误配，和其后"经济问题社会化、政治化"的严峻社会考验，但毕竟在探索中积累着改革经验，铺垫了、引出了下一十年邓小平同志南方谈话后社会主义市场经济目标模式的确立及其后的巨大成就——改革中的上下互动、凝聚共识，是在风雨波涛之中按"进行时"曲折推进的；党的十八大之后，我们显然也需要经历新时期、新阶段进一步凝聚共识、减弱分歧的考验，实质性的改革不仅需要有冲破利益固化藩篱的更大决心、勇气和魄力，还需要借鉴国际国内经验形成更高水平的方案优化、运行智慧和协调艺术，争取最广大人民群众的认同、支持和积极参与。把握好人心向背、形成改革合力，既要借鉴自 20 世纪 80 年代以来的经验教训，又要超越式和建设性地处理好多种新的问题，应对新的挑战。在这个过程中，精神层面我们理应得到邓小平同志等老一辈改革家的改革信念与榜样力量的支持；实践层面我们要更多地强调实事求是与宽容态度，需要继续鼓励基层、地方在市场取向改革中的先行先试，应"允许改革者犯错误，但不允许不改革"！

五、回顾南方谈话，进一步解放思想，以全面配套改革冲过"历史三峡"迎接"中国梦"

弹指一挥间，引出"中国特色社会主义市场经济"目标确立的邓小平南方谈话已过去 25 年。神州大地在经历了南行带来的整整 20 年日新月异、年均增幅超过 10% 的高速增长之后，中国经济已在近年间步入达到中等收入阶段之后合乎一般规律的"新常态"。在先后受到亚洲金融危机和世界金融危机两次大冲击的洗礼之后，2016 年以来的国际局面，更是"黑天鹅"乱飞，国家的内政外交、政治经济、社会文化各个方面，似乎都充满着不确定性。当下在"矛盾凸显隐患叠加"的纠结与迷茫中，在"唯改革创新者胜"的新时代召唤中，中国尤其需要重拾邓小平南方谈话时锐意改革的闯劲、思想解放的激情。

南方谈话所解决的问题，在以理论语言表述"思想解放"方面讲，是终于由邓小平一言九鼎地说清楚，计划多一些或市场多一些，都是经济运行层面的机制与手段组合问题，而不是多少年争议不休的根本制度问题，资本主义也要有计划，社会主义也要搞市场，中国把国情与人类文明发展的大潮流一并考虑,必须确立社会主义市场经济目标模式,以求进而实现和平发展中现代化的民族伟大复兴。这一实事求是的思想认识,"去意识形态"地打开了贯彻以经济建设为中心的党的基本路线而激发中国客观存在的发展潜力的巨大空间,带来了以解放思想而后解放生产力的"中国奇迹"。南方谈话被称为"邓小平有生之年的天鹅之舞",并注定将成为中国现代化历史征途上的一座里程碑。

南方谈话的内容十分丰富,而其精神的时代内核,却可以一言以蔽之:创新发展。创新是一个民族的灵魂,是人类文明一路发展提升的沧桑正道,是中国在工业革命落伍之后完成奋起直追再造辉煌的生命线,也正是邓小平南方谈话点睛之笔、思想精髓构成了其浓缩与示范。要发展,只有创新,要创新,就一定要思想解放,敢于大胆地试、大胆地闯,勇于在正确把握世界潮流和现代化大方向的前提下,实现关键问题上决定全局的突破。党的十八大以来,最高决策层反复强调改革是中国实现现代化的"关键一招",是我们的"最大红利"之所在,在改革深水区"再深的水也要蹚",要把"壮士断腕"的改革勇气、对国家前途民族命运的"历史责任"担当与高超的改革智慧相结合,涉激流、过险滩、啃硬骨头,让市场在资源配置中发挥决定性作用和发挥更好政府作用,"突破利益固化的藩篱"而攻坚克难,这些与南方谈话的精神内核正是一脉相承的,而且集中体现在中央新近凝练的现代发展理念的第一条:作为"第一动力"的是创新发展,以此,来引出协调发展、绿色发展、开放发展和作为发展归宿的共享发展——以人民为中心走向共同富裕的中华民族和平崛起中的可持续发展。

改革的同义语是思想解放前提下的制度创新,创新就意味着有不确定性,但在制度创新方面,我们首先要努力提升其确定性,也就是在改革深水区、在前面三十余年成败得失、经验教训的总结基础上,需要牢牢把握其基本的理念、逻辑和大方向,有胆有识、务实可行地使改革在攻坚克难中深化而得到实质性推进。为此,我们亟须新一轮思想解放!

再次强调思想解放,就需要正视已经形成的利益固化藩篱而求其破解。只有人受益而无人受损的"帕累托改进"空间已经用完,业已十分坚固的部门利益、局部利益和短期利益的局限性,相当广泛地表现在一系列具体的改革与发展事项上，正日益凸显其惰性和阻碍作用，但是，"触及利益比触及灵魂还要难"，因为"天下熙熙皆为利来，天下攘攘皆为利往"，改革开放以来的动力机制，初始就是"明确物质利益原则"而抓住发展硬道理，调动一切积极因素，"使人民群众认识自己的利益，并团结起来为之而奋斗"，但正如邓小平晚年所说，当发展起来之后，问题并不比不发展的时候少，比如，如何针对收入差距扩大情况下部门、地方、小团体利益和短期利益的固化，升级改造相关体制机制、优化再分配，已成为十分得罪人、十分棘手但非解决不可的难题。新一轮思想解放，势必要求在继续贯彻物质利益原则的同时，反思并直言不讳指出利益格局从原来的"平均主义"向新阶段的"过度分化"的演化及其相关的新的不公正性弊端，借鉴收入再分配调节的基础性制度建设与政策运用的国际经验，并密切结合中国实际，设计实施攻坚克难的提高直接税比重、推行基本社保的全社会统筹、"大部制"与"扁平化"和落实省以下分税制以及从官员开始实行财产申报制度配合反腐倡廉等改革方案。对方方面面刻意回避的"得罪人"的难题要捅破其窗户纸，就是新的思想解放的重要任务之一，而鼓起捅破这层窗户纸的勇气，却正是要求改革者牺牲自身利益而出以公心的——同时中国社会必须进一步强调给改革者"有所作为"空间的极端重要性。

再次强调思想解放，更需要正视已出现的极端化思维和观点交锋中的暴戾氛围来加以矫治。信息时代的"自媒体"功能加上网上"碎片化"特征的爆炸式传播效应，正面说是使当下观点的多元化表达十分便利，反面说是使非黑即白的极端化思维最易吸引眼球和形成"羊群效应"，形成思想和舆论宣传中的挑战性问题。于是在改革"步履维艰，综合疲劳"的深水区，新一轮的思想解放中，一方面仍应在某些"贴标签"式问题上继续把握邓小平称作"一大发明"的务实明智的"少争论，不争论"来引领舆论倾向，另一方面又需在无法回避争论、亦有必要深化认识的思想领域，培育和倡导理性讨论的国民素质，充分尊重"百花齐放、百家争鸣"的学术发展规律。思想讨论中"我不同意你的观点，但誓死捍卫你发言的权利"，应成为中国现代化过程中国家治理锁定"包容性发展"、国民"走向共和"的思维根基，也应构成思想解放在新阶段上文化宣传管理部门（官方）与受众（社会公众）的底线共识。新的思想解放，应从"坚持真理、修正错误""批评与自我批评"等党的优良传统和宪法、党章、改革开放基本路线中用好用足观点交流、理性讨论的坚实政治基础和巨大思想空间，鼓励创新发展，容忍试错失误，抑制恶俗弱智，开阔国民心态，从混沌中走出澄明激越、凝聚正气、催人奋进的中国"软实力"提升之路。

再次强调思想解放，一定要正视中国官场和社会仍然存在的一些落后于时代发展的思维定式并力求摒弃。明哲保身、因循守旧、偏狭嫉妒、故步自封、热衷于拉关系搞小圈子、讲排场重形式忽视内涵……凡此种种，都是改革创新的大敌，尤其是诸如此类的陋习积弊，一旦与公共权力结合，更是祸害连连，误事误人，伤国殃民，亟应排除。新的思想解放，正需针对性地引出官民思维特性的良化发展和社会风气的现代化改造，并发掘中华民族传统文化中的精华以弘扬光大，吸收人类文明的一切积极成果来支持改革、振兴中华！

既然中国的现代化是一场长跑，我们就必须有充分的毅力、定力、战略耐心和百折不挠的韧性坚持，去逐步实现；既然中央已清晰地判断中国为实现现代化的改革已处于取得"决定性成果"的关键阶段，并做出自十八大以来的顶层规划，那么攻坚克难、以全面改革冲过"历史三峡"而对接"中国梦"，就应该成为纪念改革开放 40 年的主线与主题；既然改革是要"把不合理的去除，把合理的树立起来使之合法化"的除旧布新过程，那么继续鼓励地方、基层、微观主体的创新试验、"摸石头过河"中的试错式首创与"自下而上"及时的经验总结，就仍然具有莫大的意义。

改革尚未成功，同志仍须努力，将这一现代化事业进行到底。在纪念改革开放 40 年而前望改革如何完成决定性冲关夺隘之际，我们完全有理由引用当年毛泽东同志在中国革命关键时期所给出的一段著名的预言，来展望中华民族伟大复兴的前景：改革开放所指向的"中国梦"，已是站在海岸遥望海中看得见桅杆尖头了的一只航船，是立于高山之巅远看东方已见光芒四射喷薄欲出的一轮朝日，是躁动于母腹中的快要成熟了的一个婴儿。

让我们以万众一心的奋斗来迎接她！

市场取向的改革与改革的配套 [1]

一、改革的主题是发展社会主义市场经济

党的十一届三中全会以来的改革，始终是以引入市场机制、扩大市场功能、扩展市场关系为主要导向的。我们的种种改革举措，都围绕着这样一个中心，即发展社会主义市场经济以解放生产力。所谓社会主义市场经济，在理论说明上其实并不复杂，它就是社会主义的、以市场为主要的资源配置机制的商品经济。它与传统模式下实行的高度集中的计划经济，在资源配置方面有根本性的区别。在市场经济前面冠以"社会主义"的定语，表示坚持以公有制经济为整个国民经济的主导，而主词是"市场经济"，则标志着我们摆脱了把市场经济与资本主义相提并论的僵化认识，从正面将其肯定下来。确定社会主义市场经济的概念，具有重大的意义，它必将推动中国的经济体制改革进入新的阶段。

实践证明，市场经济的发展，是社会主义初级阶段解放生产力的必由之路。从总体上说，使市场成为主要的资源配置机制，才能真正发挥企业活力和人的积极性，充分调动各种生产要素的潜力，从而实现高效益和高生产率。

走向市场经济的新体制，意味着要对传统体制下的政府职能和一整套管理方式，实行整体性的转轨，由政府对企业的直接控制转向间接调节。并且，这种重大的市场取向的变革，必然牵动政治、法律、思想观念等社会生活的其他方面，产生一系列深刻的连锁反应。这是一项宏大的、需要十几年、几十年甚至更长一些时间才能成功的系统工程。

1　本文原载《财政研究》1993 年第 4 期。

二、配套是改革的纵深攻坚

我国改革之初，经验欠缺，几乎一切从零开始，难以解决整体配套问题，打一些"撞击反射"式的"前哨战"是不可避免的，"弃难就易"作为探索过程中一定阶段上的策略考虑，也无可厚非。由于社会主义在历史发展的长河中毕竟还是一种年轻的、不够成熟的新事物，其改革迄今尚无十分成功的国际经验，加之中国作为一个具有独特国情的大国，改革的复杂程度更高，只能先"摸着石头过河"。但这同时决定了对下一阶段更为严格的制约条件：在经过一段时间，走出一段路程之后，回旋余地日蹙，"牵一发而动全身"的联动效应渐强，种种问题相互缠绕扭结，如再不推出整体的"纵深战"和"攻坚战"，便极易陷入矛盾重重、顾此失彼、停滞不前或难以取得实质性进展的境地。

当我国农村改革于 20 世纪 80 年代前期取得重大成果，城市改革全面铺开之时，尚未搭起整体配套的框架，也未十分注重对宏观环境的把握。1984 年年底，中央的《决定》刚刚公布不久，需求膨胀不期而至，余波震荡影响数年。1985 年，经济过热之势已成，价格改革颇不顺利。1986 年全年关于"价税财"联动方案的研究，是试图初步解决城市、改革配套问题的重大部署，但终因宏观形势制约和企业改革"路数不清"等等原因，最后放弃联动方案，转移重点，寻求以"承包制"另辟蹊径；嗣后几年间的事实证明，承包制有一定积极作用，但负面效应也甚大。1988 年，提出价格"闯关"，虽然其大方向并没有错，但时机不对，配套欠缺，在过热的经济环境中，价格改革欲一马当先，未动已满城风雨，稍动便激起抢购浪潮。随后，由严峻的形势逼迫，不得不放弃闯关，转入全局性的治理整顿。

现在来回想改革的主脉络，早在 80 年代初，就明确提出要吸取新中国成立后历次对地方放权而均不成功的经验，不仅对地方，更重要的是对企业放权。问题是，其后按照行政隶属关系系统地"放权让利"，并没有实质性地消除旧体制政企不分、吃大锅饭的弊病，只不过行政隶属关系控制总的说从"条条为主"变为"块块为主"，由行政部门单一的指令变为指令加上（实际是难违拗的）"商量"和暗示；企业经营不善，照样由政府搭救。因此，国有企业在"双重依赖"中对行政主管的依赖与跟从是更为主要的，总的说仍然没有"搞活"。于是，越来越多的人认识到，对企业的放权，必须有跳出"行政性分权"框架的新思路。1991年，决策层开始认真地考虑在建立健全社会保障制度的同时实行企业破产、兼并和打破"三铁"（铁饭碗、铁交椅、铁工资）的措施，可说是新思路趋于成型的端倪；在划开国家两种职能、推行"税利分流"、试行股份制和逐步实行财政分税制等方面，得到了理论界和实际工作部门越来越广泛的认同，并且价格改革借"市场疲软"之机迈出了坚实的几步，都预示着循新思路的改革探索将要步入新的阶段。南方谈话之后，风起云飞，改革的攻坚战，又一次合乎逻辑地、十分鲜明地表现在历史的前台。

那么，今天摆在我们面前的关键问题其实与1984年、1986年或1988年没有什么本质区别，即如何体察、遵循客观规律性，来自觉地把握配套关系，大力推进市场取向的改革？

三、相关方面的横向配套

讲配套，首先要明确按照什么目标来配套。市场经济中，"间接控制为主"的体制，有三个层次或三大方面互为条件的构成要素，缺一不可。

1. 宏观调控系统，即经济参数（经济杠杆）手段比较完备、职能适当、作用充分的政府调控层。以诸种价值形态调节杠杆为工具的指导性计划，要在极大的程度上取代指令性计划。

2. 市场中介，即一体化的、包含各种生产要素、具有正常的价格形成机制、健全的法规制度和较完备的组织机构与联结网络的市场体系。宏观层次的调控，主要通过经济参数变量影响市场上商品与生产要素的价格信号，来发挥调控功能。

3. 微观基础，即那些作为商品生产经营者、有强烈的创利与创新动机和较硬的预算约束、能够对市场信号变动作出较灵敏反应、有较充分的流动性和正常淘汰途径的企业。企业以独立利益主体身份在市场上展开竞争，并接受一律的规则制约。宏观层次通过市场中介传导过来的调节信号，不仅可以对企业资产增量导向，而且能够引出资产存量的重组，从而相对完全地实现调控目标。

只有上述三大方面的条件都具备，间接控制为主的体制才能构建起来，而且在其生长过程中，三个方面的进展必须相互呼应、"相互调适"。很难想象缺少了其中任何一个方面，间接控制为主的体制能够发展和运转。由80年代中期持续至今的价格改革和企业改革谁为关键、由谁先行的争论，在形成正常市场信号和形成市场主体两方面所各自着力强调的论据，都是深刻的，但是，绝对化的单方"先行"和单方"关键"，却难免有"偏爱"之嫌。在此问题上，如果非说"关键"，我认为只能说，配套和呼应是关键。当然，在总体呼应的前提下，的确并不排除（而且必然有）某种进展安排上的"次序"问题，但相互呼应是最根本的、战略性的、第一位的，而先后次序的考虑在这里是从属的、策略性的、第二位的。

改革目标模式的构成要素及其相互关系，决定了最基本的横向配套要求。如果要实现前述三大方面的配套呼应，必然涉及计划、价格、财税、金融、投资、资产管理、物资流通、外贸、劳动、人事等方面的改革安排。总体上说，这些方面的改革虽不能严格地齐头并进，却必须时时注意它们的紧密衔接，及时策应，使它们相辅相成。这些趋向于目标模式的各相关方面改革的配套，可统称之为"横向的配套"。

四、推进过程的纵向配套

改革既要掌握转变的方向性规定，又要满足能使转变得以实现的操作性要求。由于中国的改革不可能"毕其功于一役"，是一个较长时期的转变过程，必须前后衔接，逐步推进，因此在横向配套（诸元的配套）之外还要加上纵向配套（阶段转接、轻重缓急的配套，即对趋向于目标模式的发展过程的某种自觉设计与把握）。横向配套与纵向配套的同时考虑，归结为一种总体的系统工程配套。

十余年改革实践中正反两方面的经验，以及国际经验，至少已向我们表明了纵向配套的如下一些要点：

1. 控制功能前后衔接。体制改革与经济发展在总体上必须处理成兼容和促进关系，国民经济整部机器和社会再生产的宏观控制系统不能"停机检修"，要在其运行中精心安排体制的转换和控制功能与方式的替代，防止发生大的"脱节"式失控和再生产过程大的混乱。

2. 注重起步环境和时机。在经济体制改革过程中，经济问题、政治问题和社会安定问题必然胶着于一体，密不可分。凡要取得改革的"高潮式"实质性进展，必然需要一个具备一定稳定程度、总需求不过多超过总供给的宏观环境。如果改革已产生实效，当然会有助于长期稳定，但从初始阶段的角度说，稳定却是一种先决条件，是解决经济问题的政治前提，也是使改革所要引入的市场机制较正常地发挥作用的必要环境。否则，各种改革措施都会受到牵制而难以出台，即使勉强出台，也难以迈过预想的区间，而在原来的区间内走成一些损耗甚大的"小碎步"。在未真正进入新体制之前，当发生较严重的需要膨胀和经济失衡时，一般只有偏重于某些直接控制的手段，才能有效地作出矫正，因为间接控制手段的效力此刻还不足以较快解决稳定问题。依靠旧体制的控制效力来创造一个建立新体制所必要的初始环境，是改革策略掌握上不能回避的重大环节，它提供改革不可缺少的出发场地。其后，如果改革配套得法，则行政控制带来的稳定可以成为逐步改变以行政手段为主的直接控制方式的开端——届时必须果断和不失时机地抓住相对稳定的有利环境，通过某些平稳的渐变和某些社会各方面可以承受的突变，逐步实现利益分配格局的重组和经济运行规则与体制模式的转轨。

3. 由点及面破立结合。改革是一种摸索、创新的过程，大的方向明确之后，还需寻找具体途径和试验操作性方案。这些方案要植根于实际，从人民群众的创造和实践经验中总结、提高。初步的方案设计需要回到实践中去检验，然后一步步完善，再一步步推开。试验开始时，往往只能侧重于"破"，随后寻求"立"的成型；相反，待取得经验大面积推开时，则必须强调"先立后破"。

4. 全方位权衡利弊。改革不可能直线式发展，大大小小的迂回曲折总难避免，还往往必须接受某些暂时的"妥协"和权宜之计。有的办法或措施，在短期内利大于弊，但在中长期则会转为弊大于利，如一时不得不用，则要积极创造条件，在达到利弊对比转换点之前，采用新的办法。凡是采取难以避免的迂回措施时，都应保持对于其后利弊演变的预见性，尽量少为后续改革设置障碍或增加困难。

5.适当处理改革方案与进度的地区差异。在我国这样一个地区差异极为显著的大国中推行改革，不能不极其重视区域战略和策略。向间接控制为主和统一市场大方向趋进的过程中，往往不得不因区域而异区分进展的先后。比如分税制改革等，既然不可能以一个方案、一种程度同时推开，所剩的选择就必定是安排不同区域的不同进度。在因地制宜区分先后的同时，进度或推移中的"梯度"，不应当是固定的和一成不变的，条件具备时，后起的区域或其中的某些局部，也可能通过加快速度，或跃过几个台阶后来居上。

五、近中期改革的配套要点

总的思路：以优化产业产品结构、调整经济利益结构并改造上述两种结构的调节机制为核心，启动"大配套"的改革，在理顺生产要素的价格信号及价格形成方式、淡化行政隶属关系控制、强化企业预算约束诸方面相互呼应地推进。比较突出的重点环节有：

1.市场信号和市场制度方面。在价格调放中进一步缩小指令性计划范围，相应减少国家计划价产品种类，拓宽流通渠道，推动"双轨价"中的计划价转为指导价或与市场价并轨。争取几年内消除农副产品购销价格"倒挂"，初步形成农产品和某些大宗生产资料的期货市场。进一步扩展金融市场、房地产市场、技术市场、劳动力市场并大力加强相关的法律建设；通过汇率微调最后取消汇率双轨制。

2.政府职能和政企关系方面。实行政府事权调整和分层次的明确划分，简并政府经济管理机构，地方政府逐步退出营利性项目的直接投资领域（特区和经济发达地区先行）。大力完善和健全国有资产管理体系，以"税利分流"（税后资产分红）为主线深化企业改革，积极试行股份制，鼓励公有制企业和不同所有制企业发展法人交叉持股。创造条件淡化企业行政隶属关系网络和企业行政级别。

3.企业制度和经营机制方面。落实企业经营自主权，并以完善、健全社会保障体系为必要条件，坚决推行企业破产、兼并制度，逐步形成市场公平竞争中优胜劣汰的存量重组机制，引导和鼓励专业化协作和生产要素流动。同时在企业内部坚决打破铁饭碗，扫除平均主义分配，普遍实行合同工制度，强化岗位责任制，并以劳动人事制度改革相配合，取消企业内部干部与工人的固定界限。

4.财税、金融、投资、外贸管理体制方面。在淡化"条块分割"的行政隶属关系控制体系的同时调整各级政府间关系，财政体制向分税制过渡。税收体系内改进流转税，归并所得税，扩展资源税，健全房地产税等地方税种，逐步减少"一刀切"的税后"两金"。中央银行增强独立性，把严格控制货币供应量作为基本目标，各专业银行走企业化之路，将"政策性"的结构调节功能转交给财政信用。扶植和引导现时企业自主投资的生长点，鼓励符合市场规范的集资融资和发展规模经营；中央政府重点建设投资实行基金制，交国有资产管理体系中的投资公司承担，同时开拓各级政府主办基础设施投资时公益性与经营性相结合的新路子。巩固外贸企业取消出口亏损补贴的制度成果，大力发展工贸结合企业和外向型企业集团，并借鉴国际经验实行进出口代理制，协调国内企业"一致对外"。

5.掌握宏观环境方面。切实地以优化结构、提高效益为经济发展的中心环节，防止单纯追求产值速度的倾向抬头，充分警惕经济快速升温导致过热和通货膨胀卷土重来。改进、健全国民经济的统计、预警、咨询、决策系统，调控操作中，以零售物价上涨指数一般年份不超过5%、价格改革措施密集出台年份不超过10%为控制上限。

6.掌握推进步骤方面。加快特区、开发区发展和全局性的对外开放，注意维护沿海区域的经济起飞和改革深化势头。重视发现和及时总结中、西部区域局部地区改革与发展进度加速的经验。向分税制的过渡中，可将全国分成若干台阶，按不同分税程度及相关配套事项平行展开。税利分流可先取"税后承包"方式与现行承包制连接，再逐步转为较规范的资产分红。以法律、行政、经济手段多管齐下，逐步扫除"地区割据、诸侯经济"的壁垒，提高市场整体化程度。

关于我国宏观经济不稳定的制度性原因[1]

我国国民经济在经历 20 世纪 80 年代后期以来过热—治理整顿—复苏的又一轮"马鞍形"起伏之后，于 1992 年末和 1993 年，再次出现热度偏高和通货膨胀的问题。同过去一样，经济发展一旦进入周期中这样的阶段，迅速的扩张简直"呼之即来"，投资激增，生产资料价格扶摇直上，消费品市场中也有一些商品成为居民争购的对象。随着物价上涨，社会经济关系中的一些矛盾问题便更趋敏感，收入分配、社会风气等，越来越多地成为公众的话题。如果经济之弦继续绷紧，超过了某个临界点，便可能由于触发抢购风潮或由某个公众关注的社会矛盾热点，引起经济的、甚至是社会的震荡。过去的实证材料表明，当我国宏观经济处于数量扩张的峰顶区域时，稳定性最低，最后总是不得不通过行政手段实行紧缩，以猛力撤去投资支撑和资金支撑后的迅速下滑，将高峰期"告一段落"。

同过去不一样的是，从现象上观察，这次投资的迅速扩张、生产资料价格的猛涨等等，并没有以过去那种较快的速度把其效应传导到消费品市场上。在 1992 年全社会固定资产投资猛增 37.6% 和 1993 年一季度生产资料价格指数高达 38.2%[2] 的情况下，除若干大中城市出现居民争购黄金饰品和家用电器的情况，使这些商品价格高升之外，一般消费品市场还算是大体稳定的。1993 年全年虽然零售物价指数上升 13%，[3] 但没有出现抢购风潮。这种变化应主要归功于改革带来的消费品生产、流通市场化的显著进展，同时也表现了近年居民对通货膨胀承受力的提高。问题是，看来投资规模过大的局面至今尚未得到扭转，通货膨胀的压力

1　本文原载《财贸经济》1994 年第 6 期。

2　《中国财经报》1993 年 7 月 1 日。

3　《中国物价》1994 年第 2 期，第 3 页。

还在释放之中，已有的进步尚不足以保证我国宏观经济摆脱旧式循环波动的轨迹。我们很有必要就有关的问题深思，并进一步强调抓住时机大力推进改革的极端重要性。

波动是任何经济的发展都不能完全避免的。上面所称我国的旧式波动，是指新中国成立以来数度以"大起大落"极端形式所表现的波动。我认为，这种在波动的幅度上及其给予国民经济的打击上都超出一般国家通常意义波动的"大起大落"，有其特殊的制度性原因，决定了它在我国经济发展中的出现具有必然性。种种以偶然性因素面目表现的"决策失误"之类的浅层原因，都不能抹去其后面属必然性范畴的深层制度原因。虽然从表面看，大起和大落均与最高决策层种种关于"大跃进""大干快上"或"一刀切式急刹车""全面治理整顿"（改革后，急刹车以争取"软着陆"未果为前奏）的决定有关，但推动和逼迫这些决定出台的来自经济生活内部的强大力量及造成这种力量的制度惯性，才是更深入地说明问题的关键。

行政隶属关系控制体系
——以往我国经济管理体制基本的制度规定性

过去，我国国民经济一向以国有企业为主干。联结整个经济中政府部门与企业部门两大组成部分的基本链条，是传统体制下形成的将政府部门划为条块（各中央主管部为"条"，各级地方政府为"块"）、对国有企业实行行政隶属关系控制的网络。一个国有企业，非属条，即属块，必定有自己"单线联系"的行政主管（也有时称为"代管"）；反过来说，各行政条块必定拥有一批"自己的企业"。条条和块块各自为政，同时接受中央最高决策层对条块的协调。"高度集中的传统体制"这一习惯性的说法，其实并未准确地表达出我国经济管理体制的本质特征。条块分割的行政隶属关系控制，才是其本质特征之所在。这种"条块分割"的行政隶属关系控制，构建于新中国成立之初的高度集中体制下（当时的特征是"条条为主"），虽然在其后的历史岁月里有"适度分权"尝试和改革以来大力推行分权的演变，但它的基本规定性，却一直没有实质上的改变，差异主要只是在于从"条条为主"走向"块块为主"，并且改革后的控制方式由单纯的指令变为指令加上各种暗示和"商量"。指令当然必须执行，上级暗示所表达的意图，在现实生活中亦往往很难违拗，"商量"则给了双方间讨价还价的弹性，但如果意见难以统一，最终还是行政主管说了算。

在市场经济国家，当然也有地区与行业之别，政府机构也有按若干"部门"设置的情况，但根本的区别在于，那里不以这些来"分割企业"和分别施行隶属关系控制。条块分割的行政隶属关系控制，是我国多年来经济管理体制中最基本的制度规定性，也是其弊病的症结所在——在其框架内，不论"集权"也好，"分权"也罢，都从本质上排斥企业的自主经营、公平竞争和与之相应的一整套市场机制。正是这种基本的制度规定性，可以作为我们认识以往"大起大落"问题及其制度性原因的一把钥匙。

企业部门的制度惯性：
行政隶属关系下的数量型扩张与软预算约束

对于企业实行行政隶属关系控制，在社会主义经济中具有共性。科尔内曾针对匈牙利和东欧与此相类似的情况，提出了一个"父爱主义"概念（英文原词为 paternalism，亦有"家长式管理"之意），并明确地指出这是能够说明软预算约束等"经济现象"的"制度的现象"。关于父爱主义下的国有企业扩张冲动和软预算约束，科尔内本人，已作过经典性的定义分析[1]，这里不拟重复，但有必要借助这一认识角度，对我国现阶段的实际作出勾画，进而说明其与宏观失稳的内在联系。

首先，从最基本的事实来看，行政隶属关系使企业领导者具有行政级别、官员身份和跟从上级意图的趋向。行政隶属关系是按行政级别排列的，每一家企业都必定依某种行政级别在系统中归位（亦可反过来说，

1　匈 · 亚诺什 · 科尔内.短缺经济学：下卷［M］.北京：经济科学出版社，1986：290，第9章，13章，22章.

因其位而取得一定的行政级别），其厂长经理也必然居于行政网络"官本位"阶梯的某一个台阶上，成为具有相应级别的官员，承担执行上级指示的责任。这种企业领导者的官员身份，在改革前的指令经济中完全合乎逻辑，是顺理成章的；在改革之后，则已经与市场经济要求厂长经理们扮演的企业家身份不断地发生冲突，因为上述两种身份所接受的是不同的信号导向，追求的是不同的目标，前者为行政系统的信号和官阶升迁的目标，而后者为市场的信号和企业长远赢利的目标。即使到了改革十余年后的今天，从我国现实生活中考察，当两套信号、两种目标发生矛盾时，厂长经理们经过权衡，大多只有跟从和依赖行政的信号和目标，因为是否贯彻和满足行政上级的旨意，对于他们更具根本性意义，更加"荣辱攸关"。不这样的话，通常会有"顶得住，坐不住"的结局在等待他们。

其次，官员队伍具有自上而下和自下而上相互一致并相互激励的扩张偏好。一般情况下，行政阶梯各个台阶上的官员，对于数量型扩张总是热衷追求的，因为这最易于"雄辩有力"地表明他们的工作成绩，表现他们所掌管事业"蒸蒸日上"的发展。多年的和普遍的事实也在不断地重复这样一种逻辑关系：某领导者所掌管"地盘"的扩大，使之在上级心目中的砝码加重；规模越大，重要性越明显，越有可能调高单位的行政级别和越有可能使领导者官阶上升。在上级向下级经常表露的意图中和下级向上级经常反映的要求中，这种行为偏好是不谋而合的，扩张的倾向层层具备并在各层间推波助澜。因此，数量型扩张倾向在行政网络中很容易发生自下而上和自上而下的交叉激励，从而形成一种制度惯性。国有企业的领导者们作为行政官员，其行为偏好必然以数量扩张为方向。虽然数量扩张在某些场合是值得称道的"积极性"（如在谋求夺取政权的战争年代），然而在经济问题上和企业经营上，却决非总是如此。当我们面对我国国有企业领导者的扩张冲动时，对之仅从心理学的层次上描述和理解是不够的，必须深入制度规定性的层面，才能更真切地认识它。

第三，软预算约束是行政隶属关系控制的必然产物或伴生物。既然企业必定是某个条条或块块的"自己的企业"，当出现经营失败时，理所当然要由行政主管搭救。从企业的"生存"愿望说是如此，从行政主管不能坐视"自己的企业"再生产中断的本能反应说也是如此，这里上下两个方向上的契合也由制度所内在，不言自明。实在救不过来而最后"关停并转"，协调过程要复杂得多，但仍然是行政安排——这种运行机制从头到尾排斥市场化优胜劣汰的存量重组方式。至于经营失败的指挥或领导责任，则大多不了了之：不必说高度集中时期的上级指令企业必须执行，即使是改革后"放权"的情况下，由于行政主管的意图经常地贯彻于企业经营过程，上级通常也难辞其咎（甚至可能经营失败主要是由于上级决策），因而通常会以"一笔糊涂账"的形式拉倒（推行承包制以后，"外部环境变动因素"仍然是一笔敞着口的糊涂账）。这里也需要指出，近几年我国国有企业"软预算约束"的具体形式已发生了一些新的变化。过去政府搭救企业的方式比较直截了当，先减免税，仍不解决问题，则提供亏损补贴。80年代中期以后我国企业亏损补贴的猛增和财政的困难，使补贴款的拨放不得不趋于严格，于是除减免税之外，便有其他一些手段排在亏损补贴前边来发挥"替代作用"。举其要者，一是行政主管容忍企业以少提、不提折旧等方式，吃国有资产老本搞"潜亏"；二是政府授意由银行提供"安定团结贷款"；三是企业将亏损"挂账"（实际必定挤占其他资金）；四是企业以拖欠应付款方式填补自己的资金缺口，造成所谓"三角债"问题十分严重。这时财政拨付亏损补贴，仍是搭救企业的最后手段，而非正常的财务宽容（潜亏、挂账）和非正常的银行信用与商业信用链条的拉长（安定团结贷款、三角债）扩展了预算约束软化的可选择途径。在这里，"软预算约束"的实质并没有改变，变化的只是其具体实现形式的序列。时至今日，硬化预算约束的"破产法"对我国绝大多数国有企业来说，仍完全是一纸空文。

上面勾画的行政隶属关系控制下企业数量型扩张和软预算约束的制度惯性，在我国经济周期循环中，现实地推动着大起大落式的宏观经济波动。很自然，行政系统的最高决策层，在周期中的"低潮"时最优先考虑的总是扩张经济的问题，而在"高峰"期不得不首先关注的总是防止过热问题。每当经济复苏阶段，最高决策层给出加快发展速度的信号或默许加快发展时，行政网络中所有企业和各个层次、各个环节的数量型扩张冲动，能极其迅速地形成"争先恐后""一哄而起"的巨大合力，使热度迅速上升，加之无硬约束顾忌，企业和其主管都不怕这时投入品价格猛升所造成的高成本，也不怕筹资高利率与预期资金利润率明显的"不合配伍"，对投资持多多益善、"拼命大干"的态度，需求膨胀、经济过热和结构失调便很快随之发生，而每当迫不得已实行"调整"或"治理整顿"后，前述依存于行政网络的巨大合力，也会因行政转向及其特有"乌纱帽效应"，很快便撤空而一落千丈。此时由于企业的软预算约束，本应进行的存量重组非常有限（近年，即使是以行政性"关停并转"方式所进行的存量重组也很有限），结构的优化过程缓慢而很难到位，孕育着下一次"大起"时结构优化先天不足的因素。并且，改革以来还出现了另一重大问题即职工消费需求不能在萧条阶段相应地压缩，抬高了其后消费需求的"基数"。

政府部门的制度惯性：
条块分割中的利益局部化和职能异化与错置

对企业部门加以考察以后，还需勾画政府部门的制度惯性及其与宏观失稳的内在联系。

首先，政府部门同样具有行政系统的数量型扩张倾向。无论从"条条"说或从"块块"说，数量型扩张的冲动，出自行政官员的"政绩"等动机，内在于经济管理制度，这一点与企业相同。需补充的是，对政府部门中财政、中央银行这样的资金分配部门，要另作具体分析。通常，在最高决策层的导向是注重平衡关系时，或没有特别的导向时，财政本能地趋向于减少赤字，银行本能地趋向于控制货币供应量，因为这些正是体现他们工作成绩的标志；但如果来自高层的导向是鼓励扩张的，财政和银行则很可能顺从这种行政信号实行扩张政策。

其次，政府部门内部"条块分割"的基本格局，极易使宏观利益的追求演化为局部利益的追求，并造成严重的结构性问题。从原则上说，政府部门应作为一个整体反映、代表和追求宏观利益、全局利益和长远利益,但实际上条块分割使之成为具有各自局部化利益的一系列"集团"。

条块都要多办"自己的企业",增加自己支配的收入,提高自己的相对地位和"重要性",而且在现实生活中,这些目的对各个条块自身而言都具有优先意义。特别是扩权之后,各利益集团发挥积极性的活动空间大为扩展,在凭借行政权力组织与调动可能的一切力量安排自己地盘上的发展时,注意力都放在那些看起来最能够增加自己收入的项目上,相互间还有明显的攀比倾向,你上乙烯我也上乙烯,你搞汽车我也搞汽车,条条搞了的,块块也要搞,沿海有了的,内地也要有,大量不讲规模效益的"重复建设"由此而来。同时,各自尽力将内部的优质原材料封锁在内,把外部的产品拒之门外,表现了强烈的"诸侯经济"倾向。这些年小烟厂、小酒厂、小纺织厂等的遍地丛生,争夺原材料的诸种"大战",交通路线上的关卡林立,对本地产品的各种保护措施,不同条块的企业间实行经济性联合的困难重重,等等,都是已为人们所熟知的现象。扩张的偏好,扭曲的价格信号加上条块分割的行政壁垒,使产业结构、产品结构的失调极易发生,种种消除失调的努力则不易奏效。结构问题进而造成全局范围资源配置的低效,出现财力物力的严重浪费。

第三,条块分割中的利益局部化还带来了政府部门的职能异化与错置。在一些情况下,局部利益的驱动力,使从宏观整体利益设定的政府部门的调节、管理职能,异变到宏观利益的对立面(即变为从局部利益出发,对宏观导向作出逆调节),此为异化;出于局部利益,该管的不管,不该管的却热衷去管,此为错置。改革前,这些情形在各管理部门和地方闹"本位主义"时仅露其端倪,改革后则呈愈演愈烈之势。从"异化"说,所谓"部门所有制"和"诸侯经济",已具有了相当可观的或明或暗与宏观导向相抗衡的力量。成为一时风气的"上有政策,下有对策",其实就是条块尾大不掉和对中央政策导向加以某种抵制和异变的写照——不能下绝对化的断语说其中没有丝毫合理成分,但对于一个行政系统而言,总体上不是顺向发挥、落实,而是逆向违反最高层的意图,这无论如何不是一种正常现象。再从"错置"看,近年的表现尤为明显:应当实行职能转换的实物分配、一般营利项目投资等等,在许多部门和地方紧抓不放;应当大力加强的基础设施、公共服务等方面,却往往放到政府工作的次要位置;与市场机制风马牛不相及的行政管理、公立义务教育、基础科学研究和公检法等领域内，竟大引其"创收"机制，其实是不务正业，形成权钱交易的腐败温床。

并且，在宏观管理模式转换时期，过去还比较注重维护全局利益的政府综合部门，也由于利益局部化程度加深而使职能异化或错置问题突出起来。如近年计划部门在工作中把大量的注意力放在以种种形式保留钱与物的调拨实权方面，由于改革，这些钱物调拨对经济的覆盖面已经大大缩小——唯其缩小，对其部门局部利益就愈发显得"宝贵"，而应由计划部门承担的整体的宏观规划职责，转向间接调控之中产业政策制定与实施的管理职责，国民经济各方面的动态协调职责等，却大体上虚浮于半空。又如财政系统，面对资金需求压力巨大、连年入不敷出的困难，确有捉襟见肘之态，但其内部，中央财政与地方财政的"讨价还价"，在"分灶吃饭"后也步步升级，系统化的调节功能在行政性分权中两相分裂，形成财力分配方面的上有政策、下有对策的销蚀关系；并且，新组建的国有资产管理部门与原有企业部门间的关系迟迟不能理顺，税收机构分出后，税政与税务间制约关系的构建也久拖不决。这样，总体着眼的财政调控被局部利益所冲淡、延误，甚至在某种程度上被瓦解。再如，在经济市场化过程中调控职能正日显重要的中央银行，一方面由于我国现阶段货币政策作用的特殊局限性，在控制货币供应量上确有力不从心的苦衷；但另一方面，一度人民银行自己也不那么积极使其中央银行职能归位，而热衷于从事一些经营性的信用业务和融资活动。至于专业银行，一边"承担宏观调控职能"，一边为壮大自己的业务地盘抬高贷款基数而争相"突击放贷"，曾成为80年代中后期投资消费双膨胀的导火索；在此次经济升温过程中，又出于逐利目的"倒腾货币"，以信贷资金充当资本金办投资、租赁公司等经济实体，并大量"拆借"资金去炒房地产，炒楼花，炒股票，使金融秩序严重紊乱，对宏观经济失稳"火上浇油"。银行机构一面拿"企业化"的实惠，一面持"宏观调控"的权力，怎么可能理顺这种"一身二任"的关系？近年金融方面的失控固然有多种原因，但银行职能的异化、错置无疑是其中最重要的原因之一。

客观地说，政府部门中的利益局部化问题，是各国具有一定普遍性的现象，对此亦相应形成了一套制约机制和措施。但在我国，由于超常的政府经济职能和"条块分割"式行政控制的突出特征,趋向局部化的"潜力"非常之大,加上模式转换中的种种脱节,制约的力量尤其薄弱,使得近年局部利益放大、政府部门职能异化和错置的现象十分严重。

条块分割中利益局部化形成的政府部门职能异化与错置,大大削弱了政府机构的宏观调控能力。非但政府系统不能尽职尽责地努力保持宏观稳定,将把握全局利益的负担更多地推到了最高决策层,并且,政府部门"条块分割"所助长的结构失调和职能异化与错置,客观上更成为推动"大起大落"式经济波动的重要因素。条块把数量扩张和"重复建设"的趋向和冲动叠加和放大到企业行为上,使扩张更为"立竿见影",经济周期中的上升曲线更加陡峭。而当需要适度收缩时,先是谁也不承认自己过热,敷衍、观望,延误时机。当高层持"软着陆"态度时,基本的用意是想通过经济杠杆手段避免硬性控制带来的损失并区别对待以求在降温的同时优化结构,但诸种在市场经济中较灵敏的杠杆工具在我国现实生活中的作用却要大打折扣,因为杠杆调控的主体(政府部门)和客体(企业)均未"进入角色",综合部门的职责落空,甚至对进一步的升温推波助澜,企业对杠杆调节不敏感,反应甚弱,或者无反应。直到形势发展到最高决策层认为非治理整顿不可的时候,"杠杆"已证明无济于事,剩下的可用工具就只有行政手段。以行政手段砍基建、压贷款额度、控制支出等等,难免带有"一刀切"特征,因为行政"区别对待"的甄别过程,耗时而扯皮不断,并且即使得出了甄别结果,也很难使各方信服,只好谁也别"攀比",硬性地一刀切下去,由各级官员以"乌纱帽"作担保来执行。此时,由于出现了对官员队伍真正的硬约束,政府系统会突然"高效"地一致行动,形成雪崩式的一刀切转向,并且由于前段经济的过度亢奋到了危及社会稳定的地步,高速粗放的扩张确已难以为继,当然"大落"便不可避免地来临。

出路在于从根本上改造行政隶属关系控制体系

前面分析的中心意思在于说明,我国经济管理体制内在的本质的特征——条块分割的行政隶属关系控制体系,是宏观经济失稳和出现大起大落式周期波动的制度性原因。改革后虽然这种旧式体制的基础受到了冲击，但还未达到由量变引出质变的转折点。因此，尽管我国从政府到企业，从中央到地方，从综合部门到产业部门，充盈着使国民经济高速发展或持续健康稳定发展的良好愿望，也不乏冲天的干劲和热情，但几十年的运行却以几度"大起大落"做出了强烈对照，而且目前的种种迹象表明，国民经济仍未真正脱离这一轨迹。之所以常常欲速不达、事与愿违，固然有种种非经济因素，但深入的考察分析可以说明，许多貌似非经济因素的东西，如决策问题、本位主义问题、官僚主义问题、计划水平问题、部门协调问题，等等，其实都深深植根于经济管理体制基础结构的问题之中。

1988年末开始治理整顿之后，"市场疲软"问题首次突出地表现在我们这个一向"短缺"的经济中，其主要原因，在于改革后"体制外"的力量已在资源配置上举足轻重，使商品丰富程度和新形成的长线的产品供给畅通程度大为提高。其实这一点在前一轮循环中1983年下半年至1984年上半年的所谓"局部买方市场"上就曾已略显端倪。至于由90年代初的"市场疲软"而断言中国已彻底告别了短缺时代，则恐怕为时尚早——虽然历史不会简单地重复，但以目前已出现的一些迹象与在上次"买方市场"之后1984年底开始的那个阶段上的一些情况相比，颇有似曾相识之感，我们不能不深思其背后的某些规律性的东西。

诚然，这些年改革的进展已使非国有经济成分对国民经济的影响大为增加，并且非国有企业的市场化运营，客观上已构成对"大起大落"效应的抵消因素，这在某些沿海地区表现得十分明显。但从国民经济整体上说，国有经济成分毕竟还占着相当大的份额，并且在可以预见的将来，这一情况不会根本改变，因此，对于我国最主要的经济成分的发展前景而言，我们实际上还是面临两种选择：一是仍然限于在行政隶属关系控制的基本框架内作分权改革，这很难避免再次出现旧式的循环；二是根本改造这一框架，争取在社会主义市场经济的新体制下，走入能够比较有效地熨平经济周期波动的新境界。

因此，如果我们认为今后应当尽量避免宏观经济"大起大落"的波动，尽力防止决策上不得不实行行政性"全面紧缩"的前景，那么本文分析结论所引出的对策思路的基点就在于：必须在配套改革中从根本上改造条块分割的行政隶属关系控制体系，从而消除"大起大落"波动的制度性原因。努力加大转换政府职能、淡化行政隶属关系、硬化企业预算约束和健全统一市场体系等改革措施的力度，将有利于尽早摆脱使宏观经济失稳的旧式循环状态。党的十四届三中全会《关于建立社会主义市场经济体制的决定》已勾画出这一改革系统工程的基本框架，今年初出台的财政、税收、现代企业制度等方面的重大改革措施，就是按照《决定》的纲领展开配套改革的重大战役，我们一定要坚定不移地坚持其大方向并及时作出完善原方案的微调，力求抓住时机促其深化，并使金融、投资、外贸、社会保障等其他方面的改革措施紧紧跟上，争取尽快从根本上革除体制弊病，使国民经济进入良性循环。

"法治化"取向下的历史潮流与经济社会转轨[1]

——学习党的十八届四中全会精神感悟

辛亥革命后，孙中山先生在海宁观潮时曾题写："世界潮流浩浩荡荡，顺之则昌逆之则亡"。我多年前曾在中国历史博物馆看到这一墨宝，非常感慨。孙先生这样一个伟大的政治人物，在旧中国面对满目疮痍、设想《建国大纲》而寻求"振兴中华"之时，可以高屋建瓴地从大潮流往前看到一二百年以后。我们作为研究者，要学习这种前瞻性的开阔眼界，看到什么是不可逆转的客观规律，认清顺势则昌、逆势则亡的历史规律。关于这种只能顺应的世界潮流，我认为现在已可以清楚地归纳为这样几条：第一是工业化。这别无选择，中华民族作为世界上唯一的几千年古老文明没有中断的民族，落伍就是从工业革命开始的。第二是城市化。工业化必然伴随城市化，过去我们曾经让几千万人上山下乡，逆势操作，最后得到的是客观规律严酷的惩罚。第三是市场化，即市场取向改革。第四是国际化或全球化，已表现为以"入世"锁定全面开放格局。邓小平同志的判断非常清楚：不改革开放是死路一条。正是有了这样巨大的扭转，我们的路才越走越宽。第五是信息化，或者说是高科技化，也即所谓第三次产业革命浪潮。除此之外，显然还有另外一个重要的不可逆转的要素，即依法治国、法治化、民主化。新生代的主流诉求一定会是在上述这些轨道上综合体现的。

去年召开的党的十八届四中全会，以全面"法治化"为主题，鲜明强调了"依宪治国""以宪行政"的总原则，并给出了法治建设的全面指导和推进制度建设的部署。我们知道，要想实现全社会可预期的稳定

1　本文原载《公共财政研究》2015 年第 1 期。

环境与健康发展，就需要有现代文明范畴里的法治。比如，以经济的视角从法律的角度分析财产权问题，将有一系列的逻辑节点可以展开。首先是国家的根本大法宪法。经济社会转轨中，我国宪法已经过几轮修订，估计还须不断修订。对于1982年修订的宪法，现在很多人是给予高度评价的，但其后仍不可避免多轮修订。最近一轮修订给我印象特别深刻的，就是在原来宪法里表述的"公有财产神圣不可侵犯"的旁边，增加了"合法的私人财产不受侵犯"，我当时就意识到增加这样的表述有进步，但还不到位。"公有财产神圣不可侵犯"，在表述上"神圣"两个字只是渲染意义的，关键在"不可"两个字，这意味着公有财产受侵犯的情况下，一定要有惩戒措施跟上；而到了私有财产，只是说合法的私有财产不受侵犯，并没有解决"受侵犯了以后怎么办"的问题。但是从另一个角度来说，这句话写进去本身就是修宪的进步。现实生活中合法的私有财产受侵犯的情况还不少，虽然有些案件的相关责任人已被判刑，却还没有很好追究这些对私人财产侵犯的违法行为。

前不久一份报纸第一版上有个醒目的大标题说"党内不能形成贵族阶层"，只反映了简单的价值取向，并没有深刻阐述这个"不能"后面的一套防范机制是什么。如果说党内不能形成贵族阶层，跟着要讨论的就应该是怎么样让党内形成贵族阶层这个空间被封住，如何进行有效的防范。顺着这个思路，我们马上可以想到习总书记的一句话："把权力关进笼子"，这就有建设性了。公共权力由一个个具体的个人执行，肯定会扭曲，立法的关键是把权力关进笼子，力求最大限度减少扭曲。如果笼子是法律，那么就还要说到我们的治国理念——法治，注意不是法制，翻译成英文不是 rule by law，而是 rule of law：现代文明要想实现健康的民主化，一定要用"法治"的治理概念。在义理上讲，"法制"（rule by law）以法律为统治工具，"法治"（rule of law）则是"法律的统治"，表达"法律最大"的思想。"法制"强调法律的工具价值，"法治"强调法律的权威。"法制"是静态的法律制度体系，制度体系有好有坏。"法治"则是一个好的法律制度体系得到有效实施的动态描述。逻辑取向上说，"法治"只有好的法治，没有坏的法治。法治的首要任务是剔除现有制度体系中的"不良法"，法治的目标是"良法善治"，也就是"好的"法运行在现实秩序中达到"好的"效果。

在历史上就缺乏法治传统的中国，法治体系的建立，在顺序上、逻辑上首先要动态优化宪法。宪法是根本大法，最上位的法，在经济社会转轨中，宪法需要与时俱进修订完善。宪法下面要有完整的法律体系。这段时间，我国法律体系建设理念上最值得称道的一个进步，是从"法律"和"法规"一体化的发展中形成两个方向，即负面清单和正面清单。负面清单列上去的是不能做的事，这是对企业、对市场主体最适合的"高标准营商环境"的打造。以上海自贸区为代表，首先得到了明确提出，其后党的十八届三中全会《决定》提出要全面实施负面清单。对于企业和市场主体来说，"法无禁止即可为"——只要是负面清单上没有的，什么事情都可以做。正面清单则适用于公共权力，即"法无授权不可为"——政府作为公共权力的主体，在没有法律规定予以授权的情况下，是没有权力做任何事的，即"权为民所赋"。这一逻辑隐含的实际内容是抑制"权力最大化、责任最小化"不良匹配，权责约束清楚到位。把对市场主体的负面清单和对调控主体的正面清单合在一起，显然是比较理想的法治环境。如此笼罩着、覆盖着的法规体系，第一重要的事项是有法可依，无论是负面清单还是正面清单，最好能够一步一步推到全覆盖。当然这只是一种理想，比较成熟发达的经济体，比如英国、美国，也不敢说自己浩如烟海的法律条文把所有的事情都穷尽了，也需要不断动态地优化，中国作为一个转轨国家更是如此。在有法可依的起点上再往下走，还有人们过去说惯了的"执法必严""违法必究"，这和现实生活的差距还很大。改造不良法，是当前无可回避的任务。白纸黑字未必代表着公平正义，对于一些有争议的问题，如果简单"依法执行"，并不一定能很好地得到解决。我国要走向现代国家，走向"国家治理体系和治理能力现代化"的境界，不建设法治社会是注定没有出路的。习总书记强调"司法腐败是最大的腐败"，提出要清除司法队伍中的"害群之马"，取向是"让人民群众从每一个案件中看到公平正义"，这个方向完全正确。实际生活中，要尽一切努力使不公平正义案件判决的比重下降到最低限度。

邓小平在改革开放初期提出，要把党和国家的制度建设问题放到非常高的地位上，制度设计好了，坏人就不可能任意横行，制度设计不好，好人也会被动犯错误。只有制度才有稳定性、长期性和有效性，才能摆脱依靠领导人的个人精力、注意力、偏好决定党和国家整体运行轨迹的风险。习总书记提出的"依宪行政"下的全套规范制度建设，与之是一脉相承的。但这在现实中还会遇到一些很有挑战性的问题，举两个具体的例子：一是上海自贸区。自贸区所需的众多新规则和现行法规都有所冲突，但现实中，针对所有和自贸区所需新规则发生的矛盾，明确了在处理上都要给自贸区让路；二是当年我国加入 WTO，所有和 WTO 规则相抵触的法规都要以"清理文件柜"而被清理掉，这与"严格执行法规"的理念看上去有所冲突，但如果要使法治能够达到一个合格的境界，是必须要考虑鼓励先行先试因素和"变法"革新的，必须给出弹性空间和不断推动立法进步。先行先试的意义是积累经验，不能说试验无懈可击、非常完美就是成功了，而以后出现调整就失败了——可以此视角看待房产税的"两地试点"。中央已非常明确地表示，今后的改革要继续鼓励先行先试，继续鼓励摸着石头过河。

在把握潮流、创造历史的全面改革关键时期，我们要掌握的其实是如何化解矛盾以及跨越种种陷阱，在这个过程中，除"中等收入陷阱""转型陷阱""福利陷阱"外，具体的陷阱形式中还有已经被很多人意识到的"塔西佗陷阱"。2000 多年前的历史学、政治学家塔西佗指出，在社会生活中存在着一个政府公信力的临界点，过了这个临界点，政府的所有决策，即使是正确的，也会无济于事，局面将变得不可收拾。我们在某些局部场合（如瓮安事件），已经看到这样的威胁。另外，中央有关会议讨论住房政策时已提出"福利陷阱"问题，虽然我们应该从人民群众最关心、最涉及直接利益的事情做起，但作为调控主体，还必须考虑在眼前利益与长远利益、局部利益与全局利益、根本利益之间怎么样权衡，否则福利陷阱会把我们拖入中等收入陷阱，最典型的前车之鉴，就是一些拉美国家。100 多年前，阿根廷与美国的人均 GDP 等经济指标不相上下，但现在美国成为头号强国已经这么长时间，阿根廷则进入中等收入陷阱后一蹶不振。智利等国曾大同小异，"民粹主义"基础上的福利赶超，结果不仅是福利不可持续，发展的后劲也全没有了，引出多少社会动荡，多少血泪辛酸。中国经过前面三十几年的发展，有了历史性的新起点，已进入中等收入阶段，但绝不是以后自然而然地就能实现"中国梦"，如何真正避免这些陷阱，是有重大实际意义的真问题。要使其中复杂的利益协调相对平稳地进行，需要以法治化建设的进步来提供保障条件。

西方主流意识中的"现代化"是和中世纪切割，在告别"黑暗的中世纪"后进入一个新的境界，转折点是文艺复兴，引导形成的主流意识，是追求自由、平等、博爱、民主、法治。党的十八大提炼的三个层次二十四个字的核心价值观里面，实际上包容了所有自文艺复兴以来人类文明不断提升的主流要素。必须承认，无论是西方还是东方，某些属于人性的东西是相通的，比如孔孟之道里的"己所不欲，勿施于人"就完全立得住，是普世的，只要明确这个立场，就一定会引到按照人类社会文明发展的取向来处理人际关系。所以从另外一个角度来说，虽然"现代化"这种主流意识带有一定的西方色彩，但却不能简单地认为是西方中心论，不能在文明比较的情况下认为西方的都立得住，东方的都立不住。东方的一些东西，在我们合理地发掘它的积极因素之后，要使之更好地跟外部世界互动，形成"美美与共，天下大同"的境界，虽然道路很漫长，但是趋势越来越清楚：在全球化时代、互联网时代，如果不寻求多赢共赢，可能会处处碰壁，甚至头破血流。相反，如果更多地强调"己所不欲，勿施于人"，讲民主法治和相互尊重，那可能就是增加朋友、减少敌人。人们说到的"现代化"横向比较的概念，是不断动态推进的组合，这个动态推进也需要依靠一些基本原则去实现，比如"自由"应是法治限制之下的，否则无法处理个体自由间的冲突；"民主"要走向共和，否则可能引出"多数人的暴政"。共和是承认所有参与主体的诉求都应该得到尊重和表达，然后做理性的讨论，寻求最大公约数。辛亥革命以后到新中国成立前，我们中国人苦苦探索，但一直没有走到真正的共和境界。所以我不认为"现代化"是一个可以贴东、西方标签的问题，应该在全球化新阶段东、西方互动的过程中不断提升综合境界。我很赞同冯仑的一个概括性的表述——人类文明提升的过程可分为几个阶段，公共资源、公共权利的配置即公共事务是在哪个阶段都躲不开的。

比较初级的解决形式叫作"宫廷解决"，氏族公社后期开始私有制因素影响公共权利使用之后，带来了冲突，宫廷解决就是宫廷政变式的你死我活，比如中国历史上大大小小几十次的改朝换代，很多的皇帝就是在你死我活之中把对手包括亲兄弟统统杀光，自己才能坐稳江山，这种残酷的宫廷解决显然不符合人类文明发展趋向。第二个阶段的解决方式叫做"广场解决"，更多的人知情，在广场上大家一起来做"群体事件"式的解决，但是广场解决的实际结果往往达不到一个平衡点，无法解决后，就会由广场解决转变为"战场解决"，当下最典型的就是前些时候在中东和埃及发生的一系列事件演变，广场的派别对抗演变成夺人性命的流血事件。现代人类文明最值得推崇的解决方式是"会场解决"，大家在会场里充分讨论，从议事规则一点一点抠起，最后达成共识。"会场解决"后没有简单的谁输谁赢，或者说输方不注定永远是输方，下一轮可以按规则继续再来，这有点类似于奥林匹克，大家遵从一个中立的公正裁判。我国要真正走向现代社会，不是贴东西方标签的问题，是在看到前边的探索之后，把各种各样人类文明提升的要素，真正综合在一个现代国家治理的制度链接里，形成一个可持续的制度安排，这其中有很多重要的探索，也有种种细节的问题。一句话概括：我不同意简单的单线文明论、西方中心论，中华民族的伟大复兴，要认清"顺之则昌，逆之则亡"的世界潮流，争取达到把中西方所有的文明要素组合在一起、融合在一起的可持续发展状态。

第二篇

新供给经济学创新

中国需要以改革为核心的新供给经济学[1]

一、引言

过去 30 多年，中国经济实现了年均近 10% 的高速增长，经济总量在世界各国的排名由第 10 位上升到第 2 位，占全球经济总量的比重由 1.7% 上升至 10.5%，2011 年人均 GDP 达到 5430 美元（按购买力平价 PPP 达 8430 美元），列世界第 84 位（按 PPP 排世界第 82 位），约为世界均值的一半（按 PPP 为世界的 3/4）。此种巨大规模经济体的长期高速增长，在人类经济史上罕见，堪称中国奇迹。这一成就的取得，主要是在以经济建设为中心的基本路线指导下，中国在总供给管理方面开创性地实现了从计划经济向市场经济转轨，极大地释放了供给潜力，同时也较有效地对总需求进行了管理。但是我国未来 10 至 30 年的发展将面临来自内部和外部两方面的减速压力，经济可持续快速发展的难度显著加大。从内部因素看，高速增长是后发经济体在特定追赶时期的一种增长形态，随着与前沿国家技术差距和其他相关要素、机制差别的缩小，中国经济增长速度将规律性地向成熟经济体的水平收敛。这种意义上的收敛虽然将横跨较长时期，但增长速度由峰值水平转折性地回落，很可能已经开始（刘世锦等，2011）。从外部因素看，自 2008 年全球经济危机爆发以来，尽管美国、欧洲、日本等经济体采取了以宽松货币政策为核心的宏观经济政策，历经五年虽然在局部及个别时段有一些积极信号，但总体形势依然复杂严峻，一方面表明欧美近几十年的主流经济学派从需求端入手调控经济的思路已步入穷途末路，另一方面也表明我国

1　本文原载《地方财政研究》2013 年第 2 期。

以欧美日需求驱动出口，进而带动经济顺利发展的模式在可预见的未来将不可能再现。

增长速度回落时期既有严峻挑战和风险，也蕴藏着重大的机遇。一方面，倘若不能正确认识潜在增长率的应有水平而一味通过政策刺激追求经济高速增长，则很可能重蹈日本泡沫经济的覆辙，特别是这一过程还可能与矛盾凸显期的"中等收入陷阱"风险叠加。另一方面，更要看到这个时期，尤其是未来十年，中国所面临的重大历史机遇仍与供给方面的特殊国情、特定转轨、特色化结构变迁有关，即以生产关系的自我调整继续解放生产力，在结构优化、经济发展方式转变中充分激发全体社会成员参与发展进程的活力，在中等收入阶段培育起以创新为主的接续增长动力，继续促进全要素生产率稳步而持续地提升。以改革为核心带动中国经济总供给的质量上升，同时促进总供需平衡，建设一个较完善的社会主义市场经济体制，这将为中国经济持续、长期的繁荣和发展及现代化战略目标的实现奠定基础。

没有"对症下药"的经济理论作指导，就不能保证正确的改革路径。改革是人心所向，但怎样改革在很大程度上缘于较充分的理论准备。为此，我们认为中国应该按照邓小平同志"发展是硬道理"的核心思想，以改革统领全局，构建促进总供需平衡和结构优化、增长方式转变的"新供给经济学"，并作为指导中国未来可持续发展的核心经济理论之一。

在当前全球应对经济危机对策乏善可陈（欧美日主要依靠宽松货币政策促进经济发展但成效不明显）的情况下，"新供给经济学"着重从供给方发展实体经济、促进就业的核心理念，不仅对中国有重要意义，对促进业非拉发展和欧美走出危机也有一定程度的积极意义。欧美等国可以考虑适应全球经济一体化以后形成的新的国际经济格局，通过加快经济体制改革构建有效提升国际竞争力的新型经济体制机制，进而发展实体经济来扩大就业、增加需求，而不能再寄希望于回避实施有难度的必要改革而仅依赖于无限期的量化宽松货币政策。

二、西方传统供给管理学派的核心观点及运用成效

（一）传统供给学派的核心观点。

"二战后"传统凯恩斯主义曾占据经济学的统治地位，西方国家普遍依据传统凯恩斯理论制订政策，对经济进行需求管理，并取得了一定效果。但是为追求经济增长，凯恩斯主义在实施中扩大需求导致了 20 世纪 70 年代西方国家出现失业与物价持续上涨并存的"滞胀"局面。较为典型的情况是美国经济持续出现通胀和失业率同步逐年递增，1980 年，即里根上台前，美国通胀率达到 13.5%，GDP 实际增速则为 –0.3%。经济学者纷纷向凯恩斯主义提出挑战，并研究替代的理论和政策。供给学派就是在这样的背景下兴起，并在里根总统任期内得以实践。

供给学派强调的所谓"供给管理"，与经济学理论框架中的"需求管理"合乎逻辑地形成一对概念，后者强调的是从需求角度实施扩张或收缩的宏观调控，已为一般人们所熟知，而前者则不然。在凯恩斯主义的"需求管理"概念大行其道几十年之后，在 20 世纪 80 年代，"里根经济学"时期有过一段"供给学派"引人注目的实践经历，其所依托的是并不太成体系的供给经济学（Supply-Side Economics），也并非强调政府在有效供给形成和结构优化方面的能动作用，而是强调税收中性和减税等"减少干预"、使经济自身增加供给的原则。

供给学派针对传统凯恩斯主义需求管理，复活了古典的萨伊定律，即"生产自创需求"——谁也不为生产而生产，目的是消费。生产，分配，交换只是手段。正如李嘉图所言，"任何人从事生产都是为了消费或销售；销售则是为了购买对他直接有用或是有益于未来生产的某种其他商品。所以一个人从事生产时，他要不是成为自己商品的消费者，就必然会成为他人商品的购买者和消费者"。因此，从这一角度审视经济运行机制，问题并不在于需求，而是在于政策错误等导致供给出现了问题。供给学派力主加强市场经济作用，反对政府干预。而在我国市场发育的实际情况和经济追赶（即实施"三步走"现代化赶超战略）的客观

需要之下，解读和借鉴供给学派的主张，还应该进一步强调一点，即有必要再加上政府以经济手段为主有意优化供给引导政策、结构优化政策而避免行政干预失误。政府的经济政策体现为对经济主体经营活动的刺激或抑制因素，其中财政政策在结构导向上最为重要，同时操作工具、操作方式的合理性亦成为关键，因此应该通过减税刺激投资，增加供给，重视人力资本投资，并以支出的重点安排来引导经济结构优化，并掌握好社会福利提升的"度"。

（二）供给学派的影响。

虽然供给学派具有强烈的政策含义，但并未形成一个完整的理论体系。就其政策主张背后的理论而言，实际上是秉承了源自以"看不见的手"为资源配置核心与决定性机制的自由主义传统。尽管 1776 年《国富论》发表后亚当·斯密的智慧已深植于经济学人理念中，但随着 19 世纪后期意识形态方面社会主义思潮的涌现、德国历史学派的出现，特别是"大萧条"后"凯恩斯革命"与凯恩斯主义的兴起，在 20 世纪 50 年代至 70 年代，无论在发达国家、计划经济国家还是广大发展中国家，政府参与经济活动达到了空前程度。随着 20 世纪 70 年代后期美国为代表的发达国家陷入"滞胀"、发展中国家"结构主义"和进口替代战略的破产以及计划经济国家的发展长期僵化停滞，包括供给学派、货币主义、理性预期学派在内的新自由主义才再次使"看不见的手"较充分地成为思想和政策的主流。在 20 世纪 80 年代初期前后，除受供给学派影响的里根经济学外，以货币主义为指导的英国撒切尔政府和奉行新自由主义的德国科尔政府，共同创造了发达国家经济发展的又一个较辉煌时期。然而，螺旋式"否定之否定"的轨迹在"百年一遇"的世界金融危机后再现：危机局面下"国家干预"具有无可辩驳的必要性，使凯恩斯主义的国家干预和马克思主义的制度批判思路再次成为思想界的热点或侧重点。

西方不论是凯恩斯主义独领风骚，还是货币主义大行其道，争论如何"激烈"，在注重总量调控而忽略以政府为主体的结构调控上，都是一致的。曾经盛行的"华盛顿共识"，体现的是只注重需求管理的思路，因为其大逻辑是结构问题可全由市场自发解决，所以政府调控上的"区别对待"便可完全忽略不提。但此次金融危机一来，美国调控当局却实实在在地运用起区别对待的"供给管理"手段，如对若干大型金融机构和"通用"为代表的汽车行业的直接注资与救助。应当说，西方主流经济学的框架与其实践仍是缺乏对称性的，中国经济学的发展创新中，对此当然不可不察。

（三）供给学派得失。

可认为供给学派的政策主张较有效地解决了美国的滞胀问题。1981年，新上台的里根总统提出的"经济复兴计划"开头就声明，他的计划与过去美国政府以需求学派为指导思想的政策相决裂，改以供给学派理论为依据。采取了大幅度减税和削减社会福利等措施以刺激经济增长和减少政府干预及赤字压力。里根执政期间，主导了两次重要的减税措施的制定和实施（1981年和1986年）。在美国处于高通胀、高利率的不利形势下，里根经济政策有效地平抑了通胀，并且保持赤字处于可控制的水平。即使在里根卸任总统之后，人们依然看到里根经济政策对美国经济和国民活力的恢复与提升的影响。美国GDP占世界的比重由1980年的23%上升到1986年的25.2%。并且，这一时期亦成为20世纪90年代以硅谷为代表的"新经济"技术革命的孕育期。

但里根的经济政策也带来了一些明显的负面影响。与苏联的军备竞赛和大力推行的减税计划，使得里根执政时期累计财政赤字高达13382亿美元，这严重影响了美国政府财政的可持续性，在一定程度上拖累了美国经济的持续发展，也给后任者留下了包袱。

此外，以需求管理为核心的凯恩斯主义在欧洲和日本的教训也多于经验。从当前的欧洲债务危机和长期低迷的日本经济的"长期引致期"来看，也说明我们在检讨新自由主义的偏颇的同时，亦十分需要认真吸取传统凯恩斯主义的教训。

三、中国供给管理应以推动机制创新
及结构优化作为切入点

中国特色的新供给管理在过去30多年已在客观的孕育过程之中，主要内源于从计划经济向市场经济转轨的历史命题。回顾历史不难发现，我国改革不断深化的进程正是"摸着石头过河"与阶段性推进的"顶层设计"相结合的过程。20 世纪 80 年代以来，我国经济体制改革过程中有三个意义重大的"三中全会"：1984 年 10 月召开的十二届三中全会作出《经济体制改革的决定》，阐明了经济体制改革的大方向、性质、任务和各项基本方针政策，富有远见地断言，"改革是为了建立充满生机的社会主义经济体制"，并指出，"为了从根本上改变束缚生产力发展的经济体制，必须认真总结我国的历史经验，认真研究我国经济的实际状况和发展要求，同时必须吸收和借鉴当今世界各国包括资本主义发达国家的一切反映现代社会化生产规律的先进经营管理方法。中央认为，按照党历来要求的把马克思主义基本原理同中国实际相结合的原则，按照正确对待外国经验的原则，进一步解放思想，走自己的路，建立起具有中国特色的、充满生机和活力的社会主义经济体制，促进社会生产力的发展，这就是我们这次改革的基本任务"；1993 年 11 月召开的十四届三中全会作出《建立社会主义市场经济体制的决定》，提出了建立社会主义市场经济体制的总体思路，利用有利的国际环境来加快国内的改革发展，是当时强调"战略机遇"的主要着眼点。20 世纪 90 年代以来中国在加快内部经济改革的同时，努力融入国际社会和世界经济，逐步建立一整套基本市场经济制度，也为此后十多年的经济高速增长提供了良好的制度条件，其间 2003 年 10 月召开的十六届三中全会作出《完善社会主义市场经济体制若干问题的决定》，是进一步深化经济体制改革的纲领性文件，为全面建设小康社会奠定了坚实基础。但也需要强调指出，近些年中国经济、社会伴随着"黄金发展"而来的"矛盾凸显"，已使渐进改革路径依赖下制度供给的所谓"后发劣势"有所暴露，改革进入深水区和既得利益阻碍明显的胶着期，亦成为难度明显加大而又时不我待的改革攻坚期。

在以转轨为主题的中国式供给经济学中，必然需要有精细化的思考。在中国改革开放的经济实践中，20 世纪 80 年代以后，就先后有一些学者在扩展的意义上讨论"供给管理"，侧重于讨论因政府而使总供给发生变化的机制中更多样化的政府作为，并特别注重在转轨经济学和制度经济学框架下与政府产业政策实现机制优化等相关联的结构优化，强调在供给角度实施结构优化、增加有效供给的宏观调控创新。可以说，这体现的已经是从理论层面到实践层面的"中国特色"了。

应当看到，在我国经济体制转轨基本完成的同时，渐进改革的难度已明显上升，尚有不少深层次问题有待通过经济理论上的明晰，形成共识，进一步深化改革加以解决。在目前阶段，一系列的"两难"和"多难"式问题，以及结构优化、方式转变已被多年重视而又迟迟没有取得突破性进展等问题，固然有客观原因，但在缺乏理论指导方面的因素不容回避。没有一个以改革为核心的充分注重于供给方面的经济理论来指导改革，就难以达成清晰、理性的配套推进思路，并凝聚社会共识。攻坚克难的实质性改革能否得到真正推进，将决定中国现代化事业的命运。

四、从供给方入手推进改革，
才能有效化解潜在"滞胀"风险并实现可持续发展

（一）中国宏观调控面临新环境、新局面及新挑战。

虽然我国已经成为"世界工厂"，但技术方面自我创新能力仍然不足，技术进步很大程度上仍是对国外技术的模仿，而如今作为技术领头羊的美国通过信息、生物、新能源等技术进步继续引领潮流的努力伴随着严酷的国际竞争手段，未来中国技术进步的空间仍会受到限制。战略性新兴产业政策亟须达到预期效果。人力资本方面，经过高校扩招的教育大跃进，虽然人均受教育年限有所增加，但如今教育的主要功能似乎更多地在缓解社会就业压力，人力资本质量提高的空间受到多种因素制约，职业教育的发展虽有积极努力，但仍任重道远。劳动力供给方面我们更面临着日益老龄化的长期问题。因此，中国面临的总供给冲击将非常迫切。

同时，我们正面临"滞胀式"的潜在威胁。目前，中国可能很快迎来"刘易斯拐点"，即劳动力市场从过剩逐步转向不足。随着劳动力供给逐步趋紧，"巴拉萨—萨缪尔森效应"，也即要素跨部门流动导致的要素价格均等化效应，将导致非贸易品价格即服务业价格加快上涨，推动成本的上升和整体物价水平的上涨。成本推动将成为中国通货膨胀的重要特征。

与"巴拉萨—萨缪尔森效应"和"刘易斯拐点"相伴随的是，我国经济的潜在增长率也将下降。2011年，国务院发展研究中心课题组（刘世锦等，2011）对中期内中国经济增速作了预测。其主要依据是其他成功追赶型经济体的历史经验，并假定中国的发展路径与这些成功追赶型经济体较为接近。由此得到的预测结果是，中国经济潜在增长率有很大可能性在 2015 年前后下一个台阶，时间窗口的分布是 2013—2017 年。目前国内的共识是潜在经济增速将会下降到 7% 左右。按照这一假设，根据姚余栋、谭海鸣（2011）测算，未来要将中长期通胀预期稳定在 2% 左右，通货膨胀稳定在 4%，初步估计，我国非加速通货膨胀经济增长率（NAIRG，指既定的技术和资源条件下，不引发显著和加速的通货膨胀的情况下，我国所能达到的可持续的经济增长率）在 8% 左右。

面对上述新的局面和挑战，当前及今后一个时期，中国经济必须适应中长期经济模式的转变和社会转型，并在世界金融危机之后学会在一个更具广泛性、与国内消费联系更大、对出口和投资依赖程度较小的增长模式中操作。当跨过刘易斯拐点和"巴拉萨—萨缪尔森效应"起点后，由于劳动力供应逐渐紧张，劳动者工资趋于上升，从而有望提高劳动者收入在国民收入中的比重，同时实际有效汇率也将升值。新的背景下，虽然通常的反周期性质的总需求管理不乏其用武之地，但寻求促进生产率长期持续增长的供给政策，将具有越来越重要的意义。

（二）传统意义货币和财政政策已难以适应中国经济步入新阶段后的总体要求。

1. 货币政策的局限性。货币政策作为总量管理政策，难以有效解决经济中的结构性问题。我国最近两轮通货膨胀具有明显的结构性特征，主要以食品价格推动为主因，交通通信及服务和娱乐教育文化用品及服务类商品价格几乎没有上涨，甚至小幅下降。对于猪肉等食品价格上涨，除考虑货币因素外，如果能够有效增加产品供给，将可以缓解物价上涨并实现价格调控目标，而无需全面实行"一刀切"的货币政策调整，减少对本应大力发展的其他部门的不利影响。

在劳动力成本上升和潜在增长率下降的情况下，总需求管理如果操作不当，不仅可能会和其他因素综合而使经济运行陷入"滞胀"风险——美国等已有前车之鉴，还可能引发资产泡沫，日本就是很明显"泡沫化"的前车之鉴。

2. 财政政策的局限性。财政政策所受的"三元悖论"式的制约，是一个永恒的命题，即减税、增支和控制负债三项要求不可能同时满足（贾康、苏京春；2012）。经历上一次 4 万亿元政府投资为代表的扩张性财政政策后，我国财政政策刺激经济的安全空间已明显收窄。而且，更为主要的是，虽然我国宏观税负总体水平尚属合理，但考虑各种制约因素和居民实际社会保障情况，进一步提升税负总水平并不可行，在完善税制基础上通过结构性减税刺激经济增长是必要的也是可行的，但这并不一定会产生长期视野内限制政府财政能力的影响。与此同时，未来我国财政支出将迅速增加，包括用于健全养老金体系、医疗保障、教育、住房等方面的支出，以及建设"创新型国家"的必要投入。另外，目前积累的大规模地方政府融资平台贷款已形成了一定程度的隐性财政负担。因此，中国公共财政负担总体而言会逐渐加重，不突破预留财政空间和保持财政可持续性是重要的目标，需要有关部门未雨绸缪，及早做出安排。当然，这并不意味着短期财政政策不重要，在总需求突然下降时，积极的财政政策对刺激需求起着重要的作用，并且短期措施与中长期结构优化、改革深化的衔接与协调也需要财政政策发挥"区别对待"的特定调节功能。但由于刺激政策、区别对待政策功能与作用空间具有局限性，易与政府的不适当强势干预及改革难题形成交织与纠结。

尽管我国社会福利体系健全完善需要大量的资金投入与财政支持，但其保障水平应符合我国财政可承受力等方面的实际情况。我国现阶段特别需要关注基本民生、改进福利状况，但也需借鉴拉美陷阱和欧债危机的经验教训，注重在统筹协调的科学发展观指导下，在福利增进过程中合理把握"度"，积极稳妥地掌控好可持续的渐进过程，财政政策的客观局限性在此是不可忽视的。

（三）加大调结构力度，加快发展方式转变才能化解潜在"滞胀式"威胁，实现可持续快速发展。

上述从中长期可预见的通胀的因素与增长速度下降的因素合在一起，已使中国经济运行面临某种"滞胀式"的潜在威胁，调控当局的操作空间正明显收窄。

由于我国非贸易产品大多是低生产率且人工密集型产品，这也是这些部门劳动力分享经济高增长收益的重要途径。因而，宏观决策者应当适度降低经济中长期增长目标并适当提高通胀容忍度。

劳动力成本的变化和潜在增长率的下降，经济不可能维持以往的高速增长。特别是，与大宗商品成本的周期性冲击不同，劳动力成本冲击属于持久性冲击。李斌（2011）、伍戈（2011）的分析表明，在这种情况下，如果决策者仍想实现过去较高的经济增速，最终只能带来物价更高水平的持续上涨，而对产出拉动的作用不大。因此，总需求刺激政策并不明智，很可能仅是出现比以往更高的物价上涨，但经济增长仍未见起色，甚至还要低于已经下降的潜在经济增长率（如6%）。一旦在某个临界点上（如7%—8%），增长率居于下方，而通胀水平居于上方，中国经济的运行和调控将变得极其"两难"和棘手。此即中国不可忽视、无法回避的"滞胀式"威胁。所以，只有以实质性的结构优化和增长质量的提升，形成全要素生产率的支撑作用，在以可持续的上行因素对冲各种下行因素之后，保持增长率居于上方而通胀水平居于下方的基本格局相对稳固，才能化解这种"滞胀式"威胁；而优化结构和提高增长质量，势必要求以实质性的改革克服种种既得利益的可能阻碍，化解深层矛盾制约。

五、中国未来宏观经济调控需坚持以改革为依托，更多侧重于从供给端的机制创新入手

30余年的"中国奇迹"是依靠全面开放、利用人口红利参与全球分工和竞争，但更主要的是依靠改革调动了相关经济资源的积极潜力。市场经济在逐步替代计划经济、降低交易成本、提高经济效率的同时，其制度优化进程还存在不对称的地方。目前，我国一般产品市场已基本完全放开，但要素市场和大宗基础能源、资源市场仍然存在严重扭曲，人为压低要素价格，从而粗放地促进经济增长。但也正是如此，对生产者和投资者的补贴，使得经济严重依赖投资和出口，经济结构失衡的矛盾越来越突出。因此，我们必须在实质性推进"顶层规划"下的全面配套改革中对经济结构进行调整，从而合理地运用市场和政府力量的结合，顺利实现向较高水平的常规经济增长路径和可持续增长路径转变。

根据未来一个时期我国面临的内外部形势，我国宏观调控政策一方面要在总需求管理上稳健审慎且能预调微调，避免在稳增长努力下通胀轻易抬头；但更重要的是，应考虑从根本上通过一系列的改革化解制约我国长期发展和全要素生产率进一步提升的深层制度因素。虽然在中长期内，我国面临外部经济环境恶化和老龄化等问题，势必告别高增长奇迹，但这也并不意味着中国经济没有继续保持10—20年较快增长的可能。当前，我国还有很多深层次改革仍未全面开展，如新一轮价税财改革、资源型产品价格形成机制改革、中小企业融资渠道改革、减少行政审批、打破垄断的改革以及户籍制度改革等等，这些改革都能够帮助企业对冲成本上升的压力，增加总供给，从而提高经济活力，既有利于控制住物价，又有利于保住增长的可持续性。"制度红利"是中国未来10年、20年最需要着力争取的因素，也是超越西方的凯恩斯主义、供给学派两端的偏颇而正确发挥出"供给管理"优化结构、促进转轨的合理政府作用而成功使我国实现现代化的前提条件。

因此，未来中国的经济发展迫切需要凝聚改革的共识，也强烈呼唤能促进改革的新供给经济学，并在这个理论框架下探讨"顶层设计"和"系统改革"。为提升全面改革的可操作性，从土地制度、人口流动、公共资源配置、改善民生等重大现实问题入手，需要理论的烛照与指导，呼唤着把政治经济学、制度经济学、转轨经济学等熔于一炉的中国特色的新供给经济学。

六、基本政策主张：以改革统领全局，以"双创双化双减"化解"滞胀式"威胁实现可持续快速发展

如前所述，只有以实质性的结构优化和增长质量的提升，形成全要素生产率的支撑作用，才能化解潜在"滞胀式"威胁。而这些又需要实质性地推动配套改革。由此考虑，我们基本的政策主张可表述为："双创双化双减。"

（一）创新。

面对生产力革命的挑战，我国为实现可持续发展，必须走创新型

国家之路。现时中国制造的成功并不能保证中国新经济的出现。从长期来看，中国经济需要靠自主创新艰难前行，建成"创新型国家"，才能完成从工业经济向"中国新经济"的艰难转轨。可以预计，信息产业、生物产业和纳米产业等战略性新兴产业可能成为中国经济的新引擎。在此过程中，科技创新客观需要以制度创新和运行机制的改造作为关键性的支撑，从这种中国特色转轨道路上的创新特色而言，我们可以强调地说："制度高于技术。"

深化科技体制改革，完善支持自主创新和成果转化的政策体系，引导各类创新主体加大研发投入，调动社会各方面参与和推动自主创新的积极性。完善以企业为主体、市场为导向、产学研结合的技术创新体系。加强创新型人才队伍建设，重视培养引进高科技领军人才。培育创新文化，保护创新热情，宽容创新挫折，形成有利于创新的全社会氛围。为支持从发展基础科研、实施国家科技重大项目到促进科技成果产业化各个方面的自主创新，必须在实行科技体制和管理体系改革、提升绩效的同时，下决心增加科技投入，而当前这方面的资金需求尚未得到很好满足。今后还需要政府对研发的长期投入，并带动市场主体于 2020 年后保持研发投入占 GDP3% 左右的水平。

（二）创业。

充分激发全社会的创造活力，鼓励全民创业，特别在中小微企业和现代服务业上。以我国人口规模，企业数量还可以比现在多几倍。民营经济是经济发展的生力军。民营经济的发展质量和水平，以及升级换代的进展如何，在很大程度上决定了国民经济的整体素质。要以多种制度变革和政策优化举措，支持实现民营经济新飞跃，完善和落实促进民营经济发展的政策举措，鼓励民营企业加强技术创新、管理创新、制度创新和企业文化创新，大力实施品牌战略，着力提高市场竞争能力。国有企业需要进一步深化战略性改组，在健全国有资产管理体系和深化改革中消除过度垄断因素和优化治理结构，发挥其应有的特定功能与辐射力，与民营经济相辅相成共同发展。

（三）城市化。

2011 年，我国以常住人口为统计基础的城市化率为 51.3%，考虑到我国城乡人均收入差距，以及农业与非农产业比较劳动生产率的差距还相当大，我国农村劳动力向非农产业和城市地区转移的动力依然强劲，这也是中国城市化的动力所在。由于城市化意味着收入的提高、消费的提升，人口的高密度聚集，以及进城农民生活和居住方式的改变，城市化毫无疑问是中国经济增长持久的内生动力。城市化也意味着强烈需要供给结构的变化，城市人口的聚集和规模扩大形成的规模经济，将大大促进产业分工的细化和就业结构的细化。但引导好中国城市化的进程，发挥城市化红利，需要对阻碍城市化进程的现行户口制度以及户口附属的福利制度、农村土地制度、城市社会管理、社会保障制度、城市规划体制、各行政区的协调机制等一系列制度，进行相应的变革。必须在弥合"二元经济"的历史过程中，以制度建设、经济手段和其他各种调控手段、政策措施的优化组合，走出一条伴随新型工业化、新型服务业化而同时推进新型城市化、农业现代化而最终达到城乡一体化一元经济和谐境界的"中国道路"。但在城市化过程中，要预防和阻止房地产泡沫的产生与发展。

（四）产业优化。

在扶持战略性新兴产业的同时，中国不能放弃制造业的升级换代，不能简单将现有传统产业淘汰到国外，而应结合主体功能区规划和通过政策引导促使其渐次向中西部转移，同时鼓励现有产业改造升级，并大力促进第三产业、特别是现代服务业的充分发展。要在成为创新大国的过程中，通过技术创新、商业模式创新、产业创新，和以股权投资母基金引导社会资本投入方向，形成合力来加大战略新兴产业的成长步伐，争取弯道超车后来居上。要加快在资源能源、广电、文化、医疗、教育等垄断行业或过度垄断领域的改革、开放步伐，引入民间资本和资本市场力量，加快形成健康产业、老年护理产业、文化产业、创意产业等新的产业链、价值链和新兴产业群，释放出巨大的产业能量和活力。要通过4G建设、高铁主干网建设、城镇化建设和航天军工民用化，带动移动互联网、绿色建筑、高端装备产业和新材料的发展。应推出有利并购重组的政策，以及通过资本市场功能的发挥促使产业、行业间资源重新有效配置，改善经济整体质量。

同时必须看到，政府扶植产业的效果已经在逐渐递减。中国产业结构优化升级的动力和压力分别来自收入提高后的需求结构多样化和需求结构升级、人口红利逐渐消失后因劳动力成本上升导致的传统比较优势的丧失、全球化环境下开放带来的国际竞争压力，等等。开放条件下国际贸易和投资规则的限制，使我们传统的通过政府扶持和优惠为主的产业政策手段，越来越多地受到贸易对手的关注和制约。因此，新时期推动结构优化和升级的措施，应该更加注重发挥市场机制的作用，让企业真正成为围绕需求结构变动展开创新和产业、行业结构升级的主体。政府的作用应该重点转向营造良好的市场环境，包括改革深化金融体系、培育创业和风险投资、提供必要的政策性金融产品，为结构升级提供更加高效的融资服务；加强基础研究和技术研发的政府投入，引导并激励企业加强研究开发投入创新产品、打造品牌，赋予学校更大的办学自主权并引导教育结构更好地满足结构升级的需要；营造更加公平的竞争环境，减少对不同产业领域的行政管制和垄断，推动产业投资准入的进一步开放和全过程的公平竞争。

（五）减税。

应以结构性减税作为现阶段宏观调控和财税政策的重点和亮点之一。结构性减税是激发市场主体"两创"活力并以经济杠杆引导结构优化、方式转变的代表性机制之一。税外负担的减轻需与减税相互结合与协调。税制的总体优化需在远景上按现代社会、现代国家发展目标模式，近景上适应各发展具体阶段上的要求与制约，纳入财政、经济、行政和政治体制配套改革，积极有序推进。

（六）减少行政审批。

减少行政审批应成为进一步转变政府职能、推进市场化改革的重要切入点和基本取向，进而以实质性减少政府行政干预特别是行政许可的制度改进，营造良好的企业经营环境，降低交易成本，达到鼓励创业、创新，提高效率，推进两化的综合效应。

我国各级政府大大小小的行政审批不仅导致各类寻租腐败行为，更重要的是增加了企业经营的不确定性和交易成本。未来中国产业结构的调整和升级，不可能再指望产业政策对几个支柱产业或战略性新兴产业和国有企业的扶持来实现，更多的是需要通过广泛的创业和创新活动来实现，而这类创业和创新活动的主体，必然是遍布各地和各个产业的中小企业。为了促进中小企业的创新和创业，必须大大减少不合理的政府行政审批项目，加强对私人产权的依法保护，花大力气改进企业的营商环境。国务院最近减少行政许可事项的改革，以及广东省减少行政审批事项，开展以"三打两建"为主要内容的建立具有国际水准的营商环境的努力，是一个有远见的开端，需要进一步深入。

我们认为应坚持邓小平同志"发展是硬道理"的核心思想，并升华为"全面协调可持续的科学发展是硬道理"的层面，以改革统领全局，适应中国新一轮经济发展的总体要求，针对当前和今后一个时期面临的多方面问题和矛盾，着重从供给方入手，构建促进总供需平衡和结构优化、增长方式转变的"新供给经济学"，并作为指导中国未来可持续发展的核心经济理论之一。在上述基本考虑中，"两创"是发展的灵魂和先行者；"两化"是发展的动力与升级过程的催化剂；"两减"则代表着侧重于提升供给效率、优化供给结构以更好适应和引导需求结构变化的制度基础。试以"两创两化两减"来粗线条地、突出重点地表达我们在以改革为核心的新供给经济学思路上所强调的基本政策主张。

参考文献

［1］贾康.中国特色的宏观调控必须注重理性的"供给管理"［M］//热点与对策——财政研究报告 2009—2010.北京：中国财政经济出版社，2011.

［2］贾康，苏京春.财政分配"三元悖论"制约及其缓解思路分析［M］//收入分配与政策优化、制度变革.北京：经济科学出版社，2012.

［3］刘世锦，等.陷阱还是高墙：中国经济面临的真实挑战与战略选择［M］.北京：中信出版社，2011.

［4］李斌.经济增长、B-S效应与通货膨胀容忍度［J］.经济学动态，2011，1.

［5］李稻葵.新财富滞胀风险呼唤以改革为核心的新供给学派［J］.新财富，2008，8.

［6］李万寿，等.课题报告：我国技术创新的体制机制问题研究［R］.中国国际经济交流中心，2011.

［7］沈建光，姚余栋.消费率反转契机［J］.财经，2011，30.

［8］伍戈.输入型通胀与货币政策应对［J］.国际经济评论，2011，6.

［9］姚余栋，谭海鸣.中国金融市场通胀预期——基于利率期限结构的量度［J］.金融研究，2011，6.

改善供给侧环境与机制，激发微观
主体活力，创构发展新动力[1]

——"十三五"时期创新发展思路与建议

2011 年以后，我国经济告别两位数增长状态而进入潜在增长率"下台阶"的新阶段，"新常态"其"新"已在经济下行中明朗化，而其"常"则还未实现，需要完成探底、在企稳后对接一个增长质量提升且尽可能长久的中高速增长平台。对此至为关键的结构优化和创新驱动，必须以实质性推进"攻坚克难"的全面改革来保障。"十三五"规划期在即，党的十八届五中全会基于系统化表述的发展新理念，提出了"释放新需求，创造新供给"的指导方针。为处理好新阶段动力机制转换与优化、促使微观经济主体潜力与活力充分释放的相关问题，十分需要注重在整个经济体系的供给侧，正确把握改善其环境与机制的思路和要领。在传统的总量型需求管理还有一定作用和优化提升空间（主要在短期、年度的"相机抉择"概念上的同时，我们迫切需要释放新需求，创造新供给，着力改善供给环境、优化供给侧结构与机制，特别是通过改进制度供给，大力激发微观经济主体活力，构建、塑造和强化我国经济长期稳定发展的新动力。在新近中央财经领导小组第十一次会议上，习近平总书记强调，"在适度扩大总需求的同时，着力加强供给侧结构性改革，着力提高供给体系质量和效率，增强经济持续增长动力"，这为以中长期视野推动我国社会生产力水平实现"升级版"的整体跃升，给出了极为重要的指导。

1　本文原载《经济研究参考》2015 年第 64 期，系华夏新供给经济学研究院课题组研究成果，课题负责人：贾康；课题组成员：贾康、姚余栋、黄剑辉、冯俏彬、苏京春；主要执笔人：贾康、冯俏彬。

一、中国特色的宏观调控：必须注重理性的"供给管理"

在我国进入"中等收入"阶段后，增长状态合乎规律地由"高速"向"中高速"下调，仍在延伸中的弥合"二元经济"过程，将继续释放出巨量需求，但适应和满足需求的供给机制，其动力结构正在经历深刻的变化：前期支持高速增长的人口红利、低廉劳动力等比较优势，需要向"全要素生产率"转型求得替代物；原来我国作为低起点发展中经济体的"后发优势"，正需要从低端产业向中、高端产业爬升；近年我国主要经济指标之间的联动性亦出现变化，居民收入有所增加而企业利润下降，消费上升而投资下降，宏观调控层面货币政策持续加大力度而效果不彰，旧经济疲态显露而以"互联网＋"为依托的新经济崭露生机，东北区域经济危机因素加重而一些原来缺乏基础优势的西部省市则异军突起。简言之，中国经济的供给升级客观需要和结构性分化过程，正趋于明显。相应于这番情景，必须看到，过去侧重总需求管理的宏观调控手段的可用空间已经显著收窄。在"新常态"下，投资尤其是政府常规投资的边际收益率持续下降，国际需求低迷且不确定性明显，国内需求方面，家电、汽车、住房等大宗"耐用品"已基本走完排浪式消费的历程，正在向个性化、多元化和对接"服务型消费"方向转化，结构性的优化细分成为发展潮流和经济成长性的新支撑因素。因此，基于总量调控和短期考虑的需求管理已远不足以"包打天下"。鉴于我国最近两轮通胀—通缩压力转变都有明显的结构性特征（通胀构成因素中，以食品价格推动为主因，在 CPI 的上涨因子中高居 50%—85% 的份额，其他多种商品价格几乎没有上涨），因而仅靠货币政策的总量调节难于从根源上消除引发通胀或通缩的高权重因素。财政政策方面，经历了上一次 4 万亿元政府投资安排为代表的一揽子扩张性刺激政策后，进一步以财政政策手段刺激经济的安全空间也已收窄，特别是考虑到我国基本上没有可能再提高宏观税负、未来社会保障支出压力伴随老龄化进程极为巨大等情况，就更是如此。

与此同时，中国经济存在着十分突出的结构性问题，由不平衡向较平衡状态作调整以及由被动的高代价平衡向积极主动较低代价的平衡作调整，势在必行，而且变不均衡为均衡的过程，同时也就是释放潜力、激发活力、合成动力、打造"升级版"的过程，客观上需要特别发挥供给侧管理的结构调整作用，即力求在短板上增加有效供给。应考虑：

——我国是世界上最大的发展中国家和最大的"二元经济"体。为解决好"三农"问题，需要在广阔的国土上积极稳妥地推进农业产业化、新型工业化和合理的城镇化，以及基本公共服务的均等化，实施扶贫攻坚、社会主义新农村建设和城乡一体化举措。这需要在一个历史时期中投入天文数字的财力。面对城镇化继续提升、伴随新农村建设和基本公共服务均等化，我们仍然感觉投入不足，大量可做、应做的事情还只能循序渐进、区分轻重缓急、孰先孰后，逐步去办。经济低迷时实行政策扩张，还可以尽力在这方面多办一些事。

——我国的区域间差异在这些年的发展过程中仍然巨大。亟须通过合理的统筹协调来有效地贯彻中央确定的西部大开发、振兴东北等老工业基地、中部崛起和京津冀一体化、长江经济带发展和"一带一路"建设等，适当加大中央政府转移支付的力度，控制区域差距、促进区域协调发展。这也需要为数可观的财力，可用的钱还很不足。

——我国在争取 2020 年实现全面小康和努力构建和谐社会的过程中，有与民生密切相关的一系列公共产品和公益服务亟待增加供给。如实行义务教育全面免费后的质量提升、建立城乡基本医疗保障、基本养老保障体系，健全已有的城乡居民低收入保障制度、进一步发展城镇住房基本保障制度；保护生态、治理污染以改进城乡人居环境（如进一步解决欠发达区域至少还有数千万人尚未得到安全饮水保证条件的问题、力求控制与消除已带环境危机特征的雾霾威胁，以多种手段促进"绿色发展"）；等等，莫不需要大量的资金来做重点投入。

——我国为有效促进经济增长方式转变，实现可持续发展，必须贯彻国家中长期科技发展规划，走创新型国家之路。为支持从发展基础科研、实施国家科技重大项目到促进科技成果产业化各个方面的自主创新，要在实行科技体制和管理体系改革、提升绩效的同时，下决心继续增加科技投入和研发开支，并努力提升其绩效，我们仍然是处于资金制约之下的科技投入相对不足、绩效待升状态。

——我国的经济社会转轨还在持续过程之中，还应继续瞻前顾后为支撑全面改革垫付和填补转轨成本。某些颇具难度的改革事项如"新医改"，原来曾预计三年内要求8500亿元左右的新增财力"结构化"地投入其关键领域和环节，实际情况是早已成倍付出而收功还未有穷期。

——我国国防和必要的重点建设，仍需可观的资金作重点的支持。

总之，如果我们在原来货币政策的"从紧"和财政政策的"稳健"搭配，转入认识适应和引领"新常态"的适当宽松的货币政策与扩张性积极财政政策的搭配之后，坚持有所区别对待地在我国"三农"、社会保障、区域协调发展、自主创新、节能降耗、生态保护、支持深化改革等领域，运用结构性对策加大要素投入的力度和促进相关机制创新改进，便是通过"供给管理"加强了这些经济社会中的薄弱环节，即增加了国民经济中的有效供给和可持续发展支撑条件，并适应了激发微观主体活力、增强经济发展动力的环境建设客观需要。这只会改进而不会恶化总供需的平衡状态，只会有利于维护"又好又快"的发展局面而不会助长下一期的通货膨胀和经济过热，而且将会增强我国在国际竞争环境中的综合竞争力和发展后劲。综合考虑，在中国的调控实践中，针对客观需要并结合世界金融危机以来全球范围内对经济学理论及政府实践的反思，应当把"供给管理"摆在长期视野中并更多地加以强调和优化。作为一个转轨中的发展中大国，追求"追赶—赶超"式后来居上的现代化，大思路定位必然是"守正出奇"，在充分尊重市场总体而言的资源配置决定性作用的同时，也在政府职能方面有意识地把总量型需求管理与结构型供给管理相互紧密结合，特别是把理性的供给管理作为"十三五"及长时期内"更好发挥政府作用"的中国特色社会主义市场经济的内在要求和重要组成部分。

二、我国基本国情与未来经济社会发展的战略选择

当前全球主要国家经济增长分化加剧，美国已完成复苏，欧元区在波折中温和复苏，日本停滞不前，而大部分新兴市场国家则面临较为严

峻的经济下行压力。这种发达经济体与新兴经济体复苏步伐不一致的局面加剧了世界经济的不平衡，使我国经济发展的外部环境面临更大的复杂性和不确定性。正在步入经济发展新常态的中国，无论是从人口总数、市场规模还是经济发展潜力看，都是一个超大经济体的"巨国"，虽然仍有巨大的发展空间、回旋余地和调适弹性、抗跌韧性，但处于增长速度换挡、经济结构调整、发展方式转变、增长动力转换的交替关口与阵痛期，外部全球竞争和内部"三期叠加"之下，各类矛盾和风险隐患不能忽视。关于我国供给环境、条件与约束的考察认识，将有助于、服务于作出新时期正确的经济社会发展战略抉择。

（一）高度重视三大国情约束条件。

1. "半壁压强型"的巨大能源、环境、空间压力约束。对于中国基本国情的理解认识，极有必要注重著名的"胡焕庸线"——这是指由胡焕庸教授于 1935 年提出，其以黑龙江瑷珲和云南腾冲为两点确定的直线，将中国领土划分为东南和西北二部（故亦称"瑷珲—腾冲线"）。该线倾斜约 45 度，以该线为界，当时东南半壁 36% 的土地供养了全国 96% 的人口；西北半壁 64% 的土地仅供养 4% 的人口，二者平均人口密度比为 42.6∶1。随着以后年月里人口普查工作的陆续进行，相关数据显示，60 余年间东南部人口的绝对数值已由 4 亿多增长为 12 亿多，但占比比 1935 年只减少了 2 个百分点（数据口径均不包括台湾）。截至目前，已历 70 年的发展过程中（包括多轮次的"支边"等），"胡焕庸线"这条"神奇的中部主轴"对中国人口分布格局所揭示的内容，基本不变！

以"胡焕庸线"为重要线索来进一步认识中国基本国情对经济发展的特殊制约和挑战，具有非同寻常的现实意义。最简要地说，与近年资源、环境矛盾凸显（如雾霾所代表的环境危机因素）有内在因果关联的是：中国的人口密度、汽车空间密度及能源空间消耗密度等，高度集中于东南沿海一带，形成"半壁压强型"的资源、能源耗用及相伴随的环境压力，再加上前些年"压缩饼干式"和粗放式外延型经济发展阶段中超常规的高峰期密度提升系数，又再加上中国资源禀赋条件决定的基础能源"以煤为主"伴生的异乎寻常的环保压力，势必引发高压力区和高压力阶段上基础能源禀赋结构叠加而成的中国"升级版"可持续发展所面对的矛盾凸显,其所形成的"非常之局",使得以供给管理"非常之策"调整结构、维持生态、优化供给环境、释放增长空间的任务,越发迫切和不容回避。

2. "中等收入陷阱"历史性考验阶段的到来。"中等收入陷阱"决非所谓"人为问题"和敌对势力打压中国的"概念陷阱",它作为一种全球统计现象,反映的是真实世界中的"真问题",更是一个在我国"十三五"及中长期经济社会发展过程中关乎现代化"中国梦"命运的顶级真问题。基于1962—2013年全球数据,对成功跨越"中等收入陷阱"经济体的路径进行研究,可得到相关结论:成功者跨越"下中等收入陷阱"期间GDP增长率均值则至少为8.50%,跨越"上中等收入陷阱"持续时间均值为15.9年,这期间GDP增长率均值为5.08%;中国前面跨越"下中等收入陷阱"持续时间为14年,GDP增长率均值为9.87%,表现不错,但今后在"十三五"及中长期将面临跨越"上中等收入陷阱"的严峻考验。国际经验还表明,中等收入经济体成员在试图摆脱"下中等收入陷阱"和"上中等收入陷阱"的过程中,不乏出现"晋级—退出—再晋级"的反复。我国如何顺利走出中等收入陷阱的潜在威胁,伴随有国内外一系列矛盾纠结和棘手难题,特别是渐进改革"路径依赖"之下制度性"后发劣势"的可能掣肘。这是摆在决策层及全体国民面前一道严肃的历史性考验课题,并对优化供给环境和机制提出了重大要求。

3. 最大发展中国家弥合二元经济走向"共富"过程的严峻现实挑战。由于自然和历史原因,我国是世界上最大的多民族城乡二元经济体,改革开放以来,虽力求通过首先允许一部分地区、一部分人先富起来而走向共同富裕,但意愿中的"共富"进程明显滞后,并由于主要的制度变革尚未到位,城乡二元特征仍然十分明显,区域差距和居民收入及财富差距有所扩大,最发达的东南沿海、北上广中心城市景象堪比发达国家,而广大的中西部一些地区则形似贫穷落后的非洲国家,伴随着分配秩序紊乱、分配不公多发。如何将城乡、区域差距和居民收入差距、财产差距保持在各方面能够承受的范围内,特别是如何实现收入、财产分配中的公平正义，已形成一种严峻的挑战，并将深刻地影响、联动发展进程中的供给环境与机制优化问题。

（二）未来经济战略目标与战略分期。

党的十八大指出，"我们必须清醒认识到，我国处于并将长期处于社会主义初级阶段的基本国情没有变，人民日益增长的物质文化需要同落后的社会生产之间的矛盾这一社会主要矛盾没有变，我国是世界最大发展中国家的国际地位没有变"，这"三个没有变"体现的国情特征以及我国 13 亿人口消费品市场的供给端呈现为"本国生产为主，海外进口为辅"的特点势必要逐步在全球化与"和平崛起"过程中接近美国"全球供给、海外进口为主，本国生产为辅"的市场结构，决定了中国在相当长时期内不断推进经济、社会"升级版"的演变中，供需的主要矛盾方面在于抓好供给端。从经济生活的实际情况看，近年国庆、春运期间"火车票一票难求""高速路车满为患""旅游景点摩肩接踵""出境旅游呈现排浪"等现象，以及房价房租上涨趋势、看病难看病贵、择校难学费贵等问题，清楚地表明了我国在居民收入上升中有着巨大的真实需求，而结构性供给不足的矛盾十分突出且将与种种矛盾凸显和解决过程伴随而长期存在。因此，我们认为，"十三五"和今后一个较长时期的战略目标应当是：先在"升级版增长平台"上使经济企稳、发展动力转型提升，进而实现全面小康、跨越中等收入陷阱，继续从"追赶"对接到"赶超"，以实质性的"全面改革，全面依法治国和全面从严治党"对接现代化"民族伟大复兴"的"中国梦"。

放眼未来，以 2049 年即新中国成立 100 周年为界，我们认为大致可做如下战略分期：

——2016 年到 2020 年，推进改革攻坚克难，全面建成小康社会并力求十八届三中全会以来的改革顶层规划中排列的重大、基本改革任务取得决定性成果。

——2021 年到 2030 年，乘势架设改革创新之桥跨越中等收入陷阱，建设创新型国家打造高收入国家。

——2031 年到 2049 年，持续强化软硬实力，阔步重返世界之巅。

三、解除供给抑制、放松供给约束是提高我国经济 潜在增长率、变微观潜力为发展活力的关键所在

（一）改革开放以来我国经济发展取得巨大成就主要是依靠供给侧改革。

过去 30 多年，中国经济实现了年均近 10% 的高速增长，总量规模在世界各国当中的排名上升到第二位，占全球经济的比重由以前的不足 2% 升至 10% 以上。2010 年，我国人均 GDP 超过 4000 美元，进入中等收入国家行列。近年来，我国人均 GDP 继续上升，2011—2012 年分别超过 5000 美元和 6000 美元，2013—2014 年分别为 6767 美元和 7485 美元。此种巨大规模经济体的长期高速增长，在人类经济史上罕见，成就的取得，主要是中国在以经济建设为中心的正确基本路线指导下，在总供给管理角度（制度供给和结构调整）开创性地实现了从计划经济向市场经济转轨的变革，极大地释放了供给潜力（当然同时也较有效地对总需求进行了管理）。回顾历史，我国改革不断深化的进程正是不断调整落后、僵化的生产关系以适应不断发展变化的生产力的过程，正是不断自觉进行供给侧结构性改革、释放微观市场主体潜力与聪明才智、提升经济社会发展活力的过程。自 20 世纪 80 年代以来，我国经济体制改革进程中召开过数次意义重大的"三中全会"。1984 年 10 月召开的十二届三中全会作出《中共中央关于经济体制改革的决定》，阐明了经济体制改革的大方向、性质、任务和各项基本方针政策，富有远见地断言，"改革是为了建立充满生机的社会主义经济体制"，并指出："为了从根本上改变束缚生产力发展的经济体制，必须认真总结我国的历史经验，认真研究我国经济的实际状况和发展要求，同时必须吸收和借鉴当今世界各国包括资本主义发达国家的一切反映现代社会化生产规律的先进经营管理方法。"1993 年 11 月召开的十四届三中全会作出《中共中央关于建立社会主义市场经济体制若干问题的决定》，里程碑式地提出了建立社会主义市场经济体制的总体思路与目标模式，利用有利的国际环境来加快国内的改革发展，是当时强调"战略机遇"的主要着眼点。

20 世纪 90 年代以来中国在加快内部经济改革的同时，努力融入国际社会和世界经济，逐步建立一整套基本市场经济制度，也为此后 10 多年的经济高速增长提供了良好的制度条件，2003 年 10 月召开的十六届三中全会作出《中共中央关于完善社会主义市场经济体制若干问题的决定》，成为进一步深化经济体制改革的纲领性文件，为全面建设小康社会奠定了坚实基础。2013 年，党的十八届三中全会作出《中共中央关于全面深化改革若干重大问题的决定》，使市场在资源配置中总体而言的决定性作用终于表述到位，并形成了具体操作点多达 336 项的改革顶层规划（即"六十条"），是在新时期、新形势下进一步释放经济社会潜力、活力的重大举措，也为供给管理注入了新时代背景下的新内容新要求。其后，十八届四中全会关于"全面依法治国"的部署，五中全会系统化表述的发展新理念，则使制度供给的全面配套和发展观念更新的升华，构成互相呼应的总体协调与完整布局。

（二）当前我国经济仍面临严重的"供给约束"与"供给抑制"，呼唤着实质性的供给侧改革创新举措。

已有的经济理论认为，支持经济长期增长的要素（动力源）主要有五个：劳动力、土地及自然资源、资本、制度、创新。国际经验表明，各经济体在进入中等收入阶段之前，前面三项对于经济增长的贡献容易较多地生成和体现出来，而进入中等收入阶段之后，后面两项的贡献更大，并且极其关键。所以，中国新时期的增长动力构建，实为城镇化、工业化、市场化、国际化、信息化与民主法治化发展过程由五大要素动力源合乎规律的优化重构而成的混合动力体系。

1.人口红利下降，劳动力成本上升。我国人口总量世界第一。改革开放以来，以农民工及其家庭成员为代表的农村人口向城市、向工业领域的巨量转移，是支持我国获得当今经济发展的主力贡献因素之一。但是，据学界测算，在 2011 年前后，我国经济发展中的"刘易斯拐点"已经出现，2012 年后社会劳动适龄人口规模每年净减少数百万人，以低廉劳动"无限供给"为特征的劳动力转移及劳动适龄人口充裕状况对于中国经济的贡献和支持，颓势已现，近年在各地不断出现的民工荒、招工难以及劳动力工资水平明显上升，就是明证。与此同时，我国人口结构已明显老龄化。新供给团队的研究表明，在未来不到十年间，我国将步入超老龄化社会，速度之快超过日本。通观全球人口与国力变化史，人口基数与结构的变化对国力、国运长远而言带有决定性的作用。因此我国自20世纪70年代以来执行的以严格控制人口数量为目标的人口政策，已到了非调整不可的时候，切不可再作拖延。

2. 土地制度僵化落后，自然资源粗放、低效耗用。我国土地及相关自然资源管理方面存在的供给机制不能适应市场经济的问题十分明显。随着城镇化的发展，大量邻近城市的农村土地（包括集体建设用地和宅基地等）通过各种形式转化为城市发展用地，这本是城市化的题中应有之义。但是，由于现行土地管理制度过于僵化，未能形成与时俱进的供给机制，引发诸多社会冲突与群体性事件，以及"小产权房"等棘手难题。除土地之外，我国其他各类自然资源方面，也存在着比价关系严重扭曲、市场化价格形成机制缺失以及政府发展经济急切而强烈的动机之下的粗放、低效使用，已经造成近年来各方面有深切感知的、公众意见十分强烈的各类水体、土壤、大气污染问题以及资源能源挥霍式耗用等严重问题。

3. 金融压抑明显，对实体经济的多样化融资和升级换代支持不足。无论是从国内储蓄还是外汇储备上看，我国似乎都是世界上"最有钱"的国家。但从资本的使用效率上看，从实体经济得到融资支持的程度上看，我国金融领域存在的供给抑制与供给约束又可居世界之冠。一是利率市场化到现在刚刚走上"行百里半九十"的关键性路程。二是金融市场主体"大小不均"，主体的国有比重过大而民资外资比重过低、超级银行占比过大而中小型金融机构占比过小。三是资本市场结构不合理，主板市场占比过大而创业板、新三板、场外股权交易市场还严重不足。四是除银行间投融资体系高利差抬高融资成本之外，设租寻租、"红顶中介"等，又将创业创新活动的综合融资成本抬得更高。这些导致长期以来我国对经济增长贡献可观、特别是对就业贡献最大的广大中小微企业，得不到较充分的融资供给，实体经济升级换代"突破天花板"得不到投融资供给机制有力支撑，"三农"领域的金融支持也始终盘桓于政策倡导层面而实质性进展十分缓慢，大众创业、万众创新面临的实质性融资门槛，仍然比较高。

4. 教育体制扭曲、僵化，科技创新驱动力弱。早在党的十六大文件中，就提出了建设创新型国家。我国经济增长的动力机制应当而且必须强化创新驱动，已成为各方共识。但从进展看，科技研发的创新活力和相关人才的培养、供给机制，被行政化、官僚主义、形式主义和种种违反科研规律的不当制度机制所扼制，虽然一方面我国科研人员的论文发表数、专利申请数快速增长、已名列世界前茅，然而另一方面科技成果向产业、市场的转化率不到10%，究其原因，相当重要的前置环节——教育领域即人才培养体系中，由于严重的行政化、应试教育化等而窒息创造性人才的生长，形成"钱学森之问"的难解之题；具有支撑意义的基础科研领域中，激发科技人员潜心研究的体制机制不到位；应用研究中，一是科技成果转化的激励机制明显滞后，二是知识产权保护不力，三是后勤支持机制落后，四是狭窄的部门利益形成"条块分割"式创新阻碍和资源条件共享壁垒。

5. 政府职能与改革不到位，制度供给仍严重滞后。改革开放以来我国经济社会获得的巨大增长和进步，与政府管理理念的改变、职能的调整、方式的转化、体制机制的不断优化有极其密切的关联。但随着改革进入深水区，政府职能的优化进程与制度变革的推进，已经大为滞后。一是关键功能不到位。市场经济条件下政府的主要功能应是维护公平正义和市场监管、公共服务与社会管理，但实际生活中，市场公平竞争环境受到过度垄断、设租寻租、"红顶中介"等的困扰与损害，假冒伪劣等不良行径往往不能得到有效监管和打击；应有的公共服务被管理部门与环节上的"权力最大化、责任最小化"之争和扯皮推诿所销蚀；应履行的政府社会发展管理规划职能，其形态与水平明显落后于时代要求，各方一再呼吁的把经济社会发展、国土开发整治、城乡基础设施、交通运输、生态环境保护、产业园区和主体功能区"多规合一"，始终未有实质性进展。二是关键和重点领域改革不到位，如财税改革、土地改革、金融改革、国企改革、收入分配改革、人口战略调整等，大都慢于社会预期，党的十八届三中全会后首先由政治局审查通过的财税配套改革方案，实施中已出现与时间表要求不匹配的明显迹象。三是政府支持经济发展手段方式陈旧，仍然习惯于以"政"代"经"，以"补贴""优惠""专项"等吃偏饭方式，代替扎实的市场环境打造与市场基础建设。四是政策机制的设计质量往往不高，效果还有待提升，如政府主推的棚改、医改、中心区域交通体系建设等，大方向正确但方案纰漏、缺陷不少。

（三）新供给经济学首先是改革经济学：攻坚克难的改革是统领、改革中"守正出奇"是关键。

作为一个转轨中的发展中大国，追求后来居上的现代化，为成功实施赶超战略，在政府职能方面必然要有意识地把需求管理与供给管理相互紧密结合，而且尤需做好供给管理。这既是基于我国三十多年来改革开放的基本经验，亦是基于当下经济发展的现实需要，也是基于对西方主要发达国家近年来在调控、管理经济方面一系列经验教训的总结。特别应当注重制度供给，在新的时期以全面改革为核心，来促进供给端解放生产力、提升竞争力，以此生成我国经济社会升级版所需的有效供给环境条件，解除供给约束，推动改革创新"攻坚克难"、冲破利益固化的藩篱，充分激发微观经济主体活力。这是续接和有效增强经济增长动力的"关键一招"，也是从要素投入、粗放增长转向供给升级、集约增长，引领市场潮流而创造需求，得以实质性联通"脱胎换骨、凤凰涅槃"式结构调整的主要着力点。

新供给经济学的思维重点，首先是强调在"四个全面"总体布局新时期，"攻坚克难"地从增加有效供给角度实施制度创新供给和结构优化，衔接从短期到中长期目标的运行调控。因而供给管理的手段，既需注重充分地尊重和敬畏市场，又要理性地、"守正出奇"地引导和建设市场，以经济手段为主，与深化改革优化制度供给紧密结合，进一步解放生产力、构造"又好又快"发展的持续动力源，实现全面小康与中国梦想。

四、优化供给侧环境与机制、释放潜力、托举经济质量"升级"式增长的主要政策建议

以"实现中华民族的伟大复兴和人民群众的美好生活""强国富民"为根本发展目标，以"改革开放、动力混成、创新包容"为主驱动力，

需更注重以中长期的高质量制度供给统领全局的创新模式，取代短期需求调控为主的凯恩斯主义模式，在优化供给侧环境机制中，强调以高效的制度供给和开放的市场空间，激发微观主体创新、创业、创造的潜能，提升全要素劳动生产率，以释放潜力、激发活力托举新常态的经济社会"质量升级式"发展，稳增长、优结构、护生态、惠民生。

根据我们的测算，随着我国经济到达"巴拉萨—萨缪尔森效应"（实际汇率上升）和"刘易斯拐点"（劳动成本上升），经济的潜在增长率合乎逻辑地有所下降。初步估计未来几年间，我国非加速通货膨胀经济增长率（NAIRG）在8%左右，而非加速通货紧缩经济增长率（NADRG）在6%左右。以此而言，2015年确定的7%左右经济增长率，如政策和工作不出大的偏差，应可实现，关键是需同时引导市场预期和"升级版"的演变过程进入良性循环，争取相对顺利通过市场"优胜劣汰"压力为主的阵痛期，对接一个尽可能长时间的升级版中高速增长平台。在我国，往往在经济下行压力明显时，也正是改革推进阻力较小之时。应抓住时机，推进改革优化供给侧环境机制，为我国的长远可持续发展夯实基础。

我们的主要建议是：

（一）立即调整人口政策，从控制人口数量转向优化实施人力资本战略。

纵观世界史，国家兴衰与人口的变化息息相关。面对我国劳动人口明显下降、老龄化社会加速到来的趋势，必须尽快、果断调整我国人口政策。在严格的控制人口政策按原"三十年为期"框架实施了三十多年之后，我国实已进入调整人口政策的最后窗口期，绝对不能在这个问题上犯颠覆性错误。一是现仅对体制内几千万适龄家庭人群适用的"一胎管制政策"和"单独两孩政策"，亟须尽快转变为"放开二胎"，此举近中期可缓解"一胎"引致的一系列社会问题并提振消费，中远期可在提升人民群众"幸福感"、夯实和谐社会根基的同时对冲部分人口老龄化压力（中央十八届五中全会宣布的"放开两孩"政策调整出台后，还可以并应当动态推进，后续优化举措）。二是将以计划生育重点针对体制内的人口控制，过渡到以整个社会全面优生和提高人口质量为核心的人口战略，并进一步改写为以教育和提升创新能力为核心的人力资本战略。另外，促进人口流动、适当吸引移民也应当成为我国人口政策的重要内容：一方面，要以实施城乡基本公共服务一体化为制度依托，顺应城市化进程中人口从农村向城市流动的历史性趋势，另一方面要适度放开移民政策，既要积极引入高端、优质的创新型人才，在需要的时候也要有序引入熟练技工。总之，从各方面情况看，人口政策的调整是人心所向、成本最低、见效最快、利国利民、福及千秋万代的"仁政"，应当尽快颁行。

（二）积极审慎推动土地制度改革，逐步建立城乡统一的土地流转制度。

土地是被称为"财富之父"的根本资源，土地制度是国家的基础性制度，也是供给管理的极重要内容。土地制度改革事关利益格局的重大调整，需要长远谋划、积极审慎。当前，土地制度改革的焦点主要集中在农村土地方面（涉及集体经营用地、农民承包地和宅基地）。我们建议积极落实十八届三中全会《决定》中的有关精神，明确农村集体经营性建设用地入市范围和途径；建立健全市场交易规则和服务监管制度，积极总结借鉴重庆等区域以"地票"制度处理远离城市中心区的农民在农地"占补平衡"框架下分享城镇化红利的经验。全面推动农民承包土地使用权的确权、流通、转让、租赁制度，保护农民的合法权益。探索农民住房保障在不同区域户有所居的多种实现形式。应充分重视深圳特区"先行先试"环境下形成的"国有平台，整合分类，权益求平，渐进归一"土地制度改革经验，在逐步建立城乡统一的土地产权框架和流转制度过程中形成兼顾国家、单位、个人的土地增值收益分配机制。土地征收中严格界定公共利益用地范围，规范程序，公开信息；建立对被征地农民的合理、规范、多元的补偿和生活保障、生产引导机制。

（三）全面实施金融改革，积极解除"金融抑制"，有效支持实体经济。

基于金融是"现代经济的核心"的重要性和防其变为"空心"的隐患风险的必要性，要针对我国金融市场的结构失衡、功能不全和"金融抑制"，全面推进金融改革。一是进一步深化金融机构特别是国有控股商业银行改革，适当降低国家持股比例，提升社会资本持股比例；二是积极发展证券、保险等非银行金融机构；三是在政策性融资机制创新中构建多层次、广覆盖、可持续的开发性金融、农村金融、绿色金融、科技金融等服务体系；四是依托存款保险制积极发展一大批社区银行、村镇银行，通过降低准入门槛，引入民间资本或将现行的民间放贷机构合法化，增加金融供给主体和金融产品，健全小型、微型企业融资体制，并引导小贷公司按"资本金融资、自负盈亏、自担风险"原则发展，改进小微企业的金融服务；五是依全面放开存贷款利率管制，实现市场化定价的方针，择机在利率市场化的最后"临门一脚"——放开存款利率上取得突破；六是以显著提升直接融资比重为目标，大力发展多层次资本市场，在继续完善主板、中小企业板和创业板市场的基础上，积极探索覆盖全国的股权交易市场（三板），并推动"大资产管理公司"建设；七是提高金融业稳健性标准，积极稳妥地推进银行业实现第三版巴塞尔协议，防范银行表外业务风险，牢牢守住不发生系统性风险、区域性风险的底线；八是加强金融业监管，落实金融监管改革措施和稳健标准，完善监管协调机制，界定中央和地方金融监管职责和风险处置责任；九是做好准备适时实行人民币在资本项目下的可兑换，支持人民币国际化。

（四）切实以改革为企业经营创业活动"松绑""减负"，激发微观经济活力。

结合当前企业的实际情况，应以"负面清单"原则取向，创造"海阔凭鱼跃、天高任鸟飞"的高标准法治化营商环境。一是以自贸区为标杆，进一步简政放权，降低门槛、减少准入控制，同时改革监管方式，优化服务，推动全国统一的行政审批标准化改革，建立覆盖所有法人、自然人的全国性信息信用系统，执行统一的市场监管规则，以此最大程度地减少社会交易成本，为企业创造良好的经营环境。二是适度降低我国社保缴费率，同时加快推进实施基本养老社会保障全国统筹步伐；建立全国统筹的社保体系可结合调入国资经营收益等机制。三是进一步清理收费，降低企业实际综合负担特别是税外负担，在深化财税改革厉行结构性减税的同时，应注重彻底切断行政审批与收费之间的利益关联，分类重建收费管理的体制机制，将"准税收"性质的收费、基金尽快调入一般公共预算，"使用者付费"性质的收费、基金应在基金预算中加强成本核算与信息公开，行业协会、中介组织所提供的服务收费应打破垄断、增强竞争、压低负担水平，对"红顶中介"、设租寻租所强加的企业负担，更应结合反腐倡廉来有效消除。

（五）大力实施教育改革和创新驱动战略，培育高水平人才有效建设创新型国家。

以改造应试教育和去行政化为重点的教育改革势在必行，以利培养造就一大批创新人才。

面对新一轮生产力革命（"第三次产业革命"）的挑战，我国从中长期来看，需要在高端"买不来的技术"领域靠原始、自主创新艰难前行，在中高端依靠全面开放和"拿来主义""引进、消化吸收再创新"与"集成创新"结合，最终建成"创新型国家"，完成从工业时代经济向与"第三次产业革命"接轨的"中国新经济"的转轨。可以预计，信息产业、新能源产业、高铁式重大装备制造业、生物产业和纳米产业等战略性新兴产业，插上"互联网＋"的翅膀，正在或可能成为中国经济的新引擎。为力求主动，必须积极深化科技体制改革，完善支持自主创新和成果转化的政策体系，引导各类创新主体加大研发投入，调动社会各方面参与和推动自主创新的积极性。要完善以企业为主体、市场为导向、产学研结合的技术创新体系；加强创新型人才队伍建设，重视培养引进高科技领军人才；培育创新文化，保护创新热情，宽容创新挫折，形成有利于创新的全社会氛围，多元化支持从发展基础科研、实施国家科技重大项目到促进科技成果产业化各个方面的自主创新，提升创新绩效。要充分遵从科研规律，以激励有力、制约到位、分配合理、管理科学的制度规范，调动全体科研人员的积极性与创造力，使科研投入的绩效水平得到提高。

供给端的以上举措，离不开我国行政、财政、国企、收入分配、价格、投资等多方面的综合配套改革。对此，我们亦有以下建议：

——"结合式"深入推进行政审批制度改革、大部制改革和"多规合一"制度建设。深化行政审批制度改革现在已经触及更深层的系统性、体制性问题，需要从"重视数量"转向"提高质量"，以法治化、系统化、标准化、信息化、协同化、阳光化为指针，结合"人部制"改革内在逻辑，职能、机构、编制协调联动，"结合式"将行政审批制度改革向纵深推进。一是大力提高行政法治程度，建立严格的行政审批事项准入制度，防止边减边增、先减后增。二是顺应大部制改革前景，动态优化设计、择时启动行政审批的国家标准化工作。三是积极落实"规划先行""多规合一"政府职能优化再造工作，可先形成部际联席工作框架，动态对接未来的大部制机构改革和流程优化，发改、国土、城乡、交通、环保、产业、财政等都必须纳入"多规合一"综合体系。四是建立全国统一的行政审批信息数据库及在线行政审批平台，提高政府管理的信息化水平。五是积极推动行政审批业务流程再造，提高系统性与协同性。六是深化收费制度改革，以破除各类收费的"收、支、用、管"一体化为核心，彻底切断行政审批与收费之间的利益机制。七是对社会中介组织作合理培养引导，促进竞争，提高素质，正确地行使其承接政府转移功能之作用。

——继续深化财税改革，支持政府治理体系与能力现代化。财政的实质是公共资源配置的体系与机制，是国家治理的基础和重要支柱，既与公共权力主体的系统化改革高度关联，也与整体资源配置机制改革息息相关。正因为如此，改革开放以来，我国历次重大改革均以财政体制改革为突破口，且取得了巨大的成功。当前，需要继续借力于十八届三中全会后率先启动的财税改革部署，调适优化政府、市场、社会之间的关系。一是加快建设以"规范、透明、绩效"为特征的现代预算管理制度。以"预算全口径"为原则，将政府的所有收入和支出（包括尚游离于"四本预算"之外的债务、各类公共资源资产、各类公共权力收支等）都纳入管理；以"管理全过程"为原则，全面建立以权责发生制为基础的政府综合财务报告制度；深化推行绩效预算、加强财政审计、推动财政问责制，形成覆盖财政资金管理全程的政府收支管理制度体系；实施中期预算框架，建立跨年度预算平衡机制；加快推进预算公开，提高财政透明度，包括扩大公开范围、细化公开内容、完善预算公开机制，强化对预算的外部监督检查等。二是以减少间接税、增加直接税为切入点，建立现代税收制度。"营改增"改革要力争如期收官。消费税改革应结合"问题导向"抓紧形成和推出实施方案。资源税改革要进一步扩大覆盖面并对接各配套联动改革事项。房地产税要加快立法进度，力争于2017年推出。个人所得税改革应坚决校正单纯改起征点的错误氛围，理顺改革设计，分步走向"综合加分项扣除"模式。三是建立事权和支出责任相适应的中央与地方财政体制。可依托正在进行的权力清单、责任清单改革，由粗到细试编和逐步明确各级政府事权清单，再对接以预算支出科目为量化指标的各级支出责任一揽子清单。结合省直管县打造三层级框架，积极推进省以下分税制财政体制。构建由地方税、转移支付等共同组成的地方收入体系，促进地方政府事权和支出责任相适应。以促进基本公共服务均等化为导向，优化重构转移支付制度。

——有序推进国有企业改革，促进国有资产收益和存量的转置。规模庞大的国有经济是中国特色社会主义的组成部分。大型国有企业在中国经济社会中发挥重要作用的一个重要方面，是顺应社会诉求将更大比重的资产收益上交国库，支持我国社会保障体系的运行和公共服务的增量提质。今后，随着国有经济"战略性改组"和"混合所有制"改革、资源能源价格形成机制配套改革的深化，中央政府在国资委管理范围内的100多家企业收缩至几十家以后，应积极探索通过立法方式，确定各类企业的设立依据、政策目标、国有资产收益的合理转置等相关规则，形成规范法案，并在动态优化中全面形成以国有资产收益和存量形态的合理转置，在法治化制度体系中服务于全社会公共目标：在坚持"资产全民所有，收益全民所用"的基本原则之下，完善国有资本经营预算（资本预算）管理体制，提高利润（资产收益）上缴比例，进而对社会保障和其他公共服务的支出加大支持力度，合理纳入全口径预算体系统筹协调。各类公益型资产处置（如文化企业转制过程中国有资产的处置）也应纳入国有资本经营预算体系中来，以此充实社会保障基金、强化基本公共服务均等化的财力支撑，真正体现国有经济的优越性及全局性贡献。

——改善收入分配与再分配相关制度，打造"橄榄形"现代社会结构。科学、合理、公平的收入分配制度是国家长治久安的保障。必须看到我国长期以来存在的收入分配矛盾问题成因复杂，不可能通过实施某种专项、单项的改革达到"毕其功于一役"的目的。但总体来说是两句话，一是初次分配要侧重于讲效率，二是再分配要侧重于讲共富。在初次分配领域，政府要维护产权规范与公平竞争的规则与环境，尊重、培育和健全市场的资源与要素配置机制，合理调节各地最低工资标准和适当引导企业劳方与资方在工薪分配上的集体协商等，促进社会资源的优化配置和社会财富的最大涌流。在再分配领域，一是建立健全我国税收制度的收入调节功能，坚定地逐步提高我国直接税比重，开征房地产税、改革个人所得税，研究开征遗产和赠与税；二是完善我国社会保障制度，力争在"十三五"期间实现基础养老金全国统筹，建立兼顾各类人员的养老保障待遇确定机制和正常调整机制，发展企业年金和职业年金，加快健全覆盖全民的医保体系，加大保障性住房的供给规模并优化供给机制；三是改革转移支付制度，增强其平衡区域收入差异、人群差异的调节功能，如加大对中西部地区特别是革命老区、民族地区、边疆地区和贫困地区的财力支持，加大教育、就业、扶贫开发等支出，加强对困难群体救助和帮扶，大力发展社会慈善事业等；四是消除部分行业的过度垄断因素，提升相关收入分配制度规则的透明度；五是加强对非工资收入和财产性收入的引导和管理，严厉打击贪赃枉法、权钱交易、行贿受贿、走私贩毒、偷逃税收等相关的黑色收入，同时清理整顿规范种种"灰色收入"——其中合理的、需修正的，都应阳光化，不合理的则应予以取缔；六是积极推进官员财产报告与公示制度的改革试点；七是在管理和技术层面加强"问题导向"，有针对性地解决诸如国家特殊津贴专家标准严重不一等遗留多年的问题。分配调节的导向，是逐步形成中等收入阶层成为主体的"橄榄形"现代社会结构。

——以满足公共服务需求、优化结构和调动潜能为大方向，积极理顺基础资源、能源产品比价关系和价格形成机制，积极实施选择性"有效投资"和PPP机制创新。针对我国基础资源、能源产品的比价关系和价格形成机制的严重问题，要抓住煤炭资源税从量变从价改革已形成框架、电力部门改革已有部署的时机和基础，以"从煤到电"这一基础能源链条为重点，攻坚克难实行理顺比价关系和价格形成机制的配套改革，以利内生、长效、全面地促进全产业链节能降耗和释放市场潜力。

在优化供给侧环境机制的同时，必须同时看到，由于我国仍然处于城市化进程的中期，政府投资部分仍然有可以作为的广阔空间。在经济下行中，结合优化结构、提升发展后劲、改善民生等需要，应积极考虑加大选择性"有效投资"（即可以增加有效供给的"聪明投资"）的力度。其投入要素又正是我国现成的所谓"过剩产能"的一部分，并吸收和消化相关的劳动力、施工力量与管理力量。投资选择的对象，第一，可包括新型城镇化与城乡一体化建设中的基础设施，如一大批中心城市的交通、公用事业基础设施的升级换代、城市管网更新扩建（"综合管廊"模式）、"海绵城市"建设、区域交通互联互通、全国大江大河治理、农田水利设施建设与整修等；第二，应考虑产业领域，如以节能降耗减排为特征的示范园区和示范项目建设、重点企业的技术改造、各类生产性服务业等；第三，是环境领域，不仅需要加快水体、大气、土壤的污染治理，而且需要加快优化能源供给方式，调整能源、资源利用的结构和技术路线，大力加快煤炭清洁利用的设施投资建设，加快发展地铁、轻轨等综合性快速公共交通，加快污水处理厂、垃圾处理厂等环保设施建设，多措并举加快节能减排降污；第四，是民生领域，如未来几十年内将需求激增的健康养老产业、仍存突出结构性供给矛盾的教育、以"住有所居"为目的的棚户区改造、公租房、共有产权房等保障性住房供给，各类以满足人民群众日益增长的文化、体育需求的设施建设与产业开发，等等。这些基础设施、公共工程项目，都应充分注重以有限的政府财力通过PPP（政府与社会资本合作）机制发挥"四两拨千斤"的放大效应和乘数效应，拉动民间资本、社会资金合作供给，并提升绩效水平。

总之，我们认为中国经济社会发展的现代化进程已经到达一个非比寻常的关键时期和历史性的考验关口，仅以短中期调控为眼界的需求管理已不能适应客观需要，应当及时、全面引入以"固本培元"为主旨、以制度供给为核心，以改革为统领的新供给管理方略，针对中国经济社会的重大现实问题，"中西医结合"，多管齐下，共收疗效。为适应中国新一轮经济发展中打造有效动力机制的总体要求，亟应注重从供给侧入手，针对当前和今后一个时期面临的突出问题和矛盾，从微观主体即创业、创新、创造的市场主体层面，释放经济社会的潜力、活力，托举中国经济的潜在增长率，促进总供需平衡和结构优化，加快增长方式转变，进而为实现中华民族伟大复兴的中国梦扫清障碍和拓宽道路。

参考文献

［1］贾康.新供给：经济学理论的中国创新［M］.北京：中国经济出版社，2013.

［2］贾康.新供给经济学：理论创新与建言［M］.北京：中国经济出版社，2015.

［3］贾康，苏京春.新供给经济学［M］.太原：山西经济出版社，2015.

以增加有效供给的"聪明投资"
促进稳增长、促改革、优结构、
护生态、惠民生的建议 [1]

历经数年的经济下行，2014 年三季度以来，我国工业、投资、消费等数据又均出现回落，引发不少外媒"唱空中国"，特别是 10 月底美国 QE3 彻底退出后，国际、国内经济下行压力明显加大。对此，经深入研讨，我们基于运用"中国新供给经济学 50 人论坛"近年的创新认识，建议从供给端入手在未来一个时期抓住国际石油、矿产等大宗商品价格走低的难得历史机遇，充分运用我国高外汇储备、高储蓄及青壮年劳动力尚较充裕等多方面有利条件，按照我国打造新常态下经济发展升级版的总体要求和发展方向，以增加有效供给的选择性"聪明投资"，着眼于和发力于"补短板、挖潜能、转主体、增活力、提效率、可持续"，促进稳增长、促改革、优结构、护生态、惠民生，为 2015 年、"十三五"及长期经济可持续科学发展，实现"两个 100 年"目标，奠定坚实基础，并为全球经济稳增长作出积极贡献。中国投资领域的核心问题其实不是总量和增速，而是结构、质量和综合效益的问题。我们建议的核心内容，是充分利用我国可用、可观、可贵的选择性投资空间，以"改革创新"为核心理念，从解放生产力、提升国际竞争力出发，以提升经济增长质量和改善生态民生、实现可持续发展为落脚点，争取由"聪明投资"积极助力使"新常态"对接一个尽可能长的"中高速"而"质量升级"的增长平台期。

1　本文原载《经济研究参考》2015 年第 4 期。

76

一、加大基于"稳增长、促改革、优结构、护生态、惠民生"的选择性投资力度，是有力应对当前及中长期国内外形势新变化和新挑战的客观需要、战略思维与诉求

从国内外发展经验看，投资是经济发展的重要支撑条件，是消费的前提和基础，也是国家经济硬实力成长性的依托和民生就业的源泉。我们认为，中国目前所处的发展阶段，特别是党的十八大提出的"三个没有变"体现的国情特征，决定了我国在相当长时期内经济领域的主要矛盾方面是在供给端，粗放型投资驱动转为集约型投资驱动并合理扩大消费的转变过程中，结构性有效供给不足的矛盾仍十分突出，为应对新阶段国内外形势的新变化和新挑战，适当增加有效投资对经济可持续健康发展尤显重要。我们所强调的是在决策部门实施理性的"供给管理"视界之下的选择性"聪明投资"（Smart Investment），其可把政府"有所为、有所不为"的结构性导向与"让市场充分起作用"的配置机制和多元主体合作制约之下审慎务实、高明聪慧的项目科学决策结合为一体。

（一）应对国际形势最新变化，提升我国综合实力及国际竞争力、影响力，需要增加有效供给的"聪明投资"。

从战略格局分析，促进我国中长期可持续发展，实现"两个市场，两种资源"，应对东海方向以"钓鱼岛"为代表的问题、南海方向的摩擦争端问题等，需要我国加大经略周边、全球经济布局的力度。

从应对当前面临挑战分析，2014年三季度以来，全球经济整体复苏动能有所减弱，美、英等发达国家经济稳步复苏，而欧元区与日本经济增长下滑，新兴经济体整体复苏动态趋弱，国际经济格局复杂。美国量化宽松货币政策（QE）的彻底退出，成为全球经济发展的最新不稳定因素。为此，加快基础设施建设，出台能够有效稳增长的得力措施，成为全球共识，特别是发展中国家的客观需要与迫切愿望。

（二）确保国内稳增长，需要增加有效供给的"聪明投资"。

近年来，我国宏观经济受外部环境变化及"三期叠加"影响，经济发展面临显著下行压力，而要保持7%—7.5%（或7%左右）可接受区间

内的中高速增长,十分需要以增加有效供给的"聪明投资"加以支撑和驱动。

(三)促进加快改革,需要增加有效供给的"聪明投资"。

经济"新常态"下,需要着力通过加快改革创新形成新制度供给,以解除制约生产力发展的制度瓶颈,进而盘活要素存量,并激发创新、创业、创造的潜力、动力和活力。从历史上反复验证的经验看,改革需要一个相对平稳的社会环境,经济增速必须保持在合理的区间内,以维持就业水平与收入增长预期处在防止"经济问题政治化"的临界点之上,而适当增加有效供给的投资,则是最为有力和比较便捷的举措。

(四)优化经济结构,需要增加有效供给的"聪明投资"。

具体主要表现在:一是适应新型城镇化推进,一大批中心城市的交通、公用事业基础设施迫切需要加快升级换代(如相互联通的高铁网和中心区域的地铁网、周边区域的轻轨、地铁),实现社会生活基础条件的结构优化,在利用和消化钢铁、水泥等过剩产能的同时,形成长期的支撑性优质资产,这需要积极加大一系列投资;二是调整产业结构,需要运用节能降耗减排的中高端新产能、新供给,选择性投资建设示范园区和示范项目,促进"双高"产能的市场化淘汰、替代;三是我国农业现代化向高端发展,需要选点建设现代化农场、加大农业与科技和信息等现代化因素的结合、探索引入现代化设备和系统升级;四是制造业加快升级改造,需要通过重点企业的技术改造项目,带动新技术的研发和引进、新设备的制造和引入、新产品的创新和开发,促成产业升级和国际分工地位的提升;五是生产性服务业加快发展,需要在加快开放准入的同时加大国家选择性的相关投资。2013年中国服务业对经济增长的贡献率为46.1%,首次超过制造业,但仍远低于发达国家70%左右的水平,也比同等收入水平的发展中国家低10个百分点左右,即便在"金砖国家"中,中国的服务业占比仍然是最低的,这同时所表明的,便是其相关投资与发展的空间及其必要性。

(五)使发展成果更好惠及民生,需要增加有效供给的"聪明投资"。

未来需要增加有效供给的民生领域主要有:一是应对人口老龄化解决"养老难",需要积极增加养老设施供给。从现在的人口结构来看,我国已快速进入老龄化社会,养老压力日趋严峻。"放开二胎"等人口政策的进一步调整势在必行，同时在机构养老、园区养老、社区养老等业态从硬件设施到软件服务的所有投入，必须适应客观要求。二是推进人力资本培育，需要增加设施供给。一方面，经济欠发达的中西部（尤以老少边穷区域为代表）教育设施供给仍明显不足、教育资源短缺亟待填补；另一方面，对社会生活影响日升的学龄前教育和作为国家经济发展重要支撑的现代职业教育等领域，有效供给明显不足。三是进一步深化医疗改革解决"看病难，看病贵"，需要增加医疗设施设备投资。四是实现"住有所居"，需要政府在保障房、商品房双轨统筹规划之下，根据社会公平要求继续加快棚户区改造，增加公租房、共有产权房等保障性住房供给。五是为满足人民群众日益增长的文化、体育需求，必须加快相关文化创意产业园区和文体设施建设。参照欧美发达国家经验，2015年以后，"十三五"及中长期，均需要加快建设博物馆、图书馆等文化设施以及足球场、运动场馆等体育设施。

（六）应对"雾霾"式挑战加快改善生态环境，亟须增加有效供给的"聪明投资"。

加快生态文明建设，应对以雾霾为代表的环境危机因素的挑战，尽快改善环境，并加强国际合作应对气候变化，是改善民生的最为迫切需要之一。为此，一方面，需要加大相关投入，加快治理河流、大气、土壤等中间的存量污染物；另一方面，需要加快优化能源供给方式，调整能源、资源利用的结构和技术路线，大力加快煤炭清洁利用的设施投资建设，加快发展地铁、轻轨等综合性快速公共交通，加快污水处理厂、垃圾处理厂建设等环保设施建设，多措并举加快节能减排降污。

二、我国具备进一步加大"聪明投资"的多方面 有利条件和可用、可观、可贵的空间

（一）国际环境相对有利，亚非拉国家对加大基础设施建设有巨大需求且改善愿望迫切，"一带一路"及周边互联互通战略可成为加大海内外投资的战略抓手。

近期我国外交取得一系列重要进步与合作框架构建中的成果，

2014 年 11 月初在北京召开的 APEC 峰会通过的《北京纲领》和《亚太伙伴关系声明》，以及 11 月 20 日前后，在澳大利亚召开的 G20 会议通过的设立全球基础设施中心、全球基础设施基金等重大措施，表明加大基础设施建设进程，带动相关投资及产业发展，已成为国际共识。同时可清晰看到亚非拉发展中国家的基础设施短缺广泛存在，以及全球稳增长的迫切愿望，已形成了对我国加快海外投资的极为有利的国际环境。金砖银行的建立和亚洲基础设施银行的筹建进展，成为积极的配套条件。"一带一路"与周边互联互通战略，可成为加大海内外投资的战略抓手。

（二）国家已启动"十三五"研究，即将研究启动建设一批重大经济社会工程，可成为加快有效聪明投资的重要驱动力和规划形式。

从国内看，国家有关部门已经启动"十三五"研究，落到谋划、推动发展的层面，就要涉及抓紧研究启动一批对加快经济社会发展、结构调整全局带动性强的重大经济社会工程，促进调整经济结构、保护生态、改善民生，推动经济发展和社会进步。

（三）我国已具备前所未有的强大设计、制造和施工能力。

我国具有在地域广阔、地质条件复杂地区推进铁路、公路、机场、港口、园区等公共工程、基础设施建设的丰富经验，也已具备当今全球实力最强的基础设施项目施工能力，以及适合不同经济体需要的铁路、电力等装备制造能力。总体上足以积极参与国际竞争与合作的强大的项目设计、设备制造和工程施工能力水平，是前所未有的。

（四）我国财政能力具有较大的空间和潜力。

从财政能力的整体空间分析，根据国家审计署公布的数据，我国公共部门真实负债率为 40% 左右，参照欧盟规定的 60% 警戒线，我国这一比率显然在安全区内，可用空间还相当可观，亦弥足珍贵，别的主要经济体只有羡慕的份，用得好足以支持我国在较快完成"新常态"调整后乘势发展。

从 2014 年财政预算运行情况分析，未来三年间如分步把公共部门负债率提高至 50% 左右，可增加的公共部门举债资金规模不低于 6.5 万亿元，并将产生拉动社会资本的明显乘数效应，可挖掘的潜力空间巨大。

（五）货币政策仍有较大作用空间。

主要表现在：一是大型商业银行法定存款准备率约 20%，仍处于历史高点；二是通胀率较低，PPI 已历经三年以上长期负增长；三是外汇储备规模巨大，至 2014 年 9 月末达 3.89 万亿美元。

三、政策建议

（一）在 2015 年、"十三五"期间及更长的历史时期，我国积极考虑适当加大基于质量和效益的结构导向选择性"聪明投资"，作为进入"新常态"、对接一个尽可能长的中高速增长平台的重要宏观政策方略和理性"供给管理"的有效选项，周密稳妥实施。

从改革开放 36 年来的实际进程和成效看，我国由高储蓄支撑的高投资，总体上并不是中国经济的主要问题，而是中国经济得以快速发展的重要经验之一，新阶段经济增速和投资率的适当调整是必要的，但中国投资领域的核心问题不是总量和增速，而是结构、质量和综合效益。

（二）通过加大相关领域改革力度攻坚克难，为提升投资质量和效益创造良好的政策环境和支撑条件。

建议制度改革重点在已有部署上继续从以下方面深化：一是简政放权、放松管制；二是消除过度垄断，实现竞争性市场准入；三是继续推进以"营改增"为切入点的财税配套改革，实现中央与地方财权与事权的合理调整及降低企业成本、促进企业设备更新改造、鼓励企业科技创新等目标；四是加快以"推进普惠制金融发展、扩大金融业开放"为目标的金融多样化改革，其中政策性、开发性金融的健康发展及商业性、政策性金融与 PPP（公私合作伙伴关系，亦称政府与社会资本合作或政府与企业合作机制）的良性互动和结合，应当纳入通盘战略性考量；五是加快以"反映市场供求关系"理顺比价关系和价格形成机制为目标的资源、能源产品价格改革；六是深化以"落实微观主体投资自主权"和发展混合所有制经济为核心的投融资体制改革；七是以打造高标准法治化营商环境、"实现投资自由化、贸易便利化和金融国际化"为目标的对外开放制度安排的改革。

（三）创新国际国内投融资模式，实现"中国全球共赢""政府市场双到位""国企民企双进步"。

为加快推进全球基础设施领域合作，建议在加快资金供给端的金砖国家开发银行、丝路基金、亚洲基础设施投资银行等金融机构组建，并发挥国家开发银行、中国进出口银行作用的同时，积极考虑创新基础设施建设的投融资主体、项目建设主体和相关项目建成后的运营主体构建问题。借鉴中国与新加坡合作的"苏州工业园"和近年表现出上升态势的国内"连片开发"多个案例中的可取经验，运用 PPP 机制创新，将国内外可带来资金力量的有关开发主体与需要投入资金而预期可取得未来现金流的基础设施建设项目和连片综合开发项目，在法治、契约保障条件下结为合作共同体，政府以提供规划、政策支持为主，并可适当投入追求"乘数效应"的部分资金，打造公司化、国际化、市场化的基础设施和连片开发建设新局面（比如，以基础设施发展公司形成"安哥拉模式"的升级版）。

近期国内基础设施及公共投资领域，正在加快推进市场化改革，开放市场准入，全面推广 PPP 模式，发挥民间资本的积极作用，对此亟须加快立法和示范指导、多方协作乘势推进，并积极扩大到境外。

（四）结合发展战略、产业政策，通盘规划加大高质量、高综合效益的投资力度，用中高端的"新供给"淘汰落后低端"旧供给"。

基于新型城镇化、新型工业化、农业现代化、信息化进程中存在的供给不足等问题，进行有针对性选择性的聪明投资，需要极其注重防范无效、低效投资。新型城镇化过程中应注重首先对基本公共服务、养老设施等惠及民生的"托底"事项进行有侧重的投入；在新型工业化进程中应聚焦重点技术研发、产业升级换代、重大设备更新等有助于经济结构调整和产业转型的项目进行政策倾斜支持投入；在农业现代化进程中注重对农田水利、现代化农场、大型农用设备、服务运行体系硬件设施等方面进行有选择的投入；在信息化进程中应注重对大数据时代网络技术、网络系统建设、网络安全、网络人才、智慧城市等重点领域以引导基金等方式进行有选择的投入。

（五）财政和金融政策要为"稳增长、促改革、调结构、惠民生、护生态"提供有效支持。

1. 财政政策方面：适当加大"积极"力度，有所作为，突出重点，创新机制。有针对性、选择性地加大投资支出，在增加公共产品和服务的供给方面，首先应当针对项目分类，选择资金来源的不同分类组合，注重积极扩大PPP制度供给创新模式的应用。特别应当加大教育、医疗、养老等民生项目投入。随未来几年适当提升政府债务规模、赤字率，至少可在近两年2.1%的年度赤字率水平上明显提高0.5个百分点（即提高到2.6%以上），对应于年度数千亿元赤字规模扩张。建议地方政府债务规模可积极较快提升至年度发行1万亿元以上，用阳光化、低成本、长周期债务替换隐性化、高成本、短周期债务，减轻政府体系实际债务负担和基础设施融资成本。

2. 货币政策方面：有度放松，适当降准。货币政策应适当放松，在前不久降息之后，仍可适当降准。实际上，在利率逐步放开而市场化的条件下，只有降准，才能真正降息，这与经济刺激政策关联不大，主要是对冲美国QE退出，降低企业融资成本，有利于市场稳定和供给端发展。

3. 拓展股权投资渠道：发挥资本市场作用，大力发展产业投资基金和政策性引导基金。建议在总结"沪港通"经验的基础上，可适当加大国内资本市场开放力度，及时推出"深港通"等对外"引水"举措，通过适度扩大股票发行增加股本融资，并通过资本市场产生的财富效应拉动国内消费增长。与此同时，建议可鼓励发展各类产业投资基金和政策性引导基金，为"聪明投资"和"创新驱动"提供资金支持。

4. 加快民营银行的组建进程和存款保险制度建设，大力发展互联网金融，构建以资金供给端"中小微银行"服务实体经济端"中小微企业"的普惠民生型金融体系。通过增加有效供给，缓解我国经济领域长期存在的中小微企业融资难、融资贵的痼疾，并为民间创业创新的民营经济发展，以及服务业发展提供强有力金融支持。

5. 加快构建绿色金融体系，为绿色经济、生态文明提供有效的金融支持。一方面，可借鉴国际经验，构建以绿色评级、绿色债券支撑的"绿色银行"机构（基于市场化运作的国家级或地方级"绿色银行"），并在现有的一些商业银行内部组建"绿色信贷事业部"，支持污水处理、垃圾处理、水利设施等环保基础设施，以及环保设备生产、低碳型新能源发展等；另一方面，应积极发展绿色保险、绿色信托等促进绿色发展的金融机构。

论供给侧改革[1]

"供给侧改革"是 2015 年年末以来中国经济与社会生活中的热词。2015 年 12 月闭幕的中央经济工作会议指出，推进供给侧结构性改革，是适应和引领经济发展新常态的重大创新，是适应国际金融危机发生后综合国力竞争新形势的主动选择，是打造经济升级版的客观要求。实际上，2008 年世界金融危机之后，学界已经开启对传统经济学理论框架和宏观调控"需求管理"为主实践经验的反思与"理论联系实际"的创新努力，引发了对"供给管理"调控与供给侧结构性改革及"新供给经济学"理论创新前所未有的重视。结合中国经济现实，在认识、适应和引领经济"新常态"的现阶段，迫切需要注重供给侧建构经济增长的新动力机制，并以相关的政治经济学基础理论层面的创新支持科学决策，优化政策设计。传统需求侧"三驾马车"框架所强调的消费、投资和出口的需求，应联通至消费、投资和出口的供给，其中蕴含着由需求侧"元动力"引发的供给侧响应、适应机制，即其相关的要素配置和制度安排动力机制的优化问题，并合乎逻辑地以政府理性的供给管理优化推动"规划先行、多规合一"的顶层规划的功能实现，进一步释放微观主体潜力，激活中国经济的增长空间。这些又必须对接党的十八大以来十八届三中、四中、五中全会的通盘部署，包括在供给侧已清晰呈现的制度供给路径，具体表现为从现代国家治理、现代市场体系、现代财政制度到现代政治文明所形成的重要逻辑联结。我们认为，供给侧改革是理论密切联系实际的创新，是问题导向下引领新常态的动力体系再造创新，是通盘规划的系统工程式全局长远创新，是以改革为核心、以现代化为主轴攻坚克难的制度供给创新。

1　本文原载《管理世界》2016 年第 3 期，与苏京春合作。

一、供给侧改革是理论密切联系实际的创新

理论一定是要服务现实的，但理论自有其超越片断现实、局部现实的规律认知追求，和高于一般经验、直觉的指导性品质，这才构成了理论服务现实的价值之所在。我们与一批同道者共同努力构建的新供给经济学，在把握"融会古今、贯通中西"的全球眼光和历史视野基础上，又切切实实根植于中国经济实践的诉求，认为"供给管理"与"需求管理"不可偏废一方，并将所受到的制度经济学、发展经济学、转轨经济学的启迪与影响，一并纳入理论体系框架，其在迎接党的十八大和十八届三中、四中、五中全会的背景之下，提出的从供给侧发力应对现实挑战、破解瓶颈制约的整套认识、建议，绝非为创新而创新，绝非可简单贴标签的"主义"或"流派"，而是理论密切联系实际的创新，具体可从新供给经济学研究群体已做出的"三破""四立"认识及已提出的系统化的政策主张 3 个方面，做概括总结。

（一）新供给并非供给学派的简单复辟。

以往主流经济学的认知框架是不对称的。古典经济学、新古典经济学和凯恩斯主义经济学存在着一种共同的失误——虽然他们各自注重了不同的角度，都有很大的贡献，但是共同失误确又不容回避——就是他们在理论框架里假设了供给环境，然后更为强调的只是需求侧的深入分析和在这方面形成的政策主张，存在着忽视供给侧的共同问题。西方代表经济学主流的教科书，无论是在"政治经济学"这个概念下，还是发展到"经济学"（或称理论经济学）的表述，至今仍然存在着与实践"言行不一"的缺点。美国等发达市场经济在应对危机的实践中，实际上是跳出经济教科书来实行一系列区别对待的结构对策和供给手段的操作，这些在经济学教科书中找不到清楚依据的动作，在运行中却往往得到了特别的倚重与强调，产生了足以影响全局的决定性作用。

新供给经济学强调，经济学基本框架需要强化供给侧的分析和认知，这样一个始发命题或可说源于萨伊的古典自由主义定律，并在新时代、新经济、新兴市场的背景下，被赋予弥补片面注重需求管理之缺陷的新

思想。此外，还正视现实强化针对性，在肯定其理论模型意义的基础上扬弃"完全竞争市场"这样与现实环境大相径庭的假设，注重还原资源配置中"非完全竞争"的真实场景，力求以此为基础来扩展模型和洞悉现实。当然，新供给经济学也不认同如美国"供给学派"所主张的那样简单退回到古典自由主义或新自由主义所倡导的自由放任时代，而是认为优化资源配置的客观要求是强调市场、政府各有所为，并主张考虑第三部门的多主体与两者的良性互动，并特别强调对制度供给的认识与重视，将各种要素的供给问题纳入紧密相连于制度供给问题的分析体系。这一系列思想观点，落实到中国的实践层面，就是要强调以改革为核心，从供给侧发力推动新一轮制度变革创新和加快发展方式的转变与升级。

虽然需求具有原生动力性质，但是供给侧升级换代的演变却可以决定生产和经济发展的不同阶段。在人类社会经济发展大的划分上，有石器时代、青铜时代、铁器时代，工业革命后走到了蒸汽时代、电气时代、信息时代，这些都是在供给侧由递进的不同升级换代形式所决定的时代划分，每一次产业革命的爆发都同时伴随着、实际肇源于供给侧的创新，而每一次供给侧的创新实际上又都直接提升着人类物质需求的满足度（详见图1）。

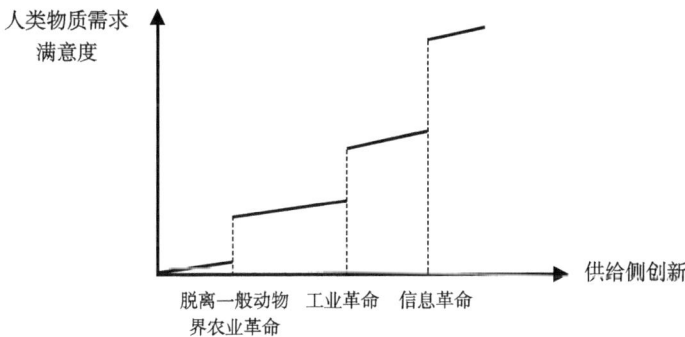

图1 供给侧创新作用原理的理化表达（阶跃量化曲线）

特别值得注意的是，新供给经济学所强调的时代进步与我们置身其中的后发经济的追赶—赶超密切相关。基于后发优势所强调的技术模仿、技术扩散带来的红利，发展中经济体可以实现经济高速发展，且随着技术差距的缩小，势必呈现出红利收敛的趋势，这种收敛压力放在新供给经济学所强调的供给侧观察视角下，应当是在每一次供给侧创新完成之后的一个稳定时期中，追求随技术革命开启新的时代，这种追赶势必也将随之掀起新的发展浪潮。制度供给所带来的改革红利，除了能够降低经济增长和发展中的成本，还是新技术发明创造的首因，是中国这样的后发经济体赶上甚至超前于先发经济体的时代进步的关键。

沿着经济学理论的发展脉络，"供给侧"学派呈现了"萨伊定律—凯恩斯主义—供给学派兴起—凯恩斯主义复辟—供给管理"这样两轮"否定之否定"的发展轨迹[1]。21世纪渐具形态的"供给管理"以美国在宏观调控中的应用为例而影响可观，但实际上处于刚刚揭开序幕、方兴未艾之阶段。因此，中国供给侧结构性改革恰逢学界的"供给侧"经济学又一轮形似复辟的浪潮，其不是贴标签式地选择新概念，不是否定需求侧和简单搬用美国供给学派减税为主的思路，而是实行承前启后、继往开来、理论密切联系实际的创新，借鉴中外所有需求管理、供给管理的有益经验、又侧重于供给体系建设的系统工程。

（二）"三破"：破偏颇，破脱节，破滞后。

从世界金融危机和中国改革开放的现实生活经验层面考察，人们普遍发问：为什么经济学家对于"千年之交"后震动全球的金融危机既无像样的预测，又无有效、有力的经济学解说与对策思路框架？如何以经济学理论总结分析各经济体在应对各种危机的成败得失，特别是如何阐释中国的不凡发展与艰巨转轨进程？众多研究者认为：经济学理论迄今已取得的基本成果亟待反思。我们认为，这一中外人士反复提到的挑战性问题可以归结为经济学理论所需要的、在新供给研究中已致力做出的"破"，这至少集中于如下三大方面。

第一，主流经济学理论认知框架的不对称性。古典经济学、新古典经济学和凯恩斯主义经济学虽然各自强调不同的角度，都有很大的贡献，但是共同的失误又的确不容回避，即他们都在理论框架里假设了供给环

---

1 参阅贾康，苏京春.探析"供给侧"经济学派所经历的两轮"否定之否定"——对"供给侧"学派的评价、学理启示及立足于中国的研讨展望［J］.财政研究，2014（8）.

境，然后主要强调的只是需求侧、需求管理的深入分析和这方面形成的政策主张，都存在着忽视供给侧、供给管理的共同问题。最近几十年有莫大影响的"华盛顿共识"，理论框架上是以"完全竞争"作为对经济规律认知的假设条件，但是回到现实，即联系实际的时候，并没有有效地矫正还原，实际上拒绝了在供给侧作深入分析，在这样一个重要领域存在明显不足。世界头号强国美国前几十年经济实践里，在应对滞胀的需要和压力之下应运而生的供给学派是颇有建树的，其政策创新贡献在实际生活里产生了非常明显的正面效应，但其理论系统性应该说还有明显不足，他们的主张还是长于"华盛顿共识"框架之下、在分散市场主体层面怎样能够激发供给的潜力和活力，但弱于结构分析、制度供给分析和政府作为分析方面的深化认识——因为美国不像中国这样的经济体有不能回避的如何解决"转轨问题"与"结构问题"的客观需要，也就自然而然地难以提升对供给侧的重视程度。相比于指标量值可通约、相对易于建模的需求侧，供给侧的指标不可通约而千变万化，问题更复杂、更具长期特征和"慢变量"特点，更要求结构分析与结构性对策的水准，更不易建模，但这并不应成为经济学理论可长期容忍其认知框架不对称的理由。

第二，经济学主流教科书和代表性实践之间存在的"言行不一"。美国等发达市场经济在应对危机的实践中，关键性的、足以影响全局的操作，首推他们跳出主流经济学教科书来实行的一系列区别对待的结构对策和供给手段的操作，这些在他们自己的教科书里面也找不出清楚依据，但在运行中却往往得到了特别的倚重与强调。比如，美国在应对金融危机中真正解决问题的一些关键点上，是教科书从来没有认识和分析过的"区别对待"的政府注资，美国调控当局一开始对雷曼兄弟公司在斟酌"救还是不救"之后，对这家150多年的老店任其垮台，而有了这样的一个处理后又总结经验，再后来对"两房"、花旗，一直到实体经济层面的通用公司，就分别施以援手，大量公共资金对特定主体的选择式注入，是一种典型的政府区别对待的供给操作，并且给予经济社会全局以决定性的影响。然而，如此重要的实践，迄今还基本处于与其经典学术文献、主流教科书相脱离的状态。

第三，政府产业政策等供给侧问题在已有经济学研究中的薄弱和滞后。比如，在经济发展中"看得见摸得着"的那些"产业政策"方面，尽管美国被人们推崇的经济学文献和理论界的代表人物均对此很少提及，但其实美国的实践可圈可点，从 20 世纪 80 年代《亚科卡自传》所强调的重振美国之道的关键是"产业政策"，到克林顿主政时期的信息高速公路，到近年奥巴马国情咨文所提到的从油页岩革命到 3D 打印机，到制造业重回美国，到区别化新移民和新兴经济等一系列的亮点和重点，都不是对应于教科书的认知范式，而是很明显地对应于现实重大问题的导向，以从供给侧发力为特色。不客气地说，本应经世致用的经济学理论研究，在这一领域，其实是被实践远远抛在后面的"不够格"状态。

（三）"四立"：立框架，立原理，立融合，立体系。

有了上述反思之"破"而后，我们强调，必须结合中国的现实需要，以及国际上的所有经验和启示，以更开阔的经济学理论创新视野，考虑我们能够和应当"立"的方面。

第一，经济学基本框架需要强化供给侧的分析和认知。这样一个金融危机刺激之下的始发命题，需要更加鲜明地作为当代学人"理论联系实际"的必要环节和创新取向。在基础理论层面我们强调，应以创新意识明确指出人类社会不断发展的主要支撑因素，从长期考察可认为是有效供给对于需求的回应和引导，供给能力在不同阶段上的决定性特征形成了人类社会不同发展时代的划分。需求在这方面的原生意义当然不可忽视，但对于有效供给对需求引导方面的作用过去却认识不足。我们从供给能力在不同阶段特征上的决定性这样一个视角，强调不同发展时代的划分和供给能力以及与"供给能力形成"相关的制度供给问题，具有从基础理论层面生发而来的普适性，也特别契合于在中国和类似的发展中国家怎样完成转轨和实现可持续发展方面的突出问题。回应和解决这个视角上的问题，其实也包括那些发达经济体怎样在经历世界经济危机冲击后更好地把理论服务于现实需要。在现实生活中，关键是在处理"要有产品与服务满足消费"的需求侧问题的同时，解决"生产什么"和"如何生产"的供给侧问题——尤其是"制度供给怎样优化"的问题。这种把需求与供给紧密联系起来的研究，在人类经济社会发展实践中正在日益凸显其必要性和重要性。

第二，正视现实，加强经济基本理论支点的有效性和针对性。比如"非完全竞争"，应作为深入研究的前提确立起来，因为这是资源配置的真实环境，牵涉大量的供给侧问题。过去经济学所假设的"完全竞争"环境，虽带有大量理论方面的启示，但它毕竟可称为一种1.0版的模型。现在讨论问题，应放在非完全竞争这样一个可以更好反映资源配置真实环境、涵盖种种垄断竞争等问题的基点上，来升级、扩展模型和洞悉现实。需求分析主要处理总量问题，指标是均质、单一、可通约的，但供给分析要复杂得多，处理结构问题、制度构造问题等，指标是非单一、不可通约的，更多牵涉到政府—市场核心问题这种基本关系，必然在模型扩展上带来明显的挑战和非比寻常的难度，但这是经济学创新与发展中绕不过去的重大问题。更多的中长期问题和"慢变量"问题，也必然成为供给侧研究要处理好的难题。过去经济学研究中可以用一句话打发掉的"'一般均衡'或'反周期'调控中可自然解决结构问题"，我们认为有必要升级为在非完全竞争支点上的一系列并非完全自然演变过程而有待加入供给侧能动因素作深入开掘的大文章。

第三，市场、政府、非营利组织应各有作为并力求合作，这也是优化资源配置的客观要求。在明确认同市场总体对资源配置的决定性作用的前提下，我们还需要有的放矢地来讨论不同的主体——即市场和政府，还有"第三部门"（非政府组织、志愿者、公益团体等），它们在优化资源配置方面可以和应该如何分工、合作、互动。在不同的阶段和不同的领域，不同主体的分工、合作、互动的选择与特点又必有不同。由分工、失灵到替代，再由替代走向强调"公私合作伙伴关系（PPP）"式的合作，反映了人类社会多样化主体关系随经济发展、文明提升而具有的新特征、新趋势。

第四，制度供给应充分地引入供给分析而形成有机联系的一个认知体系。新供给经济学认为，"物"和"人"这两个视角在供给侧应该打通，各种要素的供给问题和制度供给问题应该内洽于一个体系，发展经济学、制度经济学、转轨经济学、行为经济学等概念下的研究成果，需要加以整合熔于一炉。通过这样的"立"来回应转轨经济和中国现实的需求，形成的核心概念便是我们在理论的建树和理论联系实际的认知中，必须更加注重"理性的供给管理"。在中国要解决充满挑战的现代化达标历史任务，必须特别强调以推动制度和机制创新为切入点、以结构优化为侧重点的供给侧的发力与超常规的"追赶—赶超"长期过程。我们应有最为宽广的视野，最为开阔的心胸，把人类文明发展在经济学及相关学科领域的一切积极成果，集大成式地形成科学体系，把供给侧"物"的生产力要素供给的分析认识与"人"的生产关系制度因素的分析认识内洽地、有机地结合在"认识世界，改变世界"的人类社会进步努力之中。"生产力决定生产关系"是规律，"生产关系反作用于生产力和释放生产力"也是规律——对于转轨中的中国，深刻认识理解前者，就要认识、尊重和敬畏市场，坚持经济建设为中心的发展硬道理不动摇；深刻认识理解后者，就要在坚持市场取向改革，让市场总体上在资源配置中充分发挥其决定性作用的同时，处理好"更好发挥政府作用"的挑战性问题，以供给侧结构性改革"守正出奇"地提升经济发展中整个供给体系的功能、质量和效率。

新供给经济学研究中涉及的以上这些"破"和"立"，决不意味着我们就可以忽视需求方面的认识——"需求管理"的认识在已有的经济学理论成果中已经相对充分，我们希望在供给这方面更丰富地、更有针对性地提高认识框架的对称性。这样的认识落到中国经济学人所处的现实中间，必然合乎逻辑地特别强调要"以改革为核心"，从供给侧入手推动新一轮"全面改革"时代的制度变革创新。这是有效化解矛盾累积和"滞胀""中等收入陷阱""塔西佗陷阱"和"福利陷阱"式的风险、实现中国迫切需要的方式转变与可持续健康发展而直通"中国梦"的"关键一招"和"最大红利所在"。我们的研究意图和可能贡献，是希望促使所有可调动的正能量，把重心凝聚到中国迫在眉睫的"党的十八届三中全会、四中全会、五中全会之后新一轮改革如何实质性推进"这一问题上，以求通过全面改革和理性的供给管理，跑赢矛盾与危机因素的积累，化解隐患叠加的风险，破解中长期经济增长、结构调整瓶颈，从而使"中国梦"的实现路径可以越走越宽、越走越顺。

（四）基于理论密切联系实际的创新服务全局。

简要地说，以上这些"立"，是生发于对经济规律的探究，面对古今中外的实践，兼收并蓄已有经济学和相关学科的积极成果，但首先是既对应于中国的"特色"和背景，又服务于中国现代化的赶超战略。邓小平所强调的"三步走"，可理解为一种实质性的赶超战略。其间前面几十年主要是追赶式的直观表现，最后的意图实现则确切无疑地指向中华民族能够实现伟大复兴，在落伍近二百年之后又"后来居上"地造福全中国人民和全人类，这也就是习近平主席所说的"中国梦"愿景。这个"中国梦"决不是狭隘民族主义的，而是一个古老民族应该在和平发展崛起中对世界和人类做出的贡献，是数千年文明古国在一度落伍之后，应该通过现代化来加入世界民族之林第一阵营、在人类作为命运共同体发展共赢中间做出自己应有的、更大的贡献，即服务于中国和世界人民，把对美好生活的向往变为现实。

我们深知，相关的理论和认识的争鸣是难免的和必要的，而在中国现在的讨论中间，似乎还很难避免有简单化贴标签的倾向。比如说在一般的评议中，某些思路和主张很容易被简单地分类——某些观点被称为新自由主义，某些观点被称为主张政府干预和主张大政府，有些则被称为是主张第三条道路。贴标签的背后，是认识的极端化和简单化。

我们自己的认识倾向是希望能够超越过去的一些贴标签式的讨论，侧重点在于先少谈些主义、多讨论些问题，特别是讨论真问题、有深度的问题，来贯彻对真理的追求。研讨清楚了"真问题"，所应持的"主义"也就呼之欲出了。没有必要在经济学框架之内、在对经济规律的认知领域之内，对这些讨论中的观点处处去贴意识形态标签，处处去分辩是左是右、姓资姓社。新供给研究的追求，是继承经济学和相关学科领域内的一切人类文明的成果，站在前人的肩膀上，对经济理论学说作出发展，包括补充、整合与提升。

我们认为，对于理论研究的"从实际出发"应该加以进一步的强调。"一切从实际出发"，既要充分体察中国的传统（包括积极的、消极的）；充分体察中国的国情（包括可变的与不可变的）；也要特别重视怎样回应现实需要——有些已认识的固然是真实合理的现实需要，但也会有假象的现实需要，即不合理的、虚幻的诉求，我们要通过研究者中肯、深入的分析，来把这些理清。既从实际出发体察中国视角上必须体察的相关各种事物,同时也要注重其他发展中国家以及发达国家的经验和教训、共性和个性,包括阐明和坚持我们认为现在已经在认识上可以得到的普世的共性规律和价值。

由破而立,由理论而实际,在分析中就特别需要注重供给侧与需求侧的结合,政府、市场与第三部门互动等全方位的深入考察和相互关系考察,力求客观、中肯、视野开阔、思想开放。"新供给经济学"决不是为了创新而创新,而是面对挑战有感而发,为不负时代而做出理应追求的创新。中国自20世纪90年代以来宏观调控中"反周期"的政策实践,有巨大的进步和颇多成绩,但延续主流经济学教科书和仿效发达国家的需求管理为主的思路,继续贯彻单一的"反周期"操作路线,随近年的矛盾积累与凸显,已日益表现出其局限性。今后中国经济潜在增长率下台阶、经济下行中资源环境制约和收入分配等人际关系制约已把可接受的运行状态的"区间"收窄,再复制式地推出"四万亿2.0版"的空间,已十分狭窄,较高水平的理性"供给管理"的有效运用,势在必行。党的十八届五中全会明确提出"释放新需求,创造新供给"的要求,其后领导层更宣示了对推进"供给侧结构性改革"和提升"供给体系质量和效率"前所未有的高度重视,直指形成有效制度供给的改革这一中国现代化的"关键一招",和以创新驱动、结构优化接触供给抑制、释放增长潜能的系统工程。既然在中国中长期发展中如何破解瓶颈制约和攻坚克难全面深化改革、优化结构,是国人共同面临的历史性重大考验,那么我们应站在前人肩膀上,以严谨的学术精神,秉持理论密切联系并服务实际的创新原则,更好地追求经济学经世济民的作用,更多地注重从供给侧发力,在实践中破解瓶颈,服务全局,把握未来。

二、供给侧改革是问题导向下引领新常态、激活要素潜力的动力体系再造创新

多年以来,围绕宏观经济学理论,从经济学新兴学科(如发展经济学、制度经济学、转轨经济学等)到新兴流派(如货币学派、供给学派、新自由主义等),无一不重视研究经济增长动力的相关问题。从全球范

围内传统宏观经济学关于经济增长的"三驾马车"动力解说一直被奉为圭臬。然而，若细心观察不难发现，从 2008 年美国应对金融危机时在宏观调控中采用具有针对性的"供给管理"措施，到中国开启全面深化改革时代决心加快推进的经济结构调整，均不失为推动经济增长的切实有效措施。这些并未在主流教科书中被注重、看似不合"华盛顿共识"金科玉律却在经济实践中产生实效的宏观调控手段，已引发学界的广泛讨论，对"三驾马车"究竟是否为经济增长根本动力的讨论也包括于其中。我们所致力构建的新供给经济学认为，仅从需求侧看重"三驾马车"并将其认作经济增长的动力，认识远非完整，因为经济发展动力的认知框架需从需求侧对接供给侧的结构性动力机制构建，才能得以完成。

（一）需求侧总量调控不可以"包打天下"。

追根溯源，凯恩斯在《就业、利息与货币通论》中强调的是"有效需求"这一概念，宏观所指为总供给与总需求动态均衡中有支付能力的总需求，由此而产生的经济增长"三驾马车"理论中所强调的消费、投资、净出口三大动力，自然相应地指向消费需求、投资需求和外贸需求。在短期视野和投资、消费、储蓄三部门框架下，传统宏观经济学理论认为有效需求总是不足的：消费者边际消费倾向递减会导致消费需求不足，资本边际效率递减和强流动偏好会导致投资需求不足，并认为这是形成生产过剩危机并导致高失业率的直接原因。加入开放因素分析后，传统宏观经济学理论在 4 部门框架下认为净出口需求受到实际汇率的影响，而影响程度最终取决于该国出口商品在国际市场上的需求弹性和国内市场对进口商品的需求弹性，总而言之，最终仍落脚在需求侧。

但基于需求的以上认识，并不妨碍我们对经济增长"三驾马车"理论做出一个新视角的定位，即其认识框架实已体现了需求侧管理也必须面对结构性问题，即光讲总量是不够的，必须对总量再作出结构上的划分与考察，这当然可称为是一种认识深化与进步的体现。从灵感源自马尔萨斯需求管理的凯恩斯主义开始，宏观经济学强调的就是侧重于总需求的有效需求层面，并随着微观经济学理论分析框架的更新而抽象为大家所熟知的 AD—AS（总需求—总供给）模型。20 世纪 80 年代，以美国经济学家弗里德曼为代表的货币学派强调的实际上就是通过货币总量来调节宏观经济。而以消费、投资和出口为核心的经济增长"三驾马车"理论，则使一直以关注总量为己任的需求管理实已展现出结构性特征。虽然都是基于需求侧的分析，但是从以俄罗斯籍经济学家希克斯的相关研究而抽象产生的宏观经济学模型开始，IS-1M（希克斯—汉森）模型和 IS-1M-BP 模型显然通过产品市场的决定、货币市场的决定以及开放经济的决定为需求管理拓展出更为广阔、也理应继续得到认识深化的结构性空间，其相关研究也使需求管理得以更好地方求"理论联系实际"来满足宏观调控需要，实际上需求侧已难以解决调控当局必须面对的结构性问题，所以会合乎逻辑地延展到"供给管理"问题。

按照经济增长"三驾马车"理论，人们已结构化地将消费、投资和净出口视为需求侧总量之下应划分出来认识经济增长的"三大动力"：从动力的源头追溯，人类社会存在和发展的本原层面的"元动力"，当然是人的需求，有需求才会继之有生产活动来用以提供满足需求的产出，从而产生供给。也是基于这种"元动力"的认识，才有把需求总量作三分的"三动力"，即"三驾马车"认识。凯恩斯主义的分析得出：由于消费需求、投资需求和出口需求构成的有效需求总是不足的，所以认为政府应当通过宏观调控手段刺激总需求，同时还不得不具体处理消费、投资和出口间的关系，从而才可实现宏观经济增长的目标。这一认识框架的内在逻辑，实已指向了一个重要判断：必须把对应三方面需求的结构性响应因素——供给的方面纳入研究，但在传统经济学中这一框架隐含的（非内洽的）"完全竞争"假设下，在绝大多数经济学家那里，这种应继续努力探究的供给侧分析认识，却被简化为"市场决定供给结构并达于出清"而无须再作分析的处理。

无论如何，三大"动力"说赋予需求侧管理以结构性特征，使其得到了注入新鲜活力的新发展。沿着 IS 曲线所表示的投资决定，1M 曲线所表示的利率决定，以及 BP 曲线所表示的实际汇率决定，经济增长"三驾马车"理论推动传统宏观经济学在继 AD-AS 均衡之后，走向 IS-1M-BP 的均衡。相应地，落实到宏观调控政策主张方面，也从原来的强调总量调节合乎逻辑地发展到通过货币政策和财政政策带有结构性地刺激消费、投资和出口需求来实现宏观经济增长的政策主张层面。

回归到经济实践中，甚至更加灵活地表现为结构性地调整三大"动力"中的某一个或者某两个，以此来达到弥补一方或两方的疲软，在权衡中最终均衡地实现经济增长的目标。这一点，我们一方面在全球经济宏观调控范例中可得印证，比如2008年美国金融危机后相继爆发欧债危机，发达国家市场遭受重创，以中国为代表的新兴市场一致感到出口需求严重不足，从而大角度转向拉动内需、加大国内投资与消费来实现宏观经济稳定增长；另一方面还可在学界对宏观经济的讨论中常年关注三大"动力"在短期与长期中作用的比较、正负面效应、调控手段等等，认识其无可回避性和可观的分量。因此，三大"动力"分析认识对需求侧管理的贡献已无须赘言。

但更加关键地，我们注意到三大"动力"认识虽然在一定程度上满足了需求侧管理的宏观调控需要，但是并不能真正在需求侧得以实现其认识与逻辑的周延。学界前一段时间非常关注的"三驾马车"是否为经济增长根本动力的问题，结论的指向性非常明确，基本表现为否定一侧。然而，究竟其为何不能成为经济增长的根本动力，则说法不一，有观点认为其只是国民经济核算指标、有短期特征、影响的是GDP需求边（李佐军，2014），有观点认为需求侧三大"动力"已跟不上现代经济发展步伐，提出了经济增长的新"三驾马车"，内容又有所不同，有的认为是城镇化、信息化和民生建设（康怡、尹中卿，2012），有的认为是原"三驾马车"的引擎升级（邵宇，2013）等。

我们则认为，"三驾马车"不能构成经济增长根本动力的原因，在于其并不能仅在需求侧继续实现其"动力"特征与功能。消费、投资和出口三大认识上所称的"动力"，其实已是"需求"这一"元动力"层面不得不再作出其结构分析而派生出的结构化认识框架，一旦脱离了元动力层面而变为合力的部分，便已失去了元动力属性和定位，所以严格地作学理的推演，这三个力自然不可能归为"根本动力"，只是"动力"的不同传递区域在人们认识上的一种归类。从研究者针对实际生活应做的需求原动力的回应考察或动力响应机制认知来说，不能不进一步沿需求侧的"结构化"认识推进到供给侧响应机制的相关分析认识——意在反映和指导实际生活的经济学理论理应如此。如果仅局限于消费需求、投资需求和出口需求的层面，便走入了近年学界已普遍不再满意的局限性状态。

第一，仅从需求侧看消费，带有过强的静态特征。这与真实产品市场中种类更新日新月异这一现实大相径庭，许多新消费动力的产生并非因为消费需求发生了变化，而恰恰是对消费的供给发生了变化。

第二，仅从需求侧看投资，带有过强的主观特征。按照对投资需求的重视，似乎刺激了投资需求就能够在经济体量上有所体现，而现实的经济实践绝非如此，最典型的例子就是中小企业投资需求强烈而充分，但投资供给却往往跟不上；同样的投资规模，不同的投资机制和投资结构，结果可能有天壤之别，诸如此类例子不胜枚举；资本市场中如资源错配、结构性失衡的格局长时期存在，在这种情况下再大力刺激需求，于宏观经济显然极易导致长板更长、短板更短，百害而无一利。

第三，仅从需求侧看出口，多带有纯比较优势理论与纯汇率理论主导的色彩。出口产品在国际市场中影响力越大，则对本国宏观经济增长的拉动作用就越强，这种利用经济学抽象模型演绎的分析无可厚非，但真正落实到全球化背景下的开放经济中，发展中国家通过后发优势赶超发达国家的增长路径显然难以得到全面解释，常识就可以告诉我们，仅仅是实际汇率的变化并无如此大的魔力，先进经济体对后进经济体的"高端选择性供给"往往对于双边贸易的中长期基本格局具有某种决定性意义。

总而言之，在需求侧对"元动力"的认识发掘推进至"元动力—三动力"，为需求管理带来的"得"与"失"便构成了一个悖论：一方面，需求侧的"总量"观与简洁的"三驾马车"认识框架，确实在发达市场经济体一般情况下的实践层面满足了其调控对于"理论指导与支持"的需要；另一方面，仅在需求侧由"元动力"派生、演化出的"三驾马车"动力机制，在三者合力"怎样合成"上始终解释模糊，特别是经受不了"世界金融危机"冲击考验之下"水落石出"般的审视和回应不了摆脱种种局限引出建设性对策的要求——这种悖论，只有在引入供给侧分析和供给结构与制度机制分析后，才能得到化解。一言以蔽之，"三驾马车"完全无法认作拉动经济增长根本动力的道理在于：对需求"元动力"

的回应和传导，关键已不在需求侧。

（二）结构性动力体系的作用空间需在"供给侧"构建。

消费、投资和出口只是需求作为经济增长的"元动力"而可进一步做出结构性认知的分析框架，只要沿着"结构性"的角度继续深化认识，就会发现仅在需求侧并不能够真正完成动力认知这一悖论，这强烈呼唤着对与之相对应的供给侧的结构性动力体系与机制的探究。

显然，"三驾马车"所强调的消费、投资和出口需求三大方面的分别认知，只有联通至消费供给、投资供给和出口供给，才有可能对应地成为各自需求的满足状态，其中蕴含着由需求侧"元动力"引发的供给侧响应、适应机制，或称其所派生的要素配置和制度安排动力体系与机制。

在经济增长动力的全景图上，首先，我们当然应该肯定需求的原生意义。人活着就会有需求，有需求才有各色各样被激活的动机和满足需求的创业、创新活动。但特别值得注意的是，这些创业、创新活动的动力实已传到、转移到供给侧，供给是需求元动力（"第一推动力"）之后由响应而生成的最重要的"发动机"与增长引擎。事实上，人类从茹毛饮血时代发展到今天，已看到科技革命产生巨大的生产力飞跃，创造着上一时代难以想象的供给能力，同时这些原来让人难以想象的供给，并没有充分满足人类的需求，原因是在于人类作为一个适应环境进化的物种，其需求是无限的。正因为如此，现实的推动人类社会不断发展的过程，虽然离不开消费需求的动力源，但更为主要的支撑因素从长期考察却不是需求，而是有效供给对于需求的回应与引导。从更综合、更本质的层面上讲，经济发展的停滞其实不是需求不足，而是供给（包括生产要素供给和制度供给）不足引起的。一般而言，要素供给（如生产资料、劳动力、技术供给等）是经济层面的，与千千万万的微观主体相关联；而制度供给是政治社会文化层面的，直接与社会管理的主体相关联。人类的长期发展过程正是因为不确定性的科技创新产生一次次科技革命，带来一次又一次生产力的提升，也进而推动制度安排的一轮又一轮改革和优化，使总供给能力一次次大幅度提升，促进并保持了经济的长期发展和趋于繁荣。人类的供给能力现实地决定着人类的发展水平，也正是因为这种原因，我们可划分人类社会的不同发展时代：狩猎时代、农业时代、工业时代、信息技术时代，以后随着生物技术的不断飞跃，我们还可能会迎来生物技术时代。与之相呼应，人类社会经济形态与制度框架上经历了自然经济、半自然经济、自由市场经济、垄断市场经济和"混合经济"的各种形态，包括中国这个世界上最大发展中经济体正在开拓与建设的"中国特色社会主义市场经济"。我们所处的当今时代，全球化的社会化大生产所具有的突出特点，就是供给侧一旦实行了成功的颠覆性创新，市场上的回应就是波澜壮阔的交易生成，会实实在在地刺激需求增长。这方面例子已有很多，比如乔布斯和他主导创造的苹果产品，再比如"互联网电子商务与金融"这种带有一定颠覆性特征的创新等等。这些动不动就席卷全球的供给侧创新，其真正作用是引导式改变——引领市场潮流和生活方式，改变产品市场的数量、机制、构造和联系，调动与释放了需求的潜力，当然也改变了需求的种类、范围、激励和方式，体现在宏观经济中一定是形成增长的动力。

其次，我们自然而然、合乎逻辑地应当特别注重供给侧投资的特殊性、针对性和结构特征。需求侧强调的投资需求，概念上还是总量中的"三足鼎立"的一足（即"三驾马车"中的一驾），而一旦表现为对应投资需求的投资供给，便成为生产能力的形成与供给，成为消费和出口的前提，并天然地要求处理其具体的结构问题——事实证明这恰恰不是传统概念的需求管理就能够完全处理好的。在市场发挥"决定性"作用的同时，只要不是纯理论假设的"完全竞争"环境和完全的"理性预期"行为，政府的供给管理就必不可少，而且在实践中往往还会表现为决定性的事项（可观察美国应对世界金融危机的关键性举措）。仅刺激或抑制投资需求，并不能就同时解决好结构性问题，必须同时处理好投资的结构优化政策与机制，达到基于结构优化形成的投资质量与综合绩效的提升，才形成势必推动经济增长的动力（发动机）。比如，当下中国进入"新常态"增长的最关键投资动力源，就包括应当启动以增加有效供给的选择性"聪明投资"，来实现"补短板、挖潜能、转主体、增活力、提效率、可持续"，以达到投资拉动经济增长的意愿目标。至于外贸的出口净值也绝不属于需求管理可直接解决的对象，真正应抓住的，是在全球化进程中的自身结构优化，以及不断提升国家综合竞争力。

消费供给、投资供给和出口供给，实际上构成了供给侧的动力机制，这种动力机制带有非常明显的结构性特征。与需求侧的均质、可通约明显不同，供给侧的产出是千差万别、不可通约的产品和服务，以及以各种特色表现的必须具体设计、鲜可照搬的制度供给——产品服务供给的升级换代产生"供给创造自己的需求"的巨大动力，制度供给的优化更会带来"解放生产力"的巨大"引擎"与"红利"效果。"物"的供给能力的竞争，也相应地呼唤着与之匹配"人"的利益关系视角的制度供给优化竞争。而通过上述这种与需求侧"元动力"相对应的供给侧的结构性动力机制的优化构建，我们才能促使经济增长的"动力体系"浑然天成又升级换代。

不论是理论工作者还是实际工作者，所普遍认可的"创新驱动"，显然是一种关于发展动力的描述和认知，但如果放到需求侧与供给侧的分别考察中，便可知实指供给问题。因为需求是永无止境的，即是"永新"而"无新"的，经济调控管理所讲的有效需求，只能是指有货币支付能力的需求，即可通约总量状态下的有支付意愿与能力的需求，这种需求会升级、细化、个性化，等等，却在其本身无法具有、无所谓其"创新"含义；唯有到了供给侧，创新才是有实质意义的、必然具体地细分（即结构化）的，且在成败上是不确定、变化多端的，因而特别需要制度激励，包括以制度环境来试错、容错，最终达到创新成功。在一般而言的经济发展中，供给侧的调控管理均不可回避和忽视，对于后发、转轨的经济体，供给管理的重要性还往往会更为突出，比如中国，在特定阶段上和历史时期内，以制度供给统领的全面改革式创新驱动，必然成为其可持续增长的现代化过程能否如愿实现的"关键一招"。

总结上述，"三驾马车"的实质是需求管理由本义的"总量调控"开始引入结构性认知框架，作为重视"结构性"的成果，这一认识有利于更好满足宏观调控需要，但仍然在理论与实践的互动发展中表现出其局限性；这种把消费、投资、出口的划分看作通过需求管理促进经济增长的"动力"即"三驾马车"式表述，既有所得，又有所失：得在确实拓展了需求管理的范畴，失在这种"动力"在需求侧难以自我实现；这一得失悖论势必引导我们将探究目光转向供给侧，与需求侧"元动力"相对应的、回应为消费供给、投资供给和出口供给综合形成的供给侧产出及相关的制度供给，才是真正形成经济发展中至关重要的供给侧动力机制体系。突破需求管理局限而助力经济增长，亟须推进经济学理论在供给侧研究的创新——在不完全竞争这一更符合真实世界情况的大前提下，认识和把握以物质要素的供给和制度安排的供给所合成的动力源。

现阶段是中国处在中等收入发展阶段、力求跨越"中等收入陷阱"，对接全面小康和民族伟大复兴"中国梦"历史任务的演进过程中，我们更应以世界金融危机发生之后的经济学反思为重要的思想营养，以宏观经济进入"新常态"为当下背景，切实考虑在"如何实现供给侧的结构性动力机制优化构建"上做好文章、下足功夫，即以调结构、促改革，创新驱动，把握好理性的供给管理。

经济学理论有关经济增长问题的研讨，可以看作一个还在不断深化揭秘的过程，我们基于一直以来对供给侧的关注所带来的分析认识，在本文中可将认识结论定位为：需求侧"元动力"之上认识进一步形成的"三驾马车"，其实在动力全景解释上已无适用性，必须对应、联结供给侧的动力机制构建，因而也必然引出比在需求侧的分析认识复杂得多、艰巨得多的经济学理论创新与政策优化设计任务。

（三）要素层面要破解"供给约束"与"供给抑制"。

已有的经济理论认为，支持经济长期增长的要素（动力源）主要有5个：劳动力、土地及自然资源、资本、制度、创新。国际经验表明，各经济体在进入中等收入阶段之前，前面三项对于经济增长的贡献容易较多地生成和体现出来，而进入中等收入阶段之后，后面两项的贡献更大，并且极其关键。所以，中国新时期的增长动力构建，实为城镇化、工业化、市场化、国际化、信息化与民主法治化发展过程由五大要素动力源合乎规律的优化重构而成的混合动力体系。结合中国当前的实际情况，这几个要素方面都存在明显的供给约束与供给抑制，需要通过全面的制度改革，化解制约，释放经济社会潜力，提高经济增长活力。

第一，人口红利下降，劳动力成本上升，低廉人工成本比较优势正在与我们渐行渐远。中国人口总量世界第一，改革开放以来，以农民工及其家庭成员为代表的农村人口向城市、向工业领域的巨量转移，是支持中国获得当今经济发展的主力贡献因素之一，支持我们一路走到"世界工厂"。但是，据学界测算，在2011年前后，中国经济发展中的"刘易斯拐点"（通常指劳动力由过剩变为短缺的转折点）已经出现，2012年后社会劳动适龄人口规模每年净减少数百万人，以低廉劳动"无限供给"为特征的劳动力转移及劳动适龄人口充裕状况对于中国经济的贡献和支持，颓势已现，近年在各地不断出现的民工荒、招工难以及劳动力工资水平明显上升，就是明证。与此同时，中国人口结构已明显老龄化。新供给团队的研究表明，在未来不到10年的时间，中国将步入超老龄化社会，速度之快超过日本。通观全球人口与国力变化史，人口基数与结构的变化对国力、国运长远而言具有决定性的作用。因此中国自20世纪70年代以来执行的以严格控制人口数量为目标的人口政策，已到了非调整不可的时候，切不可再作拖延。

第二，土地制度僵化落后，自然资源粗放、低效耗用。中国土地及相关自然资源管理方面存在的供给机制不能适应市场经济的问题十分明显。随着城镇化的发展，大量邻近城市的农村土地（包括集体建设用地和宅基地等）通过各种形式转化为城市发展用地，这本是城市化的题中应有之义。但是，由于现行土地管理制度过于僵化，未能形成与时俱进的供给机制，征地拆迁补偿的综合成本迅速抬升，并引发诸多社会冲突与群体性事件，以及"小产权房"等棘手难题。除土地之外，中国其他各类自然资源方面，也存在着比价关系严重扭曲、市场化价格形成机制缺失，以及政府发展经济急切而强烈的动机之下的粗放、低效使用，已经造成近年来各方面有深切感知的、公众意见十分强烈的各类水体、土壤、大气污染问题以及资源能源挥霍式耗用等严重问题。

第三，金融压抑明显，对实体经济的多样化融资和升级换代支持不足。无论是从国内储蓄还是外汇储备上看，中国似乎都是世界上"最有钱"的国家。但从资本的使用效率上看，从实体经济得到融资支持的程度上看，中国金融领域存在的供给抑制与供给约束又可居世界之冠。一是利率市场化到现在刚刚走上"行百里半九十"的关键性路程。二是金融市场主体"大小不均"，主体的国有比重过大而民资外资比重过低、超级银行占比过大而中小型金融机构占比过小。三是资本市场结构不合理，主板市场占比过大而创业板、新三板、场外股权交易市场还严重不足。四是除银行间投融资体系高利差抬高融资成本之外，设租寻租、"红顶中介"等，又将创业创新活动的综合融资成本抬得更高。这些导致长期以来对中国经济增长贡献可观，特别是对就业贡献最大的广大中小微企业，得不到较充分的融资供给，实体经济升级换代"突破天花板"得不到投融资供给机制有力支撑，"三农"领域的金融支持也始终盘桓于政策倡导层面而实质性进展十分缓慢，大众创业、万众创新面临的实质性融资门槛仍然比较高等问题。

第四，教育体制扭曲、僵化，科技创新驱动力弱。早在党的十六大文件中，就提出了建设创新型国家。中国经济增长的动力机制应当而且必须强化创新驱动，已成为各方共识。但从进展看，科技研发的创新活力和相关人才的培养、供给机制，被行政化、官僚主义、形式主义和种种违反科研规律的不当制度机制所扼制，虽然一方面中国科研人员的论文发表数、专利申请数快速增长，已名列世界前茅，然而另一方面科技成果向产业、市场的转化率不到10%，究其原因，相当重要的前置环节——教育领域即人才培养体系中，由于严重的行政化、应试教育化等而窒息创造型人才的生长，形成"钱学森之问"的难解之题；具有支撑意义的基础科研领域中，激发科技人员潜心研究的体制机制不到位，科研经费管理中繁文缛节的官场化规则近乎荒唐，把对应于官员的行政规则十分起劲地套用于知识分子专家，完全不合科研规律；应用研究中，一是科技成果转化的激励机制明显滞后，二是知识产权保护不力，三是后勤支持机制落后，四是狭窄的部门利益形成"条块分割"式创新阻碍和资源条件共享壁垒。

第五，政府职能与改革不到位，制度供给仍严重滞后。改革开放以来中国经济社会获得的巨大增长和进步，与政府管理理念的改变、职能的调整、方式的转化、体制机制的不断优化有极其密切的关联。但随着改革进入深水区，政府职能的优化进程与制度变革的推进，已经大为滞后。一是关键功能不到位。市场经济条件下政府的主要功能应是维护公平正义和市场监管、公共服务与社会管理，但实际生活中，市场公平竞争环境受到过度垄断、设租寻租、"红顶中介"等的困扰与损害，假冒伪劣等不良行径往往不能得到有效监管和打击；应有的公共服务被管理部门与环节上的"权力最大化、责任最小化"之争和扯皮推诿所销蚀；应履行的政府社会发展管理规划职能，其形态与水平明显落后于时代要求，各方一再呼吁的把经济社会发展中国土开发整治、城乡基础设施、交通运输、生态环境保护、产业园区和主体功能区"多规合一"，始终未有实质性进展。二是关键和重点领域改革不到位，如财税改革、土地改革、金融改革、国企改革、收入分配改革、人口战略调整等，大都慢于社会预期；党的十八届三中全会后首先由政治局审查通过的财税配套改革方案，实施中已出现与时间表要求不匹配的明显迹象。三是政府支持经济发展手段方式陈旧，仍然习惯于以"政"代"经"，以"补贴""优惠""专项"等吃偏饭方式，代替扎实的市场环境打造与市场基础建设。四是政策机制的设计质量往往不高，效果还有待提升，如政府主推的棚改、医改、中心区域交通体系建设等，大方向正确但方案纰漏、缺陷不少。

作为一个转轨中的发展中大国，追求后来居上的现代化，为成功实施赶超战略，在政府职能方面必然要有意识地把需求管理与供给管理相互紧密结合，而且尤需做好供给管理。这既是基于中国30多年来改革开放的基本经验，亦是基于当下经济发展的现实需要，也是基于对西方主要发达国家近年来在调控、管理经济方面一系列经验教训的总结。特别应当注重制度供给，在新的时期以全面改革为核心，来促进供给侧解放生产力、提升竞争力，以此生成中国经济社会升级版所需的有效供给环境条件，解除供给约束，推动改革创新"攻坚克难"、冲破利益固化的藩篱，充分激发微观经济主体创业、创新、创造的活力。这是续接和有效增强经济增长动力的"关键一招"，也是从要素投入、粗放增长转向供给升级、集约增长，引领市场潮流而创造需求，得以实质性联通"脱胎换骨、凤凰涅槃"式结构调整的主要着力点。

新供给经济学的思维重点，首先是强调在"四个全面"总体布局新时期，"攻坚克难"地从增加有效供给角度实施制度创新供给和结构优化，衔接从短期到中长期目标的运行调控。因而供给管理的手段，既需注重充分地尊重和敬畏市场，又要理性地、"守正出奇"地引导和建设市场，以经济手段为主，与深化改革优化制度供给紧密结合，进一步解放生产力、构造"又好又快"发展的持续动力源。

三、供给侧改革是通盘规划的系统工程式全局长远创新

供给侧改革不仅是理论密切联系实际的创新，是问题导向下引领新常态的动力体系再造创新，而且是通盘规划的系统工程式全局长远创新。新供给经济学的研究追求，是兼收并蓄地整合理论经济学、发展经济学、制度经济学、转轨经济学、行为经济学和信息经济学等已有成果中的积极因素和有价值的启迪，把生产力视角的"物与人"和生产关系视角的"人与人"的认识打通，形成"全景图""结构图""解剖图"浑然一体的认知体系。所以，我们理解的"供给侧结构性改革"和"供给体系质量和效率的提升"绝不是简单重复"里根经济学"概念下供给学派主要强调减税的思路、主张，而是着眼全局、长期、综合的系统工程或宏大命题。比如，在中国发展新阶段的"问题导向"下，克服"一条腿长、一条腿短"的发展不协调弊端，就要追求全面、协调、可持续的发展，就特别需要高水平的规划先行，政府牵头提供的这种"规划的供给"，是供给管理与供给体系的极为重要的内容和引领机制。

所谓规划，首先就是从地上地下大系统的空间结构入手，通过组织供给、运筹有效供给来处理生产力结构（产业集群、物流条件等）和社会生活结构（功能区、公共服务基础设施体系和不动产配置等）中区别对待和通盘协调问题的解决方案。这实质上就是形成综合要素供给体系必须前置的规划供给，并以其带出立足全局、放眼长远的顶层规划性质的理性供给管理全过程。新古典框架主要通过对交易的地理模式、交易效率及分工水平之间关系的研究，阐述城乡之间人的"自由迁徙"的重要作用。而运用新供给经济学分析框架，特别强调的是看待布局不合理所带来的经济社会问题，一般都在很大程度上带有结构失调特征，仅仅通过需求侧的总量调节势必收效甚微，尤其是城镇化进程中产生的瓶颈制约，只有通过供给侧有针对性的管理举措，内含于具有统筹安排全局

要素功能的顶层规划，才能解决这种结构性问题。在国土开发中由于"地皮"独占性所带来的自然垄断因素，客观地要求政府以规划这种"供给管理"手段防范、摒除空间布局优化上的"市场失灵"，同时要充分警惕、全力避免自身的"政府失灵"。中国在"三步走"现代化赶超战略的指导下，经济历经30余年高速增长，先行的工业化与相对滞后的城镇化的基本国情及其相关的复杂的结构性问题，也势必赋予规划更多供给管理的属性。政府在这方面"更好地发挥作用"，当然要面临挑战，要总结已有的经验教训，要经受时间和历史的检验——比如北京城总体规划上令人扼腕的当年对"梁陈方案"的否定，以及如今在"城市病"倒逼之下启动"京津冀一体化"方案的新决策。

从国内视角来看，中国目前规划前瞻性不足、水平不高的表现及影响值得高度重视，经济赶超战略下的城镇化与城乡一体化对顶层规划具有迫切要求，顶层规划的过程实质上正是追求理性供给管理的过程。从国际视角来看，世界范围内典型地区和城市的规划提供的实践案例（巴黎、巴西利亚、日本）均已表明，无论城市规划、都市圈规划或是区域规划，规划先行下"多规合一"的顶层规划都应成为供给管理的重要原则与手段，这样才能通过要素供给的优化配置切实缓解经济增长和发展过程中产生的诸多结构性问题。

基于此，我们主张中国现阶段必须先行且走向"多规合一"的顶层规划，至少应考虑环境、层次、逻辑和模式4个方面。落实到供给管理的对策建议层面，依次为：实现法治框架下的规划先行；开展多轮针对结构性问题的顶层规划；把握"多规合一"内在联系逻辑；锁定不同发展阶段每轮顶层规划的主要矛盾4个方面。

（一）环境：实现法治框架下的规划先行。

规划必须从全局、长远视野注重经济社会发展的生态演进，发展中经济体更应注重践行经济"追赶—赶超"战略过程中城镇化与加速工业化匹配方面特别应当打出的"提前量"。这种前瞻性之意，并非在于所有规划都要在精确科学预测下做到丁一卯二、严丝合缝，而是科学地打出有弹性的"提前量"。这就要求法治框架下授权于政府牵头编制的顶层规划，一方面做到避免规划中缺乏前瞻性和提前量导致很快出现严重供给短缺所引发的试错式沉没成本，另一方面做到可放可收。例如巴黎虽然在 1966 年规划前期进行了人口预测，从而划定了巨型规划区域范围，但实践中，1969 年突然爆发的经济危机和人口变化使原计划不得不重新调整，8 个新城中的 3 个被取消（彼得·霍尔，2009），其余的也相应缩小了规模，这样的调整并没有对整体规划造成过大的影响或阻滞，通盘规划只是缩小规模，而大部分综合功能仍然得以实现。

经济社会发展尤其是其高速发展进程中，最大程度上避免"试错—改错"巨大社会成本的保障条件，就是"规划先行"，所有项目建设都应当建立在具有前瞻性，力求高水平的科学规划基础之上，法律所规定的规划权的行使，决不能独断专行、率性而为、朝令夕改。顶层规划关系一个经济体通盘的经济增长和社会发展，尤其可说是关系到发展中经济体能否实现赶超战略目标，具体内容涉及一个经济体国土范围内从城市到农村的所有区域，在落实中涉及土地开发利用、生态环境、文教卫体、交通、市政、水利、环卫等各行各业各个方面。

（二）层次：打开制度结节，有序开展先行的多轮顶层规划。

现阶段，中国尤其应当在多轮顶层规划开展之前打开行政审批制度结节，达成"多规合一"的合意结果。截至目前，"行政审批制度改革"显然已经涉及更深层的系统性体制性问题层面，要从"减少审批项目的数量"推进至"真正使审批合乎质量要求"，真正达成法治化、系统化、标准化、信息化、协同化、阳光化，就必须结合"大部制"改革，实现政府职能机构的协调联动。除了提高行政法制程度，顺应精简机构的要求之外，更要扩充动态优化设计，以后择时启动整个"大部制"框架下的、行政审批的国家标准化工作，联通"规划先行，多规合一"相关工作的开展。多年来相因成习的由不同部门分头来处理的国民经济发展规划，形式上可以具体化到国土开发、城乡建设、交通体系、环境保护、产业布局、财政跨年度规划等等，这些都应该纳入"多规合一"的综合体系，并基于全国统一的行政审批信息数据库和在线行政审批平台里的有效连通，矫治多部门管规划、"九龙治水、非旱即涝"的弊端，提高政府决策的信息化和整合水平，并实现业务流程的优化再造。这样一个系统工程，不可能毕其功于一役，需要有序推进。

　　经济社会是不断发展变化的，城市规划和区域规划，某一次的规划都做不到一劳永逸。尤其就中国的经济社会发展现状而言，所有发展中出现的矛盾和问题亦不可能通过某一次顶层规划全部解决，势必要通过动态处理结构性问题的多轮顶层规划逐步落实、解决。但每一轮顶层规划都应当建立在基于现状对未来进行力求科学预测的基础上，应积极利用先进信息技术（例如：云计算和大数据）进行国土开发的空间功能预测、人口预测、产业发展及结构变动预测、资本增长及流动预测、各项需求及其供给回应的预测等，对人口数量和结构、产业总量和结构、环境压力和制约等等做到心中有数，再将这些合理地打上"提前量"纳入城建、交通、教科文卫体、市政、水利、环境等方面规划的考虑，从而最大程度上避免沉没成本的发生，指导各种要素有序流动与功能互补，提高增长质量、社会和谐程度和发展可持续性。

　　（三）逻辑：基于要素分类对"多规合一"的内在把握。

　　立足于中国目前所处的中等收入发展阶段，沿经济增长与经济发展这一线索思考，如何通过顶层规划实现供给侧各项要素安排的统筹协调、结构优化，是"规划先行、多规合一"的目标所在。经济增长要素可分为竞争性要素和非竞争性要素，前者包括土地、劳动力和资本，后者则随第三次科技革命的爆发在以往所强调的技术和制度基础上，增加了信息。除了这些经济增长的动力要素以外，某一经济体发展过程中还存在制约要素，主要包括财政三元悖论制约、社会矛盾制约、资源能源制约、生态环境制约等。顶层规划，显然就是将以上经济增长要素与经济发展制约要素全部纳入系统考虑的、一种通过供给管理实现供给侧优化从而促使经济活力最大化的手段。竞争性要素具有效用分割式专享、仅供有限使用的特点：土地要素总量固定、可流转其使用权但不可流动其形态；劳动力要素可流动、有变化，但其变化具有代际特性与职业黏性；资本要素可变化且可流动，但"一女无法二嫁"。特别值得注意的是，在经济增长中，土地要素对经济增长产生贡献的效应往往与交通网络有关，交通网络越发达，土地要素对经济增长做出有效贡献的能量（经济上可量化为"级差地租"）就越大。科技创新与制度供给，则大体或完全属于效用不可分割，受益无竞争性的"公共产品"。随着经济发展，无论采用发展经济学中所强调的弥合二元模式的城乡一体化这一说法，还是采用规划学中所强调的区域性、大都市圈或城市群这一说法，都是体现城市自身形态的升级，而这一升级于经济增长的要素支持效应方面，实际上就是特定国土空间上环境承载能力、多元要素流通能力、合意配置能力等等实实在在得到的提升。除了数量增长以外，国内外经济学家持续追踪的研究已经不断印证和揭示着非竞争性要素的重要作用，以技术、制度和信息构成的非竞争性要素更多决定着质量增长的实现。技术的发明创造即人们所称的创新，其主体正是劳动力（人力资本）要素，在国内外学者对城市的相关研究中不难发现一个共识，那就是人与人思想交流碰撞中产生的智慧火花通常是创新产生的先决条件，而顶层规划下制度的通盘安排实际上决定着这种碰撞产生的概率，信息互联互通的程度则决定着多大范围内的智慧可以出现碰撞和同一范围内的智慧可能产生碰撞的次数。最后，经济发展的相关制约要素则决定着经济增长要素在多大程度上能够顺利发挥作用，顶层规划中应当尽量通过合理的供给侧安排，缓解经济增长可能遇到的制约因素。

我们现所强调的"多规合一"，实际上包括国民经济和社会发展规划、城乡建设规划、土地利用规划、生态环境保护规划以及教科文卫体、交通、市政、水利、环境等专业规划，即专门规划涉及的方方面面。比如，城市通盘规划中的交通规划决定着城市的运转效率。由于能够切实缩短空间距离，城市交通规划同时也是都市圈、城市群规划是否能够合理设计的关键所在。城市生态环境规划目标在于通过规划实现人工生态、自然生态、环境保护与经济发展的有序组合和平衡，在稳态中实现城市和谐、高效、持续发展。这种城市生态环境规划在工业化时期，首先是体现制约特征，因为生态环境达标是劳动力再生产和社会成员生存与发展的基本条件，是不能击穿的底线，在后工业化时期，则颇具更高层次、人文、品位追求的特征（如"望得见山，看得见水，记得住乡愁"）。

（四）模式：锁定不同发展阶段每轮顶层规划的主要矛盾。

经济社会发展的不同阶段，其所面临矛盾的紧迫性会有所不同。"多规合一"的顶层规划下，每一轮顶层规划都应当首先锁定解决当时面临的主要矛盾。经济发展实践从国外经验来看，首先应当解决的矛盾，就是在原有产业布局基础上进行均衡性区域规划。就中国现状看，东南沿海以长江三角洲、珠江三角洲为代表的工业地带已然形成，东、中、西部发展不均衡、城乡发展不均衡。顶层规划首先应当考虑的是工业化相对落后地区增长极的培养、工业化中等发达地区城市点的扩大以及工业化发达地区城市辐射力的增强，这势必要求通过国土规划、产业布局规划、交通规划、环保规划及专项规划的合理衔接、合理搭配，形成有效的合力。中国广袤土地上，经济发达程度还没有达到所有城市点能够广泛实现便捷连接的阶段，势必要针对工业化程度不同的区域进行规划重点的区别对待。

针对工业欠发达地区，可启动依托当地资源禀赋建立差别化工业基地的规划项目，工业化水平的提升势必吸引更多人口入驻目标城市，因此目标城市应根据工业、产业发展规划预测未来的人口增长、收入增长，并针对劳动力数量、人口结构及居民收入的预测，有针对性地配以交通、教科文卫体、市政、水利、环境等方面的专项规划。

针对工业化中等发达地区，可启动以几个"城市点"共同带动"城市面"的一体化规划发展。这一轮顶层规划，是基于由几个"城市点"所划定的大区域共同构成"都市圈"，而其最终追求的发展目标则要形成"城市群"式的均衡发展。以中国现阶段经济社会发展的案例观察，"京津冀一体化"就是这一阶段必须优化顶层规划的典型。北京"大城市病"已非常突出，其周边的河北地区在全国范围内却甚至属于落后区域，这一类型的顶层规划，应特别注重"网络"和"网状结构"这一概念的应用和落实。交通运输网络是"一体化"规划中的首要关键，地铁、公路、城际铁路等的供给全面跟进，能够实实在在地缩短附属中心与原城市中心之间的空间距离。就中国目前通信网络、物流网络已然全面建立且正趋健全的状况看，是否能够如愿建立高速便捷的交通运输系统，落实到居民交通成本的降低，是"一体化"式顶层规划能够合意实现的必要条件。从空间经济学和制度经济学原理所阐述的交易费用成本和红利来看，对于原本住在大城市的居民而言，红利是远远大于成本的；此外，就发展经济学所强调的发展和改革释放的红利而言，大城市的居民能够更快、更多、更好地享受，也是人口集中于大城市的重要原因。然而，如具体讨论人口已达2300万以上的北京市，城市运转中所面临的交通问题绝非再建几条环路可以解决的，势必要突破现有格局，建立"大首都圈"，以北京市、天津市为点，以外围的河北省为一体，在顶层规划中确立卫星城式的"副中心"所在地、所承担职能等等，在既有信息网络、物流网络的基础上，首先通过高速交通运输体系的落成提升"京津冀"区域空间上的整体性，缩短"副中心"、边缘区与主城中心的空间距离。与此同时，应当在"副中心"等区域全面落实国土规划、产业规划、功能区规划、公共交通规划、住宅区规划等一系列规划有机结合的顶层规划，完成新城建设。在这一点上，中国"京津冀一体化"进程其实颇具与巴西利亚建设相类似的优势，河北地区作为北京和天津两大直辖市的外围，一直以来发展相对落后，固安等连片开发的快速发展与原有开发不足直接相关，也显示了超常规改进的潜力。疏解首都非核心功能给出旧城改建的较大空间，有利于科学、合理的顶层规划下城市群综合功能的实现。在新城建设的过程中则应当特别注重为未来发展预留动态优化的空间，同时可在预算约束线以内尽量高水平地加入对建筑设计规划、自然生态规划与人文保护规划的创新。

针对几大片工业化发达地区，应在着力推动产业结构转型、优化升级的过程中，灵活掌握因地制宜的都市圈、城市群规划模式，以最大限度地扩展这些地区的辐射面，提振大都市圈以及大都市圈构成的城市群模式下产生的聚合效应。现代城市的产生和发展是生产力不断集聚的结果，城市在诞生伊始数量少，相互之间影响小，而随着城市自身规模扩大、数量增多，已形成或未形成都市圈的几个甚至更多数量的城市，在地理区位、自然条件、经济条件、贸易往来、公共政策、交通网络等多重作用因子下，会逐步发展形成一个相互制约、相互依存的统一体。中国目前较为典型的城市群包括沪宁杭地区、珠三角地区、环渤海地区等，这些区域已经客观上强烈要求的"一体化"态势，需在进一步发展中，高水平地制定区域层面贯彻总体发展战略的顶层规划，把在区域内会产生广泛关联影响的产业发展、基础设施建设、土地利用、生态环境、公用事业协调发展等方面的规划内容有机结合。这是政府"理性的供给管理"所必然涉及的一个管理创新任务。

四、供给侧改革是以改革为核心
现代化为主轴的制度供给创新

30 余年发展带来的"中国奇迹"固然是依靠全面开放、利用人口红利参与全球分工和竞争等带来的比较优势所促成,但更主要的,是依靠改革调动了相关经济资源的积极潜力。但中国的市场经济在逐步替代计划经济、降低交易成本、提高经济效率的同时,其制度优化进程还存在不对称的地方。目前,我国一般产品市场已基本完全放开,但要素市场和大宗基础能源、资源市场仍然存在严重扭曲,人为压低要素价格,从而粗放地(高能耗、高污染地)促进经济增长。也正是与此有关,对生产者和投资者的补贴,使得经济严重依赖投资和形成大量过剩产能,经济结构失衡的矛盾在前些年间迟迟不能有效化解,甚至趋于突出。因此,我们必须在实质性推进"顶层规划"下的全面配套改革中,更多依靠市场力量对经济结构进行调整,从而合理地运用市场和政府力量的结合,顺利实现向较高水平的"升级版"经济增长方式和可持续增长路径转变。这里最为关键的要领是,应考虑从根本上通过一系列的改革衔接短期诉求与中长期目标,化解制约我国长期发展和全要素生产率进一步提升的深层制度因素。值得再次强调,在研究者"理论密切联系实际"的分析考察中,有必要把供给侧的重要主体——公权体系和供给形式中的重要内容——制度供给,更充分地纳入"新供给经济学"集大成包容性的理论框架,来面对中国改革深水区重大的现实问题以寻求解决之道。

以政府和立法、司法机构一并构成的公权体系,其所必然实施的制度供给,是客观存在、有弹性空间(即有可塑性)和必有高下之分的。在中国追求现代化的历史过程中的供给管理,除经济部门、产业、产能、产品、技术等结构方面的供给内容之外,最关键的还须着眼于打开"制度红利"这一转轨中最大红利源的释放空间,形成激发经济社会活力、潜力的有效制度供给,及实现相关改革决策的较高水准。

制度安排层面深刻变革的取向是坚定不移地市场化,但又不能简单限于、止步于市场化概念下的作为。"使市场在资源配置中发挥决定性作用"的基本认识是千难万难之后实现的重大思想解放式突破，但市场的"决定性作用"绝非可以理解为决定一切领域和一切事项。其实，中国独特的市场发育和经济赶超正是改革中最难处理的一项基本矛盾：国际竞争的基本现实已不允许我们再常规地、跟随式地经历和等待以平均利润率机制主导的漫长的市场发育及经济结构优化的自然过程，需要从供给侧得到一种比自然、自发的市场配置在某些领域、有限目标下更强有力的机制——政府"理性主导"机制，并使之与市场机制"1+1>2"式地叠加，才能逐渐接近并最终实现赶超目标。把后发优势与理性的政府主动作为结合在一起，摆脱经济学发展到凯恩斯主义、新古典学派和货币学派的"百家争鸣"仍未摆脱的需求—供给不对称框架，在现实生活中就要着眼于此，形成凌驾于"政府与市场绝对冲突"或"要么政府，要么市场——二者必居之一"旧式思维之上的新思想、新理论、新方法，来指导改革与发展的实践。在尊重市场、培育市场的旁边，供给侧的特定作为必须包括政府积极有效地建设市场、组织市场和"合作式"地超越市场平均利润率机制自然过程。"混合所有制"有望成为其重要产权基石，进而推进国有经济部门的实质性改革和"现代市场体系"在中国的发育和成型。基于党的十八届三中全会通过的带有顶层规划意义的《中共中央关于全面深化改革若干重大问题的决定》（以下简称《决定》），以及党的十八届四中全会所强调的"全面依法治国"，"供给侧"制度变革的总纲应当体现其最浓缩、最不可忽视的精神实质，即从现代国家治理、现代市场体系、现代财政制度到现代政治文明所形成的重要逻辑联结。

（一）现代国家治理：国家治理体系和治理能力的现代化。

中央关于全面改革的《决定》中将"现代国家治理"表述为"国家治理体系和治理能力的现代化"。所谓"现代化"，是需基于不同经济体横向比较而得出的概念，具体而言，是世界民族之林横向比较后进入文明发展前列状态的判断。作为四大文明古国，中国在鸦片战争之后落入距离"现代"特征越来越远的境地，一路积贫积弱、被动挨打、内忧外患。作为"甲午惨败"后中国方面的创痛型回应的"戊戌维新"，仅百日便告失败。至 20 世纪的百年间，中国历经三件大事。第一件大事是辛亥革命推翻千年帝制。当时的政治领袖孙中山先生表达了非常清晰的取向，即"振兴中华"。这一明显带有"现代化"取向的愿景表述，还落实到具体的一套建国大纲，即经过三个阶段"走向共和"：一是军政，即扫平各路军阀以奠定统一基础；二是训政，即开发民智，提升国民素质，让百姓知道民主法治为何物；三是宪政，即革命党功成身退，最后还权于民实现共和。然而，非常遗憾的是中国却随后很快陷入宋教仁遇刺、袁世凯窃国、军阀混战和外族入侵的混乱场面，甚至曾走到"最危险的时刻"——亡国灭种的边缘。第二件大事是 1949 年中华人民共和国成立。沿着孙中山先生"三民主义"重要认识的逻辑，这件大事实际上解决了孙先生所说的三民主义的第一条——"民族"，即中国最主要的国土版图上终于摆脱了内战和外国干涉欺凌的局面，成为一个统一的民族国家站立起来。在此基础上，以"一五计划"为标志，中国迅速开展大规模经济建设。逻辑上是要解决"民族"之后的第二条——"民生"，但其后在取得成就的同时又历经种种坎坷挫折。第三件大事则是终于迎来了 1978 年以后的改革开放。此时，邓小平清楚地确立了"三步走"现代化战略，生产力的提升和经济的发展意味着真正进入解决"民生"问题的实质性阶段。截至 2000 年，"三步走"战略的前两步目标已提前实现，下一个阶段性目标是 2020 年在民生上实现"全面小康"，社会生活中也合乎逻辑地包含着三民主义的另一条——"民权"。这一目标要靠"依法治国""依宪行政"体系的建立来实现。对此，党的十八届三中全会后的党的十八届四中全会以"全面依法治国"的部署做出清楚明白的对接。

共产党人执政阶段，对于"实现现代化"的历史性、战略性取向，始终是坚定不移的。启动"一五"计划之后，毛泽东主席曾经在 1956年前后反复讨论怎么样发展更快更好些，并在讨论过程中形成了《论十大关系》。他说搞社会主义必须发展起来，如果中国搞了多年社会主义，还是没能发展起来，是要被开除"球籍"的（即丧失在地球上自立的资格）。中国在 20 世纪 60 年代告别"三年困难时期"后，在人民代表大会上，周恩来总理明确宣布了总体奋斗目标，即 20 世纪末（指 2000 年）我们要实现工业、农业、国防和科学技术的现代化，简称"四个现代化"。即使在 1975 年，重病中的周恩来总理在全国人大会议上，又一次明确宣布"四个现代化"的奋斗目标。这样的目标引领确实对全体社会成员产生了强烈的激励鼓舞，形成了莫大的社会影响和向心凝聚力。1979 年后，邓小平设计勾画了现代化民族伟大复兴"三步走"战略，提出了 2050 年前后中国要以主要人均指标达到当时中等发达国家水平而实现现代化的宏伟奋斗目标。后来的种种技术性修正（如由工农业总产值到国民生产总值、再到国内生产总值的指标选取），都是服从这个基本思路表述的，无伤于这个伟大战略构想的总体水准。可以认为，经济学相关的模型或测算并没有为邓小平这一宏伟战略提供多少量化的决策参考，但改革开放的总设计师邓小平看准了中国的潜力所在，并在其后由实践证明了这一决策的高水准。当 2000 年第二步目标（"翻两番"）提前实现之后，中国经济总量又在近年跃至世界经济"第二位"，那么 2050 年实现第三步目标就成为十八届三中全会提出"现代国家治理"面对的最实质性问题。为解决好这个问题，中国要在原来的治国理念上实现一个重要提升，即强调"治理"。"治理"与"管理"虽一字之差，但内在逻辑与导向却有明显不同，调控管理是表述政府居高临下、自上而下掌控的架构，而治理则是要求有多元主体更多平面展开的充分互动，而形成与最大包容性的发展所匹配的制度安排和机制联结。"治理"体系包括管理和自管理，调控和自调控，组织和自组织，更为注重的是以横向展开的良性、包容性"多赢"发展来充分调动各方面的积极性和一切潜力、活力。

习近平总书记已把中国现代化"三步走"战略目标凝结为"中国梦"的生动概念，这与百多年志士仁人的主流追求和孙中山、毛泽东、邓小平的现代化战略思维一脉相承。在多年的探索和奋斗之后，我们"中华民族伟大复兴"的内涵已有了充分提升和明确的理性支点：第一，"中国梦"是从人本主义立场出发的，总书记讲"人民群众对美好生活的向往就是我们的奋斗目标"。实现"中国梦"是为人民群众谋幸福，且这种幸福是要正确处理眼前与长远、局部与全局利益关系的实质、可持续的幸福。第二，"中国梦"不带有狭隘民族主义局限，而是寻求世界各民族"命运共同体"的多赢、共赢，是在全面开放中以经济手段为主走

"和平崛起"之路。邓小平当年有一个全局性的基本判断，即我们现在所处的时代是"和平与发展的时代"，也就是说，我们的时代主题已不是要解决原来"战争与革命的时代"战略判断之下"谁战胜谁"的问题，而是要解决如何共赢发展的问题。"核威慑"现实已清楚表明，虽局部的摩擦、战乱仍然不断出现，但第三次世界大战可以避免成为极大概率事件，正因为如此，邓小平特别强调一定要抓住战略机遇期，"扭住"经济建设为中心一百年不动摇，再不可丧失机遇！在这个大背景下，邓小平提出 2050 年前后中国经济发展的主要人均指标要达到当时的中等发达国家水平——当邓小平十分艺术、含蓄地做出这种谋划时，这一目标听来并无多大震撼力，毫不咄咄逼人。但几十年过去，中国经济总量已上升至世界排名第 2 位之时，人均 GDP 却仍排在世界第 100 位左右，由此可见，如果中国再经过 30 多年的奋斗，能够以世界第一人口大国的身份达成人均指标排名进入前 20 位左右（即中等发达国家水平），再配之以其他现代化要素，综合国力在世界民族之林中势必将名列前茅。这一"后来居上""后发先至"的现代化赶超战略，是中国"中华民族伟大复兴"不可否定的实质内涵。中国的现代化过程十分明显，一不能走历史上某些经济体大量海外殖民之路，二不能走另一些国家"剑走偏锋"的军国主义之路，只能在全面开放框架下走与全世界"做生意"的经济社会和平发展之路，以"三步走"而联通抵达"中国梦"的战略设计，实质上是从"韬光养晦""不争霸"连接追赶过程，最后实现民族伟大复兴。

然而，当前中国正站在历史发展的新起点上，一方面"从未如此接近"民族复兴，另一方面却有"矛盾凸显"无可回避，外部面对国际竞争的同时，内部从"物"的角度遭遇的资源环境制约（如雾霾代表的环境危机因素）和"人"的角度面临的人际关系矛盾制约（如收入分配、财产配置方面普遍感受到并引起了强烈不满的不公与紊乱）日趋明显，要想如愿跨越"中等收入陷阱"阶段，就必须依靠"60 条"《决定》所规定的实质性全面改革来化解矛盾和隐患，在 2020 年实现全面小康的同时，使全面改革"取得决定性成果"，即攻坚克难推进全面改革，化解矛盾制约和阻碍，才能继续"大踏步地跟上时代"。

总之，"现代国家治理"这个核心理念，必是在中国人过去所有的追求和逐步形成的现代化认识基础之上、承前启后、聚焦到全面改革取得决定性成果与"中国梦"愿景追求之上的。

（二）现代市场体系：市场在资源配置中发挥"决定性"作用。

与全面改革取得决定性成果相关联，必然要讨论总体资源配置的机制问题，以及经济基础决定上层建筑，文化、政治也必须在资源配置经济机制层面之上一并解决好的制度建设基本取向问题，这就直接涉及党的十八大报告所强调的政府与市场关系这一"改革的核心问题"。此问题又必然联通到党的十八届三中全会《决定》中紧跟"现代国家治理"的第二个核心概念，即"现代市场体系"。在相关表述上，《决定》第一次于中央最高层级文件上明确要求"使市场在资源配置中发挥决定性作用"，这是极其来之不易的。邓小平在改革开放之初的 1979 年接见外宾时，就明确提到：社会主义为什么不能搞市场经济，我们也要搞市场经济。但此话当时对内不作传达，秘而不宣。为什么呢？当时邓小平意识到如果那时传达下去，会吵作一团，于事无补。在百废待兴、亟须发展之际，他作为高超政治家的要领是少争论、最好不争论（他曾说"不争论是我的一大发明"，不想争来争去，把时间都消耗掉、机遇丧失掉），要力求把"实事"做起来。此后，中国渐进落实了一系列"实事"：第一，从容忍、鼓励农村的"分田到户"走向联产承包责任制，几年之内使农村面貌改观；第二，以"杀出一条血路"的决心和魄力在深圳等地建立特区，"撞击反射"、梯度推移；第三，"摸着石头过河"，微观层面试行国有企业基金与利润留成，宏观层面上设计渐进改革，首先于 1980 年从财政实行分灶式吃饭开始放权，并在向地方放权的同时，明确要求权力要继续下放到企业，让企业活起来。打开财政分权这个空间以后，后续的计划体制改革、投资体制改革、劳动人事制度改革、金融制度改革等等再逐步推出；第四，1984 年终于通过中央全会的形式正式做出关于经济体制改革的决定，总体上定位为"有计划的商品经济"；第五，1986 年考虑经济改革必须配上政治体制改革，否则经济改革就走不远，并把"有计划的商品经济"进一步表述为"国家调节市场，市场引导企业"，即政府不再是一竿子插到底管控企业，而是使用法治化环境中规范的经济参数手段（如利率、税率、折旧率）影响生产要素的价格信号，给出微观主体自主做出生产经营决策的空间，以解放生产力，使千千万万分散的市场主体的聪明才智可以得到最大的自由选择空间真正地释放出来；第六，政治风波发生后，邓小平曾不得不做出妥协姿态：那两句话（指"国家调节市场，市场引导企业"）如果认为不合适，可以先不提，但他又给出十分强硬的态度："党的十三大的政治报告一个字都不能改"，要把人民群众公认是改革的人放到领导岗位上；第七，在 1992 年年初有决定性意义的南方谈话后，中国得以在几个月内由最高决策层确立了社会主义市场经济目标模式，继之，1994 年财税配套改革就成为打造社会主义市场经济中的间接调控体系的重头戏。然而，即使是在确立市场经济目标模式之时，文件中的表述也只是说到使市场在资源配置中"发挥基础性作用"。现在，又经过 20 余年的发展，终于有了《决定》所说的发挥市场在资源配置中的"决定性作用"，这就把汉语语境中的市场经济应有的资源配置机制合乎逻辑地说到位了。当然，这个"决定性作用"是对于资源配置总体而言，并不是市场决定一切，不是在每一个场合、每一个具体领域、特别是非经济领域都决定，紧跟其后的是"政府更好地发挥作用"的要求。习总书记曾以很长一段话对"决定性作用"做出专门解说，其核心意思在于这一表述有利于实质性地解决好党的十八大所提出的政府和市场关系这一改革核心问题，有助于实质性地推动攻坚克难的配套改革。

"决定性作用"的表述，对于今后中国长远发展的影响一定是不可忽视的、巨大的，特别是在"决定性作用"概念后，还强调地提出了市场经济基石——产权制度层面值得大书一笔、具有突破性意义的表述——要大力发展"混合所有制"，把它作为基本经济制度的重要实现形式。对于混合所有制的理解虽然还有分歧，（比如有的专家学者说，多种经济成分并存就是混合所有制，我们并不认同，"并存"问题在改革开放初期就早已解决），但我们认为应有的认识之关键点，是现在所强调的"混合所有制"的内涵，实际上是在一个个企业体内，以股份制这种现代企业制度形式，联结于内部治理结构，以最大的包容性，把所有的产权包括"公"的股、"非公"的股，"国"的股、"非国"的股都混合、涵盖在里面，寻求多赢、共赢——更实质的追求，便是有效解决国有股"一股独大"、民营企业如何突破"玻璃门""旋转门""弹簧门"等问题。

萨缪尔森《经济学》中提炼的"混合经济"概念，刻画到股份制这个产权基石形式上，实际上与此是相通的：如以通用汽车、通用电气等跨国公司为代表来做观察，其股权结构已高度分散，通用公司最大股东的股权份额只有区区几个百分点，不少普通劳动者和产业工人都有股份，这就是我们早就听说的所谓"人民资本主义"。这种混合所有制的运行形式是在高度法治化情况下，使所有权益纠纷都能够低交易成本地依法解决的标准化股份制。股份制的现代企业制度，对于市场经济中产权制度基石的处理，提供了顺应社会化大生产的发展、工业革命后人类文明提升过程的良好制度载体。实际上，混合所有制在我们观念上所要求的突破，就是要淡化和摒弃过去面对企业股权层面"国进民退"还是"国退民进"，穷追不舍地问到底是姓"公"还是姓"私"、到底是姓"社"还是姓"资"的"贴标签"思维，以微观层面的现代治理呼应宏观全局的现代治理，进一步打开包容性发展的潜力空间。

如果考察 PPP（Public Private Partnership，过去直译为"公私合作伙伴关系"，现意译为政府与社会资本合作）与混合所有制的天然对接，我们可以对混合所有制调控机制的包容性与适应性（响应机制）方面形成充分肯定的认识。PPP 中典型的项目开发主体 SPV（Special Purpose Vehicle，特殊目的载体，即特殊项目公司），正是清晰的混合所有制，而且政府的内在动机是天然地不想"一股独大"。基于这种混合所有制，PPP 实现的融资模式的创新，通过政府、企业、专业机构"1+1>3"的绩效提升机制，又升华为管理模式和治理模式的创新。

近十余年来影响全球经济运行的调控大事件，一是针对亚洲金融危机，二是针对美国次贷危机引发的全球"金融海啸"与金融危机。亚洲金融危机是在我们身边最有冲击力的事件之一，是媒体所称的"港元保卫战"，索罗斯在香港地区市场布局后启动其"狙击"时，特别行政区政府的应对措施是把隔夜拆借利率一下提高 300%，使游资的运作成本一下高得难以想象——当然这也就加剧了股市的急跌，但是特别行政区政府又动用政府外汇基金和土地基金入市托住股市，结果没有发生索罗斯预测那么深度的跌落情况，这就是混合所有制框架下特有的调节调配空间。"港元保卫战"的结果是索罗斯在香港没有如在泰国等地那般得手。当香港的金融市场恢复稳定后，港府又以盈富基金模式，逐步有序地出售手中"官股"，尽量减小对市场的影响，而且还可以卖个好价钱，溢价部分成为公共收益。这是混合所有制框架下的调控产生了很好正面效果的案例。美国爆发金融危机后，政府实际上跳出主流教科书和"华盛顿共识"的套路，在供给侧区别对待地出手调控：在一开始没有救雷曼公司导致局面迅速恶化后，美国当局总结经验，分别出手为"两房"、花旗、通用注资。美国并没有争议过这个操作中姓"社"还是姓"资"的意识形态问题，也就是认为，在这个特殊的调控阶段，需要有这样的操作，从而使混合所有制的包容力对于以后整个经济全局产生了明显的正面效应，不仅美国的经济社会走向稳定，而且使世界性的危机恐慌得到收敛。目前，中国一个迫切需要解决的认识问题，其实就是不要再陷入前几年实际讨论水平不高、谁也说服不了谁的"国退民进"还是"国进民退"的简单化争议，特别是不要再简单地贴用姓"社"姓"资"的标签，把握好实事求是导向下的企业改革"真问题"。

混合所有制是社会主义市场经济基本经济制度的重要实现形式，这是中央在过去已有关于"股份制是公有制的主要实现形式"认识基础上的新的提升，并一定会助推民企发展中真正冲破"玻璃门""旋转门""弹簧门"，使公的、非公的股份共赢发展。马克思在《资本论》中说过，如果没有股份制，铁路的兴建还将是不可想象的。马克思有生之年已敏锐意识到股份制的包容性对于经济和公众的影响，指出它是原来私有制的一种"扬弃"，但是还没有体现如何总体冲破资木私有制的外壳，所以马克思称为"消极扬弃"。一百多年又过去了，随着人类社会发展、文明提升，我们的认识应与时俱进，应可实事求是地考虑这一认识从"消极扬弃"走向"积极扬弃"。比如，上市公司作为标准化的股份制公司模板，在上市环节其英文表述为 go public（走向公共），绝非"私"的导向与逻辑了。这种产权非常清晰、充分披露信息、体现社会责任、接受全社会监督、对公众产生正面效应的公众公司，其实已不能再以严格的私有制一言以蔽之，它既带有混合所有制的框架形式，也具有不同成色的"混合实质"。未来中国要在"社会主义市场经济"中继续"大踏步地跟上时代"，混合所有制一定会打开空间。这对中国今后几十年完成"中国梦"愿景，其影响一定是非常深刻和长远的。

（三）现代财政制度：财政是国家治理的基础、重要支柱与全面改革支撑。

《决定》中第三个重要的逻辑链接，是把"现代国家治理""现代市场体系"以及"使市场在资源配置中起决定性作用""积极发展混合所有制经济"结合在一起后，又引出了作为基础支撑的"建设现代财政制度"的要求。文件中明确指出，财政是"国家治理的基础和重要支柱"，这在如此高规格的文件中是第一次，但完全符合学理，是一种严谨的表述。财政可称为政权体系"以政控财""以财行政"的分配体系，处理的是公共资源配置问题，而公共资源配置及其优化一定会拉动和影响整体资源配置及其优化。财政预算体现国家政权活动的范围、方向、重点和政策要领，以"钱从哪里来，用到哪里去"的财力安排规范政府该做什么、不做什么，既不越位，也不缺位，使政府能"更好地发挥作用"——这种公共资源配置中政府职能的合理化，当然要成为现代国家治理的基础，这完全符合所有的经济学知识和逻辑演绎分析，没有任何夸大。因此，推进现代财政制度的构建，也就是要对应"60条"的主旋律，为全面改革做支撑。这是对财政服务全局的必然要求，也是对整个中国完成现代化转轨的历史性考验。

面对2020年，我们要力争使全面改革取得决定性的成果，否则全面小康即使实现，其意义可能也是大打折扣，因为虽然从人均收入指标的动态趋势看，以"稳增长"措施使2020年达到原已设定的要求几无悬念，但只讲全面小康而无改革取得决定性成果，并不足以解决跨越中等收入陷阱、转型陷阱的现实挑战性问题。我们应该更多地注意把握住问题的实质——目前改革已经推进到"攻坚克难"阶段，所有容易做的事已经做完了，好吃、容易吃的肉吃光了，剩下的都是硬骨头。习近平总书记反复说的"要冲破利益固化的藩篱"，就是学者常说的要冲破既得利益的阻碍。在此背景下，任何一项改革都可能称得上千难万难。中央已经成立了深化改革领导小组，对所有改革的事情做出一元化的统筹指导和协调。对于当下改革阶段特征的基本判断，在此提出 3 个基本概念。第一是矛盾凸显期，（前文已提及矛盾最主要凸显为两点：一是资源环境的制约，比如大家都能感受到雾霾的冲击；另一个是人际关系的紧张，比如中国现在谈到收入分配，几乎人人都认为不公平、有问题——这些矛盾如果不能有效化解的话，"中国梦"前景中的阴云会越来越重）；第二是深水区，换句话说就是总书记所说的"好吃的肉吃光了"，现在于深水区牵一发动全身，要动真格的，特别需要配套、统筹规划；第三是关键时期，中国的转轨已到了"新权威主义"的尾巴阶段，但仍不可能设想以全社会完全分散化、布朗运动式地实现社会制度安排的全套更新，所以必须强调执政党"壮士断腕"般的自我革命、在中国共产党作为执政党可以有效组织各种资源的情况下，未来一段时间这种所谓新权威主义的组织能力，有可能使我们相对便捷地去自我革命和贯彻后来居上的发展战略。然而新权威主义是效能递减曲线，并且不能天然地保证我们如愿走到伟大复兴现代化目标实现的轨道上，也有可能走岔道。今后十年，是决定中国能不能终于走到面对 2020 目标的新起点之际，继续大踏步跟上时代完成"中国梦"目标的关键时期。

在这种情况下，接下来的思维是一定需要居安思危，防患未然，要有紧迫性。这种紧迫性可以用祁斌先生所说"两只老虎的赛跑"来比喻，中国现阶段整体的形势就像有两只老虎在赛跑，一只叫"改革"，另一只叫"社会问题"。这两只老虎各自要素齐全，似乎也看不太清楚对方，但都在往前跑，哪只老虎跑得更快一点，将决定中国的命运。周其仁教授后来意味深长地补充指出：改革还要和新生代的主流诉求赛跑。试观察社会上的"80 后""90 后"以及将来的"00 后"们，他们可能已没有耐心来听前辈们"忆苦思甜"和讲解"主旋律"，他们也可能大多不会有多少兴趣去深究 1949 年新中国成立后各个发展阶段的得失，但他们是会有主流的诉求和以"人心向背"形成的"水能载舟，亦能覆舟"的社会力量的。

财政作为国家治理的基础和重要支柱来服务全局，就要以合理的财力分配和自身的改革，支撑全面改革的攻坚克难。

（四）现代政治文明：全面改革联结"全面法治化"[1]

（五）现代发展理念：以创新为"第一动力"、改革为"关键一招"的守正出奇

党的十八大之后，"全面深化改革"和"全面依法治国"的部署又继续推进到党的十八届五中全会提出的以创新发展为"第一动力"结合协调、绿色、开放发展而归宿于共享发展的系统化的现代发展理念，在此背景下，决策层十分清晰地表述了"着力推进供给侧结构性改革"的指导性意见。把供给管理依其内在规律摆在长期视野中，更多加以强调和优化，是合乎逻辑地服务实现中国现代化伟业之全局战略。作为一个转轨中的发展中大国，我们要追求的必然是以"追赶—赶超"过程而达到后来居上的现代化"伟大民族复兴"。中国"三步走"现代化之路，其实就是邓小平设计的从追赶到赶超而和平崛起的现代化过程。"中国梦"作为第三步战略目标实现之时一个非常形象化的表述，其实现过程中，过去我们更多依靠"后发优势"，而推进到认识、适应还必须加以引领的"新常态"新阶段，现在一定要努力转为更多地争取供给侧发力的"先发优势"。我们认为，大思路定位必然是以供给侧改革、创新引出整个供给体系质量、效率和综合功能、绩效的总体跃升，体现为以改革为现代化"关键一招"的制度供给"守正出奇"。

所谓"守正"，就是政府更好发挥作用的前提是要充分认识、适应和尊重市场规律，对市场要怀抱敬畏之心，充分尊重市场机制在资源配置中总体而言的决定性作用。这是人类历史各经济体长期实践、反复证明了的"共性"规律。所谓"出奇"，就是还必须充分认识和把握中国特色社会主义市场经济发展中必然要处理的特定"个性"，在关于国情、阶段、相关制约条件、发展机遇的通盘理解与判断基础上，不是简单照搬他国的经验和自己过去的经验，而是建设性、创新性地打开"有效市场＋有为、有限政府"合成的有效供给体系的潜能、潜力空间，在政府履行职能方面有意识地把"总量型"需求管理与"结构型"供给管理相互结合，特别是把"理性供给管理"作为"十三五"及中长期中国经济

1　本书《"法治化"取向下的历史潮流与经济社会转轨》一文对此已有详细阐述。

升级发展、可持续发展的内在要求和重要组成部分。"供给侧结构性改革"命题承前启后、继往开来地紧密结合"有效制度供给"这一改革的关键。守正出奇的含义，一言以蔽之，就是实施理性的供给侧改革创新——以有效制度供给为统领的供给体系，更好地解放生产力来回应需求侧的演变，而在创新驱动中继续超常规实现经济、社会的发展。中央决策层已经把"供给侧改革"这样一个视角从学理层面提升到中国特色社会主义政治经济学对于政府科学决策的支撑，未来中国在供给侧改革视角上的开拓进取，也正是践行制度供给为龙头的现代化创新发展过程。

参考文献

[1]彼得·霍尔.明日之城：一部关于20世纪城市规划与设计的思想史[M].童明，译.上海：同济大学出版社，2009.

[2]康怡，尹中卿.新"三驾马车"拉动中国经济[N].经济观察报，2012-12-15.

[3]李佐军."三驾马车"不是经济发展的根本动力[N].中国经济时报，2014-12-16.

[4]邵宇.中国经济的"新三驾马车"[N].第一财经日报，2013-7-31.

新供给：经济学理论的中国创新[1]

——在现代化新阶段历史性的考验中，从供给端发力破解中国中长期经济增长、结构调整瓶颈

中国经济在经受不期而至的世界金融危机冲击之后，也走到了一个自身"潜在增长率"下台阶而"矛盾凸显"对"黄金发展"瓶颈制约日趋严峻的新阶段。往前看，寻求经济增长的可持续，必须在"发展是硬道理"升华为"全面协调的科学发展是硬道理"之后，使中长期发展与有效激发、如愿释放内生潜力与活力相结合，从而使经济增长质量真正提高，已强调多年的优化结构、加快发展方式转变成为现实。而相关分析认识现在指向一个人们无法回避、议论纷纷的问题：为使中国中长期经济增长、结构调整所面临的瓶颈制约得到破解，需要构建什么新的思路？我们认为回答这个问题，首先需要得到理论创新之光的烛照引领。

我们"新供给经济学"研究群体，在迎接党的十八大和十八届三中全会的背景之下，提出了从供给端发力应对现实挑战、破解瓶颈制约的一套认识和建议。党的十八届三中全会关于全面改革指导文件的发表，更给予我们更多的研究激励和改革、转型的紧迫感。在华夏新供给经济学研究院正式挂牌和新供给经济学五十人论坛正式成立的今天，我愿借此机会简要勾画一下：我们所表述的"以改革为核心的'新供给'经济学"，是特别强调了什么理论创新，我们的"理论研究"所联系的"实际"，具体落在什么样的系列化基本政策主张和思路设计之上（已有文献，有

---

1 本文系在华夏新供给经济学研究院、中国新供给经济学 50 人论坛成立大会暨十八届三中全会精神研讨会上的主旨发言，原载《财政研究》2014 年第 2 期。

《财经》《第一财经日报》上的浓缩和重点报道；阶段性研究成果的全文已发表在《财政研究》2013年第1期；收入了研究群体代表性文献的《新供给：经济学理论的中国创新》一书，已由中国经济出版社出版）。

作为研究者，我们力求有所作为地形成对主流经济学理论框架的反思，和对于实现"中国梦"现代化目标的理论创新支撑。相关认识的切入点，是需要对已有的经济学成果有"破"有"立"。有研究界的朋友问："新供给"新在哪里？我们认为，虽然我们已有的研究还是相当初步的，但其新意已可作出概要总结：一是新在我们的"破"，二是新在我们的"立"，三是新在我们成体系的政策主张与思路设计。

一、"新供给"研究中的"破"

从世界金融危机和中国改革开放的现实生活经验层面考察，对经济学理论迄今已取得的基本成果，亟须反思，这已成为中外人士反复提到的挑战性问题。我们认为，经济学理论所需要的"破"，至少集中于如下三大方面：

（一）我们直率地指出了主流经济学理论认知框架的不对称性。古典经济学、新古典经济学和凯恩斯主义经济学虽然各自强调不同角度，都有很大贡献，但是共同的失误又的确不容回避，即他们都在理论框架里假设了供给环境，然后主要强调的只是需求端、需求侧的深入分析和在这方面形成的政策主张，都存在着忽视供给端、供给侧的共同问题。最近几十年有莫大影响的"华盛顿共识"，理论框架上是以"完全竞争"作为对经济规律认知的假设条件，但是回到现实，即联系实际的时候，并没有有效地矫正还原，实际上扣绝了在供给侧作深入分析，在这样一个重要领域存在明显不足。世界头号强国美国前几十年经济实践里，在应对滞胀的需要和压力之下应运而生的供给学派是颇有贡献的，其政策创新贡献在实际生活里产生了非常明显的正面效应，但其理论系统性应该说还有明显不足，他们的主张还是长于"华盛顿共识"框架之下、在分散市场主体层面怎样能够激发供给的潜力和活力，但却弱于结构分析、制度供给分析和政府作为分析方面的深化认识——

因为美国不像中国这样的经济体有不能回避的、解决转轨问题的客观需要，也就自然而然地难以提升对供给侧的重视程度。相比于需求侧，供给侧的问题更复杂、更具长期特征和"慢变量"特点，更要求结构分析与结构性对策的水准，但这并不应成为经济学理论可长期容忍其认知框架的不对称的理由。

（二）我们还直率地批评了经济学主流教科书和代表性实践之间存在的"言行不一"的问题。美国等发达市场经济国家在应对危机的实践中，关键性的、足以影响全局的操作，首推他们跳出主流经济学教科书来实行的一系列区别对待的结构对策和供给手段的操作，这些在他们自己的教科书里面也找不出清楚依据，但在运行中却往往得到了特别的倚重与强调。比如，美国在应对金融危机中真正解决问题的一些关键点上，是教科书从来没有认识和分析过的"区别对待"的政府注资。美国调控当局一开始对雷曼兄弟公司在斟酌"救还是不救"之后，对这家 150 多年的老店任其垮台，而有了这样的一个处理后又总结经验，再后来对从"两房"、花旗一直到实体经济层面的通用公司，就分别施以援手，大量公共资金对特定主体的选择式注入，是一种典型的政府区别对待的供给操作，并且给予经济社会全局以决定性的影响。然而，如此重要的实践，迄今还基本处于与其经典学术文献、主流教科书相脱离的状态。

（三）我们还直截了当地指出了政府产业政策等供给侧问题在已有经济学研究中的薄弱和滞后。比如，在经济发展中"看得见摸得着"的那些"产业政策"方面，尽管美国被人们推崇的经济学文献和理论界的代表人物均对此很少提及，但其实美国的实践却可圈可点，从 20 世纪 80 年代亚科卡自传所强调的重振美国之道的关键是"产业政策"，到克林顿主政时期的信息高速公路，到最近奥巴马国情咨文所提到的从油页岩革命到 3D 打印机，到制造业重回美国，到区别化新移民和新兴经济等一系列的亮点和重点，都不是对应于教科书的认知范式，而是很明显地对应于现实重大问题的导向，以从供给端发力为特色。不客气地说，本应经世致用的经济学理论研究，在这一领域，其实是被实践远远抛在后面的不够格状态。

二、"新供给"研究中的"立"

有了上述反思之"破"而后，我们强调，必须结合中国的现实需要，以及国际的所有经验和启示，以更开阔的经济学理论创新视野，考虑我们能够和应当"立"的方面。

第一，我们特别强调的是经济学基本框架需要强化供给侧的分析和认知，这样一个金融危机刺激之下的始发命题需要更加鲜明地作为当代学人"理论联系实际"的必要环节和创新取向。在基础理论层面我们强调：应以创新意识明确指出人类社会不断发展的主要支撑因素，从长期考察可认为是有效供给对于需求的回应和引导，供给能力在不同阶段上的决定性特征形成了人类社会不同发展时代的划分。需求在这方面的原生意义，当然是不可忽视的——人有需求才有动力、才要去追求各种各样的可用资源——但是在经济学角度上，对于有效供给对需求引导方面的作用过去却认识不足。我们从供给能力在不同阶段特征上的决定性这样一个视角，强调不同发展时代的划分和供给能力以及与"供给能力形成"相关的制度供给问题，具有从基础理论层面发生而来的普适性，也特别契合于在中国和类似的发展中国家怎样完成转轨和实现可持续发展方面的突出问题。回应和解决这个视角上的问题，其实也包括那些发达经济体怎样在经历世界经济危机冲击后更好地把理论服务于现实需要。在现实生活中，关键是在处理"生产产品满足消费"的需求侧问题的同时，解决"生产什么"和"如何生产"的供给侧问题——尤其是"制度供给怎么样"的问题。这种把需求与供给紧密联系起来的研究，在人类经济社会发展实践中正在日益凸显其必要性和重要性。

第二，我们强调正视现实而加强经济基本理论支点的有效性和针对性。比如"非完全竞争"，应作为深入研究的前提确立起来，因为这是资源配置的真实环境，牵涉大量的供给侧问题。过去经济学所假设的"完全竞争"环境，虽带有大量理论方面的启示，但它毕竟可称为一种1.0版的模型。现在讨论问题，应放在非完全竞争这样一个可以更好反映资源配置真实环境、涵盖种种垄断竞争问题的基点上，来升级、扩展模型和洞悉现实。需求分析主要处理总量问题，指标是均质、单一、可通约的，但供给分析要复杂得多，处理结构问题、制度构造问题等，指标是非单一、不可通约的、更多牵涉到政府—市场核心问题这种基本关系，必然在模型扩展上带来明显的挑战和非比寻常的难度，但这却是经济学创新与发展中绕不过去的重大问题。更多的中长期问题和"慢变量"问题，也必然成为供给侧研究要处理好的难题。过去经济学研究可以用一句话打发掉的"'一般均衡'中或'反周期'调控中自然解决结构问题"，我们认为有必要升级为在非完全竞争支点上的一系列有待深入开掘的大文章。

第三，我们认为市场、政府、非营利组织应各有作为，这也是优化资源配置的客观要求。在明确认同市场总体而言对资源配置的决定性作用的前提下，我们还需要有的放矢地来讨论不同的主体——最主要是市场和政府，还有"第三部门"（非政府组织、志愿者、公益团体等），它们在优化资源配置里面可以和应该如何分工、合作、互动。在不同的阶段、不同的领域，分工、合作、互动的选择与特点又必有不同。由分工、失灵到替代，再由替代走向强调"公私合作伙伴关系（PPP）"式的合作，反映了人类社会多样化主体关系随经济发展、文明提升而具有的新特征、新趋势。

第四，我们特别强调制度供给应该充分地引入供给侧分析而形成有机联系的一个认知体系。即物和人这两个视角，在供给端应该打通，各种要素的供给问题和制度供给问题应该内洽于一个体系，发展经济学、制度经济学、转轨经济学、行为经济学等概念下的研究成果，需要加以整合。通过这样的"立"来回应转轨经济和中国现实的需求，形成的核心概念便是我们在理论的建树和理论联系实际的认知中，必须更加注重"理性的供给管理"。在中国要解决充满挑战的现代化达标历史任务，必须藉此强调以推动制度和机制创新为切入点、以结构优化为侧重点的供给端的发力。

当然，以上这些并不意味着我们就可以忽视需求方面的认识——"需求管理"的认识在已有的经济学理论成果中已经相对充分，我们希望在供给这方面更丰富地、更有针对性地提高认识框架的对称性。这样的认识落到中国经济学人所处的现实中间，必然合乎逻辑地特别强调要"以改革为核心"，从供给端入手推动新一轮制度变革创新。这是有效化解矛盾累积和"滞胀""中等收入陷阱""塔西佗陷阱"和"福利陷阱"式的风险，实现中国迫切需要的方式转变与可持续健康发展而直通"中国梦"的"关键一招"和"最大红利所在"。我们的研究意图和可能贡献，是希望促使所有可调动的正能量把重心凝聚到中国迫在眉睫的"十八届三中全会之后新一轮改革如何实质性推进"这一问题上，以求通过全面改革和理性的供给管理，跑赢危机因素的积累，破解中长期经济增长、结构调整瓶颈，从而使"中国梦"的实现路径可以越走越宽、越走越顺。

三、"新供给"的政策主张

在上述基本认识引出的新供给经济学研究群体的基本政策主张，是以改革统领全局之下的"八双"和面对"两个一百年"历史任务的"五并重"。

"八双"的基本要点是：

"双创"——走创新型国家之路和大力鼓励创业。

"双化"——推进新型城镇化和促进产业优化。

"双减"——加快实施以结构性减税为重点的税费改革和大幅度地减少行政审批。

"双扩"——对外开放格局和新的国际竞争局面之下，扩大中国对亚非拉的开放融和，以及适度扩大在增长方面基于质量和结构效益的投资规模（对于消费的提振当然是比较重要的，已经有了不少研究成果和重视程度的明显提高，但是对于投资这方面的进一步认识，我们认为也需要强调，所以放在"双扩"概念之下来体现）。

"双转"——尽快实施我国人口政策中放开城镇体制内"一胎化"管制的转变，和积极促进国有资产收益和存量向社保与公共服务领域的转置。

"双进"——在国有、非国有经济发挥各自优势协调发展方面，应该是共同进步，需要摒弃那种非此即彼截然互斥的思维，在"混合所有

131

制"的重要概念之下，完善以"共赢"为特征的社会主义市场经济基本经济制度的现代化实现形式。

"双到位"——促使政府、市场发挥各自应有作用，双到位地良性互动、互补和合作（这方面的分析认识，需扩展到中国势必要发展起来的第三部门，即志愿者组织、公益慈善界的非政府组织、非营利组织，这些概念之下的一些越来越活跃的群体，应该在社会主体的互动中间发挥他们的潜力。我们非常看重国际上已高度重视的公私合作伙伴关系——PPP模式，在此模式之下寻求共赢，应该是最基本的认识视角）。

"双配套"——尽快实施新一轮"价、税、财"配套改革，积极地、实质性地推进金融配套改革。

在上述基本考虑中，"双创"是发展的灵魂和先行者；"双化"是发展的动力与升级过程的催化剂；"双减"则代表着侧重于提升供给效率、优化供给结构以更好适应和引导需求结构变化的制度基础；"双扩"是力求扩大供给方面在国际、国内的市场空间；"双转"是不失时机、与时俱进地在人口政策和国有资产配置体系两大现实问题上顺应供给结构与机制的优化需要，以支持打开新局；"双进"是明确市场供给主体在股份制现代企业制度安排演进中的合理资本金构成与功能互补和共赢效应；"双到位"是要在政府与市场这一核心问题上明确相关各方的合理定位；"双配套"是对基础品价格形成机制和财税、金融两大宏观经济政策体系，再加上行政体制，以大决心、大智慧推进新一轮势在必行的制度变革与机制升级。

"五并重"的基本内容是：

第一，"五年规划"与"四十年规划"并重，研究制订基于全球视野的国家中长期发展战略。

第二，"法治经济"与"文化经济"并重，注重积极逐步打造国家"软实力"。

第三，"海上丝绸之路"和"陆上丝绸之路"并重，有效应对全球政治经济格局演变。

第四，柔性参与TPP与独立开展经济合作区谈判并重，主动参与国际贸易和投资规则的制订。

第五，高调推动国际货币体系改革与低调推进人民币国际化并重。

这个"五并重"思路设计的视野，是把中国顺应世界潮流而寻求民族复兴的时间轴设为百年、空间轴设为全球，来认识和把握综合性的大格局、大战略问题。

四、拒绝简单化标签，注重从实际出发，供给端发力服务全局

简要地说，我们所主张的上面这些"立"，是生发于对经济规律的探究，首先既对应于中国的"特色"和背景，又服务于中国现代化的赶超战略。邓小平所强调的"三步走"可理解为一种实质性的赶超战略。其间前面几十年主要是追赶式的直观表现，最后的意图实现，则确切无疑地指向中华民族能够实现伟大复兴，在落伍二百余年之后又"后来居上"地造福全中国人民和全人类，这也就是习总书记所说的"中国梦"。这个"中国梦"绝不是狭隘民族主义的，而是一个古老民族应该对世界和人类做出的贡献，是数千年文明古国在一度落伍之后，应该通过现代化来加入世界民族之林第一阵营、在人类发展共赢中间做出自己应有的、更大的贡献，即造福于中国和世界人民。

我们深知，相关的理论和认识的争鸣是难免的和必要的，而在中国现在的讨论中间，似乎还很难避免有简单化贴标签的倾向。比如说在一般的评议中，某些思路和主张很容易被简单地分类——某些观点被称为新自由主义，某些观点被称为主张政府干预和主张大政府，有些则被称为是主张第三条道路。贴标签的背后，是认识的极端化和简单化。

我们自己的认识倾向是希望能够超越过去的一些贴标签式的讨论，侧重点在于先少谈些主义、多讨论些问题，特别是讨论真问题、有深度的问题，来贯彻对真理的追求。没有必要在经济学框架之内、在对经济规律的认知领域之内，对这些讨论中的观点处处去贴意识形态标签，处处去分辩是左是右、姓资姓社。新供给研究的追求，是继承经济学和相关学科领域内的一切人类文明的成果，站在前人的肩膀上，对经济理论学说作出发展，包括补充、整合与提升。

我们对于理论研究的"从实际出发"应该加以进一步的强调。"一切从实际出发"既要充分体察中国的传统（包括积极的、消极的）；充分体察中国的国情（包括可变的与不可变的）；也要特别重视怎样回应现实需要——有些已认识的固然是真实合理的现实需要，但也会有假象的现实需要即不合理的、虚幻的诉求，我们要通过研究者中肯、深入的分析，来把这些理清。既从实际出发体察中国视角上必须体察的相关各种事物，同时也要注重其他发展中国家以及发达国家的经验和教训、共性和个性，包括阐明和坚持我们认为现在已经在认识上可以得到的普世的共性规律和价值。

总之，由破而立，由理论而实际，在分析中就特别需要注重供给端与需求端的结合，政府、市场与第三部门互动等全方位的深入考察和相互关系考察，力求客观、中肯、视野开阔、思想开放。我们绝不是为了创新而创新，而是面对挑战有感而发，为时代而做出理应追求的创新。中国自20世纪90年代以来宏观调控中"反周期"的政策实践，有巨大的进步和颇多成绩，但延续主流经济学教科书和仿效发达国家的需求管理为主的思路，继续贯彻单一的"反周期"操作路线，随近年的矛盾积累与凸显，已日益表现出其局限性，今后随中国经济潜在增长率下台阶、经济下行中资源环境制约和收入分配等人际关系制约已把可接受的运行状态的"区间"收窄，再复制式地推出"四万亿2.0版"的空间，已十分狭窄，较高水平的理性"供给管理"的有效运用，势在必行。既然在中国中长期发展中如何破解瓶颈制约和攻坚克难全面深化改革、优化结构，是国人共同面临的历史性重大考验，那么我们应站在前人肩膀上，以严谨的学术精神，秉持理论密切联系并服务实际的创新原则，更好地追求经济学经世济民的作用，更多地注重从供给端发力，在实践中破解瓶颈，服务全局，把握未来。

论制度供给的滞后性与能动性 [1]

已有的关于制度变迁问题的主要研究成果有：制度变迁是一种均衡—不均衡—均衡的动态反复过程；制度变迁的因素分析；制度变迁的方式分析等。在大多数讨论制度变迁的文献中，都使用了供求理论和成本收益模型的分析工具。其中，在使用供求理论进行制度分析时，一般的做法是将制度的供给和需求两方面分开进行讨论，但将双方联结到一起作时间维度的探讨还不充分。

诺斯在《制度变迁与美国经济增长》第三章论及制度创新时说"我们所使用的模型是非常传统的经济学家常用的，即'滞后供给'模式的一个变形。在这个模式中，某一段时间的需求变化所产生的供给反应是在较后的时间区段里作出的。" [2] 但对这一思想的进一步阐发还不多见。少数新制度经济学家在有针对性的分析中运用了诺斯的制度供给滞后的观念，如舒尔茨在《制度与人的经济价值的不断提高》一文中说："人的经济价值的提高产生了对制度新的需求，一些政治和法律制度就是用来满足这些需求的，它们是为适应新的需求所进行的滞后调整"。 [3] 我们认为制度供给滞后在理论上很有意义，有助于我们正确理解制度的演进过程和人类理性在其中的作用，本文拟对此进行一些探讨，并进而简要考察制度供给一旦形成便会产生的能动性。

1　本文原载《财贸经济》2004 年第 2 期，与冯俏彬合作。

2　〔美〕R.科斯，A.阿尔钦，B.诺斯，等 . 财产权利与制度变迁［M］. 上海：上海三联书店，上海人民出版社，2003：296—297.

3　同上，第 251 页。

一、制度供给滞后模型

这里我们讨论的前提有两个：一是范围为一个确定的社会，二是就本文中所考察到的正式制度而言，国家或政治决策者（集团）是唯一的制度供给者。[1]

1. 制度结构＝制度安排之和。本式的意义是：在一个特定时期内，一个社会完整的制度结构是由系统内全部的制度安排所组成。

2. 制度供给函数：$S_{t+1}=f(D_t)$，其中，S 为制度供给，D 为制度需求，t 代表制度需求产生的时间。本式可从两个方面来解释，一是从整个制度结构上看，本期的制度供给是上一期制度需求的函数；二是从一个个具体的制度安排上看，某一个制度是上一期相应的制度需求的函数。换一种说法，即一个制度安排是对上一个时期中某一种制度需求所作出的供给回应，该社会某一时期的整个制度结构可视为一个由方方面面的、相互之间存在某种联系的需求体系所引致的制度供给回应。

3. 制度需求是自然条件、要素相对价格的变化、技术状况已有的知识存量、市场规模、与其他经济体的相互往来等等因素的函数。不同的需求引致不同的制度安排。这些因素既可能对制度变迁提供一种机会，也可能产生制约，从而内在地决定着制度变迁的走向。

4. 制度供给的过程。在静止的状态中，制度的供求状况均为零。假定第 1 个时期产生了对制度 1 的需求，根据前述公式，国家在第 2 个时期供给了制度 1：第 2 个时期产生了对制度 2 的需求，国家在第 3 期供给了制度 2……以此类推，一直到第 n 期，国家共供给了 n-1 个制度，供求滞后地达到均衡。

5. 下一轮的制度需求将产生于前述 3 中任一个因素的变化，这种变化往往被谋求效用最大化的个人（熊彼特意义上的"企业家"）首先识别到，进而扩散至有共同利益的团体，团体通过成本收益的计算后，如果潜在收益将大于为此所付出的成本，就会采取行动，并最终通过政治

1　这样做的目的是为了简化。其实，后面的讨论也适用于非正式制度。

行动将这种制度需求转为现实的制度供给。制度结构在从不均衡到均衡、再到不均衡的循环往复中实现制度变迁。

6.总之，基于某种因素的激发，一个社会将产生对某种特定制度的需求，个人、集体、国家将通过三轮重点不同的成本收益计算渐次作出回应，如果可行，将最终由国家供给这种制度。

二、对制度供给滞后模型的检验——假想与经验

所谓制度无非是一组行为规则，它们的功用是提供某种约束和服务。舒尔茨曾据此将制度分为四大类：一是用于交易费用的制度（如关于货币、期货市场），二是用于影响要素所有者之间配置风险的制度（如关于合约、分成制、公司、保险等），三是用于提供职能组织与个人收入流联系的制度（如关于产权、资历等），四是用于确立公共品和服务的生产与分配框架的制度（如关于学校、农业试验站等）[1]，每一类的制度都是应经济增长中的某种需求而产生。在此，舒尔茨的分析视野仅限于经济制度，实际上，此逻辑广泛适用于人类社会的一切制度。不仅适用于经济制度，也适用于政治制度和社会制度；不仅适用于整个的制度结构，也适用于某一具体的制度安排；不仅适用于法律、规定等正式制度，也适用于习惯法、传统、风俗等非正式制度。实际上所有的规则都是对某种需求的响应，马斯洛的"需求层次论"在制度演进中可观察到和表现为从反应自然条件，到反应不同时期相对最重要的生产要素、再到反应人的权利与尊严的路径。

（一）制度起源中的供给滞后——从假想的状态开始分析。正如经济学家们为了讨论的便利，将人类社会划分为"一个人的经济"和"两个以上人的经济"一样，我们也可以设想出"有制度的状态"与"没有制度的状态"两种情境，后一种情境类似于卢梭之"自然状态"。在这种状态下，人依据本能而行动，或游荡于原野之上，或觅食于山河丛林

---

1 〔美〕R·科斯，A·阿尔钦，B·诺斯.财产权利与制度变迁［M］.上海：上海三联书店，上海人民出版社，2003：253.

之中，或栖息于洞穴之内，行之所致，发乎自然，绝无约束，这是真正的纯粹意义上"自由"的人。不过，"自由人"面临着严重的生存危机：个体力量太小、食物不足、猛兽飞禽随时威胁着生命。到一定的时候，他可能会发现，如果与别的自由人一起较容易找到更多的食物，获得更大的生存可能性，于是合作的"人群"出现了。一旦实现从"人"到"人群"的跨越，制度状态就发生了从"没有"到"有"的飞越，因为根本上来说，制度是人类分工与合作的润滑剂和必要条件，只要在存在合作的人的社会中，制度便成为必须。在这里，正是"人群"内分工、合作的需要，促使了制度的产生。

因此，从逻辑的起点上讲，规则的产生滞后于需求。当然，这时的制度形态还比较松散随意，主要是一些习惯、风俗或禁忌等。

（二）我国封建集权制度的产生——巨大环境压力下人类生存需要反应的一个案例。我国自秦以后，就走上了高度中央集权的道路。后世对此多有批评和遗憾之意。为什么划土分疆的春秋战国不能长期存续？为什么中央集权能存在2000多年？我们可以从制度需求与供给的角度对此作出解释。

中华民族的发祥地黄河中下游地区，地理位置大约处于东经100度，北纬35度的区域。每年春夏之交，来自于南太平洋的副热带高压气流在此与来自西北的低压气流交汇，后者若在时间与强度上战胜前者，则长时间干旱无雨，反之，则洪涝遍地；黄河本身挟带大量泥沙，河床经常淤塞，引起堤防决溃，造成大量生命和财产损失；此外，北方游牧民族的长期袭扰也需要国家保持强大的军事力量。在这种巨大的环境压力下，分散的小国既不能在上下游之间有力协调，兴建庞大的水利设施，在灾害发生以后也不能在大范围内调集救灾资源，更无力抵抗外来侵略。只有一个高度集权的、能在全社会范围内有效动员资源的中央政府，才能应对这种巨大的、分散形态下不可抗拒的环境压力。从这个意义上讲，我国长期的集权政治制度，是严酷环境给人类生存所带来的巨大压力在制度上作出的带有一定滞后性的回应，具有历史的合理性和必然性。

（三）各类产权制度是对要素相对价格变化的滞后反应。从中西方的历史上看，产权制度的演进有一定的共同性，都先后经历一个由"物权"到"人权"的过程，即先界定劳动力、土地、资本等物质财富的权利归属，进而发展到近、现代在"自由、平等、博爱"的大旗下争取因国因时而重点不同的公民权利。这一过程是与不同历史时期要素相对价格的变化紧密联系在一起的，或者说，产权制度是应要素相对价格变化而产生和发展的。

人类社会发展的早期，人少地多，各部落与各国之间主要争夺的对象是劳动力。与这种要求相适应，早期的产权制度界定的主要对象是劳动力，奴隶国家（包括西欧中世纪封建国家）都通过法律明确奴隶主或封建主对奴隶和农奴的人身所有权，奴隶成了"会说话的工具"。随着人类生产力和生活水平的提高，人类的平均寿命增加了，人口出生率提高了，中西方历史上都出现了不同程度的人口增长。人口压力改变了劳动力与土地的相对价格，土地变得稀缺起来，与此需求相适应的产权制度便主要在于界定土地所有权，如我国在公元前 356 年以秦国"商鞅变法"为标志，土地的私人所有制代替了从前的土地国有制 [1]。进入 18 世纪以后，西欧国家大都走上了为交换而生产的道路，货币资本的价值远远超出了土地，一系列保护私有财产、组织与运用资本的制度渐次发展起来，典型的如股份公司制、银行制及各类合同法 [2]。进入 20 世纪 90 年代以来，随着知识经济的来临，人的经济价值的提高已产生新的制度需求，一系列满足这类需求的制度已经或正在形成，如对从法律上保护公民平等受教育的权利已形成共识。

（四）非正式制度如传统、风俗的产生，也源于对政治、经济、社会生活的不同需要的回应。一个完整的制度体系是由正式制度和非正式制度两部分共同组成的。总的来说，非正式制度如风俗、传统、禁忌、道德和价值观等与当时社会需要有着密切的关系，表现为跟从和服务于当时的经济、政治需要。如我国封建社会的"三纲五常""名教伦理"等，就与保持中央集权的政治需要紧密相符；政府理财上"量入为出"的主流传统，则与整个封建社会期间经济结构和财政收支状况有关。人

---

1 这时，完全没有人身自由的奴隶被法律上自由的农民所代替。
2 最早的商业法形成于罗马，这是与当时罗马帝国发达的商品交换需求相适应的。

类日常的所有行为规范，都源于某一具体的需要。而所有这些规范，不论是写入国家法律的、还是存在于人们头脑之中的，其形成都晚于相应需求的产生。

三、制度供给滞后的原因分析

以上我们从不同的角度对制度供给的滞后性进行了逻辑和经验的检验。现在我们要问的是，制度产品究竟有何特殊性？为什么在一般商品和服务的供给中并不突出的滞后问题，在制度供求中会成为我们所强调的一条规律？

可以从两个角度来分析和寻找答案。首先从制度需求的产生上考察需求的非均质、非同一性。前面我们已提到制度的功能在于提供某种行为约束与规范服务，其产生必然源自社会生活中已出现的相关需求，而需求的发生在时间和空间上——即在社会成员和各利益集团之间需求形成的先后及强度分布，不可能均匀同一。在某个社会中，有些人可能比另外一些人更早地认识到新的获利机会，比如他们可能拥有更多的信息、比别人受过更好的教育或者他们相对于其他人来讲处于一种更不利的境地更强烈地要求和期待社会变革，更富于创新倾向，等等。总之，现存的制度已经使他们处于无法改善的境地，需要突破某种制约，进入另一种制度状态，在那里，他们将凭借新制度安排获得比现在更多更大的收益。由于制度的公共性质，创新的个人面临着巨大的成本约束，或曰成本——收益在其个体上的极大不对称性，所以非得矛盾积累到不得不"揭竿而起"的程度并义无反顾地采取集体行动而不能实现制度创新。我们可以在公共性和集体性这个层次观察到，一个国家和社会，是由各式各样的利益集团所组成的，这些集团内部利益一致，但集团之间利益各异。即使某种制度创新能使所有的集团和个人普遍获益从而阻力最小，不同集团之间对新制度的认识或者说各自对制度需求的产生在时间上也是不可能一致的；对那些在全社会范围内"非帕累托改进"的制度创新来说，需求的分布、强度的大小更不可能均匀。利益对立的集团，对于某种新制度的需求更会迥然不同，并因此而常常表现为导致激烈的对抗与冲突，动乱与革命。制度需求的不均匀而引致的磨合与冲突（及冲突的解决）过程，是制度供给滞后的重要原因之一。

因此，与之相关的另一方面，制度供给滞后性的原因还在于以公共选择方式实施规则来达到均质、同一的难度：制度供给本质上是一种政治行为，必须通过集体行动，一旦形成就成为社会全体成员都必须遵守的行为规则。但自阶级国家产生以来，人类社会以真正的"一致同意"方式通过并得到实施与执行的制度基本上不存在，现实的制度大都是对一部分社会成员有益，而对另一部分社会成员有损，因此，在任何时间地点，制度供给的主体都是在"暴力潜能"方面具有比较优势的国家。制度由国家供给直接体现了制度的"政治"性质，从而在本质上有别于市场行为。一种新制度供给与否，或者必须通过该社会事先选定的政治程序与规则，或者完全颠覆这套程序、规则而另起炉灶。无论政治模式是专制的还是民主的，不论是在原政权框架下还是要冲决这一框架，制度供给实际上都属于一种"公共选择"，都是社会对已经存在的需求的回应，差异仅在于回应的准确度、表现方式和代价的大小不同。如果某种制度创新属于全社会意义上的"帕累托改进"，情况相对简单；但更为经常的普遍的情况是，新制度确立前必须要在具有不同利益的社会成员、集团之间权衡、比较或讨价还价，甚至发展为暴力冲突、流血革命，发生政治过程中的激烈较量。这一过程可能耗费相当长的时间或相当大的资源。总之，制度供给的集体行动的性质以及潜藏于其后复杂的政治性，决定了它的供给必然滞后于需求。

与政治制度和正式制度相比，对纯技术性、管理性的制度和非正式制度的需求，往往在时间上比较集中，在社会成员之间的分布上比较均匀，即就某一个时期而言，一个社会中的大多数成员（有时甚至是全体成员）面对同样的约束条件，有着大致相同的需求，不需要政治行动正面介入其中也能自然地产生出一些为全体成员所接受的一般管理规则、传统、风俗、习惯等。这种因需求均匀而接近于"一致同意"所产生的纯技术性制度和非正式制度，只是由于需求的同一度较高而减省了正式制度供给所必须的政治程序以及其中内含的一定的强制性，总体上这并不否定制度供给的滞后性质。

在市场上，有一些行业，如农业、钢铁、大型机械制造等，应对产品需求的改变，调整其供给也需要较长时间，客观上也存在着供给滞后于需求的现象。但更多的商品和服务是由千千万万在市场上活动的中小企业和个体来提供的，总体来讲灵活的私人行动和小集团活动，使生产者从识别需求到调整生产经营的时滞比较短，纠错也相对容易。因此供给滞后问题在大多数行业中不仅不是一个突出问题，而且，富有前瞻与创新才能的企业家还能以供给去引导需求，从中获得超额利润。但这一情况在讨论制度供求问题时一般并不适用。

四、从制度供给滞后性引申出的一些重要推论和认识

（一）从根本上讲，制度变迁是一个自然演进的过程。人类制度变迁的轨迹为我们提供了充分的经验，不论是在宏观的制度结构层次上还是在微观的制度安排层次上，供给滞后都是一条客观规律。从某种角度上，我们可将一项制度的供给视为对已在一个社会的政治、经济或其他方面所存在的制度需求作出的反应，正如自然界生物种属与器官的进化是对改变了的环境、气候、食物等进行的适应性反应一样，推动制度变迁的力量主要不是来自精英人物的设计与灵感，而是人类基于生存和发展的制约条件和这些条件的变化而谋求更大、更高经济福利与文明理度的内在需要。在人类社会中不同组成部分（各个国度和区域）的需求由低到高的层次性与制度演进的路径之间，往往有着明显的相似性和内在的默契。

从本质上讲，制度反映人与人的关系，是一切人际关系、行为规则在法律层面上的正式表达或在习俗层面上的非正式表达。生产是人类社会存在的前提，生产中所结成的人与人的关系决定一般人际关系。由生产力决定的生产关系之总和构成社会的经济基础，生产关系在法律、意识形态上的反映则属于上层建筑的范畴——以历史唯物主义的思路和术语来讲述，即生产力决定生产关系，经济基础决定上层建筑。而我们如把这一定理用制度学说的语言来表达，就是以经济发展为第一位的需求在本原层次决定着制度供给的发展方向、内容与节奏。故深而言之，在

制度的产生与变迁问题上，人类理性只能起到有限的作用，主要表现为认识规律、顺应规律而不可能创造规律：极而言之，这将从根本上排斥人类理性超越现实需求进行具体的所谓制度"设计"。一些终极意义上的制度取向的东西，一旦具体化地去作设计，便极易滑入"乌托邦"、极端主义和偏执主义的境地，并往往要带来灾难性的后果。同时，历史的发展已反复证明，但凡人类滥用理性设计的制度，充其量都不过是将历史拉着拐了一个小弯，最终仍将回归本来之道。正是从这个意义上说，制度变迁是一种自然历史过程。人类社会生产关系的核心内容——生产资料所有制的变迁生动地证明着这一点。

（二）**制度创新中应自觉引入规范的公共选择**。制度供给是对需求的反应，需求来源于千千万万的个体。一种制度供给如要比较准确地对需求作出反应，需要有一种机制，将有巨大差异的个体需求集合成社会需求而扭曲度最小。简单地回答，制度供给可以有两种方式，一是由"政治精英"（可能是一个，也可能是一组）根据自己的知识、经验和判断力来决定；二是由"公共选择"过程来决定。已有颇具影响力的研究者强调，由于存在个人理性的有限边界，即使是道德高尚的智者圣贤也不可能以一人之力识得天下人之心愿，更何况"政治人"本质上也是"经济人"，也要追求私利[1]。如何从制度上防范掌握公权的人以公权追逐私利，是任何一个政治体需首先回答的问题。历史上集权专制的统治集团一意孤行、"官逼民反"造成的改朝换代、制度更替，说到底也是一种公共选择，但社会代价极其昂贵。而现代社会代价较小的、以和平方式完成政治程序的公共选择，我们称之为规范的公共选择。用比较直观、通俗的表述，可以说这种规范的公共选择机制，就是法治化、民主化的一整套政治和公共决策程序，属于现代意义的"政治文明"。这种"公共选择"，由于提供了协调不同个体或集团之间利益冲突的和平妥协机制、较温和的纠错机制和公民权利上的地位平等以及选择上的机会平等。

1　布坎南说：多少年来，逐利的人、追求效用最大化的个人，很少在道德哲学家和政治哲学家中找到朋友"，在政治领域，个人参与者对私人利益的追求，几乎总是被谴责为恶"。他对此进行了强烈的抨击。（《同意的计算》，中国社会科学出版社 2000 年版，第 21 页）。

在准确反映社会上不同群体的制度需求、防止政治人以公谋私等方面具有明显的优势。这一点，在我们由计划经济体制向市场经济体制转化的过程中，在对制度创新的认识不断得到深化的今天，已渐成共识。因此，如果我们希望通过制度的创新和改变为经济增长和社会进步提供可持续的、源源不断的推动力，在制度创新的过程中就应自觉地导入规范的、法治与民主框架下的"公共选择"。

（三）**制度供给的滞后性，既表明制度在其形态上的相对稳定性，又表明制度在其作用上的显著能动性。**前述关于制度需求与制度供给的分析，已经包含着制度形态的稳定性问题。作为社会成员行为规范的一套制度一旦确立，就会表现出一种与活跃的需求变化相对而言的稳定性，它成为社会生活相对稳定性的保证因素，当然也会在社会愈益需要得到制度创新的供给时，表现为一种守旧的惰性。要一直等到需求强大到和成熟到足以冲决旧的制度形态时，新的制度安排才会上升为、变现为一种现实存在。于是这种制度稳定性又包含着制度能动性的命题。一种新的制度安排一旦落脚，就可能凭籍其稳定性而能动地支撑其所适应的新需求的扩展与实现，极大地解放生产力、发展社会新生势力；一种旧的行将退出历史舞台的制度安排，也正是凭籍其稳定性而能动地维护旧式需求和旧的势力，轻易不肯被淘汰。制度在其作用上的能动性，正与上层建筑对经济基础、生产关系对生产力的能动性是一样的道理；同时由于制度的相对稳定性，使得这种能动作用在现实生活中表现得往往非常显著。正因为如此，在较短的时间段上，决策主体对制度选择的主观意愿，往往会表现为当时或短期内社会活动态势的决定性的因素。不论是行将退出历史舞台的制度，还是刚刚走上历史舞台的制度，都具有这种巨大的能动性，因而制度的创新和制度的维护，必然要成为新、旧两种力量激烈斗争的核心内容。

（四）**制度创新思路上的"少数理性"和"个人理性"，如果能先导地、正确地集中反映制度需求的历史趋势，就会成为人类整体理性发展和社会进步的重要推动力量。**制度的能动性问题之后，还紧跟着人类理性由"认识世界"而"改造世界"的能动性问题。在制度变迁的过程中，人的理性认识和主观作用处于什么位置？是否承认制度的自然演进？人们是否会消极被动地等待？如果观察一下历史，很容易发现在现实社会的矛盾冲突中，首先会促使一部分人不甘于无所作为地等待——哪怕有种声音一厢情愿地强调"既定方针"或呼吁"告别革命"，革命（包括当代中国"改革"这种社会主义的"自我革命"），还是必然地发生了。制度需求会最终强制地为新制度开辟道路。但在这一过程中，由于人类理性不可能整体地齐头并进式提升，真理往往首先掌握在少数先进分子或先进群体手里。制度创新思路上的"少数理性"和"个人理性"，如果能前瞻地、正确地集中反映制度需求的历史趋势和前进方向，就可能成为解决矛盾冲突的触媒和提升人类整体理性、推动社会进步的重要引导力量。一部经济史和社会发展史，就是人类社会中先进思想的持有者用"少数理性"提升"整体理性"，不断改变人与自然和人与人的关系，增进文明的发展史。滞后的制度供给，需要先导的个体理性之火，照亮正在生成的、并终将被满足的制度需求，促成整体理性的提升和改造世界的制度创新、人类进步的伟大实践。

总之，作出上述粗线条的分析考察，我们认为会对中国现实生活中的财经改革和社会变革，为中国现代化征途上的制度、管理、技术诸层面的创新，勾画和提供一些有意义的启示。

参考文献

［1］诺斯，托马斯.西方世界的兴起［M］.北京：华夏出版社，1999.

［2］胡乐明，等.真实世界的经济学［M］.北京：当代中国出版社，2002.

［3］汪丁丁.制度创新的一般理论［J］.经济研究，1992，5.

经济学的"新框架"与"新供给"：
创新中的重要联通和"集大成"境界追求[1]

沿着传统理论经济学的发展脉络考察微观经济学，不难发现古典经济学分析框架的一大缺陷是不区分总量、平均量与边际量（黄有光，2014），但其后在经历所谓"边际革命"后，古典经济学步入引进"边际"分析的新古典阶段。然而，尽管如此，这种新分析方法主要研究劳动时间与其他生产要素或产品和中间产品等的数量在边际上增减的收益和成本，仍沿袭市场资源配置思路而与原分析框架相比并无本质创新，因而可将古典经济学与新古典经济学合并看待视为"旧框架"。旧框架对分工与专业化这一重要分支重视不够，或说其研究框架不能够解决与专业化经济和经济组织模式相关的问题，而"新框架"或称新兴古典经济学框架以杨小凯等的研究成果为代表，则设计了能深化分析分工与专业化的模式。

然而，特别值得注意的是，尽管该模式被创始人认为可与"哥白尼与开普勒对天文学的贡献"相比肩，从而强调其之于传统经济学的颠覆性，且"新框架"也确实摆脱供求双方的传统分析而转求同一经济主体的分析视角，但其实质上仍可被认为是形成了对传统理论经济学微观部分的重要补充。与此同时，我们发现，在经济学的创新发展中，虽然一个是从微观层面发起的研究（即指"新框架"）、一个是从宏观层面发起的研究（即指"新供给"），但"新框架"得到的最优化分工标准，即在"提高专业化的经济与减低交易成本之间做最优取舍"（黄有光，2014）的核心主张，恰与"新供给"研究中力求在理论框架中廓清和打通的"物"与"人"视角（贾康、苏京春，2014）联通，或曰"新框架"

1　本文原载《财政研究》2015 年第 1 期，与苏京春合作。

实际上应可被定位为对传统理论经济学微观部分供给侧的创新，而"新供给"显然应吸取这一积极成果纳入其"集大成"的认识体系之中。我们坚信，这并不是巧合，而是经济学沿时间轴不断曲折式前进发展过程中回应经济实践诉求而势必产生的理论努力的殊途同归和螺旋式上升。本文首先从两大理论框架的交汇对经济实践的解释出发，论述两个理论的联通，并在此基础上阐述"新框架"为"新供给"所追求的"集大成"理论框架与最大包容性所带来的贡献；接着在肯定"新框架"重要理论地位的前提下，论述其所忽略或无法解释的两个方面——对经济周期成因认识的片面性以及无法解决"交换者间协调"问题，这恰又可以帮助我们认识基于分工与专业化视角的对"新供给"的需求；最后，我们总结了旧框架与新框架相结合的相对完整框架，并阐述了新框架启发下对经济转轨的新认识。

一、回应经济实践诉求的新认识

本文所强调的新认识，至今并未系统化地出现在传统理论经济学的教科书中：从微观层面而言，传统理论经济学教科书中并未展开关于专业化与经济组织关系的研究；从宏观层面而言，传统理论经济学教科书中并未展开关于供给管理的研究。然而，"专业化与经济组织"和"供给管理"的重要性，却在经济实践中有切实体现并趋于更加显著，很有必要扩展深化其认识并纳入经济学理论框架的认知体系。

（一）微观起点：专业化与经济组织视角的缺失。

在传统微观经济学的分析框架下，以马尔萨斯的均衡思想、瓦尔拉斯一般均衡、马歇尔静态均衡为核心的分析框架，建立在需求与供给关系的基础上，并默认对微观主体进行纯生产者和纯消费者的划分，来研究如何通过市场机制配置资源能够实现经济增长的最优化，而这种分析框架却不能很好解释分工及专业化视角下技术变革和新兴经济组织对经济增长的作用，以及经济实践中生产者与消费者的难以割裂，这成为专业化与经济组织视角的研究被杨小凯等人注重而促使"新框架"产生的原因。

1. 传统微观经济学的分析框架简述。以资源稀缺性和人之欲望无限性的基本矛盾为出发点，经济学脱胎于最初对需求与供给的思考，并沿着从古典派到新古典派的脉络发展。古典经济学分析框架最大的贡献就是分析了自由竞争的市场机制，而新古典经济学的分析框架最大的贡献则是为古典经济学分析框架引入了边际分析。特别值得注意的是古典经济学与新古典经济学中的均衡理论框架，沿其脉络，主要包括了托马斯·罗伯特·马尔萨斯（Thomas Robert Malthus）的均衡思想、莱昂·瓦尔拉斯（Leon Walras）的一般均衡理论（general equilibrium theory）以及阿尔弗雷德·马歇尔（Alfred Marshall）的静态均衡理论（the statical theory of equilibrim）。

（1）马尔萨斯的均衡思想（1820）。马尔萨斯认为，"……一切交换价值取决于以这一商品易取那一商品的力量和愿望。由于采用了共同的价值尺度和交易媒介，用通常言语来说，社会就分成了买主和卖主两个方面。可以给需求下的一个定义是，购买的力量和愿望的结合；而供给的定义是，商品的生产和卖出商品的意向的结合。在这种情况下，商品以货币计的相对价值，或其价格，就决定于对商品的相对需求和供给两者的对比关系。这个规律似乎具有充分普遍性，大概在价格变动的每一个实例中，都可以从以前影响供求情况变动的原因中找到线索。"[1] 由此可见，在总结自由竞争资本主义阶段经济学思想的基础上，马尔萨斯对均衡的认识源自对需求和供给关系的逻辑推理，并不细致区分总量、平均量与边际量。

（2）瓦尔拉斯的一般均衡理论（1874）及发展。随着自由竞争资本主义向垄断资本主义过渡，微观经济学研究爆发了边际革命，瓦尔拉斯的一般均衡理论正是建立在对边际效用价值论的基础之上，将古典经济学朴素认识的需求和供给的关系发展至"交换理论、生产理论、资本形成理论和流通理论"。在需求和供给关系的基础上，瓦尔拉斯认为"在既有的两种商品下，要使有关这两种商品的市场处于平衡状态，或者要

---

1 〔英〕大卫·李嘉图.李嘉图著作和通信集第二卷：马尔萨斯《政治经济学原理》评注〔M〕.蔡受百，译.北京：商务印书馆，1979：43—44.

使两种商品彼此互计的价格处于稳定状态，其必要与充分条件是两种商品的有效需求与有效供给须各相等，如果不存在这一均等，则为了达到平衡价格，有效需求大于有效供给的商品的价格必然要上升，有效供给大于有效需求的商品的价格必然要下降"[1]，并在此基础上讨论了两种商品互相交换问题的解法，即本着商品最大效用定理实际上引出了效用曲线，并认为"在完全竞争市场中，两种商品的互相交换是一种活动，通过这种活动，两种商品或两种商品之一的一切持有者，都可以获得他们欲望的尽可能大的满足，其间必须遵守的条件是，在整个市场中两种商品应按照完全相同的交换比率进行买卖"，即"现期价格或平衡价格等于稀少性的比率"[2]。基于瓦尔拉斯的一般均衡理论，微观经济学理论框架中产生了无差异曲线（等产量曲线）、边际替代率（边际技术替代率）、交换契约线（生产契约线）、效用可能性曲线（生产可能性曲线）、艾奇沃斯盒式曲线等一系列分析方法，加深了微观经济学对需求曲线、供给曲线及两者均衡的研究。

（3）马歇尔的静态均衡理论（1890）。同在边际效用理论的基础上，马歇尔则以某一商品的价格轨迹提出并绘制了需求曲线（以产量为横轴、价格为纵轴，一般为一条向下倾斜的曲线）和供给曲线（以产量为横轴、价格为纵轴，一般为一条向上攀升的曲线），并认为若将两条曲线绘制在一起，"当需求价格等于供给价格时，产量没有增加或者减少的趋势，处于均衡状态……单位时间内生产的商品数量可以称为均衡数量，其售价可以成为均衡价格……如有任何意外事件导致生产规模偏离均衡位置，则会立即出现某些作用力使它趋于回到均衡位置"[3]。

2. 微观层面的经济实践：专业化与经济组织视角的起因。从古典经济学到新古典经济学，形成对均衡的认识，反映了试图通过市场机制最优化配置资源，从而达到最优化市场均衡结果的追求。然而，特别值得

---

1 〔法〕莱昂·瓦尔拉斯.纯粹经济学要义〔M〕.蔡受百，译.北京：商务印书馆，1989：95+135—137.

2 同上。

3 〔英〕马歇尔.经济学原理〔M〕.刘生龙，译.北京：中国社会科学出版社，2007：747—749.

注意的是，传统微观经济学发展框架有两大缺陷而难逃诟病：一是始终围绕着需求和供给两者的关系，而未注意到专业化与经济组织对经济增长的重要影响。二是始终遵循纯生产和纯消费的两分，表现就是从一般均衡理论到静态均衡理论，都有商品市场、要素市场乃至更多的对市场的划分，回到经济实践。不难发现其总是带有如下特点：一是除了需求和供给两者及互动关系的影响以外，专业技术水平与经济组织形式也切实影响着微观经济的发展，最具代表性的就是三次工业革命带来的专业技术的颠覆性变化以及以股份制等为代表的新兴经济组织形式的革命性变化。二是对于微观市场主体而言，一般很少属于纯生产者或者纯消费者，而多同时以生产者和消费者双重身份出现。如上所述，微观经济学理论框架中的缺陷以及经济实践的诉求，实际上构成了专业与经济化视角的起因。

（二）宏观起点：供给管理视角的缺失。

传统宏观经济学遵循传统微观经济学的分析框架，构建了以总需求和总供给为均衡分析核心的理论框架，并在此基础上侧重于"需求管理"的政策研究。而从 2008 年经济危机发生后的调控实践来看，决定性意义的宏观调控手段却显然属于"供给管理"，而这种调控手段的认识分析并未曾出现在宏观经济教科书中，表现出宏观经济学的理论缺陷，并且这种理论欠缺视角具有与微观层面欠缺视角指向的一致性。

1. 传统宏观经济学的分析框架简述。对应于传统微观经济学以需求和供给两者关系为核心的分析框架，传统宏观经济学也通过首先定义总供给与总需求，绘制并研究了总供给曲线和总需求曲线以及两者可解释的宏观经济发展均衡理论。与微观经济学相比，宏观经济学的理论体系显然更为发散，但其根植于微观经济学的特点非常明显：第一，核心分析框架实质上是微观层面需求和供给模型的总量拓展。第二，在宏观调控上，基于微观层面对需求的研究侧重，而更加注重宏观的需求管理。第三，在研究经济增长中忽略了经济组织与制度的作用，后虽通过制度经济学得到了补充，但是并未纳入较成熟的宏观经济增长理论框架中。

2. 宏观层面的经济实践：供给管理视角的起因。宏观经济学体系的缺陷在经济实践中表现出与微观层面缺陷指向的一致性。以 2008 年金融危机后美国政府的宏观调控为例，美国人抛开前面若干年所一再标榜的"华盛顿共识"式由市场自发解决结构问题、只注重需求管理的思路，转而采用实实在在的"供给管理"手段，如在选择性地不救"雷曼"之后出手救助"两房""花旗""通用"，明确推行"油页岩革命""新能源汽车"等政策倾斜举措等（贾康等，2013）。"供给管理"是与经济学理论框架中的"需求管理"相对应的概念，后者强调需求角度实施扩张或收缩的宏观调控，而前者则侧重于讨论使总供给发生变化的机制中更多样化的政府作为，并特别注重与政府产业政策等相关联的结构优化，强调在供给角度实施结构优化、增加有效供给的宏观调控（贾康，2013）。关于这种供给管理的展开讨论从未出现在传统宏观经济学的教科书中，却切切实实地为经济主体的经济发展提供了可供选择的优化路径与调节机制，相关宏观层面的理论缺陷与来自宏观经济实践的经验实际上构成了供给管理视角的起因。

二、"新框架"与"新供给"：理论视角的联通

以上从微观层面和宏观层面对经济学理论缺失的分析，结合经济实践的启示，引发了对专业化与经济组织（即"新框架"）以及供给管理（即"新供给"）的新认识，且两层面缺失视角的指向具有一致性。我们认为，这种一致性并非偶然，而是合乎逻辑地体现了"新框架"与"新供给"两大创新努力在关注视角上的联通，此联通不但以"新框架"对"新供给"包容性下的拓展贡献，帮助我们加深了对"新供给"的认识，而且是以微观和宏观的联通考察，构成对传统理论经济学的发展创新。

（一）"新框架"：专业化与经济组织视角的简述。

1.专业化经济。专业化经济是指生产率变化与行为人的产出范围变化之间的关系（杨小凯、黄有光，2000）。按照杨小凯的逻辑：产出与投入之间的关系就是技术，技术的最重要标志是生产率；大多数生产都具有规模报酬递增效应，意味着全要素生产率随着企业运作规模的扩大而提高，而这种生产率的提高与专业化水平之间的关系在传统微观经济

学中并未得到解答。正如亚当·斯密所说分工是经济增长的源泉，而"技术进步也因分工水平的提高而内生地出现"（杨小凯，2003）。专业化经济试图描述的正是生产率与专业化水平之间的关系，即技术与专业化水平之间的关系。

2. 经济组织模式。如前所提及，大多数生产都具有规模报酬递增效应，意味着全要素生产率随着企业运作规模的扩大而提高，然而这种生产率的提高与企业内部组织之间的关系未在传统微观经济学中得到解答。此外，资源禀赋约束等概念在传统微观经济学中也被设定为与经济组织无关，而实际上恰恰相反，两者有着非常密切的联系：可用资源多少或禀赋约束与人类社会掌握的知识有关，而人类掌握的知识又与经济组织模式有关（杨小凯、黄有光，2000）。通常分工越复杂，对于整个社会而言掌握的知识就越多，会直接影响经济社会中相对资源结构和禀赋约束。由分工和专业化在很大程度上决定的经济组织模式，与交易费用又直接相关。

（二）"新供给"："物"与"人"的视角的简述。

1. "物"的视角。所谓"物"，概念上必有别于"人"，但经济学研究中凡涉及物，其展开分析也必是相关于"人与物"的关系，即"生产力"层面，由劳动对象、劳动工具而关联和推及劳动者（人，或"人力资本"）。具体到现代经济发展针对物的运用与加工的"技术"的层面，邓小平的名言"科技是第一生产力"，实指由人实现的科技创新供给对生产力三要素带来的"乘数效应"。基于"物"和"技术"的研究告诉我们，由于存在后发优势，欠发达后进经济体可以追赶发达经济体，并有可能通过"蛙跳"、技术扩散、"干中学"等方式方法，实现技术上的赶超乃至激发组织结构方面的赶超，从而实现经济上的赶超（贾康、刘军民，2010）。

2. "人"的视角。所谓"人"，必是指处于人类社会关系中的社会成员，经济学视角考察人，实质上必是指"人与人"的关系，即"生产关系"层面，或具体到经济发展而言，即如何组织经济活动的形式与制度安排、利益分配。基于"人"的研究告诉我们，制度作为一个极其重要的供给因素，尤其是产权和交易成本的机制联结状况，直接影响某一经济体的发展状态。在制度变迁即制度安排的供给演变过程中，既会出现制度演变的滞后现象，又会存在制度潜力发挥的能动性空间。计划经济制度作为一种经济组织形式，其相对劣势已然较充分暴露，而作为原属计划经济制度的国家，怎样成功实现由计划经济向市场经济过渡，最重大的考验即是调整改变人与人之间生产关系的改革，能否达到真正解放生产力的结果。无论是稍早风行而标榜全面"自由化"的"华盛顿共识"，还是稍后兴起对并未定型的"中国特色"充分肯定而将其推向模式化的"北京共识"，都难免失于偏颇。人类社会生产关系的优化提升，仍须进一步肯定其摸索前行的基本姿态，加之信息的不完全和人们行为的不确定性，例如："柠檬市场""不完备信息市场""动物精神""羊群效应""王庆悖论"等因素的存在，往往造成理性预期失灵，亟须讨论如何加入"理性的供给管理"的矫正力量（贾康、冯俏彬、苏京春，2014）。

（三）两个理论创新的联通。

"新框架"基于微观起点创新性地提出的专业化与经济组织的结合考察视角，与"新供给"基于宏观起点创新性提出的"物"与"人"的关系打通认识供给驱动特别是制度供给的视角，实际上显然是联通在一起的。

1. 基于"物"的视角的联通：物质生产的专业化经济与物之运用的技术进步。"物"的视角必指向"人与物"的关系，即"生产力"层面，由劳动对象、劳动工具和劳动者结合"科技第一生产力"的创新供给而形成的发展进步。而专业化经济是指生产率变化与行为人的产出范围变化之间的关系，其描述的是专业化水平与生产发展水平之间的关系。"新框架"的专业化经济视角实质上强调的是专业化伴生的技术进步，"新供给"的"物"的视角实质上强调的是国民经济总体进步对技术进步供给的倚重，体现了"新框架"与"新供给"在创新中基于"物"视角的联通。

2. 基于"人"的视角的联通：经济组织模式与生产关系制度变革。"人"的视角必指向"人与人的关系"，即"生产关系"或制度供给问题，具体到经济生活中，即如何组织经济活动的形式与制度安排、利益分配机制。经济组织必涉及组织经济活动的形式以及与制度、体制如何联通，经济组织模式的进步会带来交易费用的降低即生产力的解放（"现代企业制度"在规模经济、社会化大生产上最具适应性和代表性的具体形式——股份制，便是生动而雄辩的证明）。"新框架"的经济组织模式视角和"新供给"的"人与人"的视角实质上所强调的都是经济发展与制度供给、结构性变革之间的关系，都逻辑地关注不同制度安排下不同的交易费用，区别仅是从微观、宏观不同层面的切入而已，从而体现着"新框架"与"新供给"基于"人"的视角的联通。

（四）"新框架"与"新供给"的包容性。

"新框架"与"新供给"的理论视角形成的必然联通，可使我们进一步认识"新框架"对"新供给"之包容性拓展的贡献，这一拓展是以对"五维一体化"框架与包容性边界"集大成"式的概括为表现，而新框架的理论贡献也成为其中的组成部分。

1. "新框架"对"新供给"包容性拓展的贡献。如上所述，传统宏观经济学理论框架仍建立在传统微观经济学理论框架的基础上，基于纯生产者和纯消费者两大假设从总供给和总需求及其互动关系的角度来研究经济增长。"新框架"对传统微观经济学的补充，主要体现在利用超边际分析（对每一个角点进行边际分析，在角点之间用总效益费用分析）将专业化经济与经济组织模式纳入传统微观经济学分析框架。基于"新框架"与"新供给"理论视角的联通，正如微观层面的供给和需求分析为宏观层面带来总供给和总需求分析，宏观角度对技术进步和制度变革的研究认识，也合乎逻辑地和更坚实地建立在微观层面对专业化与经济组织内化的超边际分析基础上。这构成"新框架"对"新供给"包容性拓展的一项重要贡献。

2. "新框架"在"新供给"包容性拓展中的定位。可从两方面考虑。第一，"新框架"理论产生于20世纪90年代，尽管并不需像传统框架那样特别区分纯生产者和纯消费者，也不需特别划分供给端与需求端，但其所强调的专业化经济与经济组织模式，并未见与消费的直接相通，而是与生产即供给侧的直接相连，其对"新供给"包容性拓展的贡献若还原到新供给经济学"五维一体化"的框架中，应定位于传统经济学供给侧两轮"否定之否定"的主线上，成为对古典自由主义供给思想的重要提升和充实。第二，值得注意的是，"新框架"理论思想的一个重要应用是发展经济学，它认同工业化是由分工演化引起的结构变化（包括工业份额的上升、投资率和储蓄率的上升等），基于此而深入研究城市化和工业化问题，并可通过拓展宏观经济学框架进一步研究经济转轨问题，构成新供给经济学"五维一体化"框架中发展经济学—制度经济学—转轨经济学部分的重要补充。

三、"新框架"的缺陷：对"新供给"的诉求

虽然"新框架"对"新供给"包容性产生了重要拓展，但是其从微观层面出发而带有一定的局限与理论缺陷。结合既有的新供给经济学研究成果，在"五维一体化"理论框架下，除了肯定"新框架"对"新供给"包容性拓展的贡献以外，其两个理论缺陷也从宏观层面对"新供给"提出了进一步的理论创新发展诉求，客观上构成"新框架"对"新供给"更深一层的启示。

（一）"新框架"的缺陷。

1. 对经济周期成因理解的片面性。"新框架"认为造成经济周期与失业的原因是由于某些产品有耐久和不可分性，不可分可能造成产品的供过于求，而与产品耐久性相关的滞销则可能带来失业。这当然可以作为经济周期的一个成因，但导致经济周期的缘由中还包括了竞争的不完全性、工会的作用、总需求的变化、信心的变化、储蓄—投资的变化等诸多经济性因素（黄有光，2014）。此外，经济周期的成因除固定资产更新周期之外，还包括以政治周期和心理周期为主的非经济性因素。这些未包含的经济性因素和非经济性因素共同揭示了"新框架"对经济周期成因理解的局限性。

2. 不能解决交换者之间的选择协调问题。"新框架"研究的是不同的行为人生产不同商品的情况，但不能解决交换者之间的协调问题。不同的行为人之间可能生产不同的产品：如果此时的交易效率很低（即交易成本很高），那么行为人的最优选择是自给自足；如果此时的交易效

率足够高，那么最优选择是进行专业化分工，不同的行为人之间生产不同的产品，然后每个人的产量扣除部分自用量以外，其他产量用来交易给他人，这样就是更加有效率的选择。然而，不同的行为人之间也有可能生产相同的产品，因为他们在生产之前往往不会自发进行沟通，而如果确实选择了生产相同的产品，交易就不能发生，造成"产能过剩"和再生产阻滞。

（二）对"新供给"的启发。

"新框架"的两大缺陷可启发对"新供给"更深层次的思考。经济周期和协调问题不仅与"新框架"有关，还与旧框架有关，属于需求和供给分析框架、专业化与经济组织分析框架都无法解决的问题，其恰恰凸显了对"新供给"的需求。

1. 更全面地认知旧框架与新框架都无可回避的经济周期问题。在经济实践中，经济活动总会沿着经济发展的总趋势经历周而复始、有规律性的扩张和收缩。针对经济周期的繁荣、衰退、萧条和复苏，旧框架中包含了"凯恩斯革命—供给学派—凯恩斯复辟—供给管理"（贾康、苏京春，2014）的调控机制发展逻辑，从而证实供给管理是旧框架中供给侧经济理论研究的理性回归；新框架则仅是从微观视角上片面解释了经济周期的成因，而未充分考虑到其他经济性因素以及非经济性因素的影响，但由于新供给经济学与"新框架"存在的理论视角的联通性和基本逻辑的一致性，新供给完全可以在宏观层面对于与分工和专业化相关的经济周期问题提供更优化而全面的认识解决。

2. 更有效地认知旧框架与新框架都难以解决的顶层规划问题。采用旧框架进行分析，市场存在失灵的领域，经济周期正属于市场失灵，信息不对称、公共品等问题也属于市场失灵；采用新框架进行分析，不同的行为人之间存在对产品生产进行选择的问题，且这种选择是自发进行的，如果选择不恰当，那么不同行为人之间就不一定能够成为交换者，从而无法充分实现效率。不难发现，无论是由于存在市场失灵而导致的某种产品的产量供过于求、供不应求，还是由于专业化分工过程中存在行为人自发选择生产的不协调，归根结底都形成"经济自由化"命题所无法解决的领域。引发失灵和不协调的因素是错综复杂的，但无论由何种原因引发，这种宏观视角下可以视为"顶层规划"的问题（如"有效市场"和"有为政府"的"双到位"结合、合作问题），恰是新供给经济学所关注的焦点之所在。

四、重要的总结：理论与经济实践的互动式完善

"新框架"对专业化与经济组织的认识形成传统理论经济学的重要补充，其所采用的超边际分析模式也是传统理论经济学数理分析方法运用中的创新。然而，经济实践的现实，既不只是与旧框架对应，也不只是与新框架对应，而是两者以及尚未开拓的研究领域的错综结合——尤其对于发展中经济体而言，这种结合的框架特别需要其能够为认识经济增长提供更为开阔的视角。

（一）理论发展：传统与新兴相结合的相对完整框架。

传统旧框架与新框架的结合，能够为理论经济学构建一个相对更为完整的框架，在此框架启发下，我们在"新供给"上的创新努力对宏观调控又会生成一些新的认识，可以帮助理解理论与实践的差异并进一步探索未来理论紧密联系实际可遵循的路径。

1. 相对完整框架的简述。传统理论经济学中，微观经济学的理论基石在于对供给和需求及两者关系的认识，并基于纯生产者和纯消费者的划分，在不同类型的市场中定位供求双方并研究两者的互动关系，效用论的引入丰富了微观经济学对供给和需求的认知，并将更多的影响因子纳入微观经济学的认识框架中。然而，微观经济学的认识焦点在于通过研究资源配置问题来获得效率以实现经济增长，而对经济学的另外一个重要分支即分工的相关问题却没有给予充分重视，"新框架"则弥补了这一空缺。经过对专业化经济和经济组织模式的研究，新框架更加认同"技术和经济制度的交互作用"（杨小凯，2003）对经济发展的影响，并利用超边际分析方法处理最优决策的角点解，从而实现了内生行为人选择专业化水平视角的研究。两者当然不是割裂的，通过超边际分析而实现的分工和专业化水平的认知，可以作为资源配置研究的基础部分之一。

2. 对经济转轨的新认识。对转轨经济学的认识，在于从计划经济一"轨"转入市场经济一"轨"，从而被形象地称为"转轨"（樊纲，2005）之阐述逻辑。这种转轨经济学较为主流的认识实际上的关注视角正是在于资源配置这一经济学基本问题的相关制度演化。简言之，计划经济是由计划来进行资源配置，市场经济是通过市场机制实现资源配置，那么经济转轨就意味着资源配置机制的转变。随着"新框架"将分工与专业化视角引入，对经济转轨的认识也更加丰富。传统的转轨认识实际上没有充分反映制度变化的复杂性，而经济转轨只是转轨的一部分，转轨的核心实质是宪政规则的大规模改变（杨小凯，2003）。从经济实践出发，处于经济转轨阶段的经济体实际上也并不仅仅面临着从计划向市场的体制转变，而且面临一方面如何提升技术水平而成为经济增长的引擎，另一方面如何优化特定经济体成长中各演变阶段上和各经济体"特色"中的经济—政治—社会全套制度，促进经济发展。基于此，可以得到三点认识：第一，按照"新框架"的逻辑，技术是在专业化分工达到一定程度的时候而产生"升级"态的，我们可以将此技术理解为动态创新的技术，后发国家具有技术上的后发优势，在某种程度上是可以具有共识的，但其学习、追赶先发国家技术过程中能否使技术实现真正的内化，是与后发国家专业化分工水平的提升直接相关的。第二，对属于经济组织模式方面的制度转轨，发达国家有许多相对先进的制度，但是后来者对先行者的制度进口走到制度供给的层面，实际必须经历较长一段历程（苏京春，2014），且在较确定的技术性后发优势的旁边，大都会遭遇十分不确定的制度性"攻坚克难"问题，如不顺利，则可能引发杨小凯强调的"后发劣势"。第三，上述两点十分有助于理解发展中的转轨经济体在经济实践中并不能机械遵循如教科书中阐述的那样简单回归市场而放任自流的操作（如"华盛顿模式"，拉美转轨跌入"中等收入陷阱"就是失败的典型案例），而是需要其政府理性采用多重方式优化和加强供给管理，特别是显然具有关键性的"全面改革"式制度供给。制度供给成功的红利，合乎逻辑地成为这一转轨经济体的"最大红利"，反之，制度供给的失败，必将导致技术供给的"后发优势"也最终归于制度拖累的"后发劣势"。

（二）全文小结。

本文首先分别从传统经济学理论微观起点和宏观起点分析框架视角的缺失出发，论述了"新框架"的专业化与经济组织视角和"新供给"的供给管理视角；接着，本文论述了"新框架"的专业化经济与"新供给"的技术进步、"新框架"的经济组织模式与"新供给"的制度变革之间所实现的"物"与"人"的视角的联通，并指出"新框架"对"新供给"的包容拓展形成贡献，补充了传统理论经济学主线上古典自由主义的供给思想；但"新框架"理论并非完美，其存在对经济周期成因理解的局限性、片面性，且难以全面解决交换者之间的协调问题，这恰恰表明在分工与专业化视角下对"新供给"形成的启发；本文进而通过对传统与新兴相结合的完整框架的综合认识，形成理论与实践结合上更为广泛、开阔的分析视角，并可积极地运用到经济体发展实践，特别是发展中（后发）经济体的转轨分析中去。不可忽略的是，"新框架"与"新供给"的重要联通及启示，使新供给经济学的理论创新在"五维一体化"框架分析基础上，其包容性拓展更可以体系化。"新框架"与"新供给"的联通，客观地体现了"从实践中来、到实践中去"的哲理，并可进一步有力支持新供给经济学的理论追求，即结合继传统理论经济学之后得以蓬勃发展的制度经济学、发展经济学、转轨经济学、信息经济学及行为经济学等理论，"集大成式"汇入分工与专业化研究的重要视角及其积极成果，从而实现更为广泛的包容性，以及体现现代经济学发展在供给侧发力打开新境界的大势所趋。

参考文献

［1］〔英〕大卫·李嘉图.李嘉图著作和通信集第二卷：马尔萨斯《政治经济学原理》评注［M］.北京：商务印书馆，1979.

［2］〔法〕莱昂·瓦尔拉斯.纯粹经济学要义［M］.北京：商务印书馆，1989.

［3］〔英〕马歇尔.经济学原理［M］.北京：中国社会科学出版社，2007.

［4］〔澳〕杨小凯，黄有光.专业化与经济组织：一种新兴古典微观经济学框架［M］.北京：经济科学出版社，2000.

［5］〔澳〕杨小凯.经济学——新兴古典与新古典框架［M］.北京：社会科学文献出版社，2003.

［6］〔澳〕杨小凯.发展经济学——超边际与边际分析［M］.北京：社会科学文献出版社，2003.

［7］贾康，新供给：经济学理论的中国创新［M］.北京：中国经济出版社，2013.

［8］贾康，刘军民.政策性金融与中国的现代化赶超战略［J］.财政研究，2010（1）.

［9］杨小凯.后发劣势［EB/OL］.爱思想网站—思想库—学术—杨小凯专栏.2004-2-12.

［10］黄有光.谈杨小凯的新框架［J］.上海经济评论，2014-7-1.

［11］贾康，苏京春."五维一体化"供给理论与新供给经济学包容性边界［J］.财经问题研究，2014（11）.

［12］苏京春.试论现代化先行者为后来者带来的城市化矛盾及对策［J］.财政研究，2014（2）.

"三驾马车"认知框架需对接供给侧的结构性动力机制构建[1]

——关于宏观经济学的深化探讨

多年以来，围绕宏观经济学理论，从经济学新兴学派（如发展经济学、制度经济学、转轨经济学等）到新兴流派（如货币学派、供给学派、新自由主义等），无一不在重视并研究经济增长动力的相关问题。从全球范围内各经济体发展过程中的宏观经济调控手段看，传统宏观经济学倡导的经济增长"三驾马车"理论一直被奉为圭臬。然而，从2008年美国应对金融危机时在宏观调控中采用具有针对性的"供给管理"措施，到中国开启全面深化改革时代、下定决心加快推进的从重经济发展规模、数量到重经济发展质量、效益转变的经济结构调整，无一不失为在经济体运行实践中推动经济增长的切实有效措施。这些并未正式出现在教科书中的、看似颠覆金科玉律却在经济实践中切实有效的宏观调控手段，已引发学界的广泛讨论，对"三驾马车"究竟是否经济增长根本动力的讨论也包括于其中。那么，究竟应当怎样更加科学地认识和评价经济增长"三驾马车"理论框架？这一理论的局限性或不合理之处究竟何在且有无指向性启发？我们就此展开讨论。

1　本文原载《全球化》2015年第3期，与苏京春合作。

一、"三驾马车"认识框架基于需求，
但实已体现需求侧管理也必须面对结构性问题

追根溯源，凯恩斯在《就业、利息与货币通论》中强调的还是"有效需求"这一概念，所指即在总供给与总需求达到均衡时有支付能力的总需求，而由此产生的经济增长"三驾马车"理论所强调的消费、投资、出口三大动力，自然也相应地指向消费需求、投资需求和出口需求。在短期视角和三部门经济框架下，传统宏观经济学理论认为，有效需求总是不足的，消费者边际消费倾向递减会导致消费需求不足，资本边际效率递减和强流动偏好会导致投资需求不足，并认为这是形成生产过剩危机并导致高失业率的直接原因。加入开放经济因素作分析后，传统宏观经济学理论在四部门经济框架下认为，净出口需求受到实际汇率的影响，而影响程度则最终取决于该国出口商品在国际市场上的需求弹性和国内市场对进口商品的需求弹性，总而言之，最终仍落脚在需求侧。

但基于需求的以上认识，并不妨碍我们对经济增长"三驾马车"理论作出一个新视角的定位，即其认识框架实已体现了需求侧管理也必须面对结构性问题，光讲总量是不够的，必须对总量再作出结构上的划分与考察，这当然可称为是一种认识深化与进步的体现。从灵感源自马尔萨斯需求管理的凯恩斯主义开始，宏观经济学强调的就是侧重于总需求的有效需求层面，并随着微观经济学理论分析框架的更新而抽象为大家所熟知的 AD-AS 模型。20 世纪 80 年代，以美国经济学家弗里德曼为代表的货币学派强调的实际上就是通过货币总量来调节宏观经济。而以消费、投资和出口为核心的经济增长"三驾马车"理论，则使一直以关注总量为己任的需求管理实已展现出结构性特征。虽然都是基于需求侧的分析，但是从以俄罗斯籍经济学家希克斯的相关研究而抽象产生的宏观经济学模型开始，IS-1M 模型和 IS-1M-BP 模型显然通过产品市场的决定、货币市场的决定以及开放经济的决定为需求管理拓展出更为广阔、也理应继续得到认识深化的结构性空间，其相关研究也使需求管理得以更好地"理论联系实际"来满足宏观调控需要,并合乎逻辑地延展到"供给管理"问题。

二、需求侧"元动力——三动力"的得失悖论

按照经济增长"三驾马车"理论,人们结构化地将消费、投资和出口视为需求侧总量之下划分出认识经济增长的"三大动力":从动力的源头追溯,人类社会存在和发展的本原层面的"元动力",当然是人的需求,有需求才会继之有生产活动来用以提供满足需求的产出,从而产生供给。基于这种"元动力"的认识,才有把需求总量三分的"三动力",即"三驾马车"的认识。凯恩斯主义的分析得出:由于消费需求、投资需求和出口需求构成的有效需求总是不足的,所以认为政府应当通过宏观调控手段刺激总需求,同时还不得不具体处理消费、投资和出口间的关系,从而实现宏观经济增长的目标。这一认识框架的内在逻辑,实已指向了对应三方面需求的结构性响应因素——供给的方面,必须纳入研究,但在传统经济学中这一框架隐含的(非内洽的)"完全竞争"假设下,在绝大多数经济学家那里,这种应继续努力探究的供给侧分析认识,却被简化为"市场决定供给结构并达于出清"而无需再作分析的处理。

无论如何,三大"动力"赋予需求侧管理以结构性特征,使其得到了注入新鲜活力的新发展。沿着 IS 曲线所表示的投资决定,1M 曲线所表示的利率决定,以及 BP 曲线所表示的实际汇率决定,经济增长"三驾马车"理论推动传统宏观经济学在继 AD-AS 均衡之后,走向 IS-1M-BP 的均衡。相应地,落实到宏观调控政策主张方面,也从原来的强调总量调节,合乎逻辑地发展到通过货币政策和财政政策带有结构性地刺激消费、投资和出口需求,来实现宏观经济增长的政策主张层面。回归到经济实践中,甚至更加灵活地表现为结构性地调整三大"动力"中的某一个或者某两个,以此来达到弥补一方或两方的疲软,在权衡中最终均衡地实现经济增长的目标。这一点,我们一方面在全球经济宏观调控范例中可得印证,比如 2008 年美国金融危机后相继爆发欧债危机,发达国家市场遭受重创,以中国为代表的新兴市场一致感到出口需求严重

不足，从而大角度转向拉动内需、加大国内投资与消费来实现宏观经济稳定增长；另一方面还可在学界对宏观经济的讨论中常年关注三大"动力"在短期与长期中作用的比较、正负面效应、调控手段等等讨论中认识其无可回避性和可观的份量。因此，三大"动力"分析认识对需求侧管理的贡献已无须赘言。

但更加关键的，我们注意到三大"动力"认识虽然在一定程度上满足了需求侧管理的宏观调控需要，但是却并不能真正在需求侧得以实现其认识与逻辑的周延。学界目前非常关注的"三驾马车"是否经济增长根本动力的问题，结论的指向性非常明确，基本表现为否定一侧。然而，究其为何不能成为经济增长的根本动力，则说法不一。有观点认为其只是国民经济核算指标、有短期特征、影响的是 GDP 需求边（李佐军，2014）；有观点认为需求侧三大"动力"已跟不上现代经济发展步伐，提出了经济增长的新"三驾马车"，内容又有所不同；有的认为是城镇化、信息化和民生建设（尹中卿，2012）；有的认为是原"三驾马车"的引擎升级（邵宇，2013）等。

我们认为，"三驾马车"不能构成经济增长根本动力的原因，在于其并不能仅在需求侧继续实现其"动力"特征与功能。消费、投资和出口三大认识上所称的"动力"，其实是"需求"这一"元动力"层面不得不再作出其结构分析而派生出的结构化认识框架，一旦脱离了元动力层面而变为合力的部分，便已失去了元动力属性和定位，所以严格地作学理的推演，这三个力自然不可能归为"根本动力"，只是"动力"的不同传递区域在人们认识上的一种归类。从研究者在实际生活中应做的需求原动力的回应考察或动力响应机制认知来说，不能不进一步沿需求侧的"结构化"认识推进到供给侧的相应分析认识，反映实际生活的经济学理论理应如此。如果仅局限于消费需求、投资需求和出口需求的层面，便走入了近年学界已普遍不再满意的局限性状态。

第一，仅从需求侧看消费，带有过强的静态特征，这与真实产品市场中种类更新日新月异这一现实大相径庭，许多新消费动力的产生并非因为消费需求发生了变化，而恰恰是对消费的供给发生了变化。

第二，仅从需求侧看投资，则带有过强的主观特征，按照对投资需求的重视，似乎刺激了投资需求就能够在经济体量上有所体现，而现实的经济实践绝非如此，最典型的例子就是中小企业投资需求强烈而充分，但投资供给却往往跟不上；同样的投资规模，不同的投资机制和投资结构，结果可能有天壤之别，诸如此类例子不胜枚举；资本市场中如资源错配、结构性失衡的格局长时期存在，在这种情况下再大力刺激需求于宏观经济，显然易导致长板更长、短板更短，百害无一利。

第三，仅从需求侧看出口，则多带有纯比较优势理论与纯汇率理论主导的色彩，出口产品在国际市场中影响力越大，则对本国宏观经济增长的拉动作用就越强，这种利用经济学抽象模型演绎的分析无可厚非，但真正落实到全球化背景下的开放经济中，发展中国家通过后发优势赶超发达国家的增长路径显然难以得到全面解释。仅仅是实际汇率的变化并无如此大的魔力，先进经济体对后进经济体的"高端选择性供给"往往对于双边贸易的中长期基本格局具有某种决定性意义。

总而言之，在需求侧对"元动力"的认识发掘推进至"元动力——三动力"，为需求管理带来的"得"与"失"构成了一个悖论：一方面，需求侧的"总量"观与简洁的"三驾马车"认识框架，确实在发达市场经济体一般情况下的实践层面满足了其调控对于"理论指导与支持"的需求；而另一方面，仅在需求侧的由"元动力"派生、演化出的"三驾马车动力"机制，在三者合力"怎样合成"上始终解释模糊，特别是经受不了"世界金融危机"冲击考验之下"水落石出"般的审视和回应不了摆脱种种局限引出建设性对策的要求——这种悖论，只有在引入供给侧分析和供给结构与制度机制分析后，才能得到化解。一言以蔽之，"三驾马车"完全无法认作拉动经济增长根本动力的道理在于：对需求"元动力"的回应和传导，关键已不在需求侧。

三、由悖论认知分析的指向：
探究对应于需求侧的供给侧结构性动力机制

由此，我们的核心观点已呼之欲出：消费、投资和出口只是需求作为经济增长的"元动力"而可进一步作出结构性认知的分析框架，只要沿着"结构性"的角度继续深化认识，就会发现仅在需求侧并不能够真正完成动力认知这一悖论，这强烈呼唤着对与之相对应的供给侧的结构性动力机制的探究。

显然，"三驾马车"所强调的消费、投资和出口需求三大方面的分别认知，只有联通至消费供给、投资供给和出口供给，才有可能对应地成为各自需求的满足状态，其中蕴含着由需求侧"元动力"引发的供给侧响应、适应机制，或称其所派生的要素配置和制度安排动力机制。

首先，在经济增长动力的全景图上，我们当然应该肯定需求的原生意义，人活着就会有需求，有需求才有各色各样被激活的动机和满足需求的创业、创新活动。但特别值得注意的是，这些创业、创新活动的定位实已转到供给侧，供给是需求元动力（"第一推动力"）之后由响应而生成的最重要的"发动机"与增长引擎。事实上，人类从茹毛饮血时代发展到今天，已看到科技革命产生巨大的生产力飞跃，创造着上一时代难以想象的供给能力，同时这些原来让人难以想象的供给，并没有充分满足人类的需求，原因在于人类作为一个适应环境进化的物种来说，其需求是无限的。正因为如此，现实地推动人类社会不断发展的过程，虽然离不开消费需求的动力源，但更为主要的支撑因素从长期考察却不是需求，而是有效供给对于需求的回应与引导。在更综合、更本质的层面上讲，经济发展的停滞其实不是需求不足，而是供给（包括生产要素供给和制度供给）不足引起的。一般而言，要素供给（如生产资料、劳动力、技术供给等）在其中是经济层面的，与千千万万的微观主体相关联；而制度供给是政治社会文化层面的，直接与社会管理的主体相关联。人类的长期发展过程正是因为不确定性的科技创新产生一次次科技革命，带来一次又一次生产力的提升，也进而推动制度安排的一轮又一轮改革和优化，使总供给能力一次次大幅度提升，促进并保持了经济的长期发展和趋于繁荣。人类的供给能力现实地决定着人类的发展水平，也正是因为这种原因，我们可将人类社会划分为不同发展时代：狩猎时代、农业时代、工业时代、信息技术时代，以后随着生物技术的不断飞跃，我们还可能会迎来生物技术时代。与之相呼应，人类社会经济形态与制度框架上经历了自然经济、半自然经济、自由市场经济、垄断市场经济和

"混合经济"的各种形态，包括我国这个世界上最大发展中经济体正在开拓与建设的"中国特色的社会主义市场经济"（贾康等，2013）。我们所处的当今时代，全球化的社会化大生产所具突出特点，就是供给侧一旦实行了成功的颠覆性创新，市场上的回应就是波澜壮阔的交易生成，会实实在在地刺激需求增长。这方面例子已有很多，比如乔布斯和他主导创造的苹果产品，再比如"互联网电子商务与金融"这种带有一定颠覆性特征的创新等等。这些动不动就席卷全球的供给侧创新，其真正作用是引导式改变，改变产品市场的数量、机制、构造和联系，当然也改变了需求的种类、范围、激励和方式，体现在宏观经济中一定是形成增长的动力。

其次，我们自然而然、合乎逻辑地应当特别注重供给侧投资的特殊性、针对性和结构特征。需求侧强调的投资需求，概念上还是总量中的"三足鼎立"的一足（即三驾马车中的一驾），而一旦表现为对应投资需求的投资供给，便成为生产能力的形成与供给，成为消费和出口的前提，并天然地要求处理其具体的结构问题——事实证明这恰恰不是传统概念的需求管理所能够完全处理好的。在市场发挥"决定性"作用的同时，只要不是纯理论假设的"完全竞争"环境和完全的"理性预期"行为，政府的供给管理就必不可少，而且在实践中往往还会表现为决定性的事项（可观察美国应对世界金融危机的关键性举措）。仅刺激或抑制投资需求，并不能就同时解决好结构性问题，必须同时处理好投资的结构优化政策与机制，达到基于结构优化形成的投资质量与综合绩效的提升，才形成势必推动经济增长的动力（发动机）。比如，当下中国进入"新常态"增长的最关键投资动力源，就包括应当启动以增加有效供给的选择性"聪明投资"（贾康，2014），来实现"补短板、挖潜能、转主体、增活力、提效率、可持续"，以达到投资拉动经济增长的意愿目标。至于外贸的出口净值也决不属于需求管理可直接解决的对象，真正应抓住的，是在全球化进程中的自身结构优化、不断提升国家竞争力。

消费供给、投资供给和出口供给，实际上构成了供给侧的动力机制，这种动力机制带有非常明显的结构性特征。与需求侧的均质、可通约明显不同，供给侧的产出是千差万别、不可通约的产品和服务，以及以各种特色表现的必须具体设计、鲜可照搬的制度供给——产品服务供给的升级换代产生"供给创造自己的需求"的巨大动力，制度供给的优化更会带来"解放生产力"的巨大"引擎"与"红利"效果。"物"的供给能力的竞争，也相应地呼唤着与之匹配的"人"的利益关系视角的制度供给优化竞争。而通过上述这种与需求侧"元动力"相对应的供给侧的结构性动力机制构建，我们不难发现，经济增长的"动力体系"已浑然天成。

不论是理论工作者还是实际工作者，所普遍认可的"创新驱动"，显然是一种关于发展动力的描述和认知，但如果放到需求侧与供给侧的分别考察中，便可知实指供给问题。因为需求是永无止境的，即是"永新"而"无新"的，调控管理所讲的有效需求，只能是指有货币支付能力的需求，即可通约总量状态下的有支付意愿与能力的需求，这无所谓其"创新"含义；唯有到了供给侧，创新才是有实质意义的、必然具体细分（即结构化）的、且不确定、千变万化的，因而特别需要制度激励。在一般而言的经济发展中，供给侧的调控管理均不可回避和忽视，对于后发、转轨的经济体，供给管理的重要性还往往会更为突出，比如中国，在特定阶段上和历史时期内，以制度供给统领的全面改革式创新驱动，必然成为其可持续增长的现代化过程能否如愿实现的"关键一招"。

四、结论：深入认识响应需求侧"元动力"的供给侧结构性动力机制，是经济学理论创新的重大任务

总结全文，"三驾马车"的实质是需求管理由本义的"总量调控"开始引入结构性认知框架，作为重视"结构性"的成果，这一认识可以更好满足宏观调控需要，但仍然在理论与实践的互动发展中表现出其局限性：这种把消费、投资、出口的划分看作通过需求管理促进经济增长的"动力"，即"三驾马车"式表述，既有所得、又有所失，得在确实拓展了需求管理的范畴，失在这种"动力"在需求侧难以自我实现。这一得失悖论势必引导我们将探究的目光转向供给侧，与需求侧"元动力"相对应的、回应为消费供给、投资供给和出口供给综合形成的供给侧产

出及相关的制度供给,才真正形成了经济发展中至关重要的供给侧动力机制体系。突破需求管理局限而助力经济增长,亟须推进经济学理论在供给侧研究的创新——在不完全竞争这一更符合真实世界情况的大前提下,认识和把握以物质要素的供给和制度安排的供给所合成的动力源。

现阶段是中国处在中等收入发展阶段、力求跨越"中等收入陷阱",对接全面小康和中华民族伟大复兴"中国梦"历史任务的演进过程中,我们更应以世界金融危机发生之后的经济学反思为重要的思想营养,以宏观经济进入"新常态"为当下背景,切实考虑在"如何实现供给侧的结构性动力机制优化构建"上做好文章、下足功夫,即以调结构、促改革,创新驱动,把握好理性的供给管理。

经济学理论有关经济增长问题的研讨,可以看作是一个还在不断深化揭秘的过程,我们基于一直以来对供给侧的关注所带来的分析认识,在本文中将认识结论定位为:需求侧"元动力"之上认识进一步形成的"三驾马车",其实在动力全景解释上已无适用性,必须对应、联结供给侧的动力机制构建,因而也必然引出比在需求侧的分析认识复杂得多、艰巨得多的经济学理论创新任务。

参考文献

[1]凯恩斯.就业、利息与货币通论[M].北京:商务印书馆,1999.

[2]保罗·萨缪尔森,威廉·诺德豪斯.经济学(第十八版)[M].北京:人民邮电出版社,2008.

[3]贾康,等.中国需要构建和发展以改革为核心的新供给经济学[J].财政研究,2013,1.

[4]贾康."供给创造需求"新解读与"新供给经济学"研究引出的政策主张[J].铜陵学院学报,2014,3.

[5]贾康."聪明投资"助力稳增长和促改革[N].中国证券报,2014-12-22.

[6]李佐军."三驾马车"不是经济发展的根本动力[N].中国经济时报,2014-12-16.

[7]邵宇.中国经济的"新三驾马车"[N].第一财经日报,2013-7-31.

[8]康怡.尹中卿采访:新"三驾马车"拉动中国经济[N].经济观察报,2012-12-15.

供给侧改革视角下的制度创新实践 [1]

——国企改革与"混合所有制"

　　一向力主实质性推进中国体制改革的新供给经济学研究群体，却被某些论者扣上"取消改革"和"新行政经济学"的帽子，实在匪夷所思。但以此为契机进一步表明我们在一系列出版物（包括《供给侧改革：新供给简明读本》）中的基本思路与观点，应有助于使公众进一步了解供给侧改革，特别是促动严肃的研讨者作进一步的分析认识和学术争鸣。本文聚焦于我们高度注重并已在研究中提出了明确思路与主张的国企改革、民企发展问题。

　　我们认为，中国的"供给侧改革"，实为在认识、适应和引领"新常态"的新阶段，以"攻坚克难"的全面深化改革为核心内涵，以结构问题优化解决为矛盾的主要方面，进一步解放生产力、实现动力机制转换和体系转型的系统工程。作为一个转轨中的发展中大国，追求"追赶—赶超"式后来居上的现代化，大思路定位必然是"守正出奇"，在充分尊重市场的资源配置决定性作用的同时，须充分认识到并不是简单搬用发达市场经济体的已有经验和我们自己过去的经验即可完成现代化，必须以特定国情下各特定阶段上可持续的成功创新，来支持中国完成从追赶到赶超的现代化全过程。政府理性的供给管理，是促使供给侧的制度创新、管理创新和技术创新充分互动而解放生产力，充分打开现代国家治理可包容的一切潜力、活力空间。企业是实现创新发展目标的最基础和重要的载体，在中央全面推进供给侧结构性改革的当下，积极推进混合所有制是现代市场体系运行的产权基石方面的最重要的制度创新，是

1　本文与刘薇、苏京春合作。

推进国企改革、民企发展的主线，直接呼应十八届三中全会提出的国家治理体系和治理能力现代化的要求。

一、供给侧改革核心内涵的理解、政策思路建议及相关国企改革的"国企民企共赢"基本认识

我们认为，中国所强调的供给侧改革的核心内涵就是有效制度供给，即以改革为统领，结构优化为侧重，在解放生产力中守正出奇，引领新常态而继往开来。所谓"守正"，就是认识、顺应、尊重和敬畏市场规律，充分发挥其总体而言在资源配置中的决定性作用；所谓"出奇"，就是充分认识到并不能简单搬用发达市场经济体的已有经验和我们自己过去的经验，必须以特定国情下特定阶段上的成功创新来支持中国完成从追赶到赶超的现代化全过程。新的历史起点上为继续"大踏步地跟上时代"，在推进工业化、城镇化、市场化、全球化、民主法治化趋向下，在改革深水区面临的真问题，是怎样攻坚克难，怎样把硬骨头啃下来，处理这种经济社会转轨升级的问题，实现升级版是新常态的"常"必须落到的境界上，而打造这个升级版最关键的就是创新驱动，即在供给侧以有效制度供给支持结构优化，激活全要素生产率的所有潜力来对接全面小康，连通中国梦。

新供给经济学已有的研究成果强调，生产力和生产关系在供给侧打通的动力体系中，制度创新是"解放生产力"的最关键的创新，它会打开管理创新和技术创新的空间，技术创新亦会"倒逼"管理创新和制度创新，我们所在的中国新供给经济学研究群体以理论创新基本认识引出的基本政策主张，是供给侧改革以改革统领全局的"八双"和面对两个一百年任务的"五并重"。其主张与建议中内含的一个重要思路，是我们既反对经济完全由政府主导，也不同意单一维度的所谓"小政府，大社会"或"政府退出经济领域，完全由市场自身配置资源"的观点。经济完全由政府主导、即实行计划经济，企业全部国有，则形不成市场，价格、资源必然扭曲，供给必然不足，效率必然低下，苏联东欧国家及中国改革开放前已有深刻的历史教训；经济完全由市场自发运行，企业

全部是非国有企业,也会出现西方经济学亦承认客观存在的"市场失灵",其对国民经济造成的伤害也会十分巨大——1929年大萧条的出现是其典型案例;2008年以来出现的由美国次贷、欧债引发的最新一轮全球经济金融危机再次把危机极端化,并再次充分证明,并非政府在"华盛顿共识"取向下强调不参与经济运行,经济就可以健康地发展。

我们主张,政府和市场应发挥其各自应有作用,并实现良性互动互补与合作。在中国特色市场经济条件下,政府既是提供公共服务、监管市场运行的主体,也是公共品及部分特定领域的供给主体。中国政府未来一方面要运用财政政策、货币政策、收入政策等宏观政策,并通过制订国家中长期发展战略、区域和行业发展规划引导市场公平竞争这只"看不见的手"调控经济运行;另一方面,还应颁布相关法律法规、设立监管机构来监督市场运行,并在涉及国计民生的战略性、关键领域通过构建一定数量做好做强的国有控股企业这只"看得见的手",来保障国家经济安全和弥补"市场失灵",贯彻现代化赶超战略。

我们的上述主张绝不意味着看轻国有经济、国有企业深化改革的艰巨任务,也并不意味着主张政府"既当裁判员,又当运动员",而是主张将政府三个职能分离由三个不同的主体来承担,以确保政府调控、引导经济发展职能与市场配置资源职能"双到位",具体模式:一是由政府设立的"行政部门"承担制定发展规划、审核市场准入等行政职能;二是由政府组建"监管机构"来履行监管市场职能;三是对于涉及国家经济安全、国民经济命脉的重点领域或存在"市场失灵"的领域,还应由政府出资在同一领域成立若干"企业实体"参与有外资、民资等主体加入的市场竞争。公私合作伙伴关系(PPP)模式下的发展取向与机制创新,应成为政府、市场主体与非政府"第三部门"(民间志愿者组织)公益机构与更充分地合作而寻求"共赢"的主题(贾康、孙洁,2009)。总之,国有企业(国有资本)与民营企业(民间资本)和社会组织,应发挥各自优势,协调发展,共同进步。

经过30余年的改革开放,我国的冶金、有色、航空、金融、电信等领域已基本实现了政府行政、监督、股东三项职能的分离,初步形成了政府与市场互动格局,而电力、铁道、公路以及医疗、教育等领域仍维持或大体未打破原有格局，政府三项职能或集中于一个机构，或仍实际维持过度垄断与过度管制，需要通过大力深化改革，实现三者的履职主体有效分离。

我们不主张"贴标签"式地讨论"国进民退""国退民进"问题，且"进""退"也不是仅体现在"领域"的进出、"市场份额"的高低方面。我们主张，要按照马克思"生产力决定生产关系"的原理作为观察问题的着眼点，并按照邓小平"三个有利于"的核心思想作为衡量标准，在经济发展的一定阶段，既不是"越公、越国有越好"（20世纪50年代末的大跃进、人民公社，搞"一大二公"，有过惨痛教训），也不是"越私、越民营越好"（一些亚非拉发展中国家只认私有经济的产权模式，以及20世纪苏东巨变后私有化形成寡头垄断，也会破坏国民经济发展，亦滑入失败轨道）。

我们认为，国有企业、国有经济与民营企业、民间资本各有其特点和优势，在当前中国进入工业化中后期、进入资本社会化时代且面临全球化竞争格局的条件下，观察国有企业的存在必要性、作用方式和空间，探索其有效管控模式，必须引入新的理念、转取新的视角，运用新的思维。国有经济、国有企业具有依托或隐含国家信用、能够整合各方资源、规模经济、资本实力强、管理相对规范、社会责任感较强等优势，是政府调控经济、维护国家经济安全，保障社会公平公正的重要调控、辐射力量和政策工具，特别是在某些从国家中长期战略看很需要但暂时面临市场缺损或发育不足的领域，其作用更显重要，但其也存在由政企关系界定不清或内部管理人员道德风险所诱发的营利动机不强、不注重管控成本反而易持续抬高管理成本和福利、工资，运营效率偏低、服务质量较低等问题；民营企业具有市场嗅觉敏锐、机制灵活、客户观念强等优点，但其与生俱来的最大化逐利本性容易导致主要关注企业自身利益或局部利益、粗放耗费资源、短期行为、压低劳工安全条件和薪酬、破坏环境、社会责任感不强等问题。我们主张，要通过扩大市场准入、加强市场监管、完善法律法规，发挥其各自长处，抑制其各自不足，构建国企国资、民企民资平等竞争，互为补充、双向良性互动的市场格局。国企国资在一般性竞争领域可逐步完全退出，在涉及国家经济安全、经济命脉的特定领域其以股权衡量的控制力，大致可初步掌握在 30%—60% 区间。

股份制是公有制的重要实现形式和融合"国有企业""民营企业"分野而发展"混合经济"式现代企业的制度形式，可天然对接"混合所有制"。原来"国"与"民"在一般概念上的截然不同，从历史大趋势上观察，将越来越多地转化为依阶段、领域等的不同而生成的股份制企业股权结构的变动问题，即归为国有与非国有股权的一体化生存与"共赢"问题。

因此，也必然应合乎逻辑地在综合配套改革中强调，有序推进国有企业改革，促进国有资产收益和存量的转置。规模庞大的国有经济是中国特色社会主义的组成部分。大型国有企业在中国经济社会中发挥重要作用的一个重要方面，是顺应社会诉求将更大比重的资产收益上交国库，支持我国社会保障体系的运行和公共服务的增量提质。随着国有经济"战略性改组"和"混合所有制"改革的深化，应积极探索通过立法方式，确定各类企业的设立依据、政策目标、国有资产收益的合理转置等相关规则，形成规范法案，并在动态优化中全面形成以国有资产收益和存量形态的合理转置，在法治化制度体系中服务于全社会公共目标：在坚持"资产全民所有，收益全民所用"的基本原则之下，完善国有资本经营预算（资本预算）管理体制，提高利润（资产收益）上缴比例进而对社会保障和其他公共服务的支出加大支持力度，合理纳入全口径预算体系统筹协调。各类公益型资产处置（如文化企业转制过程中国有资产的处置）也应纳入国有资本经营预算体系中来，以此充实社会保障基金、强化基本公共服务均等化的财力支撑，真正体现国有经济的优越性及全局性贡献。

二、"混合所有制"是供给侧改革中 有效制度供给的重大创新实践

国有企业属于全民所有，是保障人民群众共同利益的重要力量，2015 年 8 月《中共中央、国务院关于深化国有企业改革的指导意见》提出，

到 2020 年，在国有企业改革重要领域和关键环节取得决定性成果，形成更加符合我国基本经济制度和社会主义市场经济发展要求的国有资产管理体制、现代企业制度、市场化经营机制，并进一步强调："发展混合所有制经济取得积极进展"。从供给侧视角看，现阶段的"混合所有制"改革启动的是一整套制度框架体系建设，需要落实到现代企业制度和法人治理层面。前些年，中国股份制经济已有明显发展进步，其中不乏国有非国有和公有、非公有股权在市场主体内部的混合，但往往存在国有产权"一股独大"问题和产权规范不落实、不到位问题，恰需要通过混合所有制创新实践来完善基本经济制度的这一重要实现形式。

混合所有制是一种有利于真正释放经济增长活力、实现制度创新的经济体制（详见图 1）。基于学界研讨成果所显示的及相关文件中所规定的实现形式，在十八届四中全会所强调的法治框架下，混合所有制实际上能够切实激发企业活力和市场活力：一方面，混合所有制能够在寻求与民间资本更好融合方式的过程中，在技术方面充分激发企业立足于后发优势的技术模仿、技术扩散、现有技术的升级换代、新技术研发等，在制度方面实现管理水平的提高、运营效率的提升以及各项成本的良好控制，从而成长为长期健康的市场主体，对市场活力的焕发发挥重要的主观能动作用，推动股票等资本市场形成长期慢牛的良好态势；另一方面，混合所有制是推动十八届三中全会首次提出的市场在资源配置中起"决定性"作用的重要改革手段，通过回归价格机制、理顺供求关系、逐步放开计划手段等等的实现，培育更加健康的产品市场、要素市场和资本市场，通过健康市场的形成，为市场主体提供良好的生态环境，同时通过激发市场活力来增强企业活力，而通过混合所有制改革中股份制的实现，资本市场势必更加规范和繁荣，而与目前正在紧锣密鼓进行的多级多元资本市场的建立互相促进、互相成就，加之时下方兴未艾的PPP 模式的广泛推广和应用，混合所有制改革势必与连片开发、城市基金、资本证券化、互联网金融等相互作用产生更大的乘数效应。一个PPP 项目在产权方面没有对接股份制的任何硬障碍，而且是天然地要求形成一个法治环境下的多产权主体间的契约。最典型的即以 SPV 的形式组成特殊项目公司来运营 PPP 项目，其中，所有股权都有清晰归属，每一份标准化的股权属于其中的股东，认定以后不会产生法律上无法处置的纠纷（少数纠纷可通过法律途径解决），而且政府方面的内在动机是天然地不想"一股独大"，因为这些项目中"少花钱多办事"，才体现其办事漂亮、出政绩的"四两拨千斤"式的水准，正好尽量充分地给出了企业（包括民营企业）更多持股的空间，各方在这种可预期的稳定的法治化环境下，来追求在共赢中利益回报目标的实现。由此可见，在混合所有制一方面激发企业个体活力、另一方面激发市场互动活力的同时，企业活力与市场活力之间必将相互激发，政府、企业、专业机构的伙伴式合作将产生"1+1+1>3"的绩效提升，从而更会促使混合所有制改革实际成为推动我国经济增长发展的引擎。

特别值得注意的是，我国现阶段经济社会发展进程中，应特别注重混合所有制与股份制的联通，因其必将成为国内资本市场、要素市场、产品市场、市场主体焕发活力的核心动力之所在，也必将成为从马克思当年所表述的对私有财产制度的"消极扬弃"走向"积极扬弃"不懈探索的必由之路。在邓小平南方谈话之后，1992年党的十四大确立我国经济体制改革的目标模式是建立社会主义市场经济体制，成为全局性的重大突破和历史性决策。1993年党的十四届三中全会作出《中共中央关于建立社会主义市场经济体制若干问题的决定》，勾画了我国市场经济体制的基本框架。1997年党的十五大提出，公有制实现形式可以而且应当多样化，一切反映社会化生产规律的经营方式和组织形式都可以大胆利用。对于股份制，资本主义可以用，社会主义也可以用。在这个判断中，已经区分了所有制和所有制的具体实现形式这两个不同的概念。股份制是所有制的一种实现形式，既不姓"社"，也不姓"资"。党的十六大要求进一步探索公有制特别是国有制的多种有效实现形式，除极少数必须由国家独资经营的企业外，积极推行股份制，发展混合所有制经济。而2003年党的十六届三中全会通过的《中共中央关于完善社会主义市场经济体制若干问题的决定》则进一步提出，积极推行公有制的多种有效实现形式，大力发展国有资本、集体资本和非公有资本等参股的混合所有制经济，实现投资主体多元化，并首次明确提出：使股份制成为公有制的主要实现形式。

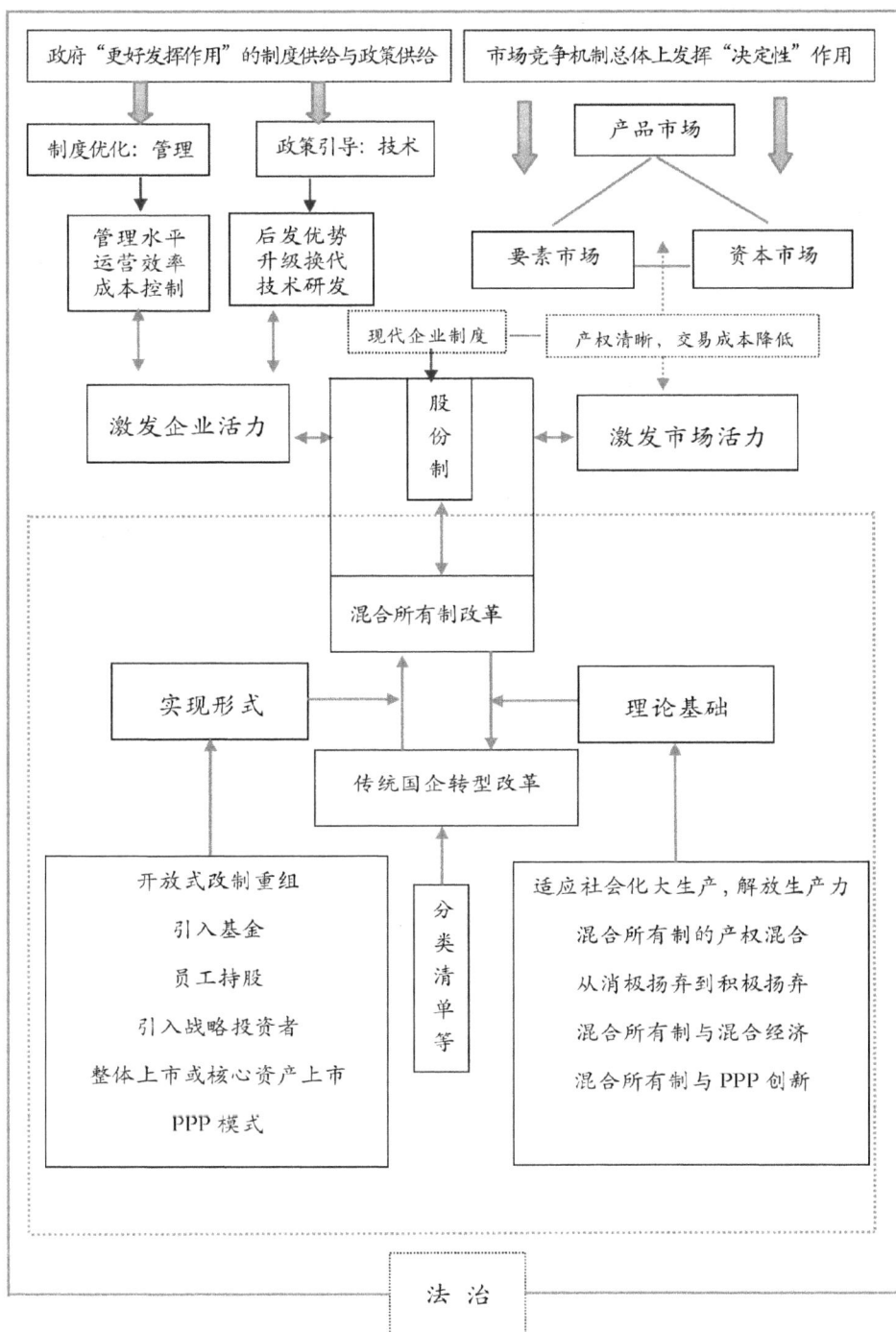

图 1 混合所有制释放经济活力示意图

从股份制是公有制的一种实现形式到主要实现形式，体现了对公有制实现形式认识的深化和飞跃，也铺垫了、准备了十七大、十八届三中全会所强调的"混合所有制"改革。基于这一简要回顾并结合本文分析，可一言以蔽之：中国当下所说的混合所有制，实际上强调的是在现代国家治理法治背景下，使任何一个市场主体内部，产权可以按照股份制框架下的"混合"取向来处理，实现最大包容性和共赢、多赢。混合所有制若能够通过规范的股份制来实现市场法人主体产权结构最大的包容性，那么原来谈论了多年、争吵不出来结果的"国进民退"与"国退民进"、"姓公姓私"和"姓社姓资"问题，便都可以淡化了。在"和平与发展"的时代，贯彻"一百年不动摇"的党的基本路线，特别需注重的是以最大的包容性走向共赢。如果从提升人类文明、解放生产力、共享发展成果这样一个宽阔的思维来说，基于"现代国家治理—现代市场体系—现代企业制度—混合所有制"的逻辑链，加之以现代财政制度作为国家治理的基础和重要支撑，配合起来充分发挥市场总体上在资源配置中的决定性作用，正确处理好政府与市场的关系和实质性地推进改革，那么，困扰人们多年而争议不休的国有经济部门改革和国有资产管理体系的重构，以及"民营企业"发展在前、后"三十六条"公布之后如何冲破"玻璃门、旋转门、弹簧门"而实质性"再破题"等问题，将会有一个豁然开朗的新境界——抓住真问题而化解矛盾的所有的"正能量"，将汇集于实现"中国梦"宏伟愿景的过程之中。我们深信，十八届三中全会关于"混合所有制"认识的突破性表述，将长远而深刻地影响和推动中国的现代化。

三、对股份制和混合所有制的理论分析认识需要与时俱进引领实践

当下所强调的混合所有制，其框架就是过去已被充分肯定的"现代企业制度"的标准化形式——股份制。这一制度可以使公有的、非公有的产权，融合到分散存在的市场主体———个个企业的内部产权结构里面去，寻求相关利益主体的共赢。这里还有必要从理论视角与时俱进地对股份制实现更全面的认知。

（一）马克思对股份制的论述要点回顾。马克思在有生之年，已敏锐地意识到股份制的特异影响和对社会发展的可能贡献。从社会经济生活观察："假如必须等待积累去使某个资本增长到能够修建铁路的程度，那末恐怕直到今天世界上还没有铁路。但是，通过股份公司转瞬间就把这件事完成了"[1]。从生产关系的制度演变观察："那种本身建立在社会的生产方式的基础上并以生产资料和劳动力的社会集中为前提的资本，在这里直接取得了社会资本（即那些直接联合起来的个人的资本）的形式，而与私人资本相对立。并且它的企业也表现为社会企业，而与私人企业相对立，这是作为私人财产的资本在资本主义生产方式本身范围内的扬弃。"[2]"资本主义的股份企业，也和合作工厂一样，应当被看作是由资本主义生产方式转化为联合的生产方式的过渡形式，只不过在前者那里，对立是消极地扬弃的，而在后者那里，对立是积极地扬弃的。"[3]这些文字反映了马克思对股份制论述中的核心观点。首先，可知马克思虽然还未认可股份制已经将资本主义下的私有制转变为公有制，但他已经明确认知其所产生的社会资本与私人资本相对立的形式，可被认为是由资本主义生产方式转为联合生产方式的过渡形式。其次，结合马克思、恩格斯在《共产党宣言》中的论述，"资本是集体的产物，它只有通过社会许多成员的共同活动，而且归根到底只有通过社会全体成员的共同活动，才能运动起来"，以及公有制是在资本主义"旧社会的胎胞里成熟"的一种社会制度，是"在资本主义时代的成就的基础上建立起来"的基本逻辑，不难看出，虽然仍把股份制归为一种"消极的扬弃"，但是马克思对资本主义制度下出现股份制而对资本主义生产方式发生形式否定、对其具有的资本社会化运用特征，以及其所引发的走向新生产方式的"过渡态"，都是秉持积极肯定态度的。

1　马克思，恩格斯.马克思恩格斯全集（第23卷）[M].中共中央马克思恩格斯列宁斯大林著作编译局，译.人民出版社，1972：688.

2　马克思，恩格斯.马克思恩格斯选集（第2卷）[M].中共中央马克思恩格斯列宁斯大林著作编译局，译.人民出版社，1995：516.

3　马克思.资本论（第3卷）[M].中共中央马克思恩格斯列宁斯大林著作编译局，译.人民出版社，2004：497—498.

（二）从"消极扬弃"到"积极扬弃"。马克思所指出的资本主义生产方式下生产关系制约生产力发展的基本矛盾和"桎梏"，是生产的社会化和生产资料私人占有之间的矛盾。沿着解决这一矛盾的思路观察，马克思当然会肯定"工人自己的合作工厂"。同时马克思指出的"工人自己的合作工厂，是在旧形式内对旧形式打开的第一个缺口，"以及"资本主义的股份企业，也和合作工厂一样，应当被看作是由资本主义生产方式转化为联合的生产方式的过渡形式"的认识，已为我们带来了极为重要的思考线索和空间。

"扬弃"（德文为 autheben，英文为 sublate）是哲学名词，指事物在新陈代谢过程中，发扬其体内的积极因素而抛弃其体内的消极因素（一如中文"留取精华，弃去糟粕"之意）。不论对于马克思的"消极扬弃"评价作出何种研究者的分析解读，基本逻辑指向至少具有"形式"和"过渡"方向上的肯定，余下的便是如何使形式与内容相合的问题。任何理论观点的提出都带有时代特征与客观局限，马克思对股份制的认识提出于 100 多年前，但在当时社会制度和经济发展背景下，股份制所具有的哪怕是带有"消极扬弃"意味的"社会资本"特征，已为马克思带来了思维灵感。面对这其后 100 余年的历史进程，结合"实事求是""与时俱进"的原则，我们完全可以沿马克思的思维逻辑深化认识。一百多年以来，股份制下的市场主体（即股份公司）已经发生了非凡变化。除了早已较普遍地存在本企业员工、产业工人持股和社会上的普通劳动者、公共机构在股份制企业中持股以外，"国家"特定层级的政府也可持股并酌情作增持、减持的操作，而对宏观经济运行和社会生活产生重要的正面效应。发达国家的市场主体（公司）在达到一定规范程度后可以上市，而上市这一环节在英文中是叫 go public（走向公共），决非"私"的取向。无论是股份制中的公共机构持股，还是公司最终走向上市，开启公共募集资金的模式，都表明着即使是称为资本主义制度下的市场主体，也已经呈现内部产权结构多元化而超越简单私有的特征。社会化大生产中的上市公司，亦称公共公司，不仅其持股人在很大程度上是"公共"的，而且其经营状况要接受全社会的公共监督，财务要有充分的透明度，公司发展和社会公众利益实现了更有效的互动与结合。例如：通用汽车公司作为世界上非常有名的标杆式大公司，在 2008 年未改组之前，股权已高度分散，很难说其具体归属于哪个资本家，为数众多的持股人是本企业的员工、产业工人和社会上的劳动者。2008 年金融危机中，由于通用汽车公司遭受重创，美国财政部对其进行注资，改组后的通用汽车公司股权结构为：美国财政部作为最大股东占 72.5% 股权，美国汽车工会的工人退休医疗基金作为第二大股东占 17.5% 股权，通用的债权人占 10% 股权。而时隔数年，2014 年 7 月 15 日查得的情况，是 UAW Retiree Medical Benefits Trust 为其十大股东之首，持股比例为 8.74%，加拿大政府为第二大股东，持股比例为 6.86%，十大股东合计持股比例也仅为 38.29% 了。另一家著名的通用电气公司，2014 年 7 月 25 日的股权结构中，十大股东居第一位的 Vanguard Group 持股比例为 4.99%，第十位的 Global Investors 持股比例为 0.78%，其"十大股东"合计的占股份额仅为 20.6%。这些情况都客观地表明，股份制使资本的社会化特征不断提高，已在明显地缓解着生产社会化与生产资料私人占有之间的矛盾，有利于生产力的发展。如果说在"资本主义"名号下的这种混合所有制已在发生扬弃"私有"不适应社会化大生产发展的制约因素的积极作用，应如实地认识这种变化，那么把股份制下"以混合所有制"为取向的发展变化，与马克思主义的中国实践紧密结合，更没有丝毫道理对股份制加上"姓社姓资"的诘难，更应淡化"姓公姓私"的标签，更应肯定中国大地上近年来"积极扬弃"式的不断尝试和探索——而这也同时意味着在中国今后几十年联结中华民族伟大复兴"中国梦"的改革发展过程中，混合所有制取向的股份制，一定会打开"解放生产力，发展生产力"的潜在空间，长远而深刻地影响我国现代化进程。

（二）现代市场体系中产权基石层面的基本制度规则。中国支持"现代国家治理"的现代市场体系的产权制度基石，在混合所有制概念上终于可以说清。如上所述，混合所有制可以内在于标准的"现代企业制度"的股份制框架，其中某一企业股权的来源，可以有姓国的、姓民的、姓公的、姓私的。在法治化的环境下，所有利益关系都可以得到合作（"风险共担，利益共享"）中的解决方式，有利于以最低的交易成本形成"共赢"的预期及其实际进程。在混合所有制的相关持股主体互动中，组织和自组织、调控和自调控、管理和自管理、规范和自规范这种现代化治理要素的结合，有助于潜力、活力、创造力的释放，即生产力的解放。中国在"后来居上"的现代化进程中，要更多依靠以这样的产权基石合成一个现代化市场体系，搞活企业，并成为全局"现代国家治理"的可持续微观基础，将和平发展、和平崛起之路越走越宽。

按照现代经济理念与实践来理解股份制，可知对股份制不必、不能贴标签作姓社姓资、姓公姓私的界定。股份制是人类经济文明从产权基石层面规范地形成的以法治化为背景的一套基本制度规则，在高标准、现代化、法治化的营商环境下，其最具多元包容性的形式和可以为企业提供可持续共赢发展的制度安排，就是混合所有制这一形式，它理应成为中国特色社会主义市场经济基本经济制度的重要实现形式和全面改革阶段在企业改革领域的主打形式。

参考文献

[1]贾康，等.中国需要构建和发展以改革为核心的新供给经济学[J].财政研究，2013，1.

[2]贾康.新供给：经济学理论的中国创新[M].北京：中国经济出版社，2013.

[3]贾康，苏京春.供给侧改革：新供给简明读本[M].北京：中信出版社，2016.

[4]马克思，恩格斯.马克思恩格斯全集：第23卷[M].中共中央马克思恩格斯列宁斯大林著作编译局，译.北京：人民出版社，1972.

[5]马克思，恩格斯.马克思恩格斯选集：第2卷[M].中共中央马克思恩格斯列宁斯大林著作编译局，译.北京：人民出版社，1995.

[6]马克思.资本论：第3卷[M].中共中央马克思恩格斯列宁斯大林著作编译局，译.北京：人民出版社，2004.

[7]贾康.混合所有制：从管资产到管资本[J].军工文化，2014，3.

[8]贾康.PPP：不只是一个融资机制的选择[N].中国财经报，2014-04-22.

[9]贾康.财税体制改革诠释现代国家治理[N].上海证券报，2014-07.

[10]张卓元.混合所有制是基本经济制度的重要实现形式[N].经济日报，2013-11-22.

[11]常修泽.现代治理体系中的包容性改革——混合所有制价值再发现与实现途径[J].人民论坛（学术前沿），2014，3.

[12]崔吕萍，厉以宁.要把混合所有制对国企民企的好处讲透[N].人民政协报，2014-03.

关于创新发展的基本认识 [1]

关于创新发展，涉及内容相当广泛，我试图形成一个认识主线，来汇报一下基本看法。

谈到创新，当然首先要说到不久前最高决策层在党的十八届五中全会上系统化表述的发展新理念，作为第一动力的是创新发展，以创新发展引出协调发展、绿色发展、开放发展和落到"人民群众对美好生活的向往"变成大地上现实、作为归宿的共享发展、共同富裕。

创新发展的现实背景是在十八大以后新一代中央领导集体一系列大政方针一步步的清晰化，重要的节点是三中全会对于全面改革做出的顶层规划式的部署，四中全会推进到全面依法治国，以全面法治化使经济改革为重点推进的改革过程对接到司法改革、行政改革和宣传上并不直接表述、但实际无法回避的政治体制改革的全覆盖框架。到了五中全会系统化提出发展新理念，其中的关键词我们过去都接触过，但现在已形成了一套逻辑，是在哲理层面指导我们整个改革发展和现代化过程的。

如果在这个大背景里面提炼一些关键词，我认为有这样一个链接：三中全会解决的治国施政的核心理念是要推动国家治理体系和治理能力的现代化，落在治理上意味着要解决制度安排机制链接方面的一系列创新任务，它明显有别于过去我们说惯了的各级政府管理调控所表达的那个自上而下的掌控架构，强调治理是政府和非政府多元主体更多平面展开、充分互动的包容性增长，把管理和自管理、组织和自组织、调控和自调控结合在一起来释放一切潜力，激发所有活力，进一步解放生产力。显然是这样一种我们以制度创新带动整个方方面面创新过

1 本文原载贾康、欧纯智著：《创新制度供给：理论考察与求实探索》，商务印书馆，2016年12月版。

程的制度建设趋向。

以现代化为基本的奋斗目标，当然就对应着改革开放之初邓小平设计的通过"三步走"，紧紧扭住经济建设为中心这个基本路线"一百年不动摇"而实现中华民族伟大复兴"中国梦"这个战略目标的全局，而现代国家治理，必然要求把资源配置优化明确为构建"现代市场体系"，而且突破性的认识，是整个资源配置中市场要发挥决定性作用，也要更好发挥政府作用这两者关系的处理，很明显还需要应对一系列的挑战性问题。比如说政府和市场、市场主体，过去我们的认识已经推到了各行其道，划清边界，那个认识是"井水不犯河水"——这当然有它的进步意义，告诉我们要充分认识市场"看不见的手"在资源配置中的作用，而且现在终于说到了是决定性作用，但另外一方面，我们还得"螺旋式上升"地处理政府和市场主体在一起不是划开你我各行其长，而是讲究合在一起以伙伴关系方式来从事公共工程、基础设施、产业园区连片开发等建设，很多是大规模、大手笔的建设，这种政府和市场正确处理相互关系的创新，当然会带来需要我们从理论到实践把握好相关要领的新的挑战。

有的朋友专门问过我：过去说政府不能既当裁判员又当运动员，大家认同了，那怎么现在做起 PPP，即政府和社会资本合作这个事情来，政府既是裁判又是运动员，在这里面看上去两种作用一个都不少呢？我的回答是：这里面需要注意，在新的 PPP 的制度创新里，它首先的特征是整个流程的阳光化，在全流程的不同环节上，政府什么时候是裁判员，什么时候是运动员，合理化的具体定位是关键。在政府作为伙伴关系的一方，和非政府的市场主体签 PPP 合同之前，你看它必须手中有公共权力，而给出自己整个辖区国土开发通盘的顶层规划，这当然有裁判员的身份和角色，它也要给出公共政策的信息，这又是公权在手的裁判员身份要做的事情，但是一旦推到政府和企业以伙伴关系，即以平等民事主体的身份自愿签字形成合同的时候，它就是运动员了。这时候裁判员到哪儿去了呢？裁判员明确地到法那里去了。我们的现行法律规范着、罩着所有 PPP 里的伙伴各方，约束他们的行为，明确他们签约以后的义务与责任。政府和企业一样，要守约、履约，如果它违约，那么法律同样有它的权威性来实施追责。这时候政府加入进去是伙伴的一方，它就是运动员，而裁判员是把公共权力放进法治笼子里的制度约束。所以，PPP全程的各个环节都可以把政府身份说得一清二楚，但确实是在我们实际生活里以一个螺旋式上升的"否定之否定"达到了对于政府和市场关系正确处理的创新境界，且带来了一系列正面效应。这个案例能告诉我们，在实际生活中创新所带来的我们深化认识进而带动实践，使之做得更加有声有色的广阔的空间。

在现代市场体系后面，当然跟着政府怎样更好发挥作用的问题，这就必须做好"以政控财、以财行政"，建立"现代财政制度"之事。在三中全会明确做了这方面的表述之后，跟着的是政治局首先审批通过财税配套改革方案，后面跟出了一系列改革方案。四中全会解决的是中央文件过去说到的政治文明的制度建设问题，核心概念实为"现代政治文明"，全面依法治国是顺应世界潮流客观规律必然的选择。到了五中全会系统化表述的"现代发展理念"，它有哲理的特征，而且有对接现在"供给侧结构性改革"和涉及以中国特色社会主义政治经济学以及其他的经济社会学理来支持科学决策、支持政策设计优化的体系特征。

关于治国施政的核心理念如果再作浓缩，那么就是"四个全面战略布局"：2020年实现全面小康，在全面小康的旁边更深刻、更关键的是全面改革必须取得决定性成果，因为全面小康只是我们实现"中国梦"三步走第三步过程中的一个中间节点和跨越中等收入陷阱的跳板，一定要在全面小康达到预定目标的同时，使有明确时间表的改革取得决定性成果，否则这个全面小康的价值要大打折扣，只有全面改革取得决定性成果才能给我们进一步发展形成后劲，支持我们在可持续发展、升级版的发展中实现中国梦。在全面改革取得决定性成果的后面，合乎逻辑地必然要匹配全面依法治国和全面从严治党。我们就是在这样一个背景之下，看到了在经济一路下行过程中决策方面强调要认识、适应和引领新常态，在进一步推进改革发展中，明确给出了供给侧结构性改革这个战略方针。

在五中全会之后的中央财经领导小组11次会议上，习近平总书记的一段话已相当清晰地告诉我们关于供给侧结构性改革的基本逻辑关系。这里面的第一句话"在适度扩大总需求的同时",解决的问题实际上就是供给侧改革并不否定需求的意义和作用,我们还要继续做好需求管理,继续处理好适度扩大总需求的工作任务,但是话锋一转,第二句、第三句话强调的着力点,我们矛盾的主要方面是什么呢?是供给侧,首先是落在改革上,第二句话表明我们现在所强调的供给侧的改革任务,不是横空出世全新的东西,它就是邓小平改革开放大政方针承前启后、继往开来而要攻坚克难的任务。邓小平当年说的改革,以市场化为取向,到了南方谈话以后锁定社会主义市场经济目标模式的改革,就是要解决在供给侧提供有效制度供给的问题,而我们在新供给经济学的认识框架里认为这是龙头,这是解决中国经济社会转轨、实现现代化的纲举目张的"纲"。这个关于改革的表述,现在的新意是直接把"供给侧"表述在文字上面了,这体现了学理支撑。同时,又把"结构性"跟着表述出来了,因为改革首先必须处理的是经济利益格局、制度结构这种最棘手的、在攻坚克难过程中必须解决的"冲破利益固化藩篱"的改革任务。当然,它还要带动第三句话所说的整个供给侧所有要素合成在一起的体系,必须提高质量和效率,这是合乎逻辑的,同时也表明中国人所强调的供给侧改革不是简单照搬国外的经验,不是简单地套用里根经济学和美国供给学派减税为主的主张,相比之下我们要宏大得多,是一个全局的以及长远的系统工程。而到了第四句、第五句话,是说我们现在供给侧改革的创新首先落在继续追求经济的可持续增长方面,这也是在胡锦涛同志任总书记期间已经明确地把邓小平非常精辟正确的"发展是硬道理",要升华为"全面协调可持续的科学发展是硬道理",而这种可持续性的实现,于问题导向之下化解可能导致不可持续的所有困难和矛盾,要落在哪里呢?现在的新意,就是要落在增长动力体系的转型升级上。整个动力体系的认识,必须突破需求侧的"三驾马车"的局限性,把它的结构化逻辑推展到供给侧充分展开,形成对于整个动力体系完整的认知和把握,这种新的动力体系的构建当然也结合着复杂的学理分析和艰巨的结构调整、深入改革任务。

从供给侧可概括出的五大要素看不同要素的贡献是各领风骚,但是在经济发展阶段转换中,进入中等收入阶段后,引领新常态的过程中还必须注意在要素的组合与互动机制上推陈出新，要特别抓住科技创新和制度创新这种"全要素生产率"的巨大潜力空间，对冲前面劳动力、土地和自然资源以及资本方面支撑力的滑坡，对冲下行因素，我们才能打造新常态的"常"所要求的增长质量提高的中高速增长平台上的"升级版"。

最后落到的一句话，是要继续推动我国社会生产力水平实现整体跃升。这表明什么呢？显然，现在最高决策层推进的供给侧结构性改革，就是在延续中国从追赶到赶超现代化过程中间的超常规发展。这么多年，我们的地方政府，安徽也好，合肥也好，其他地方也好，其实大家一直在这方面是空前一致的：所有的发展战略的设计主线，就是必须实现"跨越式的发展"，"弯道超车式的发展"，这些年在合肥直观看到的发展，不就是一种超常规发展生动的体现吗？其他的很多地方，包括中部的武汉，大家可去看一看，还有西部的贵阳，大家也应去看一看，这种超常规发展在中国，在地方政府竞争中，在努力使各种各样的供给侧生产要素更好实现优化组合的过程中，潜力的释放应该带出来的是继续实现跃升式的——学术上表达它的"阶跃曲线"是基于现实可能而一个一个台阶的超常规发展。只有这样，中国才能在落伍的状态下真正从追赶实现后来居上的赶超，实现中华民族伟大复兴。

我觉得这样一些观察分析，都是现在要讨论主题词"创新"的非常重要的背景。我们紧扣引领新常态，推进供给侧结构性改革这个战略方针，用得着一句话叫作"守正出奇"。中国现在的发展，"守正"是必须首先明确，供给侧结构性改革绝对不是搞什么新计划经济，而是在市场取向改革的轨道上要继续攻坚克难，必须充分地认识、顺应、尊重乃至敬畏市场规律，这种市场经济发展的共性的规律，我们是一定要把它作为一个必须坚持的基本趋向来认识和顺应的。但是，守这个"正"，并不意味着我们把其他市场经济体的经验和我们过去在这方面探索的经验用到我们实际工作中，中国就一路顺风现代化了，没有这么容易的事情，我们必须结合中国的国情。我们在种种制约条件之下，要实现成功的创新，要出奇——创新本身就有不确定性，但我们别无选择，只有实现成功的创新，出奇制胜式的发展，我们才可能"阶跃式"、超常规式地去实现后来居上的中国现代化。这个守正出奇的把握，当然具有明显的挑战性。我们正在攻坚克难的改革深水区中，种种的矛盾、纠结、困难摆在眼前，但是确实别无选择，在中国非比寻常的历史性考验关口，我们必须在一起经受这种考验，在全面小康之后，必须要有我们的发展后劲来跨越中等收入陷阱。这就是在创新发展作为第一动力，按照习近平总书记说的"问题导向"之下，我们实际上针对着要解决的问题。

第一层背景认识之后，需要说一说和创新有关的供给侧改革中我们观察动力体系的一些基本认识，涉及学理层面的一些基本分析。在经济生活中，过去一般社会公众比较熟悉扩大内需这种需求侧的概念，但现在提出供给侧结构性改革，感觉上比较陌生，但如果按照经济学的语言来说，需求和供给其实就是经济生活中一对相反相成谁也离不开谁的概念，政府如果介入到经济生活的所谓调控之中而力求使它更健康运转，即在经济的供需互动的循环中间去实施，政府调控的话，其职能首先在于实现总需求和总供给动态平衡。过去这方面我们的认识已经相当明朗。技术路线上，自然就有一对需求管理和供给管理的概念了，但是过去经验比较丰富，套路比较成熟的，确实是需求管理，它的特点就是以总量型单一可通约的指标施行反周期操作，在经济运行每年度的判断上，首先看一看它是处于周期的什么阶段，如果是低迷阶段，那么就得注入流动性，扩大需求，放松银根提升景气，如果相反，它处于经济周期的高涨阶段，有过热的压力和风险，那么就必须控制流动性，抽紧银根，压抑景气水平。这样的调控在过去我们已有一定经验，但在世界金融危机发生后，给我们的重大启示以及经济领域从理论到实践必须做的创新就是要突破过去我们在这方面学理认识的不对称性和政府需求管理的局限性，使理论与实践密切结合，掌握好必要的从学理到调控的创新。金融危机后美国已经在供给侧的供给管理方面做得有声有色，中国人在供给管理方面也实际上不得不始终注重怎样优化结构的问题，这种丰富的实践经验上升为学理，我们所形成的基本看法就是在经济学整个理论构架创新发展中，我们可以从经济增长的动力源头、发生到传导的整个社会再生产动力体系来说明和做深化的认知。第一位的原生动力，显然是需求，人存在，有自己的需求，才有后面的满足需求的各种生产经营活动来提供产品和服务，但是随之要特别指出的是：供给侧对于需求侧的响应机制和它的特征，却是划分经济发展不同阶段、不同时代的最关键因素。

人类社会一步一步地发展，如果列一个三列的表格，第一列是人类社会一个一个不同时代的特征的直观表述；第二列是和这个时代特征相关的人与物生产力角度上观察到的以生产工具为主要标志的特征，是创新提供的一个一个台阶往上的供给能力的表现；第三列是人与人的生产关系方面的所谓社会形态一个个台阶上对应着的发展和演变。最粗线条地说，人类社会一开始脱离动物界，其基本生存需求的满足，是通过分工与合作来从事采集和狩猎，使作为社会成员的人能够活下来，满足最基本的生存需求，而以后人类社会的发展，在供给侧终于出现了农耕文明、农业革命。其后，经过季节的更迭，预期中和现实中的人类社会供给侧的产出，不光可使社会成员相对可预期地能够生存下来，而且产出的剩余产品还可以使人类社会中的一部分人满足发展需求和享受需求。按照历史唯物论就可以进一步理解为什么到了这个阶段上，人类社会必然告别原始共产主义氏族社会而进入阶级国家社会。再往后发展到工业革命，更是带来了巨大的变化，而且伴随的是全球化推进过程，工业革命里又具体区分为蒸汽时代、电气时代、自动化机械时代和现在面临的信息时代。一个一个台阶往上走，现在最前沿的概念是什么？就是大家已经意识到的在互联网、移动互联和大数据、云计算，以后要发展的物联网、万物互联这种情况之下，智能化和共享经济已成为最前沿的概念，一些具体表现形态已经在各个领域里初露端倪。和这种生产力支撑的共享经济相对应的人际关系、生产关系和所谓社会形态视角上，最前沿的概念就是包容性发展。这一在胡锦涛任总书记期间代表最高决策层已经在全世界明确表态我们所接受的人类文明前沿概念，也就是现在习近平总书记多次在国内外所说的中国的发展是和其他经济体在一起的"命运共同体"式的发展，就是在这样的认识理解之下要"摒弃你输我赢的旧思维"，中国要和平发展，和平崛起。

所有这些认识在宏大主题下看得出来的原理，就是生产力特征和根本上由其所决定的生产关系的特征，都是发生在供给侧。如对需求具体分析，经济学无法讨论那种漫无边际、永无最终满足状态的个人的需求，因为出于人性，广义的需求永远是没有止境的，必须给一个定义，经济学只能讨论那种有货币支付能力的有效需求。换句话说，经济发展过程中收入增长，老百姓钱包越来越鼓，他们行使消费者主权，欣然按照自己的意愿花钱出去获得用户体验，而把自己钱包里这些有效需求加以实现，加入交易过程，实现获得感与幸福感，这样就形成了经济发展中的潜力释放、活力实现，构成了繁荣的因素。

实际生活表明，需求侧的老百姓当然希望自己的用户体验、获得感、满足感不断提升，但是他在这一侧，自身回答不了我到底要拿到什么这类问题，一定是和信息互动中供给侧的创新成果使他眼前一亮，欣然把自己的支付能力使用起来，从而形成经济生活中的繁荣发展。我们看到的乔布斯主导的苹果产品在供给侧的成功创新，在这个全球化时代一旦为市场所接受，那不是一呼百应的问题，是一呼万应，一呼亿应，席卷全球，风靡全球，引领市场潮流：那边刚刚宣布一个新款产品，没两天中国北京的中心区域西单大悦商城的苹果旗舰店前面就是人山人海，天黑了还不关门，中国的老百姓排队热购这种产品——这也是我在北京亲眼所见，它表明的就是这种供给侧成功的创新，是实实在在看得见摸得着的创新，可以引领并在某种意义上创造需求与景气。我们现在讨论创新，应该认定在需求侧原生动力之后，动力体系问题上要紧紧抓住供给。供给方面我们应看到并有值得检讨之处的另外一个例子，就是为什么中国的老百姓有钱了，但是在满足自己家庭卫生洁具（例如马桶盖）升级换代这方面在国内不出手，要排浪式地到日本旅游的同时几乎不约而同出手买回马桶盖来——开始以为是中国市场上我们自己供给侧的制造能力、技术水平不过关，后来发现不对，因为人们买回来的马桶盖就是中国杭州附近生产的，只不过是中国厂家按照定单，按照规则，生产出来以后在日本那边实现市场上现实的交易而肥水流入外人田。这告诉我们：中国缺的是什么？中国不缺马桶盖的制造工艺与技术能力，缺的是合格产品及生产出来以后如何摆脱国内市场鱼龙混杂的局面，而实际形成现实经济交易和景气因素的制度环境供给。在老百姓对于假冒伪劣心有余悸的情况下不敢贸然出手去购买，但是到了日本，口口相传的公信力使得人们可以放心，有全套的技术质量控制，有政府全面到位的监督，买回来以后预期的用户体验是有把握可以实现的，就是这么一个简单的道理。董明珠说中国的家电厂家，都在"处关系"，"处关系"的结果就是我说的鱼龙混杂，不能优胜劣汰。这说明在供给侧不光有技术问题，制造能力问题，还有必不可少的制度环境供给问题，而我们现在创新的供给侧学理分析，就是在中国的转轨过程中，为解决好动力体系转型升级这个问题，要把对动力体系完整认知里的关键首先放在制度供给上。

大量实际生活里的具体情况告诉我们，中央所强调的作为第一动力的创新，里面至少是包括制度创新、管理创新和技术创新三个层面，而作为龙头因素的，应该是有效制度供给，以它来解决打开技术创新、管理创新空间这个前提性的问题。当然技术创新、管理创新也可以反过来倒逼我们必然要推动的制度创新。党的十八届五中全会所表述的创新发展，我把它理解为这样一个以供给侧有效制度供给为龙头的三层次创新的结合。这种学理分析当然在实际的动力体系转型升级方面，是有非常明显的现实意义的。我们可以进一步结合制度供给问题，展开一些谈谈对动力体系的具体认识。

创新所要依仗的动力体系，在供给侧的学术性研讨任务中，显然面临着一个需求侧所未有的困难：需求侧按照为主流经济学和现在人们一般所推崇的研究范式，做出模型的建立和量化处理是相对容易的，因为它是单一指标、可通约的；但是一旦到了供给侧，面对这么多复杂的要素，现在全世界所有的研究者谁也不要吹牛，没有人能马上拿出一个供给侧的看起来清清楚楚的数量模型和做出漂亮的量化数据分析处理，但现在既然认识到把供给侧作为矛盾的主要方面是一定要深化分析认识的，我们不妨先建一个理论模型：这个供给侧的理论模型就是各种各样的供给侧的复杂要素可以提炼为五大要素，分别为劳动力、土地和自然资源、资本、科技创新和制度与管理，这五大要素在经济发展中各领风骚的同时，还必须使相互结合的状态推陈出新。结合中国案例，从原来的经济起飞推进到进入中等收入阶段以后，阶段转换了，引领新常态的过程中，各种要素的动力结构的组合必须推陈出新。

具体考察：我们的劳动力要素曾经产生了非常明显的超常规发展支撑力，一旦改革开放，近乎无限供给的中国农村剩余劳动力的低廉成本，就形成了我们要素供给中的比较优势，支持中国一路走到世界工厂，总量上的全球"老二"；我们的土地和自然资源，一旦跟市场机制对接，进行"招拍挂"，多元主体在物质利益驱动下通过"招拍挂"这种竞争形式取得土地的使用权和自然资源的开发权，后面跟着的是一轮又一轮生机勃勃、生龙活虎的超常规发展；我们本土的资本一开始匮乏，但是因为外资感觉开放的中国有利可图，它必然流入，不光带来资金，而且带来技术和管理，引发、推动和催化了中国本土上的资本原始积累过程，现在我们本土的民间资本、社会资金已经非常雄厚。但是，这三项在这些年的支撑力是明显滑坡的。我们现在必须面对劳动力成本节节上升，比较优势丧失的现实，迫使珠三角、长三角增长极区域不得不"腾笼换鸟"；土地和自然资源开发方面，在老的讨价还价机制下，征地拆迁补偿的成本已高得使以后可以继续得到的动力支持空间被大大压缩；以及我们的资本现在处于常规投资边际收益递减普遍发生的约束下，我们必须另辟蹊径，在对冲这三项传统要素下行因素的旁边最主要的上行因素的来源，对冲下行因素而得到动力支持的来源，就在于后面两项，科技创新和制度供给。这后项的潜力释放，可以支持我们走上升级版增长质量提升的一个中高速增长平台新阶段，并可持续发展。

由此稍微再展开一点：三层次创新动力关系的认知里面，科技作为第一生产力，非抓住不可，而如果做全面分析还是要回到在中国转轨过程中，以制度创新打开科技创新和管理创新的空间的命题。这方面有这样几个观察点：第一，在科技是第一生产力这个角度上，我们还要进一步做条理化的认识和把握。当年邓小平在"文化大革命"中间得到复出的机会以后，曾经在他推进调整的过程中对毛主席说，在马克思主义经典作家那里有一个认识，科技是第一生产力。邓小平务实地认定必须把国民经济搞上去，而国民经济的发展中一定要凭借科技才能搞上去，他把科技的作用以经典作家的思路强调到了"第一"的位置上。我在十几岁的时候就开始读马列原著，我有一个清晰的印象，恩格斯《在马克思墓前的讲话》里专门说到，在马克思看来，科学技术在人类历史上表现为一种革命性的力量。我认为这就是邓小平上述基本认识的源头，是符合学理的。所谓革命性的力量，所谓第一的力量，学者可以论证，不是在传统生产力三要素劳动力、劳动工具、劳动对象上再做一个加法,这是做乘法,一旦成功地将科技创新施加上去,它就是乘数,是放大,是革命性的焕然一新,是现在企业家所称"颠覆性创新"局面的生成,那么科技当然是异乎寻常地具有特别重大的意义。把握好这种作为第一生产力的科技创新,在中国发展的大政方针上,就是要走创新型国家之路,否则中国不可能在升级换代的发展过程中达到现代化愿景。

这个科技第一生产力具体分析起来,其成功可以带来颠覆性创新、革命性进步、阶跃式的变迁,但实际的推动过程中它面临的是巨大的不确定性。显然科研成果产业化的突破是具有不确定性的。比如现在大家主要看到的是在应用互联网现代信息技术成果方面,阿里巴巴等公司的成功,其实有多少公司在前些年冲进这样一个创新领域烧钱,而结果是失败了。20世纪90年代在北京公主坟环岛附近的大厦里我去看过,有很多的互联网公司在那里拉开架式搞创新,当时在业界引领潮流的一家公司的领头人是一位女性企业家,她现在在业内仍然很受尊重,但一般的公众已经几乎听不到她的名字。这些人的探索大量的是做了铺路石的角色,真正像"风口上的猪"一样一飞冲天的发展成功者,是侥幸的。在这种科技创新成果产业化突破的不确定性旁边,显然还有基础科研成果应用的不确定性,哪怕成果已经看清楚了,已经被人们所接受了,仍然如此。我注意到中国一位院士说他最主要的科研方面的成就,是论证而且全世界都接受了古地中海曾经被蒸干,以后重新蓄水。他完美地解释了关于古地质演变过程的分析推测,但是他说,我苦恼的是我终生最引以自豪的这个成果和现实生活的关系在哪里?很多的科研成果都是这样的。丁肇中博士现在还在孜孜以求地去研究暗物质,他调动大量的资源,建设和运行全世界功率最大的欧洲粒子加速器,在努力寻求突破。但是人们问他,你的这个成果出来以后,对人类社会的影响何在?他说我不知道。但是人类社会的发展需要不需要这些科研呢?这些伴随巨大的不确定性交织的推进过程,后来却有可能在某个时候,一下子表现出特别重大的意义。与爱因斯坦的那个公式相关,差不多一百年前所说的引力波,它到底跟人类社会的功利性联系在哪里?前面已经看到了公式所揭示的原子能,其影响是划时代的,并且新近引力波又已经被具体的实验观测所证实，它对人类社会的影响，不知有无可能在未来某一时点一下表现出来。我们现在所需要的科技第一生产力，从基础理论上说是这样，在实际的成果应用方面也是这样：有某些临界点，在没有达到临界点突破之前，大家看到的只是苦苦地追寻，可能是一系列这方面的纠结，但是一旦成功以后，它的第一生产力的作用，它的颠覆性创新的作用，就会极为强烈地表现出来。

如果我们现在看到了科技是第一生产力，那么为使这个供给侧要素里如此重要的因素发挥其作用，我们当然就要注意怎样能够符合科研规律地使这些创新者心无旁骛，甚至带有一种癫狂的投身、献身精神而去孜孜以求，持之以恒地从事面对巨大不确定性的创新活动。这旁边一定要配上的是制度，是制度所给出的创新环境，一定要解决的，就是以有效制度供给巨大的能动性，打开创新主体的潜力区间，使这种不确定性的科技创新活动能够得到长效机制的支持。政府必须在这方面提供的，就是硅谷经验所表明的带有公共产品性质的看起来"无为而治"，实际上体现深刻的人文关怀，体现对于创新者、创新主体的人格尊严的爱护，对他们的创新弹性空间及其背后科研规律的充分认知，以及政府在这方面提供的法治保障。

这种经验在中国过去说得不够，一般只知道硅谷那边政府有一个开明姿态，税收方面比较宽松，然后让这些所谓的科技精英在那儿整天奇思异想，胡思乱想，几个人可以在教授指导下在小小的车库里异想天开做白日梦，一大帮天使投资、风投、创投寻找可支持的对象……听起来很简单，美国的硅谷就是这样成功的，日后引领了全世界信息革命的潮流，到现在仍然是谁也无法撼动的最前面的引领者。但是后面这种政府怎样更好发挥作用的哲理，这种对于一线创新者首先从人文关怀方面表现出来的尊重，这种顺应科研规律真正能够融合到深层次的创新保障，我觉得恰是在中国现实生活中明显可以看到的巨大差异。

所以，这里要说到实际生活里我们的科研工作者现在碰到的苦恼和困扰，它在反证我们现在三层次创新的互动里制度创新的意义和作用。

首先可以说一说，现在人们注意到党中央、国务院都在强调工匠精神，在实际生活中工艺技术、运行管理这些"细节决定成败"视角上的高水平，也是要创新的，也是科技从基础理论到应用技术的成功创新的延伸和跟进。工匠精神显然是需要的，所有的科研成果的成功创新和成果应用，必须以这种工匠精神来延伸，来落实，它同样需要一个前面所说从基础理论研究开始，到产学研结合的成果应用各环节上一线人员的人格尊严和获得感，他们才能够所谓"内生地"发挥积极性。中国现在所缺的技工从哪里来？实际上工匠的培养渠道主要依靠职业学校，而职业学校与职业教育在当代中国是什么样的一个地位？它具有人格上的应该赋予的足够尊重吗？那是高考面前三四流的失败者不得已所选择的一种"苟活之路"。但你看看欧美，特别是欧洲，职业教育从一开始就充满了人格上面的尊重和他们的自豪感，欧洲发达经济体的职业教育和我们所称的国民教育系列是从中学开始一路展开而可以立体交叉式互换的，按个人的偏好，想调整可以随时换到另外一个轨道上。一直走到硕士，这个立体交叉式调整路径是完全打通的，只有博士层次，它没有职业教育这个轨道延伸的可能性。中国和这个状态，差得何止十万八千里？

接下来再要说的是现在科研一线这些人员碰到的问题。对科研创新规律大家可能还要进一步探讨，我前面强调，以它巨大的不确定性落到科研创新里，必须得到人文关怀而内生地形成相关人员积极性发挥的有利环境。前些年这方面的认识，曾经有鼓舞人心的"尊重知识，尊重人才"。那首先是对于过去走偏了路的一种纠正，结合着落实知识分子政策等。走到一定时候，这种话越来越少了，基本没有人再谈知识分子政策问题了，而这一两年，我们碰到的是我认为应该直率指出的令人遗憾的情况，就是把中央出台的八项规定用来约束官员的一些规则，包括经费管理的一些条条框框，简单机械地套用到知识分子、科研人员身上。我们不能搞官本位，行政化，把知识分子、教授、研究员都按照行政级别来对号入座。一位学术带头人、教授、研究员、老科学家，哪怕他白发苍苍了，但是如果没有行政上的司局级待遇，那么在国内出行坐高铁就不能坐一等座，只能坐二等座，这样的加强管理恐怕连天理人伦都说不过去吧？

从科研规律讲，要调动起创新者内生的积极性，当然要有一点物质条件的因素，还一定要有一点最基本的人文关怀、人格尊重的因素，至少时间、氛围上要像那回事。而现在这些学术带头人、课题主持人，哪还有什么传统上说 5/6 以上的时间投入到科研的条件与心情？非常苦恼地整天翻账本，填表，写检查，编思想认识汇报，派自己的研究生、学生跑到教务处的楼道里彻夜排队解决报销的问题，等等。这些情况，我感觉领导同志们已经心知肚明，所以，才有国办的文件，也才有最新的一系列我们所看到的新的指导科研和科研经费管理的文件。前些天科技部领导已经表态要纠偏，后面我们再看看其他几个部委怎么表态吧。

前一段时间在博鳌论坛上，我有个机会，专门向李克强总理进了一言。我说总理希望您在百忙中抓一下水平很高的国务院关于优化学术环境文件的落实问题，总理很敏感，他马上反问："情况怎么样？"我知道他的夫人就是咱们高校的教授，我也如实回答："都不动。"总理马上表示："我回去一定要抓。"没过几天，我们看到哲学社科网站和新华网又把国办文件全文公布一遍，新近，又已经有进一步的相关文件在陆续出台。前一段，哲学社会科学方面有习近平总书记主持的座谈会，我在场，总书记明确地说要给这些科研人员以获得感和荣誉感。我们现在可拭目以待，看看在中国从常识层面，从对科研规律、科研人员基本的人文关怀层面必须解决的科研创新的环境问题，能不能在中央有这么多明确的指示精神之后，得到一个比较好的应有解决。

总之，中国，要解决好创新动力体系的可持续性的问题，科技创新中面对种种不确定性，能够内生地形成激励一线创新人员的积极性这样一个制度环境，一定要在问题导向下真正解决好。现在如果按此角度来说，三层次创新互动下，应该抓住的解决问题的要领，我认为就是我们所有的创新者、高校研究人员，以及产学研互动一线的参加各种各样课题研究的人员，大家应该更多地从正面宣传一下科研的常识，更多地和各个手上有管理实权的领导机关、领导者做积极的沟通。中国到了这样一个只有创新发展作为第一动力才能引领出后面的协调发展、绿色发展、开放发展、共享发展的引领新常态的新阶段上，问题正摆在眼前，我们最务实的，就是"喊破嗓子不如甩开膀子"来解决问题。

我想在这方面做一个小结：

中国要实现现代化，必须在追赶中走创新型国家之路，在以创新作为主题词的视角上，中国第一动力的打造构建，需要从学理认识出发，把握好中国经济社会完成转轨过程中的制度创新的龙头因素，以及以制度创新真正打开科技创新、管理创新的空间，形成可持续的长效机制。我们这种动力的打造和构建，当然不能仅仅成为一些口号和愿望，一定要依靠制度创新给出它的成长空间。另外，要充分运用科技创新、管理创新的倒逼机制来形成合力。多少年前，我就注意到在政府部门计算机的应用，被上海财大一位已经从学者身份转到财政局系统里担任领导职务的教授的评价，他认为计算机的联网运用会带来一种革命性的影响，因为整个办公流程都用计算机，而计算机是不讲人情的，计算机联网使信息的不对称性和隐秘性大大地消减。以信息技术创新支持在一个越来越带有阳光化、规范性特征的集体决策流程里处理问题，公共权力使用所面临的这样的一个流程和制度环境，就可能带来一个革命性、全新的综合绩效与公共利益提升的局面。我们现在看到这些年下来，这样一种影响确实存在。同时，它应有的潜力发挥还不到位——以无纸化的计算机流程来做办公流程的创新，显然已经明显地在倒逼我们的法治化、规范化，而减少设租寻租的空间，我们应该把这样的潜力用到极致。我前面说到的PPP，也是因为它的阳光化，可以把我们过去看惯了的成规模的项目建设里必然出现的猫腻的发生可能性压到最低限度，等等。这些事情都值得我们积极地去有所作为。

我们在调动所有科技创新者积极性方面特别要强调的，就是中国问题导向之下针对着官本位、行政化的这种痼疾和桎梏，一定要破除等级森严、越搞越煞有介事的这些所谓"加强管理"，这些"加强管理"绝对不是现在所称的供给侧的理性供给管理，但直观特征上确实看来是在那里做的一种供给侧管理。这种具体的案例也告诉我们：一个很好的概念，一个改革的口号，在实际生活中如果不能正确把握，它是可能被扭曲的。供给侧改革涉及的供给管理概念，说到最极致，我们过去传统体制下也就是一种供给管理，它是假设有一个无所不知、无所不能的社会控制中心管一切的细节，企业要建一个厕所也要让它批，它不批你就不能建。这种供给管理显然违背规律，是遏制生产力解放的。我们现在所要做的，一定是坚持市场取向改革、现代国家治理轨道上的理性的供给管理，一定要抓住中央供给侧结构性改革创新精神的实质。在中国，特别要破除创新领域官本位、行政化的传统思维。我注意到高校里南开大学龚克校长有很好的表达：要搞明白应秉持什么样的思维，是 1957 年的思维、1966 年的思维，还是应当有 1979 年的思维、1992 年的思维？他回应人家询问这个学校是副部级、这个校长是副部级领导的时候，他说这个概念是使我们蒙羞的。我非常认同他的这种认识。本来做的是教育和科研，中国现在却出现这么一种带有荒唐意味的、一定要套上行政化的森严等级的"制度建设"，我认为它是逆经济社会转轨历史潮流的。我们现在一定要强调明白世界大势，看清大的发展方向。走现代化之路的创新，一定需要大家在一起更好地实事求是地在问题导向下解决问题，以我们看得见、摸得着的有效制度供给为龙头的创新，匹配上有效的科技创新、管理创新，使各种要素结合在一起形成推陈出新的制度安排与机制连接，以此来促使国家治理的现代化，在克服重重艰难险阻之中冲破瓶颈约束，去对接全面小康以及在后面跨越中等收入陷阱，实现中华民族伟大复兴与现代化的中国梦。

第三篇

发展战略与宏观调控、经济管理

胡焕庸线：从我国基本国情看"半壁压强型"环境压力与针对性能源、环境战略策略[1]

——供给管理的重大课题

中国正处于承前启后和平发展而崛起为现代化强国的关键历史时期。基于经济学总体反思的新供给经济学理论创新，必须密切联系实际地关注与支持中国的发展升级大局。而这亟须在"问题导向"下更全面、深入地把握与"中国国情"相关的现实挑战。

对于中国基本国情的理解认识，又极有必要注重著名的"胡焕庸线"。此线由胡焕庸教授于 1935 年提出，其以黑龙江瑷珲和云南腾冲为点确定的直线，将中国领土划分为东南和西北两部（故亦称"瑷珲—腾冲线"或"黑河—腾冲线"）。迄今为止，虽已历 70 年有余，但中国人口密度分布基本格局依然遵循"胡焕庸线"这一条说来神奇的中部主轴。伴随着人口密度分布在此线之两边的极度不均，"胡焕庸线"实际上还可揭示中国能源消耗密度和环境压力的极不均衡状态，并会引发与不考虑该线存在时所进行的分析之结论迥异的认识。换言之，据此线考量所得结论，会凸显中国基本国情引出的资源环境压力与挑战的严峻性，可称之为中国发展方面的"非常之局"。

一、对经济发展中"胡焕庸线"的再审视

所谓"胡焕庸线"，由中国地理学家胡焕庸于 1935 年在《中国

1　本文原载《财政研究》2015 年第 4 期，与苏京春合作。

人口之分布》一文中首先提出。该文囊括了胡焕庸编制的中国第一张等值线人口密度图，并清晰说明："今试自黑龙江的瑷珲，向西南作一直线，至云南腾冲为止，分全国为东南与西北两部：则此东南部的面积计四百万平方公里，约占全国总面积的 36%；西北部之面积，计七百万平方公里，约占全国总面积的 64%。惟人口之分布，则东南计四亿四千万，约占总人口的 96%；西北部之人口，仅一千八百万，约占总人口的 4%。其多、寡之悬殊，有如此者。"[1] 换言之，该线的特征可以描述为：以黑龙江瑷珲（1956 年改称爱辉，1983 年改称黑河）和云南腾冲两点确定一条直线，该直线倾斜约 45 度，以此直线为界，线东南半壁 36% 的土地供养了全国 96% 的人口；西北半壁 64% 的土地仅供养 4% 的人口，二者平均人口密度比为 42.6∶1。随着以后年月里人口普查工作的继续进行，相关数据显示，1982 年我国第三次人口普查结论为东南部地区面积占比为 42.9%，而人口占比为 94.4%，1990 年第四次人口普查结论为东南部地区面积占比为 42.9%，而人口占比为 94.2%，2000 年第五次人口普查结论为东南部地区面积占比仍为 42.9%，而人口占比为 94.2%。60 余年间东南部人口的绝对数值已由 4 亿多增长为 12 亿多，但其占比数值较 1935 年只减少了 2%（数据口径均不包括台湾）。到目前，已历 70 年的发展过程（包括多轮次的"支边"等），"胡焕庸线"这条"神奇的中部主轴"[2] 对中国人口分布格局所揭示的内容，基本不变！

由此，"胡焕庸线"这一中部主轴不仅仅划分出极为悬殊的人口密度，同时也可为认识我国绝大多数社会居民所面临的随能源耗费、资源使用而伴生的空气、水流质量等资源环境问题，带来重大启发。"胡焕庸线"一直是中国地理学界研究的重要命题，这一来自于中国实践调研的结论，为发源于 16 世纪并发展至今、强调地理环境对社会发展有着决定作用的地理环境决定论等相关研究，提供了重要线索和例证。然而这一地理学界的重要结论对于认识中国发展问题的启发

1　胡焕庸.中国人口之分布 [J].地理学报，1935，2.
2　张林.不可逾越的"胡焕庸线"[N].科学时报，2010-01-20，B1.

和可能贡献，远非"地理"或"经济地理"一般概念所给出的联系与推论空间所能容纳，尤其是在改革开放带来体制转轨、经济起飞、工业化与城镇化高速发展的现阶段，以"胡焕庸线"为重要线索来进一步认识中国基本国情对经济发展的特殊制约和挑战，具有非同寻常的现实意义。下文论述中，我们将以"地理"与"经济地理"定位的"胡焕庸线"为思考的起点，力求把空间、环境、能源与经济规划、经济发展战略等不同视角的思考打通，指出客观存在、无可回避的中国绝大多数居民生存空间内所存在的压缩型——密集式能源、消耗压力，以及这种压力与近几十年重化工业为主支撑的经济起飞超常规高速发展阶段能源消耗高峰期的叠加，以及应对叠加的严峻挑战所必须设计、采用的发展模式升级与能源、环境战略策略，并说明这是"供给管理"性质的重大课题。本文的分析路径和论述逻辑，可用下页框图（图1）简要表示。

二、必要的学术交代：相关理论综述式点评与廓清

至此，我们将从"胡焕庸线"切入而引到"半壁压强型"之上的"三重叠加"能源消耗、环境压力问题，意在如实认识这一视角上中国基本国情的特殊性，并展开对策思路的讨论。但由于涉及"多学科研究"，在此还有必要作一廓清：对本研究涉及的相关理论作出简要综述，以更好地勾画理论基础。

（一）本研究定位：交叉学科的集成创新。

本文所述的"三重叠加"中，首先形成依托的是第一重认识，即"半壁压强型"。因此，本研究是从"经济地理学"交叉式起点这一早已有之的学术平台出发，寻求由前人所未见的新认知因素升华、集成的新观点而服务于对策研究。正如我国著名科学家钱学森先生所言："地理科学是一个作为现代科学技术部门的科学体系，其性质的主要特点是自然科学与社会科学的汇合"[1]。鉴于此，我们可知地理学与经济学的交叉

1　钱学森.关于地学的发展问题［J］.地理学报，1989，3.

```
┌─────────────────────────────────────────────────────┐
│            "胡焕庸线"可揭示的基本国情：                  │
│       绝大多数中国人的定居空间实为"东南半壁"             │
└─────────────────────────────────────────────────────┘
```

```
┌──────────────────────────────┐      ┌──────────────────────────────┐
│ 人口密度→（取暖、供热、供      │      │  特定发展阶段：重化工业为       │
│ 电等）烧煤、汽车密度与废气、    │      │    主要支撑的"起飞"，          │
│ 尾气排放压力→能源消耗中空      │      │ 压缩型——密集式外延、粗放发展模式 │
│ 气、水流等污染强度             │      └──────────────────────────────┘
└──────────────────────────────┘
                                       ┌──────────────────────────────┐
                                       │  以煤为绝对主力的能源格局特征凸显 │
                                       └──────────────────────────────┘
```

```
┌─────────────────────────────────────────┐
│         中国能源消耗、环境压力现状：         │
│         "半壁压强型"之上的三重叠加          │
└─────────────────────────────────────────┘
```

```
┌─────────────────────────────────────────┐
│            优化中国能源、环境战略            │
│            必须把握的特殊针对性              │
└─────────────────────────────────────────┘
```

```
┌─────────────────────────────────────────┐
│           与"供给管理"的天然联系和           │
│                特定要求                     │
└─────────────────────────────────────────┘
```

```
┌──────────────────┐      ┌──────────────────────────────────────────┐
│    路径探析        │      │               对策重点                      │
│                   │      │  高度注重聚焦于环保绿色低碳取向下的           │
│  顶层规划          │      │  "现代国家治理"体系和能力的提升             │
│  战略思维与策略要领 │      │  以经济手段为主推动节能降耗和产业升           │
│  政策倾斜          │      │  级换代                                     │
│                   │      │  大力完善环境税收体系                        │
│                   │      │  积极合理供给政策性金融服务                   │
│                   │      │  在全面改革中破解过度垄断攻坚克难             │
└──────────────────┘      └──────────────────────────────────────────┘
```

```
┌─────────────────────────────────────────┐
│     理性反思——以理论烛照、引领实际：         │
│          正视供给管理的重大课题             │
└─────────────────────────────────────────┘
```

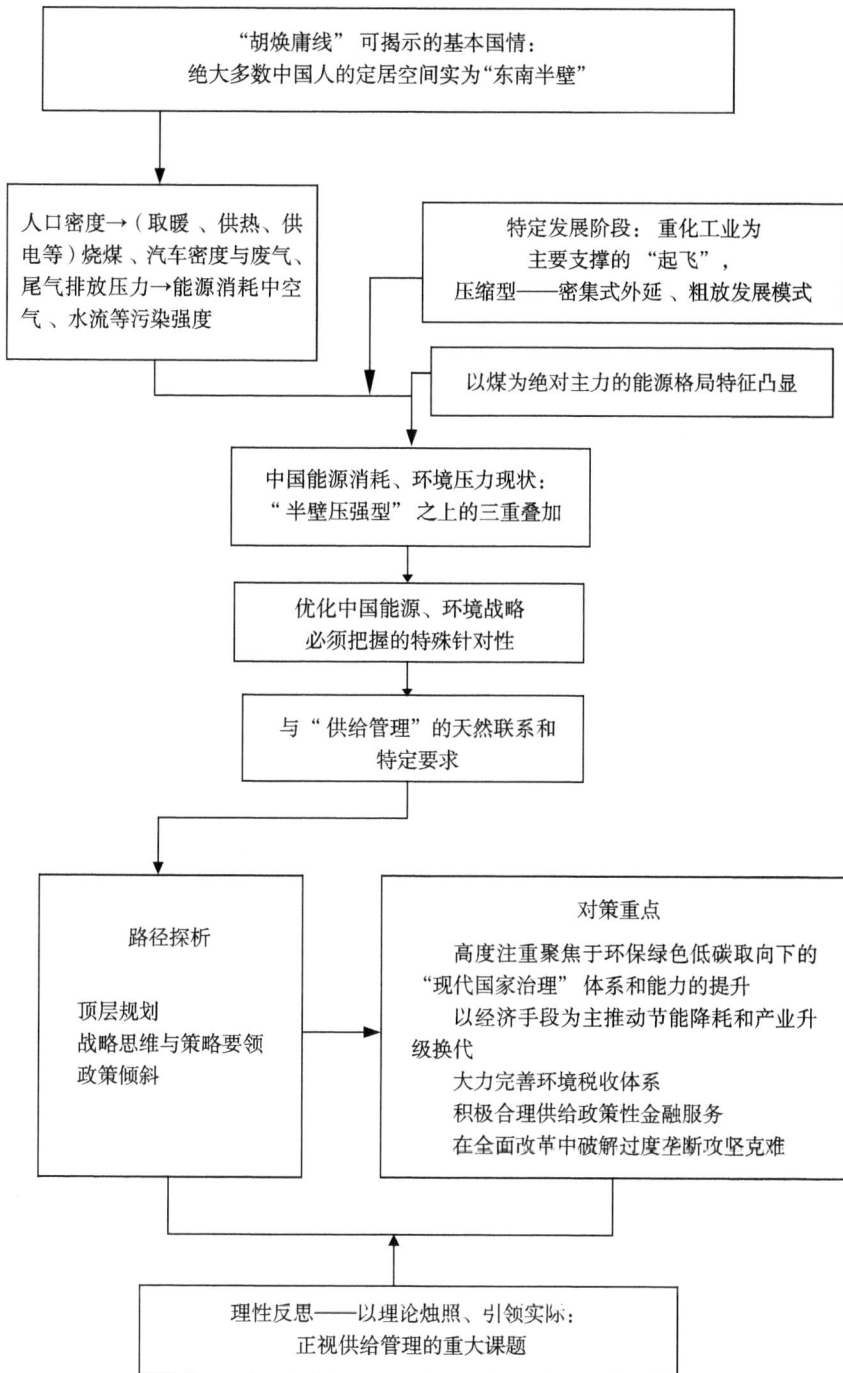

图1 论述逻辑框图

作为研究中的必然，派生出的主要理论体系包括了经济地理学及新经济地理学、区域经济学及新区域经济学和空间经济学等。与本研究相联系的学术框架主要是经济地理学及新经济地理学。

关于经济地理学，顾名思义，研究的是经济和地理之间千丝万缕的联系。广义看来，人类最早在生产活动中对地理环境的必要观察，实际上就可以纳入这一研究范畴；狭义看来，经济地理学的名词最早起源于俄国经济学家米哈伊尔·瓦西里耶维奇·罗蒙诺索夫，后在苏联时期得到发展，并结合当时的政治经济环境而更名为马克思列宁主义经济地理学。在对巴尔扎克等著的苏联经济地理这一当时大学经济地理教学唯一教材进行评述时，我国学界专家也对经济地理学的研究范围进行了界定："经济地理学是研究世界各地区生产分布和生产发展的条件的科学……主要的研究对象有三方面，生产分布、生产发展和影响分布发展的条件"[1]。新中国成立以来我国可供查询的其他早期相关文献，也特别针对经济地理学的研究对象进行了论述，如"马克思列宁主义的经济地理学研究的中心问题是社会生产的配置法则。它研究各种不同社会经济形态下的生产配置法则；研究各国、各地区生产发展的条件和特点"[2]。效仿经济地理学的研究思路，学界对《水经注》《徐霞客游记》等典籍中的经济地理思想也进行了相关研究，本文不再赘述。然而，归根结底，经济地理学是研究生产的理论，注重的是空间视角一直可扩展为全世界范围的生产发展。

进入 20 世纪 90 年代，以保罗·克鲁格曼为代表的新地理经济学登上历史舞台，在经济地理学的传统区位理论基础上，引入世界贸易和新经济增长理论，创立了空间区位理论和新经济地理学，而其最突出的贡献正如瑞典皇家科学院的颁奖词所总结的那样："在自由贸易、全球化以及推动世界范围内城市化进程的动因方面形成了一套理论"[3]。此外，沿着《牛津经济地理学手册》中所采用的展开脉络，也可以清晰地观察

1　吴传钧，巴尔扎克.苏联经济地理 [J].地理学报，1951，1-2.

2　祝卓.关于经济地理学研究对象的探讨 [J].教学与研究，1954，6.

3　段学军，虞孝感，陆大道，Josef Nipper.克鲁格曼的新经济地理研究及其意义 [J].地理学报，2010，2.

到经济地理学及新经济地理学从关注生产这一起点出发，逐步迈向对城市与区域增长的关注，进而步入从国际投资贸易视角而分析全球经济一体化的发展轨迹[1]。

然而，本文发起的研究与前述经济地理学及新经济地理学所研究的框架并无太多交集，"胡焕庸线"作为中国国土特征造成的"半壁压强型"及我们继续考察说明的"三重叠加"，是在经济地理等关于经济增长的研究领域，客观地紧密结合中国在工业化、城市化进程中国民经济发展所关联的基本国情视角。换言之，本文发起的研究，目的在于以此基本国情为前提条件，尽可能透彻和到位地考察探索未来的经济增长路径，"胡焕庸线"在认识基本国情方面的展开分析可以说既是一种对经济地理已有成果的延续探讨，也是一种进一步开拓相关视野、结合新阶段、新问题的科研创新。

（二）能源经济学及其与本研究的关系。

沿着"胡焕庸线""三重叠加"地向下探索，涉及中国"压缩型——密集式"的经济发展导致能源、环境问题：以及中国能源利用结构中"以煤为主"的问题。这实际上使本研究与环境研究和能源经济学理论研究形成交叉。能源经济学最早起源于威廉·斯坦利·杰文斯的《煤炭问题》，尽管诚如凯恩斯所言，对于边际革命的代表人物杰文斯而言，此书并不能算作出色的著作[2]，但确实是首次利用经济学来研究煤炭问题的著作，可认为是能源经济学的发端。作为一项典型的交叉研究，现阶段能源经济学仍在不断发展和完善，从方向上来看，有的侧重于能源的开发、利用等分支，有的侧重于能源的市场、产品的价格等分支，有的侧重于能源与经济发展的关系，本文研究的重点正是中国能源结构、能源利用与经济可持续发展、环境容量可承受之间的关系。

前述"胡焕庸线"导致的"半壁压强型"特征下形成三重叠加的发展制约，是基于我国经济发展实践中切实存在的矛盾问题而形成的条理化认识，这种发展制约是基于能源经济学已经确定的能源与经济发

1　陆大道.西方"主流经济地理学"发展基本议题演变的评述——为"牛津经济地理学手册"中译本所作序言[J].地理科学进展，2005，3.

2　约翰·梅纳德·凯恩斯.精英的聚会[M].南京：江苏人民出版社，1998.

展之间存在的关系。林伯强、牟敦果（2009）认为，能源消费量的决定因素主要有经济发展水平、能源资源禀赋、产业结构、自然环境、能源转换效率和能源价格等[1]。经济发展水平越高，能源消耗量越大；能源资源禀赋越好，能源消耗量越大；经济发展结构中工业所占比重越高，能源消耗量越大；自然环境越恶劣，能源消耗量越大；能源转换效率越低，能源消耗量越大；能源价格越低，能源消耗量越大。其中，经济发展水平高所导致的能源消耗量大与工业化比重高所导致的能源消耗量大相比，两者对经济发展的意义显然是不同的。因此，对能源制约的认识不仅要通过能源消耗量来表达，而且要通过能源消耗的结构来表达。能源经济学认为，经济发展水平越高，对高耗能产品的需求和能源消费产品的需求也越多，最典型的指标是私人汽车拥有量，根据亚洲开发银行（2006）的研究，汽车拥有量与人均 GDP 水平成正比[2]；经济发展结构中工业所占比重越高，经济增长就越依赖高耗能产业，能源消耗量也越大；能源转换效率越高，说明能源相关技术水平越高，而技术水平的创新所带来的能源供给创新也同时会创造对能源新的需求，从而导致能源消费量的增加。

本文形成的相关认识，与能源经济学的已有成果不发生矛盾，但却是把相关理论要素紧密结合于中国国情的"有的放矢"以引出新的认知：对本文所述中国三重叠加的"半壁压强型"发展制约继续展开分析，不难发现，中国经济目前阶段上能源的消耗非常大，然而从人均能源消费量的角度来看，经济发展水平、能源转换效率比中国高的发达国家人均能耗水平，又远高出中国人均能耗水平，造成这种局面的原因当然也与能源消费结构有关。中国基础能源消费结构呈现突出的"以煤为主"局面，会带来巨大的环境压力问题，但是其成因，正是难以作出太大改变的"资源禀赋"国情和能源价格形成机制改革攻坚难题等"慢变量"，所以"以煤为主"的局面很难在短期内摆脱，应当视为一段时期经济发展的基本国情来寻求特殊的针对性。这些就不仅限于能源经济范畴了。

1　林伯强，牟敦果 . 高级能源经济学（第二版）[M] . 北京：清华大学出版社，2009：149.

2　ADB report，2006：Energy Efficiency and Climate Change Considerations for On—road Transport in Asia.

三、对基本国情的认识：
三重叠加的"半壁压强型"发展制约

（一）实证量化考察："划线"与"不划线"的迥异。

尽管"胡焕庸线"的提出首先与人口密度相关，但是随着国内外学者对其深入研究和认识的发展，不难发现该划分线下的诸多"巧合"：从气象角度看，胡焕庸线与 400 毫米等降水量线重合；从地貌角度看，线东南部以平原、水网、丘陵、喀斯特和丹霞地貌为主，线西北部以草原、沙漠和雪域高原为主；从产业渊源来看，线东南部自古以农耕为主，线西北部自古以游牧为主，该线至今仍是农牧交错带，并是玉米种植带的西北边界。不仅如此，按照中国科学院国情研究分析小组根据 2000 年资料的统计分析结论，线东南部以占比为 43.18% 的国土面积供养了占比 93.779% 的人口，且集中了 95.70% 的国内生产总值（GDP）。从这些视角给予的启示出发，"划线"与"不划线"的不同考量下得到的迥异结论，足以发人深省。

1. 人口密度。"不划线"：若不考虑"胡焕庸线"的存在，基于世界银行《世界发展指标》发布的 2012 年数据，以平均密度作为衡量标准，中国人口密度仅排名第 11 位（如表 1 所示）。中国人口平均密度是 141 人 / 平方公里，较美国人口的平均密度 32 人 / 平方公里，是在其 4 倍之上。

"划线"：但若考虑"胡焕庸线"两边的不同情况，线东南部的人口密度约为 309 人 / 平方公里，与美国人口密度相比，这时要高出接近 10 倍！由此可见，是否考虑胡焕庸线的存在，对中国人口密度相关基本国情的认识至关重要。可以说，作这种考量便直接揭示了中国绝大多数居民所处的区域在人口密度方面的实际现状。划线后中国东南部占 94.2% 比重的居民如按生存环境中的人口密度指标，便会相当于表 1 排序中的第 5 位，而不再是第 11 位。

表1 2012年全球前20名高人口密度国家排名

排名	国家/地区	人口（万人）	面积（万平方公里）	密度（人/平方公里）
1	孟加拉国	15469	14.40	1074
2	印度	123668	328.76	376
3	日本	12756	37.78	338
4	菲律宾	9670	30.00	322
5	越南	8877	32.96	269
6	英国	6322	24.48	258
7	德国	8188	35.70	229
8	巴基斯坦	17916	80.39	223
9	意大利	6091	30.12	202
10	尼日利亚	16883	92.38	183
11	中国	135069	959.70	141
12	泰国	6678	51.40	130
13	印度尼西亚	24686	191.94	129
14	法国	6569	54.70	120
15	土耳其	7399	78.06	95
16	埃塞俄比亚	9172	110.36	83
17	阿拉伯埃及共和国	8072	100.15	81
18	墨西哥	12087	197.26	61
19	伊朗	7642	164.80	46
20	美国	31391	982.66	32

数据来源：世界银行，2013：《世界发展指标2013》

2.汽车空间密度。汽车保有量（Car Parc）一般是指某一地区社会居民拥有的汽车数量，通过在当地登记的车辆来统计，不包括摩托车、农用车等。根据美国汽车行业权威杂志《沃德汽车世界》（*Wards Auto World*）2011年的统计数据，从绝对数量上来讲，美国是目前世界上最大的汽车拥有国，汽车保有量为2.4亿辆，而中国次之，汽车保有量为7800万辆。按照国际比较惯例，一般是从人均数量上进行比较，那么 2010 年全球汽车平均保有量为 1：6.75（即平均每 6.75 人拥有一辆汽车），美国汽车平均保有量为 1：1.3，而中国的汽车平均保有量为 1：17.2。若简单从此数据来看，中国汽车保有量与世界平均水平及美国水平相比，增长空间似乎还很大。若从汽车空间密度的角度看，如不考虑"胡焕庸线"的存在，鉴于中国与美国领土面积大小几乎相当，粗略计算下来，中美汽车平均空间密度比、应为 2.4：0.78；而实际上汽车数量的分布大都集中在线东南部，若将这一总量按 94.2% 的人口占比还原至这面积占比为 42.9% 的国土上，中美汽车平均空间密度比为 2.4：1.71（7800 万辆 × 0.942/0.429），即中国在如此低的汽车人均保有量前提下，东南半壁已达到与美国汽车空间密度近乎相当的水平。

3. 能源消耗空间密度。若以煤炭消耗的数据作为比较的依托（为统一口径，我们采用美国能源信息署（EIA）公开发布的 2011 年数据进行比较），美国煤炭消耗总量为 8.56 亿吨，中国煤炭消耗总量为 34.5 亿吨，从总量上来看，中国煤炭消耗总量是美国的 4 倍有余。进一步分析煤炭消耗的空间密度：若不考虑"胡焕庸线"的存在，鉴于中美两国领土面积相当，可大致得出中国煤炭消耗空间密度也大约是美国 4 倍这一结论。然而，由于中国煤炭的消耗主要集中于线东南部，若将此消耗总量还原至这 42.9% 的国土上，便会得出中国煤炭消耗总量的空间密度（可称为国土面积上由人均消耗量合成的此单位面积上的消耗压强）在东南半壁实际已达到美国的 10 倍有余。

此外，从中科院得出的占比 43.18% 的国土面积上集中了 95.70% 的 GDP 这一结论进行倒推，也可看出中国平均数据掩盖了线东南部与线西北部之间发展状态的巨大反差。这种掩盖导致中国国情之中许多突出尖锐的问题由于"平均数"处理而得以美化、淡化，许多切实存在的尖锐问题平摊到全部国土面积上，而几近遁化于无形。

当然，类似的"局部高密度"问题在其他国家或地区也存在，如美国的纽约市、韩国的汉城区域、墨西哥的墨西哥城区域等，但主要经济体中以近乎居中"一分为二"的轴线而使整个国土上的情况在线两边判若云泥的案例，却极为罕见，应当归属为"特殊国情"问题。我们把此特殊国情状态称为"半壁压强型"能源、环境问题（请注意：如果说美国约 40% 的东部国土也居住了大于 40% 的人口，那么要对比一下：且不说其东部人口远不及中国约 19/20 的比重，只需考虑美国总人口规模仅为 3 亿左右，国土面积却与中国大体相当，其"半壁压强"的量度怎么能和有近 14 亿人的中国同日而语？）。

（二）在"胡焕庸线"因素之上压缩型——密集式发展阶段因素的叠加。

在"胡焕庸线"这一思考线索的启发下，前面以中国的人口密度、汽车空间密度及能源空间消耗密度等作为代表性指标，可得到中国资源环境问题的真实压力（压强值）较普通指标反映的程度远为严峻的基本结论。而与此同时，我们还需要将另一个重要现实叠加在此项认识之上，即中国近几十年来施行的以改革开放中进入经济起飞状态为主要标志的"压缩型——密集式"发展阶段带有粗放特征的外延型高速增长，使又一层资源、环境压力也高密度地叠加于"半壁压强型"国情带来的能源、环境问题之上，势必使资源压力、能源消耗、环境污染等问题的严重程度随之升级。人口密度、汽车空间密度、能源消耗空间密度，再加上"压缩饼干式"和粗放式外延型发展阶段中超常规的高峰期密度提升系数，势必引发高压力区和高压力阶段上叠加而成的矛盾凸显。

按照《2005 中国发展报告》[1]中采用的统计口径（单位：千克油当量／美元），美国 1980 年、1990 年、2001 年的单位 GDP 能耗分别为 0.47、0.23、0.15，日本的数据分别为 0.22、0.10、0.08，中国的数据则为 1.04、1.24、0.49。1980—1990 年，中国的经济处于起飞阶段，但增长方式多以资源——投资密集式增长为主，单位 GDP 能耗呈现攀升趋势。随着深化改革扩大开放、确立社会主义市场经济体制、转变增长方式等一系列重大变革，中国经济转轨中单位 GDP 能耗逐步降低。具体而言，2004—2013 年 10 年间，中国单位 GDP 能耗（单位：吨标准煤／亿元）依次为：1.335、1.276、1.196、1.055、0.928、0.900、0.809、0.736、0.696、

1　中华人民共和国国家统计局 . 2005 中国发展报告 [M].北京：中国统计出版社，2005.

0.695，呈现出明显的逐步下降的趋势（详见图2），在很大程度上反映了我国经济随工业化、城镇化程度的加深而发生的结构上的转变。然而，我们又不得不认识到，虽然单位GDP能耗的绝对数值在不断降低，但是该数值与国际水平相比仍然很高。应清醒地认识到：进入新千年，中国已明显降低后的水平值，才刚刚达到美国1980年的水平值，且是美国同期水平的3倍有余，是日本同期水平的6倍有余。

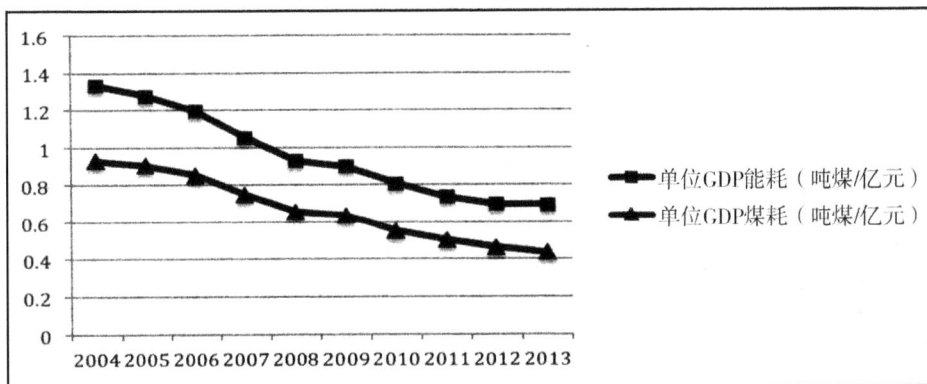

图2　2004—2013年中国单位GDP能耗和煤耗趋势图

数据来自：国家统计局官方网站（http://data.stats.gov.cn）

此外，中国的钢材、水泥消耗总量均在全球前三位之中，且生产中单位GDP能耗均高于发达国家数倍之上。目前我国电力、钢铁、有色、石化、建材、化工、轻工和纺织等8个行业主要产品单位能耗平均比国际先进水平高40%；钢、水泥和纸板的单位产品综合能耗比国际先进水平分别高21%、45%和12%。[1] 对于国土面积与美国相当、能源资源比美国匮乏的中国而言，30多年黄金发展期在压缩型—密集式增长基础上叠加的多方压力与负面效应，主要集中作用于仅占国土面积42.9%的东南部区域之上，并通过"外溢性"方式以空气污染等影响更大范围（如"雾霾"已频繁出现，动辄打击大半个中国及周边区域），落到可持续发展的层面势必形成极大压力，亟须正确认识、寻求出路。

1　温桂芳，张群群.能源资源性产品价格改革战略 [J].经济研究参考，2014，4.

（三）中国基础能源"以煤为主"形成的第三层叠加因素。

中国基础能源种类主要包括：煤炭、焦炭、原油、汽油、柴油、煤油、燃料油、液化石油气、天然气、电力等等。然而，对多方数据分析不难发现，尽管种类繁多，但是中国基础能源仍然突出地呈现出"以煤为主"的特征，这也成为中国"半壁压强型"发展制约中不利于环保的第三层叠加因素。

从可得数据看，中国基础能源突出地呈现"以煤为主"的特征，主要可从以下几个方面描述。

1.总量：所占比重最大。从表2数据可知，2004—2013年10年间，中国单位GDP煤耗虽有明显降低，但同期煤炭消费总量上升了66.83%，煤炭消费总量占能源消费总量之比仅从0.695：1轻微下降为0.66：1，仍有2/3的份量。其占能耗的比重仍为最大，凸显能耗结构中"以煤为主"的特征不变。从相对值来看，如图3所示，始终居于突出的主力地位；从发展趋势来看，如图4所示，煤炭消费总量近10年来不断攀升，且从变化态势来看，未来一段时间仍有攀升的趋势，石油、天然气消费总量近10年来虽也呈现逐步增长趋势，但增长幅度远不如煤炭消费总量大。在中国近年原油、天然气进口依存度已明显攀升至近60%的情况下，客观地讲已是"贫油国"状态，未来很长一段时间还看不到改变煤炭主力地位的相关可能性。

表2　2004—2013年中国能源消费和单位GDP能源消耗数据表

年份	国内生产总值（万亿元）	能源消费总量（万吨标准煤）	煤炭消费总量（万吨标准煤）	石油消费总量（万吨标准煤）	天然气消费总量（万吨标准煤）	水电、核电、风电消费总量（万吨标准煤）	单位GDP能耗（吨标准煤/亿元）	单位GDP煤耗（吨标准煤/亿元）
2004	159878.34	213455.99	148351.92	45466.13	5336.40	14301.55	1.335	0.928
2005	184937.37	235996.65	167085.88	46727.41	6135.92	16047.80	1.276	0.903
2006	216314.43	258676.30	183918.64	49924.47	7501.60	17331.29	1.196	0.850
2007	265810.31	280507.94	199441.19	52735.50	9256.76	19074.54	1.055	0.750
2008	314045.43	291448.29	204887.94	53334.98	10783.58	22441.50	0.928	0.652

续表

年份	国内生产总值（万亿元）	能源消费总量（万吨标准煤）	煤炭消费总量（万吨标准煤）	石油消费总量（万吨标准煤）	天然气消费总量（万吨标准煤）	水电、核电、风电消费总量（万吨标准煤）	单位GDP能耗（吨标准煤/亿元）	单位GDP煤耗（吨标准煤/亿元）
2009	340902.81	306647.15	215879.49	54889.81	11959.23	23918.47	0.900	0.633
2010	401512.80	324939.15	220958.62	61738.41	14297.32	27944.75	0.809	0.550
2011	473104.05	348001.66	238033.37	64728.37	17400.10	27840.16	0.736	0.503
2012	519470.10	361732.00	240913.51	68005.62	18810.06	34002.81	0.696	0.464
2013	568845.21	375000.00	247500.00	69000.00	21750.00	36750.00	0.695	0.435

数据来源：国家统计局官方网站（http://data.stats.gov.cn）

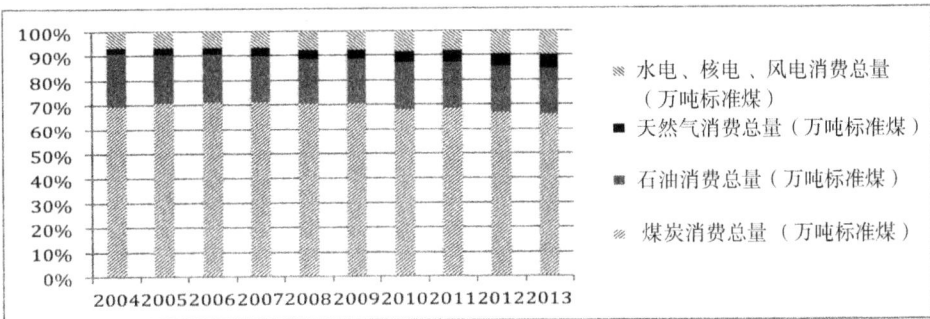

图3 2004—2013 年中国能源消费结构柱状图（煤炭消费占比最高）

数据来源：国家统计局官方网站（http://data.stats.gov.cn）

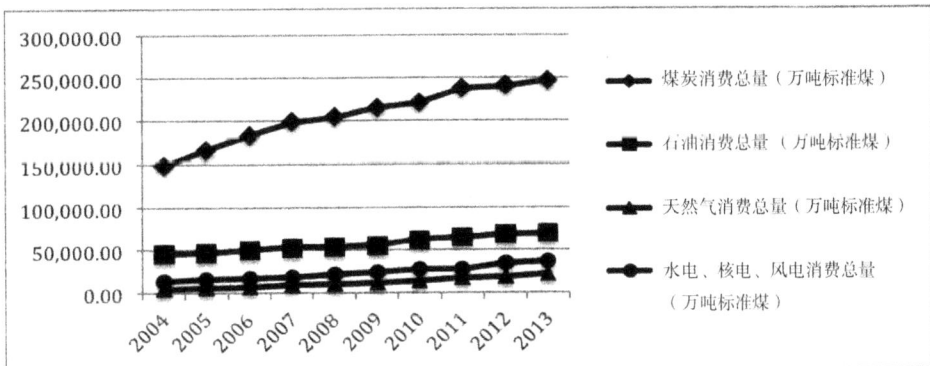

图4 2004—2013 年中国能源消费分类别趋势图（煤炭消费仍在攀升）

数据来源：国家统计局官方网站（http://data.stats.gov.cn）

2. 进口：攀升速率最快。如表3、图5所示，2004—2012年中国主要能源品种进口数据：从绝对值来看，煤炭进口量增长幅度非常大，2004年还低于燃料油进口量，2005年即攀升至与燃料油进口量相当的水平；从2006年开始，煤炭进口量仅次于原油进口量，攀升至中国进口能源的第二位，并且于2011年前后呈现赶超原油进口量的趋势；2012年，原油进口量为27103万吨，而煤炭进口量则为28841万吨，已超过原油成为中国进口的第一大能源；从相对值来看，2012年煤炭进口量为28841万吨，约为2004年煤炭进口量1861万吨的15.5倍，远超同期其他能源进口的增长速率（具体数据：2012年原油进口量约为2004年的2.2倍，柴油进口量约为2004年的2.3倍，其他石油制品进口量约为2004年的4.0倍，燃料油、煤油、液化石油进口量为负增长），成为在种种制约因素和利益对比制约之下，进口数量攀升速率最快的能源。

3. 结构：产业中工业煤炭消费占比最高，工业中以发电消费为首。基于相关数据，我们可以得知：第一，工业煤炭消费总量在煤炭消费总量中占比最高。如表4所示，就2004—2012年中国煤炭消费总量的产业结构看，工业煤炭消费占比最高，历年来所占比重都在90%以上，并且呈现逐年攀升的趋势，2011年和2012年这一比重甚至已经超过95%。

第二，工业煤炭消费中，发电消费煤所占比重最高。从绝对数值来看，如表5所示，占据消费用途前三位的依次为：发电、炼焦和供热。从相对数值来看，如图6所示，前三种用途占工业煤炭消费的比重接近100%，且发电消费煤占比最高，一直保持在70%左右的水平。从趋势来看，如图7所示，供热消费煤水平基本稳定、稳中有升，炼焦消费煤增长趋势较为明显，发电消费煤曲线陡峭、增长幅度很大，且未来一段时期仍将呈现攀升趋势。

第三，炼焦消费煤作为煤炭消耗的第二高，其最终是将煤炭能源转化成焦炭能源，而焦炭能源实际上百分之百是煤炭能源的间接利用。从我国焦炭能源使用的产业结构来看，主要是用于制造业焦炭消费和黑色金属冶炼及压延加工业焦炭消费。

4. 能源生活消费中占比"超高"，是绝对主力。基于表 6 所示，2004—2012 年中国人均主要能源生活消费数据，与电力、液化石油气等常用能源相比，煤炭消费量明显超出，占绝对主力地位。值得注意的是，生活煤炭主要是指生活中直接所用的煤制品（如烟煤、无烟煤等等），而不包括生活中所用热力能源和电力能源中间接涉及的煤炭消费，若将此部分还原至包括直接和间接的生活煤炭消费总量当中，占比更会大得多。

因为从表 7 看，2004—2012 年间，我国全部电力生产中，火电生产量占比在 83.0%—78.1% 的区间；按照 80% 左右的比例，将电力生活消费量折合成煤炭消费量，将使煤炭在生活消费中的"超高"占比更加突出（2012 年的数值为 67.8+56.6×0.8=113.08 千克标准煤）。

总之，中国基本国情下，本土资源储量、可用量决定的"资源禀赋结构"中最主要的能源产品是煤，以及"从煤到电"的具有"经济命脉"性质的能源供应链。对此格局，若企图改变，如再提高原油进口比例，已基本上无可操作空间：大力发展本土非煤的可再生能源，属"远水不解近渴"之安排，见效要经过较长期渐进过程；以新一轮价税财联动改革改变"煤炭成本偏低"比价关系和价格形成机制，将会有助于使改变"以煤为主"的进程得到一定加快，但总体而言，在可预见的一个相当长的时间段内，中国的基础能源供应"以煤为主"，仍将是难以改变的基本现实，而众所周知，煤的开发、使用全过程对于环境、生态和社会的压力是显然大于、高于原油和天然气等品类的，更不用说风电、太阳能电等可再生能源。且不提煤炭采掘中的安全事故问题，仅从采掘后的地层塌陷、环境修复问题，运煤过程的洒漏与相关粉尘问题，特别是烧煤（包括火电、炼焦等）废气排放所带来的大气污染、雾霾肆虐问题，都尤为棘手。这一特点，在前已分析的"半壁压强"格局、"压缩型——密集式"发展阶段的两重叠加之上，又客观地叠加了第三重环境压力，共同构成了我国能源、环境问题的特殊严峻性。

表3 2004—2012年中国能源分种类进口数据表

指 标	2004	2005	2006	2007	2008	2009	2010	2011	2012
煤进口量（万吨）	1861	2617	3811	5102	4034	12584	16310	22220	28841
原油进口量（万吨）	12272	12682	14517	16316	17888	20365	23768	25378	27103
燃料油进口量（万吨）	3059	2609	2799	2417	2186	2407	2299	2684	2683
柴油进口量（万吨）	275	53	71	162	624	184	180	233	621
煤油进口量（万吨）	282	328	561	524	648	612	487	618	91
液化石油气进口量（万吨）	641	617	536	405	259	408	327	350	359
其他石油制品进口量（万吨）	384	443	443	689	666	1153	1731	1648	1548
汽油进口量（万吨）	/	/	6	23	199	4	133	3	/
天然气进口量（亿立方米）	/	/	10	40	46	76	165	312	421
电力进口量（亿千瓦小时）	34	50	54	43	38	60	56	66	69
焦炭进口量（万吨）	1	1	/	/	/	16	11	12	8

数据来源：国家统计局官方网站（http：//data.stats.gov.cn）。

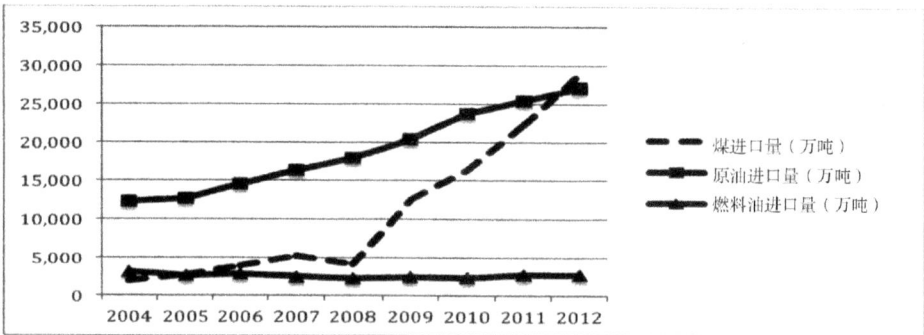

图5 2004—2012年中国主要进口能源趋势图

数据来自：国家统计局官方网站（http：//data.stats.gov.cn）

表4 2004—2012年中国煤炭消费总量产业结构表

	2004	2005	2006	2007	2008	2009	2010	2011	2012
煤炭消费总量(万吨)	207561.29	231851.07	255065.45	272745.88	281095.92	295833.08	312236.50	342950.24	352647.07
工业煤炭消费总量（万吨）	191864.98	215493.30	238510.23	256202.76	265574.20	279888.52	296031.63	326229.97	335714.65
工业煤炭消费占比(%)	92.4	92.9	93.5	93.9	94.5	94.6	94.8	95.1	95.2

数据来源：国家统计局官方网站（http：//data.stats.gov.cn）

表5 2004—2012年煤炭中间消费结构表

单位：吨煤

年份	发电	供热	炼焦	炼油及煤制油	制气
2004	91961.60	11546.60	26149.60	/	1316.40
2005	103263.50	13542.00	33167.10	/	1277.00
2006	118763.90	14561.40	37450.10	/	1257.10
2007	130548.80	15394.20	39659.00	/	1491.80
2008	135351.70	15029.20	41461.70	/	1227.20
2009	143967.30	15359.70	43691.70	/	1150.70
2010	154542.50	15253.10	47150.40	213.4	1040.10
2011	175578.50	16834.20	52959.90	345.7	870.5
2012	178531.00	20251.20	54068.40	/	798.6

数据来源：国家统计局官方网站（http：//data.stats.gov.cn ）

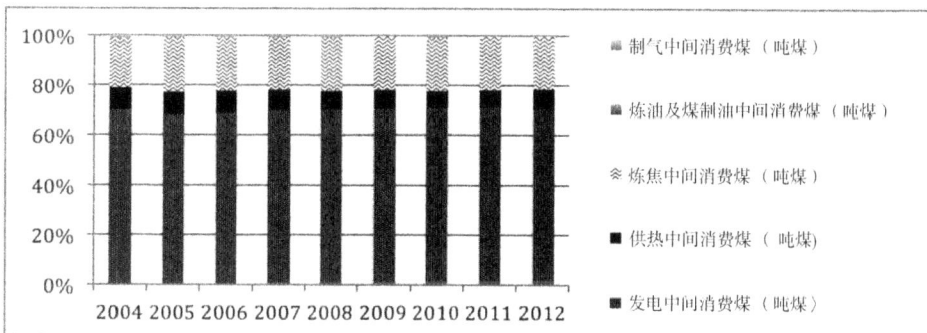

图6 2004—2012年煤炭中间消费结构比例图

数据来自：国家统计局官方网站（http：//data.stats.gov.cn）

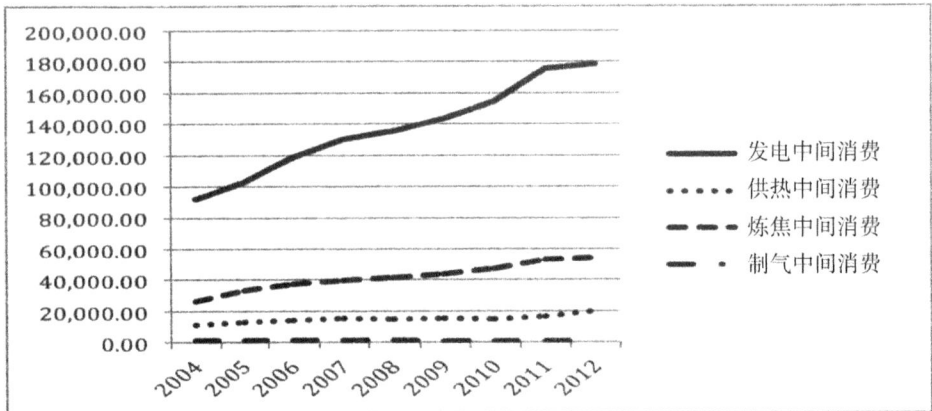

图7 2004—2012 年煤炭中间消费趋势图

数据来自：国家统计局官方网站（http：//data.stats. gov.cn ）。

表6 2004—2012 年中国人均主要能源生活消费量数据表

单位：千克标准煤

指 标	2004	2005	2006	2007	2008	2009	2010	2011	2012
人均能源生活消费量	175.7	194.1	211.8	233.8	240.8	254.2	258.3	278.3	293.8
人均煤炭生活消费量	75.4	77.0	76.6	74.1	69.1	68.5	68.5	68.5	67.8
人均电力生活消费量	22.6	27.2	31.4	37.9	40.8	45.0	47.1	51.4	56.6
人均液化石油气生活消费量	17.8	17.4	19.0	21.2	18.8	19.2	18.3	20.5	20.7

数据来自：国家统计局官方网站（http：//data.stats. gov.cn ）；换算标准参照：国家发改委，《各种能源折标准煤参考系数表》。

表 7 2004—2012 年中国电力生产数据表

单位：亿千瓦小时

	2004	2005	2006	2007	2008	2009	2010	2011	2012
电力生产量	22033.10	25002.60	28657.30	32815.50	34668.80	37146.50	42071.60	47130.20	49875.50
水电生产量	3535.40	3970.20	4357.90	4852.60	5851.90	6156.40	7221.70	6989.50	8721.10
火电生产量	17955.90	20473.40	23696.00	27229.30	27900.80	29827.80	33319.30	38337.00	38928.10
核电生产量	504.7	530.9	548.4	621.3	683.9	701.3	738.8	863.5	973.9
风电生产量	/	/	/	/	/	/	446.2	703.3	959.8

数据来源：国家统计局官方网站（http：//data.stats.gov .cn）。

四、优化中国能源、环境战略必须把握的特殊针对性

如前所述，"半壁压强型"发展制约及其上的多层压力叠加，是指来源于"胡焕庸线"的现实存在对中国发展环境制约的第一层加压，加之特定发展阶段上"压缩型——密集式"粗放模式形成环境压力的第二层叠加，再加之"以煤为主"的环境压力形成的第三层叠加。在这"三重叠加"之重压下，如何有针对性地优化中国能源、环境战略，应特别注意规避"发展悖论"与"发展陷阱"，基于对中国特殊现状的正确认识和相关事项的全面、深入分析，提出具有针对性的、可以切实践行的能源环境战略。比如，关于中国"以煤为主"的能源结构我们已经在上文中作了说明。那么，为何摆脱不了以煤为主？回应这一问题的过程正是揭示优化中国能源、环境战略中所需要把握的特殊针对性的过程。

（一）发电方面为何摆脱不了以煤为主局面。

从发电耗能的结构上来看（详见表 7 和图 8），中国目前水力发电在全部发电产能中占比已远不足 20%，核电占比低于 3%，并且随着前一段时间国家已经明确不在沿海之外的地方布局建设核电站的政策规定，核电的比重可能还将下降，与此同时，可再生的风能、太阳能等清洁能源虽然已经在努力开发，风能发电在近 3 年投入使用以来，其增长率也十分可观，但毕竟基数很低，从总体能源供应上来看都难挑大梁。太阳能发电方面，局面更是几近荒唐：各地迅猛发展的光伏产业在消耗资源、造成一定污染、终于生产出可以产生清洁能源的光伏电池产品之后，若十年间 98% 以上只能走出口渠道[1]，卖给环境比我们更清洁的外国人——直接原因是按照我国电力部门的体制机制，光伏电池无法入网

---

[1] "由于中国光伏产业链末端光伏发电市场尚未启动，98% 的国产光伏组件出口国外。"《小议我国光伏产业链的薄弱环节》，网络链接：http://www.windchn.com/solar/wfview000401683.html。"太阳能电池 98% 出口国外，相当于间接大量出口能源。"《六行业产能过剩发改委将进行重点调控》，网络链接：http://news.10jqka.com.cn/content/614/810/077/61481077.shtml。

（其实并不存在技术攻关方面的"硬障碍"问题，而是直接涉及配套改革里面"啃硬骨头"触及既得利益的体制问题）。

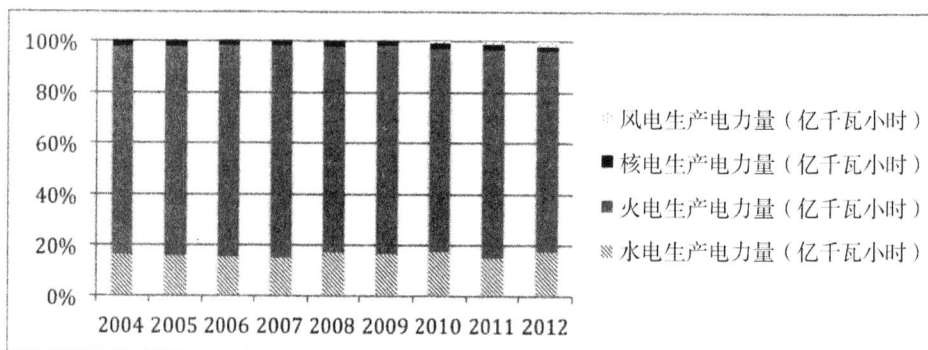

图8 2004—2012年中国电力生产耗能结构图

数据来自：国家统计局官方网站（http://data.stats.gov.cn）

总之，未来可预见的一个时期，我国水电、核电比重可能会继续下降，太阳能电、风电难挑大梁的局面亦无法出现根本改变，电力供应的重担大部分还是要落到煤炭支撑的火力发电上。

（二）取暖方面为何摆脱不了以煤为主的局面。

取暖方面摆脱不了煤炭为主，源于中国现阶段的取暖模式和替代能源两个方面。

第一，取暖模式。北方城市以集中供暖为主，能源消耗的主要方式是"强制消费"煤炭能源；北方农村、南方城乡均以家庭自供暖方式为主，主要依靠煤、木炭和电力，其中电力主要还是间接依赖煤炭能源。虽然南方已有依靠天然气供暖的情况，但面临着价格昂贵而消费不起难以推广的局面。

第二，替代能源的困窘。以"生物柴油"为例。美国供暖采用的生物柴油（Biodiesel）是由动植物油脂（脂肪酸甘油三酯）与醇（甲醇或乙醇）经酯交换反应得到的脂肪酸单烷基酯。然而，这种十分清洁的能源尽管在法律、政策等层面已开始得到有力保障，但目前在我国推行仍存在着突出的矛盾与困难。首先，原材料很难满足需求。生物柴油的生产技术含量并不算高[1]，我国早已能自主生产，原材料一般以地沟油、餐饮垃圾油、油料作物（大豆、油菜籽等）为主，但这样的原料在生物柴油的实际产业链供应中经常断裂。主要原因有三：一是我国目前对废弃的食用油尚无统一回收政策，供给方面经常产生恶意囤积地沟油等原材料的现象；二是养猪等行业对地沟油和餐饮垃圾油的需求竞争；三是地沟油经非法渠道转为食用油出售比卖给生物柴油生产厂家利润更高。除原材料很难满足要求以外，还有经济可行性问题：生物柴油这种具有很高正外部性的能源产品，无论使用物理法还是化学法都面临生产成本过高的问题，若无补贴地在市场中推行，基本没有价格优势。

总之，以上分析都是为了充分论证：在中国"半壁压强型"格局加上压缩型—密集式发展阶段，再加上以煤炭为主的能源结构对发展形成了"三重叠加"的能源—环境制约，同时，与之相随的各项排放（废气、废水、废物等）所造成的环境压力，也集中于"胡焕庸线"东南部，即"半壁压强型"发展制约正在持续不断地引发"半壁压强型"排放问题。当我们认识雾霾（大气污染）、蓝藻事件（水、污染）等现象时，需要抓住这个真实背景，再作出通盘分析、深入探究，才能引出正确对策。

五、与"供给管理"的天然联系和特定的要求

在对"半壁压强型"之上的三重叠加发展制约形成清醒认识的基础上，优化中国能源、环境战略策略所必须把握的特殊针对性，及其对于"供给管理"的天然联系和特定要求，也就呼之欲出。中国经济学人在世界金融危机冲击之后的学术理论反思之中，已涌现了侧重供给侧研究的研究群体和一批聚焦"供给管理"的成果[2]，亦对于本文下面的分析

1　例如，"中国科学院兰州化学物理研究所的科研人员利用废弃食用油制备生物柴油的技术获得国家发明专利……该技术主要采用废餐饮食用油为原料，复合催化剂一步反应，反应温度降低到60摄氏度，工艺过程简单，反应周期短，反应温度低，能耗低，且生物柴油收率高达92%。利用该项技术制备的生物柴油可直接替代柴油，也可与柴油按一定比例添加使用，具有优良的环保健能和可再生性。"（白浩然.废弃食用油制备生物柴油新展望［N］.科学时报，2010-10-18，B4.）

2　贾康.新供给：经济学理论的中国创新［M］.北京：中国经济出版社，2013.

认识提供了很有价值的铺垫和启示。

前述的"三重叠加"都关联特定国情之上的结构问题。在这类结构问题必然紧密关联供给问题的基础上，中国目前还存在着缺乏能源开发顶层规划、由于投资总量过度和结构不良导致的产能过剩及很大程度上由于粗放、低效造成的能源浪费，以及缓解这些问题迫切需要的制度供给明显不足等问题。

（一）"问题导向"引出的供给侧挑战。

突出问题 1：能源开发利用缺乏顶层设计通盘规划。以"电"为例。全国范围内社会生产生活所需的电力资源涉及火电、水电、核电、风电、太阳能电等。前已述及，可预见的将来，中国还不得不以烧煤发出的火电为最主要的电力能源供给方式。相关的战略层面的顶层规划需要包括：（1）火电与水电、核电、风电、太阳能电等在中长期如何协调配合的发展。（2）各类电力供给特定领域内的行业发展如何规划。（3）最为主力的火电发展中的重大关系如何处理：怎样考虑坑口电厂、非坑口电厂的布局和运煤路网、输电网的布局？——因为我国铁路运输中一般情况下约有 50% 的运力是在运煤，国家统计局发布的 2012 年国家铁路主要货物运输结构数据（源数据详见国家统计局官方网站），国家铁路全年主要货物运输量为 322345.58 万吨，而其中煤货运量就达到 168515.29 万吨，占比 52.3%，运送的煤大部分是运去发电——在发电高峰季节，运力中用于运煤的占比可升高至 70%。未来如多建坑口电厂，会减少铁路运输方面的压力，节省一部分相关的投资，但会增加输电网络的投资需要。到底如何筹划布局，涉及大量复杂的专门研究和全局视野下的高水平综合规划设计。

上述这些结构处理问题的有效解决方案，是地方政府和企业集团以"试错法"提供不出来的，只能依靠中央政府组织高水平的专家群体来协力提供。在未能形成通盘解决方案之前，如何以财政资金支持相关的开发建设，也是无法形成扎实可靠的决策依据的，因为我们无法看出某个电力产能建设项目或电力供应配套项目，作为"棋子"在棋盘全局中的地位、作用及其与其他棋子的相互关系，那么如何才能合理掌握先后顺序、轻重缓急、资金投入力度，等等？在缺乏顶层设计通盘规划的情况下，未来发展中我国能源结构性的矛盾问题势必更加严峻。

突出问题 2：产能过剩造成能源浪费的体制性原因。产能过剩的实质是投资过度，我国产能过剩在相当大程度上是政府以投资拉动经济增长中过度干预市场和经济运行的必然产物，主要属于"体制性产能过剩"，即我国现阶段产能过剩主要是由于政府在 GDP、税收、就业等导向下，通过运用手中的经济权力和政治权力，强力干预市场、大幅度拉低各项要素价格，对企业投资、生产经营活动产生强烈的不当刺激所致。投资过度结构不良造成的产能过剩，势必造成能源的浪费，为本就严峻的能源问题和环境问题雪上加霜。

突出问题 3：雾霾等环境威胁愈演愈烈，治理所需的制度供给问题最值得重视。雾霾是以 PM2.5 为主要构成因素的大气污染状态，中国 2013 年遭受雾霾之苦的省市已达到个，京津冀地区尤其严重，年内仅有少数时间不是雾霾天气，"民怨沸腾"而管理部门高度焦虑，已形成环境危机局面。尽管目前对雾霾的成因尚无清晰细致分析，但与工业化、城镇化推进中能源消耗的"煤炭依赖"以及汽车尾气排放，显然存在直接关联。可以洛杉矶雾霾和伦敦雾霾为鉴：美国洛杉矶于 1943 年第一次遭受雾霾的袭击，并于接下来的 50 年持续处于一边忍受雾霾、一边坚持治理的状态中，据当时加州理工学院的荷兰科学家分析空气成分得到的结论，洛杉矶雾霾的罪魁祸首是汽车尾气中的二氧化氮和碳氢化合物。英国伦敦于 1952 年开始连续数日遭受大雾侵害，治理雾霾的工作也与洛杉矶类似，持续了几十年之久，而伦敦雾霾的罪魁祸首主要源自燃煤采暖及以煤为主的火力发电站中煤炭燃烧产生的二氧化硫、二氧化碳、一氧化碳及烟（粉）尘等污染物。据中国国家统计局数据显示，2012 年中国废气中主要污染物排放构成为：二氧化硫排放量约为 2118 万吨，氮氧化物排放量约为 2338 万吨，烟（粉）尘排放量约为 1236 万吨。若把洛杉矶雾霾的成因和伦敦雾霾的成因对照到中国现状来看，雾霾不时笼罩中国也就并不奇怪了。

作为一个后发经济体，中国本来有借鉴它国经验、避免重走"先污染，后治理"老路的可能，但为什么却未能如愿，反而表现得甚至"有过之而无不及"？防治环境危机不力，制度供给问题最值得重视。在国情、阶段特征等基本不可选择因素之外，可塑性高的制度机制因素方面现存的重大缺陷，对雾霾等环境问题的恶化难辞其咎，即我国目前环境问题的重大原因来自于机制性的资源粗放低效耗用问题，涉及煤、电、油，恶化空气、水、环境，形成不良传导链条。比如：在我国一般商品比价关系和价格形成机制基本实现市场化之后，国民经济中基础能源这一命脉层面"从煤到电"（又会传导到千千万万产品）的产业链上，却存在着严重的比价关系和价格形成机制的扭曲、非市场化状态和由此引出的"无处不打点"的乌烟瘴气的紊乱局面，并且以表面上的"煤价、电价低廉"助长着粗放式、挥霍式、与节能降耗背道而驰的增长状态和消费习惯，在现实的比价关系和利益相关性的感受之下，社会中的主体几乎谁也不真正把节电、节水当回事！而在我国，节电、节水实际就是节煤，就是抑制、减少雾霾。

我国现实生活中，存在两大悖反现象。一方面，官方反复强调科学发展、包容性可持续增长，但实际进展是在部门利益、垄断利益的阻碍下步履维艰，为此必须做的与煤、电相关而形成经济手段为主节能降耗长效机制的改革，一拖再拖；另一方面，公众对环境恶化、雾霾打击等的感受，日益趋向"民怨沸腾"，但一说到资源税、环境税等改革，却又会由其"加税"特征引发一片反对声浪，甚至有人会跳着脚骂娘，很不认同这种会牵动利益关系的经济调节方式。上述这种政府、民众两大方面的悖反和荒谬状态，导致"科学发展""生态文明"迟迟难以落地。我们必须依靠着眼全局、前瞻长远、逻辑清晰、设想周全的改革设计，与以更大决心、勇气、魄力和智慧构成的改革行动来破解悖反，把中国来之不易的现代化发展势头和仍然可能在相当长时期内释放的较高速发展和"升级版"发展的潜力，真正释放出来。

实话实说，节能降耗方面政府行政手段为主的选择式"关停并转"操作空间有限，仅适合为数不多的大型企业；以法规划定"准入"技术标准的"正面清单"方式，逻辑上说可面对中小企业，但如果以此为主导操作，一定会产生为数众多、防不胜防的"人情因素"和设租寻租，发生事与愿违的种种扭曲和不公，效果亦不具备合意性。面对国内业已高达 6000 万户以上的海量市场主体，真正可靠、效应无偏的转型升级出路和可充当主力的调控长效机制，是通过改革，以经济杠杆手段为主，让本应决定性配置资源的市场力量充分发挥公平竞争中的优胜劣汰作用，"内生地"、全面地、可持续地依托社会主体的利益考量自觉践行"节能降耗"，把真正低效、落后、过剩的产能挤出去，进而引发出一个绿色、低碳、可持续的经济社会发展"升级版"。

（二）对"供给管理"的特定要求：使管理调控与特定针对性相合。

适应国情、优化结构、协调规划、制度建设等问题，都是有别于"需求管理"的"供给管理"问题。在世界金融危机发生前后，中国不论是存在较明显的流动性过剩和通胀压力、还是在其演变为流动性不足和通缩压力的情况下，针对某些领域的有效供给不足、投入滞后的结构性供需失衡，都十分需要运用政府理性的供给管理手段来强化经济社会的薄弱方面和"短线"领域。节能降耗、生态保护、自主创新等，恰是无法通过需求端总量调节来达成目标的，亟须运用结构性对策通过"供给管理"加大某些要素投入的力度和促进相关机制创新改进，来加强经济社会中的薄弱环节，以改进总供需的平衡状态和提升经济发展的可持续性。优化中国能源、环境战略对"供给管理"的特定要求，至少可从以下几方面来认识。

1. 资源开发和能源结构优化需要中央政府通盘规划中的顶层设计供给。比如，在全面考虑中国资源约束与进出口调节可能性等因素的前提下，对于全国电力中长期供给整体结构中有多少火电、水电、核电和风电、太阳能电等，迫切需要通过高水平的电力供应顶层规划通盘考虑、动态优化。这种顶层规划需要依靠中央政府合理有效的"供给管理"来实现，因为它注定无法依靠眼界相对狭窄的地方政府和分散的企业与企业集团在各自的自主、自发行为层面，通过"试错法"来形成一个具有长期合理性的格局，必须由中央政府牵头来形成优化布局，这正是中国政府体系转变职能中的重大问题，也是正确处理政府和市场关系核心问题的一个组成部分。这种顶层规划客观上需要多方面、多层次的战略一起配合，发挥矩阵型功效。例如电力行业的顶层规划，需要由整体能源战略的顶层规划来覆盖，在对火电、水电、核电和可再生能源的通盘考虑中，还应当特别注重火电与煤炭行业、环保行业发展规划的协调衔接，以及与交通运输网建设、输变电网建设良性互动的设计等。

2. 消除产能过剩需要政府"深化改革"的相关制度供给。为求尽快解决我国产能过剩导致的资源、能源低效配置和浪费问题，关键在于真正让市场在总体资源配置中起决定性作用，着力通过深化改革和全面配套改革形成的"制度供给"，消除政府不当干预生产要素价格而形成种种扭曲的体制土壤，推动政府以维护公平竞争和市场"优胜劣汰"机制为其基本定位，恢复正确的价格信号，通过比价关系和价格形成机制的市场化及其"优胜劣汰"功能，消除体制性产能过剩。

3. 解决雾霾危机，倒逼供电供暖"能源清洁化"与重化工业、汽车产业等的技术供给和相关制度供给，实现创新升级。为缓解雾霾压力，对煤而言，除已提及的尽量控制和减少煤炭在全部能源组合中的比重即控制、降低煤炭依赖度之外，显然还必须大力促进煤炭使用、消耗中的清洁化，以供给管理手段激励煤炭能源绿色化技术的开发与利用，以及进一步开发"生物柴油"等清洁能源。鉴于中国很长时期内无法改变"以煤为主"的能源结构格局，更应特别注重煤转电能、煤液化、零碳排放技术（碳捕获技术）和清洁煤技术等为主的煤炭能源绿色化。重化工行业的节能降耗减排治污，显然也是治理雾霾的一大重点，相关的技术创新迫切需要得到制度机制创新的支撑来释放潜力与活力。以煤炭资源、税"从量变从价"切入的改革及其带来的新一轮价税财联动配套改革，对此将有莫大的意义，会通过在全产业链传导的比价关系和价格形成机制调整优化，促使千千万万分散的企业出自利益动机"内生地"千方百计节能降耗和努力开发有利于节能降耗的工艺、技术与产品。另外，大力加强新能源汽车和电动汽车的研发也势在必行，雾霾问题的严峻性正在倒逼汽车行业技术升级和机制变革。中国政府早已向电动汽车的购买者提供每辆车 3.5 万元到 6 万元之间的补贴，但囿于充电条件等原因，国内在使用电动车方面的进展不大。近来随着进口电动汽车高调进入中国汽车市场的冲击，亟须我们正视和借鉴这方面以美国为代表的国际经验。美国电动汽车特斯拉集团创立于 2003 年，短短几年时间已发展为国际电动汽车的领跑者之一。回顾特斯拉的诞生，可发现三个关键要素：一是特斯拉之父马斯克和艾伯哈德对其研发的战略谋划的巨大魄力；二是两大投资人的慧眼识英；三是政府在特定阶段上的大手笔政策性融资支持[1]。分析特斯拉的特色经营：一是将产品本身定位为高端电动跑车，锁定全球市场空白；二是以英国莲花汽车作为科研技术转化为生产力的桥梁，迅速推向市场；三是营销方面采用饥饿营销、限量供应及顶级名人效应；四是针对市场关注重点明确给出未来预期，如在中国将考虑首先于京沪线配建充电系统。特斯拉的创立和发展模式无疑为正在大力推行创新之路的中国带来了许多启示：美国的政府和学界在金融危机之后虽然并未在理念上如何强调供给管理，但在实践中，美国人供给管理的作为却如此可圈可点！政府在延续硅谷"无为而治"式传统的同时，却实质性地添加关键点上政策性大规模优惠贷款的发力。中国在面对国内市场经济体制尚未建设到位、创新又尤其需要政府推动和引导的现状下，仅依靠需求端的总量调节显然很难如愿在国际竞争中成功追赶，亟须从供给端发力，以理性的供给管理推动电动汽车等一系列环保产品、产业的创立与成长；在面对"特斯拉"们对全球市场的布局时，我国政府更需要以多种手段引领本土厂商"与狼共舞"，在开放式竞争中跟上第三次产业革命的大潮，在着力寻求合作共赢中，以机制创新的组合调动和发挥技术上的"后发优势"的潜力、努力最终实现自主创新、集成创新和引进消化吸收再创新所合成的技术赶超，助力雾霾危机因素的控制和化解。

六、供给端发力的路径探析及对策重点

基于"半壁压强型"基本国情之上、三重叠加等相关分析认识，以及优化能源通盘规划、消解产能过剩、创新体制机制供给等相关供给侧问题的勾画，已引伸出本文论题对于"供给管理"的天然联系和特定要

---

1 "2009年3月，特斯拉的家庭用车Model S原型完成。力推新能源战略的朱棣文和奥巴马参观了特斯拉工厂，马斯克拿到了能源部4.65亿美元低息贷款用于Model S量产。2010年7月，特斯拉在纳斯达克上市。2013年第一季度实现盈利，股票一度涨到100美元左右，先前无数质疑的声音都改口称赞它是未来。"（蒲实．埃隆·马斯克：无限的创想与意志的胜利 [J].三联生活周刊，2013，39.）

求。服务于中国能源、环境战略策略的"供给管理",可考虑以"顶层规划—战略策略—政策倾斜"路径展开:第一,尽快弥补能源开发利用缺乏高水平顶层规划而导致的横向结构战略空白,修正误区。第二,在顶层规划指导下的战略和策略应充分注重协调性和可操作性,细化到切实解决纵向贯彻落实中操作层面的问题。第三,以横向、纵向的供给要素到位为坐标系,有针对性的合理政策倾斜应切实跟进,起到矩阵型调节作用。其后,我们主要的具体对策建议是,政府管理当局应聚焦于环保绿色低碳取向的"现代国家治理"体系、经济调节手段为主实施节能降耗和升级换代、完善环境税收和政策性金融服务、破解过度垄断等着眼点,来优化供给管理。

(一)路径探析。

1.顶层规划。要克服多年来相因成习的弊端。在国内近年来各界已热议行政架构方面成立能源部或能源委的背景下,目前中国能源开发和使用领域却延续着计划经济色彩极其浓重、以多部门多头行政审批占据主导、管理体系权责不明、能源巨头各自为政、相关部门缺乏有效协调合理联动、监管实效乏善可陈的尴尬局面。更加深入地对这些问题进行考察,可得到如下认识:第一,中国主管能源的行政管理部门脱开了"全景图"的局部、点对点调控,使管理范围极宽泛,从某规划到某项目和某项价格,从准入到行为,处处扣死,延续的计划经济强势手段,导致行政审批权大如山,绩效却差(例如:"十五"初期行政规划不当导致其后全国持续3年缺电,基于此相关部门在一年里批出2亿多千瓦的巨额电力投资项目,并继续于"十一五"期间审批了2亿到3亿千瓦的规模,至"十二五"才开始着手调整,供需大起大落,难现大致均衡状态)。第二,能源不似其他许多产业部门出现决策失误慢慢回调的"痛苦度"较低,一旦能源决策出现较大失误,且不论中国的现状是责任无人承担,即使有相关主体勇于站出来认错,也需要很长的扭转和调整期,"阵痛"绝非一朝一夕,其造成的能源浪费和低效问题(包括匮乏中的"强制替代"——如企业遇停电改以小柴油机组发电等)更是不计其数——对于中国这样能源—环境约束严峻、又正处于工业化、城镇化加速转轨时期的经济体而言,正可谓能源无小事。第三,在缺乏顶层设计和有效的通盘协调机制的同时，能源管理体系可谓错综复杂，石油、煤炭、天然气、电力、热力等，家家都以"老大"自居，各自为政，产业全链条上煤炭这样的主力能源，其开发、利用、消费事宜与多部门联系紧密，却往往于处理环节上权责不明、相互推诿、拖延无期、互不买账。第四，显然，我国作为主力能源供给的火力发电方面的电厂电站规划、建设，与国土资源开发通盘规划和交通网、输变电网等发展战略规划必须结合在一起，纳入顶层规划的完全体系，因为只有如此才能在体现全貌的"全景图"下真正处理好结构优化、节能降耗、升级换代和投入支持、行业监管、体系动态优化、持续运转等相关问题。

2. 战略思维与策略要领。顶层规划下还必将涉及一系列战略权衡和策略选择。战略谋划层面有所确定后，策略考虑也带有"细节决定成败"的意义和影响力。以电力系统为例，在对电力产业格局相对清晰的顶层规划之后，接下来就涉及全套战略部署的确定，比如在火电、水电、核电、风电、太阳能电的通盘部署有了全景图的情况下，如何以火电产业升级换代、提高煤炭清洁化使用水平和能源使用效率等为重心，制定出水平合格的战略设计和相关的明确要领，包括如何加大可再生能源的利用空间，尽快推动太阳能电在财政补贴支持下竞价入网，如何推行煤炭的清洁化使用技术，等等。战略选择还联系到一系列更为具体的策略性、技术性考虑，例如火电中坑口电站的建设（所谓坑口电站，是指在煤的原产地建设的大型电站，优势是煤一采出可就地发电，节省煤炭的运送成本，煤产电后可直接输出，但会相应提出对输变电网建设的新要求），必须根据坑口电站建设所受到的自然条件和配套设施建设等条件约束，进行细致比较选择后布局，比如是否选择在某一主力煤矿坑口的那个具体位置上建设主力电厂。就目前我国铁路运力至少50%用于运煤的现状来看，更多兴建坑口电站节省的将是铁路运输能力投资，同时也能够节省一些与之相关的附带投资，但与此同时，又需要增加输电网建设投资，权衡比较之中，地理、气候等条件和技术因素考量也要充分地综合在一起。类似的并非简单替代关系的考量和协调，在从战略抉择到策略选取的流程中决不在少数，这也是从顶层规划的战略通盘布局向带有战略、策略意义的具体项目上面的落实与必不可少的协调。

3.政策倾斜。在顶层设计、战略抉择以及随之而来的策略考量之后，势必还要求在整个矩阵型体系中配之以公共政策有针对性的倾斜支持。政策调节一旦带有"区别对待""支持重点"的特征，则与"供给管理"的天然联系便必会凸显，服务于战略权衡、落实策略选择的相关政策，将无可回避地呈现出选择式、倾斜式、区别对待式的相应特征。当然，这也是对决策主体、政策当局的考验。

（二）对策重点。

在面对未来的新起点上，为把中国今后超常规发展的路径走好而一直联通至"中国梦"愿景，就要充分重视从供给端最大限度地化解矛盾、调动潜力和激发创新活力，并避免出现不能承受的风险和较大失误。非常之举需有非常之策，与其他经济体相比，中国一定要有更强有力的能源战略、环境治理与生态保护方面的政府作为，但其中应该抓住不放的是经济手段为主的机制建设，使市场决定性配置资源作用得到发挥的同时，可以更好发挥政府作用，兴利除弊。在具体对策建议上，我们于此提出如下五个方面。

1.高度注重聚焦于环保绿色低碳取向下的"现代国家治理"体系和能力的提升。党的十八届三中全会关于全面深化改革的决定中"国家治理体系和治理能力现代化"的表述，高度概括了"五位一体"全面改革新时期的治国理念，其中以现代化为取向承前启后的所谓"治理"，实质上指的是一套多主体互动中最大包容性的制度安排与机制联结，其中有管理也有自管理、有调节也有自调节、有组织也有自组织，关键内容是以制度建设释放红利支持邓小平提出的"三步走"现代化战略目标的最终实现。基于这一认识，环保绿色低碳取向，必须有针对性地作为"攻坚克难"的重点之一，贯彻于整个治理体系和治理能力现代化提升的若干年阶段性进程中，在高水平顶层设计通盘规划下，在正确合理把握战略思维和策略要领下，形成以环保绿色低碳为取向的转轨升级与现代市场体系、现代财政制度的内在联系和良性互动，包括积极运用财政分配及其政策在供给端不可替代的特殊调节作用，促成具有科学性、合理性和聚焦于环保绿色低碳取向的"现代国家治理"体系建设"换挡升级"。

2.以经济手段为主推动节能降耗和产业升级换代。面对如前所述极为严峻的能源—环境约束与雾霾式紧迫挑战问题，中国亟须十分有效的节能降耗、淘汰落后过剩产能、实现经济社会发展中从产业到消费的升级换代。欲达此目的，非常有必要清醒认识行政手段在市场经济环境下相关作用的有限性，以及法律手段的"慢变量"特点和"基础框架"属性，实践中必须更多地考虑以经济手段为主。我国能源、环境方面的计划与行政审批早已司空见惯，"关停并转"之声多年间不绝于耳，但政府在缺乏合格的顶层设计通盘规划的情况下，通过行政审批作出的碎片化决定，效果远远不如人意，关停并转仅能适应于少数企业，面对现全国总量已逾6000万户的海量市场主体，政府并没有本事正确地去逐一甄别哪些企业是过剩、落后产能的代表而应被关停并转排斥出局；法律的作用主要在于维护、保障企业公平竞争的规则与环境，原则性地规范必要的准入限制，但以法律形式和名义规定的准入量化标准，一旦面对千千万万分散的对象，由政府权力环节铺开去做，便会产生大量的设租寻租扭曲现象，不仅低效率，而且腐败行径会防不胜防，实际结果无法保证基本的公正性和有效性。简言之，一系列客观因素决定了行政手段为主无法保证科学合理，仅强调法律规定的准入仍难以避免扭曲而无法如愿落于实效。节能降耗上，政府能够明确给予的往往是方向性的东西，至于市场中千千万万家微观企业中到底形成怎样的结构、采取怎样的技术路线才能真正节能降耗和具有可持续性，只能在通过市场机制发挥充分作用并实现优胜劣汰的过程中才能知晓。把经济手段落实到可操作的层面，主要是指可从供给端"区别对待"并与市场机制兼容对接的规范的税收、支出补贴政策和政策性金融手段，比如，在可再生清洁能源的开发利用以及煤的清洁使用和生物柴油等方面推行有针对性创新激励的财政补贴、税收优惠和政策性融资支持等等。

3. 大力完善环境税收体系。积极通过资源税、消费税、环境税的改革，把全产业链中的比价关系和价格机制引向"内生的"节能降耗激励状态。（1）资源税方面。从全局资源配置来看，目前我国在一般商品价格已由市场决定的情况下，资源产品的价格，特别是基础能源仍然存在严重的比价关系与价格形成机制的扭曲问题，对经济和社会形成了不可忽视的负面影响，最典型的例子就是"从煤到电"这一基础能源命脉层面存在的体制机制严重扭曲。必须以资源税改革中将煤炭原来的从量征收转为从价征收为契机,实质性推进"从煤到电"理顺全套体制机制的配套改革,使能源比价关系和价格形成机制适应市场经济健康运行和节能降耗的客观需要,使千方百计节能降耗和在竞争中努力开发有利于节能降耗的工艺、技术和产品,成为千千万万个企业出于自身经济利益诉求的自觉行动。政府应做的是掌握好改革推进的力度,使大多数企业经过努力可以继续发展,少数企业被淘汰出局(所淘汰的也就是所谓的落后产能和过剩产能)。(2)消费税方面。以节能降耗为取向推进消费税改革,需对消费税的征收范围、税率、征收环节等进行适当调整,着力发挥其调节经济结构促进生产和消费低碳化的杠杆作用。(3)环境税方面。发挥环境税收使污染主体的外部成本"内部化"而促进绿色发展的积极作用,同时合理处置增加企业负担的问题,一方面积极推进现行税种的"绿化",另一方面研究开征针对二氧化碳、二氧化硫等特别污染物排放的增量税种。在增加环境税收入的同时,可按照追求"双重红利"的原则,在维持宏观税负大体稳定的前提下,考虑适当降低企业的所得税水平,同时免征减征污水处理、垃圾处理等污染治理企业的生产经营性住房及所占土地的房产税和城镇土地使用税等,对环保企业给予激励。

4.积极合理提供政策性金融服务。第一,加强公私合作伙伴关系(PPP)模式与政策性金融的结合。从现阶段来看,财政需从以往较简单的贴息、政策性信用担保等模式向PPP等更复杂的金融机制开拓创新。PPP实际上必然带有政策金融的性质,在我国以往主要以政策性银行为核心的政策融资领域,今后应更多地借鉴PPP模式下国内外已有成功经验支撑的融资模式和管理运营模式,大力支持绿色低碳取向下的适宜项目发展。随着中国多级多元资本体系的建立,证券化融资之路也将进一步打开,可考虑以开设特定目的载体即特殊项目公司(Special Purpose Vehicle,即SPV)为标杆,在法治化、规范化形式下开展特定项目投融资。第二,营造良好的市场环境,包括改革深化金融体系、发展产业基金,培育创业和风险投资的引导基金或母基金,提供多样化的政策性金融产品,为结构升级提供更加有效的融资服务。第三,在政策性融资机制创新中构建多层次、广覆盖、可持续的小微金融服务体系,在切实改进小微企业金融服务的机制建设中加入绿色、创新的导向。第四，在市场经济环境中积极将政策性金融业务与商业性金融对接，部分政策融资业务可以招投标、贴息等方式交由商业银行等机构承办，充分发挥各自业务优势，实现双赢、多赢。

5. 在全面改革中破解过度垄断，攻坚克难。中国能源领域的特殊性，还表现在国有大型能源企业"几家独大"的局面，石油方面的中国石油和中国石化、电力方面的国家电网和南方电网等等企业，一方面各自为政、极难统筹，另一方面以"大"为尊、弊端高发，国际竞争力受限。以石油行业为例，中石油、中石化已是跻身世界500强的能源巨头，但与国内另外两家中海油、中燃气合并在一起，营业额也才勉强可与美孚石油相当，而利润则远低于美孚。事故、腐败等问题频频出现伴随着创新动机不足、技术进步和服务优化乏力现象；高管超高工资，职务消费奢华，"劳务派遣工"却待遇明显偏低；运营绩效低下、发展创新滞后，伴随着的是节能降耗减排治污的潜力空间不能充分打开。究其原因，核心问题还是在于过度垄断，压抑生机与活力。因此，必须优化制度供给，致力于建立公正、公平、公开的市场环境，降低准入，在能源行业内较充分地引入企业竞争机制，攻坚克难，破解国有大型能源企业只手遮天局面，增强能源企业的创新力和国际竞争力，寻求全球化背景下以"混合所有制"与世界能源企业的合作共赢和高水平低碳化发展。

七、小结与余论：以理论烛照、引领实际
——正视供给管理的重大课题

以"胡焕庸线"揭示的"东南半壁"人口分布格局这样的基本国情为初始线索，我们指出了中国能源消耗、环境压力的三重叠加，即人口密度、汽车空间密度、能源消耗空间密度所实际存在的"半壁压强型"特征，叠加了重化工业为主要支撑、带有明显的"压缩型—密集式"外延型粗放型特征的高耗能经济增长阶段，又叠加了能源格局很长历史时期内无法改变的"以煤为主"环境压力。基于此，我们得出中国亟须针对性地优化能源、环境全局战略的基本结论，并通过回应"为什么摆脱

不了煤"这一问题，引伸到控制煤炭依赖度和提高煤炭清洁化利用水平所必须解决的体制机制问题等的特殊针对性，再结合能源结构通盘规划的欠缺、产能过剩的形成、体制机制的不良与环境危机压力的关联逻辑这一线索和供给端共性特征，勾画出本文论题与"供给管理"的天然联系，并结合优化中国能源、环境战略必须把握的特殊针对性，探讨了对于"供给管理"的特定要求，进而提出了"供给管理"应当遵循的"顶层规划→战略思维与策略要领→政策倾斜"这一贯彻路径，认为其落实于对策层面可从聚焦于环保绿色低碳取向的"现代国家治理"体系、节能降耗和升级换代、完善环境税收、优化政策性金融服务和破解过度垄断五方面着手。

以上"理论结合实际"的考察，合乎逻辑地表现出"供给管理"的特定意义和以相关理论认识的廓清与深化为解决现实重大问题提供烛照与引领作用的客观必要性。中国学者的"新供给经济学"研究近年已在这一领域有所铺垫和有所进展。

无庸讳言，"供给管理"的理论分析往往明显更复杂、更艰难于需求管理，并且由于需要政府通过"区别对待"的供给端发力来实施，所以在更大程度上带有政府失误的可能性与不确定性。处理得好，能够有效地帮助达成预期目标，发挥"超常规"发展的支撑效应；但处理不好，也有可能事与愿违，在改革不能够实质性推进的情况下，供给管理的最大风险就是以政策支持为名带来一系列的设租寻租和紊乱、扭曲、不公等不良后果。

尽管如此，我们也不能由于供给管理可能会带来不良后果而放弃中国追赶—赶超式现代化追求过程中所可能依仗的这一利器，不应一味地在供给领域畏首畏尾。简单沿着需求管理的思路走，在前述中国"三重叠加"现实国情面前，注定是无望冲破重重约束实现"后来居上"的。从前面几十年间的中国实践看，即使是常常被人们所指责的地方融资平台这样地方政府以潜规则强制替代明规则而实际实施的供给管理，也是根据地方发展战略而联通到策略，以政策倾斜的方式支持超常规发展，虽然存在着不透明、不规范等带来的一些不可忽视的问题，并容易存在种种设租寻租行为，但是从中国经济发展的主流上来看，这种"跌跌撞撞"中出现的供给管理，仍然在各地确实起到了不少积极的推动作用，并在很多情况下开始倒逼着阳光化制度的产生。在党的十八届三中全会、四中全会全面改革的全局部署之下，我们理应更有信心、更为积极地在中国特色社会主义市场经济发展中，以实质性推进配套改革为核心处理好无可回避的全局性供给管理重大课题，守正出奇、稳妥有力地应对好"三重叠加"式能源、环境挑战，以非常之策，破解非常之局。

参考文献

［1］胡焕庸. 中国人口之分布［J］.地理学报，1935（2）.

［2］张林. 不可逾越的"胡焕庸线"［N］. 科学时报.2010-1-20，B1 区域周刊.

［3］约翰·梅纳德·凯恩斯. 精英的聚会［M］.南京：江苏人民出版社，1998.

［4］林伯强，牟敦果. 高级能源经济学（第二版）［M］.南京：清华大学出版社，2009.

［5］魏一鸣，焦建玲，廖华. 能源经济学（第 2 版）［M］.南京：清华大学出版社，2011.

［6］吴传钧，巴尔扎克，等. 苏联经济地理地理学报，1951（1-2）.

［7］祝卓. 关于经济地理学研究对象的探讨［J］.教学与研究，1954（6）.

［8］钱学森. 关于地学的发展问题［J］.地理学报，1989（3）.

［9］陆大道.西方"主流经济地理学"发展基本议题演变的评述——为"牛津经济地理学手册"中译本所作序言［J］.地理科学进展，2005（3）.

［10］ADB report..Energy Efficiency and C1imate Change Considerations for On—road Transport in Asia.2006.

［11］段学军，虞孝感，陆大道，Josef Nipper.克鲁格曼的新经济地理研究及其意义［J］.地理学报，2010（2）.

［12］白浩然. 废弃食用油制备生物柴油新展望［J］.科学时报，2010-10-1，B4 企业·合作.

［13］杜祥琬. 中国能源可持续发展的一些战略思考［J］.科学时报，2010-11-22，B1 低碳能源周刊.

［14］温桂芳，张群群.能源资源性产品价格改革战略［J］.经济研究参考，2014（4）.

［15］贾康. 新供给：经济学理论的中国创新［M］.北京：中国经济出版社，2013.

［16］贾康. 中国特色的宏观调控：必须注重理性的"供给管理"［J］.当代财经，

2010（1）.

［17］贾康. 关于资源税价联动改革的几个重要问题［J］.经济纵横，2011（2）.

［18］贾康. 国有经济、国有资产及相关问题的认识与改革探讨［J］.财政研究，2013（10）.

［19］贾康. 现代化国家治理必须匹配现代市场体系［Z］.第九届中国证券市场年会上的发言，2013.

［20］贾康. 以经济手段为主化解环境危机势在必行—抓住我国基础能源配置机制重大问题实施配套改革突破［Z］. 政协第十二届全国委员会第二次会议发言稿，2014.

［21］蒲实. 埃隆马斯克: 无限的创想与意志的胜利［J］.三联生活周刊，2013（39）.

抽紧银根与压缩规模[1]

——论我国需求控制的着力点及转换条件

一

新中国成立后30余年间，我国曾多次出现较为显著的需求膨胀。在经济体制改革之前，膨胀一般是单翼的，集中于投资方面；改革以来，则表现为双翼的，投资需求与消费需求同时膨胀。需求膨胀的伴生现象是较大幅度的通货膨胀（包括隐蔽的通货膨胀）。

近年国内外一些经济学家十分强调抽紧银根、"拧住货币供给笼头"（控制货币发行量）对于中国经济宏观控制的关键意义。[2]他们把物价上涨、需求膨胀的原因归于过松的货币供应，这无疑是合乎一般逻辑的。然而，如果考虑到我国经济运行的一些突出特点，尤其是从我国宏观控制的操作角度看，我认为这种认识还没有抓住切实的着力点。对于处理我国的需求控制问题具有关键意义的恰恰是需要认识我国的货币供应是怎样过松的（为什么紧不起来）和怎样才可能将货币笼头"拧紧"（什么是有效实行货币政策的前提条件）。若是当我们

---

1 本文原载《财政研究》1999年第3期，与江旭东合作。

2 邹至庄教授认为："中国目前货币量过多，是各银行在中央银行货币控制机制尚未建立的情况下自行扩张信贷的结果。只要严密把握货币供应量，就能避免物价轮番上涨。"（《邹至庄教授谈物价：强调拧住货币供给"笼头"》，《世界经济导报》1987年8月17日）王绍飞同志提出："固定资产投资膨胀完全是由货币发行过多造成的：没有过多货币发行决不会造成固定资产投资的膨胀。不改变固定资产投资吃货币发行大锅饭的弊端，要控制固定资产投资规模是不可能的。"（《固定资产投资和银行体制改革》，《金融研究》1987年第10期）。

明确提出控制货币供应量，且中央银行也竭力为之的时候，货币笼头却无论如何仍然拧不紧、控不住（如1984年以来的情况），那么就不能不认真考察货币政策在我国现实经济生活中的地位与作用的特殊局限性。

二

货币政策与财政政策是对宏观经济实行需求管理的两大政策手段。在当代西方发达国家，当需求过旺时，通过财政、货币政策的相互配合（由财政控制支出或由中央银行抽紧银根，或二者并行）来抑制需求，是宏观调节的典型做法。由于在那里主导的倾向不是需求过旺而是需求不足，所以这种收缩性办法付诸实施的机会远不如有意刺激需求的扩张性办法为多。一般说来，上述需求管理手段的有效性需要以政府行为和企业行为的如下两方面的规定性为先决条件。

（一）政府不承担对一般营利建设项目投资的职能，其投资对象主要是非营利性的公共工程。不论货币供应政策是放松还是收紧，财政预算及其投资支出都作为一个配合事项相应作出或松或紧的安排。货币政策由中央银行具体掌握，其实施依靠一整套以参数手段构成的金融工具；各商业银行、金融机构是企业性的，不能不接受中央银行的上述经济手段调节，并将这种调节传导、贯彻到其与一般企业的信用关系中。这样，各级政府均不具备与客观上或松或紧的控制要求相悖的投资动力；一般盈利性项目由（加入国家干预的）市场来导向，企业自主进行。

（二）企业作为自负盈亏的商品生产经营者，自担投资风险，因而必须把价格、利率、税率等经济参数的变动看作其决策的基本依据和决定性信号，对银根松紧必然做出相当灵敏的常规化的反应：那些不能经受抽紧银根所形成的宏观环境严峻考验的企业就要倒闭、破产，被竞争所淘汰。因而宏观上对贯彻资金政策所借助的控制工具（参数调节手段）可以信赖，对控制效果有较大把握作出预期。

据上述可知，在西方用起来比较"灵验"的需求管理手段，属于宏观间接控制的手段，其政府行为与企业行为间的联接基本上以市场为纽带。在那里，这种政府对企业的间接控制是与管理体制、市场中介条件和微观基础相互配套，与经济运行模式相互一致的。

三

以我国情况与西方国家作对比，则有极为明显的不同。

（一）在我国，不论在经济体制改革前还是改革后，各级政府都承担并热衷于承担对生产建设项目（包括众多的一般营利性项目）的投资，尤其是各级地方政府投资热情十分高涨，当从宏观全局上看有必要实行比较紧的资金供应政策时，地方政府一般是不承认自己所辖范围内的投资存在什么规模过大、盲目建设、重复建设问题的（从地方政府的特定角度也确实能举出一系列并非不"充分"的理由），其投资行为往往形成突破总需求控制目标的最为强大的力量。即使在宏观上规定了明确的年度货币发行量控制指标，各级政府在其举办的各个投资项目上马时对票子问题实际上并不考虑。待到需要从银行户头上提取现金以满足支付工人工资等费用时，投资才现实地作用到货币发行量上面。从银行工作角度看，年度货币发行量是年度全国范围的货币总投放数减去货币总回笼数而得出的净投放额，因而要求对一个具体项目控制货币发行量是无以下手的；只要政府规定该项目不下马，银行便无法拒付现金。因此，货币投放环节本身不构成制约。又由于利率对软预算约束的政府投资行为也不发生制约，我国于货币投放环节之前称得上是资金供应控制闸口的重要环节只有贷款规模和财政支出规模。但这两个闸口也颇松弛，除各专业银行（为争基数等）存在自行扩大信贷规模的倾向外，地方政府在中央的控制决心不大、行政性手段不达于极端（所谓要"以乌纱帽作担保压投资"）时，还可以通过多种方式迫使银行多放贷，从而造成贷款总额的突破和多发货币，至于各级政府通过财政预算渠道的直接投资引起财政总支出规模过大而发生赤字，则会通过对银行的透支，加剧信贷资金的紧张，引起货币超量发行。

总之，我国的政府投资行为存在着导致需求膨胀的现实性，而金融体系中的货币供应量这个笼头对这种行为很难作为有效的"拧得动"的控制闸来发挥作用。

（二）我国的国民经济以国营企业为主干。经济体制改革前，国营企业无投资自主权，不承担任何经营风险，盈全交，亏全补，企业的需求实际上主要是政府的需求（也包含一些由企业领导者扩大其掌管范围的"冲动"所激发的需求因素）企业投资行为的控制问题实际上是政府投资行为的控制问题。改革以来，企业自主权扩大，盈亏状况与企业自身利益建立了一定联系，形成了以企业为主体的需求。对此种需求的调控呈现出比较复杂的情况。1. 随市场的利润导向作用增强，企业的投资已开始在一定程度上接受利率等金融货币政策的参数调节。2. 企业在行政上仍隶属于特定一级政府，对政府主管部门和主管者的意愿的敏感性是第一位的，而对于参数杠杆、市场价格信号等的敏感性则是第二位的。政府的投资冲动很容易传导到企业，并可能被企业所放大。只要由政府担风险，企业领导者对于铺新摊子总会抱多多益善的态度。国有企业的所谓"现重依赖"，对政府主管"婆婆"的依赖（或跟从）更为根本。3. 企业在内部工资奖励、福利方面的自主权扩大后，企业领导者为"调动职工积极性"和获得职工拥护，不能不大量使用奖励、福利刺激手段，而利益刚性和职工攀比使这种刺激总的说来只能不断加强，很难大体稳定，更不能减弱，以至发展到一些本应用于企业扩大再生产乃至简单再生产的基金也被拉去用于搞福利、发奖金，从而引出消费膨胀。在这种情况下，生产方面的"窟窿"企业自己无法填补，只能由政府拨款或贷款来解决，而在政府与企业之间仍然保持的"父子关系"中，由于政府最终不能无视"自己的企业"的再生产中断，上述从消费传导到生产上而引起扩大需求量的要求总会得到一定的满足。综合上述几方面的情况就不难理解，为什么对国有企业的自主投资和自主需求抽紧银根（提高利率或控制贷款额度）虽可在一段时间内发生一定的"降温"作用，但作用十分有限；待企业普遍喊起"资金紧张"之后，并不经过一个市场竞争中应有的淘汰过程，银根势必又要放松，最后结果是"抽而不紧"，货币发行仍然过量，需求仍然过旺。假若需求膨胀发展到非常严重的程度，以至政府不得不下大的决心对某些国有企业实行关停并转，这时需求控制会马上表现出充分的硬度和效力，但它来自政府的行政命令，而非经济参数手段所使然。

总之，我国国有企业对政府存在特定的隶属关系，预算约束很软，因而控制国有企业行为中的需求扩张倾向，仅依靠与货币供应政策直接联系的参数手段来"抽紧银根"，作用也是十分有限的。

四

从历史的和现实的情况考察，我国经济中总需求控制的有效手段一直是指令性的压缩建设规模。建设规模由纳入总盘子的所有建设项目构成，这个总盘子通常是由中央规定的，若后来又发现其过大，则要由中央下决心砍下来。在中央高度集权体制下，中央层次在决策上急于求成的失误一般是建设规模过大的主因；在向地方分权的体制下，则可能有另一种情况，即主要是各地竞相扩展自己的建设规模，使建设总规模超出中央认为正常的或可接受的那个上限，从而要求压缩。无论哪种情况，压缩的有效手段是以行政命令取消、停建项目为核心，与此相适应来控制资金供应（在财政方面是压缩支出，在银行方面是控制贷款额度等）。建设规模的压缩，带动资金供应规模的压缩，进而才带动货币发行量的减少和货币笼头的"拧住"；反之，不压缩建设规模，资金供应规模和货币供应量也就压不下来。资金供应政策和货币政策实际上既依赖于中央政府最高决策层关于建设规模的决策，也跟随于各级地方政府实际铺成摊子的建设规模的现实，其自身在压缩需求方向上的主动性很弱，政策效力很低。货币政策在我国需求控制中的这种特殊局限性，是同我国通过行政隶属关系对企业实行直接控制的经济体制和运行模式，以及政治体制、宏观决策系统紧密联系在一起的，并具有在国情、生产发展阶段、生产关系性质和结构等方面的深层原因。这绝不仅仅是货币政策、银行体系或财政、银行分配体系这几个层次上的问题，从根本上说是整体的、全局的体制模式问题。因此，仅仅考虑资金供应、资金分配层次上的缺陷，进而想通过对其弥补带来全局的改观，是难以取得实质性进展的。

我国与西方发达国家经济运行方式的上述极为重大的差异决定了宏观需求控制有效着力点的显著不同。如果把西方国家间接控制体系中控制需求的核心手段——控制货币供应量作为我国控制需求的关键，便无法达到预期目的。只要以直接控制为主的局面没有决定性的改观，"拧紧货币笼头"充其量只是发挥一些辅助性作用的手段。当然，作为努力方向，现在强调对货币发行量和货币政策的合理掌握，并加强人民代表大会对这方面的监督等等，是完全必要的，但只有在以间接控制为主的新体制格局形成之后，在"国家调节市场，市场引导企业"的运行模式中，"货币笼头"及其参数控制才能真正有效力。在达到这一境界之前，需求控制的关键和有效着力点仍然在于建设规模的掌握。田源、戴国庆同志指出："在我国现行经济体制下，建设规模大小是决定票子发行多少的始发因素"[1]，这是十分正确的。

这里也有必要指出，经济体制改革以来，一些非国有企业（如某些类型的乡镇企业）的经济运行过程同国有企业有显著区别。这些企业对政府不存在隶属或直接依赖关系，其投资、消费行为对利率、税率等经济参数变化十分敏感，当银根抽紧而过不了日子时，由于并无政府搭救，便只有倒闭，从总需求的构成因素中消失。这种情形表现了间接控制的微观生长点；随着改革的发展，这种生长点一定可以继续扩展。但是，我们能否依靠非国有企业的壮大，使其达到对国民经济全局具有决定性意义的作用，进而实现整个经济模式的转换，则是非常复杂、需要深入探讨的问题。经济体制改革9年来，我们面对的核心难题始终是如何才能搞活作为既定现实存在着并构成国民经济主干的国有大中型企业。

五

"抽紧银根"与"压缩规模"，前者代表经济协调手段，后者代表行政协调手段。在宏观控制方面由行政手段为主转为以经济手段为主的过程，必须从改革的通盘战略、策略和整体配套改革的背景来考虑。

---

1 田源，戴国庆.价格上涨与控制对策［N］.世界经济导报，1988-01-18.

我国和其他社会主义各国的改革实践都证明，在经济体制改革过程中，经济问题、政治问题和社会安定问题必然胶着于一体，密不可分。为取得改革的进展，需要一个具备一定稳定程度、总需求不过多超过总供给的环境。如果改革已产生实效，当然会有助于长期稳定。但从初始阶段来说，稳定却是一种先决条件，是解决经济问题的政治前提，也是使改革所要引入的市场机制较正常地发挥作用的必要环境。否则，价格、计划、财税、金融、物资流通、投资、外贸、劳动人事等等方面的改革措施都会受到牵制而难以出台，即使勉强出台，也难以迈过预想的区间，而在原来的区间内走成一些损耗甚大的"小碎步"。说初始条件的创造直接关系到改革的命运，是一点也不过分的。于祖尧同志提出："我们可以借助于强化行政干预来缓解总需求和总供给的矛盾，但由此实现的总量平衡却不过是下一轮不良循环的起点。因此根本的出路还在于深化改革。"[1] 这种认识在用意上虽然比较积极，但在条件与目标的关系把握上却比较模糊。我认为，有必要明确认识以行政手段控制需求与深化改革的联系。

（一）在未真正进入新体制之前，当发生比较严重的需求膨胀时，只有以行政干预、直接控制的手段为主，才能达到使总量大体平衡的目标。这是必然的，因为舍此没有其他充分有效的办法。这时所谓"急刹车"和"软着陆"的区别，实际上主要是行政手段严厉程度、持续长短的区别，而不是控制方式的决定性变化。若仅靠经济手段，"软"则软矣，但会迟迟不能"着陆"。对这一现实必须有清醒的认识。我们不可能在间接控制体系未具形态之前，就主要依靠货币政策、参数手段解决稳定问题。

（二）通过行政干预形成的总量平衡，就其本身而言，与下一轮的不良循环并没有必然的联系。如果其后体制框架依然故我，当然会成为一个新的旧式循环周期的起点，如果我们利用这一段时间内相对有利的环境成功地推进了体制改革，使经济运行模式相应发生一定的、达到"部分质变"阈值（临界点）的变化，那么就能够脱离旧式循环的轨迹，使

1　于祖尧．改革与发展的矛盾及其对策［N］．光明日报，1988-01-16.

经济得以随着新体制框架的逐步建立转入新的趋向良性循环的状态，并使经济协调手段的效能大大提高。

（三）当现实地创造了经济稳定的局面之后，关键就在于改革的配套。如果改革配套得法，则行政控制带来的稳定可以成为逐步改变以行政手段为主的直接控制方式的开端；如改革配套不得法，则很可能只会在一些新的形式下重演"放、乱、收、死"的旧式循环。改革的策略、战略要处理新旧体制交替中的各类两难问题，必然是复杂的，对于操作及其着力点的掌握势必要求极高。依靠旧体制的控制效力来创造一个建立新体制所必要的初始环境，这是改革策略掌握上不能回避的重大环节，它提供改革不可缺少的出发场地；不失时机地抓住相对稳定的有利环境，通过某些平稳的渐变和某些社会各方面可以承受的突变，逐步实现利益分配格局的重组和经济运行规则与体制模式的转换，这是改革战略上的系统工程配套，它解决改革的路线、方向和整体实施问题。考虑到当前需求膨胀居高不下，系统配套久拖不决的现实，我认为，中国的改革在总结前几年成功方面经验的同时，也需要对"掌握时机"和"整体配套"两大环节都进行深刻的反思和周密的新设计。

积极运用财政政策加强供给管理[1]

——论财政政策促进供求关系中长期均衡和国民经济跨世纪发展的思路

近年来，我国经济中的短缺现象在大多数领域已告结束，"买方市场"悄然登场。宏观经济环境的变化势必对我国经济增长与宏观调控的政策选择提出新的课题。

一、1998年财政政策的简要回顾

1998年我国面临的国内国际形势都比较严峻。东南亚金融危机的影响叠加到我国经济周期的低谷阶段上，外贸增长无力，又适值多年市场化改革终于引出"过剩经济"局面，国有经济战略性改组带来了大量"下岗"人员和失业压力，经济增长明显放慢，并出现了通货紧缩迹象。为此，我国政府果断决策，力求实行扩大内需、刺激经济的政策。

对此，中央银行陆续采取了取消贷款规模限制、加大信贷投放力度、多次下调存贷款利率、改革存款准备金制度、发展公开市场操作等一系列货币政策措施，但并未取得预期成效。在这一情况下，财政部报请全国人大对预算安排作出重大调整，运用积极的财政政策手段调控经济，实施反周期安排，启动经济增长。从总体来看，这次反周期的财政政策具有以下三个明显的特点：

（一）从政策目标来看，1998年所采取的财政政策体现了组合政策目标，即以争取经济增长速度达8%为重点，同时兼顾其他目标。

1　本文原载《财政研究》1999年第3期，与江旭东合作。

1998 年财政为解决国内需求不足，拉动经济增长，增发了 1000 亿专项国债用于基础设施建设投资；为缩小地区差距，保持社会安定，中央财政调增了 180 亿元的支出，专门用于国有企业下岗职工基本生活费保障和离退休人员养老金的按时足额发放以及抗洪救灾等；为应对亚洲金融危机，防范和化解金融风险，发行了 2700 亿特种国债，所筹资金全部用于补充国有独资商业银行的资本金，使其资本充足率达到巴塞尔协议和我国商业银行法要求的 8% 的水平；为改善出口竞争力，继续开拓国外市场和吸引外资，进一步保持国际收支的良好状态，我国政府分批提高了纺织品、煤炭、水泥、钢材和部分机电产品的出口退税率，并调整了进口设备税收政策，降低了关税税率，对国家鼓励发展的外商投资项目和国内投资项目，在规定范围内免征关税和进口环节增值税。这些财政政策的实施，除了可以直接增加投资和消费、刺激国内需求外，还能通过补充和增加建设项目资本金，为银行扩大贷款创造条件。经测算，仅 1000 亿元专项国债资金的使用就可使银行增加配套贷款 1000 亿元，使总的投资数额达 2000 亿元，如将投资的乘数效应计算在内，预计 1998、1999 两年可以相应拉动经济增长 2.5—3 个百分点。[1]

（二）从政策调控的内容看，1998 年财政政策既注意了总量调控，用以刺激经济总量回升、启动经济增长，同时也注意结构调整，兼顾经济增长的内在"质量"。这次向商业银行增发的 1000 亿元专项国债，全部用于基础设施的建设，特别是农田水利、铁路交通、邮电通信、城市基础设施、城乡电网、国家储备粮库的建设与改造、长江黄河中上游植树造林以及水土保持等方面的建设，而没有安排任何一个加工工业项目，从项目的选择上尽可能避免走重复建设那种"高增长、低效益"的老路。

（三）从政策调控的方式来考察，财政政策正在实现由被动应付向积极、主动地实施宏观调控的转变。1979 年以来，由于推行向地方放权、向企业让利等政策措施，国家财力削弱，两个比重不断下降，财政调控经济的职能弱化，财政政策表现相当被动，"低调"已久。其实，财政政策是国家在市场经济中实施宏观调控的重要手段，政府可以通过采取

1　楼继伟.中国应对危机的财政政策［N］.中国财经报，1998-10-21.

相机抉择的政策措施,调节经济结构,熨平经济周期波动,弥补市场缺陷,引导资源有效配置,促进国民经济健康发展。在1998年的调控过程中,财政政策明显地改变了"低调"姿态,财政部项怀诚部长针对当年我国面临的严峻形势,先后两次在《人民日报》发表重要文章,详细阐明了财政启动经济增长的必要性、可能性、基本思路、基本原则以及具体措施。这标志着财政政策在宏观经济调控上已实现了由被动到主动的转变。1998年的宏观经济调控措施极大地丰富了社会主义市场经济条件下政府调控经济的实践,为我国今后的宏观调控积累了宝贵的经验:

一是财政政策和货币政策在经济周期的不同阶段各自具有其发挥作用的"特长方面"。在经济扩张或高峰阶段,扩大或收缩的货币政策对经济总量的影响比较明显,可以比较有效地调节经济的发展速度;而当宏观经济处于相对收缩的阶段时,扩张的财政政策能起到更直接的刺激作用,较快速地带动经济增长,促使经济回升。西方许多经济学家认为,货币政策在启动经济时有时是低效的甚至是无效的(所谓"流动性陷阱"),我国这次启动经济增长的实践也在某种程度上说明了这个问题。人们过去通常认为,"货币调总量,财政调结构",其实,货币政策在经济周期的所有阶段并非对总量的调节全都有效,相反,财政政策在特定情况下也能有效地调节总量。

二是在买方市场情况下,财政政策需要发挥更重要的作用。买方市场是指供过于求的市场,其形成原因固然与总需求不足直接相联,但其深层的根源仍离不开结构问题,特别是在我国这样的发展中大国和在经济起飞的阶段上。因此,财政政策作为调整结构最为重要的政策手段,需积极推进经济结构优化,改善供给结构和供给质量,从而缩小供需缺口。

三是财政政策的起点和归宿应永远是整个国民经济。目前,国家财政仍然十分困难,振兴财政任重而道远。在这种情况下,更要求财政工作放眼全国和全球,胸怀宏观,从整个国民经济运行状况和世界经济动态出发,考虑政策设计与抉择,以有限的资金重点解决一些带有全局性的、战略性的问题。1998年财政政策之所以取得如此大的成效,关键就在这里。

二、今后财政政策调节中长期供求关系的基本思路

买方市场的出现，是市场经济发展到一定阶段的产物，标志着中国经济到了一个重要的转折点。我国经过近 20 年改革开放，正在走出短缺经济，向实现小康迈出了一大步。但是，我们同时必须十分清醒地认识到我国目前买方市场存在的三大问题：一是我国买方市场是低收入水平的买方市场。从国际经验看，大多数国家是在进入中等收入水平后才形成买方市场的，而当前我国的买方市场是在人均 GDP 尚未超过 1000 美元，仍属于世界上低收入国家的情况下出现的。这就决定我国需要采取适当的宏观经济调控措施，保证国民经济持续、快速、健康发展。二是我国买方市场仅仅是一般商品供给初步走出短缺的局部买方市场。虽然有关部门纳入抽样统计的若干种一般商品均供求平衡与供大于求，但国计民生的"衣食住行"四大要素中后两项的代表品——普通民用住宅和城乡交通仍都处于短缺和严重的低水平供给状况。因此，在目前，我们并没有条件轻言"告别短缺"。三是我国买方市场是经济结构矛盾十分突出的买方市场。从产业结构看，以前的盲目投资、重复建设导致目前的地区结构趋同，造成生产方面的某些恶性竞争和资源的严重浪费，直接影响了整个国民经济的可持续发展；从所有制结构看，国有经济战线过长，布局太散，有限的国有资本难以支撑过于庞大的国有经济的盘子；从区域发展结构看，东、中、西部经济发展差距不断扩大，必将影响我国经济和社会的稳定协调发展；从技术结构看，企业设备老化，技术水平低，缺乏国际竞争力。我国经济存在十分突出的结构性矛盾，这也就要求宏观经济政策始终要把调整经济结构作为一项长期的任务。

买方市场往往在发达市场经济下成为市场供求关系的一种常态。从发展看，建设社会主义市场经济的中国确实可能越来越接近这种状态。宏观经济调控政策当然必须兼顾总量和结构的调节，但一般总是要在经济总量或经济结构（换言之，调节总需求或调节总供给）两者之间选择其中一项作为调控重点。毫无疑问，在"鱼与熊掌不可兼得"的情况下，调控重点的选择与各阶段宏观经济形势休戚相关。一般而言，当宏观经

济处于经济周期的衰退阶段或低谷阶段运行时，宏观调控政策应以总量调控为主、同时兼顾结构调整，采取各项措施恢复或启动经济增长；而当宏观经济开始脱开经济周期的谷底进入扩张阶段时，宏观经济调控政策须作出相应的调整，政策的侧重点应转变为结构调整为主、总量调控为辅。当经济运行进入经济周期中的峰顶阶段时，又需要更多地注重调节总量。简言之，除谷底和峰顶这样的特殊阶段特别需要需求管理去"熨平波动"外，结构调节的"供给管理"其实具有比总量调节的"需求管理"更值得重视的缘由，更是中长期的治本之道。对于我国这样市场经济正处在不成熟、不发达阶段的国民经济，在"标本兼治"之中尤其要注重以供给管理推进结构优化和经济良性循环。

从当前的现实情况并结合今后中长期发展的要求来看，我国宏观经济调控政策的重点应随走出此次的低谷阶段而有所变化，即：在适度调控经济总量的同时，着力调整经济结构，促进产业优化升级。具体有如下几点考虑：

——展望 1999—2000 年的经济增长，由于 1998 年各项刺激经济增长政策的效果将进一步显现出来，如果周边国家经济环境渐趋稳定和好转，应当说，我国经济增长中扩张总量上的要求便或迟或早不会再像 1998 年那样迫切。从中期看，我国将由经济周期的谷底阶段进入经济周期的回升阶段。届时，宏观经济调控政策的重点转向结构调整具有现实的必要性和可行性。

——我国买方市场的外在表象是大多数商品库存上升，销售不旺，供过于求，但其内在的深层根源则在于经济的结构性问题，如：重复建设、盲目投资、地区产业结构趋同而造成的无效供给，企业产品结构不能适时调整和缺乏开发新产品的能力等等。在我国这样一个经济结构矛盾十分突出的国家，刺激需求只能从数目较小的增量上调节供需缺口，缓和有效需求不足的问题；而只有通过大规模的存量结构调整，才能从根本上促进我国在已初步出现买方市场的情况下实现经济的可持续增长。

——从世界范围看，知识经济、信息经济将成为 21 世纪各国综合国力竞争的主战场，科学技术的作用越来越突出，我国"科教兴国"战略能否得到有效实施,将在很大程度上决定我国在世界上的排名和位置。从国内看,庞大的国有经济存量如何盘活,使其充分发挥效益,是不能够回避的问题。这两个问题,一个是关于经济的技术结构问题,另一个是关于产业结构和所有制结构问题。两者从根本上影响我国中长期的经济增长,而且直接关系到中华民族能否在21世纪实现振兴。因此,宏观经济调控的供给管理政策必须对这些结构的调整优化积极助推。

总之,财政政策调节供求关系、应对买方市场的基本思路,在中长期有必要由"刺激需求、启动经济增长"逐步转变为更加注重"调整优化结构、促进产业升级"。具体而言,财政政策要立足于中国经济跨世纪的长远要求,在纷繁复杂的各种矛盾和问题中,紧紧抓住国有经济战略性重组和发展科技两个带有全局性和战略性的关键问题,并积极开拓理财和调控的新方式,以求有效地调整优化经济结构,促进中长期供求关系的改善。

三、积极推进国有经济战略性重组从庞大的 国有资本存量入手调整经济结构

面对国有经济效益连年下滑,亏损面不断扩大以及国有企业战线过长、布局太散、重复建设多等难题,财政政策作为政府宏观调控体系中的主要手段之一,须与货币政策、产业政策、区域发展政策等协调配合,积极推动国有经济战略性重组,继而实现整个国有经济的战略性重组,从整体上搞活、搞好国有企业并积极推动我国多种经济成分的各种企业在市场竞争中实现产品更新换代和产业升级。财政政策支持资产重组是财政短期与中长期政策的基本结合点,因为在中国这样一个发展中大国,财政政策不仅有调节短期供求平衡的职责,更有促进中长期经济增长、资产质量改善和社会全面进步的职责。从当前资产重组反映出的一些问题来看,财税政策亟须作出积极反应,促进国有经济战略性重组。

(一)建立国有资产管理新体制,强化财政的国有资产管理职能,建立健全国有资产经营预算。

首先,在国有资产的具体表现形态上,要树立有形资产、货币、证

券和商誉等无形资产是国有资产不同表现形式的观念。在传统计划经济体制下，政府通过财政拨款进行固定资产投资，人们便自然而然地认同了货币转化为有形资产这一国有资产转化方式。近来随着国有企业股份制改革的深入，人们又开始熟悉了有形资产转化为证券这一国有资产运营的新方式。而国有企业的出卖、破产，则是将有形资产形态的国有资产转化为货币形态。随着实践的不断丰富和发展，有形资产、无形资产、货币、证券之间的互换或者有形资产（或证券）的市场置换都会成为国有资产的运营方式。国有资产正是需要通过这种互换或置换形式，保持国有资产在总量上的保值和增值，同时在结构上不断优化，充分发挥国有经济对整个国民经济的调节作用。

其次在国有资产管理方面，总体上应将国有资产划分为自然资源型资产、公益型资产以及经营型资产三类，实行分类管理。概括而言，对自然资源型资产和公益型资产的管理，由产权管理机构向有关行政主管单位授权管理；而对于经营型资产，则需采取产权管理部门向中间层次的投资公司或控股公司委托经营的方式。这些投资公司或控股公司，对上接受产权管理部门委托的资产经营权，同时承担交纳相应的产权收入的责任。对下通过国有资产不同表现形态（有形资产、货币、证券等）之间的互换或置换，实施国有资本运营战略，保持国有资本保值增值。这些投资公司、控股公司等中间机构应按照企业化原则运营，脱离行政隶属关系的单线网络而相互竞争，即投资公司或控股公司的设置不按行政区划而按经济区域或企业群体多头分布，防止形成垄断局面，以强有力的法制规范公司层次上的公平竞争。在这一体系的形成过程中，与财政的分税制等其他改革措施配合，企业原来的行政隶属关系将被淡化，直至形成企业无行政级别，无特定"婆婆"，不分大小一律公平竞争的新局面。毫无疑问，这同时也会为企业间的兼并重组创造一个良好的外部环境。

再次，建立和完善国有资产经营预算，从价值形态上全面客观地反映国家以所有者身份取得的各项收入和用于国有资产再投资的各项支出，对整个国有资产经营的收入和支出实行科学化、规范化、法治化的管理。

（二）改进和完善税收制度，消除税制中阻碍国有经济战略性重组的因素。

1994年税制改革成效很大，为市场经济的发展创造了良好的税收环境，推动了经济结构的调整。但是，目前从国有经济战略性重组角度加以考察，现行税制仍有许多不完善之处。如：企业所得税依然按行政隶属关系划分收入，使政府对不同类型和行政归属的企业，支持、重视程度不同，并且极不利于不同层级、不同地区、不同所有制的企业跨地区、跨隶属关系、跨预算级次进行联合、兼并、合并、股份制改造，影响了企业组织结构的调整和经济结构的优化。又如，目前尚未设置社会保障税，我国社会保障制度在向"一体化"社会统筹和个人账户相结合方向的转轨过程中很多问题难以解决，直接制约着国有经济的存量重组。

在市场经济下，税收制度作为国家宏观调控的一种主要手段，应通过制定合理的税收负担来尽可能把它对市场机制的扭曲减少到最低限度，实现"公平税负，鼓励竞争"，同时贯彻政府合理的"区别对待"的政策调节意图。今后在国有经济战略性重组中，税收制度要有利于体现上述特点，努力减少行业主管或地方政府与企业间依托于行政隶属关系的经济利益联系，以此淡化政府的行政干预，同时通过适当的税收调控促进兼并方与被兼并方之间的资产重组，并健全社会保障这种"安全网"与"减震器"。

1. 要改变企业所得税按照行政隶属关系划分的办法。从现实制约条件出发合理划分中央与地方的所得税管理权限，可考虑将企业所得税作为中央和地方的共享税种，采取按率计征的办法，由中央统一征收，然后按规定的比例分成给地方。这样既有利于中央所属企业与地方企业的平等竞争，断绝企业与各级政府的行政隶属"脐带"关系，有利于企业组织结构的调整和优化，又有利于调动中央、地方政府双方的积极性。总体上扩大了的共享税收，可待今后条件成熟时使之逐步分解、溶合于国税和地税之中。

2. 开征社会保障税，促进跨地区、跨行业、跨所有制的企业人员流动和资产重组。就我国国情而言，社会保障体系宜由国家统筹、企业、个人自筹三方面共同承担。而开征社会保障税，逐步由国家统筹形成基本社会保障的支柱和对全社会的覆盖面，是国际上大多数国家的共同选择。目前国际上已建立社会保障制度的140多个国家中，就有80多个国家开征社会保障税。按照建立社会主义市场经济体制的要求，选择征收社会保障税的筹资模式是克服现行统筹办法各种弊端的必然选择，意义十分重大：（1）开征社会保障税可以通过立法形式增强征收刚性，有利于建立规范化的征缴、管理、使用三者相互监督，各司其职的保障体制，打破条块分割"五龙治水"的格局，提高社会保障资金的社会效益和经济效益。（2）有利于扩大资金覆盖面，便于资金在全国范围内的统一调度。（3）有利于公平负担。现在社会保障统筹由于管理分散，筹资比例相差甚大，有的省高达39%，有的省只有15%，相差20多个百分点。由于筹资比例不一致，带来的负担不均衡，不利于企业之间的公平竞争和劳动力的自由流动。（4）由国家财政以税的形式征集社会保障资金，便于建立规范化的预算管理，形成财政责权利相统一的机制。即：当社会保障支付出现高峰收不抵支时，由财政保障支付，在出现结余时，通过购买国债，确保资金保值增值，避免投资风险，同时也有利于增强国家的宏观调控能力。（5）税收部门统一征收还有利于节约征收成本。

3. 适时开征资本利得税，促进和规范国有经济战略性重组。在我国现行税收体系中，没有设置调节资本利得的专门税种。而随着国有资产"三改"（改革、改组、改制）的深入进行，企业资产的转让、出售、租赁等活动必将日益增多，这就要求对资本利得进行规范的税收调节，这既是政府管理、引导和调控资产流动、资本转移行为的客观需要，也是规范企业竞争行为和竞争秩序的一个重要方面。从总体来看，资本利得税的设计，一应着眼于市场经济的良性发展和资本市场的规范成长，二应促进平等纳税环境的形成，即给予不同资本的持有者以大体平等的竞争机会。

（三）适时合理实施"企业—银行—财政债务转换"，降低国有企业的资产负债率及银行的不良债权，从而减少产业兼并重组中来自企业负担方面的阻力。

针对国有企业资产负债率较高的现状，可研究如何适时、合理地采取"企业—银行—财政债务转换"的思路加以解决。具体设想是：可以将一部分还贷无望、破产兼并亦不可行的国有企业（部分大型军工企业是个明显的极端性例子）欠国家商业银行贷款的一部分（甚至全部）转化为商业银行所持有的10—20年期长期国债。"转换"的前提工作，一是要进行严格的选择和甄别，凡是有其他途径解决债务危机的企业（包括可清盘的企业），都予以排除；二是统筹协调，设计安排好"转换"的总规模与实施步骤。"债务转换"能否取得成功的关键，是要结合多方面的体制变革、机制转换、结构调整以及有关政策的密切协同配合，使这次"债务大赦"真正成为国有企业大锅饭"最后的晚餐"。

将国有企业的债务负担转换为国有商业银行持有的长期国债，一方面是在解除这些国有企业债务负担的同时，启动他们按照现代企业制度的要求实行机制转换和资产重组；从另一角度看，商业银行大大增加了国债持有量，既提高了资产质量，也为中央银行大规模地开展公开市场操作奠定了基础，有利于健全财政货币两大政策的协调配合体系。

从财政角度考察，乍一看似乎大大增加了负担，实则不然。根据粗线条测算，假定目前国有企业中国有商业银行不良贷款的总规模为6000亿元，在经过"选择与甄别"之后可实行"贷款转国债"办法的占其中1/3，则"转换"增加的国债规模为2000亿元，与1998年底已有国债余额加总，则我国国债总余额约为1998年GDP的15%左右（这在国际比较中，仍是很低的数据）。由于这些债务均发生在以前年度，"贷款转为国债"仅仅是个账务处理，故不直接影响当年的预算安排和债务依存度。对于以后财政年度的影响，只要采取适当的方法，影响并不大。可以作如下匡算：假设这2000亿元国债在10年后一次还本付息，按单利5%计算，则总计需3000亿元。若以1998年为起点，今后10年间GDP年均增长10%，财政收入届时占当年GDP比重为15%，则2008年国家财政收入总盘子约为32000亿元，3000亿元的还本付息额相当于年度财政收入的9.4%，这可视为财政可承受的还本付息压力的最上限；若再把这一笔还本付息均匀处理在其后5年的区间，考虑到其间财政收入规模还要增长，则只相当于财政年收入的2%以下。若均匀处理在其后10年的区间，则肯定不到财政年收入的1%。因此，只要把这笔国债平均期限设计为 15 年左右，还本付息压力方面便不会成为大的问题。[1]

四、促进科技发展推动产业结构优化升级

科学技术是第一生产力。面对知识经济的挑战，发展科学技术、促进产业升级成为我国在总体发展战略上时不我待的必然选择。党的十五大报告指出："要充分估量科学技术特别是高科技发展对综合国力、社会经济结构和人民生活的巨大影响，把加速科技进步放在经济社会发展的关键地位。"财政政策作为国家宏观经济调节的重要手段，在加速我国科学技术进步方面负有义不容辞的责任。

（一）树立"财兴科技、科技兴财"的观念，鼓励和引导全社会增加科技投入。

首先，要加大科技投入力度，确保财政科技投入的增长速度高于财政收入的增长速度。这一点已由法律作出明确规定，问题的关键在于政策扶持重点的选择。从我国具体国情看，一要扶持农业领域的科技进步，这是我国在 21 世纪生存与发展的前提；二要积极鼓励企业运用高科技成果改造传统产业，尽快提高支柱产业和主要制造业的国际竞争力；三要加强第三产业的科技进步，因为第三产业将是我国未来吸纳就业人口的主要领域，而且其快速增长会成为国民经济持续增长的主导力量。

其次，要改革财政拨款方式和资金管理方式，科研经费要由养人转变为办事。改革科技三项费用的使用办法，实行招标、投标及专家评审制，切实加强财政科技投入的资金管理，提高资金的使用效益。

再次，要积极扶持科技风险投资，促进科技成果的转化。所谓科技风险投资，本是指把资金投向蕴含较大风险的高科技开发领域，以期成功后取得高资本收益的一种商业投资行为。西方发达国家科技风险投资在促进科技成果转化为商品的过程中发挥着关键性的作用。这本是一种

---

1 贾康，王晓光，马晓玲.国有企业战略性改组中的债务重组问题［J］.管理世界，1998，4.

市场行为，无须政府插手。但在我国市场机制尚不完善、又面临紧迫的"赶超压力"的情况下，政府仍需注入启动资金和实行政策优惠，引导全社会增加科技风险投入。

（二）完善现行税收制度，促进科技进步。

现行增值税的特点之一，是增值多的多征，增值少的少征，不增值的不征（以低税率产品为原料者除外）。这种中性、简便的税制虽有种种优点，但对于知识技术密集型的企业却有不利之处，因为高新技术产品往往也是高附加值的产品，消耗的原材料少，增值比重大，而按我国目前这种"生产型"增值税的要求，其可供抵扣的进项税额很少，不属于抵扣范围的技术转让等间接费用比重大，税收负担自然十分沉重。这与我国产业政策和经济发展战略目标相悖，在一定程度上抑制了科学技术的发展。

从中长期看，为解决以上矛盾，推进科技进步，促进产业结构升级，同时也为了推动国有经济战略性兼并重组，盘活存量资产，现行生产型增值税必须要最终实现向消费型增值税的转变。目前遇到最大的困难是固定资产所含税金的扣除问题。我国经过几十年的建设与积累，固定资产的数额极大。增值税由生产型转化为消费型，可考虑将固定资产划分为存量和增量两部分。存量部分十分庞大，所含增值税可能要上万亿，就是分期抵扣,财政也难以承受。因此,存量部分可以不纳入转型范围内。对于增量部分，1997 年全社会固定资产投资额为 25300 亿元，其中涉及基建、技改投资约 7069 亿元。按 17% 的税率计算，所含税额为 1200 亿元。这一数目相对于每年的财政收入亦不是小数。因此，尚需对具体的过渡方案和操作安排抓紧研究，在充分考虑财政压力的情况下，设计尽可能全面周密的方案，积极稳妥地推进增值税的转型进程。

在增值税未改为"消费型"增值税之前，税收政策可在以下领域作出适当调整，促进科技进步：

1. 对于购入科技成果或接受科技成果作为投资的企业，允许其按发票金额或法定评估机构所确认的价值的一定比例（如 10%）计入当期增值税进项税额。这一措施在保证增值税链条完整性的基础上，既有利于我国为数众多的老企业实现传统产业的高技术化，促进国有企业固定资产大规模更新改造，同时也将在一定程度上推动我国产权市场和技术市场的发展与完善。

2. 对科研单位、高新技术企业的"四技收入"免征营业税。1994年税制改革后财政部、国家税务总局曾联合发出通知，规定对科研单位取得的技术转让收入免征营业税，并明确指出，这里所说的技术转让，是指有偿转让专利和专利技术的所有权或使用权的行为，从而将与技术转让有关的技术咨询、技术服务、技术培训等收入排除在免税范围之外。这使得科研单位流转税负担上升，因为此前与技术转让有关的技术咨询、技术服务、技术培训等收入与技术转让收入一样享受免征营业税的待遇。为促进科技发展，建议对科研单位的"四技收入"一律免征营业税。同时，考虑税收的公平原则，对高新技术企业的"四技收入"也应一视同仁，给予同样的免征营业税的待遇。

3. 对企业自行研究开发科技成果或购入成果进行二次开发而发生的费用，允许其按新增加部分的50%从应纳税额中扣除（最高限额为30万元）。根据发达国家的经验，企业终将成为市场经济条件下的科技投入主体，但需要国家对此给予引导和鼓励。如果我们在对企业购入科技成果的行为给予税收优惠的同时，对企业研究开发行为却不给予同样优惠，则将打击企业增加科技投入的积极性，阻碍企业向科技投入主体的角色转换。为此建议，对企业自行研究开发科技成果或购入成果进行二次开发而发生的费用，允许其按新增加部分的50%从应纳税额中扣除（最高限额为30万元）。这一条可以鼓励企业自身的科技研究开发。

4. 对特许权使用费所得予以一定优惠。科技工作者是我国科技事业发展的中坚力量。如何保证科技工作者通过科学研究和发明创造得到更多的实惠，是我们制订税收政策应考虑的重要内容之一。特许权使用费所得从性质上讲类似于稿酬所得，同属智力成果带来的收益。为鼓励科技进步，矫正科技工作者实际收益偏少问题，对非职务发明者的特许权使用费所得以及非职务发明者取自单位特许权使用费所得的奖金，建议在计征个人所得税时，允许按应纳税所得额减征30%。

五、积极运用财政贴息杠杆加强供给管理和结构调整

在运用财政政策实施中长期经济发展所要求的供给管理时，亟须以积极开拓的精神探索和解决好调节方式转换问题。某些调整结构的传统方式在新时期的功效已显著减退，但这并不意味着财政政策将日趋无所作为。我们可以并应当适应市场经济中政府"间接调控为主"的客观要求，发展新的调节方式与手段。这里以贴息方式为例作重点讨论。

（一）走依靠增加财政基本建设直接投资的老路，既不现实，也难有效。

对基建项目直接投资，过去曾是财政支持国家重点建设、优化经济结构和对社会投资实施调控的主要手段。但在经过近 20 年改革开放、投资体系发生重大变化后的今天，财政用于基建项目的支出已降至每年五六百亿元的水平，占全部支出的比重很低，占全社会固定资产投资的比重则更加微小。如果以增加财政对基建项目投资支出的方式作为优化结构的主要手段，从今后看既不现实，也难有效。

目前国家财力严重不足。1997 年，国家财政预算支出中用于基本建设的到位资金仅为 591.6 亿元，占财政总支出 9197.1 亿元的 6%。1998 年财政扩大举债规模增加基础设施投资是特定年份的短期调节措施，无法年年采用。在中央财政债务依存度已极高的情况下，余地已很有限。面对中长期优化结构方面大规模的投资资金需要，财政若想通过增加直接投资来满足，显然捉襟见肘，力不从心。

（二）应积极探索运用财政贴息方式支持政策性融资，拉动社会投资加快结构调整。

从以上的分析中可以看出，财政通过增加预算支出中基建项目的直接投资规模，已难以有效服务于宏观调控和结构优化目标。因此，应当转变思路，更新方式。我们认为，当前切实有效的措施之一是积极探索运用财政贴息方式支持政策性融资，变直接投入为间接拉动与协调引导，充分发挥经济杠杆作用来影响其他投资主体的行为，以期达到"四两拨千斤"的引致投资效果。

财政贴息，即财政只代为支付部分（特殊情况下也可是全部）贷款利息，而由项目本身负责本金和其余利息的偿还。我们不妨举一个例子：如果金融机构年贷款利率水平为10%，某一建设项目需要资金100亿元，却只能承担5%的年利率，虽然此项目为总体结构的优化和为长远发展形成后劲所需，但按照市场机制运作的原理，它无法从商业性贷款渠道得到所需资金。这时，若由财政承担另外5%的年利息，对于贷款方来说，便可以得到10%的一般利率，从而愿意向项目提供资金。这样财政不仅有效地支持了该项目的建设，而且用5%的贴息资金引导了相当于100%的社会资金的使用方向，杠杆效应高达20倍。在同一例子中，即使财政作全额贴息，也是以10亿元预算内资金拉动引致了100亿元的社会资金流入重点建设项目。这样事半功倍的措施，财政何乐而不为呢？据报道，浙江省近年运用贴息方式的实践中，6亿元财政贴息资金引致了约200亿元的社会资金投入，其杠杆效应在30倍以上。

假设将1997年国家财政在基本建设方面的到位资金590余亿元全部以贴息方式投出，按20倍的乘数作用，可以引导近12000亿元的社会资金投向，即使打一个对折，也达6000亿元，效果将何等显著！[1]

从性质上说，财政贴息属于财政信用范畴，贴息资金来自预算内资金。它通过政策性优惠弥补项目直接经济效益方面的缺陷，体现国家产业政策，是政策性融资的有效工具，其合理使用可以动员社会资金，引导社会资金流向，从而影响社会总投资的规模、结构和效益。目前，我国每年用于财政贴息的资金规模很小，财政贴息方式尚未充分发挥作用，应当予以加强，使之成为中长期加强供给管理的有效工具。

（三）财政贴息方式运用中应注意的几个问题。

1. 加强选项、可行性论证和科学决策，坚持政策性与效益性的统一。一定时期内可用于政策性投融资的资金是有限的，财政贴息也不可能适用于社会投资的所有项目。因此，切不可因贪大求功的心理而盲目乱上项目，造成宝贵资金的浪费损失。

1　贾康，王桂娟.积极发挥财政作用，扩大内需促进经济增长[J].经济纵横,1998,8.

在项目选择和评审上，应坚持集体审议、专家咨询论证，实行科学决策的原则，切实做好可行性分析，避免"长官拍脑袋"的决策方式，保证项目的政策性，并力求实现社会效益与经济效益的最大化，使"好钢"真正"用在刀刃上"。财政贴息项目是以保本为前提的，那些根本无还贷能力的项目建设，仍要由财政直接拨款投资。

财政贴息率的确定较为复杂，必须把严谨的态度和科学的方法相结合。目前，可考虑将贴息率分为若干档次，按项目营利能力和回收期限的不同加以区别对待。

此外，应加强对项目贷后的管理，确保本息回收和资产保全，完善日常监督，使贴息目的真正实现。

2.加强审计力度，严格抑制寻租现象。整个经济之内存在政策金融与商业金融"双轨运行"的情况下，贴息支持下的政策性融资具有诱人的优惠条件，执行机构的工作人员手中把握着相当的权力。如何抑制寻租现象的产生、防止"权钱交易"，确保政策资金的合理使用呢？有效的手段之一是建立严密的内外部监督机制，形成强有力的审计和责任制等约束手段。具体讲，可以考虑建立多重审计体系：一是内部审计，形成一套规范化、科学化的指标考核体系，对资金使用和贴息率作出明确严格的规定，构建项目审批、登记备案、事中事后核算监督的全方位监控机制；二是外部审计，包括财政监督机构对贴息业务机构的审计和审计部门对财政的审计，条件成熟时，可委托社会中介机构参与监督审查。与此配套，应有对于违规、寻租行为严厉的惩戒制度和各个工作环节上严格的责任制。只有真正落实层层审计、严格监控和责任制，才能确保贴息活动的制度化、规范化，把寻租现象抑制在最小限度。

3.加强与有关部门的协调。

（1）与发展计划委员会的关系。财政贴息所拉动的资金应纳入全社会资金流向流量中统筹考虑，其投向应体现国家宏观政策目标，对其规模也应审时度势、瞻前顾后、适度把握。因此财政部门的贴息运作应与国家发展计划委员会保持密切沟通与协作。在制定规划、选择工程项目和设计具体执行方案等方面尽可能达到完善、合理。

（2）与中央银行的关系。中央银行肩负着控制货币供应总量、稳定币值的重任。央行对利率和货币供应量的调控影响着财政贴息率和财政贴息杠杆作用的大小，而贴息拉动的政策融资与商业融资又形成社会融资的合力。因此，我们不能不认真考虑二者间的相互作用影响。目前商业银行在贷款项目上十分谨慎，这一方面与经济景气状况有关，另一方面是银行加强资产负债管理的正常结果，体现着银行企业化改革的深化。通过财政贴息方式向基础设施提供融资可以与银行深化改革并行不悖，商业融资机构可以从自身利益出发，跟随政府的投资导向和经济手段，向基础设施项目进行配套投资。财政与中央银行要通过彼此的密切配合，共同构建好财政政策性融资对社会资金的引导机制。

（3）与已组建的政策性银行的关系。政策性银行是执行政策性投融资的机构，也是与财政贴息关系最为紧密的机构之一。但目前我国三家政策性银行与财政的关系尚未理顺，处于财政体制外而协调困难。因此，一方面财政应继续积极地用财政贴息政策对政策性银行予以支持，最大限度发挥政策性银行办理政策性业务的作用；另一方面，也应与有关部门配合，尽快理顺政策性银行运作机制。

联通"中国梦"的真问题——跨越"上中等收入陷阱"：何谓？何从？[1]

"中等收入陷阱"这个概念最早是世界银行于 2006 年在《东亚经济发展报告》中，用来形象地描述经济体特殊的停滞徘徊期，它并不是一个绝对意义上的概念，而是在比较全球范围内不同经济体经济发展水平的基础上产生，属于在实证数据的比较中可明确观察到的一种统计现象。世行对全球经济体收入阶段的划分标准是动态变化的。基于人均国民总收入（GNI）这一指标，其将全球各个经济体划分为四个发展阶段：低收入、下中等收入、上中等收入和高收入，划分标准的上下阈值逐年上升。中国 2012 年的人均国民收入为 4270 美元，排在全球第 107 位，但已站在了当年世行上、下中等收入分界值 4085 美元的上方，成为上中等收入经济体。

世界银行的研究表明，近 50 年来全球 100 多个中等收入经济体中，仅有 13 个国家和地区跨越"中等收入陷阱"，即从上中等收入再上升为高收入的经济体。而我们研究发现，这 13 个经济体中的毛里求斯已在近几年又从高收入经济体群组中退出，回落至"陷阱"内。剩下的 12 个经济体中，韩国、新加坡、中国香港、西班牙、葡萄牙等绝大多数，从经济体量上来看都是小经济体，若探寻成功之路，它们可为中国借鉴之处寥寥。从世行 2014 年最新发布的 2012 年人均 GNI 数据来看，处于下中等收入阶段的经济体有 49 个，处于上中等收入阶段的经济体有 48 个，而这些经济体中的绝大部分，都已在现所处的经济发展

1 本文原载贾康、欧纯智著：《创新制度供给：理论考察与求实探索》，商务印书馆，2016 年 12 月版。感谢苏京春博士对本文的贡献！

阶段中挣扎了许多年。我们测算，目前正处于上中等收入阶段的经济体中，有 20 个已经居于其中超过 16 年，有的甚至达到了三四十年之久，始终冲不破上中等收入阶段的天花板，跨越不了"上中等收入陷阱"。其中，巴西、塞舌尔、委内瑞拉等国家，都经历过"晋级—退出—再晋级"的痛苦过程。有鉴于前面半个世纪全球 100 多个中等收入经济体约 90% 不能如愿进入高收入经济体的经验教训，需要特别指出：我国讨论如何避免"中等收入陷阱"——具体而言是跨越上中等收入陷阱这一问题的现实意义是显而易见的，不要以为前面三十几年总体发展得还不错，GDP 年均增长近两位数，总量已成世界第二，今后只要一路发展下去，就可以衔接高收入阶段的到来实现现代化"中国梦"了；如不能有效化解矛盾、攻坚克难，实现升级换代式发展，则大量"中等收入陷阱"的案例正等着看我们重蹈覆辙！所以我们强调，跨越"上中等收入陷阱"是一个关乎现代化"中国梦"命运的顶级真问题。要做到"高瞻远瞩""老成谋国"，保持战略思维的应有水准，当前阶段特别需要居安思危、预警清晰、防患未然。虽然中国改革开放后已成功跨越"下中等收入陷阱"，但是现已站在"上中等收入陷阱"边缘，"黄金发展期"的特征正在消退，而"矛盾凸显期"的特征日益显著，近年来经济增长步入"新常态"形成了一系列的纠结和"两难"：现阶段中国经济社会类型仍属"两个轮子自行车"，要求必须守住"可接受区间"的速度底线，严防"翻车"危机，同时"去杠杆、稳物价"和"保就业"之间，"去产能、去库存"和"保稳定"之间的权衡，"有效市场"和"有为政府"的兼顾与结合等等，无疑都形成了挑战性的问题。粗放式发展模式显然不可持续，"帕累托改进"空间已大为缩小，改革进入步履维艰的"深水区"，冲破利益固化藩篱的考验横亘于前，正所谓"好吃的肉吃光了，剩下的都是难啃的骨头"。中央十八届五中全会所指出的矛盾累积、隐患叠加情况下，"改革"和"社会矛盾累积"这"两只老虎的赛跑"中，我们唯有坚定不移地推进改革保证它跑在前面，从而化解种种矛盾和风险的威胁，才能引领新常态而力求跨越上中等收入陷阱。

现阶段我们面临的困难和考验包括：第一，产业革命加速更迭，"技术赶超"压力巨大。工业革命以来，第一次产业革命（蒸汽时代）使英国一跃成为"世界工厂"和头号强国，美国和德国引领的第二次产业革命（电气时代）使它们得以迅速发展，美国进一步主导20世纪60年代之后的第三次产业革命（即信息技术革命时代），稳固成就与维持全球经济霸主地位。技术水平的提高提升了全要素生产率，帮助这些经济体实现了经济长期增长。然而，进入信息时代以来，技术创新在不断加速，当下云计算、大数据、人工智能等新技术革命的到来已先声夺人，产业革命正加速更迭，使后进赶超者的发展时间更加紧迫，越紧迫则越容易追赶不上，越容易落入"中等收入陷阱"。

第二，全球发展格局钳制，贸易摩擦制约接踵而至。占尽先机的先行发达者也是全球经济发展格局的主导者，更能够按照自己的意愿发展。而对于后发追赶者来说，经济发展的环境往往更为险峻，先进经济体和"霸主"在贸易摩擦中的打压，以及需要按照先行发达者制定的"游戏规则"来发展，后发赶超者的发展势必于全球经济发展格局中承受先行者的压力和排挤。我国在实力上仍无法与美国相提并论，但经济总量排序上已然跃至"世界老二"，全球经济发展格局的钳制已今非昔比，种种摩擦、制约因素接踵而至。随着国际竞争进入新阶段，除"老大"（美国）压制外，"老三"（日本）以下者有更多的怨怼因素和麻烦制造行为，原来的"穷兄弟"们也容易离心离德。

第三，能源资源环境"三重叠加"制约，集约增长刻不容缓。我国基于"胡焕庸线"所表达的基本国情在资源、能源消耗方面之"半壁压强型"和资源禀赋客观形成的最难清洁使用的煤为基础能源绝对是主力的格局，加上前面30年外延为主的粗放发展阶段的污染积累因素，合成了资源、环境压力异乎寻常的"三重叠加"，是中国在进入中等收入阶段后为保持可持续发展必须以"非常之策"来破解的"非常之局"。

第四，人口基数、结构挑战方面，"未富先老"已成定局，创新领军人才匮乏。我国人口总量世界第一，追赶起点低，从以人均指标划分不同经济发展阶段看，我国整体步入高收入阶段难度更大，加之人口结构已呈现明显老龄化，势必对经济发展带来很大负担与拖累。还存在由于教育不合理而导致的劳动力供给结构问题，苦于面临"钱学森之问"，难以造就高水平的创新领军人才，劳动力与经济发展的现实需求存在较明显的错配。

第五，文化"软实力"不足，"大众创业、万众创新"难免遭受制约。在特定文化背景下，人们往往不敢为天下先，不善于思辨和冒险创造，社会弥漫"官本位"的思想意识，善于遵循较为森严的等级制度而不敢、不能发表真知灼见。这些文化与传统意识特征，形成"软实力"的不足、感召力的欠缺，也在实际上制约着我国经济社会的发展。

第六，制度创新亟待实质推进，管理技术创新空间迫切需要得到拓展。有效的制度供给是打开技术创新与管理创新潜力空间、造就人才、推动升级的核心要素，是创新发展这个"第一动力"的龙头和经济运行绩效提高的关键。走上市场经济之路，从某种意义上说，技术追赶易，制度模仿难，当技术的"后发优势"逐渐淡化时，"高水平法治化营商环境"方面的"后发劣势"便更显其拖累，如不能以攻坚克难的改革进一步解放生产力对冲下行因素打造发展升级版，我们必将面临"劳动力低廉方面竞争不过低端经济体，高新科技与投资环境方面竞争不过高端经济体"的窘境，极易落入中等收入陷阱（还可能会伴随民粹主义"福利陷阱"和政府公信力的"塔西陀陷阱"）。

在中国引领新常态、跨越"上中等收入陷阱"之路，就是"供给侧结构性改革"。经济增长动力机制的转型升级主要在供给侧实现，"三驾马车"所强调的消费、投资和出口需求三大方面的动力体系认知，只有联通至基于结构优化的消费供给、投资供给和出口供给，才可能完整。而结构的优化机制，必须依托于以"改革"为核心的"制度供给"。目前，我国一般产品市场已基本放开，但要素市场和大宗基础能源、资源市场仍然存在严重扭曲，人为压低要素价格，从而粗放地（高能耗、高污染地）促进经济增长。与此有关，对生产者和投资者实际上的非规范补贴，又使经济增长严重依赖投资从而形成大量过剩产能，导致结构失衡矛盾迟迟不能有效化解，甚至趋于突出。因此，必须在实质性推进十八届三中全会以来"顶层规划"的全面配套改革中，依靠有效市场优胜劣汰机制的力量，加上有为、有限政府理性的政策供给，对经济结构进行"升级版"调整，实现向可持续增长路径的转变。最为关键的要领，在于以中国特色社会主义政治经济学的集大成包容性理论框架下支持科学决策和优化

265

政策设计，来面对中国改革深水区寻求重大现实问题解决之道，打开"制度红利"这一转轨中最大红利源的释放空间，形成激发经济社会活力、潜力的有效制度供给长效机制。中国独特的市场发育和经济赶超正是改革中最难处理的一项基本矛盾：国际竞争的基本现实已不允许我们再常规地、跟随式地经历和等待以平均利润率机制主导的漫长的市场发育及经济结构优化的自然过程，需要从供给侧得到一种比自然、自发的市场配置在某些领域、有限目标下更强有力的机制——政府"理性主导"机制，并使之与市场机制"1+1>2"式地叠加，才能逐渐接近并最终实现"追赶—赶超"的现代化战略目标。把全球市场中可利用的技术后发优势与我们自身保持理性的政府主动作为结合在一起，寻求守正出奇，就要形成凌驾于"政府与市场绝对冲突"或"要么政府，要么市场——二者必居其一"旧式思维之上的新思想、新理论、新方法，来指导改革与发展的实践。在尊重市场、培育市场的旁边，供给侧的特定作为，必须包括政府积极有效地建设市场、组织市场和与市场主体"合作式"成功地超越市场平均利润率机制的自然过程。"混合所有制"有望成为中国发展现代市场体系的重要产权基石，进而推进国有经济部门的实质性改革和"现代市场经济"在中国的发育和成型。"十三五"时期正是我国"全面深化改革"的攻坚克难时期，并以"全面小康""全面依法治国"和"全面从严治党"相互配合的四个全面战略布局下供给侧制度创新的实质性推进，将总体上成为现代化路径上进一步打开管理创新和技术创新空间的"关键一招"。立足于"十三五"时期，放眼中长期经济社会发展，在党的十八大之后关系国家前途、民族命运的关键阶段上，只要我们紧紧抓住供给侧这个矛盾的主要方面，以实质性的结构性改革冲破利益固化的藩篱即克服既得利益的强大阻力和障碍，把"硬骨头"啃下来，获得解放生产力、引领新常态、打造升级版的成功，必将能够守正出奇地使我国经济社会相对顺利地跨越"中等收入陷阱"，在未来如愿跻身于世界发达经济体之林，去联通中华民族伟大复兴"中国梦"的实现。

论国有资产的分类与分层管理[1]

健全与完善国有资产管理体系，对于深化改革、建设有中国特色的社会主义，具有极为重大的意义。近年我们已经建立了国有资产管理局，一系列复杂的相关问题也接踵而来，需要认真研讨，以求正确解决。本文仅就如何在国有资产的分类对待和分层管理方面进一步廓清思路，提出一些看法。

一、国有资产的分类管理

国有资产是一个内容广泛的总体概念，有必要区分其不同组成部分，进而根据各部分的不同特点采取适当管理形式。从不同的角度，可以对国有资产作不同的分类，如动产与不动产，有形资产与无形资产，实物资产与证券资产，等等。但是，我认为，从宏观的角度，首先需要把国有资产划分为最基本的三类，即自然资源型资产、公益型资产和经营型资产。关于这种区分的要点，简述如下。

（一）自然资源型资产。

包括天然形成的地上水泽、水流、地下水源、矿藏、原始森林、山岭、荒地、草原、滩涂等，也包括珍稀野生动植物和未发掘的古文物等。这类资产在处于未经开发的状态时，即已构成或潜在地构成国家物质财富的内容，但并不呈现价值形态。其中相当大的一部分也是国家整个生态环境的构成因素，对社会经济生活发生某些直接或间接的影响，但并不加入各经济单位经济效益的核算。这类资产一经开发利用，就会改变其性质，或转变为公益型资产（如，把自然状态的地下水转变为公益性

1　本文原载《财政研究》1991 年 5 月。

居民供水系统的水源，把荒地建为公共运动场），或转变为经营型资产（如，把自然状态下的矿藏转变为生产经营性的矿山的开采对象，把滩涂辟为水产基地）。

对于未开发的自然资源型资产的管理，主要涉及对其的护卫（如防止偷伐、偷掘、偷猎），防范或减轻自然灾害（如预防、监视与及时扑灭森林火灾），以及防治污染等方面的工作。这些工作一般需要由国家财政预算的经常性支出项目提供资金来源（有时还需动用预备费）。今后，也有必要开拓和鼓励其他的资金来源，如各种以自然生态保护为宗旨的民间基金会与捐助等。

另外，森林、矿藏、地下水源等自然资源一旦处于开发之中，便立即牵涉资源的计价与补偿问题。通过计价收费，林木这样的再生性资源可以筹得维持其后续采伐量的投资，矿藏等非再生性资源则可以取得其后续替代资源的开发资金。这种计价与补偿的缺位或不足，将对国民经济的长远发展留下重大的隐患。

虽然我国已陆续建立了若干专门机构从事自然资源型资产的管理工作，但迄今仍存在一些"死角"，工作的开展也远非广泛和有效，迫切需要国有资产管理局肩负起牵头协调和组织、促进、指导等责任。

（二）公益型资产。

包括对社会成员提供公益性服务的道路、桥梁、隧洞、上下水系统、公共场所照明设备等基础设施，和某些公众活动、休息、娱乐场所（如广场）与环境美化设施（如绿地），也包括国立公益性文教、卫生、科研单位的资产和为社会生活正常运转所需要的国家行政管理部门的资产。

总的说，这类资产都必须通过制造或修建过程来形成，而且它们所提供的公益性服务的性质，又决定了它们无法由市场上利润导向的企业行为所有效地形成，必须由政府来举办，因而需要以国家财政的经常性支出提供用以形成并维修、护卫这些资产的资金来源。但是，极为值得重视的是，在现实生活中，公益型资产的公益性程度高低有别，资金运转方式也相应不同，除了行政管理部门的资产和那些完全不收费的公益设施要百分之百地依靠财政资金之外，不少事业单位和某些可以实行收费服务的基础设施和公用设施，自身都有或大或小的服务收入来源，有的能够借此满足资产维修费用的需要，甚至有的可以收回资产本金。因此，管理方式上应当依据不同情况而加以区别对待。凡对于服务对象收取一定服务费的资产项目，管理上都可酌情采取抵拨、差额补助等形式来解决资金来源问题。有一些收费过低、不利于资产合理配置和有效运用的项目，则有必要将收费标准提高，如政府向居民提供的住宅的租金，就应采取适当措施，逐步提高到能够满足房产维修、复建开支的水平——即使达到了这一水平，资产仍然是不盈利的，因而仍未改变其公益型资产的属性。

当然，如果某项原属公益型资产的资产项目，其资金回收能力超出收回本金的水平仍绰绰有余，并且这种超过了临界点的"质变"在经济意义和社会意义上是合理的（如近年在某些从事应用性技术研究的科研单位中发生的情况），那么就应当将其划转为经营型资产，从而与财政经常性开支的资助脱钩。近年的改革中已经大量触及这类问题，但是仅采取"事业单位企业化管理"的形式还是不够的，这样仍鱼龙混杂、界限不清，因为"企业化管理"形式可以涵盖较广的范围，包括不少公益型资产，但公益型资产转变为经营型资产，则是有严格的性质规定、资金渠道处置程序和特定管理要求的，应当作特别的处理。

公益型资产有多样化的具体特点，一般需要归口于主管部门管理，但总的管理原则与章法，也应当由国有资产管理局统一掌握并监督实施。

（三）经营型资产。

包括各种从事商品生产、流通和营利性服务的国有企业中的资产，以及股份企业、合资企业中国家股权所对应的资产。这些资产具有回收并增值本金的功能，在营运中不仅应该保值，而且应该逐步扩展其总量。对这类资产的管理，是国有资产管理中最为复杂的方面。

回顾以往，我国国有企业之所以存在活力不足、资产使用效益不高的问题，固然有众多方面的原因，但国家在资产管理上没有分清经营型资产与公益型资产，无疑是重要原因之一。本来，商品与公共货品有质的不同，资产运动形态上则正好相反，后者需要依靠政府从社会总产品价值中集中一部分剩余产品价值不断提供其资金来源，而前者在社会再生产过程中却理所当然地要产生出一个剩余产品价值部分。因此，从事商品生产经营的资产，应当是增值型的资产，国有企业的经营资产，也不能例外。当然，从全社会的角度考察，由于存在经营风险，总是难免会有某些企业发生亏损，但如果建立了较健全的优胜劣汰的资产存量重组机制，在客观上便能防止国民经济中的亏损总规模过大，并鞭策各企业不断追求经济效益的提高，使剩余产品价值源源不断产生出来。然而，我国长期以来国有企业的亏损是固定地由国家、或在事实上是最后由国家动用财政补赔手段予以弥补的，除特定调整时期的行政"关停并转"措施外，不存在规范化的资产存量重组手段，这就意味着在常规的经济运行中取消了劣汰机制，并不断地将相当一部分从事商品生产的经营型资产按提供公共货品的公益型资产处置，混淆了两者界限。

这里也应当指出，出于价格体系状况等因素的制约和为了实现某些特定的宏观调控目标，亏损补贴手段在我国至少在现阶段还不能完全弃置不用，但是应当严格限制在某些局部场合和企业发展的某些特定阶段上，同时，补贴总规模宜小不宜大；并且，实行补贴与动用税收、利率等经济杠杆一样（补贴实际是一种负的税收），属于国家一般社会管理职能的范围，专司资产管理职能的资产局，则不应受理对企业的补贴事宜，而应当把资产保值并增值，作为核心的管理目标（资产局在工作中也要配合国家在产业发展、区域发展等方面的结构性政策，但实施这些结构性政策的主体，一般情况下不是资产局，而应是计划、财政、税收、中央银行等综合部门）。

由此可知，划清经营型资产与公益型资产的界限，并严格按照各自的运行规律对它们加以正确处置，保证经营型资产在社会再生产过程中的完整并按期取得应有的产权收益，是资产局义不容辞的重要任务；严格控制亏损补贴，建立和健全资产存量重组机制，是提高国有资产使用效益的重要途径。

另外，我国的国有经营型资产，过去一直是"条块分割"地按照企业行政隶属关系由各级政府和主管部门管理的。这一格局产生了一系列弊病。经济改革中国有资产管理局的成立，为减轻乃至消除政企不分、条块分割的弊病，改进国有资产管理体制，提供了一个重要的前提条件，但具体如何改进，则是个复杂的课题，笔者关于"分层管理、资产分红"的思路，将在本文后面论及。

二、国有资产的分层管理

国有资产的分层管理有两大方面的含义：

第一，前述三大类国有资产在实际生活中分属于从中央到地方的各级政府，因此，在实行分类管理的同时，必须相应地健全分层管理体系。要按照有计划商品经济发展和完善社会主义生产关系的客观要求，适当调整和明确规定各层次政府的产权。中央政府本着发挥中央、地方两个积极性的精神统筹规划指导，各级政府划清权责、协调一致，是这一含义的分层管理的要点。对此不作赘述。

第二，经营型资产是实现社会扩大再生产的最基本的源泉，对这类资产的管理，也是以往问题最为突出、在改革中复杂程度最高的资产管理领域。我认为，为了适合有计划商品经济的客观规律，有必要划分政府、中间机构和企业三个层次来实行经营型资产的分层管理，并以企业实行国有资产分红为基点，实现今后国有企业改革的配套和深化。现对此简述如下。

（一）政府层次上的监督管理和收益处置管理。

各级政府都应以国有资产管理局作为专门机构，对资产管理总负其责，对于其中的经营型资产，资产局的核心管理目标可设定为维护资产的完整并促进、推动资产的增值，定期获取产权收益。资产局本身是国家行政机关，但它一方面不同于那些行使国家一般经济管理职能的综合部门，并不以政治权力为依托实行调控，而是直接诉诸国家持有的产权来作用于经济；另一方面，它也并不直接介入国有资产的经营事务，而是在宏观层次制定和掌握关于国有资产营运的制度规范，维护其严肃性，对资产经营与增值过程实行必要的监督和按照规范收取产权收益。国有资产收益在集中上来之后，统筹处置时一般应归入国家预算的资本账户，由有关部门配合，按照国家宏观要求安排再投资（其中也可划出一个小部分由资产局自身机动处置，以贯彻其特定意图）。

总之，政府层次的经营型资产管理，是依照法规制度实行监督为核心内容的管理，以及对资产收益进行处置的管理。

（二）中间机构（公司）层次上的资产价值调度经营。

在资产局与企业之间，有必要构建一个中间层次，即设立多个作为经济实体、在业务上开展竞争的控股公司和投资公司。这样做，主要是着眼于防止把资产局建成自上而下全套的行政网络而"换汤不换药"地重蹈政企不分的覆辙，因而在国有资产管理体系内部进一步将资产的价值调度经营和日常具体经营与资产局层次的监督管理分离开来，将资产的价值调度经营放到中间层次，日常的具体经营则放到企业层次。

这些控股公司与投资公司，对上接受资产局赋予的资产经营权，以及相对应的交纳产权收入的任务；对下按照资产增值原则选择资产的直接经营者，将国有资产以国家股份形式投入企业层次，并随时根据市场情形和企业经营状况实施控股操作和投资调整，在价值形态上作资产的调度经营。从企业收取的统一标准的资产分红，公司必须作为国家产权收入上交资产局，而分红的溢增部分，则成为公司的资产经营收入。

我国国有企业数以十万计，经营特点千差万别，在资产局与如此大量的企业之间构建中间层次，是使国有资产管理具有效率和实际可行性的必然选择。中间机构按照企业化原则塑造，一可以使之在寻求资产增值的行为中承担经营风险，让动力机制与约束机制相对称；二可以使之脱出行政隶属关系的单线网络而相互竞争，防止形成垄断局面，从而适应经营型资产的属性和商品经济的规律，履行好资产价值调度经营（控股、投资）的职能。公司的设置不应按行政区划，而应按经济区域或企业群体多头分布，以强有力的法律规范维护公司层次上的公平竞争。在这一体系的形成过程中，与财政的分税制等其他改革措施配合，企业原来的行政隶属关系将被淡化，直至形成企业无行政级别、不分大小一律公平竞争的新格局。

（三）企业层次上资产的具体经营以及资产分红、税利分流。

企业是国有资产的直接经营者，按照两权分离原则，资产局和控股、投资公司，都不介入企业日常的、具体的经营活动，而是授经营权于企业的厂长、经理，并建立和健全对于经营者的奖罚严明的责任制。公司要派员以董事或监事身份参与企业发展的战略性决策，并按照国家统一规范实行必要的财务等方面的监督。企业既要有充分的经营自主权和对税收、资产分红之后自留利润的支配权，又要有严格的责任约束，承担经营风险。

我国十年多的改革中，在处理政府与企业间分配关系方面，历经利润留成、利改税、承包等发展阶段，但资产管理与一般经济调节始终边界模糊，很难解决好企业的权、责、利如何实现紧密结合和政府的调控如何趋于规范化的问题。我认为，今后按照"税利分流"的思路实行所得税后的资产分红，是深化企业改革、完善企业层次的国有资产管理的基本方向，应当抓住治理整顿带来的相对有利的时机，在配套改革中创造条件使之尽快出台。实行资产分红的要点有：（1）进一步完善税制，适当降低所得税税率，取消调节税，留出分红调节的区间，同时改税前还贷为税后还贷，严格掌握税收减免。（2）基于目前价格体系存在较大的扭曲，生产要素尚不能充分自主流动，因而不能形成平均利润率的现实，可根据统计资料测算出不同行业的利润水平，设计出行业之间有所区别的分红档次和比率。在行业内部，实行按企业国有资金占用量（国有固定资产原值＋国拨流动资金）超额累进上交分红的办法（档次与比率的设计应注意照顾各行业中企业最佳规模效益的区间）。这样可以首先在行业内部形成公平竞争机制，今后待行业间的要素流动具备条件时，则可使分红档次、比率逐步趋向统一。此外，在统一的分红按照标准经公司上交资产局之外，还可加入公司对溢增部分的适当调节，使公司收入与企业收入形成一定的水涨船高关系。（3）要切实做好各相关方面的配套工作，比如，细致地进行国有资产的清产核资等必不可少的前期工作，在硬化国有财产方面约束的同时，硬化银行信贷方面的约束，建立社会保障体系，实施企业破产制度，对国有资产补偿不足、闲置、流失、盲目购建造成损失和随意处置化公为私等问题，制定周密的惩戒法规，并严格执行，等等。

总之，今后以实行资产分红为契机，可以塑造如下的税利分流的格局：企业作为一般经济实体，依法向政府纳税，并接受国家产业政策、技术政策、收入分配政策的指导与其他经济杠杆的调节，作为国有资产的直接经营者，则必须与国家分割国有资产带来的税后利润，凡较多占用国有资产的企业，相应要在较高比率的档次上给国家分红；企业要在竞争中取得优势，就要对资产的占用精打细算，尽量减少占用量，努力以较少的投入取得较大的产出，资产分红分配之后的企业净收入，由企业自主支配，而企业经营不善造成的经济损失，由自有资金弥补，直至依法实行破产处理（通过社会保障体系安置破产引起的失业人员），破产时拍卖财产所得，按股权规范在持股者之间分配。

这样，一般的企业都不再维持与特定某一级政府的行政隶属关系，都接受各级政府规范化的一视同仁的税收调节，同时，国有的或运用着国有股份的企业，要接受国有股权的经济约束而上交资产收益（至于企业中非国有的股份，自然也要接受相应股权的经济约束），从而形成公平竞争的市场环境，并促使企业权、责、利的结合点到位，焕发出充分的活力和保持正常的长期行为。与此同时，政府依靠雄厚的国有资产不断取得稳定的产权收入而用于扩大再生产，则可以为国家机器的有效运转、政府各项职能的良好履行和宏观经济调控的合理化，以及国民经济整体的蓬勃发展、良性循环，提供极为重要的条件。

"混合所有制"辨析：
改革中影响深远的创新突破[1]

很长时间以来，混合所有制是经济学界多有讨论的概念，对中国而言，也早已出现于中央文件、经济生活和改革话语中，并不陌生。沿学界对其的研究脉络考察，不难发现，早在 20 世纪 80 年代中后期，中国就已经开始了相关探讨，且研究总体上带有明显的"曲折前行"特点。首先，于 1998 年前后迎来第一次研讨高峰期，步入新千年后，又于 2004 年迎来第二次研讨高峰期，其后曾有所降温，但于党的十八届三中全会后再次引发研讨高潮。[2]

中国最高决策层公开正式提出"混合所有"，是在 1993 年党的十四届三中全会《中共中央关于建立社会主义市场经济体制若干问题的决定》中，"随着产权的流动和重组，财产混合所有的经济单位越来越多，将会形成新的财产所有结构"。1997 年，党的十五大正式提出"混合所有制经济"。2002 年，党的十六大报告进一步提出，"积极推行股份制，发展混合所有制经济"。2007 年，党的十七大报告指出，"以

1　本文原载《全球化》2014 年第 11 期，与苏京春合作。
2　研究范围在中观视角下主要包括了国营企业混合所有制的可行性（王溯之，1988）以及混合所有制的前景（晓亮，1993）、经济合理性（朱东平，1994）、五种形式（刘烈龙，1995）、与"混合经济"的辨析（侯孝国，1995）、主要类型（龚培兴，1996）、与企业产权制度改革的关系（王大超，1998）、混合所有制的产权特征和效率分析（顾钰民，2006）等；部分研究下至微观，研究了混合所有制公司制企业制度（李正图，2005）、产权平台建设（孙启明，2005）、企业股权结构与公司治理（姚圣娟、马健，2008）、经济竞争模型（张小军、石明明，2011）等；而部分研究也侧重于比较，借鉴了法国体制经验（陈云卿，1995）、发达国家利用其解决国企亏损的经验（佟福全，2001）、制度比较分析（王金存，2002）及发展模式比较分析（陈健、毛霞，2007）等；部分观点相互对立，有观点认为"股份合作制经济是一种混合所有制经济"（刘宇，1995），而有观点则认为"股份制经济并非混合所有制经济"（王文华，2000）。

现代产权制度为基础，发展混合所有制经济"。2013 年，党的十八届三中全会《中共中央关于全面深化改革若干重大问题的决定》中更加明确地对"混合所有制"发展指出了方向，提出了更为详细的要求，"积极发展混合所有制经济。国有资本、集体资本、非公有资本等交叉持股、相互融合的混合所有制经济，是基本经济制度的重要实现形式，有利于国有资本放大功能、保值增值、提高竞争力，有利于各种所有制资本取长补短、相互促进、共同发展。允许更多国有经济和其他所有制经济发展成为混合所有制经济。国有资本投资项目允许非国有资本参股。允许混合所有制经济实行企业员工持股，形成资本所有者和劳动者利益共同体"。这一大段文字中，"基本经济制度的重要实现形式"是点睛之笔，把相关重视程度体现在前所未有的高位上。

然而，在广泛且不乏深刻之见的讨论中，各界对与"混合所有制"相关的诸多问题意见仍然迥异。本文以多种经济成分并存是否就是混合所有制、产权混合是否就是实现了混合所有制、如何理解混合所有制和股份制的关系等基本问题为着眼点，试通过驳论与立论，展开对混合所有制相关问题的辨识与思考，以期为现阶段积极发展混合所有制经济的改革举措，提供思想认识基础和方案设计逻辑线索。

一、多种经济成分并存是否就是混合所有制？

1978 年以前，中国的经济成分单一，个体经济微乎其微，基本上只有公有制经济，相应的微观主体是国有企业、集体企业和农村集体经济组织。改革开放以来，除公有制经济以外，个体和私营、外商及股份制等形式下的多种经济成分得以共同发展。过去和当下，都有一种观点认为，多种经济成分并存就是混合所有制，而我们认为并非如此。对"混合所有制"的认识不能脱离对基本概念的正确把握，因此，我们试图依次谈谈对两个相关基本概念——"所有制"和"混合"——的认识，以期实现对此节问题的正确回应。

（一）对"所有制"的认识。

从基本概念来讲，所有制指的是人对物质资料的占有形式，落到经济学话语中，所有制通常指人对生产资料的占有形式，即生产资料所有制。"混合所有制"中的"所有制"当然指的就是生产资料所有制这个层面的含义，反映生产过程中人与人在生产资料占有方面的经济关系，是生产关系的核心。所以说到底，与"所有制"相关的问题，还是要把握其作为生产关系的核心而必须充分反映和适应生产力的性质，从而有效匹配和促进生产力发展这一基本认识。

对"所有制"进一步的认识应考虑把握两个重要维度。一是所有权。所有制的实质，是在一种"权利形式"下，反映基于资源"稀缺性"与欲望"无限性"的人对生产资料的占有，其本质上就是排他的"所有权"问题。二是所有制的结构。基于不同所有权归属，所有制被划分为不同种类，按照经济学一般定义，人类社会中所有权归劳动者共同持有的形式就称为公有制，而私有制生产资料的所有权归社会成员中的一部分个人（如奴隶主、地主、资本家）所有。然而，在现实社会的具体时空中，通常并不存在单一的所有制，不同的所有制在社会形态中有不同的地位和比重，这构成该社会形态下所有制的结构。在结构格局中的不同所有制之间，当然也会产生相互作用与影响。

基于对"所有制"的以上分析认识，不难得出"混合所有制"是"所有制"的一种，但其生产资料所有权并不单一归属于某一类特定个人或群体，其最基本的特征在于出现"公"与"私"的所有权在一个主体内的混合。否则，这一称呼就丧失了其存在的必要性。若其在某种社会形态下存在，则在该社会形态下的所有制结构中，必有不同于其他类别的一席之地。其地位以及对其他所有制种类之间的相互影响，均属于在"所有制结构"概念下讨论的问题。因此，"混合所有制就是多种经济并存"这一观点的第一个错误，是混淆了"所有制"与"所有制结构"两个不同概念。

（二）对"混合"的认识。

"混合"一词本并无玄机，字面意思就是"混在一起"，但这其中实际上也包含两个重要层次。第一，对"混合"的判断：是否实现了混合？第二，对程度的判断：混合到怎样的程度？对是否实现混合的判断，有助于认识究竟是否可定性为"混合所有制"；而对混合程度的判断，则有助于理解是否需要将"混合所有制"继续发展、推进。基于前述对"混合"的分析认识，我们不难知道，"混合所有制"要求的是不同所有权主体在一个企业体内真正实现"混在一起"，决不是在某种社会形态中互为外体、他体的简单共存，是在某种社会生产关系具体形态下实现对生产资料的混同占有，可认为是不同所有权主体实现对某一企业的生产资料既各自清晰又共同占有的所有制形式。

有了这样的思考基点，就可以明确认识到，"多种经济成分并存"绝非意味着实现了"混合所有制"。自改革开放伊始，中国就对多种所有制形式逐步放开，早已实现了多种经济成分并存，但在股份制的企业组织形式出现之前，总体上看，公的仍归公有、只可与公有结合，私的仍归私有、只可与私有结合，并未影响公私泾渭分明的对一个个特定企业生产资料的占有。既然没有实现"混合"，就更不用提程度了。把"同时存在"等同于"混合"，这是"混合所有制就是多种经济成分并存"这一观点存在的第二个逻辑错误。

二、混合所有制有无必要区分宏观微观？ "联合"可否代表"混合"？

有一种较广泛的观点认为：从广义或者宏观层面而言，混合所有制是多种所有制经济并存；从狭义或微观层面而言，混合所有制就是不同所有制成分联合形成企业。

如果从广义或者宏观层面定义为"多种所有制经济并存"，我们已于前面对此不当界定做出了辨析与澄清，不再赘述。对所谓狭义或者微观层面的认识，我们同样需要做进一步澄清和界定。首先，混合所有制本质上讨论的，是社会生产资料所有制问题，而不是作为市场主体的企业联合的多种形式问题。不同所有制成分联合形成企业，并不必然意味着该企业涉及的所有权性质发生改变。最为典型的例子就是以委托—代理的形式联合形成企业或协作联合体，生产管理分工合作、按约定收取报酬和收益，这样的联合并非就是实现了混合所有制。

倘若从这一角度试图对混合所有制作出界定，那么就必须首先判断哪些"联合"形式属于"混合"，哪些不属于"混合"。承包、联营未必是真正意义上的混合，股份制却有可能实现真正的混合。如果仅仅讲联合，实际上这种认识中可能暗含一种意味，就是其关注焦点最终可能逃离"混合所有制"概念的根本问题，即重要的是能否实现真正的"混合"，怎样才能在所有权实现形式层面使生产关系变革能动地回应与"解放生产力"层面相关的产权创新问题。

其实，混合所有制在学理意义上讨论的，就是社会生产资料所有权归属如何"和而不同"于单个企业内部而"混合"起来的问题，不宜把此定位处理得飘忽不定、时而宏观时而微观。

三、产权混合是否就等于实现了混合所有制的改革意图？

所谓产权，法律概念上，是指包括财产所有权、占有权、支配权、使用权、收益权、处置权等多重权力的总和，是经济所有制关系在法律话语中的表述形式。如从逻辑上推论，当然在混合所有制下，产权一定实现了混合，但产权混合是否就是实现了混合所有制呢？我们认为还不是如此简单。广义地说，20世纪50年代中国"社会主义改造"中，工商企业的"公私合营"也可称为一种混合所有制，而现阶段的"混合所有制"改革，所启动的却是一整套制度框架体系建设，需要落实到现代企业制度和法人治理层面。前些年，中国股份制经济已有明显发展进步，其中不乏国有、非国有和公有、非公有股权在市场主体内部的混合，但往往存在国有产权"一股独大"问题和产权规范不落实、不到位问题，所以仍然需要以深化改革来解决。因此，达到了产权于企业体内的混合，也还并不等于就实现了混合所有制的改革意图。

四、从"股份制"到"混合所有制"：回顾与展望

在邓小平南方谈话之后，1992年党的十四大确立中国经济体制改革的目标模式是建立社会主义市场经济体制，这成为全局性的重大突破

和历史性决策。1993 年党的十四届三中全会作出《中共中央关于建立社会主义市场经济体制若干问题的决定》，勾画了中国市场经济体制的基本框架。1997 年党的十五大提出，公有制实现形式可以而且应当多样化，一切反映社会化生产规律的经营方式和组织形式都可以大胆利用。对于股份制，资本主义可以用，社会主义也可以用。在这个判断中，已经区分了所有制和所有制的具体实现形式这两个不同的概念，即股份制是所有制的一种实现形式，既不姓"社"，也不姓"资"。党的十六大要求进一步探索公有制特别是国有制的多种有效实现形式，除极少数必须由国家独资经营的企业外，积极推行股份制，发展混合所有制经济。而党的十六届三中全会通过的《中共中央关于完善社会主义市场经济体制若干问题的决定》，则进一步提出，积极推行公有制的多种有效实现形式，大力发展国有资本、集体资本和非公有资本等参股的混合所有制经济，实现投资主体多元化，并首次明确提出"使股份制成为公有制的主要实现形式"。从股份制是公有制的一种实现形式到主要实现形式，体现了对公有制实现形式认识的深化和飞跃，也铺垫了、准备了十七大和十八届三中全会所强调的"混合所有制"改革。

基于以上这一简要回顾并结合本文分析，可一言以蔽之：中国当下所说的混合所有制，实际上强调的，是在现代国家治理法治背景下，使任何一个市场主体内部，产权可以按照股份制框架下的混合所有制来处理，实现最大包容性和共赢、多赢。混合所有制若能够通过规范的股份制，来实现市场法人主体产权结构中最大的包容性，那么原来谈论多年、争论不休的"国进民退"与"国退民进"、"姓公姓私"与"姓社姓资"问题，便都可以淡化了。在"和平与发展"的时代，贯彻"一百年不动摇"的党的基本路线，特别需要注重的是以最大的包容性走向共赢。如果从提升人类文明、解放生产力、共享发展成果这样一个宽阔的思维来说，基于"现代国家治理—现代市场体系—现代企业制度—混合所有制"的逻辑链，加之以现代财政制度作为国家治理的基础和重要支撑，配合起来充分发挥市场总体上在资源配置中的决定性作用，正确处理好政府与市场的关系和实质性地推进改革，那么，困扰人们多年而争议不休的国有经济部门改革和国有资产管理体系的重构，以及"民营企业"发展在前、后"三十六条"公布之后的实质性"再破题"等问题，将会有一个豁然开朗的新境界，抓住根本问题而化解矛盾的所有"正能量"，将汇集于实现"中国梦"宏伟愿景的过程之中。我们深信，十八届三中全会关于"混合所有制"认识的突破性表述，将长远而深刻地影响和推动中国的现代化。

参考文献

［1］马克思，恩格斯.马克思恩格斯全集：第23卷［M］.中共中央马克思恩格斯列宁斯大林著作编译局，译.北京：人民出版社，1972.

［2］马克思，恩格斯.马克思恩格斯选集：第2卷［M］.中共中央马克思恩格斯列宁斯大林著作编译局，译.北京：人民出版社，1995.

［3］马克思.资本论：第3卷［M］.中共中央马克思恩格斯列宁斯大林著作编译局，译.北京：人民出版社，2004.

［4］邓小平.邓小平文选：第三卷［M］.北京：人民出版社，1993.

［5］康芒斯.制度经济学：上册［M］.北京：商务印书馆，1962.

［6］贾康.混合所有制：从管资产到管资本［J］.军工文化，2014，3.

［7］贾康.PPP：不只是一个融资机制的选择［N］.中国财经报，2014-04-22.

［8］贾康.财税体制改革诠释现代国家治理［N］.上海证券报，2014-07-03.

［9］盛洪.现代制度经济学：第二版上卷［M］.北京：中国发展出版社，2009.

［10］顾钰民.马克思主义制度经济学［M］.上海：复旦大学出版社，2005.

［11］王溯之.试论国营企业自有资产的性质和归属——兼论国营企业混合所有制的可行性［J］.商业研究，1988，1.

［12］汪良忠.论混合所有制占主体的市场经济制度［J］.财经研究，1993，7.

［13］梁稳根，谭均云，康就升.混合所有制企业探微［J］.求索，1993，2.

［14］倪吉祥.关于中国混合所有制形式的现状、问题和建议［J］.改革，1993，3.

［15］晓亮.大有发展前景的一种所有制形式——混合所有制［J］.党校论坛，1993，11.

［16］朱东平.论混合所有制的经济合理性［J］.经济研究，1994，5.

［17］高善罡.混合所有制问题应受重视——中国社科院研究员晓亮答问录［J］.科技文萃，1995，2.

［18］晓亮.论混合所有制［J］.学术月刊，1998，6.

［19］张高丽.混合所有制：公有制的有效实现形式——深圳中兴通讯股份有限公司调查［J］.求是，2001，9.

［20］张平．混合所有制经济的五个特点［J］．中国改革报，2003，12.

［21］范恒山．如何理解大力发展混合所有制经济［N］．人民日报，2003-11-03.

［22］顾钰民．所有权分散与经营权集中——混合所有制的产权特征和效率分析［J］．经济纵横，2006，1.

［23］张卓元．论混合所有制的活力与贡献［N］．北京日报，2013-12-16.

［24］张卓元．混合所有制是基本经济制度的重要实现形式［N］．经济日报，2013-11-22.

［25］常修泽．发展混合所有制经济的路径［N］．人民日报，2014-04-30.

［26］常修泽．现代治理体系中的包容性改革——混合所有制价值再发现与实现途径［J］．人民论坛（学术前沿），2014，3.

［27］崔吕萍，厉以宁．要把混合所有制对国企民企的好处讲透［N］．人民政协报，2014-03-04.

治理雾霾、促进环保需充分运用经济手段，破解"两大悖反"[1]

改革开放以来中国经济社会取得长足进步，目前仍具有一定的"黄金发展"特征，但物质资源环境制约和人际利益关系制约互动交织而成的"矛盾凸显"，已带来潜在增长率"下台阶"和对于发展可持续性的明显压力。近年来的"雾霾"问题，是我国生态环境中大气污染危害升级的突出标志。促进环保提升生态文明程度，合乎逻辑地成为党的十八大以来"五位一体"总体布局最高层面战略部署的重要组成部分。

一、必须高度重视雾霾所代表的环境威胁与挑战

我国改革开放新时期中，较早已有"避免重走发达经济体先污染后治理老路"的认识，并由最高决策层明确地提出了资源节约型、环境友好型这一"两型社会建设"方针，又提升到统领全局的"全面、协调、可持续"科学发展观，以及党的十八大以来"五位一体"建设生态文明的"国家治理现代化"治国理念。但面对当前现实我们不得不承认，由于种种原因，迄今为止我们并没有走通"避免先污染后治理"之路。严峻的挑战是，2013年以来，动辄打击大半个中国且已造成"国际影响"的雾霾，实已带有环境危机特征，引起了民众广泛不满和政府管理部门高度焦虑，形成了对于我国经济社会生活的现实威胁，亟待化解。一些雾霾严重的城市实施控煤、控车、控油、治污等污染防治措施，确有必要，也有成效，但离实现使公众放心地呼吸上清洁空气的目标尚远。而

---

1 本文原载《铜陵学院学报》2015年第4期。

一味采用车辆限行限购、工厂停工停产等简单化行政手段进行治理，不仅容易引发社会矛盾，而且治标不治本。短期强力打造"APEC 蓝""阅兵蓝"只能是权宜之计。那么，雾霾到底应该怎么治理？环保的长效机制应当怎样构建？

二、环境问题成因中最需注重、最为可塑的是制度机制因素，相关改革的重大意义必须挑明

正视环境危机挑战，我们一方面需要清醒地认识到，我国消除雾霾危害这一目标的实现，还需待以时日，因为在"先污染后治理"的既成事实轨道上再来解决此种问题，已不可能一蹴而就；另一方面，必须以最高重视程度，正确树立中长期减排治污、消除雾霾等环境危机因素的可行思路与务实的方案框架。

这里首先有一个"对症下药"的视角，即雾霾愈演愈烈的成因到底是什么？关于我国雾霾等环境危机因素的细致成因分析，固然还需要展开大量的科研工作，但目前全局框架下基本的判断却已经可以形成：这明显地与我国具体国情中的如下几个要点息息相关：1. 我国近 95% 的人口聚居于仅占 42% 左右国土的"瑷珲—腾冲线"（亦称"胡焕庸线"）之东南方，使能源消耗、环境污染压力呈现"半壁压强型"；2. 我国基础能源主要依靠国内储量丰富的煤炭——随着燃油国内供给明显不足等因素在近年浮出水面，加之水电、核电、风电、太阳能电所遇的各自制约，目前全国电力供应中的约 80% 是烧煤发出的火电，而煤的清洁化使用难度高，大气污染等负面效应十分突出；3. 前面几十年我国特定发展阶段上形成了在经济起飞中以重化工业支撑的超常规粗放式外延型快速发展模式，单位 GDP 产出中的能源消耗系数相当高，污染因素集中度高而不能有效化解。以上这些，可称为我国能源—环境压力方面客观存在的"三重叠加"，我们极有必要据此如实认识理解相关环境挑战的严峻性质。

接下来，还特别需要指出，在上述基本国情和"三重叠加"中，有关人口分布、自然资源禀赋、发展阶段特征等基本上不可选择的因素之

外，还与可塑性高的制度机制因素密切相关，而在这个方面我国存在重大缺陷，对于雾霾等环境问题的恶化难辞其咎。也就是说，我国目前环境问题的一个重大原因，来自于机制性的资源粗放低效高耗状态，它涉及煤、电、油等能源耗用相关的制度安排问题，恶化着大气、水源水流、生态环境，形成了经济、社会生活中危及人们生存质量的不良传导链条。比如：在我国一般商品比价关系和价格形成机制基本实现市场化之后，在国民经济中基础能源这一命脉层面"从煤到电"（又会传导到千千万万产品）的产业链上，却一直存在着严重的比价关系与价格形成机制扭曲、非市场化状态和由此引出的"无处不打点"的乌烟瘴气的分配紊乱局面，特别是助长着粗放式、挥霍式、与节能降耗背道而驰的增长模式和消费习惯，在现实的比价关系和利益相关性的感受之下，社会中的主体几乎谁也不真正把节电、节水当回事！而节电、节水，在我国实际上就是节煤降污，就是抑制和减少雾霾。以首都北京为例，改革开放初期至今，民用电价格上涨了2倍多一些，但同期百姓"居家过日子"必须消费的蔬菜（如西红柿、黄瓜、大白菜）价格却是上涨了百倍以上！那么现实生活中，什么值得精打细算，什么几乎可以忽略不计，不是再清楚不过了吗？家庭生活中如此，企业方面，几十年间用电与其他料、工、费的比价关系也同样如此。可试想一下，30多年来企业工作人员差旅费支出水平的变化不也要高出电价上涨上百倍？利益对比的普遍情况，必然引导、影响企业、居民的能源消费习惯与行为特征，这是一个不容回避的基本事实。

我们面对这种倾向于粗放化、高能源消耗、高环境压力因而可能发展过程不可持续的挑战与威胁，必须抓住可塑、可选择的机制与制度安排问题不放。下一阶段极有必要积极推进从资源税改革切入、逼迫电力价格和电力部门系统化改革、并进而引发地方税体系和分税制制度建设来助益市场经济新境界的新一轮税价财联动改革。这一主题，其实过去已在若干角度上被方方面面所关注和议论，但还缺乏一种"捅破窗户纸"或"打开天窗说亮话"式的正面审视，没有挑明并加以通盘连贯处理，亟待在"配套改革"概念上形成"路线图与时间表"式可行方案设计。

三、现实生活中政府、民众两方面存在"两大悖反"，必须依靠配套改革中形成经济手段为主的长效机制来化解

我国现实生活中，存在两大悖反现象：一方面，官方反复强调科学发展、包容性可持续增长，但实际进展是在部门利益、垄断利益的阻碍下步履维艰，为此必须做的与煤、电相关而形成经济手段为主节能降耗长效机制的改革，一拖再拖。如电力部门改革十多年前就已形成的"5号文件"，在关键的使电力产品通过竞价入网机制回归商品属性，从而产生选择性、竞争性的改革，寸步未动；另一方面，公众对环境恶化、雾霾打击等的感受，日益趋向"民怨沸腾"，但一说到资源税、环境税等改革，却又会由其"加税"特征引发一片反对声浪，甚至有人会跳着脚骂娘，很不认同这种会牵动利益关系的经济调节方式。上述这种政府、民众两大方面的悖反和荒谬状态，导致"科学发展""生态文明"迟迟难以落地，显然必须依靠着眼全局、前瞻长远、逻辑清晰、设想周全的改革设计，与以更大决心、勇气、魄力和智慧构成的改革行动来破解悖反，贯彻绿色发展战略，从而把中国来之不易的现代化发展势头和仍然可能在相当长时期内释放的较高速发展和"升级版"发展的潜力，真正释放出来。

为治理雾霾、促进环保，当然需要多种手段并用，但实话实说，节能降耗方面以政府行政手段为主的选择式"关停并转"，虽仍然被反复强调，但其操作空间有限，仅适合为数不多的大型企业；以法规划定"准入"技术标准的"正面清单"方式，逻辑上说可以用来面对中小企业，但如果以此为主来操作，且不说会受到环保机构必然遇到的"管理半径""人员充足率"的制约，并且一定会产生为数众多、防不胜防的"人情因素"和设租寻租，发生事与愿违的种种扭曲和不公，效果亦不具备较高的合意性。长期可靠、效应无误、值得推崇的转型升级出路和可充当主力的调控长效机制，是通过改革，以经济杠杆手段为主，让本应决定性配置资源的市场力量充分发挥公平竞争中的优胜劣汰作用，把真正低效、落后、过剩的产能挤出去，实际化解"两大悖反"，进而引

发出来一个绿色、低碳、可持续的经济社会发展"升级版"，带来蓝天碧水和清新空气。充分实行的这种杠杆调节一是全面的，即产业链上全覆盖；二是"内生的"，即生产者、消费者从自身利益出发产生节能降耗的动力；三是长效的，即是可持续、可预期的。

四、相关配套改革的一个关键和两个要领

新一轮价税财配套改革的一大关键，是抓住可用时机推出将资源税"从量"变"从价"机制覆盖到煤炭的改革。2014 年 12 月 1 日起，全国煤炭资源税由从量计征改为从价计征，这正是抓住了我国煤炭市场价格走低的宝贵时间窗口，形成了新一轮税、价、财联动改革的关键起点。将资源税从价计征的机制覆盖到煤炭，将有望在今后的市场经济运行中进一步理顺我国基础能源比价关系，冲破利益固化藩篱，使充分反映市场供求关系的能源资源价格形成机制顺应市场经济，在配合地方税体系建设等财政体制深化改革任务的同时，成为一只威力巨大的看不见的手，在今后的市场经济运行中形成法治化框架下有规范性和可预期性的经济调节手段为主的制度体系与运行机制，促使全中国现已达 6000 万个以上的市场主体（含微型企业和个体工商户）和近 14 亿居民，从自身的经济利益出发，根据市场信号和政策参数"内生地"积极主动地节能降耗，企业会千方百计开发有利于节能降耗的工艺、技术和产品，家庭和个人会注重低碳化生活，这样群策群力以可持续的转型发展打造"中国经济升级版"，促使国民经济与整个社会，走上一条可以越走越宽的连通"中国梦"愿景的绿色、低碳新路。这时政府可做、应做之事，主要在于把握好两个要领：第一，掌握力度，于上述配套改革中使大多数企业在比价关系变化面前，经过努力可以继续发展，少数企业被淘汰出局——可酌情渐进地做多个轮次，每次出局的便是所谓应被淘汰的"落后、过剩产能"；第二，当比价关系变化传导到最终消费品时，及时适度地提高低保标准，使最低收入阶层的实际生活水平不下降，而中等收入阶层会自觉调整消费习惯，趋向于低碳化生活。总体上，如掌握好这样的关键内容和两大要领，这个新时期必做的新一轮价税财联动改革就可望成功。

这种配套改革为当代中国迫切所需、势在必行。纵有千难万难,我们也应群策群力,攻坚克难,力求突破,这才不枉负我们从未如此接近的中华民族伟大复兴的召唤,以及我们必须把握的十八届三中全会后以全面改革实现"国家治理现代化"的战略机遇期。

本轮股市大震荡的透视与反思[1]

股市的基本功能是为企业提供直接融资的市场，并成为在生产要素流动中优化资源配置的机制。社会主义市场经济需要股市，但也必须面对其相关的风险防范问题。新近一轮我国 A 股市场的大震荡显然向人们显示了不寻常的风险。

其实 A 股市场的上涨，从前期低点上至少已持续一年多，以 Wind 全 A 指数进行观察，此间最大涨幅达到 289.29%，而同期道琼斯工业指数最大涨幅仅为 26.12%。到了近半年，从民众、经济学人、多位首席经济学家到操盘机构、主流媒体，均不乏"改革牛""政策牛""转型牛""资金牛"等利好声音，有的观察者相当有前瞻性地早早喊出"5000 点不是梦"，而后是果然不负众望，上证指数历经一路走高，于 6 月 12 日达到 5178.19 的高点。

而 2015 年 6 月 12 日之后至 7 月 9 日的 18 个交易日里，A 股市场单边下跌的最大跌幅达 35% 左右，短期内大盘经历暴涨、暴跌、保卫战等一系列震荡，其冲击力非比寻常，不少人称之为"股灾"。

回顾一下历史，"太阳底下无新事"，自 400 多年前股票交易市场登上历史舞台，集体非理性的股市狂升狂跌，早就一轮接一轮地上演，从未消失。更广义地说，从英国"南海泡沫"、荷兰"疯狂郁金香"、1929—1933 年西方世界"大萧条"，到 2000 年纳斯达克泡沫、2008 年次贷危机和格林斯潘所说"百年一遇"的世界金融危机，已在金融和经济、社会领域一而再、再而三地向我们展示了经济生活中人们的所谓"动物精神"（凯恩斯语）及其形成的危机因素在某些特定阶段兴风作浪的能量。在股票市场上，此种精神总是机制性地与股市动荡相生相伴，在

1　本文原载《公司金融研究》2016 年第 21 期，与苏京春合作。

各经济体的经济发展阶段已屡见不鲜。我国改革开放后股市运行以来，短期犹如过山车般的剧烈涨跌，也已经历多轮。但这一轮"股灾"式大震荡风波给我们敲响的警钟，其意义远非仅是又一次"重复历史"，这是发生在中国要进入"新常态"而实现"全面小康"、打造升级版而对接"中国梦"的"四个全面"之框架已成、大幕徐徐开启之时，关键时期的股市状态其实直接、间接地关联改革发展中的市场经济建设和引向"中国梦"的战略意图。很有必要将这一事件与通盘的中国经济社会转轨一并考察，深长思之。

"股灾"之际，几天之内历经所谓"1000多只股跌停，1000多只股涨停，1000多只股停牌"，大起大落直敲朝野痛点，分分秒秒考验股民心脏，必须承认这种情况与一个健康的市场相去甚远，在常言的"股市震荡"中已属于登峰造极。固然经此巨变会有不少股民痛感股市风险的"杀伤力"而受到"自我教育"，但一旦风潮过去转入相对平稳的新阶段，社会性的记忆会像以前一样又从这方面迅速淡化，"公众是健忘的"，而研究者的努力则在于不要使一次次"学费"可能带来的理性认识迅速淡化，特别是，应凝练可供未来各方注重的有价值的认知和可供管理当局参考的建设性的意见建议。鉴于此，我们试从现象、原因、后果和对策四个层面对本轮"股灾"进行透视与反思，以此求教于方家。

一、关于现象特征层面的透视与判断

（一）"国家牛市"等于"人造牛市"。

本轮 A 股巨变的众说纷纭中，"国家牛市"一词一度成为焦点、网上一炮而红。从现象上看，这轮我国股市走牛确带有权威性信息和确定性政策助推的所谓"国家牛市"特点，从官方的权威媒体在股市达4000点位后的"牛市刚开始"说、"这轮牛市可走三年"说，到一系列"政策利好"的助推，不必赘述。

"国家牛市"的大众解读，便是把走牛看做以国家意志助涨的牛市，但这其实就等于在说"人造牛市"了，这里的"人造"非指由一般股民来造，而是指有特别能动性影响的公权主体，依其意愿（当然不乏良好愿望）来造。这种意愿的表述带有"希望走成慢牛"的理性特征，但能否如愿成为慢牛而非演变成"疯牛"，就可能是另一回事了。"国家牛市"的支撑在于国家公权主体的导向是"牛市才好"，过分地激励一部分参与者的"多头"主观能动性所造成的"牛市"表现，我们正是在此意义上把它称为"人造牛市"。这一导向在股市走高的过程中曾得到广泛认同，小股民（散户）普遍认为会以此方式享受到国家的"分红"激励，因为国家正在通过其参与，将股市确定性地推向牛市（一人可开20个交易账户的新规定、"4000点牛市刚刚开始"的代表性声音等，也都与此相印证），所以也就十分积极、甚至争先恐后地加入到这一"人造牛市"的交易过程之中（以2015年4月后新开户的1000多万新股民为代表，此时尤其是缺少足够的风险意识）。所不同的是，大家在谋求入市赚取利益期间，并未充分意识到"人造牛市"的可持续性，"如何收场"等前瞻性风险防范问题，被抛到视界之外了。

牛市好还是熊市好？一般的股民都认为牛市好，但就股市的行情而言，不论表现的是"牛市"还是"熊市"，实际上都是人的交易行为即是所有股民"用脚投票"的参与所造成，只要市场是健康的，客观上造出什么样的市，均是"市场晴雨表"运行结果。某一时段内股市是"牛"还是"熊"，并不代表股市的"好"与"坏"，而是在其波动中发挥资源配置的作用，如果这个市场的波动机制是适应市场经济可持续发展客观要求的——通常认为是规则透明、周全合理、公平参与而严禁内幕交易，等等，那么这个股市就是"好"的，反之才是"不好"的。因此，关于股市功能的"好"与"坏"，同"牛"或"熊"的短期阶段性表现无关。至于在股市上投资获利机会的好与不好，有经验的投资者倒是很看重熊市中的"抄底建仓"吧？

（二）"人造牛市"，实为"癫躁猴市"。

在颇为激荡人心的"人造牛市"中，关于各路走牛因素有一系列命名："改革牛"（改革成功预期）、"资金牛"（银根放松）、"政策牛"（政府态度明朗以政策助涨）、"消息牛"（不同行业、领域送出利好，促板块轮动），大体看来都不无道理，但稍作揣摩，则不难发现：诸配角的"牛"一齐上场，唯独还缺主角的"牛"——经济下行中"基本面

291

的牛"支撑不足，这便导致"基础不牢、地动山摇"，即"人造牛市"所造成的其实极难是"慢牛"，实际上的表现便是"猴市"特征，在股指上蹿下跳的"癫躁猴市"中，人们领教了行情频繁变脸、市场剧烈震荡，直至几天之内，会有"1000多只股涨停，1000多只股跌停，1000多只股停牌"；再老练的行家也不禁心旌摇荡甚至目瞪口呆，市场上的大量散户、一般股民越来越脱离长短线分析等基本思考，奔向近乎纯"对赌"特征的火线。

从理论上说，股市作为经济"晴雨表"的功能就长期而言是成立的，只要经济有成长性，股市的表现自然而然应在长期随之扩大规模、指数上升。换言之，经济发展中股市应于相当长的历史时期内表现出具有"内生牛市"特征。但此处所说的"长期"，却是要超出一般而言五年左右的时间概念、放到更长时间段才能看清的。倘若放到百年视野上，按照2011年11月10日美国《财富》杂志上刊载的《巴菲特谈股市》一文中的论证，1899—1998年的100年间，美国股市长期平均年复合回报率约为7%，以此而言，自然是"长期慢牛"的表现。但是如果按照"国家牛市"的逻辑来试图于短期搞出一个"人造牛市"，实际结果前半段的表现只能是价值高估的"癫躁猴市"——本轮行情中，A股暴涨暴跌，上证指数一路像"过山车"，"玩的就是心跳"，便是猴市居先。

（三）速成熊市，政府无奈救市。

"人造牛市"因为缺乏"基本面牛"而实际上带有"猴市"特征，但更实质的内在过程是在上下蹿跳中耗尽走牛的动能，接着以大震荡为客观规律开辟道路，某个临界点一旦到达，便速成熊市，"疯牛"转瞬无影，直至近乎以"日"为单位接连下跌，2015年6月15日至7月8日诸交易日的上证指数呈现出：5062点、4857点、4973点、4800点、4442点、4509点、4659点、4474点、4078点、3788点、4001点、3736点、3442点、3171点、3049点、2792点、2588点，指数几被腰斩，短短三周内股市蒸发的市值约达21万亿元，"猴市"迅速转成几近崩盘的熊市，最终逼迫政府无奈地超乎常规应急式出手救市。到了7月上旬的节骨眼上，这个局面是非救不可的，因为这种"股灾"如不刹住，完全有可能连带引出金融和经济生活的全局之灾，甚至裹挟系统性风险的"经济问题政治化"——所以，无奈的救市在某种意义上说，不仅是势在必行的经济决策，而且也是政治决策，绝非几句"书生之见"可以否定其必要性的。

本轮股市调整中，政府的救市手段可说"不遗余力，多管齐下"（但也出现部门信号不一，态度有别）：2015年6月27日，中央银行决定自28日起有针对性地对金融机构实施定向降准，同时下调金融机构人民币贷款和存款基准利率；6月29日，中国证券金融公司出面表示强制平仓金额不到600万元，风险总体可控，同日证监会新闻发言人张晓军出面表示，前期股市上涨积累了大量获利盘，近期股市下跌是过快上涨的调整，但回调过快也不利于股市的平稳健康发展；6月30日，中国基金业协会在倡议书中表示机会往往是跌出来的，呼吁不要竭泽而渔，更不要盲目踩踏市场，中国基金业协会私募证券基金专业委员会发布倡议书，全面唱多，同日，中国证券业协会表示各证券公司已向住所地证监局报送自查报告；2015年7月1日，中国金融期货交易所发布消息，平息市场上关于南方基金香港公司、高盛等外资机构做空A股市场的传闻，同日，中国证监会进一步拓宽券商融资渠道，允许其通过沪深交易所、机构间私募产品报价与服务系统等发行与转让证券公司短期公司债券，并允许证券公司开展融资融券收益权资产证券化业务，《证券公司融资融券业务管理办法》同日正式发布实施，允许展期且担保物违约可不强平，且沪深交易所结算费用下调三成；7月2日，中国证监会决定对涉嫌市场操纵行为进行专项核查；7月3日，上交所发布数据，表示包括华泰柏瑞沪深300ETF、华夏上证50ETF在内的四大蓝筹ETF再获130亿元净申购，并确认汇金入场申购ETF出手护盘，同日，中国证监会表示将减少IPO发行家数和筹资金额，中国证券金融公司同时大幅增资扩股，维护资本市场稳定。7月4日，21家证券公司联合公告表态支撑多头……其后，行政色彩极浓的举措更是毫不含糊："国家队"机构半年内允许买不许卖；国资委、财政部加入表态行列；公安部强势介入清查"恶意卖空"……对于政府行政性方式出手救市的相关问题，我们在此无意作更加展开的叙述和讨论，一个基本认知就是，政府为避免市场落入"毁于一旦"的局面，"该出手时就出手"显然必要，但救市"无奈之举"的性质，却无可争议：仅以指数水平为标的不得不进行"暴力救市"，非常时刻确是应了急，但距离培育长期健康市场的目标而言，行事特征恐怕天差地别了。

二、基于市场相关因素的第二层透视与分析

从市场相关因素考察，本轮"股灾"显然由多种原因导致，初步总结，主要包括："动物精神"及"理性预期失灵"所主导的市场行为非理性；大肆投机伴随大规模融资配资；楼市下行催大资金量；资金池容量既定致使大资金量加大振幅；金融当局"分业监管"框架下的市场引导信号紊乱、协调低效；等等。

（一）行为非理性导致蜂拥入市后的"羊群效应"。

金融、资本市场上人们的"动物精神"往往会有较极端的表现，此次又再被证实。我们曾在学术研讨中将类似问题概括为市场主体的"理性预期失灵"命题，即人们基于利益追求对未来事件进行预测时，由于不完全竞争、不完全信息与不完全理性等原因，不能给出较准确预期并据此调整自己的行为，而形成非理性极端化行为模式。早在凯恩斯那里就已经注意到的群体行为中可能体现出的非理性，相关突出案例在现实生活中与房市、股市上的"羊群效应"与"泡沫生成"机制有内在关联，媒体也极易推波助澜，特别是中国媒体在敏感时刻、敏感问题上的"非多样化"取向，也激化了本轮"股灾"前后非理性行为的产生。行情震荡的暴涨暴跌中，以入市主体作为观察对象，可说无论懂股票和不懂股票的、长期炒股和新近入市的、已有一定规模累积资本和没有多少累积资本的，大都凸显动物精神，蜂拥入市热度飙升，恐慌来临哀鸿遍野，使得短期操作中的"羊群效应"成为显著特征。

（二）大肆投机伴随大规模融资配资杠杆。

在动物精神、理性预期失灵的作用下，随着股市走牛乃至暴涨，越来越多的资金涌入，且在公众、百姓间相互激励形成对未来股市继续暴涨的强烈预期，投机心理升级为暴富狂想，而一众人群恰有高杠杆融资配资机制可得，大涨时，"疯牛"般大潮中伴随股市融资配资规模激增。

这种大肆投机伴随大规模融资配资的高杠杆，可说是本轮"股灾"直接可观察的重要原因。股市融资配资体量越来越大、杠杆越来越高，总规模也就越来越逼近客观必然存在的临界点，一旦股市掉头向下，初期阶段下跌股票所对应的部分高杠杆融资配资就被强行平仓，从而引发资金量骤然减少，一下子撤空一部分可观的支撑力，而"血本无归"的个案在大量股民中引发恐慌，导致股市加快下行，并在此过程中导致越来越多的融资配资强行平仓，波及面愈发广泛、程度愈发纵深，陷入越跌越强平、越强平越跌的恶性循环，踩踏成灾。

（三）楼市下行也催生大资金量。

从宏观视角来看，如此大量的资金在如此短的时间内一拥而入，不能说没有任何前奏。2014年来，大部分城镇楼市下行，买房热、炒房热近乎全然转冷，用于投资的一众资金实际上早就从房市转为股市。前些年地价、房价的几轮上涨，实际上已经将资产价格不断推高，一方面直接提高了实体经济的运行成本，另一方面也培养、催生了投机心理。从流动情况来看，从银行贷款到金融机构的资金，很大比重流向非实体经济，相关调研中可发现，不在少数的实体经济主体利用银行抵押、质押贷款等将资金以企业运营名义借出，却并未用于自身运行，而是转而投向资本市场，试图以此来攫取高额利润。在房地产市场疲软而无先前魅力吸引资金、且资本投资渠道单一的情况下，大量资金在别无去处的前提下自然会受逐利本性强烈驱使而转入股市，助长炒作动能迅速逼近市场可承受的临界值。

（四）政府尽职框架非成熟和资金池容量既定，致使大资金量吹大泡沫加大振幅。

速成熊市且有"崩盘"之势后，政府组织力量救市是无奈的，也是必要的，冲击响应机制方面，大资金强势迅急进入也势必会带来一定的副作用，例如，使市场长期的可预期性受到极大损害，政府强力规定的"只许买不许卖"，甚至直接挑战了法治和契约精神。股市中现有规则的一些技术、管理层面的规则规定（包括股票市场与股指期货市场的联结机制、T+0还是T+1的选择等）本来就各有利弊、见仁见智，应有伴随A股市场逐步走向成熟过程中系统性的动态优化，然而一到"救市"的非常时期，这些便均属"措手不及"了。在拐点之前，我们可以指责有关部门政策失误、技术和管理层面的经验不足、处事效率不高等，但在整个政府理念与尽职框架尚未与市场机制对接、理顺的情况下，这些批评指责都是不触及本质的。如前文所述，股市随经济发展内生长期慢牛，对实体经济发展具有直接融资和优化配置的推动作用，这也要配之以市场上资金较充分的弹性，在与市场较为契合的制度框架下运行。然而，我国对融资和再融资是进行较多管制的，换言之，资金池的容量在短期是近乎既定的，在这种情况下，资金量迅速放大而资金池容量有限，势必要表现出一下子吹大泡沫，达到市场某个临界值之后急转直下，以特别极端的加大振幅的方式来进行自我调节。

（五）金融当局"市场分工监管"框架下的市场引导信号紊乱、协调低效、进退失据，不利于收敛市场失稳状态。

我国业已形成的金融分业监管"一行三会"框架，客观上可说做实了"分工框架"，但未必能相应做实"协调机制"——特别是非常时期的应急协调机制。此轮股市大震荡演进中，"猴市"特征已十分明显的情况下，不同监管部门的口风和步调却远非协调一致，最使市场人士纠结的是某个周末，不同部门陆续传出的不同取向的信号，使已极度敏感的市场氛围几次改变方向，一些市场策略分析师"先后撕掉了三份分析报告"，散户、小股民面对朝秦暮楚的变化讯息"一日三惊"，当时最需要的"清晰引导"，却表现为进退失据，监管当局的协调努力比较低效、紊乱，不利于收敛市场失稳状态。

三、针对负面后果的第三层透视与小结

本轮"股灾"从后果来看，负面效应非常明显：一是在短期内毁掉了一批"中产阶级"，导致财富分配洗牌式重置；二是非理性繁荣迅速转为衰退并且与"中等收入发展阶段"易出现的"塔西佗陷阱"隐患交互影响，累积矛盾形成激荡；三是股市杠杆导致实体经济受创，催化"挤出效应"；四是"人造牛市"致使庄家型利益集团强化割据，市场风险与政治风险可能"牵手"；五是救市"多管齐下"引致多维脆弱性，深度裂痕不易弥合。

（一）短期内毁掉一批"中产阶级"，财富分配洗牌式重置。

时间很短的股市涨跌大震荡，实际上毁掉了我国的一批"中产阶级"，个人财富价值发生"翻天覆地"的变化、"奥迪进去奥拓出来"的股民不在少数。"股灾"前一段时期的股市暴涨刺激了社会上群体投机的不良取向，追求一夜暴富的幻想、狂想，导致行为选择上一些人、一部分资金放弃实体经济而持续不懈地"全仓"投向虚拟经济，其后的暴跌又几乎于顷刻间使不少位于中产阶级的股民原来的"纸上富贵"化为乌有，伤及"老本"，丧失中产阶级地位，从而成为财富阶层洗牌式重置。经济网的一份"股民伤情报告"提供的数据：2015 年 6 月间原持有市值50 万—500 万元的个人账户有 21.3 万个"消失"，500 万元以上个人账户也有近 3 万个不见踪迹，当月 15 日大跌开始前，约有 300 万个新账户在高点开户入市，可料其中绝大部分资产前景不妙。

（二）非理性繁荣速至衰退并与"塔西佗陷阱"隐患交互累积矛盾。

在非理性繁荣急剧升温过程中，社会投机心理一波一波不断被激发，直接后果就是越来越多的人产生暴富狂想，一方面千方百计融资配资蜂拥入市，另一方面丧失踏踏实实工作的心态，放弃全身心投入实体经济、以技术创新和劳动致富的模式——试想在辛苦工作一年而无法与炒股几日收入相比的前提下，谁还会心如止水、踏实工作呢？一旦心态变了，对政府的诉求也会变化，无形中大量散户的认同是"赚了钱源于自己的本事，赔了钱属于政府的百般不是"。在中等收入阶段难以避免的"塔西佗陷阱"式隐患因子，与随"股灾"而来的政府公信力的缺失交互影响，实际上对个体行为选择造成了很大的负面引导，公信力的雪崩式下滑有可能还会形成后续激荡，因为不少人原抱有"赚一笔是一笔"、抓住眼前利益的极强烈心理预期，一旦落入短期内失去可观财富的状态，在患得患失的投机心理状态下，有可能转入经济问题社会化、政治化诉求的轨道，威胁社会稳定。

（三）股市杠杆导致实体经济受创，催化"挤出效应"。

在股市暴涨阶段，融资配资规模不断飙升直接吹大泡沫，杠杆不断攀升，一方面可能推高实体经济"融资难"中的运行成本，另一方面会直接对实体经济运行所需资本造成较多"挤出效应"，即从实体经济领域"资本搬家"，形同"抽血"。于是，相当一部分无缘挂牌上市公司的实体经济很难直接从走牛股市中获取相应的成长机会，更会使同时作为股市主体和实体经济主体的公司与个人不可避免地将部分可变现固定资产和营运资金卷入，一旦转为股市泡沫破裂、强制平仓等后果出现，当然会对实体经济造成直接、间接的损害乃至重创。

（四）"人造牛市"致庄家型利益集团强化割据，市场风险与政治风险可能"牵手"。

在这种"人造牛市"实为"猴市"且迅速演变为"熊市"的演变中，最具有相对优势来获利的，是有经验丰富的操盘团队和握有操控实力的"庄家型"利益集团，并形成了政府与庄家呼应式互动、对散户一遍遍"剪羊毛"的社会感受。经济网的报告中给出的数据是只占开户数微不足道比重的 4300 余户亿元以上者，所持市值占比高达 66.8%——不排除这些顶级大户中也有些市值严重缩水，但能够成功"逃顶"使大量现金"入袋为安"的占比，肯定大大高于千千万万小股民，客观效应既拉大了"两极分化"，又加强了"庄家型"机构大户、利益集团的割据，难以达成有益于经济社会发展的合意结果，不仅不能如愿刺激消费、拉动实体经济发展、去杠杆等，而且还制造出了一些新的难题。市场风险的背后，可能是与政治风险连线牵手。

（五）救市"多管齐下"引致多维脆弱性，深度裂痕不易弥合。

政府无奈救市时，措施"多管齐下"，在其必要性和积极作用之外，也确实会带来负面效应，引致市场多维脆弱性：一是通过大量资金投入来强力操作，进一步突出强调了政府的强势角色和强力作用，与市场发挥"决定性"作用的改革路线形成悖反，加大市场扭曲，削弱优化资源配置功能；二是"暴力"出手稳定市场也会给一些留守及有经验的投机者带来契机，跟随政策变化进行短炒，导致长线、价值理念投资行为被挤出，股票市场运行中操作特征更加超短期化；三是走在了违反市场经济运行规则、法治及契约精神的非常之策上，虽属救急的短期操作，但损害市场信心与信誉，从长期视角、宏观视角、体制机制视角看，所刻画的深度裂痕，过后也不易弥合。一系列救市举措过后，股市如何自我稳定、对经济增长的支撑、对实体经济的拉动作用如何发挥好、对股民的风险教育如何实施等，仍困难不少，许多问题并未得到实质性解决。有论者甚至指出，突如其来的股市暴涨暴跌，或许会干扰我国人民币国际化（以资本项目下可兑换为关键）和利率市场化的改革进程。

四、旨在优化对策的第四层透视、反思与建议

（一）达成长期慢牛的根本之策在于以实质性改革支撑成长性与培育健康化市场、活力型企业。

股票流通市场的基本作用是为了有利于实体企业在其中筹措长期资金，以优化资源流动配置促进实体经济健康发展。实现改革深水区的"攻坚克难"以支撑实体经济企业的健康成长、持续发展，才是我国股票市场呈现长期利好的根本之所在。没有基本面的"经济牛"和实质性的"改革牛"，仅靠所谓"政策牛""资金牛""消息牛"等，势必都是短期的支持和易于泡沫化的因素。在经济增长步入"新常态"、全面深化改革必须攻坚克难、经济结构调整要经受阵痛、对外战略调整积极启动方兴未艾的复杂时期，本轮"股灾"所经历的前段短期快牛（"疯牛"和"癫猴"），并非是为我们的经济发展阶段所需要和所能正常承受的。总结与反思中，一方面亟须扭转在看待股市时先入为主的"支持走牛而使百姓满意"这种本末倒置的思维倾向；另一方面亟须实质性地抓住抓好改革攻坚克难、解放生产力而助益实体经济和股市成长性这个"牛鼻子"，从而可以市场的力量为主培育健康企业，通过技术创新、升级、产业结构优化等实实在在的进步，达成国民经济的良性发展，稳固经济增长的根本，从而才能够在长期时间视界内、在股票市场上生成长期慢牛的健康表现。

（二）清除结构错配的根源在于化解市场安排中的机制性纠结扭曲。

我国资本市场和股票市场体制运行与结构格局中是存在纠结扭曲的，诸如对债市、股市融资和再融资过强的行政"一刀切"式管制，尽管在初衷上确有安全、稳定等积极意图，但会产生很大负面影响，实体企业往往不易获得实实在在的发展机会，股市也不易在一定程度上实现

自我稳定和自我调节。与此同时，一方面，资本市场层级、种类、产品仍较单一，大体量的资金流主要在房地产市场和股票市场两大领域之间流动；另一方面，随着资本价格不断推高，不论明沟暗渠，"借壳"与否，实际上资金都不易较低成本地真正到达实体经济部分。为清除这种结构错配，需要在大格局上化解机制纠结扭曲，于问题导向下有针对性地增加有效制度供给，而不是仅仅侧重于流动性的总量调节与一般性的面上鼓励。在理顺资本市场体系与结构（包括债市）和企业上市机制等制度建设前提下，辅以货币政策等的合理配合，才能如愿达成合意结果。

（三）对冲市场主体非理性的关键在于政府理性地发挥引导作用和资本市场体系建设作用，优化改造"分业监管"框架。

若从人性趋利角度来看，股市所具有的较高风险、较高收益特征，显然对一部分投资和市场主体充满吸引力，往往成为动物精神、理性预期失灵等主导下群体非理性行为的集中地，一定意义上也属必然。对冲这种非理性的关键，就在于积极管理引导相关人群的预期、培育健康的投资心理，通过当局的积极引导使投资者行为尽可能理性化。从暴富狂想与非理性选择、"塔西佗陷阱"（实与民粹情绪相伴相生）等因素的激荡来看，我们在长期视角中应更注重引导股民形成正确的财富观，适当减轻民众投机心理，除了正确的舆论导向、知识普及、风险警示宣传等市场预期管理之外，通过资本市场的改革为资金构建更好的容纳场所，使长线健康投资成为可能，也需要正确总结经验，优化政府监管、调控体系来清除监管错配。我国"一行三会"的分工监管如何优化改造，已是此次动荡之后反思中的应有命题。

（四）政府发力重点和应急举措需尊重市场逻辑，优化游戏规则。

经济学家华生教授指出，从西方股市几百年历史来看，早已形成以市盈率、市净率、换手率作为衡量股市泡沫尺度的一般模式，如忽视通盘权衡判断，将股市简单作为一个短期眼界下能否让老百姓赚钱的场所来理解，极易陷入"一厢情愿"，而与市场规律南辕北辙。政府的职责主要应定位于尊重市场，依法监管，让市场的配置功能正常发挥而能够总体上在资源配置中起决定性作用，于规则合理公正的前提下监管到位，便可使投资者利益得到最大限度的保护，也会最大限度地减少"无奈救市"局面出现的可能性。当然，股市无万全之策，假如不得已之下强力救市的事态再次出现，救市中政府发力的重点和基本立场，仍应是最大限度地维护市场规则和法治契约，这时盯着指数救市当然情有可原，但非常时期"救市"的决策思维其实不应是某个指数水平或只是以权重股的操作速"达标"，而应是市场功能得以维持的底线。所以，应借助合理的综合性分析，在操作中聚焦于市场不至失效的界限，而求系统性"维稳"的结果。

在此，关联两个敏感词的认识很有必要提及，一是关于"恶意做空"：投资者做多做空皆为利益驱使，要准确认定到底某一动作是"恶意"还是"善意"，几乎是不可能的任务，国际实践中即使对索罗斯式"金融大鳄"们的兴风作浪，也无以罪名认定成功而借此予以惩处的先例。监管当局的思维逻辑与核心概念，还是应当回归"违规与否"的命题，依法打击内幕交易等违规行为。二是关于"阴谋"：应当说监管当局之外的其他入市者"暗中策划"式的股市操作决策及相关操作要领，必以"商业秘密"形式普遍存在，与其于"股灾"发生后将其归之于这些主体的"阴谋"使然，不如直接诉诸于当局的违规调查（以示严格市场规则）并同时检讨市场规则的漏洞与欠缺（以求"亡羊补牢"）。动辄按照运动式粉碎敌对势力的思维方式摆出姿态或处理股市波动问题，并不符合塑造监管性、体现监管水平的市场经济时代要求。索罗斯兴风作浪后的名言是援引谚语"苍蝇不叮无缝的蛋"，当局的市场建设在开放条件下，唯有选择"制度自强"：政府发力的重点始终要放在以制度、规则、手段的合理化封堵可能的漏洞和缝隙之上。

参考文献

［1］George Soros.The New Paradigm For Financial Markets： The Credit Crisis of 2008 And What It Means，Public Affairs，2008.

［2］Hamilton W. D. Geometry for the Selfish Herd［J］. Journal of Theoretical Biology，1971（31）.

［3］Keynes John M. The General Theory of Employment，Interest and Money［M］. london：Macmillan，1936.

［4］Sanford J.Grossman and Joseph E. Stigilitz. On the Impossibility of Informationally Efficient Markets ［J］. The American Economic Review，June 1980，393—408.

［5］Wilfred Trotter，Instincts of the Herdin Peace and War，1916.

［6］贾康，冯俏彬，苏京春.“理性预期”失灵：立论、逻辑梳理及其“供给管理”矫正路径［J］. 财政研究，2014（11）.

［7］贾康.新供给：经济学理论的中国创新［M］. 北京：中国经济出版社，2013.

［8］罗伯特·希勒.非理性繁荣［M］. 北京：中国人民大学出版社，2008.

［9］迈克尔·卡特，罗德尼·麦道克.理性预期［M］. 上海：格致出版社，上海人民出版社，2011.

［10］乔治·阿克洛夫，罗伯特·希勒.动物精神［M］. 北京：中信出版社，2012.

［11］苏京春，贾康.理性的“供给管理”与“动物精神”的分析解读: 概念与现实［J］. 财政部科研所研究报告，2014（5）.

辖区顶层设计优化
是政府最好的理性供给[1]

以供给管理优化推动政府"规划先行、多规合一"的顶层规划，能够进一步激活中国经济的增长潜力空间，包括产业布局聚集效应提升要素投入产出效率，提升城市承载能力，切实缓解城镇化中"城市病"。

在新城建设的过程中，则应当特别注重为未来发展预留动态优化的空间，同时可在预算约束线以内尽量高水平地加入对建筑设计规划、自然生态规划与人文保护规划的创新。

以供给管理优化推动政府"规划先行、多规合一"的顶层规划，能够进一步提升中国经济的增长潜力空间，提升城市承载能力，切实缓解城镇化中"城市病"。一方面能够容纳更多生产要素的共存；另一方面能够给关键性的生产要素以发挥龙头效应带动良性互动的合理空间，使全要素生产率的提升成为可能，优化能源结构、减少资源浪费及减少代际负外部性，实现更加良好的城乡一体化布局，从而最大程度提升供给体系的能力、质量和效率，减少经济发展中社会矛盾摩擦所带来的负面影响。

一、规划中的问题

"顶层规划"一定要打出提前量。作为基本公共服务设施的重要组成部分之一，上下水管道系统和类似涵管、光纤等的建设及翻修窘境，近几十年来在全国多个城市最为人们所熟知。在统筹规划不到位的情况

---

1 本文原载《中国财经报》2016 年 8 月 16 日，与苏京春合作。

下，"马路拉链"的现象屡见不鲜，其所带来的停水、停电、交通堵塞、环境污染等问题又必给公众生活带来诸多不便。每次建、拆和每次再建，都创造统计上的GDP，这样的"政绩"实成民生之痛。高速公路建设中明显存在某些前瞻性不足问题。如北京八达岭高速、沈大高速、沪宁高速建设，均因前瞻性与财力预算安排没有体现较充分的提前量，建成后均很快出现拥堵从而不得不再次投入资金翻修。

应理性避免供给满足需求过程中的频繁升级。基本公共服务设施的供给大体上呈现这样的轨迹：伊始表现为需求高涨，政府着手组织供给，总规模适度大于需求，或至少使供给与需求达到均衡，其后需求又高涨，下一轮建设再度开始。若前瞻性较高，从"供给大于需求"过渡到"需求供给双方均衡"的区间持续时间较长，下一轮供给开始的时点就可推迟。任何供给主体的投入能力都是有限的，所以设施建设只能分轮次逐步升级换代。由于规划水准和前瞻性不足，中国目前基本公共服务设施建设供给满足需求的时间段较短，首都机场扩建工程二十几年内上马三次就是典型案例。

应着力加强地域配套，发挥综合效益。转轨时期基本公共服务设施前瞻性欠缺的另一个突出表现是配套要素滞后。例如，某些城市棚户区改造和保障房建设按时竣工了，但供暖、燃气并未随之落实；在廉租、公租房小区内，入托和入学、老人赡养、就医等问题也未解决。再如，在一些边远县、乡镇和欠发达地区，政府"金"字号工程名义上已告落实，各项补贴转入"人头卡"内，但群众因附近缺乏金融网点而难以取现的情况也时有发生。

中国极为特殊的基本国情所形成的多方约束，决定着城镇化必须更加注重从顶层通盘把握。

二、顶层规划过程正是供给管理过程

产业的培育、技术进步的推动、经济区域的协同发展、企业空间位置布局可能产生的聚集效应，实际上都建立在当地政府相关规划的基础之上。不仅如此，与生产力结构相关的市政基础设施结构也必须被囊括在规划范畴之内,从住宅区布局到交通、供电供热、给排水、文教卫生、生态环境等配套系统的建立健全,越来越带有包罗万象的特征。这就对全局视角下的顶层规划提出了更高的要求。

历史上,在城市产生和发展的自然过程中,空间上的选择起初都是市场主体本身决策,且在规模效应、聚集效应等的作用下,市场主体的规模结构、产业的技术结构等都在不断发生变化。同时,市场个体在生产、交换、分配、消费过程中形成的空间布局伴随需求的产生以及供给的回应而形成初级阶段的试错式调整。政府运用强制性的旧城改造、城区扩大、城市重建等规划活动来作出重新安排,进而实现生产要素的有序供给,可以力求减少继续发展过程中"试错法"高昂的成本制约与巨大的社会代价,这实质上就是一种以理性、优化的供给管理掌控空间布局升级的过程。

从中国与国际经济社会发展实践来看,不论多么细致的专项规划,若不能实现供给侧的多种规划有机结合,必不能达到供给优化的目标。

三、"多规合一"顶层规划的供给管理对策建议

规划强调组织供给来处理生产力结构和社会生活结构中区别对待和通盘协调问题的解决方案,实质上就是形成综合要素供给体系的规划供给,以其带出供给管理的全过程。基于此,中国现阶段必须"先行"且走向"多规合一"的顶层规划,相关的规划内容至少应考虑框架、制度、分类融合和动态优化四个方面。

(一)框架:实现法治框架下的规划先行。

顶层规划一方面做到避免规划中缺乏前瞻性导致很快出现严重供给短缺所引发的更多成本投入,另一方面做到可放可收。经济社会发展最大程度上避免"试错—改错"的有效手段就是"规划先行",国土开发、城乡一体化发展中所有项目建设都应当建立在具有前瞻性、力求高水平的科学规划基础之上,同时法律所规定的规划权的行使决不能独断专行、率性而为、朝令夕改。顶层规划关系到发展中经济体能否实现赶超战略目标,具体内容涉及一个经济体国土范围内从城市到农村的所有区域,

土地开发利用、生态环境、教科文卫体、交通、市政、水利、环保等各个方面。

（二）制度：打开制度结节，开展先行的多轮顶层规划。

现阶段，中国尤其应当在多轮项层规划开展之前打开行政审批制度结节，达成"多规合一"的合意结果。截至目前，行政审批制度改革显然已经涉及更深层的体制性问题，要从减少审批项目的数量推进审批质量的提高，这就需要结合"大部制"和"扁平化"改革，实现政府职能机构的整合式瘦身消肿改造与新境界中的协调联动。除了提高行政法治化程度、顺应精简机构的要求之外，更要扩充动态优化设计至全覆盖，以后择时启动整个"大部制"框架下、行政审批的国家标准化工作，而后联通"规划先行，多规合一"相关工作的开展。多年来由不同部门分头来处理的国民经济发展规划和国土开发、城乡建设、交通体系、环境保护、产业布局、财政跨年度规划等等，都应该纳入"多规合一"的综合体系，并基于全国统一的行政审批信息数据库和在线行政审批平台，矫治"九龙治水、非旱即涝"的弊端，实现决策体系和业务流程的优化再造。

就中国的经济社会发展现状而言，所有发展中出现的矛盾和问题亦不可能通过某一次顶层规划全部解决，势必要通过动态处理结构性问题的多轮顶层规划逐步落实。但每一轮顶层规划都应当建立在基于现状对未来力求科学预测的基础上，将城建、交通、教科文卫体、市政、水利、环保等方面规划合理地打上提前量，从而最大程度上减少"沉没成本"的发生，提高增长质量、社会和谐程度和发展可持续性。

（三）分类融合：要素分类视角对"多规合一"的把握。

经济增长要素可分为竞争性要素和非竞争性要素，前者包括土地、劳动力和资本，后者则随第三次科技革命的爆发在以往所强调的技术和制度基础上，增加了信息。除了这些经济增长的动力要素以外，某一经济体发展过程中还存在制约要素，主要包括财政三元悖论制约、社会矛盾制约、资源能源制约、生态环境制约等。顶层规划，显然就是将以上经济增长要素与经济发展制约要素全部纳入系统考虑，通过供给管理实现供给侧优化，从而促使经济活力最大化。特别值得注意的是，在经济增长中，土地要素对经济增长产生贡献的效应往往与交通网络有关，交通网络越发达，土地要素对经济增长做出有效贡献的能量（经济上可量化为"级差地租"）就越大。科技创新与制度供给，就社会全局和长期而言，则完全或几近完全属于效用不可分割，受益无竞争性的"公共产品"。随着经济发展，无论采用发展经济学中所强调的弥合二元模式的城乡一体化，还是采用规划学中所强调的区域性、大都市圈或城市群，都是体现城市自身形态的升级，而这一升级于经济增长的要素支持效应就是环境承载能力、多元要素流通能力、合意配置能力等的提升。以技术、制度和信息构成的非竞争性要素更多决定着质量增长的实现。经济发展的相关制约要素则决定着经济增长要素在多大程度上能够顺利发挥作用，顶层规划中应当尽量通过合理的供给侧安排缓解经济增长制约。

这里的"多规合一"，实际上包括国民经济和社会发展规划、城乡建设规划、土地利用规划、生态环境保护规划以及教科文卫体、交通、市政、水利、环保等专业规划分类基础上的有机融合。如城市通盘规划中的交通规划决定着城市的运转效率，因此城市交通规划也是都市圈、城市群规划是否能够形成的关键所在；城市生态环境规划目标在于通过规划实现人与自然的有序组合和平衡，因此城市生态环境规划在工业化时期，首先是体现制约特征，在后工业化时期，则颇具更高层次追求特征（如"望得见山，看得见水，记得住乡愁"）。

（四）动态优化：锁定不同发展阶段每轮顶层规划的主要矛盾。

经济社会发展的不同阶段，其所面临矛盾的紧迫性会有所不同。"多规合一"的顶层规划下，每一轮顶层规划都应当首先锁定解决当时面临的主要矛盾。从国外经验来看，首先应当解决的就是动态地在产业布局基础上进行均衡性区域规划。

顶层规划首先应当考虑的是工业化相对落后地区增长极的培养、工业化中等发达地区城市点的扩大以及工业化发达地区城市辐射力的增强，这势必要求通过国土规划、产业布局规划、交通规划、环保规划及专项规划的合理衔接、搭配，形成有效合力。针对工业欠发达地区，可启动依托当地资源禀赋建立差别化工业基地的规划项目，工业化水平的提升势必吸引更多人口入驻目标城市，因此目标城市应根据工业、产业发展规划预测未来的人口增长、收入增长，并针对劳动力数量、人口结构及居民收入的预测，有针对性地配以交通、教科文卫体、市政、水利、环保等方面的专项规划。

针对工业化中等发达地区，可启动以几个"城市点"共同带动"城市面"的一体化规划发展。这一轮顶层规划，是基于由几个"城市点"所划的大区域"都市圈"，其最终追求的发展目标则要形成"城市群"式的均衡发展。以中国现阶段经济社会发展的案例观察，"京津冀"一体化就是这一阶段必须优化顶层规划的典型。北京"大城市病"已非常突出，天津既有产业发展潜力又有纠结烦忧，它们周边的河北地区却相对落后，显然有协调、均衡的必要。这一类型的顶层规划，应特别注重"网络"和"网状结构"的应用和落实。交通运输网络是关键，地铁、公路、城际铁路等的供给全面跟进，能够实实在在地缩短附属中心与原城市中心之间的空间距离。对于人口已达 2300 万以上的北京市而言，城市运转所面临的问题绝非再建几条环路就可以解决的，势必要突破现有格局，建立"大首都圈"，以北京市、天津市为点，以外围的河北省为一体，在顶层规划中疏解首都非核心功能，确立卫星城式的"副中心"和新的增长点。在"副中心"等区域力求在高水平上全面落实国土规划、产业规划、功能区规划、公共交通规划、住宅区等一系列的顶层规划。在新城建设的过程中，则应当特别注重为未来发展预留动态优化的空间，同时可在预算约束线以内尽量高水平地加入对建筑设计规划、自然生态规划与人文保护规划的创新。

现代城市的产生和发展是生产力不断集聚的结果，而随着城市自身规模扩大、数量增多，在地理区位、自然条件、经济条件、贸易往来、公共政策、交通网络等多重作用下，会逐步形成一个相互制约、相互依存的统一体。中国目前较为典型的城市群包括沪宁杭地区、珠三角地区、环渤海地区等，这些区域已经形成的"一体化"态势，需在进一步发展中高水平制定区域层面贯彻总体发展战略的顶层规划，至少应在总结经验教训的基础上，把在区域内会产生广泛关联影响的产业发展、基础设施建设、土地利用、生态环境、公用事业协调发展等方面的规划内容作出升级版的有机结合。

国债适度规模与我国国债的现实规模[1]

国债是政府筹集资金缓解财政压力和实施宏观经济调控与现代金融管理的重要手段。但是，关于国债规模以多大为好，是否存在一个具有客观性质的合理界限，一直存在着争议。有一种源于凯恩斯主义"国债非债"说的观点认为，既然"国债不是债"，可以不断借新还旧，因此可以不必考虑与顾忌其规模适度与否的问题。但是我们认为，古今中外的经验性实证材料都可以支持如下的基本判断：国债手段的运用既可以产生积极影响，也可能带来消极影响；国债的外在影响和国债规模的变动是密切相关的，呈现出一定的函数关系。因此，不论是在理论研讨上还是在经济实践中，都存在着一个如何合理确定国债规模的问题。在不同的国家，以及一个国家不同的发展阶段或发展时期，这种适度规模可以各不相同，而且在现实生活中，对其具体数量界限，迄今还无法精确测定。然而，这些并不能否定国债适度规模（或适度规模区间）的客观存在。

一、国债适度规模的理论分析

（一）简要的理论分析框架。

从理论上说，国债的适度规模，或者最佳规模，是指国债规模处于这样一种数量状态下，该状态使国债的积极影响达到最大化，或更准确地说，使国债积极影响抵消其消极影响之后的净积极影响达到最大化。换言之，能使得国债的净正面效应达到最大化的国债规模，即为国债的适度规模。这一基本关系可用直角坐标系表示如下：

1　本文为中国国债协会《我国国债发行规模及相关政策研究》课题报告之一。

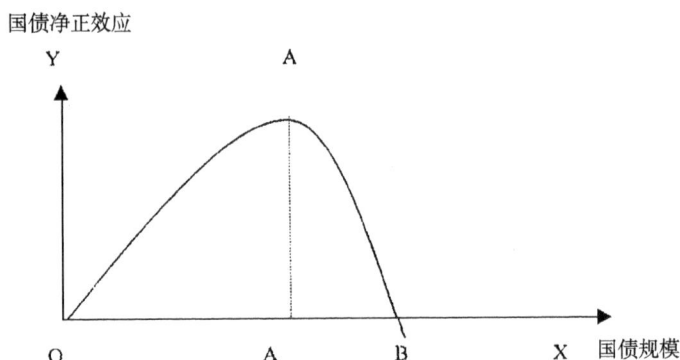

图1 国债净正效应与国债规模的基本关系

图中，X 轴表示国债的规模，Y 轴表示国债的净正面效应。在原点 O 上，没有国债发行，也就不存在国债的外在影响或效应。随国债的发行及其规模的扩大，其净正面效应首先表现为一条 Y 轴对应值的上升曲线。在曲线达到拐点 A 以前，国债的净正效应随着国债规模的扩大而增长，到达 A 点时，国债的净正效应最大化，在其后，随国债规模的继续扩大，其净正效应反而下降。与拐点对应的国债规模为 X 轴上的 A 点，这一点即为理论上的最佳国债规模，或适度国债规模区间的中点。国债规模超过 A 点后，每增加一单位国债，其负效应就会明显增加，从而使国债的总体正效应呈一条下滑曲线，如果超出过多（经过 B 点后净正效应为负），甚至将造成危机性的后果。许多经验性材料告诉我们，越过 A 点之后国债正效应的下滑曲线是相当陡峭的，很快便落入"债务陷阱"的阶段（最近的突出事例可举出 1998 年夏季俄罗斯的情况）。

很显然，国债的适度规模是国债净正效应最大化时的国债规模，而不是国债的最大可能规模。潜在的国债最大规模可以认为是国家信用崩溃的临界点所对应的国债规模。在非经济强制的条件下，国债规模甚至可以达到"竭天下之财而举一家"的地步。因此，在正常情况下，值得讨论的问题是国债规模究竟以多大为宜，而决不是国债规模的单纯最大化问题。迄今为止各国国债运作的实践，也反复证明了这一点。

国债的适度规模客观存在，但在具体实践中，却往往很难把握其具体数量界限。然而，把国债规模控制在适度的区间之内，并使其尽可能地趋近于最佳点，毕竟是国债管理的重要目标之一。这就需要从国债规模的影响因素出发来进行必要的分析探讨，以求科学认识国债发行的需要和可能，进而决定较为适宜的国债规模。

在现实经济中，影响或决定国债规模的因素是多层次、多方面的。从宏观经济来看，诸如经济的发达程度、当时的经济周期区位、经济的增长率和效益指标，居民收入分配和消费水平，全社会投资规模和结构合理性程度，财政收支状况和金融深化程度等等因素，都会影响国债适度规模的大小。从国债自身的运作来看，国债的管理水平与结构状况，诸如筹资成本、期限安排、品种搭配、偿还方式和国债资金的使用方向与使用效益，均会构成决定国债适度规模大小的因素。

某些国家现行的关于国债规模的警戒性指标，诸如国债负担率（国债余额/GDP）不超过60%；国债依存度（当年债务收入/当年财政支出）不超过20%；国债偿债率（当年债务偿还额/当年财政收入）不超过10%；当年财政赤字/GDP比例不超过3%；等等，只是起警戒作用的一般性经验指标，并不一定与其他各国的具体情况吻合，特别是难以适应对各国某个特定时期国债适度规模的判断。单从某一指标不足以得出国债规模是否适度的结论，而且有时出于种种原因，各种指标之间会出现相互矛盾的情况（我国目前就是如此）。况且，这些警戒性指标是从风险控制角度来看待国债规模的，而不是从规模效应角度来看待的。因此，判断国债规模是否适度，从国债规模效应角度出发，应该更加注重分析国债规模的决定因素及国债规模变动对国民经济总量均衡、结构合理化的影响，以及对投资与储蓄和对财政金融状况的影响。

（二）债务规模与赤字。

财政是国家宏观调控的重要工具，因此国债政策措施应首先注重促进宏观经济的均衡发展。这样，当赤字完全以债务弥补的情况下，政府赤字债务规模的合理确定就成为合理确定国债规模的关键。在这里，赤字债务规模是指当年财政预算赤字完全债务化的条件下所需要的国债发行规模。在现代经济中，理想的预算赤字规模并不是基于政府财政预算自身的运动结果，而是应基于国民经济的整体运行环境确定的。如果用 Y 表示国民生产总值、C 表示社会消费、I 表示社会有效投资、S 表示社会总储蓄、G 表示政府当年支出、T 表示纯税收（是扣除税收收入中直接回归到个人部分的总税收）、B 表示当年预算赤字额、D 表示政府债务规模，那么就可以得出如下等式：

$Y=C+I+G=C+S+T$（假设不存在对外经济联系）

"$C+I+G$"是从需求角度来看的，而"$C+S+T$"是从收入流量角度来看的。从均衡式中消除相同因子 C 即可得出："$I+G=S+T$ 或 $G-T=S-I$。

由于当年赤字债务额 $D1=B=G-T$，因此 $D1=B=S-I$。也就是说，只有当年赤字债务额 D1 与当年净储蓄额（S-I）相等时，才能实现国民经济的宏观均衡，才是最佳的赤字债务额。当然，这是从静态的角度分析的，如果再考虑政府赤字开支的扩张效应（即带动相关社会投资的增加），那么实际的赤字债务额要小于静态的社会净储蓄额，亦即 $D1 \leq S-I$。具体情况如何，则要视赤字开支扩张效应的大小而定。但是，如果当年赤字债务额超过社会净储蓄，那么可能会产生两种后果，即或者成为通货膨胀的直接动因，或者对社会有效投资产生明显的"挤出效应"。从长期来看，这些后果均会对社会资源配置产生不良影响，而且徒增国家财政的未来负担。反之，若当年赤字债务额远远小于社会净储蓄，又未能够有效调动社会储蓄转化为有效投资，那么会造成社会资源的利用不足（即未达到充分就业状态），减缓经济增长的速度，也会阻滞财政收入的增长。

当年赤字债务额并不就等于当年国债的发行规模。这是因为政府还要负责到期债务的偿还。实际上当年债务发行规模 $D2=D1+D3$。其中，D3 为当年到期的债务偿还规模（除还本部分之外，如果国债利息开支未能由财政经常预算支出安排的话，则还包括利息偿还部分）。由此可见，国债余额总规模只是历年赤字债务发行额的代数和加上最后一个时间单位（假定国债平均期限为一年时，即为最后一年）的 D3，即：

$$D = \sum_{n=1\cdots t}^{n} D2 - \sum_{n=1\cdots t-1}^{n} D3$$

其基本构成因素是每一财政年度赤字的累积额扣除已付清相应债务本息部分后的数额。

值得注意的是 I 值，在这里假设是社会的有效投资水平。如果社会投资在总量上达到一定规模，但在结构上存在着不合理的现象，那么就必然和有效投资规模存在着相应的偏离度，从而降低 I 值水平。在这种情况下，政府的债务筹资存在的必要性之一，是纠正社会投资的偏离度。政府当年合理的赤字债务规模应视偏离度的大小而相应变化，目标是使社会有效投资水平与社会储蓄均衡为止。我国一直存在，而且目前依然存在着的低水平重复建设，实际上体现着社会有效投资的不足，从而使得政府不得不采取国债筹资的形式来形成有效投资以矫正投资的偏离度。当然，政府行为是否能够达到这一点，则取决于政府的效率和经济预测、决策、管理水平的高低。政府对投资偏离度的矫正方式及效率不同（如政府直接投资或举债贴息引导投资等），也同样会影响因此而引发的国债规模。政府究竟应采取何种方式或方式组合，要视当时的具体经济环境和诸种影响制约因素，以效率为基点而定。

显然，从社会经济总量方面对国债适度规模进行的探讨，还必须结合政府管理与财政实际运行状况。这是因为政府或财政作为国债的负债主体，其本身的管理水平和信用状况也制约着国债规模的扩展。政府因信息不全或自身的行为缺陷，往往导致对社会经济形势预测不准、决策时滞大，乃至于决策失误。这不但影响国民经济的均衡发展，而且有时也会加重政府的债务负担，并影响政府信誉。政府效率高，对经济形势的把握和决策较好，政府的资信就会增加，进而增加社会各界对政府的良好预期，为政府的债务运作留下较广阔的空间。反之，政府的资信则会降低，较低的债务依存度、较低的债务负担率，也会使社会资金敬而远之。总的说来，在市场经济条件下，政府举债所取得的经济效益是以宏观的、社会综合的效益为主，而不是具体的微观经济效益的简单加总。这使得政府债务资金的支出效益往往反映在国民生产总值的增加（或未来增加的潜力与后劲）、社会人均收入的提高（或形成未来提高的空间）、社会基础设施的扩大、生态环境的保护、公共服务的改进等方面。直接以债养债的政府举债行为，除某些专项国债之外，从总体上说，并不多见。因此，只要国债资金的使用能够达到"帕累托改进"的效果，那么债务规模的大小实际上没有绝对的界限可言。只要使用得当，国债形成的拖累并不会造成突出的问题。这是由国债的公共性决定的。问题在于，政府决策者的行为并不总是直接体现为社会效益与国家利益的最大化。这里既有客观因素，也有主观因素，但确实决定着政府信誉的有限性（尽管我们常常认为政府的信誉是最高的）。而且，就应债主体来看，仍然存在着私利和公利的协调配比问题，以及对政府的认知和评价问题。这样，即使在国债资金运用较为合理的条件下，国债的依存度和国债的负担率的评估仍然联系着社会对政府信誉的主观评估，也同样体现为国与国之间政府信誉的相互评估指标。国债规模的警戒性经验指标实际上反映了对政府经济行为的信任度指标，也是在一定程度上规制政府行为的指标。尽管目前的具体化的数字并不适应每一国家，在实际行动中也不应受这一僵规的束缚，但政府并不能因此而放任。因为这是维护政府信誉和政府未来持续性行为、防范风险的重要预警参照标尺。

既然政府债务规模的效用评价主要着眼点在于促进宏观经济的均衡稳定和可持续发展，在于矫正社会投资和储蓄及其内部结构的偏离，那么，适度国债规模存在的领域是能够使得社会资源得到较为充分利用的组合点。但不容忽视的是，由于债务规模的控制属于一种模糊控制型的风险控制与防范，因而在其他条件不变的条件下，政府一般总会倾向于尽可能压低国债的负担率和财政债务依存度指标，以求较为安全地避开可能发生的对政府信誉的拖累和影响。可行的办法包括注重消除债务的累积和增加国家财政收入的规模。

一般来说，消除债务累积的方式有：1.尽快合理使用债务资金，提高使用效益。包括在局部范围内实现以债养债的目的。2.动态调整债务的期限利率结构，降低筹资成本，缓解和均衡财政债务负担。3.将既发债所筹资金使用形成的资产，视需要与可能实行产权转让或实行资产责任制管理，达到价值转换，收回部分投资，冲减部分累积债务。4.实行本息分离制。国债利息流量是国债运动中附加出来的资金流量，是政府举债的成本。将付息纳入财政经常预算管理，这样做一方面可以缓解国债"借新还旧"的偿付压力，另一方面也是由于这种办法有利于加强财政责任感，规制政府行为。5.结合金融深化过程，加强金融市场和国债市场的建设，便于投资者进出，也便于政府低成本、高效率筹集国债资金。

财政收入的增长，即使不与国债负担相联系也同样是历届政府关心的重要内容，只不过方法不同而已。极而言之，有"放水养鱼"法，有"竭泽而渔"法，但从长期来看，走中庸之道"鱼渔兼顾"为常态。我国转轨过程中的财政困难有一系列特殊的原因，提高财政非债务的收入占 GDP 的比重是一个复杂的系统工程，限于篇幅，对此在本报告中不作展开。

二、我国国债的名义规模和现实规模

国债的名义规模是指国家公开发行或借贷的既存国债规模。国债的现实规模是在名义规模的基础上，再添加国家的各种隐性负债，乃至部分或有债务。

（一）我国国债的名义规模。

改革开放以来我国名义国债规模的演进如表1和表2所示。可以看出，不论从绝对指标还是相对指标而言，从1981年恢复发行国内国债起到目前，我国国债规模都经历了一个快速增长和膨胀的过程。从时间上又大致可分两个阶段，1994年以前，国债发行量平稳递增；1994年及以后，国债发行量快速大幅增长。

表1 我国国债发行的规模

单位：亿元

年份	发行国内国债额	发行国债额	国债还本付息额	全部国债年底累积余额	年底内债余额
1981	48.66	147.81	62.89	228.18	48.66
1982	44.15	84.18	55.52	272.45	92.81
1983	41.70	93.2	42.47	338.20	134.51
1984	42.16	76.97	28.91	398.42	176.67
1985	61.30	90.54	39.56	463.46	237.97
1986	62.30	113.70	50.16	524.55	293.62
1987	116.60	185.84	79.83	638.81	391.81
1988	188.36	217.72	76.75	822.73	558.51
1989	226.12	244.64	72.36	1081.74	771.41
1990	197.23	211.53	190.40	1208.75	892.42
1991	280.83	299.15	246.80	1337.70	1061.65
1992	460.75	419.05	438.57	1545.43	1284.35
1993	381.32	447.03	336.22	1844.69	1542.38
1994	1028.27	1174.09	499.36	2832.84	2288.04
1995	1510.85	1549.75	878.36	3829.45	3301.93
1996	1848.50	1968.01	1311.91	4945.71	4363.80
1997	2411.79	2477.08	1918.37	6074.50	5511.06
1998	3808.77	3890.93	2357	8525.57	7838.65
1999	4015.03	4015.03	1912	11287.59	10606.85

注：① 1999 年数字为政府预算数。

② 1998 年的内债额包括增发 1000 亿元部分，国债余额不包括 2700 亿元特别国债，1999 年的国债规模包括了增发的 600 亿元国债。

资料来源：财政部；人民银行；历年《中国财政年鉴》。

表2 国债负担率、国债依存度和国债偿债率（%）

年份	当年发行额				还本付息额占中央财政本级收入的比重	国债余额占GDP的比重
	占GDP的比重	占居民储蓄余额的比重	占中央财政支出的比重	占全国财政支出的比重		
1981	3.04	28.2	21.5	12.3	20.3	2.43
1985	1.00	5.55	10.8	4.4	5.2	3.43
1989	1.67	5.50	29.4	9.3	8.7	6.68
1991	2.13	5.06	34.5	12.7	25.7	7.54
1993	2.13	5.01	44.8	14.8	35.1	7.24
1994	2.52	5.46	52.2	18.7	17.2	7.43
1995	2.65	5.23	53.9	20.1	27.0	7.31
1996	2.90	5.11	56.8	21.3	35.8	7.80
1997	3.31	5.35	55.8	22.2	45.4	8.78
1998	4.89	7.29	71.1	29.7	48.1	13.3

注：①全国财政支出（预算内）和中央财政支出均包括国债还本付息支出。
②中央财政本级收入不包括当年国债收入。
③1998年国债余额占GDP的比重包括了2700亿元特别国债。
④全部国债包括政府统借统还和统借自还的外债，其余额未考虑利息增长因素。
主要资料来源：《中国财政年鉴》1998年。

　　我国国债规模增长，既同政府对国债的认识转变有关，又是由经济结构和财政状况的变化所决定。除了出于应急的迫不得已，政府也逐渐认识到并有意识地利用国债来筹集收入，调控经济。特别典型的情况是在1998年，政府通过大量增发国债来扩张支出刺激国内需求，防范金融风险，以维护经济的安全稳定运行。另外，弥补财政赤字方式的变革也是促使国债发行规模增长的重要因素。在1994年以前，财政赤字曾通过向银行透支和借款来弥补一部分。在此以后，制度规定财政赤字只能由发行国债来弥补。这也是造成近年来国债规模跃升的一个重要原因。

　　总之，弥补赤字的制度规定加上近年财政赤字快速膨胀，是国债规模增长的直接原因，而国债偿还高峰期的借新还旧压力则进一步加速了这一趋势。

（二）对我国名义国债规模的判断。

一般来说，判断国债规模是否适度主要看国债的相对指标，即国债依存度和国债负担率。国际上对国债依存度有一个模糊的经验性的安全控制线，大体上是 15%—20%，中央财政则为 25%—30%。从表 3 可以看出，无论是高收入国家，还是发展中国家，中央财政国债依存度的平均水平均低于控制线。而我国中央财政国债依存度从 1994 年起连续超过 50%，1998 年更高达 71.1%（见表 2），超过国际经验控制线一倍以上，显然是过高了。

从国债负担率看，我国国债余额占国内生产总值的比重到 1998 年也只是 13.3%，比国外发达国家低得多，如美国为 52.0%（1992）、日本为 52.7%（1992）、英国为 37.2%（1991）。当前，很多学者将"马约"对欧洲经济和货币联盟入围国家有关财政赤字占 GDP 不超过 3%、国债余额占 GDP 不超过 60% 的标准视为国际上对国债负担率的安全控制线。按此标准来看，我国国债规模又似乎是适度区间以下的。

由此形成我国国债规模判断上的一个悖论，即国债依存度严重超标，而国债负担率又远未超标。如何解释这一悖论？这一悖论产生的原因可简单概括为，我国预算内财力集中程度低，国家财政预算内收入占 GDP 的比重远低于世界平均水平。考虑到我国目前因财权分割、财力分散而使得公共收入体系缺乏完整性的实际情况，如果将预算外资金和所谓的"体制外资金"等政府性财力逐步纳入预算内管理使用的话，国债的依存度就会大为缩小。因为这些游离于预算管理的资金规模曾至少相当于、甚至超过预算内收入规模，却不在国债依存度指标的分母中反映。此外，国债平均期限偏短，使国债余额规模累积率相应偏低，也是原因之一。

有一种意见认为，计算国债依存度指标时，可以剔除当年举债数额中用于还本的部分，只考虑付息部分，因为还本是完完全全的"借新还旧"，而付息才体现举债成本。这种看法有一定道理，但并不应否定在依存度指标中同时考虑还本、付息两部分的意义：作为风险预警参考指标的依存度，有必要全面反映维持"借新还旧"过程的总债务量，特别是在存在危机爆发可能性的情况下，仅反映付息部分所要求的举债量是完全不够的。因此，不含还本部分的计算，可作为一项辅助性指标（或"依存度Ⅱ"）另列。

表3　若干国家中央财政国债依存度（%）

年份 国别	1991	1992	1993	1994	1995
英国	4.1	10.7	15.2	14.4	12.7
法国	2.2	9.1	12.6	10.9	11.1
德国	3.6	0.2	0	5.1	—
瑞士	16.7	25.6	42.1	20.1	17.3
高收入国家平均水平	9.7	11.9	15.2	12.4	12.7
印度	24.2	24.1	34.7	27.9	29.1
阿根廷	9.7	6.9	10.2	5.1	—
南非	20.7	18.8	25.5	23.4	16.3
匈牙利	8.2	13.4	10.9	8.5	7.3
发展中国家平均水平	18.7	20.6	22.4	22.4	23.0
世界平均水平	14.2	16.3	18.9	17.4	17.9

资料来源：International Financial Statistics 1998, IMF.

（三）我国国债的现实规模。

我国的名义国债规模远没有完全显示我国国债的现实规模。这是因为目前还存在着其他各种形式的性质上类同于国债的国家负债。主要有：

1. 因工资欠发而形成的债务。据初步统计，1998年末，全国累计欠发工资32亿元左右。而且，问题集中的区域主要是欠发达地区。这是政府的直接债务，而且形成中央政府债务的可能性很大。

2. 粮食采购和流通中的累积亏损。我国目前的粮食企业挂账亏损累积额为2000多亿元。这实际上也直接构成政府的债务。

3. 国有银行的不良贷款形成的国家隐性债务。国有商业银行的贷款损失或不良资产的规模较为庞大。按照成立国家资产管理公司前后媒体披露的情况，四家国有独资银行不良资产的总规模至少在 12000 亿元以上。另外如果按照我国官方估计，无法收回的银行债务量占所有银行贷款的 6%，那么按照 1998 年的贷款规模计算，坏账也有 5700 亿元人民币左右。

4. 其他公共部门债务。1996 年底，我国非国债债券累积额总计 3018.27 亿元，其中近 80% 属于政策性金融债券。从 1999 年的情况来看，国家开发银行债务累积额（当年 9 月）为 4889 亿元，铁路总债务约为 1000 亿元左右。仅此两项即达近 6000 亿元人民币。就外债情况来看，按照我国官方的统计，截止到 1998 年 6 月 30 日，我国国内企业和金融机构对外负债合计为 550 亿美元左右。这基本上也是公共部门的负债（其中在很大程度上隐含了政府的担保），许多是地方政府的，但可能连带中央政府。因此，这些负债和国债有很强的关联性。按照世界银行专家的统计，截止 1997 年底我国政府各部门外债为 725 亿美元，但是全部公共或公共担保的长期和短期登记债务为 1170 亿美元。而且，还可能有未登记、但由地方政府担保的外债，这些也可能成为中央政府的隐性外债。

5. 社会保障资金债务。随着市场经济的发展，我国的社会保障制度发生重大变化，从现收现付制转向逐步积累模式。这就产生了对原有职工的偿债问题。在计划经济体制下，这些职工是在低工资的条件下就职，而且未形成养老积累，现在或今后退休后要求政府必须按照其工作年限或贡献进行必要的补偿（即使"新人新办法，老人老办法"也是如此，只不过是补偿方式和补偿时限不同而已）。世界银行早些时候的研究估计，1994 年我国的隐性养老金债务为当年 GDP 的 46%—49% 左右（换算为绝对值是 21509 亿—22912 亿元人民币）。由国家体改部门与国外保险机构联合进行的一项课题研究估测，近年我国养老金隐性债务累积规模按相关因素的中值为计算依据，也要高达 37000 亿元人民币左右。另外，近年来，因体制变革而导致的失业明显增加，初步估计，按照目前国有企业的富余人员和社会新增失业人口计算，需领失业救济金的人口约为 3000 万人。如按照每人年均 3600 元和平均每人一年失业期计算，一年需救济金 1080 亿元，而 1997 年筹集的失业保险金仅为 49 亿元左右，不到所需费用的 5%。而且，这些失业人员的再就业培训等费用也是庞大的。

6.供销社系统及农村互助合作基金坏账中需财政"兜底"保一方平安的部分。

如果考虑上述债务，那么我国政府显性、隐性合计的现实债务规模可能在 4 万—5 万亿元以上；按照 1998 年 GDP 总值约 8 万亿元计，总体债务负担率已在 50% 以上。若按保守一些的估计，总体债务负担率也要接近 50%。按照世界银行的估计，我国国家债务总量占 GDP 的比重则在 75%—100% 之间。

上述我国整体的债务负担率之所以可被认为基本上是政府的债务负担率，是由我国的现实体制情况和国有经济部门的客观内部联系所决定的。

因此，如考虑全面的情况，无论是我国的国债依存度，还是国债负担率，均不能让人乐观。这制约着政府的后续行为，使政府不得不在两难之中作出选择。宏观经济形势要求政府适度扩大国债发行来刺激经济发展，促进经济繁荣，但政府国债筹资的能力或政府信誉可能因债台高筑而受到制约。同时，经济的发展、体制改革的深化也趋向于逐步使隐性国债和或有国债显性化。我们不能不谨慎对待和处理债务负担、债务规模及风险防范问题。

（四）或有债务问题。

在这里有必要进一步探讨国家或有债务问题。对债务主体来说，有直接债务和或有债务之分。直接债务是任何情况下都要发生的债务，而或有债务则是由某一事件触发产生的。它可能产生，也可能不产生。或有债务有相当一部分属于隐性债务。显性债务是通过法律或合同确定的债务，隐性债务则是指基于政府道义责任、公众期望和政治压力而产生的，虽不是明确的法律意义上的债务，但通常不能不由政府及财政来"兜底"。当然，隐性债务有时也可能是由于产生债务的原因暂时难以明了或被"视而不见"造成的。在一定的条件下，隐性债务会逐步显性化，或有债务可能演化为必然、直接的债务。比如，在改革开放以前，国家为了重点发展工业而造成人民生活的欠账，不得不在改革开放初期通过增加债务发行来归还历史欠账。

就目前我国的或有债务看，除前述几项非直接国债的广义公共债务因素外，可能还包括因国家财政支出的硬性指标或承诺而产生的债务。比如，国家为提高科技教育水平而以法定形式规定的科技教育事业费用的增长指标，为节制人口而规定的计划生育费用，执行中并未按期达到的部分。当前十分重要的是，为了促进国有企业改革的顺利进行，国家必须未雨绸缪，为企业职工建立健全社会保障体系，从而不得不增加财政支出。而且，为了促进国有企业的改制，国有企业的潜在亏损问题必须妥善解决，其中必然有相当部分会转化为财政债务负担（当然，同时也可以通过部分国有企业从一些行业中适度退出来解决）。一般来说，隐性债务和或有债务是国债的潜在增加因素，在分析国债的发展趋势时必须进行充分考虑。"凡事预则立，不预则废"。

三、我国中长期发展中的国债规模展望

世纪之交，我国经济面临着巨大的挑战和机遇。除了国际金融、贸易方面的外部冲击与影响因素之外，值得注意的是，随着我国经济体制改革的深化，政府职能和各其他国有单位职责的适应性转换也日益紧迫，特别是国有经济的战略性改组成为经济体制改革的攻坚战。这必然要求进一步理顺各方面的债权债务关系，建立相应的激励约束机制。这样，隐性债务和或有债务的显性化和直接化速度就会明显加快。

对作为债务主体的政府来说，新的形势迫使债务运作规模不得不相应扩展，而日益增加的国债还本付息以及隐性债务、或有债务的急剧转化又会强化政府运作债务的压力。因此，有必要深入探讨国债发行的潜在规模和政府运作国债政策的可行性及思路。而后者更主要取决于政府的债信和政府在旧债（包括构成国债现实规模的隐性债务等）处理过程中所受拖累的程度。

就国债的名义规模而言，初步估计，在"十五"开局时，我国中央政府的债务依存度在70%左右。而且，国债的还本付息负担日益沉重。"九五"中后期，国债的平均还本付息规模每年约2000多亿元（1996年为1311亿元，1997年为1918亿元，1998年为2348亿元），占整个

财政支出（经常性支出＋建设性支出＋债务还本付息支出）的比重已经高达 20% 以上。"十五"期间，随着 1998 年以来所增发的国债陆续到期，国债还本付息支出额将进一步加大，平均每年可能高达 3000 亿—4000 亿元。这反映了日益扩大的既发债的还本付息额对政府运用国债政策的要求和制约。

另一种测算主要是根据国际认可的财政负担能力指标（即财政赤字占 GDP 的比重）进行的。《马斯特里赫特条约》（简称《马约》）规定欧洲经济和货币联盟入围国家的财政赤字占 GDP 的控制标准为 3%，发达国家财政赤字占 GDP 的比重一般是 1%—3%。我国 1998 年预算赤字调整数为 960 亿元，按照国际货币基金组织规定的方法将付息支出列入经常性开支后，当年财政赤字为 1700.32 亿元，占 GDP 的比重为 2%，低于《马约》规定 1 个百分点。具体测算可以 3% 的最高点和我国 1998 年的实际执行情况作为一个区间进行。基本测算方法是：假定在"十五"期间，GDP 年均增长 7%，赤字占 GDP 的比重分别为 2%、2.5% 和 3%，新增国债均为中长期，其中，3 年期国债的比例为 40%，年利率为 5%；5 年期国债的比例为 30%，年利率为 6%，10 年期国债的比例为 30%，年利率为 8%。在这一前提下，得出的结果是："十五"期间，如果赤字率以 3% 为最高限，我国的年度债务规模可以以 13.4% 的速度逐年增长，到 2005 年，国债的年度发行规模将达到 5984 亿元。而赤字率如果以 2% 为限，我国的国债规模可以以 11.7% 的速度逐年增长，到 2005 年债务发行额将达到 4932 亿元。也就是说，在基本条件成立的条件下，2000—2005 年我国国债的年均增长率将在 11%—13% 之间。这种测算基点是以国家财政经济在国际认可的债务负担安全限度内运行。但未考虑我国目前大量存在着的隐性债务和或有债务问题，而显然在此期间这些债务转化为实际国债负担的速度会有所增加。世界上其他国家也或多或少存在隐性债务与或有债务问题，但非转轨国家中，这类债务一般不会在数年之内激增。

世界银行一项有关中国财政可持续性的研究也对我国的债务发展进行了预测。其假定条件：一是中国的名义 GDP 增长率在 1998—2000 年均定位在 7%，2001—2003 年的年增长率假设为 6%，2004—2008 年增长率为 5%；二是通货膨胀率除 1997 年和 1998 年分别为 0.8% 和 2% 以

外，1999—2008 年均设想为 3%；三是名义利率设想从 1998 年的 10%
开始，基本上每隔两年下降一个百分点，至 2008 年为 6%。根据这些假
设条件，又按照准财政债务（即除名义国债外的广义公共债务）的增长
情况分别设想了几种国家总体债务的扩展模型：一是在每年准财政债务
的增长速度维持在 1997 年假定的水平上，总体债务规模将从 1997 年的
30415 亿元增加到 2005 年的 95104 亿元，直至 2008 年的 133537 亿元。
总体债务从 1997 年占 GDP 的 40.7% 到 2005 年的 62.2%，直至 2008 年
的 69.1%。利息支出占中央政府收入的比重从 1997 年的 11.3%，增加到
2005 年的 48%，然后在 2008 年下降为 46.4%。二是在准财政债务的增
长率平均每年减少占 GDP 的 0.25% 条件下，总体债务规模将从 1997 年
的 30415 亿元增加到 2005 年的 84621 亿元，直至 2008 年的 108120 亿元，
其占 GDP 的比重也将从 1997 年的 40.7%，增加到 2005 年的 55.4%，
直至 2008 年的 55.9%。利息支出占中央政府收入的比重也将从 1997 年
的 11.3%，上升到 2005 年的 43.8%，直至下降为 2008 年的 38.8%。三
是如果准财政债务在 1999 年停止增长，总体债务将从 1997 年的 30415
亿元，增加到 2005 年的 59444 亿元，直至 2008 年的 71145 亿元，其占
GDP 的比重将从 1997 年的 40.7%，下降到 2005 年的 38.9%，在 2008
年下降为 36.8%。利息占中央政府收入的比重从 1997 年的 11.3% 增加
到 2005 年的 31.8%，在 2008 年下降到 26%。四是如果不考虑准财政债务，
那么总体债务将从 1997 年的 15372 亿元，增加到 2005 年的 28237 亿元，
直至 2008 年的 33627 亿元，其占 GDP 的比重由 1997 年的 20.6%，下
降到 2005 年的 18.5%，2008 年下降为 17.4%。利息占中央政府收入
的比重由 1997 年的 11.3% 上升为 2005 年的 15.1%，2008 年又下降为
12.3%。尽管这些假定并非完全贴合实际，但也反映了准财政债务的变
动情况对国家总体负债的关联性和影响情况。

总之，在"十五"期间或可预见的未来，国债政策的运用显然要成
为国家财政实施宏观调控的重要工具，但必须注重研究国债运用的思路、
策略、技巧和风险防范，使国债在促进国民经济稳定持续发展的同时，
尽可能消除国债方面运作不当所可能产生的对国家财政和国民经济的拖
累。其中，最为关键的是如何控制隐性债务和或有债务对财政的倒逼。

从治标到治本：房地产业政策调控与房产税制度创新[1]

近日，我国一批二线城市的房地产市场，继一线城市热度高升之后也进入"冰火两重天"中"火"的一侧，且热度直升，热气逼人，地方政府不得已又纷纷采取或准备采取限购、限贷等行政手段给楼市降温，但人民日报等有影响的媒体，基于多年的行政调控经验总结，已明确地对此评价为"治标不治本"之举。人们显然需要追问：什么才是治本之策？从土地制度、住房制度、投融资制度及相关的税收制度等方面的考虑，应当成为研讨的重点。本文主要就商品住房保有环节的房地产税制度建设问题作重点讨论。

一、标本兼治、治本为上：大方向、大道理要管小道理与策略考量

前几年上海、重庆两地试点的房产税，也就是中央三中全会所说的房地产税的改革先行试水，这个举措首先不是政策层面的而是制度建设层面的问题，它涉及的就是房地产业长期健康发展需要匹配一个有效的制度供给，这个制度供给也就是中央特别强调需要打造的长效机制问题。这种长效机制，不可缺少的是在顺应市场经济客观规律的大方向下，掌握好一个必要的基础制度大框架的创新性构建。在此框架下，才能真正掌握好所谓政策调控与政策工具组合问题，达到政策调控应该有的水准。我国前面这些年经历了对于房地产业的多轮政府调控，但实话实说，最

1　本文原载《北京工商大学学报（社会科学版）》2017 年第 2 期。

为缺失的就是制度供给的创新，在制度供给中怎样攻坚克难这方面的实际创新进步，还明显不足。

房产税既然属于制度建设与创新问题，关于它的争议可想而知，正如习近平总书记所说的，必须"突破利益固化的藩篱"这方面的难度。不同观点的争议后面带有强烈的利益考量，不同的利益诉求表达出来，又往往带有非常鲜明的感情色彩，在网上说到这个事情，很多都是情绪宣泄，但我们特别需要的是推崇理性讨论。

理性讨论里，基本的逻辑是大道理要管小道理。最近我接触到的两个学者观点，是把小道理放在了大道理的前面。第一个有代表性的观点是，中国要把政治体制改革完成以后，再考虑怎样启动房地产税改革的问题，否则这个税不得人心，没法考虑推进改革。但我觉得，从中国渐进改革已经形成的"路径依赖"，以及国际经验来看，比如美国怎样崛起为世界头号强国来做一个理性的考察，这样一个"策略考虑"恰恰说反了。把"美国进步时代的启示"借鉴到中国来说，要考虑的就是可不可以先在大家都无法拒绝的与经济相关的制度规范性和依法治国框架之下的财经制度建设层面，来实际推进涉及公众千家万户的房地产税等改革，如能依法形成制度性的进步，实际上有可能会像美国进步时代那样最终解决与之相关的政治体制改革的任务。对这个顺序如果不做一个务实的处理，那还怎么样能够顺应实际的矛盾凸显、问题导向的压力去解决问题？那么不论是政治体制改革，还是房地产税改革，以及改革、发展与稳定的结合，就都成了空谈。

还有另外一个也是很有代表性的观点是说，如果当前在房地产"去库存"的情况下正面讨论启动房地产税的立法问题，首先是按照中央的指导路径要解决"立法先行"问题，那么它引出的问题会比解决的问题还多。在"去库存"未完成的大概三年或者再长一点的时间段之内，不能讨论房产税的改革问题。我觉得也是从策略角度切入的反对意见，恰恰忽视了现在房地产市场上的基本事实，就是"冰火两重天"，它给出的重要启示是，在"火"的这一边已经形成如此巨大而明显的社会压力与民众焦虑的情况下，以及"火"还在蔓延，二线城市纷纷跟进"火"

的这一边，再像过去那样固守一套做了多少轮的一刀切式的"政策调控"，而在制度建设上无所作为，那还能不能适应这样的问题导向下现实生活中要解决问题的客观需要？仅因为三四线城市为主的去库存而继续拖延房地产税制度建设的立法过程，我们的大局观和综合配套思维能力是否有点问题了？

简要地说，需要明确如下几个层面的认识。

第一，对于房地产税的大方向，应该坚定地按照党的十八届三中全会全面改革部署文件所表述的，在"税收法定"这样的轨道上立法先行，"加快房地产税立法并适时推进改革"。这个税改大方向其实中央在历次形成的改革权威文件里是一而再、再而三地锁定的。前一段时间，财政部楼继伟部长在成都G20会议上明确表示房地产税义无反顾要推进。在我看来，这个表态与中央高度一致，体现的是改革意识和改革决心，以及参与决策的官员应该有的一种担当。

第二，大方向之下接着需要讨论的就是基本框架。既然是配套改革，那么与房地产税相关的绝不只是此税种概念下的那些具体问题，要把税、费、地租和不动产整个制度框架，通盘考虑，这才可称为一个高水平的配套改革的考虑[1]。这种相关税、费、地租合在一起的制度协调，一定要处理好社会可接受的综合负担怎样整合、怎样尽可能降低，而且其中的不同类型的负担怎样分流归位来理顺相互关系的问题，包括住房的土地使用权在70年到期后怎样按《物权法》已定原则续期的操作问题，这是配套改革中一定要处理好的问题。

第三，设计思路上应掌握的一些具体要点。为适应中国的国情和公众心理，看来不能照搬美国房地产税的普遍征收模式，而是要坚持借鉴日本等经济体的经验，在中国立法过程中"技术路线"的第一大要领，就是坚持做"第一单位"的免税扣除，至于说第一单位是人均多少方平米，还是一个家庭（父母和未成年子女合在一起算）的第一套房，这种技术上的争议其实不是根本问题，但是坚持扣除第一单位应非常明确地

---

1 贾康."现代国家治理"理念下的房地产税制改革 [J]. 国际税收，2014（1）：28—29.

在立法上作为一个前提[1]。再往下，技术层面的框架在立法过程中做出一个粗线条勾画之后，设计启动方案时可柔性切入。比如立法上勾画出"第一单位"的扣除，在寻求民意"最大公约数"的情况下，开始执行的时候是一个什么样的操作方案？比如最宽松的考虑，既不是人均多少平方米的扣除，因为这样在家庭成员出现一些特定变故情况下有可能引起税收负担的上升而在公众心理上难以接受；也不一定是所谓第一套房，因为第一套房在中国现实生活中有可能引出为避税的离婚潮；那么是不是可以再宽松些作规定，就是单亲家庭按第一套房作为扣除而免税的第一单位，从第二套房开始征收，双亲家庭则按前两套房做扣除的第一单位，从第三套房开始征收。那么这个矛盾就绕过去了，先把最可以为公众广泛接受的制度框架建立起来，以后的动态优化则可以从容进行。关键是大家要有理性的态度来讨论起步时的最大公约数，这个事情必须做，那么怎样开始让社会可接受地做起来，需要具备可行性。

第四，立法完成之后，可以区分不同区域，按照地方税可以区别对待的原则，执行时不必一刀切，有先有后陆续推出。比如我们假定这样一个已经列入全国人大一类立法的房地产税，在不久的将来正式启动一审，待走完整个审议程序、人大批准通过之后，显然可以考虑在那个时候仍然有明显的热度即"火"的一线城市和另外一部分也有非常火的社会压力的二线城市区域，首先执行这个已经审批通过的房地产税的税法，而并不要求三四线的城市一刀切地来执行。这是合理的，对地方税作这样的区别对待，完全符合税收发挥作用的客观要求，法律上不存在硬障碍。

这样一些考虑，都是先从"大道理"即制度框架的问题说起，再往下才是与之配套的政策调控层面的问题。我们如果能在长效机制层面做好制度建设来引导社会预期和市场健康发展，才能够使多轮调控以后总是觉得掌握不好的调控结果，上升到一个新境界，就是有了制度框架，再加上政策调控，可望逐步消解中国房地产市场上这种动不动大起大落

1　刘克崮，贾康，梁季. 新一轮价税财配套改革的基本思路主要任务和实施构想［J］. 财政研究，2014（1）：7—12.

带来的社会焦虑，促进可持续发展。在市场回落时，大家有种种的恐慌心理，但一线城市和一部分二线城市热度迅速回升起来以后，又有另一端的恐慌心理，光靠政策已经不够用，这种冷热迅速转换多轮"打摆子"的状态，不利于国泰民安。所以引出的基本结论，就是要在中国渐进改革的路径依赖之下积极形成现代化的税制体系。其中，房地产税当然不是万能的，但是不抓住制度供给这个龙头因素使税收的制度框架逐渐成形、尽量按中央要求加快通过立法，这样一个重大问题不解决，又是万万不能的。

二、征收房产税的必要性、多重正面效应与可行性

住房保有环节的房产税（房地产税）制度建设，有关其多重目标、多重正面效应。从其必要性和正面效应考察，至少应看到如下五大方面。

（一）有利于房地产业健康发展而发挥其国民经济支柱作用。

在中国方方面面目前都格外关注的房地产概念框架下，相关的房地产市场有效供给和整个体系的建设运行方面的问题，客观地联系于房地产这个国民经济支柱产业作用如何合理发挥、房地产业如何健康发展等关键考量之中。如果要实现房地产市场的健康发展，那么首先应当通盘考虑一个双轨并行的框架，把"保障轨"和"市场轨"这两个方面做一个很好的综合与搭配，不能仅仅只强调"市场轨"，而更应当把"保障轨"相关的供给怎样能够与市场上的商品房、产权房形成统筹体系，作为政府必须考虑、甚至更为重要的工作来做。在最近几年中，我们很欣喜地看到了一些进步，包括决策层对保障房的反复强调，对棚户区改造建设下达的年度总目标以及各地细分目标，也包括目前已把保障房从原本五花八门的供给形式聚焦到了公租房和共有产权房上，等等，不一而足。

伴随我国城镇化进程的推进以及各方面的快速发展，房屋价格节节攀升，这就要求在客观上形成长效机制，更多采取经济手段来进行调节；而考虑到我国目前的社会经济现实情况，以及各国的相关经验，房地产税在其中应当能够发挥其积极作用。诚然，对这个问题的考虑一直以来存在一些争议。比如任志强先生就多次强调，从美日经验来看，推

出房地产税这一举措并不能改变房价总体上涨的格局，因此房地产税没有减少房地产市场泡沫、调控房价的作用，他认为这是得到了实证数据的支持的，但我这里要提出不同意见。如果考虑房地产税作用的时候，仅仅把推出房地产税这一个因素和另一个房价变动结果作一对一的直接对应，那么就忽视了其他众多经济生活中的变量的作用，这也就不符合最基本的经济科学认知方法。而如果我们把所有的变量都考虑到，那么就需要反问：为什么美国和日本这些国家，在当时非常复杂的各类经济因素综合考量之下，一定要推出对住房保有环节征税这样的制度和配合政策？如果不推出，市场影响与实际表现将会是怎样的？这都是我们需要考察的真问题。

那么，如果按照最直接的逻辑关系来说，对房屋保有环节征税是以从无到有的持房成本直接改变了供需两侧的利益相关者各自的预期，这将促进供需两侧走向平衡而非背离，从而减少房地产市场中的泡沫因素，缓解供需两侧的矛盾。回到中国的情况，未来几十年由于仍将处于城镇化高速发展期间，中心区域的房屋价格趋于上涨的这一基本趋势是非常明确的，而如果对房屋保有环节征税，就有可能让这一大势更加趋于平缓而非陡峭，尤其是能够抑制房地产市场出现大幅震荡，避免大起大落。与此同时，开征房地产税还能通过改变人们的行为，譬如激励人们更多选择中小户型的房屋，促进土地的集约利用，以及驱使投资者将空置的房屋自主投入房屋交易市场从而优化市场供需状态等等，这些方面都是房地产税开征可能带来的正面效应。

（二）有利于贯彻落实市场经济所必然要求的分税制财政体制。

这里应强调的是，以分税制财税机制匹配我国的市场经济建设，是当前我国社会经济转轨过程中的必选项。20 世纪 90 年代初，邓小平南方谈话后确定我国走市场经济之路目标模式后，跟着需要解决的问题就是必须匹配一个宏观上的间接调控体系，而 1994 年的财税改革就是在这一背景下顺理成章地配套推出，其积极效应也随之显现。但当时的改革受到种种条件制约，存在一些过渡期的安排，需要通过进一步深化改革来迈向更为成熟、稳定和符合改革意愿的相关制度安排。然而一些重要改革实际上是受阻的。譬如，全国省级以下城市自 1994 年以来都还没有真正进入分税制，地方税体系尚未成型，基层财政存在诸多问题和困难，包括土地财政、隐性债务问题等等，都是社会关注的重点和热点问题，同时也存在认识上的重大分歧，即问题的病根，是出在分税制改革自身，还是改革未能深化推进、滞后和受阻之上？如何解决此分歧，将决定今后我国的整个改革思路。关于这一问题，已经有大量的研究成果和分析论证来说明为什么不应当把这些问题归咎于分税制改革自身。与此同时，未来我国的市场运行也需要匹配国际上各个经济体之间的合作竞争关系，这一建设全面开放条件下竞争性统一市场的基本大势是不可逆转的，也客观要求我国在全局上，必须把整个分税制改革和地方税体系建设坚决推行到位，对此，我们别无选择。这当中，房地产税作为地方税体系建设中不可缺失的重要一员，将能够发挥其良好的功能，使地方政府职能真正向公共财政方向实质性转变，从而能够专注于优化当地投资环境和公共服务体系，且一并解决地方的主力财源建设问题。

（三）有利于推进整个中国税制结构的优化。

我国长期以来存在直接税比重偏低的问题，而在党的十八届三中全会上对此也给出了明确的判断，并提出了要逐步提高直接税比重的通盘改革方向。通过制度性改变来缓解以中低端消费大众为主体的社会公众的税收痛苦程度，是我国中等收入阶段迫切需要做出回应和交代的问题。总体来看中国的社会结构仍然呈现一个金字塔形，其中的下方有相当大比例是中低收入群体，而他们对生活消费品税收负担的接纳程度实际上是很低的，这也会直接影响到社会整体的和谐发展[1]。直接税的制度建设，正是解决我国未来矛盾凸显时期的制度建设当中虽不能说起到决定性作用，但却不得不做的一项重要工作。如何做到以直接税替代和置换间接税，从而逐步降低间接税比重？从效果来看，一定是要通过将承担税负归宿的纳税人主体，从原本以中低收入阶层为主体，替代为更多由一部分"先富起来"的群体为主体，即通过直接税，使他们让渡一部分享受资料层面的利益，更多按"支付能力"原则为国家财政贡献应尽的一份力量。这样做的好处在于，在不改变现有已经形成的宏观税负水准

---

1 贾康，李婕. 房地产税改革总体框架研究［J］. 经济研究参考，2014（49）：3—28.

的前提下，改变了社会中的税负结构，从而在明显降低中低收入阶层的税负痛苦程度的同时，尽管会造成高收入阶层的税收痛苦程度有所提高，但这个过程相对而言并不等价——从学理分析上来看，社会总体的税负痛苦程度会降低，和谐程度与税收分担的合理性则会呈现反向的关系，因此总体福祉会提高。这样一种能够从学理上得到解释说明的关系，对于我国即将跨越中等收入陷阱、社会现代化水平应有不断提升，同时改革压力和潜在威胁也可能最高的这一特殊时期而言，具有莫大的意义。纵观历史，我们看到在此前的近一个世纪时间中，全球有上百个经济体曾经站在了中等收入的门槛前，然而能够真正跨越这一门槛、迈入高收入国家和发达国家行列的，则是凤毛麟角、寥寥无几。这里可以归纳的经验和教训是多方面的，但可以明确的一点是，制度建设不能实质性推进，从而妨碍了国家现代化进程，是其中非常重要的一个原因。回到逐渐提高直接税比重问题上来，应该看到这其实不是一个局部的事情，是一个联系到整个现代化事业的战略问题。

许多学者针对如何逐步减低间接税比重的可行办法、思路和方案提出了疑问和不同的见解。这里有很多值得探讨的问题，如中国现在已经实行的直接税有哪些？可以提高哪些直接税的比重？我认为目前我国可以首先排除的一个不放入讨论范围内的所谓直接税就是企业所得税（往往税负可以转嫁）。而个人所得税和房地产税，毋庸置疑是直接税，而且与社会成员紧密相关、必须重点解决。就个人所得税而言，目前它的改革不可谓不困难，如何进一步在个税改革方面做文章，提升操作空间，还特别需要其他因素来配合。因此，在这一轮全面改革的选项当中优先级较高。余下的具有可操作性的唯一税种，即是房地产税。如果房地产税改革不能够按照此前中央给出的时间表，在全面改革部署当中按日程与基本财税改革事项配套而有所突破和实质性进展，那么对这一轮改革也就很难给出较好的评语。通过房地产税来提高直接税的比例，密切关联着整个国家的税制现代化改革的推进，因此其能否按照时间表规划如愿推进，有非常重大的影响。

（四）有利于抑制社会成员收入与财产的差异扩大 [1]。

中国社会进入中等收入阶段之后，矛盾开始凸显。除了"物"的视角从资源、环境方面雾霾袭击为代表的矛盾之外，"人"的视角上人际关系即收入分配、财产配置、公权体系和公民、管理当局与纳税人之间的矛盾，也变得突出起来。几乎没有人不同意当前的收入分配中，存在着诸多尤为严重的问题，这一现状也要求不得不做出改变。然而，在收入分配改革方向的种种争议之外，大部分人还是赞成要通过再分配这一工具来控制收入的两极分化。而房地产税作为再分配条件手段之一，通过"抽肥补瘦"的机制，能够通过影响相关的现金流向来改变财产配置的方向与格局，配合克服财产配置和收入分配方面存在的两极化问题，来更好地处理我国整个收入分配格局当中各利益相关方面所存在的矛盾，这是它不容忽视的正面效应，因此是再分配手段中的重要选项。

（五）有利于"自下而上"培育和催生民主化、法治化的理财机制。

不论是按照我国的现实情况，还是参考国际经验比照，房地产税都应当是地方税种。地方税应当首先配置在基层，在美国就是 local 层面，在中国就应是覆盖县市层面。未来财政改革中整个体制扁平化后，县市一级应当具有实体税基。财政收支关系家家户户，在基层开征房产税这一税种，配合基层政权履行公共服务职能，很自然就会带来老百姓的关注，要求对房产税的征收、开支方面具有知情权，必然联系整个财政改革与政府改革共性的要求，即要提升透明度。由此带来的公众知情权后面，会跟着质询权、建议权、监督权，这些都是制度建设进展的必然逻辑，是公众必然会提升的要求。而随着这一套制度建设安排不断提升档次，也就会真正向实现人民群众"当家作主"的公共资源配置决策权目标不断靠拢。因此，这种税制现代化举措也就配套促进了我们国家整体治理和社会生活的法治化、民主化、现代化。可知房地产税可以在催化有效制度供给、提升财政资金使用效率等方面产生良好的机制性促进作用和效果，其长期平稳运行，必然离不开基层政府层面需要更好回应民

1 贾康. 中国税制改革中的直接税问题［J］. 华中师范大学学报（人文社会科学版），2015（3）：1—8.

众的关切，对收支相关的所有细节能够给出很清晰的交代与说明。还可预知：党的十八届三中全会明确要求的加快房地产税立法工作，一旦进入人大立法过程，也就进入了一个充分透明的多方交流大框架之中，必然要征求社会各个层面的意见，产生各种不同意见的激烈争执与碰撞。而引导理性讨论，就是要在培养国民素质、提高文明程度过程中间大家一起"走向共和"、讲道理、寻求最大公约数。美国的房地产税立法及运行是很好的参照与借鉴。该税作为美国地方政府财政收入当中占比达40%—80%，甚至局部高于90%的最重要的主力税种，征收工作必然在地方层面有非常重大的影响。美国地方政府在每年的预算编制过程中，通常会通过听证会来让公众意见能够得到充分表达。大部分情况下，地方政府预算是通过将其必要的年度支出对应当年除房地产税之外的各项收入，计算出其缺口，然后去倒算推定当年房地产税的税率。通过这样规范的公共选择程序来确定每年的房地产税税率水平，还要向公众充分地公开披露相关的情况，并在课税后给各个纳税人家庭寄送一份清晰的通知清单，告知纳税人当年贡献了多少这项税收收入，而这些收入当中有多少用于当地的环保绿化，多少用于当地的交通基础设施建设，有多少用于国民教育方面，等等。这样的流程和运行状态，通过公众充分参与讨论和进行监督，恰恰能够体现税收的"取之于民、用之于民"的宗旨，能够听取和回应公众的意愿，既保证其可持续性成为长效机制，同时又是民主化、法治化的高绩效、高公信力运行状态。

关于房地产税上述五个方面的正面效应，也需要结合起来看，否则无论从哪一个单独的角度来看，都难免片面。而从整体上来看房地产税的积极意义，就更容易体会到这项制度建设的必要性。

讨论了必要性，还必须讨论可行性，可以通过对一些认为不可行观点的回应，形成我们关于为什么可行的基本认识。梳理一下，有关于这个税不可行的如下几种最主要的诘难。

第一种论点认为，房地产税的开征存在着法理上的"重复征收"硬障碍[1]。代表性的相关论述认为，土地开发过程中已经缴纳了土地出让

---

1 贾康. 我对房地产税五个正面效应的看法 [N]. 华夏时报，2016-05-02（22）.

金，再在保有环节征收房地产税是重复征税。尽管这一论点可能较为符合公众的心理，但从学理和实践来看它实际上都是不能被认定的。从学理上来看，土地出让金是土地所有者通过让渡经济权利得到的收入，而保有环节征收的房地产税则是国家凭借社会管理者的政治权力所征缴的收入。这两种收入的依据不同，对二者也并非是只能取其一的选择。实践当中，地租作为让渡土地使用权的收入和在房地产保有环节课征的税收，在市场经济下并行不悖，这在其他国家早就是基本事实，那么在中国也应是如此。现代社会的税制实际上是多税种、多环节的复合税制，必然存在重复纳税的问题，而真正需要关注和讨论的，是这种重复是否合理。税已如此，税与税外收入项目的关系，则更是如此。

第二种论点认为，境外都是私有土地，所以对私有土地上的不动产包括住房征税是合理的，而中国的土地全部为国有，中国老百姓买的房子只有使用权，建在国有土地上的房子待使用权到期以后如何处置还不明确，所以没有道理征收房地产税。如果土地是私有的，老百姓才会合乎情理地缴纳房地产税[1]。这种论点也反映了很多公众的意愿，但与上个论点一样，从实践和理论两个角度来看，也是不能成立的。首先需要了解的实际情况是，境外的土地并不全是私有。比如英国，土地分为两种，一种叫做 Freehold，一种叫做 leasehold。其中，Freehold 的土地就是具有终极产权和使用权的完全一体化的私有土地，但 leasehold 就不同，必须有使用权契约，终极产权和使用权是分离的。而英国称为 Council Tax 的不动产税对上述两种土地是全覆盖的。英国的土地除了私有形式之外，还有皇家持有以及公有（包括不同政府层级的公有，还有公共团体所有），无论不动产最终产权是上述的任何一种形式，不动产税原则上全覆盖。至于我国香港特别行政区的土地产权是没有私有制，但住房保有环节却需要交纳"差饷"，也就是房地产税。所以从其他国家和地区的实践不难看出，不能武断地认为只有对终极私有的土地上的住房，才能从法理上无障碍地开征房地产税。

在学理逻辑上看亦是如此。比照国有企业改革 20 世纪 80 年代所实

1　贾康. 我对房地产税可行性的看法［N］. 华夏时报，2016-05-09（34）.

行的两步"利改税"使国有企业要向政府缴纳企业所得税，也面对类似的逻辑，国有企业的终极产权属于国家，那为什么跟其他非国有企业一样要缴纳企业所得税？为什么要推出国有企业这样的改革？就是因为认清了国有企业是具有相对独立物质利益的商品生产经营者，所有权和经营权要有所分离。国有企业作为具有独立物质利益的商品生产经营者，需要加入市场公平竞争，这就要求国企以一种合理状态成为市场竞争主体，所以必须对国有企业征收和其他企业一样的企业所得税，否则就违背了市场公平竞争原则的客观要求。所以类比地来看目前土地的终极所有权问题，如果认为国有土地上住房的持有者，也具有相对独立的物质利益，那么通过立法程序之后开征房地产税，对这种物质利益加以调节，就应具有学理上的合理性。房地产税改革与当初国有企业的"利改税"改革，实际上存在相似的内涵逻辑与理念，并不存在所谓法理障碍。当然，房地产税改革中，需要对40—70年的土地使用权到期后土地上建成的房屋如何处置作相关立法配套。目前《物权法》对此类"用益物权"已经有所规定，到期后可自动续期，有关部门应当尽早将这一法定规则落到实处，制定具体操作细则，以回应社会关切，消除民众疑虑。

第三种论点是从技术因素上来提出对开征房地产税的反对意见。如有学者认为，中国人要解决房地产税的税基评估问题是150年以后的事，认为中国人做不了这样复杂的事情。但从实践来看，前几年我国十个城市试点物业税模拟征税的"空转"试点，所处理的技术问题，也就是税基评估的事情[1]。开征房地产税，首先要做到位的是确权。目前正在开展的不动产登记工作，目标是到2018年对我国城乡所有不动产都要完成确权和把全部信息输入相关系统并且联网，其中城市区域要先到位。根据物业税"空转"试点的设计，对不动产应当分为三类，分别是制造业用房、商业用房和住宅。在把相关信息输入计算机系统后，所需的税基评估可以通过软件运行自动来生成结果。在今后房地产税开征实际运行时，需要跟纳税人进行沟通，取得他对评估结果的认可，这和美国等国家的做法是一样的。如果纳税人对评估结果不认可，可以通过相关的

---

1 满燕云. 借鉴国际经验完善我国房产税制［J］. 国际税收，2011（5）：11—16.

仲裁等机制来解决问题。我国早就付出了在这方面相关的固定成本，所以启动税基评估机制不是从零开始，工作的复杂性质绝非难不可攀。此外，国家对相关干部的培训工作和采集数据，建设计算机系统和数据库，这都是每个国家财税体系管理当中顺理成章必须做的事情，中国人的素质也并非那样差，所以没有道理说中国人做不了这个事情。

第四种论点认为，在开征房产税的过程中会形成一些新的矛盾，能否处理好？首当其冲的是土地出让金水平在开征房地产税后会下降。这一点是可以理解的，由于开发商对土地价值的预期发生了改变，不再认为地价会没有上限地迅速上涨，拿地时的出价就会相对谨慎和沉稳，炒作力量也就没有原来的势头。对于土地出让金收入水平下降而需要做出的应对调整，无非就是需要通过运用"老地老办法，新地新办法"的原则设计差别税率，来对应土地出让金在新老地块间的落差。也有人认为，房地产税的开征会导致老百姓跟政府拼命，出现抗税的群体性事件，一发不可收拾。但是从重庆的房地产税试点情况来看，对存量的几千套独立别墅开征房地产税，并没有发生这样的事情，先富起来的这个群体完全没有必要为了这点税收来走极端抗税拼命。重庆的具体方案是从最高端的独立别墅开征，排除了联排、双拼楼型，而且设置了180平方米的起征点。这虽然只是地方的试点经验，但已能够反映本土的实际情况。对于个别业主出现不缴纳税收的事情，也并不是没有办法解决，比如可以在房主三年不缴纳税收的情况下，发布政府信息通告，限期内房主如果再不缴纳税收，就要对该不动产充公处理。我的这个说法曾受到很多抨击，但这只是为应对最为极端情况，而且这种处理方式在国际上有先例可循。当然，在中国的这项改革中，还是需要让社会公众逐步接受，避免激化矛盾——但这种矛盾也并不是不可解决的硬障碍。

第五种观点是针对我国的特殊复杂情况下小产权房的征税与处置问题。解决这个问题的确非常棘手。中央党校周天勇教授曾撰文指出，全中国大约有70亿平方米的小产权房，其中仅北京就有几十万套。从法律的认定框架来看，小产权房实际上是无产权房，开征房地产税有必要先把此问题处理清爽。要看到小产权房问题迟早需要给予处理和了结。深圳已经出现了对小产权房历史遗留问题的处置做法，是通过合理分类，逐步进行处理。这种分类分步处理思路，在理论上曾经有框架性设想，深圳是政府与社区、社区与房主通过两级谈判工作，形成认可方案之后，再将要摆平的利益逐渐予以兑现。房地产税改革如果能够最终付诸实施，那么实际上会倒逼解决小产权房的问题，而这也将成为房地产税改革的一个莫大的贡献。中国改革当中存在这种倒逼机制，是好事而不是坏事。把小产权房等棘手问题统一放进房地产税解决方案里，通盘考虑，正体现改革的攻坚克难，应该做，也是经过努力可以做到的。

三、推进房地产税改革的思路与相关要领

澄清了关于房地产税的上述质疑和诘难之后，需考虑推进改革的思路和相关要领。实际上，中央关于房地产税改革的基调和方向已经明确，这一点从历年的政府文件中可以非常清楚地得到肯定。在党的十八届三中全会之前的文件中，都要求推进改革试点、扩大范围，而党的十八届三中全会之后新的提法是要求加快房地产税立法并适时推进改革。这实际上表明绝非有些人所说的已否定重庆、上海两地试点经验，而是在锁定改革大方向之后，明确了立法先行的路径，并可以在借鉴国际经验的同时，也借鉴沪、渝两地宝贵的本土经验。因此，房地产税改革的首要任务是加快完成立法。一旦立法完成，笔者认为首先至少应当在一线城市率先实施，或者通过划线对部分城镇区域先行适用。一旦房地产税有法可依、依法征收，就将出现完全不同的新境界、新局面。

因此，当下推进房产税改革的基本思路就在于积极考虑如何立法。首先是何时正式启动立法工作，以及立法过程的有效进展，这都还有待观察。立法过程中应充分体现公民的理性参与，力求在各方长远和根本利益取向上按"最大公约数"达成共识，在全体社会成员参与之下共同立规则，把改革向前推进。希望房地产税的立法工作能够比较顺利地推进，通过逐步化解社会上的一些抵触与不满情绪，把这件基本逻辑已非常清楚的工作切实推进到位。

在立法过程当中，需要掌握一些要领，让改革能够被社会公众所普遍接受。笔者认为，在当前及未来一段时期内，中国不能简单地模仿美

国和其他国家的普遍征收办法，而需要坚持走调节高端的路线。如果从技术细节上做一些讨论，就有许多问题，比如调节高端就要让出低端，那么低端应该怎么让？是按照人均平方米数、首套房划线，还是另外什么办法来操作？未来在有不动产登记的联网信息系统支持的前提下，部分学者倾向于按照人均平方米数来免征，可以把工作做得比较细致。譬如中国社科院提出的方案，按照我国目前城镇人均住房面积33平方米的统计情况，通过取整给出人均40平方米以下免征的建议，看起来应该是有一定合理性的。但我从互联网讨论中留意到一种以假设情况表达的反对意见：一家父母带孩子三口住120平方米的房子，按此方案正好无须课税，但假如孩子由于车祸等意外事件不幸亡故，父母正在悲痛欲绝之际，税务部门却找上门来，说由于人均房产面积发生变化，需要交纳房地产税了。这条意见使本人得到一个重要启示，就是中国的调节高端的政策制订当中，需要切实地平衡法律的严密与民众情理上的可接受，不仅执行当中要细化，还需要充分考虑动态变化条件下，公众可能的反应。除去规则和法条要细致和可行，还需要特别关注合情合理的社会诉求。如果对房地产税改革，采取先搭建让社会公众认同与接受的一个框架、未来再逐步动态优化与细化的思路，就会更倾向于首套房不征收，从而避开上述假设问题。然而对首套房免征的反对意见也同样存在，主要是考虑公平性，同样是首套房，小户型和大户型之间是否应当采取差异化考虑。总体而言，我认为通过先搭建框架、给出空间让公众接受，首套房免征未尝不失为改革起步阶段的可选技术路线，当然如要考虑有可能引发"离婚避税"问题，就需要政策设计考虑更加宽松的措施，即单亲家庭首套免征、双亲家庭前两套房免征。

对于在不同城市持有房屋、如何征税的问题，首先从技术上掌握到相关信息是不难的。根据不动产登记已有全国部署和2018年完全到位的工作要求，通过信息联网就完全可以做到全国房产信息的"一网打尽"。而对于同一个房主在不同城市都有房的情况，需要地方政府之间建立好协调机制，比如允许纳税人选择其中一套认定为首套房，而其他房屋则不能纳入免税抵扣范围。当然，具体协调细节上还需要有更多深入探讨。除此之外，各个政府层面也需要意识到，房地产税的税制建设过程中会面临激烈争议,因此政府信息披露方面需要更加开明,向社会方方面面提供、大家共同参与讨论,推动这个事情往前走。

在这个过程中,一些国际上好的经验,也可以借鉴。比如满燕云介绍的美国案例,由社区公众选举入户测量员,并不以由政府官员身份,而是公众认可的志愿者身份来做每隔一段时间重评一次税基的基础工作。这种机制能够更好地让民众接受和认同,而地方政府也可专注于做好市场经济要求的优化本地公共服务、提供更好的投资环境等工作,从而解决好财源建设问题。这样形成良性循环之后,辖区的不动产自然而然会进入升值通道,而每次税基重新评估就能够具体实现地方"税源建设"的目标。中国完全可以借鉴吸收这类经验,再往前推动做得更优化细致。

第四篇

财政基础理论创新

从"国家分配论"到"社会集中分配论"[1]

一、关于"国家分配论"

（一）当代中国财政理论中关于财政本质的认识。

中华人民共和国成立之后，50 年代末至 60 年代前半期，出现财政理论探讨的活跃时期，流派纷呈。后经"文革"十年沉寂，80 年代后，财政理论研究再起高潮，成果更为丰富。当代中国财政理论的一大特点，是非常重视、十分广泛、相当深入地讨论了财政本质问题。

概括起来，我国财政理论在财政本质上的代表性认识，最主要的有如下流派：

1. 国家分配论。认为财政的本质是以国家为主体的分配关系。作为中国财政理论界的主流学派，其拥护者颇多，定义性的表述也很多，虽措词上有或多或少的区别，但基本思路一致。如陈如龙在 1964 年财政学讨论会上的闭幕词中表述为："社会主义财政的本质是无产阶级专政的国家为实现其职能分配社会产品和国民收入而形成的分配关系。"[2]

许毅、陈宝森主编的《财政学》中说："我们可以把财政的共性概括如下：财政是特定阶级统治的国家为了维护加强其上层建筑、巩固发展其特定的生产方式而参与社会产品的分配和再分配关系。""我们可以把社会主义财政的本质概括如下：社会主义财政是社会主义国家为维护、加强社会主义的上层建筑和经济基础，为建立合理的国民经济结构

1　本文原载《财政研究》1998 年第 4 期。

2　财政部财政科学研究所，中央财政金融学院.财政学问题讨论集（上册）[M].北京：中国财政经济出版社 1965：24+220+184+60.

和社会结构，实现以最少劳动耗费取得最大经济效益，不断满足人民需要，对社会产品和国民收入进行的有计划分配与再分配。"[1]

邓子基在80年代的表述是："社会主义财政是人民民主专政国家为满足实现其职能的需要，并以其为主体的，主要利用价值形式强制地、无偿地参与社会产品分配所形成的，取之于民、用之于民的分配关系。"[2]

何盛明、梁尚敏主编的《财政学》中的表述为："财政，即国家财政，是国家为了维持其存在和实现其职能的需要，参与社会产品分配而形成的分配关系。人们经常把国家财政的实质简称为以国家为主体的分配关系。"[3]

2. "价值分配论"。以王亘坚60年代提出的观点为代表，认为"国家参与价值的分配，必然在社会的各个方面，首先是在各个阶级之间形成一系列的分配关系，而这些分配关系——国家分配价值所发生的分配关系，就是财政现象的本质。"[4]

3. "国家资金运动论"。以李成瑞60年代提出的观点为代表，认为"社会主义财政就是社会主义国家资金所体现的经济关系"，而国家资金"是指社会主义国家所能掌握和运用的全部资金，包括长期运用的和短期运用的，集中运用的和分散运用的，可供分配使用和只能作周转的。这就是说，它包括国家预算、国家银行和国营企业所能运用的全部资金。至于集体所有制单位和居民个人的资金，当国家以征收税收、吸引存款和储蓄等方式，把其中一部分转入国家手中的时候，这一部分资金就进入了社会主义财政的范围。"[5]

4. "共同需要论"。以何振一80年代提出的观点为代表，认为财政"是由于人类社会生产的发展，出现了剩余产品或剩余劳动之后，发生了社会共同需要而产生的。它的实质是人们为了满足社会共同需要而对剩余

1　许毅，陈宝森.财政学 [M].北京：中国财政经济出版社，1984：37+44+33+50+51+60.

2　邓子基.社会主义财政理论若干问题 [M].北京：中国财政经济出版社，1984：12.

3　何盛明，梁尚敏.财政学 [M].北京：中国财政经济出版社，1987：17.

4　财政部财政科学研究所，中央财政金融学院.财政学问题讨论集（上册）[M].北京：中国财政经济出版社，1965：24+220+184+60.

5　同上。

产品进行分配所发生的分配关系。"[1] "社会再生产过程中为满足社会共同需要而形成的社会集中化的分配关系，这就是财政范畴的一般本质或内涵。"[2]

5. "剩余产品分配论"。以王绍飞80年代提出的观点为代表，认为"与一般分配过程不同，财政分配的对象不是社会总产品和国民收入，而是包含在社会总产品和国民收入中的剩余产品，这是财政分配的质的规定性，也是财政分配区别于其他分配关系的本质特征。" "财政是由剩余产品形成各种社会基金的一个经济过程，始终体现国家、集体与个人之间的剩余产品的分配关系。"[3]

6. "再生产前提论"。以陈共提出的观点为代表，认为"研究财政的本质必须从社会再生产出发，也就是从再生产过程中诸种经济现象的相互联系中把财政现象区别出来加以概括。"[4]提出以再生产为前提建立财政学的根据之一，是对财政本质一般的认识……从根本上说，决定财政的产生和发展的不是国家，而是经济条件，亦即各该社会现存的生产力和生产关系。"[5]

此外，还有50年代明显受到苏联"货币关系体系论"影响的"货币关系"说[6]；近年，又出现了明显受到欧美"公共选择"等理论影响的"公共融资"说。[7]

总的看，中国当代财政理论研究主流运动的起点，建筑在马克思主义政治经济学理论的框架之上。借鉴与批评国外（包括前苏联）财政理论，无疑为中国的研究者提供了种种启示，而本国社会主义经济建设与社会发展的丰富实践材料和对于理论的迫切需求，更形成最强劲的推动力。改革开放后外界研究成果的较多介绍，进一步促进了财政理论的繁荣发

---

1 何振一.财政起源刍议［J］.财贸经济，1982，3.

2 何振一.理论财政学［M］.北京：中国财政经济出版社.1987：3.

3 王绍飞.财政学新论［M］.北京：中国财政经济出版社，1984：7+10.

4 财政部财政科学研究所，中央财政金融学院.财政学问题讨论集（上册）［M］.北京：中国财政经济出版社，1965：24+220+184+60.

5 陈共.财政理论与财政改革［M］.大连：东北财经大学出版社，1995：1.

6 周伯棣.论财政学的对象范围与业务［J］.财经研究，1956，2.

7 王达.重新认识财政范畴［J］.经济研究，1994，3.

展。前述种种代表性流派的角度、观点各有不同，但无一不试图深入到财政本质的层次，进而为整个理论大厦提供坚实的地基。如对近二百余年来财政学的发展作一回顾，则可知当代中国关于财政本质研究的广泛、活跃和深入程度，为世界所仅见。[1]

各有千秋的流派，在近十多年改革开放、走向社会主义市场经济的转轨过程中，已呈现明显的分化：有的影响力消退；有的则得到多数研究者认同；新起的研究者在向传统学习的同时又向传统挑战。将现状归结起来，目前中国财政理论界的基本格局可说是"国家分配论"主流学派与"共同需要论"等两三个较具影响力的非主流学派间的学术论争。这种论争对于学术理论的发展繁荣是十分有益的。

（二）"国家分配论"理论框架的要点。

从对人类财政思想史的回顾中可知，把财政看作国家分配或国家为主体的分配这一特定角度的认识，其源流可以追溯至亚当·斯密的"国家职能"观点；在马克思那里，则紧密联系于关于生产方式、阶级、国家的唯物史观；在瓦格纳、巴斯特布尔等人那里，都已经出现了比较明确的关于以政府收支满足其实现职能需要的表述——尽管在具体的理解、阐释上可以有种种不同。

而本世纪50年代之后逐渐成型于中国的"国家分配论"，可以说是这一角度的认识在理论探讨中更求深入和迄今为止最为展开的表现。中国这个学派的研讨者们，明确地把自己的财政理论研讨，置于马克思主义基本原理指导之下，而又具有中国的特色和具体形式。

成为中国财政理论界主流学派的"国家分配论"观点及其理论体系，最基本的要素我认为可归结为如下四项：

第一，"分配关系"。即把关于财政本质的认识，最终落在分配关系之上，认为财政分配说到底，是社会生产方式中广义生产关系的内在构成环节之一——分配关系的一个组成部分。这一要点继承了马克思主义经济学理论的传统，使关于财政的探讨在"人与人关系"的角度上能够达到比较充分的深度。

1　贾康.关于财政本质学说的历史回顾［J］.财政研究资料，1998，4，5.

第二，"国家主体"。即认为财政分配关系与其他分配关系相区别的主要个性或特点，在于分配的主体是国家政权或政府，而非别的任何经济活动主体。这一要点隐含着"财政即为国家财政"的界定，在这一界定下，国家政权的唯一主体性是不言而喻的：由国家政权掌握的分配，必属财政；不由国家政权掌握的分配，必非财政。这种鲜明判断体现着一种深远的唯物主义传统，即从基本的实证材料中归纳出结论。

第三，"国家职能"。即认为以国家为主体的分配在其功能、目标的客观规定性上，必然要归结为"满足国家政权实现其职能的需要"。当然，目标并不等于全部现实，形成目标也不一定就能保证其实现到位，但关于这一目标规定性的理论总结，是刻画国家分配的作用方向，这种方向是由财政的特性客观地确立起来的，在逻辑上也是顺理成章的。

第四，"阶级属性"。若是仅以"国家职能"这一要点为前提，其实仍可派生出不同的理论流派或"亚流派"。这里的关键在于如何解释"国家职能"，要言之，其内容是阶级性的、或阶级性为主导的？还是公共的、全民的？中国的"国家分配论"坚持前者，而历史上许多归属于国家职能论框架的学者并不这样认为，比如巴斯特布尔便把国家职能一般地归结为"满足公众欲望"，这表明"共同需要论"等有时也可以与满足"国家职能"的前提并行不悖。所以，必须注意，"国家分配论"在满足国家职能方面强调的是统治阶级利益主导作用下的国家职能，即国家机器阶级属性前提下的国家职能。这一要点无疑是基于马克思主义的国家观。

另外还有一点似有必要在此提及。我国"国家分配论"的部分论者，在关于财政的定义中强调了财政分配的强制性、无偿性。[1]另一些论者则认为强调强制性、无偿性具有片面性。[2]这可归于同一学派成员之间关于某些更为具体的问题所存的不同见解。我的个人见解倾向于后一思路。因为即使撇开更复杂的"社会主义财政取之于民，用之于民"关系（或曰个体形式上的无偿、总体利益上的有偿）不说，从实际情况看，

---

1 邓子基.社会主义财政理论若干问题［M］.北京：中国财政经济出版社，1984：12.

2 许毅."国家分配论"的产生与发展［J］.财政研究，1995，6：38；广义财政学体系初探［J］.财政研究，1996，3：3.

虽然财政分配的相当大部分采取了强制、无偿的形式,但毕竟还有一部分(某些情况下规模也十分可观)采取了非强制、有偿的形式。所以,至少不宜把强制、无偿这一点纳入最为共性的抽象及关于本质的表述之中。当然,这并不否定强制、无偿特征在较多(或许多)场合的存在。

(三)对"国家分配论"主要的诘难及相关探究

在"国家分配论"形成过程中和取得主流学派地位之后,都有持不同见解的学者对此学派的论点提出批评与诘难。今天看来,这些批评与诘难可大体分为三类。

一类属于已明显难以成立之批评。比如,关于"国家分配论"未包括社会主义财政中的"已越出了分配的范围"的资金周转(如国营企业财务中的资金周转)的批评。[1]资金周转,虽然与财政具有一定联系,但确应归属到有别于财政分配的财务、信贷等范畴。看来当时批评者可能受到大一统的"货币关系体系论"和高度集中管理体制的某种影响,因而主张有必要以财政范畴将资金周转也涵盖在内。

另一类情况是把某些或某个"国家分配论"者的尚有争议、未达成共识的观点,作为整个国家分配论的观点而提出质疑。比如,针对"财政分配的特点是无偿分配"提出批评,认为无偿性不能成为财政分配区别于其他分配的标志之一。[2]这种意见虽言之有理,却不能覆盖和适用于整个"国家分配论",至多只适用于某些"国家分配论"阵营内的个人观点。

第三类则属于至今仍具有冲击力和挑战性的诘难,值得继续探究。我认为主要有如下几点。

1. "从国家权力中引出财政关系,本末倒置"。如王绍飞提出,国家分配论"违反了历史唯物主义的基本原理,财政既然是分配关系,那它就是社会生产关系的一个组成部分。它和整个社会生产关系一样,是由生产力的发展水平决定的。离开生产力的发展水平,从国家权力中引

---

1 李成瑞.从实践中的若干体会来谈社会主义财政的实质和范围问题[M]//财政部财政科学研究所,中央财经金融学院.财政学问题讨论集(上册).中国财政经济出版社,1965:181.

2 罗彤.关于财政概念、起源的探讨[J].财政研究资料,1981,18:13.

出财政关系，这在逻辑上是本末倒置。"[1]

关于这一批评，可以作这样的分析认识：生产关系最终决定于生产力，这无疑是唯物史观的基本原理，但这一点并不否定在"人与物"关系（生产力）背景下关于"人与人"关系（生产关系）中的分配主体的考察。财政分配关系属于生产关系中分配关系的一个组成部分，国家分配论首先确认了其分配关系这一本质属性，然后又指出财政分配以国家为主体，则是进一步界定财政分配关系与其他分配关系的区别（不同特征）之所在。区别（不同特征）可能有若干方面，但分配主体的区别无疑是其中非常重要的方面。凡分配必有分配主体，指出分配主体的客观规定性，并不等于就是从该主体的权力中引出分配关系。比如，我们如果说企业财务分配的主体是企业法人，并不等于就是从企业法人的权力中引出财务分配关系。分配主体当然有其能动性，但无论什么样的分配主体，毕竟都要被为生产力所决定的生产关系、分配关系所制约。基于这样的分析，显然并不能得出国家分配论指出了财政分配主体就发生"本末倒置"的结论。但是，我认为确有必要进一步开掘关于生产力水平对于财政分配的根本性决定作用方面的研究，并在关于财政本质的表述上，也有必要讲清生产力这一本原，这样才有利于减少误解，深化认识。

2."在经济基础和上层建筑的关系上，本末倒置"。如许方元提出："首先……一方面说财政的本质是'分配关系'，另一方面又说财政的作用是'促进社会主义生产关系的巩固和发展'的。这不就是说生产关系为自己服务了吗？""第二，一方面把财政的本质说成是属于生产关系的，另一方面在讲财政作用时，又说财政是'为巩固无产阶级专政服务'的，这就出现了经济基础为上层建筑服务这样本末倒置的问题。""第三，一方面说财政是属于生产关系的，另一方面在讲税收的时候，又说：'它是国家凭借政治权力对纳税人征收。'这就产生了一个经济基础与上层建筑在财政肚皮里闹矛盾的问题。"[2]

要回答上述诘难，关键在于如何理解和回答"财政是经济基础还是

1 王绍飞.关于财政本质的探讨 [J].学习与思考，1982，2.
2 许方元.社会主义财政的本质、职能和作用的探讨 [J].财政，1980，12.

上层建筑"这一曾讨论了多年的问题。许毅等曾在《财政学》中提出了一个言简意明的归结:"财政分配关系属于经济基础范畴,财政政策和财政制度属于上层建筑范畴。"[1]这一思路是十分重要的。日常生活中,"财政"一词是一种笼统的泛称,不同场合、不同上下文关系中,可指财政关系、财政政策、财政部门、财政工作、财政收支,等等。对于笼统的"财政"概念,在理论考察中有必要区分为本原的财政分配关系和派生的财政分配手段两个层次。财政说到底是一个客观经济范畴,是一种分配关系。财政分配关系的基本规定性取决于生产关系的基本规定性,并构成生产关系总和的一个组成部分,属于经济基础。对此基本规定性,作为分配活动主体的国家政权也不能加以改变,无法"为所欲为",因为国家本身正是竖立于这种经济基础之上的,是主导生产关系的政治体化物;而财政分配的手段(政策、体制、制度、计划、工作机关等),是客观的财政分配关系见之于行为主体主观意识形态和设计、管理、操作方面的分配方针与工具,属于上层建筑,它们取决于、并反映着包括财政分配关系在内的经济基础,而且在一定限度内对经济基础发生能动的、有时甚至是相当重大的反作用———一般而言是服务于基础,但处理不当也有可能损害基础。换言之,国家政权对财政分配手段掌握得当,可以促进其经济基础的巩固和发展;反之,可以加快其经济基础的瓦解。

理清了这两大层次的关系,就可以知道,国家分配论在经济基础和上层建筑的关系上,其实并没有形成"本末倒置"和混乱。讲服务于生产关系的巩固和发展,讲服务于阶级专政,以及讲凭借政治权力征税等等的时候,都是从财政分配手段的层次而言。当然,以往这方面的剖析和说明仍是不够清晰和充分的,如何把上述两个层次的内在关系表述得更加充分、全面和严谨、清楚,确实是值得国家分配论者进一步努力的领域之一。

3."分配关系以国家为主体不能成立"。如蔡明麟、许方元提出:"在任何社会形态下,分配关系的形成,总是以生产资料的占有关系为转移,只有这一个主体。如果说分配关系以国家为主体,不是靠向'暴力论',

---

1 许毅,陈宝森.财政学[M].北京:中国财政经济出版社,1984:37+44+33+50+51+60.

就会陷入二元论，那是行不通的"。[1]

分配关系以生产资料的所有、占有关系为转移，是马克思主义的基本原理。生产资料的所有、占有主体，也必然成为分配主体，这是无疑义的。问题在于如何理解"这一个主体"的具体形式。人类历史自进入阶级社会后，便有统治阶级与被统治阶级之分，统治阶级总是由占统治地位的生产资料所有者阶级充当，并掌握着由于阶级矛盾不可调和而产生的国家机器。国家作为一种权力实体，是占统治地位的生产资料所有者阶级的政治代表，因而也成为生产资料的占有主体或占有主体的代表，所以国家同样可以顺理成章地成为分配的主体。这与前述基本原理毫无矛盾，只是该原理的一种具体引伸。由此可知，国家分配论指出国家的分配主体地位，并不发生"暴力论""二元论"的问题。

可以看出，上面三种批评诘难，都侧重于本原体和派生物"谁决定谁"的关系这一角度。与这种角度多少有些相仿、但在抨击的形式上甚为极端和"不遗余力"的一种责难，是所谓"罪过论"，即认为国家分配论强调国家意志，带有任意性、主观性，不讲"公共需要"，是国家财政陷入困境的理论根源。对此邓子基曾撰文予以反驳，逐条指出"罪过论"是不能成立的。[2]因此，本文对所谓"罪过论"不再展开，只是有必要指出，"罪过论"虽然形式粗糙，但内含的逻辑其实暗合于纯客观因素论、泛市场论的思路，即主张把财政分配与国家、阶级割裂开——认为讲国家分配主体作用和国家职能需要，就与唯意志论划等号，就与"公共需要"对立。温故而知新，关于财政思想史的回顾启示我们，类似角度的诘难今后还会以这样或那样的表现形式出现，而"国家分配论"这一线索的研讨也有必要继续深入。

（四）结合其他流派的考察。

为了深入讨论，有必要在此变换角度，考察一下若干与国家分配论不同、至今仍具有一定影响的流派的基本观点及所受到的批评，或所可能面对的诘难。

---

1 蔡明麟，许方元.对财政本质的初探［J］.财政研究资料，1981，18：4.
2 邓子基，坚持、发展"国家分配论"［J］.财政研究，1997，1：13—16.

1."共同需要论"。共同需要论的核心观点是把财政本质归结为人们为满足公共需要而进行的分配所发生的分配关系。这种概括对于无阶级"史前社会"中作为萌芽状态表现的"原始财政"是大体适合的,但对于阶级社会中的财政现象与财政关系却显然难以涵盖。许毅等曾针对性地提出:"在国家出现以后,以国家为主体的分配活动是否仅仅限于满足共同需要所进行的分配活动?……在国家出现以后伴随而来的财政范畴如捐税、国债等等是为了满足这些特殊需要而产生的,而且随着阶级矛盾的激化,这些特殊需要远远超过了共同需要。"[1]

诚然,在人类社会成员分裂成为不同阶级、因阶级矛盾不可调和而产生国家之后,全社会层面的"共同需要"仍然是存在的,如防治自然灾害、保护环境等。但这时在一般情况下,不同阶级间的、特别是掌握国家政权的统治阶级与处于被专政地位的被统治阶级之间的不同利益和不同需要,成为经常发生的、并且对于整个社会生活产生巨大影响(往往是最重要影响)的矛盾冲突,而统治主体所掌握的财政分配,在这种冲突中必然是服务于本阶级需要而打击被统治阶级需要的——"共同需要论"对此无力予以概括和说明。

又诚然,在一定条件下和某种程度上,统治阶级需要与被统治阶级需要之间可以形成某些妥协或结合,比如,我国历史上一些封建王朝曾实行过的"轻徭薄赋"政策,短期看有利于农民(被统治阶级)的休养生息,长期看则有利于巩固这些王朝的统治;又比如,"在西方财政的收入再分配中,资产阶级与工人阶级在某种程度上都是获益者——前者稳定了政权,后者改善了生活"。我们把上述这类妥协与结合,归为"共同需要"范畴,也不是不可以。但最基本的历史事实是,一般情况下或总体趋势上,阶级利益的不同和对立及相应而来的各自需要的差异和对立,是经常的、主流的、第一位的,而妥协与结合则是较少的、支流的、第二位的,某些特定情况下其暂时成为主流也是非长久的、罕见的。归根到底,统治阶级必定要不遗余力地维护和巩固自己所掌握的国家机器及其所依托的经济基础(生产关系),不惜动用一切财政手段来达此目

---

1 许毅,陈宝森.财政学 [M].北京:中国财政经济出版社,1984:37+44+33+50+51+60.

的；被统治阶级也必定经常不断地作出各种形式的不合作乃至反抗斗争，而财政方面的不合作乃至反抗斗争亦是经常形式（群众性"抗捐抗税"之类，史不绝书）。"共同需要论"对此也无力予以概括和说明。

总之，人们"需要"的根基，是物质利益的需要。在失去了唯一主导性的"共同物质利益"的阶级社会里，其实应不难理解，仅为"满足共同需要"的分配，经常要归于某种矫饰的、经不住考察的、"口惠而实不至"的空中楼阁。当然，"共同需要"毕竟还占有某种地位。上面列举的非主流的、但不能抹杀与否认的共同需要，从客观方面而言，反映着社会再生产基本前提条件（人类在自然界中的生存等）的必然要求；从主观方面而言，既反映着统治阶级对人类社会共同生存环境及其制约的认同，也反映着统治阶级需要在某种理智性判断下向被统治阶级需要作出的一定程度的妥协或二者一定方式的共存与结合。欧美财政理论所探究与分析的社会公益设施之类"公共财"（公共产品与服务）的特性——效用的不可分割性、消费的非排它性与受益的非竞争性，很有助于我们从技术性层面分析说明"共同需要"的一些具体形态及满足它的手段。但是无论如何，共同需要论尚难以成为完整说明财政现象与本质的理论。

2."剩余产品分配论"。此论的核心观点在于，认为财政的本质特征是对于剩余产品的分配。这种概括有其合理之处，因为无论从财政起源还是从财政现实运行考察，财政分配的经济前提都是存在社会剩余产品，即 m 部分。有了剩余产品，社会权力中心才有财可"理"，才能有称之为财政的理财活动。但如果仅仅强调这一条，却并不能在理论表述上严谨对位。因为：

第一，在进入阶级社会之后的历史上，决不能排除国家政权"横征暴敛"的财政分配越出剩余产品范围而涉及必要产品的现象。许毅等曾指出：凡是剥削阶级统治的国家，"其剥削量通常都是超过剩余劳动的，不侵犯必要劳动的分配是鲜见的。"[1] 所以，他们认为剩余产品分配论在这方面"不尽符合历史事实"，"抽象不够完全，不如说成财政分配是对社会产品的分配来的概括"（同上）。此外，社会主义国家的财政

---

1 许毅，陈宝森.财政学［M］.北京：中国财政经济出版社，1984：37+44+33+50+51+60.

在高度集中体制下也曾长期发生对于企业折旧基金的分配，是另一个反证。因此，剩余产品分配论在这个角度上涵盖不足。

第二，对于剩余产品的分配，并不仅仅发生在宏观的财政层次，也发生于微观的财务层次。事实上，在人类社会进入稍微发达一些的阶段之后，财政仅能分配剩余产品之中或多或少的一个部分，基本上不可能分配其百分之百的全部。所以，以"对于剩余产品的分配"来抽象出财政本质，在这个角度上讲又涵盖过度。

但是，剩余产品毕竟是财政分配的主要部分，出现和存在剩余产品毕竟是财政分配的经济前提。所以我认为，"剩余产品分配论"在这一角度上的开掘所形成的合理内容，无疑是值得为"国家分配论"所吸收借鉴的。

3."再生产前提论"。此论强调的是从社会再生产出发，以再生产为前提认识财政本质。这无疑是符合唯物史观的。问题是，在关于财政本质的认识中，虽然可以和应当强调分配环节与社会再生产总体联系的方面，但毕竟还不可能绕开财政分配关系形成时所不可缺少的另一方面的前提：社会权力中心的出现。无社会性的权力中心，即使存在剩余产品，即使存在分配环节，也仍然是有"财"无"政"。所以，考察财政问题时，在经济性基本前提的旁边，还有政治性基本前提的位置。当然，更深一步说，经济发展是政治发展的本原，归根结蒂是生产力水平和经济基础决定了人类政治活动的形态，因此财政的经济前提是第一性的，政治前提是第二性的。承认这种本原上的"顺序"之后，要考察财政问题，仍然需两方面的前提同时考察与分析，否则就难以认识和阐明财政分配区别于其他分配的特殊性质。

所以，整体地看，"再生产前提论"虽具有其积极合理的内容，但在财政本质的表述上，却仍显得不够完全和不够清晰，尤其是对于财政的特性方面缺乏提炼。但无疑"国家分配论"也应吸取"再生产前提论"的合理内容。

4."公共融资"论。这是国内近年出现的一种新观点。比如，王达在提出"重新认识财政范畴"时，表述了"在现象上把财政描述为政府收支，在本质上把财政界定为公共融资"的观点。他首先把财政的英文

"Publicfinance"直译为"公共融资"，然后说："政府收支是融资活动，不应该有什么争议。"但是，这一点却正是不能不"争议"一下的。finance一词在英译汉时可有财政、财务、金融、融资、资助、筹资、理财等多种表达，具体应作何选择，要依上下文而定。"public finance"这一词组在英译汉时，并不能在"公共"一词后面加上"finance"的任意一种译文——笔者所见过的有"公共财政"或"财政"两种基本译法，另偶有"公共理财"的译法。那么，如王文提出的那样把"财政"译为"公共融资"如何？我认为显然是不妥的。汉语中，融资是融通资金之意（与"金融"之意相仿），融资行为中，资金融出与融入的双方或各方，相互间形成的是一种信用关系。政府收支虽然包括了一部分公共信用或国家信用（公债的举借及还本付息，"财政投融资"等），但其主要的、大量的收支活动，却不是反映的信用关系，不属融资活动，不能用"融资"来概括。比如，财政收入的最主要来源——税收，以及非主要来源之一——罚没收入，都无法用"公共融资"来概括，现象上不是，本质上更不是，毋宁说它们在现象上是带有法律强制性背景的政府筹资（与调控）手段，本质上是政府为主体的分配。又如，财政支出中的国防、行政管理、公检法支出等，也无法用"公共融资"来概括，它们同样在现象、本质上都与"融资"不相合。只有属于"财政信用"的那一部分财政收支，称得上是"公共融资"，但它并不构成财政收支的主体。众所周知，理论研究的术语需保持必要的逻辑规范，以部分的、非主体的属性来概括出整体的、本质的属性，即为以偏概全，是难以成立的。

若扯得远一点，"公共融资"说如果放到"泛市场论"的理论框架下，倒是勉强可以形成这样一种逻辑关系的：不论政府以何种具体形式实现的收支（税收也好，罚款也好，公用经费支出也好，公共工程支出也好），都可以归属于政府与公众，或公众之间以政府为媒介的市场交易，而且这些交易中"付款"与"供给"有时间差，因而成为一种信用关系或"公共融资"关系。那么，这里问题的关键便回到这样一个基本判断上面："泛市场论"是否站得住脚——换言之，这种逻辑链条的大前提（"政府收支是特定形式的市场交易"）能否成立？

在我看来，这难以成立。

按照以"市场交易的延伸"这一独特视角观察政治与政府收支的公共选择理论，使"交易"得以实现（即公民通过民主制度表达意愿并达成协议）的基本途径与规则，是运用"多数投票法"，或称简单多数规则。由此开始分析，那么：

（1）从理论上说，阿罗的"不可能性定理"已对此给出了一个极有力的反论，即多数投票法并不能保证人们的偏好序不发生扭曲或悖反。[1]

（2）从历史和现实看，近似地实行"多数投票法"的古希腊城邦"主权在民，轮番执政"的制度，在历史长河中仅为"蕞尔小国"里的昙花一现，并且这样的"民主权力"与当时在总人口中比例甚高为数巨大的奴隶阶级完全无干，仅仅是小部分社会成员之间的民主制。[2]数千年过去，今天世界上真正实行"多数投票法"的国度仍然没有，地区性的例子也仅见于"新英格兰的城镇会议和瑞士的自治城乡这类直接民主"，所以"这种方式对现代社会的适用性很有限。"[3]至于现实中被较多地采用的代议制民主形式，如何能避免多数投票法都不能避免的扭曲，进而（近似地）实现公共选择的"市场交易"，更是未见什么像样的分析论证。

（3）从基本概念看，何谓真正民主的制度，或一般民主形式，至今在世界上仍悬而未决，换言之，迄今还找不到民主制度的一个代表性的或一般性的形式。

（4）从政府收支的过程与结果看，政府财力的收入与使用不仅有"时间差"即"付款"与"供给（受益）"的先后错开，而且更为重要的，是有"空间差"即收入再分配，或称富人、穷人间的以政府收支为中介的转移支付，换言之，"付款"与"受益"的大小错位。由政府出面的先"取"后"予"，从各个居民的具体情况看，恰好数量相等、符合"市场交易"原则的，只能是较少、一般而言很少的一部分。通盘看，所谓按"受益原则"的交换在数量上不成立，只能解释为政府为中介的"抽

1　约翰·伊特韦尔，新帕尔格雷夫经济学大辞典（第1卷）[M].北京：经济科学出版社，1992：134；阿特金森与斯蒂格里茨.公共经济学 [M].上海：上海人民出版社，1994：381.

2　顾准.顾准文集 [M].贵阳：贵州人民出版社，1994：73.

3　阿特金森，斯蒂格里茨.公共经济学 [M].上海：上海人民出版社，1994：374.

肥补瘦"的转移支付再分配，从总体、长远上说可以有利于整个社会的稳定与和谐。所谓"取之于民，用之于民"在社会主义的政府掌握得较好的情况下，也仅当如是观。另一面，无论是政府自身耗费过大，还是转移支付作用过小，都属财政职能与运作的偏差，也都是"受益原则"无法解释明白的。

总之，经过以上分析之后，可知所谓"市场交易的延伸"，实际上在政府收支领域里几乎无处可以令人信服地延伸。以"民主制度"为主要支点的公共选择理论的泛市场化分析框架，其逻辑前提是一种得不到历史与现实充分支持、理论推导中亦捉襟见肘的假说。因此，若由此逻辑而引出"公共融资"说，仍然是站不住脚的。

但是，也确有必要指出：必须认识到以国家（政权、政府）为主体的分配，现代社会中往往是以不同方式、不同程度的民主制度（如议会制）为制约条件的分配，并且这种制约大体上具有趋于强化的走向。因此，公共选择理论在这一方面的分析探讨，确实可以具有将财政与政治民主制度及其发展进程结合起来加以研究的积极意义，这是很值得"国家分配论"予以重视、并有选择地借鉴吸收的。

（五）关于"国家分配论"的发展的几点思考。

1. "国家分配论"在我国财政基础理论中的主流学派地位，是客观历史过程的选择。我国财政基础理论研究之所以能在新中国成立以来的几十年间获得蓬勃的发展，重要原因之一是具有来自现实生活、现实工作的迫切要求和有力推动。而"国家分配论"，是我国财政理论研究工作者和实际工作者，从一系列十分现实的问题出发，以马克思主义基本原理为指南，结合古今中外的实证材料和我国财政工作的实践，深入思考、努力钻研、广泛探讨，博采众家之长，从而逐步形成的一种较为完整的财政学基础理论体系。它的主流学派地位，并不是领导机构或哪几个要人所封的，而是客观历史过程的选择。形成这种选择结果的基本原因是：

第一，"国家分配论"理论观点鲜明、逻辑贯通、持之有故、比较彻底，因而比较有说服力，能够说服较多人。

第二，我国的一批学术界代表人物，以"国家分配论"的基本观点为轴心,展开了相关方面的相当广泛的理论探讨,进而形成了财政学的理论体系,产生了较大影响。

第三,"国家分配论"在学术界和实际工作部门形成了占多数的拥护者。近年间,"国家分配论"在理论上所遇到的新的诘难和挑战,仍然未改变这种情况。

第四,我国财政工作者以"国家分配论"为基础理论武器,紧密结合中国经济建设和财政工作的实际,形成了一套财经政策思路,并在几十年间发挥了重要的指导作用。

2. 对"国家分配论"需要继承并进一步发展。迄今,还没有任何财政学体系和思路能够在我国取代"国家分配论"的地位。可以说,"国家分配论"曾被理论界反复诘难,被实际生活反复检验;如果上溯其历史源流,则更可知是被若干个世代的人们从各个角度加以审视和探究的一种极具价值的思路。在今后我国走向社会主义市场经济新体制的过程中,"国家分配论"可能要面对一系列新的诘难,但将继续具有其不应低估的理论价值。对于这一重要的财政基础理论,应当继承。

但同时,"国家分配论"无疑需要进一步发展。主要的理由是:

——任何理论形态的东西都不可能是终极真理,需要不断地发展和丰富。一旦停止,便将灭亡,"国家分配论"当然也不例外。

——我国改革开放十余年来的伟大实践和政治经济学领域一系列重大问题的重新认识,推动着新的全方位的财政学思考,为"国家分配论"的发展,激发与提供出一系列宝贵的和十分丰富的思想材料与实践材料。

——近十余年"共同需要论""公共融资论"等对"国家分配论"的挑战,推动了学术界进一步的争鸣和思考,也提供了进一步发展和丰富"国家分配论"的条件。

——世界上主要市场经济国家的财政学理论和经济学理论被广泛而大量地介绍到我国国内,为"国家分配论"的发展提供了大量的借鉴材料和强有力的推动。

——"国家分配论"的部分拥护者,近年表现出了某些将此论狭窄化、片面化的倾向，也是需要对此论加以澄清、并加以发展的原因。[1]

——"国家分配论"的一些基本表述和阐释，尚是比较初步的，不够完善的，有其深化的余地和必要性。比如，以"国家分配论"的理论框架为起点，如何防止"纯主观意志论"和"纯客观因素论"两种不同走向的偏颇，就有一系列的问题需要进一步细化和深入探讨。

3. "国家分配论"进一步丰富与发展的若干要点。

（1）有必要进一步扩展视角，从人类社会的产生、发展和生产力与生产关系、经济基础与上层建筑相互作用的历史过程，进一步研究和说明从财政萌芽、出现史前（原始）财政到形成国家财政的来龙去脉，以便基于更全面、更充分的论证，来揭示财政的本质和国家财政的形成过程及其内在规定性。

（2）有必要进一步研究分析"共同需要论""剩余产品分配论""再生产前提论"等观点、流派的文献，吸取其中从各个特定角度出发而确立的合理成分，取彼之长而补己之短，使之融合于、涵盖于发展了的"国家分配论"的理论体系之中。

（3）有必要积极借鉴来自西方的经济学和财政理论中"公共产品"、"公共选择"等核心范畴和其他论述分析的有益成分，并吸取宏观经济学、计量经济分析的一系列积极成果，取精华、弃糟粕、兼收并蓄、摒除庸俗，使"国家分配论"获得"集大成"和"吸收人类社会一切文明成果"的坚实而科学的基础。

（4）有必要充分领会中国改革开放这一伟大时代中社会生活各方面撞击、冲突、转折、变化的理论意义与内容，充分领会近十余年来马克思主义思想体系、科学社会主义、政治经济学领域的一系列重大突破和创新，把财政问题放在历史唯物主义、科学社会主义和理论经济学的宏大背景中，作全方位的新思考，在社会生产力、生产关系再生产的动态过程和走向社会主义市场经济新体制的转换、创新过程中来把握财政，进而实现"国家分配论"和财政理论的不断丰富、发展。

---

1 许毅．"国家分配论"的产生与发展［J］.财政研究，1995，6：38.

二、关于财政本质的展开论述

为了对财政本质作出进一步的探讨和更完善的认识与表述,需要"站在前人的肩膀上",对各个理论流派的学术成果取长补短,对财政现象的丰富内容作出考察、归纳、揭示与阐发。依此角度,试作关于财政本质的正面展开的分析论述。

(一)唯物史观:正确认识财政本质的理论基础。

财政现象是一种社会的历史的现象,财政关系是一个历史范畴。在我们探讨财政本质问题的起点上,存在一个无可回避的基本的、前提性的理论问题,这便是历史观的问题,即对于人类历史的变化持一种什么样的总体态度和理性思维指向。

在马克思主义创始人提出历史唯物主义的思想体系之前,多少世代的思想家们虽然从各种各样的角度对于人类社会历史的演进提出过种种解释,却不能既系统又严谨地勾画出其基本规律性的轮廓。马克思主义理论将辩证唯物主义的哲学思想运用于历史科学,从人类社会最基本的事实出发,揭示出社会生产力决定社会生产关系,生产关系总和构成的社会经济基础决定政治、法律、文化、宗教之类的国家机器与意识形态等上层建筑,同时生产关系对于生产力、上层建筑对于经济基础又发生能动的反作用的基本原理,从而形成了关于社会基本矛盾及其演变规律的科学理论——历史唯物主义,即唯物史观。

在我看来,这个唯物史观,在我们作深入探讨以求正确认识财政本质的时候,应当成为理论的基础,逻辑体系的开端,剖析问题的指南。否则,人们尽管可能在一些局部和一些技术性问题上取得进展,却并不可能在一个经得起实践和实际生活检验的可靠而坚实的底座上,建成系统阐述财政本质的论坛,而难免会落入"在沙滩上建造城堡"的窘境。

以唯物史观为理论基础,意味着首先要明确若干大的原理性问题,即应当坚持以生产力的发展来说明生产关系和财政分配关系的依据何来;坚持以经济基础来说明国家以及国家理财政策与方式的本原何在;并且坚持以生产关系对生产力和上层建筑对经济基础的反作用来说明分配关系与财政政策的能动性；进而在上述这些系统的、有机的历史事物关系的联结框架中，把握与说明财政的本质。

（二）广义财政概念与原始财政起源。

已有不少学者说过，国家财政是伴随着国家的产生而产生的。这一表述本身无懈可击。问题在于，若把它展开一步，则要发问："国家财政"这一概念与"财政"这一概念如果从学术角度作严谨定义的话，是否是同一个概念？

如果是，则"财政"就是"国家财政"的同义反复；如果不是，则必然要引导出国家财政形态之外还有其他财政形态这一命题，即财政的大概念（形式逻辑所讲的"属概念"）中要包含着若干个子概念（形式逻辑中的"种概念"）。

按照"历史与逻辑相一致"的原则作一通盘的考察，我采取第二种回答，即国家财政可被看作人类历史长河中财政的各种形态之一，而非唯一形态。我认为，可把人们所称的"财政"作广义、狭义两种解释。广义财政在现象形态上指的是人类社会发展各阶段以社会性的权力中心为主体的理财活动，包括国家出现之前的原始财政，国家出现之后的国家财政，以及将来国家消亡之后公共权力中心的财政；狭义财政在现象形态上可以特指人类社会某个具体发展阶段上的以社会权力中心为主体的理财活动——由于我们现在处于国家作为社会权力中心的社会，所以今天通常所说的财政，即为国家财政（或国家各级政府的财政）。

我们目前正处于并将长期处于社会主义的初级阶段，国家消亡之后的事情属于遥远未来，现在可"点到为止"；但关于国家产生之前的研究，却是不可缺少的对历史的回顾考察，有必要从可能得到和作出解释的史料中引出我们的判断与认识。正如列宁所说，为了用科学的眼光观察问题，"最可靠、最必需、最重要的就是不要忘记基本的历史联系，考察每个问题都要看某种现象在历史上怎样产生，在发展过程中经过了哪些主要阶段，并根据它的这种发展去考察这一事物现在是怎样的。"[1]

已有不少研究者考察、分析、论述过财政起源问题。其中一部分涉

---

1 列宁.列宁选集：第4卷［M］.北京：人民出版社，1972：43+683.

及了对国家产生之前这一分配领域的考察。

比如，罗彤在 1981 年发表的论文《关于财政概念、起源的探讨》中考察了原始群体时代的分配、氏族公社时代的分配，乃至阶级社会初期的分配，提出：一直被人们视为财政现象的贡纳，"确实产生于国家之前！"其在这里所指的，主要是"征服者部落向被征服者部落征收贡物"，征服部落甚至"委派贡物征收吏，留驻于他们（指被征服部落）的领土之中。"[1]

何振一在 1987 年出版的《理论经济学》中，根据原始社会演变过程的分析论证，明确提出了"原始财政"概念，认为财政"是社会发展到氏族社会阶段，社会的再生产组织结构，从单一层次发展成有层次后，在社会中形成了独立于社会生产单位和消费单位之外的社会共同事务需要而产生的。"[2]在氏族公社（指原始人群以直系血缘关系结合起来的社会集团）及部落（为若干个氏族组成的氏族群落）的生产关系中，发生了由社会集中从事的社会共同事务需要，进而必然地要产生满足社会共同事务需要的分配关系，于是产生了萌芽形态的财政；以后这种分配终于全部从氏族的内部分配中分离出来，形成独立的社会集中的分配，便使财政分配成为一个完整的独立形态。他以西安半坡遗址为例，指出已发掘的五万平方米遗址中，在氏族成员居住区的中心部位，有面积约 150 多平方米的大型房子，是公共集会的场所，另有公共仓库和陶窑场，以及围绕村落深宽都达五六米的大防御沟等设施，这些已与文明时代的财政分配维持的公用设施相一致。他认为，到了原始社会的尽头——农村公社阶段，其管理机构已"发展成单纯执行社会共同事务职能的纯社会组织"，财政收入的主要形式，一是抽调劳力为村社从事耕种等，二是社会成员对于生产成果的志愿贡献。[3]

王绍飞在 1989 年出版的《改革财政学》一书中，则强调剩余产品是产生财政关系的生产力标志，分配剩余产品是社会再生产的需要，"所谓财政关系的萌芽，就是随着剩余产品的产生，在社会再生产过程中逐

1　财政科学研究所.财政研究资料［Z］.1981，18：14-15.

2　何振一.理论财政学［M］.北京：中国经济出版社，1987：17+19-25.

3　同上。

渐形成一种超越直接生产单位并离开物质生产领域在社会范围分配剩余产品的关系的雏形,以后一切财政关系的发展和演变都是从此开始的。"[1]

根据吴才麟的研究,人类社会经历了采集经济时代、狩猎经济时代和出现简单复合工具的渔猎经济时代之后,在种植经济时代（距今约二三万年前）,剩余产品出现,以氏族长为代表的初期社会组织,为了公共活动（比如,全氏族成员聚集一地过几天停止生产劳动、尽性欢乐的生活,还有举行对祖先和鬼神的集体祭祀活动等）的顺利进行,对各个基本经济单位交公的剩余产品进行分配,即是"原始公共分配"出现之时。以后,又发展为部落的分配和部落联盟的分配。[2]这种"原始公共分配"及其后直到国家出现之前的诸演进形态,我认为可以用"原始财政"的概念来涵盖。诸如上述学者们这些侧重点不同的研究成果,可以互相补充和印证。

总之,我们可以作出如下基本概括:原始财政是以原始氏族、部落、部落联盟、农村公社的社会性权力中心为主体的理财活动,其经济上的基本前提是出现剩余产品——有了剩余产品及其量的增长,才有财可"理",并且越来越需要"理",其政治上的基本前提是出现社会性的权力中心——无权力中心,即使存在剩余产品,也是有"财"无"政"。正是由于生产力的发展而出现了剩余产品,才使原始公共分配（原始财政）这种分配关系的出现成为可能;又加上社会组织形态中被剩余产品的出现所刺激、催化而形成的权力中心及其职能、行为,使原始公共分配（原始财政）的出现进而成为必然。当然,前已论及,经济发展是政治发展的本原,人类政治活动的形态（"管理社会公众事务"的形态）归根结蒂取决于生产力水平和经济基础。"需要是同满足需要的手段一同发展的,并且是依靠这些手段发展的。"[3]没有剩余产品,不可能产生明确的"公共需要"及对于满足这种需要的社会集中性处置及处置上的社会性权力。所以,对财政的萌芽与发展来说,经济的前提（生产力与生产关系的发展）

1 王绍飞.改革财政学 [M].北京:中国财政经济出版社,1989:31.

2 吴才麟.史前经济与财政起源 [M].北京:中国财政经济出版社,1990:105+595.

3 马克思,恩格斯.马克思恩格斯全集:第23卷 [M].中共中央马克思恩格斯列宁斯大林著作编译局,译.北京:人民出版社,1972:559+829+324.

是第一性的，而政治的前提（权力中心的形成）是第二性的。

原始财政无疑是一种简单、粗陋、规模十分有限的低级形态的理财，但它毕竟是财政这条浑浩流转的万里长江的源头与上游。其实，原始财政在人类历史中至少存在过数以万计的年头，而国家财政迄今却至多不过存在了5000年。

原始财政的基本特点，首先在于这种理财的社会性：它是原始时代满足社会成员共同需要的公共分配；其次在于这种分配的集中性：在分配过程中出现集中决策下的"收"和"支"，（当然那时都只可能采取实物与劳力形式），以集中的调控为关键特点。总之，在原始财政这个财政最低级的形态中，广义财政基本的共性规定却已经具备：社会性权力中心为主体的、带有集中性特征的分配。

由于此时尚未出现阶级的对立和依托于生产资料私有制的剥削制度，人类社会的"共同需要"在社会管理层次上表现为其纯真的、唯一的形态——它未被当时尚不存在的统治阶级独特需要和阶级斗争的需要所冲击、压倒或分化。

（三）国家财政的产生。

在论述"国家财政"之前，有必要先说明国家为何物，它如何产生。

恩格斯在著名的《家庭、私有制和国家的起源》一书中，根据对人类社会发展史的考察，精辟地说明："曾经有过不需要国家、而且根本不知国家和国家权力为何物的社会。在经济发展到一定阶段而必然使社会分裂为阶级时，国家就由于这种分裂而成为必要了。"[1]概言之，随着原始社会后期一夫一妻制父系家庭的形成和主要生产资料从公有逐步转化为家庭私有，并随着游牧部落从其余野蛮人群分离出来的第一次社会大分工和手工业与农业分离的第二次社会大分工，商品交换成为可能和必要，社会成员富裕程度的差别明显起来，加之生产扩大中对劳动力的需求促使原先的相互征伐过程中的杀俘转为将俘虏变成奴隶，于是社会分裂为奴隶主与奴隶，自由民中也分化为富人与穷人，"同一氏族内

---

1 马克思，恩格斯.马克思恩格斯选集：第4卷［M］.中共中央马克思恩格斯列宁斯大林著作编译局，译.北京：人民出版社，1972：170+165—168+104+107.

部的财产差别把利益的一致变为氏族成员之间的对抗"，¹于是"氏族制度已经过时了。它被分工及其后果即社会之分裂为阶级所炸毁。它被国家代替了。"²国家不像黑格尔所断言的是"道德观念的现实"，"理性的形象和现实"；³也决非卢梭的"社会契约论"所能透彻说明；德国社会学家弗兰茨·奥本海默的"对战败人群统治"说，⁴是注重从历史事实出发的，但只概括了部分的事实，而未进入阶级分析的深度——"奴隶制起初虽然仅限于俘虏，但已经开辟了奴役同部落人甚至同氏族人的前景"，⁵因为社会经济的发展已使原始共同体的内部形成了阶级分化与对立。国家是阶级矛盾不可调和的产物和表现，是阶级统治的机关，是建立一种"秩序"使这种统治合法化、固定化并实施阶级压迫与剥削的工具。恩格斯指出了国家与旧的氏族组织在现象上有两大差别：一是按地区（而不是按血缘关系）来划分国民；二是"特殊公共权力的设立"，这个特殊的公共权力之所以需要，是因为自从社会分裂为阶级之后，居民的自动的武装组织已成为不可能，需要有常备军、宪兵队，以及物质的附属物——如监狱和各种强制机关。他举例说："九万雅典公民，对于三十六万五千奴隶来说，只是一个特权阶级。雅典民主制的国民军，是一种贵族的、用来对付奴隶的公共权力，它控制奴隶使之服从；但是如前所述，为了也控制公民使之服从，宪兵队也成为必要了。"⁶

在阐明什么是国家、国家如何产生之后，紧密相联的便是国家财政问题："为了维持这种公共权力，就需要公民缴纳费用——捐税。……随着文明时代的向前进展，甚至捐税也不够了；国家就发行期票，借债，即发行公债。……官吏既然掌握着公共权力和征税权，他们就作为社会

---

1 马克思.摩尔根《古代社会》一书摘要［M］.北京：人民出版社，1965：191.
2 马克思，恩格斯.马克思恩格斯选集：第4卷［M］.中共中央马克思恩格斯列宁斯大林著作编译局，译.北京：人民出版社，1972：170+165—168+104+107.
3 同上。
4 奥本海默.论国家［M］.北京：商务印书馆1994：6—7.
5 马克思，恩格斯.马克思恩格斯选集：第4卷［M］.中共中央马克思恩格斯列宁斯大林著作编译局，译.北京：人民出版社，1972：170+165—168+104+107.
6 同上。

机关而驾于社会之上。"[1]

如果我们把研究的视角扩大到前述"广义财政"概念的眼界,那么便可知,实际上,伴随着原始公社演变为奴隶制国家,原始财政亦演变为国家财政,而且财政在这种过渡中也为国家的产生和稳固化提供了重要的经济条件:氏族、部落、公社首领掌握的公共分配权力随私有制、阶级出现演变为对他所属阶级(统治阶级)的经济支持手段,而在阶级社会里,"任何社会制度,只有在一定阶级的财政支持下才会产生"。[2]这是原来纯公共性质的财政资源分配蜕变为非纯公共性质的过程,因为国家财政与原始财政最根本的不同是:原社会权力中心为主体的服务于公众利益的集中性公共分配这时已变成统治阶级利益至上的分配,"共同需要"经常被处理为服从于、甚至让位于统治阶级需要。当然,从客观的必然性讲,满足共同需要的社会职能是不可能被抹杀的,完全无视共同需要的统治者将受到客观规律惩罚而无法维持自己及本阶级的统治——但是很显然:(1)这时的共同需要已经大大缩小,比如集体的娱乐和祭祀等活动,基本上排斥奴隶阶级等被压迫者;(2)统治阶级需要(基于生产资料的占有权)很自然地经常凌驾于共同需要之上,史不绝书的王室、统治者们的骄奢淫逸、滥用民力、挥霍无度乃至伤害国计民生,就是明证。

从现有的史料看,国家财政的理财手段在古埃及、古希腊等地于国家形成后较早地采取了捐税形式,所以恩格斯在考察国家起源时明确地提到它,并且古希腊留有"只有死亡与税收无可逃避"的名言;而在中国,则于早期主要采取(对外)掠夺财产、实物贡纳、力役、军赋等形式,一般认为捐税要迟至公元前594年(春秋时期的鲁宣公15年)"初税亩"时方才出场,即我国第一个统一的奴隶制国家的形成已迟了1500余年;(另有学者认为是始自齐恒公19年即公元前667年实行"案田而税"[3]);若按对商人运销货物的"关市之赋"(出现于西周后期)计,距国家产

1 马克思,恩格斯.马克思恩格斯选集:第4卷[M].中共中央马克思恩格斯列宁斯大林著作编译局,译.北京:人民出版社,1972:170+165—168+104+107.

2 列宁.列宁选集:第4卷[M].北京:人民出版社,1972:43+683.

3 许廷星.社会主义财政学[M].成都:四川教育出版社,1987.

生也迟了 1200 多年。[1] 但这种理财手段或工具上的形式区别,并不影响对古埃及、古希腊和中国各自国家财政性质的认定,而且在一些研究者看来,贡、赋、劳役等,也都可以认为是国家税收的初始形式。[2]

(四)剥削阶级国家的财政。

恩格斯说:"由于国家是从控制阶级对立的需要中产生的,同时又是在这些阶级的冲突中产生的,所以,它照例是最强大的、在经济上占统治地位的阶级的国家,这个阶级借助于国家而在政治上也成为占统治地位的阶级,因而获得了镇压和剥削被压迫阶级的新手段。因此,古代的国家首先是奴隶主用来镇压奴隶的国家,封建国家是贵族用来镇压农奴和依附农的机关,现代的代议制的国家是资本剥削雇佣劳动的工具。"[3] 这高度概括了在社会主义国家出现之前的各类国家的性质。与此相应,在这种种历史阶段上,国家财政的收支及管理,是以居统治地位的剥削阶级(或其代表集团)为主体的分配,在主导的方面都是为剥削阶级利益服务的。

关于奴隶制国家财政、封建制国家财政和资本主义国家财政的基本特点及演变线索,已有许多的研究者、不少的教科书作了考察和概括,其中一个较薄弱之处是对奴隶制与封建制下的情况,尚少有东、西方的区别论述与对照。这里试将这些(包括中、外比较)作一简略概括的勾画。

1. 奴隶制国家财政。奴隶制国家财政依历史顺序是国家财政的第一种具体形态。奴隶制生产关系的基本特征是奴隶主占有生产资料,并占有奴隶本身(奴隶可以被当作"会说话的牲畜"买卖甚至屠杀)。

在东方专制主义的国度,如中国,国王是最大的奴隶主,国王及王室拥有全国的土地,即所谓"溥天之下,莫非王土;率土之滨,莫非王臣",进而又把土地和奴隶分封给各个奴隶主。王室的财政收入除了各受封奴隶主的贡纳等外,更大的部分一般来自直接占有奴隶劳动(力役、军赋等),以满足王室消费支出与祭祀支出、军事支出、国家机构支出,以及公共工程支出等。所以,在很大程度上,这种奴隶制国家的财政运

---

1 王诚尧.国家税收 [M].北京:中国财政经济出版社,1997:28—29.

2 洛阳市志·财政志 [M].郑州:中州古籍出版社,1996:175.

3 《诗经·小雅·北山》。

作，是与直接占有奴隶劳动的过程混为一体的，国王的收支与国家的收支往往合二为一。

在西方，古希腊的雅典和古罗马等，在进入奴隶制社会之后，曾有过一段多种国家形式如民主共和国（全体自由民参加选举）、贵族共和国（部分享有特权的人参加选举）和君主制国家等与奴隶制并行不悖的历史，奴隶主阶级的政治代表人物不是世袭的"天子"，而是选举产生的执政官、元老院组织，以及凯撒这样事实上的"王者"（军事独裁的元首），或亚历山大大帝这样的君主；财产关系的具体形式也与东方不同，古罗马较早就形成了"国有土地财产和私有土地财产的对立形态"；[1]雅典在公元前600年左右，民间已普遍出现土地抵押、高利贷等经济形式；[2]相应于此，财政上则较快形成了捐税形式和货币化分配手段。古罗马曾对各行省实行包税制，包税者可利用自己的垄断地位抬高税额，盘剥居民；后由凯撒实行改革，建立国家征收直接税的制度，但间接税仍沿用包税制；其后在安东尼王朝完全取消包税制；而于罗马帝国晚期，地主与手工业会团的保税制实际又类同于包税。[3]除税收之外，还有徭役、实物供应义务、军事掠夺、发行劣质货币等组织财政收入的形式和方法，藉以维持整个国家机器的运转。

尽管有上述种种东、西方的差异情形，却并不能改变它们基本的奴隶占有制度和奴隶制国家的性质，也不能改变国家财政为奴隶主阶级利益服务的主导属性。可以看出，兴修大型水利工程等"公共支出"的客观需要，从统治者的主观方面而言，完全是按维持其统治的需要的角度来理解和掌握的，而且典型地表现为在东方（古埃及、中国等），其在支出的规模上，往往远不能与修建帝王陵墓（如金字塔）、宫殿（如"空中花园"）之类"非公共"的浩大工程相比；而从客观的方面说到底，这种"共同需要"与"独特需要"于排序和重点上的区别，是当时历史条件下生产力所决定的生产关系在分配关系中的体现。

1　马克思.资本主义生产以前各形态［M］.北京：人民出版社，1956：17.

2　马克思，恩格斯.马克思恩格斯选集：第4卷［M］.中共中央马克思格斯列宁斯大林著作编译局，译.北京：人民出版社，1972：170+165—168+104+107.

3　许毅，陈宝森.财政学［M］.北京：中国财政经济出版社，1984：13—15.

2.封建制国家的财政。封建制是人类历史上在生产方式演变中取奴隶制而代之的第二大类型的剥削制度。封建制生产关系的基本特征是封建主（领主、地主）占有生产资料和不完全占有生产工作者（农奴、佃农等）。封建主对生产工作者虽然不能再屠杀，但仍有基于人身依附关系的超经济强制。在构成基本的阶级对立的上述两方之外，还有佃农和手工业者等所构成的个体生产者存在。

封建制国家及生产方式的具体形态在不同国度、特别是在东、西方之间也有差别。历史上欧洲有典型的农奴制，即农奴一部分时间在自己私有或租来的田地上工作，另一部分时间在主人的田地上无偿劳动；而在中国，一般认为进入封建社会之后，主要或普遍的情况是佃农把租得土地上收成的很大部分作为地租向地主交纳。

封建制的国家财政比之奴隶制时的国家财政而言在收入形式方面趋于多样化，除贡纳、劳役、赋税之外，还有由官田、铸币权等而生的官产收入，政府对某些产品实行垄断经营而生的专卖收入，并（主要在西方）出现了国家向民间举债取得的公债收入。在支出方面，除皇室支出、国家机构支出、军事支出、宗教支出、公共工程支出等项之外，也相应出现了公债还本付息支出。封建制下，东方国家皇帝的私人收支与国家收支不再直接混合于一体，因而财政管理体制也趋于分层框架。即使在中央集权的情况下，地方也拥有一定的财政自主权。[1]

在中国漫长的封建社会历史中，仅财政的主要收入形式——赋税，就曾经历许多的变化。"初税亩"为"履亩而税"，即按亩计征的地税（财产税），同时还有按户（家庭）、按丁（人口）计征的税收与徭役，以及其他杂税。至唐初，在均田制基础上实行租庸调法，使古时延续下来的所谓粟米、力役、布缕"三征"比较完备而适度；唐末改行两税法，地税征粮，户税征钱，反映了从实物税向货币税的过渡。明代后期推行一条鞭法，各种税收徭役一律合并征银，使货币税确立为主流。清朝"摊丁入地"（丁银摊入地税），则在制度框架上完成了人头税归入财产税的过程。这些形式的演变，都反映着生产力发展所带来的社会经济生活

---

1 黄仁宇.中国大历史［M］.北京：生活·读书·新知三联书店，1997.

的变化和商品、货币关系的渐趋生长，但国家政权借助这种种形式筹集收入以应支出需要来实现其职能的性质，是在其中一以贯之的；国家政权维护其所代表的地主阶级对农民的剥削压迫的性质，也是一以贯之的。

有这样带有一定循环重复性的现象：在中国历代封建王朝的兴衰交替当中，于各朝代的初期，统治阶级往往执行所谓"让步政策"，总结借鉴历史经验，实施轻徭薄赋，让农民得到一定的休养生息（最典型的如著名的汉初"文景之治"、唐初"贞观之治"的政策）；而随着统治阶级及其官僚体系骄奢淫逸行为的滋长，轻徭薄赋渐被放弃，代之以愈益加重的横征暴敛，结果民不聊生，激化阶级矛盾和加剧各朝代中后期的没落，直到其最后的覆没。

封建社会的国家财政当然也负有满足"共同需要"的公共职能，但其主导性的职能在于维护阶级的统治和满足统治阶级的特定需要，这与前述奴隶制社会的情况相似而同理。

3. 资本主义的国家财政。随商品经济和市场经济发展到一定阶段，资本主义生产关系产生并发展起来，引致由资产阶级取代封建主阶级的政治统治，形成人类历史上又一类型的剥削社会。资本主义生产关系的基本特征是资本家占有生产资料，雇佣工人向资本家出卖劳动力。社会生产力在资本主义下有空前的增长。后来，社会化大生产中出现了股份制这种资本积聚和集中的形式。在现代发达的资本主义国家，农业、工业之外的"第三次产业"正明显地扩大其比重，工农、城乡、脑力劳动与体力劳动之间的差别也显著缩小。

资本主义国家财政的收支与管理形式，有多方面的发展，货币化程度大大提高，在管理体制法制化的基础上，税收趋于体系化、规范化，公债成为十分重要的财政手段，预算收支程序与管理制度比较严格清晰，议会的制约监督比较有力，社会公共支出与福利支出有很大发展。在初始时的自由资本主义阶段，政府职能范围比较收敛，趋向于所谓"守夜人"式的廉价政府，然而进入垄断资本主义阶段，特别是国家垄断资本主义有所发展之后，政府职能扩展，财政收支占国民生产总值的比重有明显扩大趋势。自本世纪 30 年代"凯恩斯革命"后，"加强国家干预"不论在理论上还是实践上都成为资本主义国家经济管理与调控的主流，在财政上表现为有意识地运用赤字手段兴办公共工程等，以刺激需求，克服国民经济中周期性生产过剩危机的破坏性冲击，并通过税收、转移支付等再分配手段调节居民和区域间的收入差距，加强社会保障体系的作用，以及注重在财政配合支持下实施政府产业政策对经济的引导。第二次世界大战之后，相当一部分资本主义国家曾推行"国有化"，提高国有企业在国民经济中的比重；虽80年代前后又反其道而行"私有化"，但国家及国家财政在经济与社会生活中的作用，仍然明显地高于资本主义的初中期，财政政策则被认为是政府调控经济最重要的手段之一。

资本主义来到世间，曾有"从头到脚，每个毛孔都滴着血和肮脏的东西"[1]的原始积累时期，其后，又经历过长期而激烈的劳资冲突以及海外殖民掠夺中与民众的严重对立。克拉克说："资本主义不仅是一种商业的事体，一半是征服占领，也可以说一半是对缺乏抵抗能力的土著所加的一种抢劫"。[2]但是，应当看到，其后资本主义有一系列的调整变化。在进入较发达阶段之后，特别是在新技术革命突飞猛进的近几十年，典型资本主义国家中总体的社会文明程度得到了很大提高，社会性的收入再分配在缓和阶级矛盾方面发挥了重要作用，对殖民地的宗主国身份已大为减少和淡化（更多地转为经济性的控制），显示出资本主义生产关系所能包含的发展生产力的潜力还没有发挥净尽，也表明资本主义在经过一系列的调整之后，于协调内外部矛盾、减轻对立方面，取得了不小的效果。

但是，这些却并不能否定资本主义社会之剥削社会性质：生产资料的绝大部分，仍然掌握在社会成员的很小一部分人手中，资本家对剩余价值的攫取只是采取了表面上较为文明的形式，资本主义"自由平等博爱"的精神，在现实生活中仍然落在马克思所总结的最根本的一点之上：

1 马克思，恩格斯.马克思恩格斯全集：第23卷［M］.中共中央马克思恩格斯列宁斯大林著作编译局，译.北京：人民出版社，1972：559+829+324.
2 黄仁宇.资本主义与二十一世纪［M］.北京：生活·读书·新知三联书店，1997：127+193.

"平等地剥削劳动力，是资本的首要的人权"，[1]实质即是凭藉生产资料的所有权无偿占有他人劳动。资本主义的国家财政，的确更为理智地从事于公共工程等"公共财"的提供，但其在担当一定的"共同需要"职能的同时，更主要、最基本的导向性，仍在于维护资本剥削制度，满足这个制度中统治阶级的需要。"国家既进入资本家时代，资本家则为国家之主人，一切以他们为本位"，[2]政府的理财（国家财政），不可避免地是服务于这种本位的工具——这一切的根源即在于占统治地位的资本主义的所有制。也正因为如此，当资本剥削制度受到某种威胁时，资本主义的国家机器作出反应是毫不含糊的。比如，以军警对罢工、游行工人的镇压；当航空公司员工联合罢工时，政府动用军队的航空人员接替；等等。这后面财政的支持作用一目了然。

综上所述，从奴隶制、封建制的国家财政运作到资本主义的国家财政运作，虽然外在表现形式、具体收支方法和管理的体制、方式等等有诸多变化，但这些都具有一条共性的客观规定：它们都是由当时占统治地位的生产关系所决定的剥削阶级国家掌握的理财工具，一般而言，在履行一定的社会公共职能的同时，都以满足剥削阶级统治的需要为首要职能（但是，这也并不排除特定时期、特定情况下，整个人类社会于自然界中生存的需求或民族间的矛盾，可以超越阶级矛盾而上升为主要矛盾，从而社会共同需要的首要地位成为此时出现的一种特例）。

（五）社会主义的国家财政。

到目前为止，社会主义的生产关系并不能在旧社会体内自发地产生并取得统治地位，迄今历史上出现的社会主义国家都是通过无产阶级领导的革命武装斗争推翻旧式的剥削阶级统治而建立起来的（关于通过"议会斗争"取得政权、实现社会主义革命目标的设想，即使从未来的可能性上不予排除，也必定要发生统治阶级的更替，引出生产关系的质变）。

与马克思恩格斯的设想有所不同，社会主义社会不是首先出现在那

1　马克思，恩格斯．马克思恩格斯全集：第 23 卷［M］．中共中央马克思恩格斯列宁斯大林著作编译局，译．北京：人民出版社，1972：559+829+324.
2　黄仁宇．资本主义与二十一世纪［M］．北京：生活·读书·新知三联书店，1997：127+193.

些最发达的西方资本主义工业化国家，而是出现在欠发达的东方国家。

由于我们目前尚处于并将长期处于社会主义的初级阶段，即处于社会主义初始的不发达形态，社会主义的一系列实践和理论问题，都还在探索之中，所以对社会主义的许多具体认识只能是初步的、不成熟的，但是从最主要的生产关系特征来说，可以明确认定：社会主义是以公有制为主体的、以消灭剥削为导向的社会制度。社会主义初级阶段的生产力还是相对低下的，又是不平衡的，有层次的，由此决定的生产关系也是有层次的、多样性的，或曰"多元"的，但在多种所有制成分中，却客观地存在一种与先进生产力相联系的"普照之光"，这个普照之光便是由生产社会化的必然发展趋势所决定的公有制生产关系。在进入社会主义社会、公有制成为主体和主导的情况下，与多种经济成分这种所有制的"多元"并行不悖的，是社会主义生产方式的"一元"，即社会形态在社会主义性质上的总体定位。公有制为主体和主导，决定着社会主义"共同富裕"目标具有客观性，即社会主义社会是以一种制度安排和以一个历史过程，导向在社会成员间消除剥削和消除两极分化。有的论者提出以"社会公平"而不是以公有制为本质标志判断社会主义，[1] 我认为这是无法成立的。"公平"概念本身其实极度模糊，马克思早已在《哥达纲领批判》中深刻地指出："难道资产者不是断言今天的分配是'公平的'吗？难道它事实上不是在现今的生产方式基础上唯一'公平的'分配吗？难道经济关系是由法的概念来调节，而不是相反，从经济关系中产生出法的关系吗？难道各种社会主义宗派分子关于'公平的'分配不是也有各种极不相同的观念吗？"[2] 须知，只有以生产资料所有制为核心的生产关系的性质，才是决定社会形态性质的最主要标志，也才是决定分配（及其"公平"与否）的基础；如果否认了就全社会来说以公有制为主体这一条，就没有什么社会主义可言。

正由于社会主义社会在阶级社会中第一次以公有制为主取代私有制，所以与以往剥削阶级统治的社会已有了某种本质的不同，社会主义

1 董辅 . 中国经济时报，1997-09-09.
2 马克思，恩格斯 . 马克思恩格斯选集：第 3 卷 [M]. 北京：人民出版社，1972：8.

国家也与以往的国家有了某种本质的不同：按照社会主义制度的内在逻辑，这时的国家其实不是要巩固阶级的统治，而是要经过一个过渡阶段（现在看来这将是一个相当长的历史阶段）在不断解放生产力和使物质财富空前增长、极大丰富的基础上，引出无阶级的社会和导致国家的消亡。现阶段工人阶级（通过共产党）的政治统治，是代表最广大人民群众根本利益的公众事务管理，当所有制的社会主义改造基本完成之后，作为人民民主专政对象的敌对分子，已失去了其完整的阶级形态。经过逐渐的演化，人民民主专政最终要引向完全消灭阶级差别和消灭其自身。所以，列宁曾称社会主义的国家为"半国家"[1]，指出在向无阶级社会过渡中"实行镇压的特殊机构，特殊机器，即'国家'，还是必要的，但这已经是过渡性质的国家，已经不是原来意义上的国家"[2]；认为国家消亡过程要经历"政治国家——非政治国家——国家完全消亡"三个阶段。[3] 当然，现实中社会主义国家的具体情况，要远远比上述原则性的描述复杂得多，但作为一种大的历史走向的分析和勾画，这种原则性描述仍然是必要的。这也是本文在前面提出广义财政概念时论及无阶级、无国家社会中的公共分配财政的理论依据之一。

社会主义国家的财政，在计划经济体制中，曾在主要收入中采取过国营企业利润上交形式，并且把国营企业折旧基金也纳入财政收入范围作全局性、集中性的调节；在支出中则承担了大量的生产建设职能。这些后来发生了很大变化。在我国进入社会主义时期之后，财政于各个具体时期均发挥着支持经济与各项社会事业发展的重要作用。在完善社会主义经济管理体制的努力中，财政体制也在试验和探索。80年代以来的改革开放进程中，我国的经济体制逐步由计划经济转向社会主义市场经济，财政收入、支出形式与结构随之发生了一系列重大变化，体制上则经历了一系列的变革，并以1994年的财税配套改革形成财政运作向市场经济转轨的一个里程碑。现在已可以十分清楚地看出，社会主义的国家财政必须继承、吸收资本主义国家财政的一切有用的形式，并积极

---

1 列宁.列宁选集：第3卷［M］.北京：人民出版社，1972：185+248.

2 同上。

3 列宁.列宁选集：第4卷［M］.北京：人民出版社1995：164—166.

借鉴资本主义发达国家一切属于全人类文明成果的制度规范、运作方法和调控经验，结合社会主义实践的深化与具体国度内经济、社会的发展而不断改进、完善其自身。

对于社会主义财政来说，在履行社会公共职能，满足"共同需要"的同时，它也必然把为社会主义国家实现其职能服务与为人民民主专政的历史任务服务这一点，置于首要位置；而共同需要与国家需要这两者在社会主义条件下正在逐渐消除对立成分，趋向紧密结合与相互融合，最终将成为一体，归入"天下大同"。财政分配全力支持经济的增长，国家的安全，法律制度的完善，文化、教育、科技、医疗水平的提高，社会保障体系的健全，环境保护事业的发展，等等，都要基于社会主义生产关系所树立的消灭剥削制度和提高人民物质文化生活水平的总体导向，并为这个前景服务，同时这也是符合并代表全体人民群众根本、长远利益的。但在趋向"大同"的过程中，也不排除某些时候社会矛盾、阶级斗争可能会有激化表现，而这时财政则必然成为"国家需要"的坚决维护与贯彻力量。

（六）财政现象与财政本质的概括。

1.关于财政现象形式的概括。综前所述，人类社会历史上迄今已出现和存在过原始财政、剥削阶级统治下的国家财政（其中包括奴隶制、封建制和资本主义的国家财政）以及社会主义的国家财政。以最基本的分析考察，首先可以引出对于财政现象形态的简要概括：财政，是以社会性的权力中心为主体，以社会总产品（主要为其中的剩余产品）为客体、带有集中性特征的理财活动。以经济学的语言说，这便是社会权力中心以自己的活动参与资源配置。进入阶级社会而产生国家、以国家作为权力中心的情况下，财政是以国家政权为主体的理财活动，即国家财政。

历史上虽然绝不排除统治阶级横征暴敛超出剩余产品范围而涉及必要产品的情况，社会主义国家财政还曾一度把国营企业的折旧基金也纳入财政收支管理范围，但从财政产生和存在所必需的经济性前提来说，也是从财政运行中最主要的、经常性的财源覆盖范围来说，财政主要是对于部分剩余产品的集中性分配——有了剩余产品及其量的增长，才具有了财政存在的经济性的前提。与此同时，财政的产生与存在还有其政治性的前提：存在社会性的权力中心。当然，经济发展是政治发展的本源，归根结蒂是生产力水平和经济基础决定了人类公众事务管理和政治活动的形态，是剩余产品的出现决定和推动了社会性权力中心的产生、发展及其对于可分配剩余产品的集中性理财活动。因此，财政的经济前提是第一性的，政治前提是第二性的。同时还要看到，虽然在财政分配中，实际可作集中性分配的社会产品主要出自剩余产品的一部分，但这样的"一部分"却是从社会总产品这个"总体"中划分和"扣除"出来的，即集中性财政分配的对象首先是通盘的，然后才落实到具体的局部之上。在这个意义上，可以说，财政分配主体对"一部分"的集中分配，存在于其对社会全局分配作出的"总揽"背景之中。同时，财政分配主体还会对集中性分配之外的其他分配作出某些规范和制约，并且越是接近现代，这一点越为明显，覆盖面越广越完整——这也可以归结为在分配全局上的总揽。

现代国家财政，是国家政权作为分配主体总揽全局情况下，对代表社会总产品和国民收入中以剩余产品为主的某个份额的部分货币资金，加以集中性的筹措和使用，具体表现为国家财政收支及相应的管理活动。历史上曾经广泛使用过的非价值形式的政府理财，包括实物形式和劳役形式等，在近代、现代已基本上排除（说"基本上"便不是全部。比如，直到 80 年代前期，我国的农业税还采取"公粮"这种实物形式）。通观全过程，财政现象的发展演变中，价值形式逐渐居于主导并取代非价值形式，故不论价值形式还是非价值形式，都不单独构成古今中外财政现象的共性。

国家财政收支活动是以国家政权为主体的财政运作手段，它当然要反映国家活动的方向和意图，为国家实现其职能服务，或曰：为掌握国家政权的统治阶级的需要服务。但是，不能否认，它也会在一定程度上反映社会全体成员（各个阶级）的共同需要，明显的例子如防治自然灾害、保护环境等。"共同需要"之所以在这里必定占有某种地位，从客观方面而言，反映着社会再生产基本条件（人类在自然界中的生存等）的必然要求；从主观方面而言，则第一反映着统治阶级对人类社会共同生存环境及其制约的认同（西方财政理论关于"公共产品"的特性——

效用的不可分割性、消费的非排它性与受益的非竞争性，很有助于我们从技术层面上分析说明此类共同需要的形态及满足它的手段，同时这也说明，"公共产品"概念的适用范围以"共同需要"为限）；第二反映着统治阶级需要向被统治阶级需要做出的一定程度的妥协或二者某种方式的结合（前边提及的我国历史上封建王朝曾实行过的"轻徭薄赋"，资本主义财政中调节收入悬殊的再分配、转移支付、社会保障等，都是这方面的例子）。因此，自告别无阶级社会原始财政中"共同需要"的唯一性之后，财政收支活动既要满足"统治阶级需要"，又要满足"共同需要"，便成为通例。但在不同的历史阶段和不同情况下，两方面的具体搭配却可以各不相同：随不同条件下阶级对抗因素的消长，"共同需要"所占份额也会相应有所增减。总的说来，阶级社会各形态中决定"共同需要"的客观因素始终如一，但随人类文明的发展及统治阶级"教化"（理性化）水平的提高，决定"共同需要"的主观因素会逐渐变得强一些。尤其在进入社会主义社会之后，情况更有重大的变化：在从社会主义社会至未来无阶级社会的过渡中，"共同需要"将在总体上呈明显增长之势——原则地说，工人阶级领导的人民民主专政国家的需要，代表着最广大人民群众的长远、根本性需要，"统治阶级需要"将随国家消亡过程越来越多地融合于社会成员的"共同需要"之中。

2. 关于财政本质的概括。前面关于财政现象形态的概括性认识，已引出关于财政的存在与剩余产品和社会权力中心的关系、财政收支与价值形式的关系以及国家财政与国家需要和社会共同需要的关系等等若干重要抽象，而进一步的抽象对于我们的研究是完全必要的，并且在经过前面的抽象而后，也已"呼之欲出"——这个抽象集中到一点，即是关于财政本质的抽象和概括。

财政的本质，是在其种种繁复纷纭的现象形态后面掩盖着的某种带有集中性特征的分配关系，是一个客观经济范畴。这种带有集中性特征的分配关系，是生产资料所有制起决定性作用的广义社会生产关系的一个组成部分，即生产、分配、交换、消费四个环节构成的广义生产关系链条中分配坏节的一个组成部分，它内在于社会再生产之中。当生产力发展到一定水平后，由集中性的分配来配置社会总产品中剩余产品的或大或小的一部分，成为总体社会再生产及人类社会生活的客观必要，于是这种集中性的分配关系便产生、形成了。

在国家产生之前，财政分配关系的现实运作以社会性权力中心（如氏族、部落、公社的首脑和决策机构）为主体，国家产生之后，便转为以国家政权为主体。财政分配主体所制定的财政政策、财政制度等，是客观的财政分配关系见之于主观的产物。财政分配关系在历史演变中随生产力和广义生产关系的发展而由低级向高级发展，人们是不可能改变其总趋向的，换言之，深层的（生产关系意义上的）分配关系在某一具体生产方式下无可塑性与可选择性，不依人的意志为转移；然而，财政政策、制度等却是由掌握决策权力的人们确定的，具有可塑性与可选择性，可以体现出不同的趋向，并有高下之分、优劣之别。几十年间，我国学术界曾长期争论"财政是经济基础还是上层建筑"，我认为解题的关键就在于要把笼统的"财政"概念区分为财政分配关系与财政分配手段两个层次。财政分配关系的基本规定性取决于生产关系的基本规定性，并构成生产关系总和的一部分，属于经济基础，即使是看起来"全能"的国家对此也不能加以改变，无法为所欲为，因为国家本身正是竖立于这种经济基础之上的，是占统治地位的主导的生产关系的政治体化物；而财政分配的手段（政策、体制、工具等），其行为主体在阶级社会中是国家，属于上层建筑，它们取决于、并反映着包括财政分配关系在内的经济基础，而且在一定限度内对经济基础发生能动的、有时甚至是相当重大的反作用。换言之，国家政权对财政分配手段掌握得当，可以促进经济基础的巩固和发展；反之，可以加快其经济基础的瓦解。

有的研究者曾重点考察过国家财政政策、制度的意图上的单向性与作用上的双向性。贾广在《财政属性辨》中指出，"统治阶级运用财政，动机无疑是为了有利于本阶级的统治，但形势、任务因时而异，后果有时也会乖乎本意，这不完全依统治阶级的愿望而定。历代如此，我国三十多年来的情况也不例外"，所以"财政的作用是双向的，而财政政策的意图是单向的"。[1]虽然在这里作者仍使用笼统的"财政"概念与"财政政策"概念相区分与对应，但其核心观点已逻辑地引向如下认识："作用"能否与"意图"相吻合，完全取决于这种意图本身及贯彻意图的财政分配手段的运用是否符合财政分配关系的客观要求。

必须强调，对于财政分配关系与财政分配手段的区分是至关重要的。分属经济基础与上层建筑的两者，相互间一个是本原和本质，一个是工具与形式；一个是根本性作用和必然的决定作用，一个是派生性作用与能动的反作用。认清这一区分，才能避免如下三种认识偏差：一种认为财政仅仅是上层建筑和国家的经济杠杆，是完全顺从政权意志的，"财政有同法政、军政一样，是附在国家机构上的意识形态力量。财政所体现的社会关系，不是人们的物质关系，而是人们的意志关系"，[2]因而导致"纯主观意志"论。另一种认为财政全然是再生产内在环节，与上层建筑无关，进而认为税收也与国家机器无关，不由国家权力决定，[3]因而导致"纯客观因素"论。再一种认为财政既属于经济基础，又属于上层建筑，结果成为逻辑上的"死结"，陷入某种"二元论"。[4]所以，把财政的本质归于分配关系、进而把财政分配关系归于经济基础，同时把财政现象中的收支、政策、制度等归于财政分配手段、进而把财政分配手段归于上层建筑，这样理清两者相互间关系上孰为决定性因素，孰为能动的反作用，才能既脱离纯主观意志论的迷误，又防止纯客观因素论的偏颇，并且避免"二元论"的尴尬，为我们正确认识财政本质和财政调控，提供坚实的基点。

有的研究者认为财政信用仅仅是交换而非分配，[5]这至少是严重的误解。一般所说对生产、分配、交换、消费诸环节的划分，是就社会物质产品的运动而言。分配指生产出的社会总产品依财产关系在社会成员

1 财政部财政科学研究所.财政本质问题论文选［M］.北京：中国财政经济出版社，1984：331.
2 许方元.关于财政的本质问题［M］//财政本质论文选.北京：经济科学出版社，1984.
3 谷志杰博士［J］.涉外税务，1997，7.
4 董霞飞.试论国家财政与社会基本矛盾的关系［J］.财政研究，1996，10.
5 王达.重新认识财政范畴［J］.经济研究，1994，3.

间的划分，交换指社会成员通过流通取得各自在使用价值形态上所需的产品。当我们的考察由物质产品运动的层次上升为货币一般等价物运动中的借贷活动（即货币信用）的层次，已决然不能限于表面上资金占有的换位（所谓"有借有还"）而把其看作单纯的交换（流通现象），而必须去认识信用活动中依据资金所有权出让其使用权而形成的特定的分配关系。如马克思所指出的，"在交换即物品交换发生时，不会发生价值变化"，然而货币的借贷则会"改变已经包含在这个价值中的剩余价值在不同个人之间的分配。"[1]财政信用作为货币借贷的一种形式，当然也无出其外。

3. 简短的结论。通过前面从历史到现时、从现象到内部联系的分析考察，我认为可以把关于财政本质的抽象，归结为如下认识：

财政的本质，是由当时的社会生产力和社会主导的生产关系所决定的一种带有集中性特征、以社会总产品（主要是其中的剩余产品）为对象的分配关系，是该时代的广义生产关系的一个组成部分。

国家财政的本质，是上述"财政一般"的本质在阶级社会中的特性化、具体化，即集中性分配的主体由国家充当——换言之，国家财政的本质，是由各类阶级社会生产方式中居主导地位的生产关系所决定的、以国家政权为主体并在主体总揽全局情况下、主要以社会总产品中社会剩余产品为对象的分配关系。

至于社会主义财政的本质，则是在建立社会主义公有制之后、国家消亡之前的历史阶段，"国家财政本质"的一种特性化、具体化：即是由社会主义公有制这种主导的生产关系所决定的、以人民民主专政的国家政权为主体的、在主体总揽全局情况下主要以社会总产品中部分社会剩余产品为对象的、主要采取价值形式的分配关系。

各个时代的财政收支及相应的管理活动，是上述本质的现象形态，于原始社会中纯然反映着社会成员的共同需要，自进入阶级社会后，则体现着掌握国家政权的统治阶级的需要，以及这种统治阶级需要与被统治阶级需要在一定程度上的彼此妥协、相互制约与相互结合。

---

1 马克思. 资本论：第3卷［M］.北京：人民出版社，1975.

至此，本文的分析考察，一言以蔽之，已揭示了由生产力和占统治地位的生产关系所决定的、以社会权力中心为主体的分配关系，是所有财政现象的深层本质。本原的财政分配关系决定着派生的财政分配手段。人们在日常生活中所说的"财政"，往往是一种笼统的泛称，既可指本原层次的财政分配关系，也可指派生层次的财政政策、制度、工作、部门、收支等等，需在不同场合、不同上下文关系中具体确定其何所指。作为现象的财政收支、管理，要运用政策、制度等等，既是财政本质的外化，也是财政职能作用得以发挥的过程，即社会权力中心为实现其职能，在总揽全局的情况下，运用财政分配手段对社会总产品、国民收入的一部分（主要为剩余产品的一部分）实行分配，从而能动地影响、调控经济与社会的过程。在国家财政分配主体的意愿上，调控完全是为了巩固、维护其政治统治及其经济基础，但实际的调控则可能如愿、亦可能相反，关键在于主体是否能顺应生产力、生产关系、分配关系的客观规律要求。

本文可以说，是在财政基础理论领域，以"国家分配论"为主线，兼收并蓄其他流派的合理内容，扩展到"社会集中分配论"的一种尝试。

关于社会主义初级阶段有中国特色社会主义财政的本质，将是本文关于财政一般、国家财政、社会主义财政本质认识的进一步延伸。其中，除了共性内容之外，使最为关键的个性内容得到正确概括与表述的前提，是要对于社会主义初级阶段、中国基本国情和经济体制模式与发展模式"两个转变"的历史进程，作出深入、透彻的分析把握，并把所有这些对于财政内在规定性的客观要求及相互作用，有机结合在一起，在本质的深度上勾画清楚并表述明白。向这个方向自觉地作出努力，是理论研究工作者的责任，以求更深入地认识规律，发挥理论指导实践、服务实践的作用。

我国财政平衡政策的历史考察[1]

一、关于平衡政策演进过程的简要回顾

我国的财政收支平衡政策在新中国成立之初确立，其基本原则集中体现为 50 年代"收支平衡，略有结余"的表述，沿用至 70 年代末期。实行经济体制改革之后，因连年出现赤字，"略有结余"已无法固守，便提出"基本平衡"的目标，仍体现着努力维持年度预算平衡的取向。

"收支平衡，略有结余"的方针，体现了新中国成立初期和"一五"时期财政工作的经验与理论。在高度集中统一、对外开放度较小的经济体制下，财政收支平衡对国民经济的总量平衡具有比较突出的影响作用，稳定财政，成为稳定经济全局的一个重要前提。此外，在重视财政平衡的同时，又于实践中发展了关于财政、信贷、物资综合平衡的认识，一方面认为对经济全局的协调稳定仅有财政收支平衡还不够，需要有综合平衡，另一方面仍然强调财政、信贷两者的各自平衡是综合平衡的先决条件，必须坚持。陈云同志 1957 年在《建设规模要和国力相适应》的讲话中指出，为防止经济建设规模超过国力，"财政收支和银行信贷都必须平衡，而且应该略有结余。只要财政收支和信贷是平衡的，社会购买力和物资供应之间，就全部来说也会是平衡的。"还指出："财政收支略有结余是必要的，因为我国的经济建设规模日益扩大，便需要逐年增加物资的周转量，也就是要适当地增加库存量。所谓财政结余，并不是错余钞票，而

1　本文原载《中国社会科学》1993 年第 2 期。

是结余相应的物资。"[1]

实践证明，财政采取"收支平衡、略有结余"的政策方针，是特定历史条件、体制条件下的正确选择。从表面上看，这一方针与亚当·斯密等为代表人物的古典经济学派关于保持预算平衡的观点如出一辙。其实，两者决非来自同思想渊源，亦不属于同一思想体系。古典学派的主张来自政府应尽可能"无为而治"的自由放任经济思想，其政策含义在于政府对经济的干预是多余的；而我国的上述方针，出于政府在集中控制经济运行的体制下自觉保持全局稳定和协调的经济思想，政策含义是政府必须施行对经济运行状态的强有力的控制。

当然，上述方针原则在传统体制下的贯彻也决非一帆风顺。从"一五"时期结束到70年代末20余年间的实践看，若干年中违反上述原则的主要的具体表现形式，不是在预算中打赤字，而是由于种种原因造成"假结余，真赤字"，或决算时既成的赤字。"大跃进"时期的"工业报喜，商业报忧，财政虚收"就是典型的例子。这种情况给我们的启示是：财政收支状况和平衡程度到底如何，不能简单地看当年报表的数字，必须排除可能存在的"水分"，才能判别真实情况，认清影响国民经济的实质性因素。这一点仍然具有现实意义。

1979年实行经济体制改革以来，过去几十年间奉行的收支平衡准则，遇到了实际生活提出的严峻挑战。从1979年到今，财政收支除1985年因特殊情况略有结余外连年赤字，而且除1979年外，基本上都是在预算中"主动"打的赤字，而不是在决算中"被动"出的赤字。按我国现行口径计算，1979—1990年，累计赤字额为880亿元[2]。如作客观的评价，可以说"收支平衡，略有结余"的方针在现实生活中已经改变和被舍弃，"基本平衡"的要求，也早已由连年赤字演化为"基本不平衡"的事实。这一事实是在以下背景下出现的。

我国经济体制改革的目标模式是建立社会主义市场经济体制，即社

---

1 陈云同志文稿选编（1956—1962）[M].北京：人民出版社，1980：45—46.

2 本文所引数据资料除特别注明者外，均采自《中国统计年鉴（1991）》，中国统计出版社1991年版，《中国财政统计（1950—1988）》，中国财政经济出版社1989年版。此外，1991年的赤字额为202.67亿元，1992年的国家预算又打了207.86亿元的赤字。

会经济资源的配置将以市场为基础，政府要由过去的直接控制企业生产经营，转为主要通过对市场参数（如税率、利率、汇率等）的调节来间接控制企业运行态势，进而也必然要调整为实现政府职能提供财力保证的财政收支的外部条件及其自身的格局、规模和功能。具体说来，（1）作为生产关系最重要因素的所有制经历了重大的结构调整，全民所有制经济成分的比重下降，其他多种所有制经济成分的比重上升，因而经济运行、宏观管理和国家财政的财源结构等等方面，必然相应发生一系列变化；（2）企业和一般金融机构作为市场经济主体的逐渐发育，使企业自主投资成为大势所趋，银行等金融机构也已深深进入了中长期投资领域，政府安排的投资中银行信贷支持的比重由改革前的20%左右上升到现在的70%以上，并且资金供应分配的渠道不断扩展和多元化，出现了自筹、集资、利用外资等多种方式，企业发展对财政的依赖程度大为降低，财政分配在社会再生产和国民收入分配中的主导性影响作用已明显减弱；（3）随着对外开放，我国宏观经济的总量和结构状况，业已紧紧联系于进出口和引进外资的规模与结构，国际收支对国民经济的调节作用显著上升，财政收支在综合平衡中的地位和作用也因之明显下降；（4）随国民收入分配格局的演变，十余年间城乡居民金融资产出现了急剧的增长，居民储蓄存款余额由1978年的210.6亿元猛增至1992年3月末的1万亿元，增加了465倍，全国金融机构存款总额中个人存款的比重已由1978年的18.2%上升为1991年的51.1%。加上债券、股票等，我国城乡居民金融资产据银行统计已达1.5万亿元[1]。目前，将居民所得的储蓄利息和有价证券到期兑现利息合计，一年接近1千亿元，相当于国家财政收入年增量的2—3倍。如此巨变，不能不对国家财力分配和经济运行发生极大的影响，财政的债务收入、银行的资金来源，乃至国民经济的发展态势，都在很大程度上由居民的储蓄倾向和消费选择来左右。此外，由于经济生活中市场机制的作用逐步增强，国民经济增长的周期性波动也愈加明显，这种情况对国家财政收支状况也不能不产生重要影响。

1　资料来源：中国人民银行调统司。

二、财政失平的主要原因

关于新时期财政的失平与困难的成因，人们已有多种分析。效益制约、管理不严、分配关系不顺、政策性失误等通常解释，各自从一定侧面反映了存在的问题，但还不足以说明为何在长达十余年的时间内赤字始终成为一个不得不接受的基本事实。原因有主要、次要和表层、深层之分，只有紧密结合改革以来的新变化趋势和新约束条件，以及政府制定的基本战略目标和目标贯彻中遇到的难题，我们才能揭示出主要和深层的原因所在。

我国实行改革开放的基本战略目标，是打通经济繁荣与振兴的必由之路、实现现代化建设"三步走"的宏伟设想。80年代所采取的各种改革开放措施，既服务于本期的发展，更旨在为今后的长期发展创造体制前提和国际国内的环境与条件。然而，不论是改革开放，还是经济增长，都需要有社会、经济的相对稳定，都离不开某种最基本的宏观可控性。在体制模式和发展模式的转变中，发展是目标，改革是手段，稳定是条件。这样，由目标、手段到条件，三位一体地构成了发展、改革与稳定的连锁关系，十余年来财政出现连年赤字、失平困境的主要原因，正需要从前述大背景之下的稳定、发展，改革三重压力的综合作用来说明。下面简要分析这三方面对于财政收支的压力以及在此大背景下财政收入机制自身的问题。

（一）稳定："还欠账"与"安定团结"补贴。

众所周知，我国改革之初，"十年浩劫"遗留下来的社会矛盾堆积如山，国民经济百废待举。国家需要采取一系列措施缓解矛盾，调整关系，落实政策，"归还欠账"。诸如提高农副产品收购价格以提高农民收入，同时为了不影响城市居民生活而维持城市销售价格不变；提高城市职工工资，恢复奖金制度；落实干部政策，安置上山下乡知识青年工作等等，所有这些都是增加支出的因素。又加上向地方、企业放权让利等减收因素，财政收支出现巨额赤字（1979年、1980年分别为170.6亿元和127.5亿元）。在改革开放之初，为了尽快实现大局的稳定和理顺基本关系，这种"还欠账"的安排是完全必要的。这里，有些内容是"一次性"的，不再影响以后收支安排的基数，但也有不少要影响基数甚至还成为膨胀性极强的支出因素。特别是主要由于农副产品购销价格倒挂而形成的价格补贴，其规模从此迅速增加，从 1978 年的 11.14 亿元一跃而为 1979 年的 79.2 亿元和 1980 年的 117.7 亿元。80 年代，价格补贴的年均增加幅度为 18.7%，到 1990 年，已达 380.8 亿元。与此同时，财政对国有企业亏损的补贴，也直线上升，到 1989 年，财政当年补亏额已高达 598.88 亿元。由于国有企业如何"劣汰"的问题一直未能很好解决，亏损补贴成为带上了政治色彩的"安定团结"的重要工具。仅价格补贴和亏损补贴两项合计，目前每年的规模超出 1100 亿元，约相当于财政总收入的 1/3。这可看作在财政预算中为宏观全局的稳定而付出的一种"稳定成本"。

（二）发展：普遍的"重要性"与支出刚性。

十余年来，财政职能虽已有所调整，但在支持经济建设和各项事业发展方面，总体说来责任并未减轻。因为发展对于我国具有第一位的迫切性，财政的支持只能全力以赴。对财政支出安排来说，不论是直接用于经济建设方面的支出，还是科教文卫、基础设施等与经济发展配套方面的支出，都被认为具有不容置疑的重要性。但是，在国家财力既定的前提下，提高一些支出的比重，必定意味着压缩另一些支出的比重，那么紧随其后的问题就是：有什么支出可以压缩？这种选择是极为困难的。我国十余年间作出的实际选择，首先是压缩了国防费在支出中的比重，从 1978 年的 15.1% 降为 1988 年的 8.1%，但这种压缩已到极限；其次是压缩了生产性支出的比重，基建支出占财政总支出的份额，从 1978 年的 40.67%，降为 1990 年的 21%；另外增拨企业流动资金由 1978 年的 66.6 亿元降为 1990 年的 10.9 亿元——但这种状况看来已难以为继，财政重新承担增拨流动资金职责的呼声正日趋高涨。除此之外，其他各项支出都几乎没有压缩的余地和可能。一再被人们打主意要压缩的行政管理费，实际上却是个刚性极强的部分，多次提出一年压缩 10%，次次落空，1978 年至 1983 年，以每年 10 亿元左右的幅度增长，1984 年之后，则以每年 30 亿—50 亿元的幅度增长，1988 年其总额相当于 1978 年的

5.13 倍。尽管如此，办公经费紧张，行政人员工资待遇过低，仍然成为突出问题。究其原因，首先是机构臃肿，精简机构的改革又中途受挫，但同时也要看到政府装备落后亟须改造、近年办公用品和相关劳务费涨价幅度特别大等因素的作用，因而即使今后真正精简了机构，行政经费也不可能同比例削减。总之，改革开放以来，经济和各项事业发展方面对资金的需要与解决的可能这对矛盾表现得极为尖锐，支出安排的刚性很强，这也成为左右财政状况的最重大因素之一。

（三）改革：效益尚未充分发挥之前的"支持成本"与既得利益的"棘轮效应"。

从理论上讲，改革应当带来经济效益的提高，从而带来财政状况的改善，但现实生活中，即使改革不出现大的失误，从改革的开始到其正面效应的充分发挥，也间隔着一段过程，而且从宏观全局上看，这种间隔往往要以若干年计。比如，农村剩余劳动力和资金、土地等生产要素投入以加工工业为主的乡镇企业之后，大大加快了农村经济乃至整个国民经济的发展步伐，但从宏观范围看，乡镇企业的迅猛发展，会在初始阶段内推动基础原材料价格的普遍上升和各类企业加工产品成本的提高，形成冲减财政收入的因素；同时又拉起对基础产品生产能力和基础设施供给能力的迫切需求，形成增加财政支出的压力。待大量乡镇企业走过免税期、较稳定地进入纳税期之后，才能明显产生与上述减收增支因素抵消的效应。在预期的正面效应充分发挥出来之前，以必要财力支持改革过程至关重要。在我国城市改革方面，垫付"支持成本"对经济全局的意义和作用更为巨大。据计算，80 年代对企业减税让利及其他形式的支持，净额为 3100 亿元[1]。此外，物价、工资等方面改革引起的减收增支因素，也属于"支持成本"。唯其如此，有关的一系列改革措施才得以施行。改革的成本或代价，在我国已进行的改革过程中，尤其在城市改革和对全民企业职工的分配方面，表现出一种非常明显的"棘轮效应"，即每当财力的支持、扶助和政策的优惠形成职工、企业、部门、地方的既得利益后，便只能顺向调增，不能逆向调减：调增时，"事

---

1   经济日报，1991-02-08.

半功倍"；调减时，难乎其难。因此，每当某项改革措施出台，都要伴随财政或中央财政"让一块"的"好处"，似乎这已成了惯例，承包、税利分流、分税制等等，概莫能外。各方既得利益的刚性，与改革所内含的调整利益格局的要求发生着极大的抵触，因而可用的调整方式基本上只剩下了缓慢的增量调节，这使从财力角度而言的"改革效益"与"改革成本"对比关系上效益大于成本的转换点迟迟不能达到，严重制约着财政状况的改善。

（四）财政收入机制：财源结构的僵化与税收的累退性。

前述稳定、发展与改革的三重压力，形成了一系列重大的减收增支因素。但是，改革开放以米的十余年间，我国的国民经济毕竟实现了举世瞩目的增长，1990 年可比价社会总产值为 1978 年的 3.26 倍，可比价国民收入为 1978 年的 2.63 倍。按照一般逻辑，只要经济是不断增长的，国民收入是增加的，"蛋糕"做大了，就提供了改善财政收支状况的前提。那么为什么这一前提迄今为止却未引出缓解财政困难的结果呢？其重要原因是由于我国在财政收入机制方面所存在的问题。最为突出的两大问题是：

第一，财政收入结构未能适应所有制结构和财源结构的重大变化，依然沿袭传统体制下的财源结构，过多偏重于全民所有制经济成分，并对居民金融资产"开发"不足。历史上，从"二五"时期到"五五"时期，全民所有制企业提供的财政收入一直占财政总收入的 80% 以上，这在很大程度上是由当时的所有制结构所决定的。改革以来，多种经济成分有了长足发展，非全民企业在工业总产值中的份额于十余年间上升了 1 倍（达到 1990 年的 45.4%），在社会商品零售总额中的比重提高了 15 个百分点（达到 1990 年的 60.4%）。但是，1979—1987 年间，全民企业提供的财政收入的份额仍然高达 78.7%，非全民企业提供的份额仅为 21.3%。同时，作为财源支柱的国有企业总体上说还处于改革的"阵痛"期，效益不佳的状况尚未扭转，明亏加上暗亏的企业近年大约占企业总数的 2/3。这样，业已大为狭窄了的主体财源及其财源丰度的下降，必然形成与经济发展程度相比较而言的财政收入不足。此外，国债（内债）收入十余年间虽然从无到有，近两年还有了较大增长，但目前年度的内债收入也还不足居民金融资产年度增加额的 1/10，且由于多方面的原因，无法依靠国债信誉的优势降低债券利率，使债务筹资成本居高不下，妨碍着对这一重大新财源的开发。

第二，税收体系的不完备和被冲击，造成税收的累退性。80 年代上半期"利改税"之后，我国财政收入的绝大部分已来自各项税收，这符合发展市场经济的客观要求。税收可以成为较规范地组织收入和调节经济的手段，按其一般功能，具有随经济的周期波动而相应地增加或减少财政收入的作用，因而在经济高涨时可以产生某种程度的抑制性的"降温"作用，在经济萧条时可以产生某种程度的刺激性的"升温"作用。其中，作为直接税主要税种的所得税，尤其是累进的个人所得税，反经济周期的"自动稳定器"的功能最为明显。我国税制没有世界上大多数国家具有的较普遍的累进的个人所得税，税制自身的累进性本来就很弱，又由于一系列其他原因，客观上形成了税收的累退性，即国民生产总值增量中的边际税收份额呈递减趋势。从 1985 年至 1990 年各项税收总计额占国民生产总值的比率看，分别为 23.85%、21.56%、18.94%、17.05%、17.14% 和 15.96%，从总体上印证了上述累退性的判断。具体原因，除税收减免过滥、偷漏甚多和地方政府"藏富于企业"的倾向等等之外，最主要的是 80 年代中期之后普遍推行的企业承包，使国有企业所得税名存实亡（统计上的国营企业所得税数字实际上大多是由承包上交数倒算填入的）。承包的基本点是"减税让利"基础上的"包死上交基数"并降低（甚至取消）增量中的上交份额，加之现行体制下国有企业事实上的"包盈不包亏"，因此，承包在作为财政收入支柱的国有企业中，普遍构成了一种典型的国家所得呈高累退性的分配机制。非国有企业的税收，虽然一般还维持着其字面意义，但所得税设计上本来大都已是较轻的税负，又加上多种优惠、稽征不严和大量偷漏，也呈明显的累退性。据统计，集体和个体工业上缴税金占其产值的比重，分别由 1985 年的 4.0% 和 4.7%，下降为 1990 年的 3.3% 和 3.2%[1]。而且，总体税负较低的非国有企业（特别是乡镇、私营、三资企业），这些年间的

1　柏东秀，李茂生. 当前财政困难的成因及对策 [N]. 光明日报，1992-04-11.

发展大大快于国有企业，其占国民生产总值的份额增加，基数提高，亦使宏观税负（即税收在国民生产总值中的份额）趋于下降。税收的累退性，其实就是与经济发展动态比较而言的财政收入增量不足的另一种说法。

综上所述，稳定、发展、改革三方面在特定时期形成的财政减收增支的压力，以及财税体系自身的机制缺陷，可以综合地说明我国十余年间连年出现财政赤字的主要原因。稳定、发展、改革三方面的压力，来自这一历史阶段所承接的历史遗产和最根本的战略性任务的要求；财税机制的缺陷，当然有宏观设计与指导方面的原因，但很大程度上也是财税体制实行重大变革过程中难以避免的现象，否则无法解释整个时期中失平现象的一贯性。

三、财政失平的客观效应

由于我国赤字的口径与西方通行口径不同，是将债务收入算作财政收入之后仍然入不敷出的硬缺口，即所谓"硬赤字"，因而在分析财政赤字对经济的影响作用时，必须充分注意我国关于赤字的这一特定定义和相应而来的特点。

（一）扩张效应。

赤字代表着一定量的需求扩张因素从财政分配闸口释放出来，这一点在各国共通。完全以国债收入来弥补的"软赤字"，只要不超出适度债务规模，其扩张效应一般可被控制为良性的，即可以有意用作反经济周期的安排，在经济萧条阶段刺激需求，"熨平"周期波动，一般不至引起十分严重的通货膨胀。主要西方国家由于连年发债与还本付息交织，实际是以债务总规模（余额）的消长来形成扩张或收缩的影响。

"硬赤字"则与"软赤字"不同，由于是以债务收入弥补"软赤字"后仍然入不敷出的硬缺口，便只有寻求债务收入之外的其他弥补途径。很容易引起"赤字货币化"的通货膨胀，使扩张成为较严重的需求膨胀。但在现实生活中，赤字决非通货膨胀的唯一因素，而且完全无通货膨胀的经济发展在世界各国尚无先例，低度的和阶段性的"温和"通货膨胀常常被视为"可接受的"或"可容忍的"，因而需对具体情况作具体分析。

根据我国近十余年间的实证材料，我们可以把财政赤字、财政向银行的借款、银行增发货币量和零售物价指数加以对比，如表1。

表1　近十余年间财政赤字、财政向银行借款、银行增发货币量和零售物价指数对比

（单位：亿元）

年度	财政收支差额	增发货币量	财政向银行借款年末余额	零售物价指数[①]
1978	+10.17	16.60		100.7
1979	-170.67	55.70	90.2	102.0
1980	-127.05	78.50	170.2	106.0
1981	-25.51	50.10	170.2	102.4
1982	-29.34	42.80	170.2	101.9
1983	-43.46	90.70	199.57	101.5
1984	-44.54	262.33	260.78	102.8
1985	+21.62	195.72	275.05	108.8
1986	-70.99	230.53	370.05	106.0
1987	-79.55	236.12	541.96	107.3
1988	-78.55	679.55	576.46	118.5
1989	-92.30	209.99	684.56	117.8
1990	-139.60	300.35	801.06	102.1

①以上年为100。

通过表中对赤字、财政借款、增发货币量和物价指数的动态比较可以看出，我国1979—1980年那次较高额的赤字，与当年或下一年度的增发货币量和物价上涨之间，有比较明显的联系；但其后，某一年的赤字与当年或下一年度的增发货币和物价上涨就不存在十分明显的对应关系了，而某一年度较大的增发货币则与当年或下一年度的物价上涨存在相当明显的对应关系。这可以直观地印证本文前面已提到的改革之后由于体制变动、金融深化等原因，银行信贷自身对总体平衡与经济稳定的调节余地和影响作用大大增加了，而财政的影响作用则显著下降了。1980年出现的物价上涨高峰（+6.0%），财政赤字还起着主要的作用，到1985年的物价上涨高峰（+8.8%）时，最主要的原因已不在于财政

方面（当年财政收支为黑字，向银行借款不到 15 亿，前几年的赤字额也不大），而在于 1984 年银行"突击放贷"、信用膨胀所造成的货币供应量超常猛增（由 1983 年的 90.7 亿元一跃而为 1984 年的 262.33 亿元）。1988—1989 年严重的两位数通货膨胀，最主要的原因也不能归于财政赤字，更大程度上是来自于信用膨胀因素（1987—1988 年赤字规模未变，向银行借款的年均增加数额与 1986 年持平，而货币增发量由 236.12 亿元猛增为 679.55 亿元）。

因此，从近年的情况看，财政赤字在我国通货膨胀的形成因素中，一般已不居于主导地位，不构成最主要的扩张因子。但这里也有必要指出，"不居于主导地位"，不是说硬赤字对于通货膨胀的压力不大，其引起的问题仍是不容忽视的。

（二）排挤效应。

从理论上讲，当政府把（在国内）向社会筹资来弥补的软赤字用以扩张政府投资规模时，会对非政府部门的投资发生排挤效应，此长彼消，使非政府投资相对减少。至于"货币化"了的硬赤字，上述排挤效应依然存在，但主要是通过通货膨胀造成非政府投资的实际贬值而实现的。如果排挤效应伤害了非政府部门投资的活力从而妨碍了应维持的经济增长，当然不好。但这不是绝对会发生的：一方面，政府赤字投资的排挤效应能够在一定程度上为其于另一方向上同时产生的拉动投资需求的"乘数作用"所抵消；另一方面，"排挤效应"如果与政府有意进行的经济结构合理化调整结合在一起，则可以改善资源配置，对国民经济产生有益的影响——特别就软赤字而言是如此。

从我国的情况看，尽管连年赤字，但基建占财政支出的比重是显著下降的（从 70 年代末期 40% 以上降为 1985 年的 31.6% 和 1990 年的 21%），经济建设费占财政支出的比重由 70 年代末的 60% 以上降为 1985 年的 48.5%，以后稍有回升，也仅略高于 50%。由此看来，我国这些年的赤字（既含硬赤字，也含西方口径的软赤字）其实不是偏向于增加政府投资性支出，而是偏向于社会消费性支出，更多的是发挥了"安定"作用，在优化全社会投资结构方面则作用有限。国民经济的积累率，1978 年为 36.5%，1981 年曾降为 31.5%，但 1985 年回升到 35%，

1989—1990年仍在34%以上，说明改革中通过多种措施扩大了非政府投资的比重。总的讲，我国近年财政赤字的"排挤效应"并不严重，或者可以说被种种因素抵消了。

（三）利益摩擦的缓冲效应。

我国国民经济作为以公有制为基础的社会主义市场经济，是一个由利益的统一性与差异性交织而成的整体，其中可以划出以中央、地方、部门、企业及居民家庭等构成的不同利益主体，它们在基于共同利益而相互依存的同时，又具有各自独特的利益追求。这种各经济主体间矛盾的对立统一关系，推动着现实的经济运行。

财政作为国家政权为实现其自身职能而对社会总产品的一部分进行的价值分配，处于各利益主体矛盾关系的交会点上。关于财权的每一项规定和关于财力的每一项收支安排，其实都是一种利益的分配。通过这种分配，财政不断地建立起连接统一性和独立性、局部利益与全局利益、短期利益与长远利益的桥梁。财政体制是在维护利益一致性的前提下，通过划分财权和制定规则，把各利益主体间财力配置和利益分配加以规范化的制度；不论在哪种财政体制下，财政收支都具有一定弹性，因而收支结构是体制结构之后的又一层分配关系。在稳定、发展、改革的财力要求压力很大、而各方面既得利益的刚性很强的情况下，地方、部门、企业都强调自己上交任务过多和取得的支出份额太少，都不愿接受维持财政收支平衡的"增收节支"要求，因而财政的收支安排不仅不能做到"尽如人意"，而且必然要受到来自各方面的不满和指责。利益分配的矛盾，此时在现象形态上表现为各利益主体与财政的矛盾。财政在这种情况下打赤字，不啻是其困境的一纸"公告"，也是一道应付更大压力的"防波堤"，而其实质之所在，是把各利益主体关于全局财力配置的矛盾摩擦在形式上转换为与财政的矛盾摩擦，然后，以财政失平困境形成各利益主体矛盾摩擦的缓冲和暂时妥协。因此财政的赤字，便客观上成为一种缓解利益摩擦的缓冲器和润滑剂。

从以上分析可知，一方面，我国近年赤字的客观效应，主要的消极方面仍在于它为总需求膨胀推波助澜。尤其是硬赤字的这种作用比较强烈，有妨碍经济稳定协调发展的影响。另一方面，我国近年的赤字并未导致政府投资相对份额的上升，而是主要偏向于支持社会消费性支出，这有别于多数国家的一般情况；而且在改革以来的特定时期，连年赤字成为资金供词矛盾和利益自己置摩擦的缓冲器，这些在客观上对于社会与经济又有一定的稳定作用。

四、认识上需理清的几个关系和今后应把握的政策要点

根据前面的分析，可知要通过对财政收支平衡政策的再认识，认清新时期新形势下相关方面的客观发展趋势与主要作用因素，在如实承认赤字于特定阶段上、特定条件下不可避免性的同时，全面地看待赤字作用的两面性，这样，才有利于今后正确制定政策，把赤字规模控制在可接受或可容忍范围内，并且努力抑其负面影响，借其可用之处，因势利导。因此，有必要在认识上进一步理清如下的几个关系：

（一）凯恩斯主义赤字理论与我国现实的关系。

本世纪20年代末资本主义经济发生空前严重的生产过剩危机之后，凯恩斯通过对资本主义经济运行的分析，得出危机源于有效需求不足的结论，进而按照社会总供需平衡的公式：储蓄＋税收＝投资＋政府支出，提出在经济萧条、投资者投资欲望不足、储蓄大于投资的情况下，应该使政府支出大于税收，即实行赤字政策，通过积极的"国家干预"使宏观经济恢复平衡状态。凯恩斯不落窠臼的分析和对策，被理论界称为"凯恩斯革命"，得到迅速传播，为不少国家的政府所采纳，在一段时期内取得了较明显的成效。

凯恩斯理论中的一些基本分析，在一定程度上揭示了宏观经济运行的内在联系，对我们是有借鉴意义的。但是，简单地把其赤字理论套用于我国，借以支持在我国"赤字有益"的观点，却是不妥的。这是因为：第一，凯恩斯理论与对策中所指的赤字，是西方通行口径的赤字，基本上是通过发行国债弥补的，如果换算成我国的口径，则不能再将它们称作"赤字"。比如，美国是个典型的实行赤字政策的国家，整个80年代每年都有巨额赤字，但若按我国"硬赤字"口径换算过来，则不但赤

字全无、年年收支平衡，而且还有可观的结余[1]。因此，以凯恩斯主义的赤字理论为依据来支持在我国安排硬赤字的主张，是掉换了赤字的概念，论据不能成立。第二，凯恩斯提出赤字政策的基本前提，是宏观经济运行具有"有效需求不足"的内在倾向。这符合资本主义经济的一般现实。但在我国，情况却大相径庭，长期的、主导的倾向不是需求不足而是需求过旺，有效供给不足。因此，在我国还未摆脱需求过旺的主导偏向之前，凯恩斯赤字理论的对策意义是有限的。第三，凯恩斯所主张的赤字政策是针对经济周期中的萧条阶段而言的，并不适用于一切阶段，特别不能用于经济高涨阶段。与萧条阶段的对策正好相反，凯恩斯学派主张在繁荣高涨阶段采取财政收支盈余的对策，以利"熨平"周期波动。因此，把我国近十余年不论处于经济周期何种阶段而赤字始终存在的情况，与"正宗的"凯恩斯理论对照，则可知道，若真按凯恩斯的原则来衡量，这些年我国的赤字手段不是用得少了，而是用得过多了。

总之，凯恩斯的理论难以解释我国前十余年这种特殊时期连年赤字的现实；我们也不应简单套用凯恩斯主义指导我国的政策实践。

（二）我国财政赤字与货币非经济发行的关系。

由于我国的赤字是财政的经常性收入与债务收入加在一起之后仍然入不敷出的硬缺口，因此，当这种赤字发生时，便谈不上如何运用西方通行办法以国债收入来弥补，因为国债业已全部计入预算总收入了，不可能再拿来作第二次"弥补"。由此可知，对于我国的财政赤字，除了动用过去年度的财政结余来弥补之外（如果有结余并尚未动用，而且体制条件允许动用的话——某些财政结余实际上很难用来弥补赤字，如"分灶吃饭"体制下的部分地方财政结余之对于中央财政赤字，即使做了账面上的"弥补"，也仅具形式意义），所剩的弥补手段，就只有向银行透支或借款。借款可被看作一种"有偿透支"形式，在还款遥遥无期的情况下，其对银行资金的实际影响，与透支无异。在其他弥补手段已用完时，中央银行若想拒绝财政的借款（透支），实际上是不可能的，因为在银行代理国库的情况下，国家财政未弥合的收入缺口，必定要表现

---

1 《美国预算摘要（1990）》。

到银行总的资金收支中去，造成强制的、既成的借款（透支）效果。

财政与中央银行，是共同控制需求的总量及整体结构的资金管理部门，财政的赤字与需求总量膨胀之间，存在一个有弹性的、由银行信贷来调节的中间地带（当然这个余地的大小并非任意，是由体制、信贷收支状况等因素所决定）。赤字是否引起货币的非经济发行和总需求膨胀，要与银行信贷收支一并考虑。具体分析，可大体划出三种情况：第一，若银行信用规模保有一个对总需求的充分的调节余量（即还有增加资金运用的余地，其在数量上大于或等于赤字额），则财政赤字释放的需求膨胀因素，银行有"承受能力"，可以为银行所消化，而不实际地传导到总需求膨胀上去。这时透支或借款虽可能引出一定的货币发行，但尚能控制在经济性货币发行范围内。此种情况下，把银行的一部分资金来源用作财政透支或借款。从直接形式来说，当然是在财政有困难时，银行支持了财政；从更实质的内容来说，则是通过财政、银行配合，在财政收不抵支、失去平衡时，维护和实现了保持社会总供求大体平衡的共同政策目标。第二，若银行虽有一定调节余量，但小于赤字额，表明银行承受能力不足，这时超出调节余量的透支、借款额所引出的那部分货币发行，将成为非经济性货币发行中的"财政发行"，引出需求总量膨胀的不良后果。第三，若银行完全无调节余量，即完全无承受能力，则透支、借款引起的货币发行将全属财政发行，财政的膨胀因素会全部转为需求总量的膨胀。因此可知，财政透支、借款对经济产生的后果如何，直接取决于银行有无调节余量。这个余量，一方面，在一定程度上是可以通过财政、银行的配合和综合财政信贷计划的平衡，自觉作出统筹安排的；另一方面，由于财政、银行的资金分配与运用可调剂的"结合部"或"交叉部"资金并非任意大，所以在作出银行方面调节余量的安排时，也是有客观限度的。换言之，既使在预先统筹安排透支与借款的情况下，也不能不考虑其规模的客观限定。

总之，我国的财政硬赤字无疑容易引起货币的非经济性发行，但若认为两者直接对等，则失之简单化了。

（三）财政状况与经济状况的关系。

财政状况与经济状况密切相联，"经济决定财政，财政影响经济"，这是一般性的概括。但在现实生活中，两者的相互作用有时滞，有其他因素的加入，因而往往表现得比较复杂。本文前面涉及的历史经验和理论分析，实际已从不同侧面接触了这个问题，现有必要归纳出如下几点带有总结性的认识：

1.从历史经验看，当年财政收支平衡，并不一定表明经济健康发展；经济中发生失误，一般都要过一段时间才会在财政上暴露。"大跃进"是一次重大失误，但1958—1959年，财政的日子看起来很好过，两年的决算都有结余（实际上是"虚收实支"的假结余），1960年出赤字，才使经济问题在财政上表面化。1968—1973年，国民经济遭受"文革"严重破坏，生产受到极大损失，但这些年财政收支全是平衡或略有结余，实际上主要靠的是挤人民生活，是"勒紧裤带"过穷日子的平衡，即使这样，1974年之后也难以维持，出了赤字。1978年经济上提出过急要求，在十年浩劫的旧比例失调上，加上了新比例失调，但当年财政也是略有结余，矛盾的充分暴露是在1979—1980年出现巨额赤字。1985年经济已处于过热状态，国家动用大量外汇储备来进口家用电器或进口散件组装后投入国内市场，以回笼货币、稳定市场、平抑物价，加上其他一些临时性因素，使当年财政得到一笔经常性收入之外的一次性收入，出现21.6亿元的结余。有的同志曾据此得出财政经济状况根本好转的任务已经基本实现和经济过热对财政状况好转有利无弊的结论，投资消费双膨胀的势头没有得到有效遏制，遂使经济问题继续存在，财政赤字在1986—1988年间又回升到70亿—80亿元的水平。因此，不能简单根据当年财政状况判断当年经济状况。

2.财政的赤字，并不直接等于经济中的需求膨胀；反过来说，财政的平衡或结余，也不一定表明经济可以免除需求膨胀。这是财政、信贷、国际收支综合平衡的问题。银行1958年"敞口放贷"和1984年底"突击放货"的信用膨胀，引起在财政未严重失平情况下的十分严重的总需求膨胀，都表明了这种关系。过去，我国银行系统的作用主要限于生产、流通领域的资金调剂，很少用于扩大再生产的基本建设投资，对总需求调节影响较小，在财政赤字与需求膨胀间形成的"弹性地带"也不大。1979年以后，随体制变动和改革进行，银行资金来源大为增加，投资贷款迅速扩张，于是银行自身对总需求的影响力大大提高，"弹性地带"也比过去加宽了。此外，对外开放后，国际收支的调节作用显著上升，资金的净流入或净流出已成为决定国民经济总供求状况的重大因素。因此，如果说，财政收支平衡与否同经济形势宽松与否，过去都不存在简单、严格的直接对应关系，而在改革开放后的今天，这种对应关系就明显得多了。

3. 从动态的、长期的角度看，经济的良性循环提供财政资金充裕的基础条件（经济决定财政）；反过来说，财政较大的或连年的赤字，一般对经济的健康发展不利（即财政又足以影响经济）。对于过大的赤字，信贷收支与国际收支没有余地加以消化，会带来总需求大于总供给的局面，使建设项目相互挤占，周期拖长，效益下降，物价上涨，国民经济不能稳定协调发展；如果赤字不很大，但连年发生，其膨胀因素未被抵消而累积起来，同样会引起上述情况。因此，在一般的原则上评判，"硬赤字无害"的结论是站不住脚的。当然，"硬赤字有害"的认识也不可绝对化，这由下面一点来说明。

4. 我国特定条件下一定程度的硬赤字，是财政为经济全局服务而不得不用的手段。1979 年之后的赤字，一方面是旧问题和某些新的失误的影响所造成，另一方面，则属于在体制变动、经济调整和发展当中不得不为之的因素。1980 年之后，每年都在预算中主动打了或多或少的赤字，未必全都合适，而且连年打，对经济的负面影响是不可否认的；但总的说，如果不这样，一系列具体的改革措施和经济调整、稳定，发展措施，就难以出台。这背后，实质是一个长期的和动态的利弊权衡问题。"两利相视取其重，两弊相权取其轻"。在尚未解决经济困难又要发动和推进改革（以谋求长远利益）这一非常时期中，决策上不得不如此（当然，如果控制得更好些，一些措施的步子更适度些，对"反经济周期"的安排更自觉些，赤字可能要小些）。在财政实在不得不打赤字的情况下，更要强调财政、银行间的协调配合和财政收支、信贷收支、外汇收支的综合平衡。

明确了以上这些认识，今后财政收支政策定向、定位的要点，便已呼之欲出：

1.有必要由固守财政收支年度平衡的原则，转为采取旨在实现长期、动态中的综合平衡的年度弹性控制原则，赤字或盈余不拘，相机行事，加强财政收支总量上的"反经济周期"操作。

2.在大力促进改革开放、提高经济效益的前提下，于今后若干年内收缩"硬赤字"规模，尽可能不安排或少安排"硬赤字"。

3.继续积极、适度地运用国债手段（"软赤字"手段）来筹集收入和调节经济，特别要重视抓住当前居民金融资产猛增，国债抢手的有利时机。

4.努力加强财政收入与支出两方面结构的优化调整，以适应财源结构变化和政府职能转变。

5.努力加强财政、信贷、外汇收支间的全局协调配合，在改革中健全与完善社会总资金的宏观调控体系。

财政职能及平衡原理的再认识[1]

一、财政职能及社会主义初级阶段市场经济的客观要求

（一）财政职能作用：财政本质的外化。

我们曾通过对财政现象的分析和从特殊到一般的抽象，达到了关于财政本质的概括[2]；现在可以变换角度反过来考察，抽象的财政本质这种深层内在规定性的外化，即为财政发挥其功能作用的动态过程，表现为财政收支与管理对于经济与社会中所有关联事物的影响。

这里所谓外化，包含着内在规定转为外部活动、客观分配关系见之于主观后再作用于客观之意，其间财政分配主体必然加入了能动性因素，但财政功能作用的本原仍深深扎根于财政分配关系之中。对于财政本身具备并注定要在某种程度上加以发挥的功能，我国学术界习惯地称之为财政的职能；职能实现的结果即财政的作用。在讨论具体、特定的国家财政职能与作用之前，有必要先在最一般的共性层次上概括国家财政职能作用的基准方向或主干线索。

我国财政学者们曾对于财政职能作出过"两分法（分配、监督）""三分法（分配、调节、监督）""四分法（筹集资金、供应资金、调节、监督）"等不同的概括[3]，近年马斯格雷大的"二分法（资源配置、收入分配、稳定）"又产生了较大影响。而我认为，从逻辑上讲，如果基于财政本质是分配关系的概括性认识，国家财政职能作用的基本点和主干，必须也只能首先从分配的角度来阐明，即社会再生产基本环节内在

1　本文原载《财政研究》1998 年第 7 期。

2　贾康 . 从"国家分配论"到"社会集中分配论"[J]. 财政研究，1998，4—5.

3　姜维壮 . 当代财政学主要论点［M］. 北京：中国财政经济出版社，1987：130—136.

的分配关系，外化出能动的分配职能及作用。以国家政权为主体的分配关系，必然要产生借助特定分配手段的分配运作过程，从而发挥分配功能，由此派生其他一系列的职能作用：国家财政的配置资金与资源、调节控制、监督管理，乃至维护社会稳定、促进国际收支平衡之类特定的职能作用，无不以此为本。简言之，财政分配职能派生出其他一切职能。其实这一思路欧阳志高已于80年代初以"一带四"的方式提出，认为"财政的职能实质上是分配的职能，从分配的职能派生筹集资金、供应资金、调节平衡、反映监督的职能"[1]。

财政分配职能的实际发挥，必须通过财政资金收支进行，所以必然导致由资金收支带动社会经济资源在不同经济部门和不同政府级次、行政事业单位、企业、居民等各类社会经济主体之间的某种利益配置，进而也牵动使用价值形态的社会产品在社会成员间的交换、选择与组合（亦属配置）；同时也必然导致分配主体对社会与经济生活的调节；而且收与支的过程，也成为对所涉各类主体的行为加以监督与规范管理的控制过程。因此，财政最大项的职能可概略地表示为：

分配（政府取得收入，用于支出）—— ┌ 资金（资源）配置
　　　　　　　　　　　　　　　　　 ├ 调节
　　　　　　　　　　　　　　　　　 └ 监督

由分配派生的这三大方面又都可以细化，如资金配置可细化为筹集资金与供应资金；调节可细化为调节经济的总量、调节经济的结构、调节收入分配、调节地区差异……；监督可细化为政府预决算监督和企事业财务监督；等等。

这些职能既有所区别又紧密联系，它们所实现的结果即是人们常说的财政作用。配置、调节、监督三大方面职能的实现结果无疑是多方面的、范围十分广泛的，但都是财政分配主体对于分配所涉的各类行为主体的行为与结果的调节与控制，我们在总体上可以将它们合称为财政的

1　关于财政科学属性问题的探讨［J］.财政研究资料，1981，47：12.

调控作用。

总之，财政的本质外化出财政职能，财政职能以分配为主线而派生出配置、调节与监督三大方面，职能实现的结果体现为财政作用，内容广泛的财政作用有待于作具体分析，但在总体概念上可把握为财政的调控作用。

（二）政府职能及财政职能范围：共性与个性。

国家财政分配以国家政权（各级政府）为主体，是为政府履行其职能服务的。财政所带有的集中性分配特征以政府权力为依托，又藉此贯彻政府职能，发挥调控作用。但是，这绝不意味着政府调控万能，决非可以任意提高集中程度和任意规定政府职能范围。政府和财政部门如果违反植根于经济基础的财政分配关系的客观规定性，不论是在扩大职能还是缩减职能的方向上，都会受到客观规律的惩罚。

上篇中曾简略考察过古典学派提出的国家职能论，援引了约翰·穆勒划分两类国家职能（"必要的职能"与"选择的职能"）的重要思想。虽然理论上可以作出这种划分，但关于政府职能的具体范围，却一向是个争议中的问题，并且在当代益发引人注目。世界银行1997年世界发展报告《变革世界中的政府》把政府的基本问题归结为："它的作用应该是什么，它能做什么和不能做什么，以及如何最好地做这些事情。"[1]这些构成了一个复杂而宏大的课题。应当看到，关于政府职能范围的答案在各国、各历史阶段不可能一律，但在每一特定的条件下，客观上必存在某种适当、合理的尺度，即符合特定的生产力与生产关系要求、适应诸种现实制约条件、有利于最有效地发挥政府作用的那个限界，问题在于如何认识和把握它。

从实证的数据看，瓦格纳的"政府活动渐增规律"（国家经费增长规律）在本世纪继续得到验证。OECD国家政府总支出占GDP的比重由1913年的不到10%上升为1960年的接近20%，而1980年已超过40%，至1995年接近50%；发展中国家的这一比重1960年在15%左右，

1　变革世界中的政府［M］.北京：中国财政经济出版社，1997：1—2.

而 1990 年超过 25%。[1] 在这一套数据所反映的政府活动规模与职责扩大后面，实际存在着一个重要的定性的划分，即其中一部分覆盖的是古今中外所有国家职能和与之相应的财政职能的共性部分，而另外一部分覆盖的是各国这种职能的个性部分。

一般而言，共性的内容相对容易得到肯定。按照世界银行报告的归纳，政府至少有如下五项基础性任务必须担当：

——建立法律基础；

——保持非扭曲性的政策环境，包括实现经济的稳定；

——投资于基本的社会服务与基础设施；

——保护承受力差的阶层；

——保护环境。

这种具体的归纳表述仍是可讨论的，但诸如此类的“基础性任务”的性质，无疑属于政府职能和财政职能的共性部分，属于维持社会不至解体的硬性规则环境和满足社会全体成员“共同需要”的公共产品。这样，共性的职责实际上还可以划为两个层次：

一是国家机器的运转（包括行政、国防、外交等）、法律体系（包括法律的设立、执行与执行的机关等）、政策体系（包括政策的制定、贯彻与政策环境的维护等）。严格说来，这些全然或在一定程度上并非公共产品，而是体现统治阶级与统治阶级决策集团意志和意图的上层建筑。它们以特定的经济基础为本原，带有凭借政治权力的全部的或部分的强制性，但这类职能可以归入古今中外政府与国家财政职能的共性范围。

二是公益事业（公共服务与基础设施），以转移支付（调节社会成员及地区间差异）维持全社会稳定，保护环境，等等。这些属于满足社会成员“共同需要”的公共产品，它们在效用上不可分割，在消费时不具备竞争性，在受益上不具备排他性，故无法在市场规则下由非政府部门的厂商有效提供，而必须由政府提供，由财政通过资源配置、收入再分配和监督管理来提供。这些也属于古今中外政府与国家财政职能的共

---

1 变革世界中的政府［M］.北京：中国财政经济出版社，1997：1—2.

性范围。

现实生活中，所谓公共产品与非公共产品之外，还存在某些介乎二者之间的事物，如地表水的灌溉，具有非排他性但具有竞争性；道路，不拥挤时为公共产品，拥挤时可转化为非公共产品，并且由于市场和技术状况的不同，转化的具体界限也是因时因地而异的；教育和医疗保健，对某些个人和微观单位，可归为非公共产品，但由于在全社会保持公众教育、保健的某一水准是宏观稳定与整体发展的必要条件，因而又使基础教育、大众医疗保健成为公共产品。这些不纯粹属于公共产品但又部分地具有公共产品属性的物品或服务的提供，在绝大多数情况下是由政府部门和非政府部门（包括非官方的公益慈善机构、社会团体与企业事业单位）共同介入的，但双方介入的份额可以有很大不同，也是因时因地而异的。

此外，还有全然由于历史传统、国情、发展阶段、体制模式等条件赋予政府、财政的特殊职能或特别需加强的职能，这些往往只适用于部分国家、部分阶段的情况，但在特定情况下也可以是合理的、必要的。这个方面，便属于政府及财政职能个性的范围。

归结起来，政府职能及财政职能共性与个性的关系，可直观地简要表示如下：

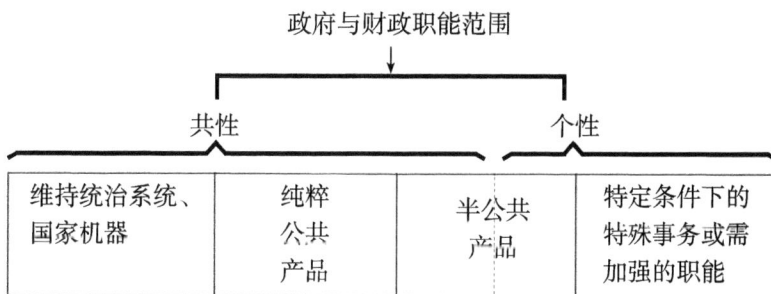

政府与财政职能范围			
共性		个性	
维持统治系统、国家机器	纯粹公共产品	半公共产品	特定条件下的特殊事务或需加强的职能

（三）现历史阶段我国财政被赋予的特定使命。

关于政府及财政共性职能的认识，毫无疑问也适用于我国。维持政府机器运转和提供公共产品，必须成为我国财政最基本的责任。

但在具体考察我国财政职能作用的时候，在承认共性的前提下，非常重要的是紧密联系我国的历史阶段、国情条件与环境，认识我国财政职能的个性部分。

我国是一个生产力落后的发展中大国,现在处于社会主义初级阶段。目前世界上处于同一"初级阶段"的其他国家寥若晨星,屈指可数,大国中类似的则一个也没有。社会主义初级阶段,如江泽民在中国共产党第十五次全国代表大会的报告中所说,是逐步摆脱不发达状态,基本实现社会主义现代化的历史阶段;是由农业人口占很大比重、主要依靠手工劳动的农业国,逐步转变为非农业人口占多数、包含现代农业和现代服务业的工业化国家的历史阶段;是由自然经济半自然经济占很大比重,逐步转变为经济市场化程度较高的历史阶段;是由文盲半文盲占很大比重、科技教育文化落后,逐步转变为科技教育文化比较发达的历史阶段;是由贫困人口占很大比重、人民生活水平比较低,逐步转变为全体人民比较富裕的历史阶段;是由地区经济文化很不平衡,通过有先有后的发展,逐步缩小差距的历史阶段;是通过改革和探索,建立和完善比较成熟的充满活力的社会主义市场经济体制、社会主义民主政治体制和其他方面体制的历史阶段;是广大人民牢固树立建设有中国特色社会主义共同理想,自强不息,锐意进取,艰苦奋斗,勤俭建国,在建设物质文明的同时努力建设精神文明的历史阶段;是逐步缩小同世界先进水平的差距,在社会主义基础上实现中华民族伟大复兴的历史阶段。

在这样一个历史阶段中,中国已经开始了一个其数千年历史中非同寻常的改革与发展的时代。十余年间迅速的经济增长和社会变化使举世瞩目、一系列复杂的问题也接踵而来。在总结我国以及其他国家社会主义实践的经验教训的基础上,我们已经把改革与发展的主题明确地规定为实现两个转变,即经济体制由传统的社会主义计划经济向新的社会主义市场经济转变,经济增长方式由明显带有落后农业国特征或痕迹的粗放型向与发达工业化水准一致的集约型转变。"两个转变"的总体战略目标,是在 21 世纪中叶使社会主义中国进入中等发达国家行列,实现现代化;其实质内容,是通过生产关系、管理模式与运行模式的积极调整与变革,极大地解放生产力,实现对发达国家的"赶超",服务于最大限度提高人民群众物质文化生活水平的社会主义宗旨。

现阶段中国政府体系的全部可动员力量，都要按照上述战略目标、战略任务运作，政府直接掌握的理财部门、财政系统，当然更不可能例外。

社会主义初级阶段的历史条件、生产力落后的发展中大国国情和在"两个转变"中实现现代化的战略目标，对于现阶段的中国政府职能及财政职能，赋予了几个方面的特定使命或特别需要强化的内容：

（一）为社会主义初级阶段的经济基础服务，维护公有制的主体地位。

社会主义的基本性质在于生产资料公有制具有主体地位。公有制为主体，多种所有制经济共同发展，是社会主义初级阶段基本的经济制度。公有制的这种主体地位主要体现在："公有资产在社会总资产中占优势；国有经济控制国民经济命脉，对经济发展起主导作用。这是就全国而言，有的地方、有的产业可以有所差别。"[1]所谓优势和主导作用，既有量的含义，也有质的含义，主要体现在控制力上，特别侧重于关系国民经济命脉的重要行业和关键领域。所有这些，都必然要求政府运用必要的手段，特别是财政调控手段，贯彻社会主义基本经济制度的要求，实现公有经济的控制力，维护和巩固社会主义经济基础。改革以来多种所有制的发展，反映了社会主义初级阶段的客观要求，是完全必要的。除去私营、个体企业之外，包括股份、合资企业的一部分，亦可能会具有或部分具有公有制的性质。但国有、集体企业及国家、集体控股的企业，毕竟是公有制的骨干，社会主义国家财政应对他们形成可靠的支持力量。

（二）贯彻合理而有力的国家产业政策，组织实施必要的重点建设项目。

在承认市场机制对资源配置的基础性作用的同时，也要承认我国作为生产力落后的发展中国家，市场具有比较突出的不成熟和不完善性，而市场要成熟完善起来需要一个缓慢的自然过程，我们的内、外部条件都不允许对此作消极的等待。政府必须在工业化进程中合理地、积极有力地实施倾斜的产业政策，以跨越漫长的"平均利润率"调节结构的过程，为实现赶超战略赢得宝贵的时间，同时维护、培育和发展市场机制。

1　江泽民.在中国共产党第十五次全国代表大会上的报告［M］//中国共产党第十五次全国代表大会文件汇编.北京：人民出版社，1997：21.

所以，中国必然比一般市场经济国家更多地注重政策性的重点扶持和财力资助，并由政府（主要是中央政府）组织实施为数不太多、但意义重大的大型、长周期、跨地区、直接经济效益不一定十分明显而宏观、社会效益大的重点建设项目。财政在这方面负有不可推卸的责任。

（三）形成合理而有力的政府调控地区差异、城乡差异和居民收入分配差异的能力，推动和维护先富带后富的"共同富裕"进程。

中国是一个区域差异相当悬殊的大国，又具有鲜明的发展中国家"二元经济结构"特征[1]，城乡之间的差别也极为显著。在市场化、工业化进程中，居民收入分配的差距在一定阶段上会拉大，而且这会和经济、文化的急剧变动耦合而成社会生活的动荡因素。这些都要求政府作出必要的调节，把差异、差距控制在社会可接受的限度内，以维护国家统一、民族团结、大局稳定，并在动态过程中贯彻社会主义"共同富裕"的原则。在市场经济中，政府实施这种调节的主要途径是财政政策，财政的种种转移支付，调节居民收入的税收、补贴、社会保障等再分配手段，都是可运用的政策工具。

（四）实行政府及财政体系自身的改革，并推动、促进各个方面的改革，为在总体配套中与市场经济接轨、实现"两个转变"服务。

中国的改革开放和两个转变，当然离不开人民群众的首创精神和微观层次的追求与冲动，但也离不开政府的自觉设计和宏观层次的指导与推行，两方面相互结合，便相得益彰；不能同时作用和呼应，便无法取得成功。那些否定任何一方作用的观点，都是片面的，脱离基本现实的。社会主义初级阶段"两个转变"的过程中，政府除总体设计、安排外，还必须在财力运作中承受一定的、有时还会是具有沉重压力的改革成本，财政系统要适当处理由此而来的一系列问题。市场经济作为以市场为资源配置基础机制的经济，会在多方面与传统计划经济体制下形成的财政体制和运行机制发生抵牾，从财政分配的顺序、范围、方式到政策取向、管理模式，都有必要实行深刻的调整变革，因此，财政系统必须积极推进自身的改革，配合策应总体配套的改革，这也是随财政性质和特定历

1　张培刚.新发展经济学［M］.郑州：河南人民出版社，1992：95.

史条件而来的义不容辞的任务。

总之，从社会主义政治经济学的角度考察，社会主义生产方式赋予了我国政府与财政在维护公有制生产关系方面重大的特定使命；从发展经济学和社会学的角度考察，发展中国家及不平衡性鲜明的大国国情，赋予了我国政府与财政在发挥政府特殊作用贯彻产业政策、追求"后发性利益"、赶超发达国家和调控区域间与社会成员间收入分配差异方面重大的特定使命；社会主义初级阶段和改革开放的总的历史背景，又赋予了我国政府与财政以自身改革和全方位配套改革推进"两个转变"、与市场经济接轨的特定使命。

二、基于政府职能的财政分配顺序、范围、方式及平衡原理

（一）摆正财政分配顺序。

在明确认识财政分配关系客观规定性和政府职能及财政职能共性、个性的基础上，可以更为具体地讨论走向市场经济这一背景下我国财政的分配顺序问题。从大原则看，一是要借鉴古今中外各国经验，落实财政职能中的共性，二是要从特定条件出发，合理把握我国财政职能的个性。

我们已经知道，古往今来，不论何种性质的国家，何种类型的财政，都有其职能上一律的共性部分，即满足政府国防、外交、行政管理和社会治安（公检法）等方面的支出需要，简言之，维护国家机器的正常运转。这实际上成为财政分配顺序中的第一序位，是国家所独占的职能（当然，这种职能的正确行使，应当包括对政府机构的精干与效能等方面的要求）。其后，财政分配的第二序位在于公用事业、基础设施、教育、社会保障、环境保护等方面，这些在不少场合可全然归属于"公共财（公共产品）"范畴，由国家提供，但在另外一些场合，由于市场条件和技术状况的不同等等[1]，也可以并不全然作为公共财和国家专有职能，而

---

1 参见哈维·S·罗森.财政学［M］.北京：中国财政经济出版社，1992：76.

是由国家、企业、社会团体和私人共同提供。这第二顺序的职能和分配，在我国过去一个长时期中，是除了将社会保障和部分"民办教育"甩出，交由企事业和农村基层单位负责外，其余统统归入国家专有职能。在改革中，上述格局已经被冲破，一方面，出现了基础设施由民间集资兴办、有偿经营和进一步发展私人办学等多元化的倾向；另一方面，原甩出的社会保障，正通过逐步升级的"统筹"，呈现明显的向国家职能复归之势（最终在政府方面应主要归于"社会保障税"形式）。这些变化是符合市场经济发展客观要求和"国际惯例"的。

作为个性的部分，最为突出的是我国财政的生产建设职能。这在过去曾被摆到极高的位置，甚至出现以"建设"挤掉"吃饭"的问题（我国基础设施、公用事业、环境保护等方面"欠账"严重，与此有密切关系）。改革以来，生产建设支出占财政总支出的比重显著下降。目前，中央财政已主要限于每年数百亿元"国家重点建设"的资金安排，地方财政仍然介入这一领域的程度则各地不一。财政改变过去大包大揽的做法，收缩职能，退出一般营利性项目的投资领域，完全必要，但这里须理清如下区别：一方面，如前所论及，我国作为一个落后的、区域差异极为显著、又必须坚持公有制主导地位的发展中大国，有一系列特定的生产力和生产关系因素，决定了中央政府和中央财政至少在一个相当长的时期内，还有必要承担（或作为各方中的主要一方承担）为数不多的大型、长周期、跨地区、对全国产业结构和生产力布局有突出意义（并可能带有营利性）的生产建设项目（如三峡、京九、宝钢之类）；另一方面，在中央、地方政府事权划分上，应明确规定地方从一般营利性项目的投资领域退出（当然这需要通过渐进过程实现，尤其在中西部地区），地方政府投资的重点，应转为地区性基础设施和公益事业的公共工程项目等，这样才能理清中央、地方政府间的事权纠葛，为建立适应市场经济要求、以比较彻底的分税制为基础的分级财政，提供前提条件。

此外，现历史阶段，在调节区域差异和收入分配差距、支持改革等方面，我国财政应承担的职能亦明显强于一般市场经济国家——虽然在这类事务上往往与他国也有共通之处。

总的说来，我国的政府事权与财政职能，既要遵守一般的共性，又要具备必需的个性，财政分配应循此顺序作适当安排：首先是国家机器运转、公共财，兼及政府需介入的"准公共产品"或"半公共产品"领域；然后是贯彻产业政策和经济发展战略的重点建设，以及其他个性化的事项安排。这也就是以往"一要吃饭，二要建设"这一简单朴素的语言在新时期所应阐发出来的基本要领。

（二）纠正政府职能与财政职能在范围上的错位。

我国目前政府职能与财政职能的定位，仍带有从传统计划经济体制延续下来的影响，与市场经济所要求的职能范围有明显的错位，需要作出调整和纠正。这种错位，可分为"越位"和"不到位"两大类情况。

1. 纠正"越位"：摆脱那些政府不该做，但却介入与包揽过多的事。包揽过多的"越位"，最典型的情况是对大量一般竞争性企业的直接控制（包括目前仍较普遍存在的变相的直接控制）、过多的干预和过多的关照。过去，在所有制结构上片面追求"一大二公"，国营经济范围从大中型企业一直覆盖到理发店、蔬菜零售点、弄堂小工厂等，一律由政府部门对它们实行行政隶属关系控制，指挥他们的生产经营，并以财政拨款作为开办这些企业的投资，出现亏损也要用财政补贴来弥补。转向社会主义市场经济，应该让一般竞争性企业成为独立的商品生产经营单位、法人实体和市场竞争主体，让它们在市场竞争过程中优胜劣汰，政府重在负责维护公平竞争的规则和环境。所以，原来政府系统对一般竞争性企业无休止的财政补贴、"安定团结贷款"之类的关照措施，应当与直接计划控制一样取消；国家则承担健全社会保障体系的责任，使企业的优胜劣汰不致造成社会的不安定。改革发展到现阶段，形成了对国有经济实行战略性改组的"抓大放小"方针，那么，按此方针，全国总计（不包括金融业）约30万户国有企业中近90%的小型企业（26万余户），大部分可以通过联合、兼并、租赁、承包经营、股份合作制和出售等形式来改组和"放开"。

另一个包揽过多的例子，可以举出某些应当企业化的事业单位和已"下海"的原政府人员。传统体制下，相当一部分具有企业功能的单位（如应用性科学技术的研究单位、通俗文艺的表演团体等）被确定为政府系统的事业单位，由财政"差额拨款"甚至全额拨款，维持其运营。

改革开放以来这些单位已进入市场，通过企业化经营行为取得收入。相应与此，一部分这类事业单位已经理所当然地转为"自负盈亏"，与政府脱钩，但仍有不少"脚踏两只船"，一边从市场取得较高收入，另一边从政府取得住房、医疗等等福利性待遇。另外，一部分已脱离政府系统"下海"经商的人员也有类似情况，比如，可以沿用着政府提供的租金极低（即补贴很高）的住房，来开办自己全然私营的公司。

诸如此类，政府是在使用有限的财力，做了那些本不该做的事，承担了本不应承担的支出，超越了职能合理定位的范围。在改革中，我们必须采取必要措施纠正这些"越位"情况，摆脱政府和财政包揽过多的事务。

2.纠正"不到位"：做好那些政府应该做，但仍然未做或未做到位的事。同样以企业为例：全社会中必有一小部分企业，是属于所谓"自然垄断性"的或"特殊性质"的企业，虽然要或多或少地让它们加入市场竞争，却不能完全放开听任市场调节，比如国防核工业，医药批发和储备，现阶段某些关键性的农业生产资料（如化肥）的代销等。如让这些企业"自我积累、自我发展"，则他们或者不能发展，萎缩困顿，或者要脱离正轨，胡乱发展，这两者都会严重影响国计民生，甚至破坏社会生活的起码秩序。应该说，这些年某些特殊企业的"副业"冲击主业，以及医药市场的假劣横行、回扣成风、化肥代销的层层加价、欺农坑农之类，都与政府管理的失职、缺位有关。

另外从更广的范围讲，政府应该做好的事情有一基本领域，即提供公共产品与服务。前已论及，这些"公共产品"，由于其效用的不可分割性，消费的非竞争性和受益的非排它性，造成供给的非营利性，无法由市场来有效提供，只能由或基本上要由政府提供，如公共环境的维护，公益性基础设施的建设，某些基础科学研究的开展，以及普及型公共教育的实施，等等。但在过去几十年的国民经济发展中，出于"赶超经济"的压力和指导思想的偏差等原因，我国政府系统的经济工作和财力安排中，往往过多地首先考虑兴建企业、增加那些有资金回报的项目，而公共服务设施、环境保护、非营利性基础设施项目等，在很多情况下是往后排序的。这些非由政府去做不可或主要应由政府去做的事，不仅历史上留下了"欠账",而且现在往往仍然没有得到应有重视,远未做到位。比如,我国城市环境污染的防治工作普遍薄弱,污染程度之严重在相当一部分地区已达触目惊心的地步,而环境保护不由政府牵头并投入主要力量,是很难有效实施的。又如,许多城市的主要街道上,路标、门牌号码未设、不明、缺失的现象比比皆是,人们对由此造成的诸多不便司空见惯,政府部门也熟视无睹,心安理得,但路标、门牌号码这种识别系统是典型的"公共产品",需要由政府统负其责。再比如,九年制义务教育这样一项事关全民族长远发展的事业,理应由政府担当主角来实施,出自民间的"希望工程"捐助只可能起辅助作用,但现实情况是政府部门一味"低姿态",似乎要由后者挑大梁,然而若干年来希望工程虽成效显著,也只救助了一百余万失学儿童,仅以7000万贫困人口中约有1/7(即1000万)学龄少年儿童计,绝大部分因贫困而失学的少年儿童尚未得到救助,主要的问题仍是政府的应有职责未到位。

要纠正这种"不到位"问题,当然离不开政府财力后盾。那么财力从何而来?一应来自从"越位"方面的收缩,二应来自现有财力的合理使用、精打细算,减少浪费。如这两条仍不足以解决问题,那么三应来自按"量出制入"原则筹措必不可少的收入。

(三)转变某些政府职能的实现方式。

有一些事务,不论过去还是如今,都是政府应该做的,即一直属于政府职能中应有的内容,但是今后在实现方式上亟须改进,以适应市场经济的新条件。

比如,为优化我国的经济结构,改进生产力布局,提高宏观效益和经济总体实力和发展后劲,需要有政府的投入,由政府(将来主要是由中央政府牵头)实施重点建设项目。这件事必须做,但却不能简单延用我们过去的重点建设办法。在这一职能的实现方式上,至少要有三个方面的转变:一是项目决策方式的转变。要按照现代化科学管理和社会化大生产的要求,精心组织项目的可行性论证,通过规范的程序引出最后的决策,而不应再像过去那样主要凭"长官意志"决策。在此过程中,财政部门应当从资金运筹与管理角度参与可行性研究。二是资金使用方式的转变。过去主要是由财政对项目拨款,资金一旦拨出便无偿使用,而今后应在建立注册资本金制度的同时，大力拓展财政资金有偿使用的"财政投融资"方式，和以政策倾斜措施引导社会资金加入重点建设的财政贴息、政府担保融资等方式，以较少的财政资金牵引、衔接较大量的民间财力，用于国家的战略性发展项目。某些基础设施建设，则可以采用政府牵头多方集资、建成后适当收取使用费以回收投资的方式。三是工程建设方式的转变。今后重点建设项目应尽可能采用随市场竞争机制发展完善起来的关于工程设计、设备制造等的招标投标制度，在施工中应实行监理制度和严密的责任制度。改进和完善与此相关的建设项目财务管理办法，也是财政部门的工作任务。

又比如，调节居民收入分配始终是政府应当承担的职能，并且特别需要运用财政手段来实行。尤其在转向社会主义市场经济过程中的中国，这具有抑制两极分化的重要意义和作用。过去对于收入分配，我们曾主要采取直接控制方式，由国家制定企业中的工资等级与具体标准，按指令性计划执行，工资外的收入则控制到几乎没有，同时又以福利性的住房分配、公费医疗和子女入托、就学等安排以及基本生活消费品的价格补贴，与普遍的低工资水平相配套。改革开放之后，企业的工资、资金制度已趋于市场化，摆脱了政府的直接控制，工资外的收入迅速增加，福利性待遇与价格补贴近年则相对收缩。平均主义的打破及多种所有制、多种就业门路的发展，以及企业主、高级经理、知名演艺界人士等等高收入阶层人数的增加，带来了居民收入水平差距的显著扩大。政府这时当然不能放弃或弱化收入调节职能，相反必须使之强化，但在方式上应当转为以利用经济参数（经济杠杆）手段与社会保障规范的间接调控为主。带有累进性的个人所得税、遗产与赠予税，针对某些奢侈品的特别消费税等等，应当成为遏制高收入及其累积效应的有力调节手段；而组织兴办"安居工程"提供对工薪阶层的平价、低价住房，建立扶助困难家庭子女的政策性助学金，以及明确规定最低工资标准与最低生活保障线制度等等，则成为保护低收入阶层的调节手段与方式。

再比如，平抑市场物价问题。市场的调节作用集中表现为价格机制的调节作用，即市场上的价格水平及其变动成为影响厂商生产经营行为的重要信号和决策依据。社会主义市场经济中，这种调节机制要成为资源配置的基础机制。但是，市场经济中的价格变动存在反复起落的所谓"蛛网现象"[1]，而且在现实生活中这种起落波动有时并不是收敛的，而是发散的，对于经济和社会生活可能产生严重的不良影响。因此，政府调控价格水平的必要性在市场经济下也不能完全取消，过去曾经很强的这种职能，今后仍需在一定范围内保留，但在方式上应当作出很大的转变。这方面最有代表性的例子可以举出对主要农副产品（如粮食、棉花等）价格的平抑。粮食、棉花等农产品（蔬菜、果品类似）的一个特点是供给弹性大，需求弹性小，且生产受自然因素影响大，丰产时价格易大跌，歉产时价格易猛涨，如上一年价格上涨，下一年的种植面积与产量便可能大增，反之如上一年价格下跌，下一年的种植面积与产量便可能大降。这种价格与产品供给大起大落的反复出现，会严重伤害生产者利益，并对人民群众的生活形成冲击，因此政府有必要对市场粮棉价格实行干预，平抑其过度波动。但是，今后政府干预的方式，并不可以沿用过去曾实行的固定价格、取消农贸市场自由交易等等，而应当在向广大粮农、棉农等提供市场信息的同时，建立合理的粮食、棉花储备制度和粮棉保护价制度，主要运用经济手段，通过物资的相机吞吐和对价格波动区间的框定，达到平抑粮棉价格波动的目的。财政政策手段在这方面要发挥非常重要的作用。

总之，政府职能与财政职能实现方式的转变，是按照市场经济和现代科学管理的客观要求，使政府由一般简单决策为主转为系统论证决策为主，由直接调控为主转为间接调控为主，由实物形态的调控为主转为价值形态的调控为主，由行政手段调控为主转为经济手段的调控为主。

（四）"量出制入"与"量入为出"：两个层次上的平衡原理。

在基于政府职能考察了财政分配的顺序、范围及实现方式之后，有必要考察财政分配运作中的平衡原理。

财政职能的发挥，要凭藉其收支运作，即通过财力收支及管理规范，体现政策，产生各种直接或间接的影响与调控作用，达到职能设定的目标。因而，把握收支总体规模的相互关系，便成为理财的第一要义，这

1　劳埃德·雷诺兹．微观经济学［M］．北京：商务印书馆，1982：103—104．

种关系可以在经济哲学上归结为一种平衡关系。

关于收支双方的这种平衡关系，可以从两个角度上讨论：其一是为人们所熟知的"量入为出"，即"有多少钱，办多少事"，由收入框定支出的上限。这个"以收定支"的道理与生活常识相吻合，容易理解。其二是"量出制入"，即"要办多少事，去筹多少钱"，进而从逻辑上说，如果以常规方式筹不足钱，事又非办不可，就要考虑以非常规方式（举债等）取得资金补足入不敷出部分，所以仍然归结为一种平衡关系。这个"以支定收"的道理往往不太适合微观单位（尤其是家庭的情况），但对于国家政权的理财来说，却自有其深刻之处。

我们知道，国家财政作为以国家政权为主体的分配，其运作是基于政府职能的，或曰，是为政府实现其职能服务的。因此，从根本上说，在承认客观分配关系的内在决定作用之后，关于财政运作的状态及其运作状态平衡的原理，便要以政府职能为出发点来阐释和理清。只要是政府合理职能范围内必做的事，便具有第一优先位置的意义，财力的筹措和使用从逻辑上说，要服从于这个第一位的任务。当然，现实中政府合理职能的具体范围往往是有争议的、难以精确量化的，但至少可以从下限来把握，所以不妨碍这里的分析。而且，国家政权是具有强制性分配手段的机关，在为实现其职能目标筹集财力时，具有在一定弹性区间或限度内设计、增加这类手段的余地（这一点是与微观单位的重要区别）。所谓"量出制入"，就是先考虑政府该做什么事情，做好这些事情大致财力支出需多大规模，然后再考虑按这种政府职能和财力支出的数量界限，来组织自己的收入。如果没有量出制入，政府职能的实现是没有保证的，在相应财力规模的把握上也是没有基本的参照系的；而只要把政府职能明确定位，在分配主体总揽全局、面对社会总产品（可以100%的GDP代表）"切蛋糕"时，就自然要引出"量出制入"这样的思路。

"量出制入"的思想古已有之。我国西汉的著名理财家桑弘羊为支持当时行政运转、巩固边防、治理江河等方面的支出需要，行汉初"量吏禄，度官用，以赋于民"[1]方略，并成功地运用了盐铁专卖、平准等措施，

---

[1] 汉书·食货志［M］.北京：中华书局，1962：1127.

其理财思路就带有"量出制入"的鲜明特征。唐朝中叶,杨炎正式提出"凡百役之费,一钱之敛,先度其数而赋于人,量出以制入"[1]的表述。列宁在 1922 年提出,"我们的财政机关必须用全部力量在最短期间作到靠税收来保证工农国家的一切国家机关为进行应办的事业所必需的资金"[2],可以说十分明确地表示了量出制入的思想。毛泽东在延安时期提出"发展经济,保障供给"的财政工作总方针,其前一句话的侧重点在培植财源,后一句话则包含了在"负担虽重而民不伤"的前提下量出制入的意思[3]。1953 年 9 月 12 日,毛泽东在中央人民政府委员会的讲话中谈到因抗美援朝要用钱而在前两年多收了一些农业税,便有人对此"哇哇叫",要求"施仁政"时,反驳说:"我们是要施仁政的。但是,什么是最大的仁政呢?是抗美援朝。要施这个最大的仁政,就要有牺牲,就要用钱,就要多收些农业税。"并重提 1941 年陕甘宁边区征收 20 万石公粮的事例,强调大道理要管小道理。[4]这正是"量出制入"思想的体现。

综上所述,可知从逻辑源头上说,政府理财在收支规模方面的始发原则应当是"量出制入",换言之,是在明确政府合理职能和必要支出任务的前提下,设计筹措财力的通盘框架,以此规制财政收入规模。这应看作财政分配第一个层次的平衡原理。

但是,在逻辑源头上肯定"量出制入",决不意味着要全然排斥和否定"量入为出"原则。这两者不是同一层次的问题。量入为出属于另一个层次上的平衡原理,即在以量出制入原则设计、规制总收支规模之后,在财政常规运转、政府安排落实具体项目的层次上,特别是在财政个性职能的范围内,应当注重量力而行,以收定支,有多少钱办多少事,维护收支平衡(这里也不能绝对化地理解为每一年度或时期都做到收支平衡)。

1　旧唐书·杨炎传 [M].北京:中华书局,1975:3421.

2　列宁.给全俄财政工作者代表大会 [M]//列宁全集:第 33 卷.北京:人民出版社,1957:341.

3　毛泽东.抗日时期的经济问题和财政问题 [M]//毛泽东选集:第 3 卷.北京:人民出版社,1966:846—850.

4　毛泽东.毛泽东选集:第 5 卷 [M].北京:人民出版社,1977:104—106.

从财政运作总体的动态过程看，可以说"量出制入"和"量入为出"是对立统一、相辅相成的。应当首先量出制入，然后量入为出。这一对两个层次上有先有后的平衡原理，共同构成了政府财力分配的逻辑链条和平衡系统，各自的合理性都是有条件的、非绝对的、在特定前提下会转化的。

"民生财政"论析[1]

近年来，在贯彻科学发展观、构建和谐社会的导向下，关注和改进民生成为持续的社会热点，财政如何支持民生的改进，也成为管理部门和社会各界关注和讨论的重要问题。讨论中，概念和术语使用不一，分析尺度口径各异，期望颇多，褒贬并存，意见往往相左，解释常有牴牾。除了学理上的分歧可能造成意见不一致之外，基本概念使用上的混乱，也是原因之一。在本文中，我们从研究者的角度，试求理清有关民生的一些基本概念，进而分析探讨公共财政与民生之间关系的一些基本点，以期对学界研究以及实际工作部门政策的制定、宣传与实施，提供参考。

一、公共财政就是民生财政

如从《辞海》《中国百科大辞典》等中文工具书查找"民生"词条，只得"民生主义"（孙中山"三民主义"的具体内容之一）而不得"民生"正解。看来这类工具书编纂者认为民生显然为"民众生活""人民生计"之意，无需专门注解。另有"国计民生"的用语，《现代汉语词典（修订本）》仅简注为"国家经济和人民生活"。民生这样一个词意平白的概念，在当下实际生活中被反复强调其极为突出的重要性，应是和中国进入"中等收入阶段"后公众更加迫切期望改善、提升生活水平的诉求与心态有关，当然也和执政党体察、呼应社会诉求而更加注重和强调亲民、富民的施政纲领及一系列施政要点有关。在此背景下，已有研究者提出了建设"民生财政""民生税收"等概念，也出现不少管理者或学者试图分析全国或某一地区财政支出中有多大比重用于"民生支

---

1 本文原载《中共中央党校学报》2011年第2期，与梁季、张立承合作。

出"的具体例子。

这些动议和讨论的出现，其必然性和积极用意是不言而喻的。但在相关的理论框架中，我们应当"正本清源"地指出：所谓"民生财政"，不可能是游离于或是作为替代物而对立于"公共财政"的另一事物，我国 20 世纪 90 年代后期以来为决策层所肯定，我们一向在致力于发展、健全的公共财政，其实就是民生财政。在公共财政支出中，如试图以笼统的"民生支出"概念，划出总支出中截然分明的一块（一个绝对额或占比），称为民生支出，其余部分则作为反义词而被称为"非民生支出"，这极易引出专门概念的混乱和实际工作中的无所适从。因为公共财政与民生财政，本为同一事物的两种称呼；所有的财政支出，都应是直接、间接地服务于民生的。

我国公共财政是为适应经济转轨、政府职能转变以及社会主义市场经济发展而确立框架且不断完善的一种财政形态。改革开放以后，传统计划经济体制下的生产建设型财政已无法适应形势发展需要，尤其是 1992 年邓小平南方谈话、确立社会主义市场经济改革目标之后，财政转型问题更是迫在眉睫。经过约 20 年积极而艰难的探索，终于在 1998 年，决策层明确地提出以公共财政为导向的财政改革，用以指导我国的财政实践。以后十几年来，围绕公共财政框架体系建设，进行了一系列的财政管理改革，取得了显著成效，其间体制的完善、政府职能的转变，都归宿于人民物质文化生活水平的提高。仔细探析我国公共财政的特征，便可发现，公共财政的出发点和落脚点均在于满足社会公共需要，提供公共产品与服务，均指向于"社会主义生产目的"语境下"满足人民群众不断增长的物质文化需要"的目标，以及近些年财政分配中愈益突出的"推进基本公共服务均等化和体系化"的工作要领。一句话，均紧紧围绕于、服务于改进民生。所以，我们应当清楚地指明：公共财政就是民生财政。

在这里还需要稍作展开分析：公共财政的实质是"公共化"，即以满足社会公共需要作为财政分配的主要目标和工作重心；以提供公共产品和服务为"以财行政"的基本方式；以法治化、民主化的规范的公共选择作为财政资源配置的决策、运行与监督机制；以公开、透明、完整的预算体系作为公共财政分配的运行载体。公共需要反映和体现全体人民的共同需要，既包括当前需要，也包括长远需要，既包括当代需要，也包括下一代乃至下几代的需要——这些需要也完全可以概括为"民生需要"。公共财政侧重于提供公共产品和服务，是为了清晰合理界定政府和市场的关系，以适应市场经济的运行模式，寻求公共资源配置的最优化、基本公共服务的有效保障和公众利益的最大化——这种取向也完全可以概括为"民生基本事项保障与民生利益最大化"；规范的公共选择机制是为了保证公众有平等表达其意愿和实现知情权、质询权、建议权、监督权的机制，最终落实真正"由人民当家作主"的可持续公共决策制度安排，保证满足公共需要这一基本目标的长久实现——这种制度安排体现着"民生"与"民权"的内在的深刻的关联，我们完全可以把它认知为公共财政服务民生的制度基础；现代意义的预算体系具有公开、透明、完整、事前确定、严格执行、进而追求绩效和可问责的特点，是公共财政所有追求的现实载体，也是其为公众理财、服务民生的具体运作形式。

民生是民众生活的总称，涵盖方方面面，包括公民的生存权、发展权及相关的物质条件，以此逻辑延伸下去，广义的民生还包括公民的政治权，如平等参与政治经济生活的权利——当然这就又有机地关联于"民权"概念下的制度安排（当下中国不少地方由公众对于某年预算安排中"民生支出"的关注而引致"预算透明度"以及"听证"的要求，正是体现了这种关联）。所不同的是，处于不同生命阶段的微观个体和处于社会不同发展阶段的社会群体，民生侧重点会有不同。例如，处于孩童时期的微观个体，其民生的重点是生命权，而处于青壮年时期，发展权和生命延续权跃居为生活主要内容；战争时期的民众，争取存活下来成为民生的首要内容，和平但物质匮乏时期，吃饱穿暖成为百姓的最大期盼，而物质丰富之后，人们开始追求被尊重和人生价值的实现，等等。所有这些，体现着民生概念的层次性与动态发展特征，但都可以被公共财政的正面效应所包容和对应。

从公共财政的特征来看，公共财政满足公共需要的目标和机制，也就是满足全体人民的共同需要即满足民生需要的目标和机制；从公共财政的实践来看，公平统一的税收制度体现民众平等的纳税义务和财政分配"取之于民，用之于民"的收入制度设计，财政支出用于教育、卫生、社会保障、住房、环境等方面，都与民众生活直接相关，用于国防、司法的支出与民众的生存权和财产权亦密切相关。即使那些从"一对一"的直观来看似与民生稍远一些的财政支出，如基础设施投入、科技创新、战略新兴产业补助等，其实从社会生活运行和长远效果看，也都与民生息息相关。试想，如交通基础设施一塌糊涂，人民即使有衣、食、住而无法顺利成"行"，民生也难以成为幸福状态——我国一年一度的"春运"不都是对于交通基础设施服务民生的最集中的考验吗？又试想，如无科技创新的引领和支撑，"第一生产力"不到位，经济发展没有后劲，物质财富和民众幸福感的增加也就失去了可持续性，因而财政支持科技创新，不但为当代人的民生搭建了平台，也为后代人的民生构筑了支柱。诸如此类，不胜枚举。即使是财政分配中体现政府运行成本的部分，也不能说与民生无关——任何人类活动都是有成本的，社会中不能无政府，因而也就不可能出现完全没有政府成本或行政成本的情况——关键问题只是如何尽可能合理控制与降低财政支出中必然要安排承担的行政成本、提高财政绩效。对此我们还将在后面专门讨论。

总而言之，我们认为，公共财政既与当下的民生密不可分，也与未来的民生密不可分，既与基本层面的民生（生存权和物质需要）结合，也与高层面的民生（政治权和精神需要）贯通。公共财政的内在逻辑、基本框架和全部特征，都决定了它就是民生财政。不可能在公共财政之外再单独存在另一个民生财政，也不宜把民生财政截然划分为公共财政的某一个特殊发展阶段或某一个孤立的组成部分。

二、公共财政的基本逻辑是要首先保障基本民生

人类一切活动均与民生有关，从这个意义上讲，民生问题无所不包。但是，政府在市场经济中的职能以及政府掌握的公共资源的有限性，又决定了政府在改善民生这个问题上不应该也不可能大包大揽，无所不为。同时，特别要清醒地意识到我国目前所处的发展阶段仅是工业化的中期，

并具有世界上第一人口大国、人均指标排位甚低的基本国情,我们必须吸取其他经济体曾落入"中等收入陷阱"的教训,分析与合理把握民生中的轻重缓急,从实际出发尽力而为又量力而行,动态优化各个时期财政的保障重点,理性地、有远见地处理好需要与可能、短期利益与长期利益的关系。

——需要与可能的矛盾以及轻重缓急的合理把握是财政分配中的永恒主题。世间某一个经济体不论如何富裕,也不可能在某个年度的财政预算安排中同时满足各个方面的全部支出要求,这种公共资源有限性(稀缺性)决定的"需要与可能"的矛盾,是财政分配中永恒的矛盾。在发展中经济体,比如处于社会主义初级阶段和工业化中期、城市化初中期的中国,这个矛盾必然表现得更为鲜明和尖锐。为处理好这个矛盾,财政分配顺序与轻重缓急的合理把握,永远是必需的。

——公共财政的特征限定政府保障民生首先要侧重于对"基本民生"的托底保障。政府提供产品和服务,需要聚焦于公众共同需要,因而也必与民生相关。但民生需要的,未必一定由政府来提供,政府应只做那些市场(个人)做不了、做不好,或能做但效率过低(比政府去做还要低)的事情。比如,食品衣物均为民生需要,但市场和个人一般情况下能做且能高效做好这方面的资源配置,因此政府通常无需普遍地直接提供这类产品和服务,只是在救灾和低保的特定情况与特定概念下,才把其列为公共财政发挥职能的范围。政府保障和改进民生的顺序与范围,理论上讲大体应该是:第一,制度安排、法治环境、产权保护、宏观经济社会政策等为经济社会稳定健康发展所必备的制度与政策导向服务;第二,就业、教育、科技、文化、卫生、住房、社会保障等百姓生活主要事项中需要由政府介入来"托底"的基本部分。比如,"劳有所得、学有所教、病有所医、老有所养、住有所居"所体现的民生保障,并不意味着政府应运用财政资金把就业、教育、医疗、住房和养老都包揽下来,而主要是表示政府应运用财政资金首先提供相关的基本制度环境和不低于一定标准的托底保证:如对教育,是九年义务教育加上高教助学金、助学贷款支持;对住房,是非产权房形式的廉租房与公租房;等等。

——有限的财力决定政府应有重点地统筹保障民生,且随发展阶段而动态优化保障重点，瞻前顾后衔接民生的短期与长期利益。即使严格界定政府保障民生的范围，但与政府可支配的公共资源相比，也通常是无法应保尽保的。更何况，随着经济社会发展，需要政府保障的民生事项范围在不断扩大，所要求的水准与质量也越来越高。因此，政府"应保障"与"能保障"两者之间，形成一对永远的矛盾，每个具体的场合，都需要去次留主、结合可用财力情况清醒把握当前主要矛盾，解决最迫切需要保障的民生事项。即政府的保障重点应随发展时期和阶段不同而动态优化。改革开放三十多年来，我国政府基本上是遵循此种原则循序渐进地解决民生问题的，尤其是1998年公共财政改革导向确定以后，这一特点也更加明显：改革开放之初，经济尚处于从崩溃边缘恢复的时期，吃饱穿暖成为民生的头等大事，随着国家"将工作重点转移到经济建设上来"，财政在此时和在其后一个期间，不断放权让利，调动地方、企业和个人的积极性，为尽快扭转贫穷局面、满足民众的最基本物质需要奠定基础。当吃饱穿暖这个民众生存问题基本解决之后，民众最需要解决的民生问题自然从吃饱穿暖向吃好穿好并追求文化生活和精神生活的方向发展。为了给"不断满足人民日益增长的物质和文化需要"这一过程奠定稳固的制度基础，在我国确立社会主义市场经济改革目标模式后，财政又首当其冲，率先改革，由1994年建立分税制框架，提供市场经济发展所需要的公平统一的财税制度，推动我国经济的大繁荣和政府可用财力的持续增长；其后，随着国民人均收入的增加，民众对教育、卫生和社会保障福利的需求也随之增加，民生事项的供需矛盾在一个时间段内也就显得更加突出，为此，我国适时提出了以公共财政为导向的财政形态转变，配之以财政改革从制度层面为主，向制度、管理和技术层面互动推进，财政管理的重心从收入主线向支出主线转移，对民生的保障也从综合支撑向直接受惠方向转换。在公共财政理念导引下，在不断完善分税制财政体制框架的同时，进行了部门（综合）预算、国库集中收入（单一账户）、政府集中采购以及"金税""金财"工程等管理和技术层面的创新和改革，这使政府财力的完整性逐步提升，透明度问题也顺理成章地很快凸显其意义，不但为配合深化改革打开空间，也大大增加了民众参与财政事务的机会，从而有利于真正贯彻公共财政"举众人之力，办众人之事""取之于民用之于民""取之于公众，用之于公益，定之于公决，受公众监督"的理念。2005年9月26日召开的个人所得税工薪所得减除费用标准立法听证会，在全国层面开启了民众以规范形式参与公共部门理财制度安排的先河，之后诸多财政事务也越来越注重通过各种渠道征求民众意见，民意逐渐成为政府决策中必不可少的重要因素之一。制度框架的基本形成，以及持续增长的财政收入，首先为公共支出向民众最能够直接感受到的领域（教育、医疗以及社会保障等）倾斜提供了可能，相应地公共财政建设的重点也从制度建设向使民众直接受惠的保障领域倾斜。2003年以后，用于教育、卫生、社会保障等方面的公共支出大大增加，比如教育，从"普九"到"义务教育全免费"，再到公共部门教育支出占GDP4%目标逐步加码；医疗从农村新农合的"人均30元"，逐年上升为50元、100元、120元、150元乃至200元，并于2009年推出旨在覆盖全体国民的"新医改"方案，等等。这些都表明，如果没有前期制度建设和管理改进、没有持续增长的财政收入做保障，政府是没有信心提出也没有能力实现这些递进目标的，同时也清楚地表现了我国学者已原创性提出概念的"权益—伦理型公共产品"如教育、医疗等，其具体边界确实在我国现实生活中随经济、社会发展和公共选择程序的周而复始，发生动态的演变，财政统筹保障民生的操作重点，处在递延递进和逐步优化调整、升级之中。

总之，上述种种分析无非是在阐述一个道理，即在财力有限性这一硬性约束条件下，财政分配不可能在某一时期对于民生事项面面俱到，平均用力，只能在认真权衡各种利弊得失后，选择本阶段最需要保障且有能力保障的民生事项予以重点倾斜，即从基本民生的"托底"保障做起——而托底的具体标准可以逐步提高。政府在履行其保障民生职能时，必须充分考虑经济社会发展阶段及现实生活中的财政可承受能力，统筹兼顾民生的短期和长期利益，切忌眼光短期化。既要反对在改进民生方面的保守倾向，又要防止为迎合一时之需，设定出一些超前指标，吊高胃口而不可持续。

三、"取之于民，用之于民"的公共财政分配中，收入再分配是其应有之义与关键内容

财政分配的"取之于民，用之于民"，在现代社会中，早已成为国家政权在所谓"合法性（legitimacy）"概念上作为执政主体的必然标榜——不论何种政权，形式上都不可能不认同和不宣传这个原则，当然在实质性的分配关系中，古今中外的实情则会有千差万别。政府在收入分配中尽责的基本原则，最简要的表述便是"取之于民，用之于民"，以改进民生。面对这"一取一予"的循环，曾有学者直观地把其概括为"财政分配即是公共融资"，或称之为"纳税人付出税金向政府购买服务"，但这类表述，都极易产生认识上的误导：殊不知财政分配在"一取一予"中，取和予所侧重的具体对象（人民群众的一部分）几乎是完全不相同的，即应是侧重于从富裕阶层"取"，而侧重于向低收入阶层"予"，这就是财政分配中实施"再分配"调节的天经地义和决定财政再分配必要性（为什么政府要作"取"与"予"的分配活动）的关键内容之一，也是政府介入而改进民生的资源优化配置的基本原理与运行机理之所在。

说明这个道理，在当下的中国至关重要，它可以表明：第一，"取之于民、用之于民"不可能在社会中每一个具体的纳税人那里一一对应，无可回避的再分配，必然具有直观形式上对某些人"少取多予"（如对低收入弱势群体）而对另一些人则可能"多取少予"（如对"先富起来"的高收入阶层）的区别，关键问题只是这种区别及其机制设计是否合理化。第二，政府出面以税收等形式实施的"取"（征税的优化设计），不可能只是单向地一味实施"减税政策"，虽然减税在某些方面是必要的，并在某些阶段（如前几年世界金融危机冲击下我国出现的经济低迷阶段）是应当被特别注重的，但全面地看，既然有"结构性减税"，逻辑上就不能排除"结构性增税"，尤其在我们这样一个直接税（个人所得税、财产税等）制度建设还远不到位的发展中经济体，只讲"减法"不讲"加法"，只会误导公众，贻误决策，损害全体社会成员的长远利

益和"共赢"前景。第三，政府出面以补助支出、转移支付等形式实施的"予"（惠民支出），不应当不加区分地"推平头"式发放，其基本精神必须是区别对待，"雪中送炭"，并注重机制的合理性与可持续性。没有区别就没有政策，就不成其为政府应负责实施的"再分配"；不加区别地以某种标准发放补贴（如前不久我国南方某地的一个极端例子是地方政府给亿万富豪发"住房补贴"；另一个更极端的例子是台湾地区给狱中的大贪污犯陈水扁发放据规定是"一人一份"的现金"红包"），只能归为公共资源的低效配置乃至误配置，换言之，是在低效使用、甚至是在糟蹋宝贵的公共资源。显然，没有合理区别对待的财政支出补助，不是在惠及民生，而是管理水准低下的表现，是不利民生、有损民生的。第四，有取有予和取予的侧重性在不同的公民之间各不相同，其本质是通过贯彻再分配的"能力原则"追求全社会共同利益的最大化，因为当具有高支付能力的富裕者于再分配中更多地向公共财政收入作出贡献的同时，也就使自己融入了有助于社会公平的再分配过程，这种合理的再分配会增进社会的和谐与稳定，在使弱势、低收入者改善境遇的同时，也客观上提供了使"先富起来"的这一部分人安享社会安宁的公共产品。所以，合理地对于较高支付能力收入阶层的"多取"，也正是政府通过公共财政改进民生、惠及民生的必要组成部分，并且也符合这部分"多取"对象的根本、长远利益。

总之，在我国收入分配关系成为"矛盾凸显"重要内容的现阶段，符合再分配优化理性逻辑的区别对待的取与予，必然成为中国完善公共财政和惠及民生的关键内容之一。

四、财政管理的科学化、精细化是改善民生进程中提升公共政策效力的必然要求

在市场经济环境下和现代社会发展中，普通百姓生活不是离政府越来越远，相反，政府行为与居民生活改善的关系会越来越紧密，特别是政府的财政收支行为直接影响个体收入水平、公共福利、消费意愿、理财观念等,财政管理水平也必然直接影响公共财政职能作用的发挥效果。

从发展过程考察，财政管理的科学化、精细化改革，是改善民生进程中提升公共政策效力的必然要求。

（一）随着社会发展进步，用于改善民生的财政资金规模趋于扩大，需要科学化精细化以提高管理效率。

以财政分配改善民生就是增加社会的公共福利。实现这一目标，从理论上分析其基本条件有三：一是政府要有足够的公共资源，有能力为改善民生"买单"。我国国民经济在抵御国际金融危机冲击后率先回升向好，财政收入仍然保持了较强劲的增长态势，2010年财政收入突破8万亿元。这说明国民经济的持续快速增长和财政增收为一系列民生问题的解决打下了良好的基础。二是政府公共支出向民生领域倾斜，更加注重为改善民生"买单"。近年来，这方面的努力与成效有目共睹，举凡加大教育投入、深化医疗卫生体制改革、加快建设覆盖全民的就业和社保网络、加大城镇保障性住房建设投入力度等，都是公共支出向民生倾斜的突出表现。三是投入民生领域的财政资金应该更有效率，更符合绩效导向，"少花钱多办事多买单"，这就对财政管理科学化、精细化改革提出了更高的要求。近些年"政府钱多了"，同时也伴随着社会各界对"政府如何花钱"更高的关注，这也反映了社会的整体进步。当前面的两个问题通过经济发展、财税改革有了显著改善之后，第三个问题便日益成为社会关注的焦点。这正是对我国的财政管理与绩效导向改革，提出了更高的科学化、精细化要求的大背景。

（二）经济社会发展中改善民生的财政管理的复杂程度趋于上升，需要科学化精细化以规范业务工作全程。

随着经济社会发展，政府可支配的公共资源增加，政府在公共领域的能力与作用增强，公众关于政府提供公共服务的期望值上升，权益—伦理型公共产品的范围总体呈扩大趋势，财政管理的复杂程度也越来越高。公共财政要迎合多层次的民生需求，既要解决与人民群众生活直接相关的基本公共服务问题（教育、医疗、就业等），还要关注那些关乎国计民生未来的公共问题（战略性新兴产业发展、自主创新等）；既要保障目标稳定的基本公共服务项目（基础教育、基本养老等），又要处理好社会经济发展过程中新生的阶段性公共服务供给问题（保障性住房、农民工培训问题等）；既要满足全体社会成员具有共性的公共需要，又要确保特殊人群的某些群体化公共需求如残疾人事业方面的条件升级。公共服务的多层次、服务对象的多样化、供给结构的动态性，都对现有的财政管理提出了严峻的挑战。尽管中央和地方不同层面对政务公开、预算信息公开做了许多开创性工作，但是在公民意识和纳税人意识不断提高的新形势下，财政管理的复杂性很容易伴随财政报告"内行说不清，外行看不懂"等问题，引发更多的公众指责，并把矛盾指向行政成本偏高、财政分配绩效低下等问题。应该说，1998年以来，在"建设公共财政"纲领指导之下，已努力进行了一系列制度创新、管理创新和"金财工程"式的技术创新，同时还采取措施力求压缩行政经费，推行财政资金绩效考评等，这些举措使财政支出效率已有明显改善。然而，既有的进展与人民群众在政府预算信息透明度、预算安排合理性、预算管理的科学化方面的要求，还有不小差距。在新时期新形势下，我们没有别的选择，必须结合经济、行政乃至政治体制的配套改革，在财政管理的科学化、精细化改革方面狠下功夫，努力做到公共财政收支的业务全程规范而有理、有力、有序、有度，通过科学化精细化催生更为体系化的绩效评估、激励—约束机制和问责制度。

（三）公共财政改善民生的政策取向需要"花钱买机制"，并需要以科学化精细化加以保障。

近年来，以教育、医疗等基本公共服务均等化为切入点，出台了一系列改善民生的公共政策，在取得成效的同时，这些政策的完善需要机制创新来配合，这一点也前所未有地凸显，并更清晰地表现为财政资金如何在加大公共服务的同时解决好"花钱买机制"的问题。

比如，《国家中长期教育改革与发展规划纲要（2010—2020年）》要求到2012年实现财政性教育经费支出占GDP4%的目标。这当然需要各级财政在支出安排中给予教育更大的倾斜，而进一步加大财政教育投入力度的同时，应该更加关注"增量教育资金"的使用效率，力求减少"培养出的毕业生与社会需要脱节"等矛盾问题，否则只增加教育投入，并不能保证取得"让人民满意"的效果。又比如，在2010年新型农村合作医疗、城镇居民基本医疗保险财政补助标准由人均80元提高到 120 元的基础上，2011 年人均补助标准将进一步提高到 150—200 元，而这种人均财力投入的提高，更为鲜明地提出了对"新医改"的机制创新要求，即需要以新的机制保证把钱花得有效，而不是以增加的财力开办低效的"大锅饭"来养人。应该说，当制度或政策已经制定，目标能否实现的关键，就要看"实施"与"管理"的机制和水准了。

五、政府提供公共服务与管理必然要支付成本，行政成本的合理化与民生的改进是相互呼应的关系

只要国家存在，支持国家正常运转的各类政权机构存在，行政管理费用便必然发生，任何时期任何国家概莫能外。犹如一个生命个体，即使不进行任何生产活动，仍需要摄入一定食物，维系生命，即所谓的生命体的"基础消耗"。一台打开的计算机，即使不处理任何应用程序，仍有多个系统软件持续运行，从而消耗电力、占用硬盘和内存等资源，这种资源消耗被称为"系统消耗"。

以相关术语来说，我国的行政管理费是 2007 年之前财政支出中的一个预算科目，大致归集了"维持政权运行"的各项费用，也被称之为"人吃马喂"的支出部分，常被用于衡量我国政府的行政成本。2007 年政府收入分类改革之后，该预算科目取消，原归集在其下的各项费用被分散于现行的各科目之下，如教育方面的行政成本（教育管理部门费用）被归集至"教育"预算科目下。从这个意义上来说，"行政管理费"在我国预算科目中已是一个"过时"的词汇，近年已经无法获取与其真意相匹配的数据对它进行量化分析。但是，当前社会各界仍习惯沿用过去说法，用行政管理费来指代我国政府行政成本。我们在此，是在定性的意义上使用"行政管理费用"这一词汇，指代政府行政成本，并讨论其与民生的关系。

（一）行政管理费用关联于政府为改善民生而提供的一系列公共服务所必须支付的运行成本，任何时期任何国家都存在，无法"消灭"，只能尽量降低，而中国面临的这方面挑战尤为严峻。

对于行政系统的存在，当然应当附加鲜明的效能要求，但行政成本

必然存在，哪怕作了最大的努力，也不可能使之归零。更为重要的是，各类政权机构在维持其正常运转的基础上，还提供了制度政策类的公共服务，行政成本与这种履职过程与功能发挥机制，通常都密不可分，共同构成经济社会运行的基础，所以，在某种意义上说，行政成本在现代社会中不可或缺，不可替代，相应也成为民生改善的基石之一，因此行政管理费用开支与民生改善，首先是相互呼应的关系而非对立的关系。正因为如此，西方经济学将行政管理费用看作是政府提供制度政策类公共服务所必须支付的成本，认可行政管理费用投入带来的产出——制度类公共服务的价值，反映在国民经济核算中，则是公共部门也创造GDP，政府作为这类产品的提供者，参与国民收入的初次分配，以生产税的形式反映制度的成本和价格。另一方面，现实生活中，行政成本确实具有某种摆脱约束自我扩张的内在倾向，各国也均会发生行政成本支付不当或偏高的种种具体表现。因而如何最大限度地降低行政成本，成为公共财政谋求公众利益最大化和惠及民生的一个永恒的课题。在正处于经济社会转轨过程中的中国，这方面的挑战更具严峻性。

（二）我国行政管理费用高企，有特定的国情、发展阶段等方面的原因，对与之相关的复杂问题需全面认识分析。

改革开放以来，我国行政管理费有增加的趋势[1]，这固然与政府行为中存在铺张浪费、效率不高等有关，也与我国特定的国情、历史传承因素以及三十多年来特定发展阶段上的相关因素演变等有关。

——国情因素。由于人的基因等多种因素的不同，每个人的基础消耗各不相同；源于计算机配置相异，不同计算机的系统消耗也有所差异。一国的基本行政管理费用与本国的具体国情直接相关，比如，假定其他条件相同，地域大的国家其行政成本一般较高；同样地域面积的国家，山地面积比重大的，其行政成本一般较高；假如山地、平原比重也相仿，行政管理层级较多的，其行政成本一般较高；等等。特别是，基本行政管理费用的高低，与政权组织形式有很大关系，在我国，各级有"五大

1　1978年，我国行政管理费占财政支出的比重为6.87%，2005年该比重上升至26.49%。

班子"，是政权组织的基本形式，同时我国又是独特的五级政府体制，这与行政管理费用支出比较高直接相关。行政成本高低还与本国所采取的特定经济和社会政策有关。比如，我国实施计划生育政策，必须有相应机构和人员负责实施这项国策，所以必然存在与人口计划生育相关的行政管理费用，等等。

——历史和发展阶段因素。各国行政管理费用支出必然与该国的历史发展阶段有关。比如，美国建国之初奉行"小政府"原则，1835年美国行政部门人数只有2万人，但其后，20世纪初达50万人，一战期间为100万人，1930年为315万人。自政府管理职能加强后，机构数和工作人员猛增，至1984年美国各级政府雇员达到1640余万人[1]，因此美国行政管理费用开支是在一个较低的基础上逐渐增加的。我国的情况有所不同。计划经济时期，政府无所不能，无所不包，政府系统工作人员薪酬压得很低，而机构数较多，1975年国务院部门为52个。改革开放后，虽多次实施行政机构精简，国务院部门1982年裁并为42个，直属机构由42个裁并为15个，办公机构由5个裁并为3个，1988年又将国务院部门减为41个，但同时，"事业单位"规模随社会发展迅速上升，至1994年底，我国各级有130多万个事业单位，2600万从业人员；1998年，虽将国务院部门压缩至29个，2008年再将部门压缩至27个，然而特设机构等逐渐增加，事业单位在岗人员数量已增至3000万人以上。在这个演变过程中，公职人员薪酬水平也已明显提高。因此，我国行政事业的管理经费开支是在一个"全能政府"框架下，于较高的机构基数上演变而来，且在不断调减过程之中受制于多种因素，财政供养人员实际规模有增无减不断上升。更为重要的是，我国三十多年来正处于经济社会急剧转轨过程，计划管理和服务调控职能并存，既要发展，又要改革和维护稳定，行政管理费用高企与特定的发展阶段也有直接关系。比如我国各级"维稳费用"的迅速上升，是近些年来的一个行政成本演变特征。此外，客观分析，三十多年来行政成本上升与我国行政事

1　陈宝森.美国经济与政府政策——从罗斯福到里根［M］.北京：世界知识出版社，1988：24.

业单位办公条件改善，驻外机构扩展及人员待遇提高，占行政事业开支比重甚高的交通差旅、餐饮、住宿等支出事项的价格上涨明显快于平均物价上升水平，等等，也都有十分密切的关系。

——行政管理费用高企，并不能否定我国以行政成本支撑的制度与政策产出，对民生改善产生了巨大正效应。当我们从产出和民生视角来看待我国的行政管理费用开支规模时，应当理性地运用两分法：虽然我们应当特别强调降低行政成本的必要，但也需要指出，总体而言，我国行政管理支出中的很大比重，毕竟是支持了我国市场经济体制的基本确立、各项改革的顺利推进、三十多年来中国经济持续高速增长、社会事业发生翻天覆地的变化、人民生活实现巨大改善。正如社会主义市场经济改革大潮中的沙泥俱下，并不能否定这一改革主体上的必要性与历史功绩，我国行政管理费用的垫付，虽包含了过高因素，但主体上还是应当肯定其对民生的改善产生了并将继续产生正面的影响。同时，我们也要高度重视、努力消除行政成本偏高、过高所形成的负面影响。

——努力降低行政成本是新时期公共财政和政府管理面临的重大挑战与重要任务。我国社会成员的"公民意识"和"纳税人意识"，随社会的发展进步而提升，公众的心态日益趋向于关注财政支出的透明度问题和行政成本的管理控制问题，这是我国政府管理主体、机构部门必须高度重视的大势之所趋、必须应对的重大挑战和必须完成的历史性任务——这也应成为我们努力控制和降低行政成本的压力和动力。当然，完成这个历史任务，并不能只依靠财政部门的努力或仅仅通过几个部门的合作，其本质的要求，在于财政与方方面面配套实施全面的改革。

六、降低行政成本、增惠民生需要 深化财政改革和全面配套改革

行政管理费用高，绝不是一个孤立现象，在其背后既有存在于财政内部的体制、管理、技术等方面的原因，又有行政体制、政治体制层面的更为深刻的问题。解决这些问题，关键的要领是需要深化财政以及与之相关的全面配套改革。

我国财税改革的核心任务，于"现代化"维度和导向上看，是为完成经济社会转型、贯彻落实科学发展观来提供"以政控财，以财行政"方面的有效制度供给。"十二五"及以后的阶段上，要在新一轮价税财配套改革里解决资源价格、财产价格、人力资源价格等要素价格形成机制与配置机制的合理化问题，并实质性推进怎样以经济手段为主实施宏观调控和怎样实现转为公共服务型政府的变革问题，同时也要解决行政体系、决策机制、政治体制等方面无可回避的配套改革问题。正是由财政而关联、扩大、延伸至各相关方面的全面配套改革，才能顺应社会主义市场经济发展与社会进步的新要求，有效地实现控制和降低行政成本的任务目标。

（一）财政体制改革。

在财税体制改革方面，需要把握"财权与事权相顺应、税基合理配置、健全转移支付、最后达到财力与事权相匹配，构建有利于科学发展的财税体制机制"的改革思路，在省直管县和乡镇综合改革的基础上，在"十二五"期间争取使五级财政扁平化到三级框架于多数地区初具形态，从而破解省以下无法实质性贯彻落实分税制的难题，并通过财政体制扁平化改革带动"减少行政层级"的政府体制改革，为市场经济的健全和行政成本的降低奠定基础、配备制度条件。在以事权明细单形式由粗到细理清各级事权的同时，需特别重视地方税体系制度建设，打造主要以不动产税（房地产税）和资源税为大宗、稳定收入支柱的地方税体系，使地方政府的收入激励与职能转变优化形成内在的契合；地方债制度，也应在2009—2010年"登堂入室"的基础上，按照"阳光融资"的导向继续规范发展，适当扩大其规模。与这些相互呼应，需要继续积极推进转移支付体系的制度建设，从近期至中长期着力于动态改进一般性转移支付因素指标体系，适当减少专项转移支付的比重，积极探索横向转移支付制度等。

（二）税制改革和公共收入体系改革。

税制改革方面，资源税、房地产税、增值税扩围以及个人所得税的改革应该是"十二五"时期的改革重点。房地产税改革在打造地方税主体税种的同时，还可以起到优化调节财富分配的作用；资源税也同时承担着打造地方主体税种和促进资源节约的任务；通过增值税扩围改革，将形成统一的对市场经济专业化分工保持"中性"的流转税体系，适度降低我国第三产业纳税人税负而促进其更好发展；个人所得税则应缩减税率档次，下调低档税率和实行"综合与分类相结合"等形式，切实优化和更好发挥其收入再分配功能。从中长期来看，社会保障税、环境税等的开征也应积极纳入改革方案之内。

税制之外，非税收入方面的国有资产收益和国家特许权收入上缴制度等方面的改革，也应成为今后一个时期公共收入体系改革的重要内容。

这些改革，将更好地夯实改进民生的财力基础，同时也可以策应降低行政成本、追求绩效的支出方改革和相关配套改革。

（三）预算管理改革。

财政的改革总体上可认为包括三个层面的创新：体制创新、管理创新和技术创新。体制创新从公共财政制度顶层设计的角度把握财政改革的大方向和形成财政改革的大框架。管理创新是在具体的管理运行中，建立与体制创新相匹配的新机制，而技术创新则要为制度创新和管理创新提供技术支撑。下一阶段三层创新中的一大重点和交会点，是预算管理创新。在公共财政导向下，我国先后实施的部门综合预算改革、国库集中收付改革、政府采购改革、收支两条线改革和绩效考评改革等，初步构建了现代预算管理制度，而在政府预算进一步公开、透明的要求下，深化预算管理的改革势在必行，今后亟应着力在政府预算信息透明度、预算安排合理性和预算管理科学化、精细化水平的提高等方面下功夫，建立通盘协调、全面细化、全程周密监控和精细化管理的预算体系，实质性推进我国政府理财的民主化、法治化，也实质性促进行政成本的控制与降低，从而增惠于民生。

（四）财政改革与经济体制、行政体制全面改革相配套。

通过财税改革、预算改革，以理财的民主化、法治化拉动经济、社会生活的民主化、法治化和实现公共资源配置的民主化、法治化，是在我国形成惠民生、降行政成本可持续机制的可行路径。降低行政成本，仅仅依靠财政改革是远远不够的，一定要将改革延伸到综合的、行政的，乃至政治体制改革的方方面面。

当前,在我国行政体制改革和政治体制改革思路一时无法形成共识、无法形成可操作方案的情况下,"美国进步时代的启示"尤显可贵。如我们能从各方无法拒绝的加强改进财政管理这一点来切入,通过公共财政建设,形成具有现代的税收制度和预算体系,并相应建立健全政务透明机制和民意表达机制,推动法治不断进步,我们就有望进一步打开中国"渐进改革"已形成路径依赖后深化改革的空间,促进整个经济社会的民主化、法治化而造福于长久的国计民生。诚然,这套现代意义的预算管理体系的建立,也有赖于现代信息处理技术手段的支撑,"金财"、"金税"工程等将更多地发挥这方面的作用。以财政的制度、管理和技术创新推动现代意义的预算体系形成,进而促进政府职能转变和社会民主化法治化氛围与环境的形成,最终促进和加快经济体制和政治体制的全面创新改革,对行政管理费用的规模或行政成本的控制,便可自然回归至一个合理且民众可接受的水平,公共财政将以适当的成本、不断提升的综合绩效,支撑民生改善和人民生活水平的不断提高,服务于我国现代化的历史进程。

权益—伦理型公共产品：
关于扩展的公共产品定义及其阐释[1]

一、引言

关于公共产品（亦称公共品、公用品、公共财货等）的理论认识，在现实生活中密切关联于政府职能、公共财政分配的定位与边界、政府与市场和企业的关系等我国改革开放以来各方反复探讨的重大问题。作一番"理论联系实际"的考察，我们发现，已有的研究文献关于公共产品的定义和认识，除了存在不少细处的差别之外，还存在不容忽视的盲区。一般认为，公共产品具有消费上的非竞争性和非排他性两个基本特征，准公共产品弱化这两个特征但又不至弱到"完全不具备"的私人产品程度，或仅具备其中之一。这进一步地引出相关产品提供主体、提供方式等一系列理论认识。但是，基础教育、基本医疗服务、廉租房等当代各国政府普遍提供、我国政府在"公共财政"建设中也在大力强化供给的"公共产品"，却并不直观地具有以上两个基本特征中的任何一个，更别说两个同时具备了。基于"两个特征"的经典公共产品理论对此不能做出合乎逻辑的解释。因此需要进一步详考已有的文献，重视一种扩展的公共产品定义及其理论研讨与阐释。

1　本文原载《经济学动态》2010年第7期，与冯俏彬合作。

二、关于经典公共产品理论的简要回顾

涉及公共产品或公共品的理论分析，可以上溯到大卫·休谟（Hume，1739）和亚当·斯密（Smith，1776），但在较完备的形式上，一般认为，现代公共产品理论始于萨缪尔森（Samuelson，1954，1955，1958），他在《公共支出的纯理论》一文中给出了公共产品的经典定义："任一个个人的消费都不会减少其他个人对这类物品的消费"，即所谓的共同消费，用公式表示为 $X_{n+j} = X_{n+j}^i$；其后，马斯格雷夫（Musgrave，1959，1969）将价格排他原则的非适用性引入公共品定义，并贴切地把公共产品的特征总结为后来广为接受的公共产品的两个本质特征：消费上的非竞争性和非排他性。[1]

按照这两个特征上的不同表现，所有物品又被大体分作三类：纯公共产品、准公共产品和私人产品。其中，准公共产品还可进一步分作两类：能排他但非竞争的"俱乐部产品"、有竞争性但不能排他的"共用品"（也有学者称之为公共池塘物品，如公共渔场、公共草地等）。多名学者进一步用表格、坐标等方式描绘类别，将各类生活中常见的产品在其中予以直观的定位。[2]

除了公共产品的定义与分类，经典公共产品理论还在公共产品的筹资与成本分担、公共产品的有效供给等问题上取得了一系列的进展，它们与此前众多经济学家对于税收、公共支出问题的探讨汇集在一起，形成了层次分明、内容丰富的理论体系，其中的林达尔均衡、庇古税、公共选择理论、公共产品的多主体提供（政府、私人、集体和自愿提供等）等都对后来的学术研究和实际政策产生了极大的影响。

随着研究的深入和公共产品理论应用于实践，已形成了一种广泛接

1　参见Paul A. Samuelson, The Pure Theory of Public Expenditure, The Review of Economics and Statistics, Vol. 36, No. 4.（Nov. 1954），pp. 387—389；Michael Pickhardt, Fifty years after Samuelson's " The Pure Theory of Public Expenditure".

2　参见马珺.公共品概念的价值［J］.财贸经济，2005，11：28；周义程，闫娟.什么是公共产品？一个文献综述［J］.学海，2008，1：104—105.

受的看法：由于公共产品所具有的消费上的非竞争性和非排他性，使得市场机制在其提供上产生失灵，于是需要由政府合乎逻辑地替代市场成为提供公共产品的责任主体[1]。这既是政府产生的理由，也是界定政府职能范围的依据。也就是说，公共产品理论为政府与市场的分工——政府提供公共产品、市场提供私人产品——提供了理论依据，并在相当长的时间内成为政府干预和公共财政职能定位的理论基础。在我国改革开放进程中，公共产品理论被引介进入国内，很快被学界接受并成为标准的教科书理论。近年来，公共产品理论在全社会得到越来越多的关注，"政府应当提供公共产品和公共服务"成为广泛一致的共识——这种认识的基石，一般认为就是"两大基本特征"。

三、扩展的公共产品定义

尽管公共产品理论取得的成就足以使其在全世界流行，但是当我们用经典的公共产品理论来对照当代各国生动丰富的政策实践时，如稍作深究，还是遭遇到一些难以解释、逻辑上不能圆通自洽的阻碍。

（一）教育、医疗、住房等的"公共产品"身份认定问题

在当代，基础教育、医疗服务、廉租房等是各国政府普遍提供的公共产品，几乎无人对此持反对意见。但是，它们中的任何一种，如果严格地用消费上的非排他性和非竞争性两个标准来评判，都不是经典定义上的公共产品。以基础教育为例，要实现"排他"在技术上简直是轻而易举，只需要一道校门，而且成本也可以极其低廉；另外，对于任何一个学校或一个班级而言，可容纳学生的人数是有限的，在边际意义上，收了张三就不能再收进李四，竞争性也明显存在。文献对这些的解释，多是从以下三个方面来说明的：

1.它们不是公共产品，而是准公共产品。

1　2009年诺贝尔经济学奖得主埃莉诺 · 奥斯特罗姆指出了公共产品的第三条提供道路：集体自组织提供。但她自己也慎言说这仅适用于一部分的公共池塘物品，且现实中同时存在成功与失败的各种案例，参见其代表作：公共事物的治理之道——集体行动制度的演进［M］.上海：上海三联书店，2000.

2.它们具有强烈的正外部性。

3.它们是优质品（Merit Goods）。

对此，可依序反诘如下：

1.所谓准公共产品，是指至少具备消费上的非竞争性和非排他性两个特征中任何之一的产品，如前述俱乐部产品与共用品，而教育、医疗、住房等并不直观地具备其中任何一个特征。

2.并非只有公共产品才具有正外部性，相当多的私人产品也具有正外部性。教育、医疗、住房等固然具有正的外部性，但是一个人如果有充足的食品，吃得饱并身体健康，一般而言对他人、对社会也具有正的外部性，但似乎还从来没有人认为需要一般性地把食品定义为公共产品。

3.优质品的内涵与外延都不甚清楚。虽然马斯格雷夫在《预算决定的多重理论》一文将"优质品"定义为"通过制定干预个人偏好的政策而提高生产的物品"；1959年，他在《财政学原理》中再一次指出，优质品是指对消费者有益但由于消费者的无知而消费不足的物品。但理论界对此的解释还莫衷一是。

可以看出，以上努力是从不同角度试图合法化教育、医疗、住房的"公共产品"身份问题。但是，它们都尚未给出教育、医疗、住房成为公共产品而非私人产品的关键性论据。

（二）按照经典公共产品定义，教育、医疗、住房可确定为私人产品。

实际上，哈维·罗森（Harvey S. Rosen）早已坦承"……在某些场合，保健服务和住房是由公共部门提供的私人产品"[1]。英吉·考尔（Inge Kaul）在对全球公共产品进行归类时，也将"基础教育、健康保健及食品安全"归于"关键性的私人产品"[2]。英国伦敦经济学院社会政策系的霍华德·格伦内斯特教授也说："虽然我们所关注的人类服务也带

---

1 哈维·罗森.财政学：第四版［M］.北京：中国人民大学出版社，2000：59.

2 英吉·考尔，等.全球化之道——全球公共产品的提供与管理［M］.北京：人民出版社，2006.

有一些公共产品的性质，但基本上还是私人产品。"[1]

另外，Besley 和 Coate 于 1991 年发表过一篇《私人产品公共提供与收入再分配》的文章，Epple 和 Romano（1996）进一步讨论了私人产品公共生产时公共支出水平与选民的收入分配之间的关系[2]。这说明，部分西方学者已经认识到并承认：按经典的公共产品定义，教育、医疗、住房等是既可排他也具竞争性的私人产品。

于是，我们可知，不少有影响的学者其实是倾向于"收紧"公共产品的边界而严格固守"两个特征"定义的。但在现实生活中，这个问题的实质却是这些产品该不该、能不能由政府提供？因为在经典公共产品理论的逻辑下，公共产品由政府提供，私人产品由市场提供，已是既定的、广为接受的思维定式。一旦明确并承认教育、医疗、住房是私人产品，它们就立即失去了由政府提供的理论基石。而这，与各国的政策实践、与当代公民权利的价值观是相违背的，是不可行的。这个悖论在现有的研究文献中，还是一个未见正面阐释的盲区。

（三）公共产品定义的扩展：对经典公共产品定义的改进和补充

当我们重新反复梳理文献时，发现还存在另外一种关于公共产品的定义，它早已存在，但却远不像萨缪尔森的经典公共产品定义一样广为流传。

布坎南（James McGill Buchanan）在《民主过程中的财政》（1976）中认为，"任何由集团或社会团体决定，为了任何原因，通过集体组织提供的物品或劳务，都被定义为公共的"[3]。

Malkin 和 Wildavsky（1999）认为公共产品是一种社会构成物（Social construct，有人意译作"社会观念"），是一种纯粹与文化相关的观念

---

1 唐钧. 社会政策的基本概念与理论框架［EB/OL］价值中国网，http：//www. chinavalue.net/Article/Archive/2007/4/8/61689_14.html，2009-4-12.

2 参见 Timothy Besley and Stephen Coate，Pubilc Provision of Private Good and the redistribution Of Income，The American Economic Rcview，Vol. 81，No.4（Sep.1991），pp 979-984；Dennis Epple & Richard E. Romano，Public Provision of Private Goods，The Journal of Political Economy，Vol.104，No.1（Feb.1996）.

3 〔美〕詹姆斯·M· 布坎南. 民主过程中的财政［M］. 穆怀朋，译. 朱泱，校. 北京：商务印书馆，2002.

性认定。他们说，一种产品不能根据客观标准来将其定义为公共产品；或者说，不应该由其自身固有的某种属性来定义。一种产品变成公共的是因为它由社会决定以这种方式来处理它[1]。

休·史卓顿(Hugh Stretton)和莱昂内尔·奥查德(1ione1 Qrchard)(2000)说："我们将所有那些其供给不是由个人的市场需求而是由集体的政治选择决定的物品，即把任何由政府决定免费或以低费用供给其使用者的物品和服务，看作公共物品"[2]。

与经典的公共产品定义相比，以上定义的重大差别显而易见：经典定义是由某种产品的"消费属性"——是否具有消费上非竞争性和非排他性——来定义的，而布坎南等人则是从"供给主体"（政府还是市场）和决策机制（"集体的政治选择决定"）来确定的。

但是，我们认为：布坎南等人的定义并不否定、实际上是可以将经典公共产品理论已经形成的基本框架包纳其中。这是因为，在布坎南等人的公共产品定义下，一种产品是否为公共产品，根本标志在于是否经过确定的政治决策由政府来提供，而在决定是否由政府提供时，相关主体自然会考虑到两种情况：一种是那类消费上既有非竞争性又不能排他的产品——大到国防、环保，小到路灯、道路标识等——出于技术和成本的原因"只能"由政府提供，这正是经典的公共产品定义下的情形；另一种是虽然不存在由市场提供的技术或成本障碍，但出于某种共同的关于公民权利的价值观或政治伦理，经集体决策程序认定"应该"由政府提供的产品。正是在此意义上，我们接受布坎南等人对于公共产品定义的要点，并可将其视为"扩展的公共产品定义"的关键内容[3]。

1　W. VerEecke. Pub1ic goods：An idea1 concept［J］. Journa1 of Socia1-Economics, 1999，28：142.

2　〔澳〕休·史卓顿，莱昂内尔·奥查德. 公共物品、公共企业和公共选择［M］. 北京：经济科学出版社，2000：68.

3　在福利经济学中，教育、医疗、公共住房等往往被视为"社会福利品"。我们认为，福利品的表述突出强调了供给上的"低价"和"免费"，但在一定程度上掩盖了生产各类福利品的巨大成本并造成了"公共产品"概念表述上进一步的紊乱。因此我们在本文中不采用"福利品"这样的表述。

我国学者秦晖关于"群己权界论"的认识框架，也可以对我们提供重要的启示：除了公认的群域和己域，以及"群域要民主、己域要自由"这些公认的规则外，还有很多模糊领域，很难绝对说是群域还是己域。对这部分模糊领域，应每隔一段时间（如几年）让公众有机会重新选择[1]。比照上述认识，我们可考虑一种一端（群域）是纯公共品、另一端（己域）是纯私人品、而中间有大量"准公共物品"的认识框架，再考虑其合理的细化和扩展及需借助的机制。可以认为，经典的萨缪尔森式定义解决了"两端"（即纯公共产品与私人产品）的问题，但在模糊的准公共品领域，则需要加入布坎南式的"公共选择"要素（即秦晖所说每隔一段时间让公众重新做出选择的制度化要素），才能扩展到既合乎逻辑也正视现实地解决绝大多数公共品都是"准公共品"所带来的定义盲区问题。因此，在公共产品的理论阐释上，需要基于现实对经典定义做出扩展与补充，形成扩展后的定义与认识。

四、权益—伦理型公共产品和
扩展的公共产品：一个理论框架

在扩展的公共产品定义下，政府既可以提供公共产品，也可以提供直观形式上的私人产品，前提是只要公共选择程序决定这么做。教育、医疗、住房固然可以排他也有竞争性，是可以由市场提供的私人产品，但是，当社会发展到一定程度以后，每一个公民能得到基本的教育、生病的时候能得到救治、有基本的住房保障、有一份工作、年老的时候能得到基本生活品等被视为人之所以为人的"基本权利"，被视为一个文明社会理应具备的仁慈与人道关怀。这种价值观在得到广泛的共识后，经过公共选择的程序，转化为现实的社会政策。于是，这些以前的私人产品顺理成章地进入了政府提供的公共产品的清单。

不可否认，由政府提供基础教育、医疗服务、住房等在满足当代社会对于公民权利的诉求，在贯彻"公平""平等"等基本价值观的同时，

1　〔英〕迈克尔·希尔. 理解社会政策［M］. 北京：商务印书馆，2003.

的确还对全社会带来了实实在在的利益，即大多数文献中所声称的效用不可分割的"正外部性"或公益性。由此，我们将这类新的公共产品称之为"权益—伦理型公共产品"应该是恰当的。

在扩展的公共产品定义基础上，公共产品的范围如图所示（参见图1）。

图1　扩展的公共产品结构示意图

（一）权益—伦理型公共产品的基本特点是"有私人产品特征的公共产品"。

相对于经典公共产品，权益—伦理型公共产品具有双重性，即"有私人产品特征的公共产品"。也就是说，基于政治伦理，它应当由全体社会成员平等消费，因此只能按照政治原则分配。但是，基于产品属性，则既能排他也有竞争性，且某种这类产品在一定时间的消费总量 X 等于 i（i=1，2，3，…，n）个消费者消费量之和，用公式表示为 $X = \sum_{x=1}^{n} X_i$，因此消费它们的效用可分割、受益主体可识别且受益程度可计量，具备了收费的全部条件。由此，在其生产中可以引入经济原则，并打开通向公共部门与私人部门合作（Public Private Partnership，简称PPP）的大门（见图2）。

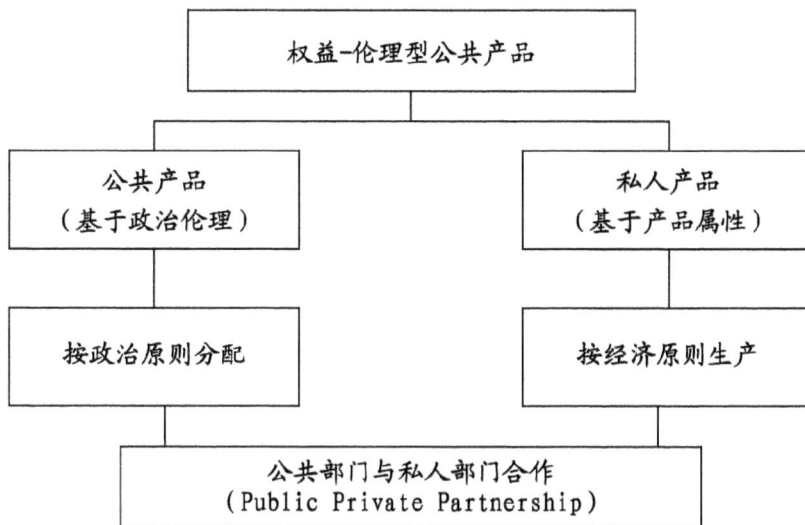

图2 权益—伦理型公共产品的基本特点

1. 按政治原则进行分配，但特别重视那些缺乏权利的人群。大凡公共产品，都应是可由全体国民平等享受的。权益—伦理型公共产品基于"每个人都应平等地享有某种权利"的价值观念而产生，因此理论上讲政府更应当向全体国民平等地提供。但是，必须注意到这样一个事实，任何时候当人们抱怨"不公平""不平等"，呼吁政府做出政策调整时，都存在着一个不言而明的事实，那就是社会中已经有一些人、一些群体先行享有那些被视为更多人以至每一个人都应当拥有的权利。因此，权利的普及对象应该是那些还没有权利的群体。换言之，只有缺乏权利才需要争取权利和给予权利，只有权利不均衡才需要普及权利。

注意到这样一个事实，有助于精准锁定权益—伦理型公共产品在某一特定时期的重点供给对象，即那些由于自身不能控制的原因，无力支付学费、医药费、生活费等的低收入者。正如英国公共政策专家迈克尔·希尔（Michael Hill，2003）指出的：现在的发达国家，在历史上公共产品与服务的供给基本上都是首先偏向于最迫切需要得到帮助的贫困人口，然后在此基础上逐渐实现公共产品与服务提供的均等化。

2. 具备由私人部门生产的条件，因此生产中可全面引入"经济""效率"原则和"使用者付费""公私伙伴关系"模式。经典公共产品理论给出了三种公共产品的生产方式：政府直接生产、私人生产和第三部门生产[1]。从后来的发展情况看，政府直接生产公共产品的神话早已被打破[2]，萨缪尔森自己就曾多次指出，"我已经无数次重复告诫，一种公共产品并不一定要由公共部门来提供，它也可由私人部门来提供"[3]。进一步地，埃莉诺·奥斯特罗姆（Elinor Ostrom，2000）已经证明，在一系列前提条件下，民间自发组成的集体组织也可以提供某种公共产品，且效果并不逊于政府[4]。在当代，公共产品私人生产的观念已广为接受。

在何种条件下，公共产品可由私人提供且数量足够？德姆塞茨（Harold Demsetz，1970）认为，在能够排除不付费者的情况下，私人企业能够有效地提供公共物品；并且通过歧视性价格策略——对不同消费者制定不同价格——可以达到收益最大化从而保证私人能提供足够的公共产品[5]。戈尔丁（Goldin Kenneth，1979）也认为，某种公共产品若不能通过市场手段充分地提供给消费者，那是因为把不付费者排除在外的技术还没有产生或者在经济上不可行。一旦能够实现排他，则可对消费者施加"选择性进入"的约束条件——如收费——而将那些不付费者拒之门外。总之，在经典公共产品理论看来，一种产品能不能由私人

1　参见吕恒立.试论公共产品的私人供给［J］.天津师范大学学报（社会科学版），2002，3.

2　萨缪尔森曾给出政府有效提供公共产品的条件，即：每一个社会成员对某种公共产品的边际支付意愿等于其边际替换率，同时所有社会成员的边际替换率之和等于边际转换率。这意味着政府对于每一个成员对于该公共产品的需求偏好完全了解和每一个社会成员对自身偏好的真实完全表露。这事实上是不可能的。

3　〔美〕A.爱伦·斯密德，财产、权力和公共选择——对法与经济学的进一步思考［M］.上海：上海人民出版社，上海三联出版社，1999.

4　这些约束条件是：清晰界定边界、占用和供应规则应与当地条件保持一致、集体选择、监督、分级制裁、冲突解决机制、对组织权的最低限度的认可和分权制企业。参见奥斯特罗姆.公共事物的治理之道——集体行动制度的演进［M］.上海：上海三联书店，2000：144—160.

5　德姆塞茨.公共产品的私人生产［J］.法与经济学，1970，3.芝加哥大学出版社.

来提供，关键在于能否排他。

据此，权益—伦理型公共产品的最佳生产方式的答案已经呼之欲出。如前，我们已经充分说明，类似教育、住房、医疗服务这样的产品，在未经公共决策程序成为公共产品之前，它们是在消费上既有竞争性、技术也能轻松实现排他性的私人产品，何人消费了？消费了多少？……这一类困扰普通公共产品定价与收费的问题在此却异常清楚。不论是德姆塞茨所要求的"排除不付费者"，还是戈尔丁的"选择性进入"的条件，在此都能得到满足。进一步地，根据已经反复证明的理论，这些公共产品在交由私人提供以后（辅以必要的政府管制），市场通过"使用者付费"制度的力量将使其逐渐趋近于生产与消费的均衡点，达到资源配置的最佳境界。[1]

公共产品的私人生产还有另一个意料不到的副产品：自动解决"公共产品定价"这一经典理论中的核心难题[2]，当然前提是生产者之间存在着相对充分的竞争。大多数情况下，发生定价困难的原因主要在于垄断，在公共产品领域，因自然垄断产生的定价困难更是一直困扰着各国政府的难题。可以这样讲，只要存在垄断——不论是由什么原因导致的——价格发现机制就会存在问题，产品定价就会变成一个难题。因此解决定价难题的根本办法在于消除垄断。就权益—伦理型公共产品而言，它们原本就是能被竞争性消费、同时也不存在排他困难的"私人产品"，因此——技术上讲——不仅能由私人部门生产，而且还能被竞争性地生产。

其实，一种公共产品是由政府来生产还是由私人来生产并不重要，

1　Besley 和 Coate（1991）、Epple 和 Romano（1996）都讨论过"私人产品的公共提供"问题。我们认为，这两篇文章的主要贡献在于指出了教育、医疗、住房的"私人性"，但他们并没有就经典定义本身进行修正，因此有所谓的"私人产品的公共提供"一说。一旦修正了公共产品的定义，则既可以如他们一样讨论这类产品的公共提供问题，同样地，也可以讨论其私人提供问题。

2　萨缪尔森曾给出政府有效提供公共产品的条件，即每一个社会成员对某种公共产品的边际支付意愿等于其边际替换率，同时所有社会成员的边际替换率之和等于边际转换率。这意味着政府对于每一个成员对于该公共产品的需求偏好完全了解和每一个社会成员对自身偏好的真实完全表露。这事实上是不可能的。

重要的是需要澄清这样一个认识误区，即只有政府生产才能保持公共产品的公益性，进而才能低价或免费地为大众所享用，即政府生产＝低价或免费，而私人生产则往往导致高价，进而失却公共产品之"公益性"和"公共性"。只需将此处的逻辑要点列出，就足以分辨出其中的混乱。一方面，低价或免费消费公共产品不等于可以低成本地生产，更不等于政府生产的成本低于私人部门；另一方面，私人生产公共产品也不等于在所有情况下私人部门都可以直接面向个体出售公共产品（服务）。在任何公共产品私人生产的情形下，其生产和消费之间，都必然横亘着"政府"这一中介体（参见图3），政府可视需要、情况分别对产、消双方进行调节与规制，如规定生产者的进入条件、产品标准和质量，对消费者则规定其资格条件、费用负担、年限时间等具体条件，而这正是扩展的公共产品定义下政府发挥作用的主要方面。由此，政府可分别适用不同的原则：在"消费"一极，在决定谁应该消费或享受时，回答的是"该不该"的问题，决定依据是其时决策程序中大多数人或决策者所持有的政治伦理和价值观；在"生产"一级，考虑的则是"能不能"的问题，即谁来组织公共产品的生产可以获得更高的效率，决定依据是"效率"这样的纯经济问题。鉴于经济学家对此早有定论——一般情况下，公共部门的生产效率总是低于私人部门——因此公共产品交由私人生产，就提高效率而言，是必要且正当的。正如周其仁（2008）所言，一种产品，在消费上具有非竞争性并不等于在生产上也具有非竞争性，可以被低价或免费地被消费并不同时意味着生产这些产品是低价或免费的。

图3 公共产品的生产与消费

对于公共产品私人生产经久不衰的讨论从另一个侧面证明了这样一个事实，即那些由政府亲自组织生产的公共产品往往具有比私人生产更低的效率，进而导致了资源浪费、公共产品质量低劣、公共部门的扩张和国民实际负担的加重。因此关于公共产品私人提供的热烈讨论实际上反映是力图将效率原则重新引回到公共产品的生产之中的不懈努力，即，在一定约束条件下，私人部门参与公共产品的生产不仅无损于、相反还有益于后者的"公益性"，因为它有利于动员一切可能的社会资源参与公共产品的生产、进而将扩大供给、提高质量并降低价格，进而从总体上增进社会福利。

如果说经典理论语境下，某些公共产品还会因为具有非排他性和非竞争性无法由私人部门参与生产的话，权益—伦理型公共产品的"私人特征"则基本上不存在这样的阻碍。这正是权益—伦理型公共产品与经典定义下的公共产品最重要的区分之一。

因此，从理论上讲，实现权益—伦理型公共产品的最佳途径是：主要由私人部门按经济原则组织生产，主要由公共部门按政治原则和政策引导机制配置给民众进行消费。如此，既能落实"每一个都应当享有同等权利"这样的政治伦理，同时又能充分利用市场机制，实现公共产品生产上的效率最大化。正是在这个研讨方向上，公私合作伙伴关系（PPP）这一前沿理念，已在近些年迅速成为在新公共管理实践中引领潮流的前沿创新方式。

（二）权益—伦理型公共产品的提供主要体现政府收入再分配的功能。

突出强调权益—伦理型公共产品私人生产的种种优点，并不意味着否认和降低政府在其提供中的重大作用。如前，在公共产品的生产和消费之间，横亘着政府这一中介体。除了在消费环节要按政治原则进行分配这一点必须要由政府执行和保证以外，政府还必须在如何筹资、如何付费、如何管理等"中间环节"上发挥不可替代的作用。

经典公共产品理论下，政府通过征集税收为公共产品筹资。尽管林达尔均衡早就证明某种公共产品的价格等于愿意为享受此公共产品的个体分别缴纳的税收金额之和，且最理想的状况是那些对某种公共产品评价最高的人（往往也是最需要的人）将承担最大的税收份额，以此类推，直至全部成本分摊完毕。不过由于种种原因，税收实践中很少能体现上述逻辑中的"（对等）受益原则"，多数情况下，税种、税率的确定与个人消费公共产品的种类、数量之间并无、也无法实现直接对应的联系。这固然源于居民公共产品偏好显示的困难，也有经典公共产品因存在消费上的非竞争性和非排他性而导致的对个体收费的不可能性，以及"能力原则"从另一角度呈现的局限性的制约[1]。

权益—伦理型公共产品所具有的较强的"私人产品"属性使针对个体收费成为可能，而且只要需要，还可以显化、强化个人付费水平与消费水平之间的联系。典型的例子除"使用者付费"制度外，还可提到各国广泛推行的社会保险制度的改进。一方面，只要符合条件，每一个社会成员都必须加入社会保险体系，且按政府规定的标准交付社会保险费（税），另一方面，同样只要符合条件，每一个社会成员都可以从这一体系中获得与自身缴费水平相挂钩（不一定相等）的公共服务。政府在其中的作用主要在于举办并维持这样一个体系，具体地，其一，制定相关法律并以国家公器来敦促每一个社会成员加入；其二，制定相关费率强制要求雇主、雇员交纳；其三，在该体系资金不足时注资和运用预算可用资源施加再分配；其四，直接或通过制定相关制度委托管理社会保险资金；其五，以公众代表的身份购买相关产品并代为付费，等等。

至于政府选择在哪些产品、多大程度、哪些人群上彰显个人付费水平与消费水平之间的联系，取决于不同国家在具体阶段的具体情况。如医疗、社会保障通常要在一定程度上体现付费与消费之间的联系，而教育、住房、就业、个人服务等的联系性并不强。其中起决定因素的仍然是全社会公认的某种"政治伦理"和"价值观"，当然同时还有财力方面的必要考虑。如对于低收入群体，存在"缺乏支付能力而又必须满足的需求"，因此满足这个群体对于权益—伦理型公共产品需求的资金，不是个人缴费而往往是政府一般性税收；[2]

1　低收入者纳税能力低，但公共服务需求并不相应降低，需得到高收入者所纳税收的转移支付。

2　阿马蒂亚·森在其代表作《贫困与饥荒》中说道，"贫困不仅是穷人的不幸和苦难，更为重要的是，它还导致了社会不安并增加了社会成本……低收入者会为高收入者带来麻烦"。这从另一个角度说明了政府为低收入者提供权益型公共产品、进行收入再分配的必要性。

此外，从实践上看，即使是曾经非常看重社会保险缴费与消费之间关联性的美国，两者之间的联系也正表现出弱化的趋势。正是从这个意义上，我们可以将权益—伦理型公共产品的提供视为政府发挥收入再分配功能的一个方面。典型例证之一就是由政府牵头构建的"共济"型社会保障体系，它以再分配机制向公众提供市场经济的"安全网""减震器"以及为弱势群体托底的一系列保障产品。

至于付费方面，权益—伦理型公共产品的共同特征是政府作为公众的代表可以代为垫付、支付相当大的一部分成本。在私人生产的情形下，政府通常通过制定进入标准、发布所需公共产品（服务）的质量标准与种类、进行绩效考核等方式，向市场招标生产者，并在社会成员消费后按规定承担付费责任。即使那些由政府直接生产的公共产品，虽然没有上面那样一个清晰的付费脉络，也还是通过财政预算、政府拨款等方式履行付费责任。

可见，原本在直观形式上是私人产品的权益—伦理型公共产品，一旦经过政治选择成为公共产品之后，政府就在其中发挥重要的收入再分配和社会管理者作用，在维持"使用者付费"形式并配之以补贴和差别定价等政策调节工具的情况下，填补了生产者"必须收费才能生产"与部分消费者"不能付费但必须消费"之间巨大的鸿沟，使权益—伦理型产品在尽可能大的范围为社会成员共同消费而形成社会总福利的提升。

（三）权益—伦理型公共产品的边界确定和相关决策制度问题

在当代，权益型公共产品的主要内容是教育、医疗、住房、就业、个人服务以及对低收入人群的救济等。但是要注意，不同国家或同一个国家在不同时期对"供给什么"的回答可能是不完全相同的，如美国提供12年制义务教育，英国则将医疗服务作为基本公共品供给；在我国，免费义务教育的时间是9年，基本医疗服务、廉租房等则是近年来刚刚明确要由政府负责安排提供的公共产品。

在经典理论中，公共产品的边界漂移与动态调整已是可观察的普遍事实，对此最一般性的解释是排他性技术的进步与成本的下降导致了某些产品从"公域"到"私域"的移动[1]；另外，市场经济体制的发展和经济社会发展阶段的不同等因素，也造成其边界的漂移。就权益——伦理型公共产品而言，确定边界的标准则不仅是纯粹的技术条件与冰冷的经济因素，而且要包含有复杂政治互动因素的社会政策，其中决定性的影响因素是大多数人持有的某种"政治伦理"或"价值观"。鉴于"价值观"或"政治伦理"总是依国情的不同、随着社会发展和各方面情势的变化而变动不居，因此若观察时间足够长，必然发现即使就同一个国家而言，不同时期权益——伦理型公共产品的具体内容也是不尽相同、动态变化的。原来不在范围之内的某些物品，每隔几年重新界定的时候，有可能被纳入。反之，一种在几年前被广泛视为正当和必须的选择，几年后事易时移，也可能被视为错误。这些便表现为权益——伦理型公共产品具体内容的动态调整和公共产品的边界漂移。

进一步说，最重要的不是政府应当提供什么样的权益——伦理型公共产品，而是要在制度层面建立其动态调整、定期重划的公共选择机制[2]。历史地看，"公民权利"既产生于缺乏权利者的不断抗争，也源于既得利益者基于现实需要的妥协与让步。因此根本性的问题在于，通过什么样的机制来让双方实现互动？从人类历史的长河来看，最粗线条的分类不外有两种方式，其一是缺乏权利者在忍无可忍、揭竿而起之后，既得利益集团被迫进行的适应性调整，其形式往往表现为社会代价极大的暴烈的外部冲突（起义、暴动、改朝换代等），可称之为"非规范的公共选择"；其二则是建立普通民众可以参与、社会代价较低、基于民主法治原则的决策过程，可称之为"规范的公共选择"机制。孰优孰劣，历史已经、并将继续做出回答。

1　经典的例子是美国西部曾经有大片的公共土地，但在铁蒺藜出现以后，隔绝外人和牲畜进入特定土地区域的成本极低，于是这些土地逐渐就变成私有了。又如电子收费技术，使不可处处设收费站的市区道路，也可以成为收费路。

2　参见秦晖《群己权界论：个人价值整合成社会价值的关键》的有关表述。

五、加入权益—伦理型公共产品后的社会产品"光谱"

（一）扩展公共产品定义后的公共产品构成。

扩展的公共产品定义及其相关阐释，使我们可以粗线条地勾画一张社会产品从公共产品到私人产品基本分布状态的"光谱"示意图。（参见图4）

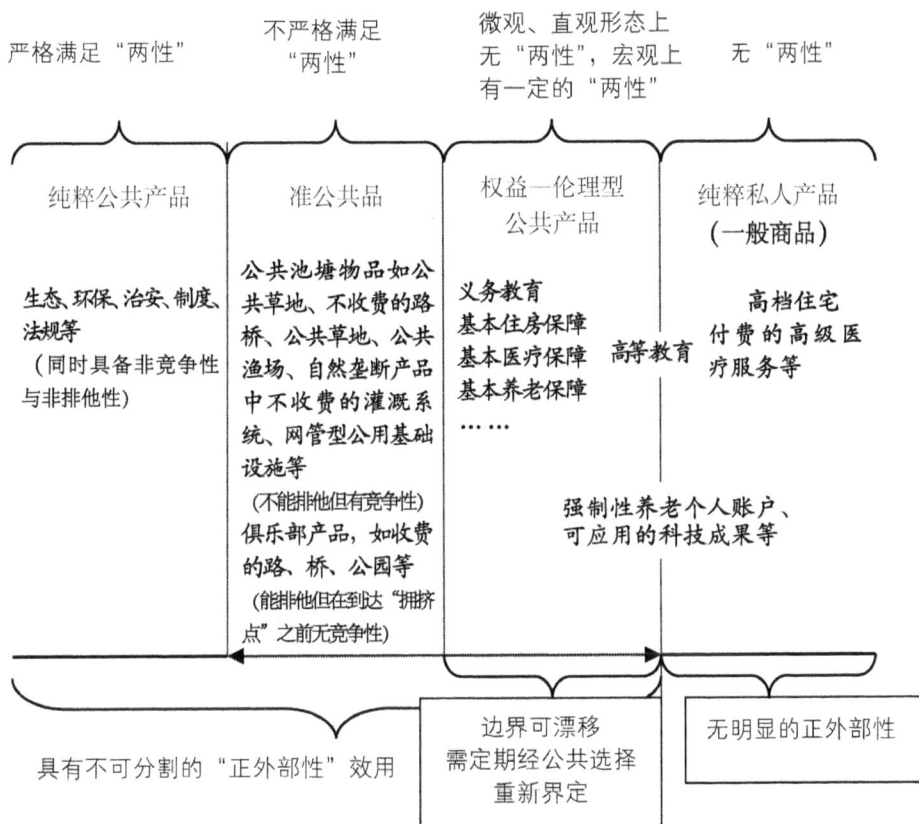

图4 公共产品—私人产品"光谱"示意图

在最左侧的纯粹公共产品和最右侧的纯粹私人产品之间，分布着边界可漂移的、为数众多的准公共产品和权益—伦理型公共产品，这个领域的社会产品特征，是不严格满足"非排他性"和"非竞争性"两个性质，以及微观上不满足、宏观上却有一定程度的满足,这既有别于左侧的"完全满足两性",也区别于右侧的"完全不满足两性"。但无论是纯公共产品,还是准公共产品和权益—伦理型公共产品,都具有不可分割的"正外部性"效应,区别于私人产品的"无明显正外部性",但程度可以明显不同。在这个认识角度上——以教育为例——贾康(1998)曾有所分析:"教育和医疗保健,对某些个人和微观单位,可归为非公共产品,但由于在全社会保持公共教育、保健的某一水准是宏观稳定与整体发展的必要条件,因而又使基础教育、大众医疗保健成为公共产品";"现代社会中,社会成员所受基础教育达到和保持某一水准,是社会整体发展的必要条件。所以,基础教育如我国的'九年制义务教育'更多地具有纯粹公共品的特点,而高等教育在社会成员个人择业和人生设计上,与分散的'发展投资'决策和'竞争性'的关联度明显增加,因而更多地偏向非公共品的特征"(贾康,2002)。今天看来,则可以说,在本文中所明确提出的权益—伦理型公共产品,是在政府牵头的社会再分配中首先稳定了低收入阶层和所谓"弱势群体",进而便稳定了全社会,促进了公共利益最大化。不过,其边界需每隔一段时间通过公共选择程序重新确定,且在不同的历史发展阶段、技术条件、市场状况、体制机制等情况下,可能产生不同的界定结果,比如,义务教育时间长度,可由法定的6年延长到9年,进而再延长到12年)。即使在权益——伦理型公共产品与纯粹私人产品的边界上,也可以存在高等教育、强制性养老保障个人账户、某些可应用的科技成果等性质介乎两者之间、"骑墙"状态的社会产品。

综上所述,我们可形成关于扩展的公共产品定义下公共产品三个部分的基本认识:

1. 确定无疑具备消费的非排他性与非竞争性的纯粹公共产品;

2. 部分满足上述"两性"的准公共产品;

3. 微观、直观形态上不具"两性"而宏观、综合形态上则具有一定"两性"的权益—伦理型公共产品。

进一步地,应明确地加以强调:公共产品内部各分类之间及其与私人产品之间的分界是可以随发展阶段、技术、市场、体制等相关因素和条件的不同而漂移的；权益—伦理型公共品的具体范围，尤需每隔一段时间经公共选择程序重新进行界定。

（二）一个具体案例：我国近期的医疗卫生体制改革。

2009 年 3 月 17 日，《中共中央、国务院关于深化医药卫生体制改革的意见》（以下简称《意见》）提出，完善公共卫生服务、医疗服务、医疗保障、药品供应保障四大体系，健全八项机制，近期重点推进基本医疗保障制度建设，健全基层医疗卫生服务体系，促进基本公共卫生服务逐步均等化，初步建立国家基本药物制度和试点公立医院改革等五项改革。与以往相比，这一历时三年、历经争议才出台的新医改方案，最引人注目的变化在于政府明确地提出"把基本医疗卫生制度作为公共产品向全民提供"，引发全社会的热切关注。

这一《意见》及其上述有关基本医疗卫生制度的公共产品属性的用语，对本文关于权益—伦理型公共产品的基本认识，提供了一个很好的实例。经济社会中的制度安排，也是一种公共产品，而覆盖全民的基本医疗卫生制度所提供的使最低收入阶层也能获得的基本医疗保障条件，支撑着让全社会成员共享的和谐稳定局面，更是惠及全民、人人受益的公共产品。在中国，基本医疗卫生制度作为一种原未定义而新形成了其定义的公共产品，表现的是现实生活中提供这一权益—伦理型公共产品的动态演变过程，这是在约翰·奈斯比特所称的上下互动的"纵向民主"[1]博弈中产生于中国大地的。中国经济社会转轨变革的现实表明，扩展的公共产品（包含权益—伦理型公共产品）定义，是非常值得在学术上作严肃探讨的，并应有可能与必要来构成相关理念创新与公共管理实践创新的理论基础。中国和世界经济社会中的现实生活，正启示、激发着研究者们更多关注这类不可回避的研究深化和扩展工作。

---

1 约翰·奈斯比特，多丽丝·奈斯比特. 中国大趋势［M］. 北京：中华工商联合出版社，2009.

六、简要的总结

在本文中，我们列举和梳理了两种关于公共产品的定义，即萨缪尔森式的和布坎南式的，指出萨氏定义内含的公共产品"消费上的非竞争性""非排他性"两个特征与"政府有时也提供私人产品"（哈维·罗森）的当代中西方政策现实形成难于解释的悖论；在此基础上，对布坎南式的公共产品定义进行了挖掘和整理，阐述了我们对于这一定义内含的"集体选择"因素的高度重视。进一步地，我们认为，萨氏和布氏两种定义不是相互独立、对立的关系，而是可以打通成为包含与被包含的关系，即所谓"扩展的公共产品定义"，从而将萨氏定义（强调的公共产品的"两个特征"）和布氏定义（强调"集体选择"）两个方面统一在更全面且可自洽的解释框架之内。因此，本文的主要贡献不在于对公共产品进行重新定义，而是在已有的、看起来互不相容的两种代表性的公共产品定义之间实现"桥接"和"打通"，提出了"扩展的公共产品定义"并以此整合了原来分裂的认识框架，进而发展和提升公共产品理论的总体包容力与解释力。

将两种公共产品定义打通并桥接起来凝练出的概念，正是权益—伦理型公共产品。是否需要专门给基础教育、医疗卫生、保障性住房等这一类大家习以为常的"准公共产品"换个名称？我们认为这完全必要。我们的研究表明，在严格的经典公共产品定义下，以上产品根本就不是准公共产品，相反，它们是在消费上既有竞争性、受益上也能够轻松排他的私人产品。这些私人产品只有在社会发展到一定阶段，教育、医疗、住房等被视为公民的基本权利，成为全社会基本价值观的一部分和执政者必须遵循的政治伦理后，再经过必要的公共选择程序，才实现了由私人产品向公共产品的"惊险一跳"。权益—伦理型公共产品的名称准确地点出了其"由政府提供的私人产品"这一迥异于普通公共产品的本质特征。

更重要的是，权益—伦理型公共产品的提出还有助于厘清当前我国在教育、医疗、住房等提供问题上的政府与市场责任并提供建设性的思路，即：基于权益—伦理公共产品是由"政府提供的私人产品"的特殊性质，需要在这些产品的生产、分配两个领域分别适用不同的原则，即按经济原则生产，按政治原则分配。

就"按经济原则生产"而言，我们从严格学术论证的角度阐明了这些产品完全具备私人生产的可行性，教育也好、医疗卫生也好、廉租房也好，既能确认受益主体，也能衡量受益程度（排他性），因而完全具备收费条件，可以交由私人部门来生产。由此，不仅可以获得各界已广为承认的"引入竞争，提高效率"的优越性，而且可以解决"公共产品定价难"这一公共经济学中的核心难题。其现实意义在于：从根本上否认了当前一些政府部门坚持只有公立学校、公立医院才能保持公益性（实质是保护部门利益）的观点和做法。

就"按政治原则分配"而言，我们论证了教育、医疗、住房这样的私人产品应是经过"规范的公共选择"才进入由政府提供的清单的特殊公共产品，因此，政府的责任主要在于保证其国民能够获得（即所谓可及性）这些产品，而与其是否有相应的付费能力之间没有必然联系。所以，政府的主要作用在于建立一个可持续的筹资、付费体系，通过国家公器敦促每一位国民加入、为低收入人群提供支持等等方法来弥补"只有收费才能生产"和"不能付费但必须消费"之间的巨大鸿沟，从而促进社会公平，维护政权的合法性。随着经济社会发展，这是一种每隔一段时间应进行一次的、动态的规范的公共选择机制（如前文中列举的我国法定义务教育为9年，但在一些较发达地区已开始经人大立法程序而扩展至12年），现实生活中事关我国公共事务和公共资源配置的民主化、法治化制度建设的重大现实问题。

"按经济原则生产，按政治原则分配"实际上是就以上产品的生产与分配中的政府与市场职能的范围、重点所做的重大划分和明白表达，以及对公共产品领域中"公私合作（PPP）"这一前沿方式的具体化。其隐含的政策意义在于：一方面，要放松这些产品生产领域内的政府管制，降低那些限制私人部门进入的条件，引入竞争，提高效率，节约社会资源；另一方面，要明确和加大政府在"送达"以上公共产品中的责任，实现收入再分配，促进社会公平。我们的研究表明，政府"既不越位、也不缺位"的职能合理化境界，应当是一个动态演变的、需加入民主化、法治化制度安排来动态界定权益—伦理型公共产品的具体边界的、无止息的历史进步过程。对于走向现代化的中国而言，这种进步的意义必定是全局性和根本性的。

参考文献

［1］郭庆旺，鲁昕，赵志耘.公共经济学大辞典［M］.北京：经济科学出版社，1999.

［2］贾康.教育产品的属性及其简论［M］//财政教育投入及其管理研究.北京：中国财政经济出版社，2002.

［3］贾康.财政本质与财政调控［M］.北京：经济科学出版社，1998.

［4］冯俏彬.私人产权与公共财政［M］.北京：中国财政经济出版社，2005.

［5］吕恒立.试论公共产品的私人供给［J］.天津师范大学学报（社会科学版），2002，3.

［6］刘诗白.市场经济与公共产品［J］.经济学家，2007，4.

［7］李林，刘国恩.营利性医院参与市场竞争有助于缓解"看病难"问题［J］.中国医改评论，2009，4.

［8］龙新民，尹利军.公共产品概念研究述评[J].湘潭大学学报(哲学社会科学版)，2007，3.

［9］马珺.公共品概念的价值［J］.财贸经济，2005，11.

［10］秦晖.群已权界：个人价值整合成社会价值的关键［J］.中国与世界观察，2006，4.

［11］唐钧.社会政策的基本概念与理论框架［EB/OL］.价值中国网，http://www.chinavalue.net/Article/Archive/2007/4/8/61689_14.html

［12］唐祥来.公共产品供给的第四条道路：PPP模式研究［J］.经济经纬，2006，1.

［13］吴伟.西方公共物品理论的最新研究进展［J］.财贸经济，2004，4.

［14］周义程，闫娟.什么是公共产品？一个文献综述［J］.学海，2008，1.

［15］朱明熙.对西方主流学派的公共品定义的质疑［J］.财政研究，2005，12.

［16］中共中央，国务院.关于深化医药卫生体制改革的意见［Z］.2009-03-17.

［17］〔印度〕阿马蒂亚·森.贫困与饥荒［M］.北京：商务印书馆，2004.

［18］〔美〕布坎南.民主过程中的财政［M］.唐寿宁，译.上海：三联书店，1992.

［19］〔美〕道格拉斯·C·诺思.经济史中的结构与变迁［M］.上海：上海三联书店，1991.

［20］〔美〕哈维·罗森.财政学（第四版）［M］.北京：中国人民大学出版社，2000.

［21］〔英〕迈克尔.希尔.理解社会政策［M］.北京：商务印书馆，2003.

［22］〔澳〕休·史卓顿，莱昂内尔·奥查德.公共物品、公共企业和公共选择［M］.北京：经济科学出版社，2000.

［23］〔美〕英吉·考尔，等.全球化之道——全球公共产品的提供与管理［M］.北京：人民出版社，2006.

［24］Buchanan, James M.. The demand and Supply of Public Goods［M］. Chicago: Rand McNally & Company, 1968.

［25］R. H. Coase. The Lighthouse in Economics［J］. Journal of Law and Economics, Vol.17, No.2(Oct.1974), pp.357-376.

［26］Dennis Epple, Richard E. Romano. Public Provision of Private Goods［J］. The Journal of Political Economy, Vol.104, No.1(Feb.1996).

［27］Goldin, Kenneth D.. Equal Access VS Selective Access: A Critigque of Public Goods Theory［J］. Public Choice, 29(spring), 1979.

［28］Harold Demsetz. The Private Provision of Public Goods［J］. Journal of Law & Economics, 13(1970). University of Chicago Press.

［29］Musgrave, R.A., The Theory of Public Finance［M］. New York, McGraw-Hill, 1959.

［30］Musgrave, R.A., Provision for Social Goods［M］. Public Economics, London:MCMillen, 1969.

［31］Pickhardt M., Fifty Years After Samueson's "The Pure Theory of public expenditure": What Are We left with?［EB/OL］. Paper presented at the 58th congress of International Institute Of Public Finance，Helsinki，August 26-29, 2002. http:/www. pickhardt.com.

［32］Samuelson, P. A.. The Pure Theory of Public Expenditure［J］. The Review of Economics and Statistica, Vol.36(4), 1954.

［33］Samuelson, P. A.. Diagrammatic exposition of a theory of public expenditure［J］. Review of Economics and Statistics, pp.350–356.

［34］Samuelson, P. A.. Aspects of public expenditure theories. Review of Economics and Statistics, pp.332–338.

［35］Samuelson, P. A.. Pure Theory of Public Expenditure and Taxation［M］//J.

Margolis and H. Guitton (Eds.), Public Economics (pp.98–123). London: Macmillan Press Ltd.

［36］Schmidtz, D.. The Limits of Government［J］. An Essay on the Public Goods Argument. Boulder: Westview.

［37］W. VerEecke. Public goods: An ideal concept［J］. Journal of Social-Economics, 1999(28).

从替代走向合作：论公共产品提供中政府、市场、志愿部门之间的新型关系[1]

一、引言

"理论是灰色的，而生活之树常青"。近年来，我国公共产品提供实践中越来越重视政府与市场的合作，公私合作伙伴关系（PPP，Public Private Partnership）已成为广为人知的公共经济学新词汇（贾康、孙杰，2009）。但是，在公共经济学的相关理论中，以"失灵"为标签的概念体系——如市场失灵、政府失灵——仍然是公共经济学家案头的主要理论武器。我们认为，以往仅从关注"失灵"出发，主要看到的是政府与市场相互之间的"替代"，而不能水到渠成、合乎逻辑地通往双方的"合作"。事实上，在发达市场经济国家，提供公共产品的实践已经跨越了"失灵"的分析而呼唤着理论的创新；在作为新兴市场经济体代表的中国，更是需要理论创新以尽可能彰显"制度的后发优势"。那么，一个能有效解释公私合作——甚至再开阔一点，涵盖在西方国家广泛出现、我国近年也初露端倪的志愿部门大量介入公共服务领域现象——的理论基础何在呢？进一步说，在公共产品提供中的思维起点和认识框架应做何种与时俱进的改变与创新呢？本文拟在这方面做出努力。

1　本文原载《财贸经济》2012 年第 8 期，与冯俏彬合作。

二、政府、市场、志愿部门关系的
传统视角：从失灵到替代

（一）从市场失灵到政府干预。

经济学研究的起点是市场。古典经济学认为，市场这只"看不见的手"自动引导人们的行动，从而达到调节资源配置、促进经济繁荣的结果。但是，正如萨缪尔森（2002）所言，"即使最有效率的市场体系，也可能产生极大的不平等"，如社会贫富差距的拉大、公共产品提供不足、垄断、外部性等，这些不仅反过来影响了经济的可持续增长，同时也带来了严重的社会问题甚至危及社会稳定。这就是广为人知的市场失灵[1]问题。

针对市场失灵的处方是引入政府干预。以凯恩斯的《通论》面世为标志，西方社会进入了长达30多年的政府实施干预的时期，主要表现为政府投资的大量增加和社会福利的逐渐普及。在这个影响深刻的政府干预进展中，政府这只"看得见的手"逐渐与市场这只"看不见的手"成为几乎同等重要的配置资源力量。西方社会进入了混合经济时期。

（二）从政府干预到政府失灵。

公共经济学研究的起点是市场失灵。基于福利经济学的逻辑，政府干预从一开始就以校正市场失灵为己任，即：政府干预是应对市场失灵的一种替代性机制。但是，广泛的政府干预引出了广泛的政府失灵。以提供公共产品为例，与市场一样，政府也必须回答"为谁生产""谁来生产""生产多少"等一系列问题，但无论是民主政体还是集权体制，政府运行的实质都是按多数人的意愿与需要行事，因此政府永远不可能完全准确地提供公民所需要的公共产品，必有部分公民的偏好不能得到满足，始终"存在未被满足的需要"。

---

[1] 早期认为市场失灵主要体现在四个方面（所谓的"老四条"），即所谓的外部性、收入分配不公、提供公共物品和宏观经济不稳定。后来的新市场失灵理论对此有所发展，认为政府干预是基于信息不充分而存在的，因而凡是有信息不充分的地方，就有政府干预存在的必要性。

进一步地，即使是关于提供什么公共产品、提供多少这样的政策制定出来后，在执行、评估、监测的过程中仍面临着一系列问题，如组织内部的分权问题、激励问题和政治家、官员的"经济人"取向等等，这使得政府提供公共产品的效能大打折扣。总之，广泛的政府干预引出了广泛的政府失灵。

（三）从政府失灵到志愿部门[1]介入。

从后来的情况看，对公共产品领域中的政府失灵是从两个维度进行校正的。首先，把市场的还给市场，表现为创造性地区分"公共产品的提供（delivery）"与"公共产品的生产（produce）"两个概念，一方面坚持政府负有提供、送达公共产品的责任，另一方面打破只有政府才能生产公共产品的神话，在公共产品的生产中引入市场机制，多主体进入，通过形成竞争来提高效率，这就是20世纪80年代盛行于整个西方社会的"公共产品私人提供"的浪潮。其次——同时也十分值得重视——则是把社会的还给社会，即重新重视志愿部门在提供公共产品方面的作用。

相对于政府干预下始终存在"未被满足的需要"，志愿部门天生是用来满足少部分人的需要的。如一个关爱艾滋病人的社会团体，一个从事保护野生动物的协会，一个致力于救灾的志愿者联盟等，针对的恰恰就是一小部分人的需要，许多在统一的政府体系中不能体现、不能满足的需求在志愿部门介入后常常可以得到比较理想的满足。从这个意义上讲，志愿部门的介入在一定程度上弥补了政府失灵，也是在一定程度上对政府机制的替代。

但是，志愿部门也存在诸多内生性的缺陷，是为"志愿部门失灵"。按萨拉蒙的归纳，志愿失灵主要表现在四个方面，一是"慈善供给不足"，这主要是基于其资源的有限性；二是"慈善特殊主义"，即仅服务于某些特定的社会群体而忽略另一些——甚至更需要帮助——的社会群体；三是"慈善组织家长式作风"；四是"慈善业余主义"，即志愿部门中

---

1 志愿部门又有非政府组织（NGO）、非营利组织（NPO）、第三部门、公民社会、民间组织、社会组织等不同称呼。

充斥着有爱心但无专业技能的业余人员，而这不可避免地会影响到服务的质量（萨拉蒙，2008）。

（四）简要的归纳。

从市场失灵到政府干预，再从政府干预到政府失灵，然后是志愿部门介入和志愿部门失灵……可以明显地看出，以上理论思维的逻辑特征总体而言是板块状的、单向的，即在市场、政府、志愿部门三者之间，呈现出一种基于"失灵"而依序继起、替代与被替代的关系。[1]

历史地看，这种重在突出某种机制失灵的理论有利于打破对这种机制的迷信，从而为另一种机制的导入开路，客观上有其积极与进步的一面。但是，在"替代"这枚硬币的另一面则很容易滑入冲突和互不兼容，比如关于政府与市场的紧张关系，不仅在我国改革开放以来多次激烈论辩中可窥见端倪，而且在发达国家，即使时至今日仍然有大量讨论政府与市场冲突的文献。另外，在政府与志愿部门之间，也被认为存在持久的冲突。

但是，这种"让政府的归政府，让市场的归市场"式的思维框架，尽管在许多场合是正确的、有益的、不可或缺的，但也具有愈益明显的"板块式"局限性。正如我们在引言中所指出的，这种基于失灵而替代的逻辑与思维方向，已不能为现实生活中广泛存在的公共产品提供中的公私合作创新实践提供理论支持，更无法涵盖在西方国家出现的志愿部门大量介入公共服务领域的现实并对20世纪后半期以来，政府、市场、志愿部门之间"合作"蓬勃生长的基本事实进行解释。对于我国而言，这种基于失灵而替代的单向思维，更是每每强化了各方对于二者之间冲突的认识，以至只要出现市场机制运行不畅的现象，下意识的对策就是政府介入、干预甚至代替；反过来，一旦政府运转出了问题，顺理成章的就是放弃政府责任导向下的所谓市场化。改革开放以来，我国在教育、医疗、住房以及某些社会保障事项的改革上，主要呈现的无一不是这种由"失灵"而"替代"的逻辑，且在现实生活中愈益感觉左支右绌，捉

1　萨拉蒙在构建以合作、相互支持为主旨的政府与志愿部门之新型关系时对流行的理论认识进行过全面的回顾与梳理，比如他说，（一般认为）"非营利部门……是为了弥补政府和市场……失灵，是满足人类服务需求的替代性机制"。当然他本人是反对这种看法的。

襟见肘，建设性不足。

在我们看来，建立在"失灵"基础上市场、政府、志愿部门之间的替代与被替代的问题其实不过是人们认识上一种渐进过程的表述而已。在真实世界中，政府、市场、志愿部门从来都在一起。不否认在某一特定的历史时期，它们中的某一个曾居于显眼的、甚至对另两个主体曾产生过相当程度的挤出的地位，但仔细考察一下各个时期的状况，就会发现，它们始终都同时存在，并各自在不同的领域内发挥着功用，整个人类社会正是在三者的共同支撑之下走过了历史、经历着现在、同时也通向未来。另外，近几十年来，随着全球化、信息化、文明进步，纯公共产品与纯私人产品的中间联结部分——准公共品和俱乐部产品、权益—伦理型公共品等——不断地发生着多样化的升级发展，从而使政府、市场、志愿部门愈益相互渗透融合。PPP这一"前沿概念"，正呼唤更清晰、更现代化的思维框架。

三、从有效到合作：对三者关系的新认识

我们认为，人类社会的现实发展与进步已经告诉我们，需要转换视角，丰富和发展理论，从重视"失灵""替代"转向重视"有效""合作"，在正面承认和肯定市场、政府、志愿部门各自有效性和失灵之处的基础上，重视各自的优势与长处，由原来的替代、拼接关系，发展到在一系列重要领域相互渗透融合的关系，进而达到互补、整合、共赢、相得益彰的合作伙伴关系。

（一）市场有效。

相对于市场失灵，市场大多数时候是有效的，特别是在生产那些有明确受益主体、受益度可准确衡量因而可以运用使用者付费机制的产品与服务方面。市场上行动的个体（公司、企业、个人或其他类型的各类经济主体）无时无刻不在进行着成本与收益的计算，而且——一般而言——只有在因其行动获得的收益大于为此所付出的成本时，个体方会从事某种产品的生产或经营。正是在市场这只"看不见的手"的指引下，成千上万的经济主体基于自身利益所进行的计算与分散的竞争与创新行

动，最终导致了经济效率的提高和社会福利的增加，致使市场经济几百年来人类所创造的财富超过了此前数千年的总和。简言之，市场有效主要在于能最大限度地动员资源进行生产。可以用以下关键词来概括市场有效："自愿""效率"和"创新"。

（二）政府有效。

所谓政府有效，主要体现在通过一系列政治机制和程序，寻求符合大多数人需要、且不能通过个体行动实现的共同利益，大到国家安全、生态环境，中到交通体系、公共工程，小到社区休闲公共空间、体育锻炼设施等。这些"公共产品"因为具有了消费的非竞争性和非排他性，而无法被时刻进行成本收益计算的市场主体持续性地取得投入的回报，于是人们转而寻求通过政治主体和政治规则来实现。与市场相比，政府并不追求个体意义和短期时期内的成本与收益的对称，无论是税收、还是各类公共产品（服务）的分配，直观上都体现出相当程度的强制性。可以用以下关键词来概括政府有效："多数""强制"与"公平"。

（三）志愿部门有效。

作为非政府和非营利的第三部门，志愿部门的有效性体现在可满足选择性的人群的某种需要。这可从两个方面理解，一是作为志愿服务提供方的部分社会成员出于种种原因，有自愿从事公共服务的强烈动机和能力；二是志愿服务的需求方，相对于大多数人而言，这些需求是特殊的、只涉及少部分人，因而在奉行多数原则的政治规则下不能得到充分满足。与市场相比，志愿部门主张非营利，并不刻意追求利润；与政府相比，志愿部门崇尚公共服务的"自愿"参与，因此有别于政治强制，这种发自人性、仁慈和善良的服务，是支撑社会长远稳定、和谐的重要社会基础设施。可以用以下关键词来概括志愿部门有效："选择性的少数""公益"和"志愿"。

（四）认识三者关系的新视角：基于"有效"的"合作"。

可以看出，政府、市场、志愿部门三个主体各自具有显著优势——市场的优势在于较高的效率，政府的优势在于可超越个体利益之争提供大多数社会成员需要的公共产品，并以公权为后盾在社会成员之间进行必要的强制分配，而志愿部门则有利于满足那些"未被满足的需求"。

这些"老生常谈"的话语后面，却隐含着一种新的境界：只要在适当的领域和场合，使它们之中的任意两个形成合作，都可以达到比各自单独发挥作用时更大的效果。

比如，在政府与市场之间，一般情况下，提供公共产品是政府的主要责任，但是，政府提供公共产品并不必然地要由政府生产公共产品，萨缪尔森自己就曾多次指出，一种公共产品并不一定要由公共部门来提供，它也可由私人部门来提供。一方面，在公共产品的庞大光谱中，[1] 真正的纯公共产品数量很少，大部分都是介于私人产品和公共产品之间的准公共产品，而且随着技术的进步和经济条件的变化，准公共产品与私人产品之间的边界还处于不断的漂移之中。一旦准公共产品更多地向私人产品的方向移动和靠拢，则说明随着技术的进步和经济的发展、体制的优化等，该产品已经逐渐具备了由市场生产所需的收费条件，理论上可转由市场主体来进行生产。特别是进入现代社会以来，随着公民权利意识的高涨，政府提供的公共产品的清单上还出现了教育、住房、医疗、个人服务等具有私人产品性质的权益—伦理型公共产品，不仅受益主体清晰可辨，而且受益程度也可准确衡量，由市场来生产，理论上和技术上都没有任何障碍。另一方面，在政府一极，在退出公共产品的生产环节后，政府转而专注于管理，专注于筹资与付费机制的构建、专注于公共产品（服务）的分配与送达，将更多的时间与精力用于识别、回应公民的需求并通过一系列的机制将其转化为某种具体的公共政策，即所谓的"决策者应专注于掌舵而不是划桨"（罗伯特·B.登哈特，2002）。由此，实现市场与政府基于"按经济原则生产，按政府原则分配"（冯俏彬、贾康，2009）的有机分工与合作机制，一面获得市场在生产方面的效率好处，另一面获得政府在公平分配方面的优势，这种基于各自的优势而实现的合作所产生的正面效果，显然要大于其中任何一个主体单独发挥作用时的效果，甚至也大于二者简单的两两相加所取得的效果。

在政府和志愿部门之间，虽然差异显著——政府规模庞大、合法地

拥有公共服务的权力、拥有常规性的税收，而志愿部门则往往小而分散、"妾身不明"且资源蹇顿——但是志愿部门灵活、多样、选择性强的特点却可以有效地弥补政府大规模集体行动下的疏漏与照顾不周，而且"志愿部门比政府更能提供个人化的服务，可以在更小的范围内运作，可以根据客户的需求而不是政府机构的结构来调整服务，可以允许服务者之间一定程度的竞争"，因而可获得更高的效率和更好的效果。同时，由于"政府有潜力提供更为可靠的资源，可以在民主政治程度的基础上，而不是根据富翁的希望，确立优先考虑的事情……可以通过建立质量标准等来保证公共服务的质量"，因此"无论是志愿部门代替政府，还是政府代替志愿部门，都不如两者之间的合作有意义和现实合理性"（萨拉蒙，2008）。从实践层面上看，近些年欧美已发展出既有别于非营利组织、又有别于商业性组织的"公益风险投资"式的"慈善金融"主体，酝酿着由"第一部门"和"第三部门"结合而来的巨大社会创新（赵萌，2010）。

甚至在市场与志愿部门之间，其界限也不是一般人所想的那样的泾渭分明，同样也有诸多合作的空间。比如，志愿部门在参与提供公共产品时，也需要和其他主体进行竞争，需要进行内部管理，需要像企业一样讲求生产效率……因此在诸多方面需要模仿并借重于市场机制。对于企业而言，尽管其主要目标在于利润，但强大的公民社会和消费者主权在很大程度上约束着企业单纯逐利的取向，并反过来向企业不断注入公益、慈善的道德因子，表现为企业越来越多地承担社会责任，或无数企业主通过经营致富后转而从事公益慈善……这种温情与人性，使得企业家脱离了以往唯利是图的无良商人形象，获得公众（消费者）更多的理解与支持，而这，显然有利于市场机制本身的更加顺畅运转。

四、市场、政府与志愿部门之间的
新型伙伴关系：权力共享、合作治理

事实上，在政府、市场、志愿部门之间，以"替代"与板块拼接式的"互补"为初始基础，在现代社会中已生长、存在和发生的广泛深度合作的

可能性和创新实践，在发达国家是已经很容易认定的基本事实。仍以公共产品为例，其生产与提供早已越过了政府的边界，市场、志愿部门都以不同的方式介入到提供公共产品的队列之中。唐纳德·凯特尔（2009）指出，二战以后，美国"在每一个政策领域都发现了公私伙伴关系"，"政府对于私人部门的依赖已经变成了战后的主要行政政策模式"。这种公私伙伴关系有时候又被称为公共服务的民营化，[1] 素有民营化大师之称的萨瓦斯（2002）将民营化定义为"更多地依靠民间机构，更少地依赖政府来满足公众的需求"，即在公共服务的提供中广泛引入市场机制与市场主体，他进一步具体列出了10种公私合作的机制：合同承包、特许经营、补助、凭单、法令委托、出售、无偿赠与、清算、民间补缺、撤出、放松规制等。与此同时，各类志愿组织越来越深地卷入公共服务的生产与提供之中，以社会政策为例，"自从20世纪60年代……以来，大部分的社会政策项目都是通过两步模式进行管理的……第一步，先联邦政府负责确定富有挑战性的目标，然后向州政府和地方政府拨款，再由州政府和地方政府对一些项目实施管理；第二步，由州政府和地方政府将这些项目中的大部分工作承包给当地组织，特别是非营利……团体"（唐纳德，2009）。萨拉蒙及其同事通过调查发现，同样在美国，长远以来在公共服务领域内就广泛地存在着公共部门与志愿部门之间的伙伴关系，表现为政府制定政策并出资、志愿部门负责生产和提供相应的服务。以1980年为例，在美国非营利组织的总收入中，来自政府的资金占到65%，在以提供公共服务为主——其中主要是医院——非营利组织中则高达77%，其间的伙伴关系清晰可见。

市场、政府与志愿部门之间的伙伴关系既大大增强了活力，提高了效率，同时也带来了令人迷惑的公共部门、私人部门和志愿部门之间边界的模糊和各种组织功能的交叉往复，并进一步修正着传统的政府管理模式和理念，从而催生与形成"权力共享、共同治理"的现代行政运作新格局。

1　民营化的英语原文为 privatization，直译即为"私有化"，民营化是一种更易于为国人所接受的表述方式。

所谓"权力共享",是指自福利经济学以来被政府垄断式的提供的公共产品与公共服务的权力——或者广而言之,政府作为社会管理者的权力——正在由更多的主体分享,市场、志愿部门都已深深地卷入到公共产品的生产之中。正如新制度经济学中"产权束"概念一样,现在,当我们讨论政府管理社会、提供公共产品的权力时,已不能笼而统之地谈权力,而必须在"权力束"的眼界下对权力本身进行条分缕析。具体而言,权力包括决策权、执行权和监督权,在传统的行政管理中,以上权力主要是由政府内部的不同层级、同一层级内部的不同部门来分别履行的。现在的发展趋势则是:政府仍然保留和执掌着那些体现公共价值、以提供公共产品和公共服务为主的决策权,相关执行权则呈现多主体特征,政府或政府内部的某个部门、企业、各类志愿组织都可能是执行主体;甚至监督权也同样呈现出多主体的特征,一方面,科层制政府内部自上而下的监督、同级立法部门的横向监督仍然在起作用,但另一方面,媒体监督、公共监督占据着越来越重要的地位,监督的内容则呈现出由传统的"合规"监督向加入"绩效"诉求的综合监督的演进。

所谓"共同治理",是指基于伙伴关系的政府、市场、志愿部门之间平等协作,形成和分享共同价值的社会管理新模式。相对于过去政府自上而下的"管理","治理"意味着政府要运作一个网络,既在政府内部要维持"传统的自上而下的层级结构建立纵向的权力线",在政府外部则要"根据新兴的各种网络建立起横向的行动线"(史密斯、埃格斯,2008),致力于在同级部门之间、上下级政府之间,公共部门、私人部门和志愿部门之间形成优势互补的"跨界治理"(马奔,2010),其实质内容就是跨越不同"部门""板块"拼接递补的效应,而生成与追求渗透、融合、系统化提升的合作共赢效应。

更重要的是,在这样一个涉及多方主体的治理结构中,政府、企业、志愿部门通过对话讨论形成和分享共同价值、通过合同明确各方的权利责任形成平等合作、有序分工的关系。不可否认,政府在其中仍然居于中心位置,但与传统模式相比,治理结构中政府与企业、志愿部门之间的关系,已不再是过去政府高高在上的管理与被管理关系,而是一种相互倚重、平等合作的伙伴关系。这一点,既深刻地改变着当代政府的行政模式，同时也深刻地改变着政府花费公共资金、履行财政管理职责的模式。

市场、政府、志愿部门之间这种基于"有效"而形成的伙伴关系，固然源自公共问题本身的高度复杂性，同时更为解决复杂的公共问题提供了方案。无论在中国还是西方，公共安全、环境保护、自然灾害、治安、资源、教育、医疗等，在流动性越来越强的现代社会，已经从过去单一行政区域内的问题演变成复杂的跨区域、跨部门、涉及多元利益主体的公共事务，完全意义的纯公共产品趋于缩减，而俱乐部产品和权益——伦理型公共产品正在随经济社会的发展进步而扩大其覆盖整个"公共产品光谱"的范围，不仅某一个政府部门难有作为，甚至政府整体也不足以应对。正如伦敦经济学院院长、著名社会学家安东尼·吉登斯（2001）所说，在现代社会，任何一个行动者，不论是公共的还是私人的，都没有解决复杂多样、不断变动的问题的知识和信息；没有一个行动者有足够的能力有效地利用所需要的工具；没有一个行为者有充分的行动潜力去单独地主导（一种特定的管理活动）"。相反必须要在作为核心的政府的主导下，吸收市场主体、志愿部门等共同参与，借助三者合作形成的新机制将越来越大比重的公共产品资源低成本、高效率地实现，从而达到对复杂公共问题协力共助、合作求解的目的。

五、一个理论应用的案例：灾害管理中政府、市场和志愿部门的合作

中国在经济社会转轨的一定阶段上，于近年也愈益表现出政府部门、私人部门、第三部门的互动而不止于替代、补充，已开始追求合作、渗透与融洽伙伴关系的种种表现。下面我们以近年来频发的自然灾害为例，观察现实生活中市场、政府、志愿部门合作的一面。

自然灾害是一种"负"公共产品。面对个人、小规模集体几乎不可能抗御和应对的自然灾害，政府历来是救助与赈灾的当然主体，古今中外，概莫能外。尽管如此，任何一个国家的救灾史从来都不仅仅是关于政府救灾史，其中同时存在着大量关于志愿部门参与救灾的记录。在历

次应灾的过程中，都可以见到政府、企业、志愿部门协力共助、共赴危难的合作图景。以 2008 年四川汶川 5·12 大地震为例，政府在救灾、灾后重建中发挥了极其重要的作用，如灾后尽快调动军队、消防官兵进入灾区救人、抢通道路、抢修各类生命设施、救护伤者，埋葬死难者、转移安置灾民、对灾民进行临时生活救助、恢复灾区各类物资供应等；灾后过渡期结束后，政府及时组织各方面力量制定灾后重建规划，国家财政出巨资扶持灾区重建等……充分发挥了政府动员资源、集结力量的优势，成绩有目共睹。但是，即使在我国这样一个以政府主导为基本特征的救灾与灾后重建模式中，市场主体和志愿部门也大力参与其中。如地震发生后，灾区的大量生活物资主要是由企业运入并销往各地的；进入灾后重建阶段以后，即使是那些全部由财政出资的项目，企业也是其具体执行者和实施者，无论是在基础设施重建、市政设施重建、民房重建、学校、医院、养老院建设……无一不是如此，更典型的例子是，成都市在灾后民房重建中开发出的"联建"模式，即受灾户提供土地、企业或个人提供资金，建成后的房子或者农户一半、联建方一半，或者合作经营、共同分利。这些方式有效地解决了灾后民房重建中面临的重大资金约束，不仅有效地完成民房重建任务，而且为当地灾民开发出一条新的生计来源。其中的合作机制与具体运作，有诸多值得总结的方面。此外，市场大量参与灾后重建并与政府之间形成某种合作关系，还表现在商业性贷款大量流入灾后重建。据统计，四川省灾后重建共花费了 7000 亿元左右，其中 3999 亿元即来自于银行贷款。这些市场主体基于成本收益计算、以求利为主要动机的行动，因符合其时社会的需要而与政府政策引导支持相得益彰，一起发挥了合作救灾、共纾危难的正面作用。至于志愿部门，更是在救灾、灾后恢复与重建方面发挥了令国人为之瞩目的作用，以至有人将 2008 年称为"中国公民社会"的元年。不仅来自民间的捐赠资金达到创记录的 800 亿元左右，而且全国的志愿者如潮水一般地涌向灾区，在那些政府统一行动顾及不到之处，如救人、医护、灾民心理抚慰、板房区秩序维持、乡村重建、公益设施重建、妇女就业、少数民族文化保护等，无一不活跃着志愿部门的身影，充分发挥了灵活多样、拾遗补缺的作用，有力地填补了那些在政府统一政策之下"未被满足的需要"的空白。

　　需要指出，灾害管理是一项具综合性的复杂任务，多主体参与其中，似乎事所必然。但本文中所论述的政府、市场、志愿部门之间的合作关系不仅存在于类似的复杂任务中，同时也存在于几乎各项公共事务或公共产品的生产与提供之中。只要深入基层去认真观察，就可以发现，在任何一项公共产品的生产与提供中，都绝对不只是有政府的身影，而是政府、市场共同参与其中，如教育、医疗、住房、个人服务以及今年国家作为重点的幼儿教育，无一不是如此。在我国，由于种种原因，志愿部门还不够发达，但即使如此，在上海、广州等大城市，已有大量的志愿部门（国内一般的称谓是"社会组织"）深深地卷入到参与到面向社区百姓的公共服务之中。

　　最后，必须看到，尽管在我国的公共服务提供中，市场、志愿部门已经与政府一起行动，但是总体而言，我们的行政模式仍然是"管理式"而非"治理式"的，政府与市场、志愿部门之间平等合作的伙伴关系要么是极其脆弱，要么极不稳定，曾经风行一时的基础设施建设中的BOT模式近年来却在某些区域淡出公众视野即为其中一例。究其原因，一方面是因为在我国，政府作为社会管理者和公权的执掌者和行使者，还没有像市场主体一样受到严格明确的法规约束，因而行政方式有随意、硬性、简单化甚至粗暴的一面。这在很大程度上，就是因为在人们头脑中长期以来形成的计划经济思维惯性与一旦论及市场失灵问题，政府就必须挺身而出加以解决的带有极端色彩的思维逻辑所致；另一方面市场发育水平低、市场主体素质低、志愿者队伍经验不足……往往又进一步印证和放大"政府万能"幻觉，遏制了对PPP机制发展的热情，特别是在某些不该"合作"的领域，官商之间"权钱交易"、腐败风行，亦往往强化了人们对于"公私合作"的困惑与畏惧。但是，中国经济社会日新月异的成长和在一个13亿人的大国中提供公共产品和公共服务的极端复杂性已在提醒我们，是将注意力从主要集中于各主体之"失灵"向适当集中各主体之"有效"转变的时候了，也是我们将政府、市场以及随着我国经济成长而必将进一步成长壮大的志愿部门之间的"替代"关系更多地向正视、重视和培育它们之间"合作"关系转化的时候了。

有必要在"公私合作"的理念之下，积极探讨、认真研究如何在三者之间建立、形成和发展定位正确、方式合理、复杂精致的合作机制，以更好提供各类公共产品。我们认为，这事关我国经济社会的和谐稳定、新时期社会管理的改善健全和整个国家的现代化转轨之宏伟事业。

参考文献

［1］贾康，孙杰.关于PPP的概念、起源与功能［J］.财政研究，2009，10.

［2］〔美〕保罗·萨缪尔森，威廉·诺德豪斯.经济学：第17版［M］.萧琛，等，译.北京：华夏出版社，2002.

［3］〔美〕莱斯特·M.萨拉蒙.公共服务中的伙伴关系——现代福利国家中政府与非营利组织的关系［M］.田凯，译.北京：商务印书馆，2008.

［4］〔美〕罗伯特·B.登哈特，等.公共组织行为学［M］.赵丽江，译.北京：中国人民大学出版社，2007.

［5］冯俏彬，贾康.权益－伦理型公共产品：基于扩展的公共产品定义［J］.经济学动态，2009，7.

［6］赵萌.慈善金融、欧美公益风险投资的含义、历史与现状［J］.经济社会体制比较，2010，4.

［7］〔美〕唐纳德·凯特尔.权力共享：公共治理与私人市场［M］.孙迎春，译.北京：北京大学出版社，2009.

［8］〔美〕E.S.萨瓦斯.民营化与公私部门的伙伴关系［M］.周志忍，等，译.北京：中国人民大学出版社，2002.

［9］〔美〕斯蒂芬·戈德，史密斯，威廉·D.埃格斯.网络化治理：公共部门的新形态［M］.孙迎春，译.北京：北京大学出版社，2008.

［10］〔美〕安东尼·吉登斯，克里斯多弗·皮尔森.现代性——吉登斯访谈录［M］.尹宏毅，译.北京：新华出版社，2001.

［11］孙绍骋.中国救灾制度研究［M］.北京：商务印书馆，2004.

第五篇

财政改革研究

深入进行财政体制改革的设想 [1]

财政体制是经济体制的重要组成部分。它反映、规定、制约着国家与企业、中央与地方两大基本的经济关系。因此,财政体制的改革,是我国经济体制改革的关键性环节之一。

我国的财政体制,包括预算管理体制、国营企业财务管理体制、税收体制和基建投资体制等内容。其中企业财务体制是基础,预算体制是主导和代表(如"分灶吃饭"财政体制,即是以"分灶吃饭"预算体制为代表的财政体制)。税收体制、投资体制则分别规定收入、支出方面的有关体制问题。

党的十一届三中全会之后,我国的经济体制改革在财政方面率先动作,1980年变过去统收统支的预算管理体制为"划分收支,分级包干"(即"分灶吃饭"的体制,1985年随第二步利改税,又实行"划分税种,核定收支,分级包干"在"分灶吃饭"的格局内,向实行"分税制"的方向走了一步。这些改革措施,扩大了地方财权和企业财权,并使国民经济宏观调控中的经济手段得到一些加强,为其他方面的改革,提供了必要的条件。

但是,从实际情况考察,已实行的上述改革措施,还存在着较大的局限性,没有跳出过去"条块分割"经济体制的框架,仅具有过渡的意义。随改革的深入,"分灶吃饭"以来财政体制依然存在的弊病,已渐趋明显。这主要表现在:

1. 仍然束缚企业活力的充分发挥。由于规定按行政隶属关系划分财政收入,各级政府便从各自利益出发对隶属关系决定的"自己的企业"过多干预和过多关照。虽然地方的财权有所增加,但只是预算管理从以

1　本文原载《中国经济体制改革》1986 年第 10 期。

"条条"为主变为以"块块"为主。政企不分这种旧体制弊病在很大程度上得以延续,使企业自主经营步履维艰,大量的直接控制和各种老的、新的"大锅饭"难以有效消除。

2. 强化"地方所有制"客观上助长了投资膨胀。"分灶吃饭"格局中,地方政府为增加本级收入,必然倾向于多办自己的企业,因而要大上基建,以至不惜重复、盲目建设,不顾规模经济效益和技术更新换代的要求,并且对本地生产的优质原料向其他地区实行封锁。尽管这些做法从每一个局部的角度,都可以举出一系列"正当理由",但从全局看,却对于国民经济的协调发展和改革的深入进行,发生了不利的影响。

3. 中央与地方的关系仍缺乏必要的稳定性。各级财政支配的财力在很大程度上取决于共享收入分成的比例和基数的高低,而这些的核定又缺乏充分的客观性。各地都倾向专增加支出基数,压缩收入基数,提高分成比例。同时预算支出虽"分级包干"但在许多具体事项上并不能划清范围,结果"包而不干",最后矛盾集中反映为中央财政"打破了统收,却实际并未打破统支"的困难局面。

4. 没有赋予地方必要的设税权。在我国这样一个大国,地方政府缺乏从本地实际出发建立健全地方税种的权力,不利于因地制宜地筹措财力来保证地区基础设施和非营利项目与生产建设间应有的协调发展,并导致了多种名目的摊派,使企业负担不能归一于税收渠道。

为消除上述弊病,实现财政体制改革与整体经济改革进一步的衔接和配套,有必要在今后创造条件来突破"行政性分权"局面,使财政体制向更为纵深的经济性分权方向发展,而彻底的中央、地方分税制和分级财政过渡。

以经济性分权为方向推进财政体制改革,其核心内容在于按照社会主义有计划商品经济的客观要求,通过国家与企业、中央与地方关系的变革与完善,使国家职能得到正确、充分的发挥,既创造企业自主经营、公平竞争良好的环境和条件,也实行以经济手段为主的计划调节和为区域发展提供必要的财力分配上的协调平衡。

彻底的中央、地方分税制和分级财政,正是与达到上述要求相适应的。它将使财政体制突破条块分割和直接控制的旧体制模式,转入新的以间接控制为主的新体制模式的轨道。

这种新财政体制有如下基本要点：

——在进一步完善国营企业"利改税"和改革、健全税制的基础上，不再按照企业的行政隶属关系，而是按照税种划分中央财政和地方财政各自的收入。一户一率的"调节税"需逐步取消，流转税中要扩大增值税的比重，对土地、资源和级差收益的征税要健全起来，对不同所有制的企业，应征收统一的所得税。除具有特殊经济性质的之外，大多数企业将既不隶属于条条，也不隶属于块块，只是按规定向中央和地方政府纳税。这样可以有力地消除政企不分和条块分割，让企业得到自主经营、公平竞争的外部环境，从而充分发挥自身活力。

——中央财政和地方财政对经济的分级调控和管理，将主要通过税收、债券、贴息等经济手段和调整企业外部条件的措施，从而可以较充分地发挥经济杠杆的作用来贯彻国家指导性计划和各项政策，较广泛地以间接控制替代直接控制。

——中央、地方税种的划分，应既有利于保证中央政府对于国民经济结构和宏观经济的平衡，又有利于发挥地方政府协调地区经济发展的职能。凡与保证中央集中财力和实现全国性的经济调节关系密切的税种，应划为中央收入；凡有利于发挥地方经营优势和宜于由地方调节掌握的税种，应划为地方收入。中央、地方还可以有划分比例随客观情况变化而调整的共享的税种。具体设想，在流转税、所得税并重，资源税有所扩大的一个时期内，流转税类可大体划为中央税，以利国家集中财力的稳定；资源税类可大体划为地方税，以利地方政府对于基础设施和企业经营平等外部条件的重视和掌握；所得税则可由中央地方共享。

——中央、地方在按税种划分收入的前提下，要调整和明确各自的事权，重新核定各级财政的支出范围，形成各自独立、自求平衡的中央预算和地方预算。事权的划分密切联系体制的模式，这里的一个关键问题是投资权。在以间接控制为主的体制中，除中央财政要承担一些大型、长周期重点项目的投资外，大量的一般的营利性项目，应交给企业和企业联合体去办，地方财政则基本上不再承担营利性项目的直接投资任务。具体设想，新体制中，中央预算将主要承担中央行政事业、国防、外交、支援经济落后地区的支出和大型基础设施、重点经济建设项目支出等；地方预算将主要承担地方行政事业、市政建设、文化教育、城乡公用事业、环境保护支出等。

——地方政府具有从本地实际出发开征某些地方税种的权力，以此来因地制宜地调节地区经济，为非营利性设施建设提供必要的资金来源。

总之，在实行彻底的分税制和分级财政的条件下，通过体制上打破统收统支和条块分割的经济性分权，应当二位一体地处理好国家与业企、中央与地方两大关系，使企业得以摆脱"条条块块"过多过死的行政隶属关系直接控制，财政既为微观经济单位充分发挥活力创造良好的外部环境、条件和充分运用税收等经济手段实行间接控制，也通过稳定中央、地方财力分配关系协调地区利益与全局利益，从宏观角度组织好国民经济运行。

经济体制改革是一项宏大的系统工程，作为其中一个有机部分的财政体制改革，必须纳入整体改革所要求的配套。那么从财政体制与经济体制配套改革的角度考虑，如下一些相关问题和配套要点应当给予充分的重视：

1. 在微观层次，要积极探索健全和完善国营企业的各种盈亏责任制，使"权责利"真正三位一体地同时下放，并积极发展企业间的横向经济联合，以形成企业经济活动的充分自主和内在制约。这是新的间接控制体系的基础。

2. 有调有放地推进价格改革，在生产资料方面需要通过计划价的调整，缩小"双轨价格"的差距，并放开一部分，辅之以限价等管理措施，相应缩小指令性计划范围。由此促使市场体系进一步发育，形成间接控制必不可少的市场中介条件。

3. 价格与税收必须联调联动。除税率的调整外，还要适应经济发展和改革的要求，在现有税种之外开征新的税种，形成多层次、多环节、多种税、多次征的较健全的复合税制，同时进一步严密税收的稽征管理。目前的改税与今后的分税要结合起来考虑。一段时期中对税务机关可实行垂直领导，使之对各种税收的监交一视同仁，待条件成熟时应使中央税局与地方税局分立。这些将使税收杠杆的作用得到必要的加强和较充分的发挥。

4.在价、税改革和财政向分税制过渡的同时，计划体制、金融体制、投资体制等宏观调控体系的构成部分，都要以由间接控制替代直接控制为方向，实施配套改革。在财力分配方面，财政、银行两大资金调控部门应密切配合，通过完善指导性的综合财政信贷计划，来共同调节、掌握社会总需求、总供给的平衡和国民收入分配结构的协调。这样，才能逐步形成多种经济杠杆有效配合的间接控制体系。

5.当前要坚决控制固定资产投资的规模，同时也要抑制消费超前的倾向。今后几年内，应争取使财政收支形成一定的结余，以收敛总需求的膨胀，提供足以支持价格、工资、社会保障制度等方面改革的国家集中财力和形成必要回旋余地，确保顺利度过改革中必有的各项措施发挥效益的时滞和可能的波动。

6.要在完善统计和周密研究的基础上，运用全面的资料和现代化科技手段，尽快确定财政实行分税所需的一系列指标和测定与之相联系的权数，使各级收支基数的确定有科学性。

近中期财政体制改革思路的探讨 [1]

财政体制改革，是整体经济改革这一宏大系统工程中的重要组成部分。由改革的长期性与复杂性所决定，我们既要明确财政体制改革的长远目标，又要精心掌握向长远目标接近的策略与步骤。这里就财政体制改革近中期方案设计思路的问题，提出一些探讨性意见。

一、明确长期目标

对近中期财政体制改革的正确设计，首先要以明确财政体制改革的长期目标为前提。我认为财政体制改革的大方向或目标模式，应当是建立以分税制为基础的分级财政。

所谓分税制，在严格意义上，主要是指各个具体税种要分别划定为国税或地方税；企业均依照法律规定，既向中央政府交纳国税，又向各级地方政府交纳地方税。在这一格局中，各级财政可以根据以本级税收为主的收入，相应安排其支出，独立组织本级预算平衡，做到"一级政权，一级事权，一级财权，一级预算"。

国家（政府）与企业、中央与地方两大基本经济关系，是交会于、集中体现于财政体制的。实行以分税为基础的分级财政，最主要的好处，是它可以一方面做到稳定中央、地方财力分配关系，另一方面做到有效力地、实质性地淡化一向实行的各级政府对企业的"条块分割"式的行政隶属关系控制。在分税制下，企业将不再仅把税款交给作为自己行政主管（"婆婆"）的特定一级政府（再由地方政府与中央政府分成），而是分别地把不同的税，交给不同的各级政府。各级政府对"自

1　本文原载《中国经济体制改革》1988 年第 4 期。

己的企业"的过多干预和过多关照，政府机构与其下属企业的"婆媳关系"或"父子关系"，乃至企业的"行政级别"等等，可以随之淡化或消失，企业将作为平等的法人，得到自主经营、公平竞争的外部条件。因此，分税制问题，直观的、表层的内容，是更为清晰地划开中央、地方间的财政收入，（这一点已普遍为人们所看到了），而蕴含其内的更为深层的内容，则是改变按行政隶属关系实行直接控制的国家（政府）与企业的关系，（这一点不少同志还没有认识到）。显然，实行以分税制为基础的分级财政，符合整体改革向间接控制为主的"国家调节市场，市场引导企业"体制模式转化的要求，是紧扣搞活企业这一改革中心环节的。

二、认清现实条件

但是，实行较为彻底的分税制，需要一系列配套条件。在设计近中期财政改革方案时，必须对现实情况和向长远目标推进的制约因素，有深切的了解。

实行分税制所需的最基本的条件包括：

1. 财权的明确划分要求以事权的明确划分为前提。中央、地方政府各自事权的划分，特别关键的内容在于投资权的划分。由于"二元经济"这种基本国情和经济发展阶段的限制等因素，目前既不可能在一般的地区使地方政府从营利性生产建设项目的投资领域退出，更不可能在全局上使中央政府从营利性生产建设项目的投资领域退出，因而事权的交叉重叠在所难免。

2. 通过划分税种来划分各级财力，要求有比较完善和相对稳定的税收制度。目前由于价格改革难以取得较大进展，而各方面经济关系的调整变动又相当频繁，税制正处于不断调整、忙于"打补丁"的状态，因而一定时期内很难达到稳定与完善。较大的改进，要寄希望于今后在适当时机实行价、税联动改革。

3. 淡化对企业"条块分割"的隶属关系控制，要求政治体制改革和国家经济管理机构改革有较大的、实质性的进展。由于政治体制改革尚处于酝酿、准备阶段，企业承包制的推行在发挥其积极作用的同时，又客观上产生了稳固和加强主管部门与企业间"婆媳"关系的副作用，因而经济管理机构的实质性改革，还需要经过一个过程。

4.实行间接控制，要求以企业自负盈亏为基础，以较健全的市场体系为中介。这两方面的改革，牵动计划、价格、金融、投资、物资流通等体制的改革，都不可能一蹴而就。财政分税制虽然是为间接控制提供宏观条件的重要方面之一，但也不可能过多地超前于其他相关方面。

由此看来，我国大多数地区，在短期内实行分税制的条件还不成熟。可知，在现行的"分灶吃饭"财政体制与作为长远目标的分税制财政体制之间，必然需要寻找适当的过渡形式或中间形式，需要我们为分税制作大量前期准备工作，并采取正确的渐进式的实施步骤。

三、采取突出"多样性"原则的过渡方案

我国幅员辽阔，地区发展的不平衡极其显著，加之分税制改革的复杂程度很高，难度很大，用一套办法，一种过渡形式，是难以取得好的效果的。在近中期的财政体制改革方案设计中，只有突出"多样性"的原则，因地制宜地采取多种办法和多种过渡形式，才能使方案具备实际的可行性。

我认为，要把握两大层次的区分。首先，我国大多数的省份和自治区，尚难以在近期实行分税制，而需采取其他的体制形式，如包干形式；但少数最发达地区，二元经济特征在本地并不明显，地方政府事权也较易明确划定，是具有试行分税制的一些基本条件的。区别分税办法与非分税办法，这是第一层次的多样性。其次，在分税体制之中和非分税体制之中，也不能一套办法，还需从实际情况出发，选取不同形式。这是第二层次的多样性。

这种多样性，要建立在各地区"具体情况具体分析"基础上：

1.在少数经济最发达地区（一两个直辖市级，若干个市级），可以进行分税制的试点。这类地区，商品经济较发达，企业横向联合、自主投资具备了一定基础，有利于做到使地方政府原则上从一般营利性投资

481

项目退出，转而把投资重点放在非营利性基础设施方面，在现行税制即使不作大变动的情况下，将流转税类划归中央后，所得税类、地方税类，仍可提供使地方政府满足其支出需要的收入量。此外，资源税类（包括对房地产收入等的征税）在这种地区也有可能较快地建立和完善，从而为地方财政提供一种稳定的收入来源。有不少在地方工作的同志，认为分税制将使地方财政收入失去稳定来源，这是未考虑扩大资源税范围而得出的认识。如加入这一因素，则结论将大不相同。如果在这类地区分税后出现地方收入偏大的情况，可考虑对大出来的这一部分采取定额或一定几年递增上解包干的局部调节办法。或者，可以保留某种随情况变化而调整分成比例的共享税，以后逐步使之分解、溶合于国税和地方税之中。

2. 在另外二三个比较发达的省份，可以考虑实行较前述分税制试点地区更有突出意义的分税方案，即在流转税类划归中央、零散地方税划归地方之后，将所得税、资源税等捆在一起实行共享，或对这一部分实行递增上解包干。一个时期之后，再向相对而言比较彻底的分税方案靠拢。

3. 大量中等发达地区中的收入上解省份，可以先实行若干年收支包干的体制，通过促进地区经济的进一步发展和其他方面改革的深化，为今后的分税制，做些前期准备、创造条件的工作。可根据不同情况，实行比例不同的递增上解包干办法，或总额分成、增长另定分成比例的办法，以较高的增长分成比例，调动地方的增收积极性和推动地区经济成长。其中个别省市，也可在几年内实行定额上解包干办法，但这种定额包干形式，含有"吃偏饭"的重点支持意义，不宜普遍实行。

4. 中等发展水平地区中的几个一般补助省份，可区别情况实行比例不同的递减补助包干办法，个别特殊地区也可考虑实行定额补助包干。少数民族地区和几个比照少数民族地区体制的边远省份，刚从递增补助改为定额补助不久，考虑各方面因素，宜先实行稳定若干年的定额补助办法。

四、把握住空间、时间的两个序列

按上述设想，从横的方面看，近中期财政体制，在空间上可排成相对彻底的分税制试点、过渡色彩较重的分税制试点、不同形式的收入上解包干、不同形式的支出补助包干这样一个序列，某一特定地区，应归入这一序列中几个大台阶中的哪一个台阶，要在充分考虑该地区具体情况、作出实事求是的对比之后，加以选择和确定。

另外，从纵的方面看，在时间上还有一个需要加以把握的递进的序列，即几年后，随分税制试点取得经验和非分税制地区的经济发展，在时机成熟时，可因地制宜地提高各类分税制试点地区分税的彻底性，并逐步使若干非分税制地区进入过渡形式的分税制。包干与分税制之间是有矛盾的，但也不是不可过渡的，关键是创造过渡的条件。为了与分税制长期目标相衔接，在财政包干地区，要十分注重维护税法的严肃性和必要的统一性，制止在企业承包经营责任制中采取"包税"形式，并通过一定措施，将税前还贷改为税后还贷，逐步创造规范化调节的环境和条件。

各种形式的财政包干体制，在历史上我们曾经多次实行，1980年以来的"分灶吃饭"体制，严格说来也属于一种包干形式。财政包干体制的主要特点，是能够调动地方政府组织收入、安排本地建设的积极性，属于预算管理以"块块"为主的一种形式，由此而决定，其副作用也就在于：在不改变"条块分割"基本格局的情况下，强化地方政府各自为政的"地方所有制"倾向，产生地区封锁、重复建设等问题。加之"包而不干"时，矛盾都要集中到中央财政，会加大中央财政的压力。所以，财政包干体制虽可以因地制宜地在一定时期实行，但不宜长久化、固定化。包干→形式上的分税制→具有一定实质性内容的分税制→比较彻底的分税制，应当是我国大多数地区由近中期财政体制向财政体制改革长期目标接近的基本线索。接近长期目标时，可以随着经济发展和改革深入，逐渐使分税办法趋向统一；调节地区间差异，最后将主要通过中央财政的补助支出。

分税制改革与中央、地方政府间关系[1]

以分税制为基础的分级财政，应当是我国财政体制改革的方向，也是财政改革与整体改革相配套的基本联结点。分税制的最主要特点，是有利于二位一体地处理好国家（政府）与企业、中央与地方两大关系，在淡化各级政府对企业"条块分割"的行政隶属关系控制，以及创造企业间自主经营、公平竞争条件的同时，使中央政府和地方政府间形成合理而稳定的分级独立预算和较规范的财力分配关系。分税制改革的牵动面很大，配套因素很多，一些看起来属于"细节"的问题，若处理不好，也有可能引起全局性的失利。为各方面条件所限，比较彻底的分税制只能作为长远目标，分阶段、分地区逐步实现，因而必须设计、掌握好周密的过渡方案与措施。

一、地方的大宗稳定收入和税收设置权

有些同志担心分税制会把大家的财力、稳定的收入都划归中央，使地方失去稳定收入来源。我认为这主要是囿于现行税制结构的框子来理解分税制，没有考虑到分税制改革与税制自身改革的动态连接与配合过程。

分税制要在我国的实践中取得成功，必须使中央、地方都能获得相对稳定的收入来源，而这一点，正是分税制的优点。按一般原则，在分税制条件下，那些与保证中央集中财力和实现全国性经济调节关系密切的税种，应划为中央收入即中央税；那些有利于发挥地方征管优势和为稳定地方财力宜于由地方调节掌握的税种，应划为地方收入即地方税。

---

1 本文原载《改革》1990 年第 4 期。

具体来说，我国现阶段税制结构是以流转税类和所得税类收入为主，其他税收为辅，在分税制起步时的分税方案中，可行的选择是大体上将流转税类划为中央税，所得税类则根据各地不同情况由中央、地方共享或由地方专享，其他的税种再酌情划分（在一些地区，开始阶段甚至对流转税也不得不实行中央、地方间的某种共享）。但是必须指出，这样的划分，还不是一种比较稳定的中央、地方财力分配结构，而是具有浓厚的过渡色彩。因为其中中央有大宗的稳定的专享收入（流转税），而地方即使在所得税的分享中获得较大份额，也会因所得税收入随经济波动起落的风险而感到财力稳定性不足。至于中央、地方间在共享收入具体分配份额的划定中发生纠葛，更是可想而知的。因此，使分税制过渡方案能够获得预期发展的前提条件之一，是税制结构要以其自身的改进来加以配合，为地方提供足以使其获得大宗稳定收入的专享税种。这样的税种目前在我国税制结构中已见端倪，就是资源税和不动产（房地产）税，只是现时在税收总量中所占比重还不大。按照税制结构进一步合理化、完善化的要求，今后，它们的比是应当得到显著的提高。

资源税所调节的主要是自然资源的级差收益，它在筹集财政收入的同时，还要起到保护资源使之得到合理开发利用和在资源开发者相互之间促进公平竞争的作用。由于资源状况各地区、各矿、各地段千差万别，从价或从量征收的决定因素相互迥异，资源税的征管比较适合交由地方来掌握，以期因地制宜地达到资源税的特定调节目标。它属于一种比较稳定的财力来源，只要本地有资源的开发使用而且发生级差收入，就有资源税收入。我国目前实际上只对煤、石油、天然气三种资源产品开征了资源税，而对金属和非金属矿产品都还处于"暂缓开征"状态，对森林、水流等则还未包括在视野之内。此种状况若长久拖延下去，对于发挥税收应有的筹集财政收入和调节经济的作用，以及为形成社会主义统一市场提供配套条件，都是十分不利的，应该创造条件尽快全面开征资源税。

属于财产税类的房地产税，其作用除筹集财政收入外，也主要体现在对资金有机构成和土地使用方面的级差收益加以调节。使用房地产的生产者，因用地规模、地段位置和不动产数量等因素而获得某些级差收益，对此国家需要通过房地产税的收取，促使其开展大体平等的竞争；对使用房地产作为消费资料的居民，房地产税则成为调节居民个人收入分配的一种手段，使他们在个人不动产方面的动机与行为，得到一定的外部制约与引导，并适当缩小社会上居民的收入悬殊。房地产税具有相当稳定的税源，同时又因征收对象的复杂性而只适合于由地方来掌握。我国目前房地产税只在部分城市开征，而且征收中一般还没有很好考虑地段的区别。加入地段位置因素的房地产估价，是个比较复杂的问题，但又是对于充分发挥房地产税的作用至关重要的环节。再者，由于住房改革远未完成，一个时期内对居民住房的普遍征税也不具备条件。尽管如此，随着经济发展和改革的深入，房地产税收入总额在近几年已迅速上升。今后随着相关条件的改进，可以更为普遍地征收并较为周密细致地处理房地产估价等问题。届时来自这一税收的总收入将显著地增加。

当然，随着资源税类与财产税类收入总量增加和在总税收量中所占份额的上升，需要适当调低流转税类和所得税类的税赋水平，使社会总的税赋水平并不上升过大，而只是税赋承担结构更为合理化。

考虑到资源税类收入和财产税类收入的性质、发展趋势及税制自身改革的客观要求，只要恰当地把税制结构的完善与分税制改革的深化结合起来，那么分税制体制将不仅不会使地方财政降低其财力来源的稳定性，相反还将使之获得大宗、稳定的收入来源。

此外，比较彻底的分税制，还包含地方将依照法律而具备某些地方税的设置权和税率的规定权与调整权。设税权在目前体制和起步过渡初期的不够彻底的分税制中，尚不具备条件，但待分税制达到比较彻底的程度，中央、地方政府事权有了清晰的划分，进而对财权亦能作出清晰的划分，可以形成各自独立、自求平衡的中央预算和地方预算之后，地方拥有法定的设税权就是必要和可行的了。它可以使地方根据本地实际，在法律规范下为本级预算加上筹集资金和调节经济方面的弹性选择余地，从而进一步保证其财力的稳定性和应变能力。地方还可以因地制宜发行地方政府债券，使其财流更具弹性和预算应变能力。

二、中央补助的因素计分法与补助专项化

经济相对落后地区的一些同志担心在分税制下由于各地预算自求平衡，会失去中央财力补助，使支持本地区发展的财力更为匮乏。其实，分税制下各级预算的独立性和自求平衡，并不排除中央政府向地方政府的转移支付，问题只是在于如何使这种转移支付更加合理而规范，更加有效益。

我国是一个地区经济发展水平差异极其显著的大国，调节全国各地区发展不平衡的矛盾，理应是中央政府的职责。在这方面，中央对地方的财力补助，是最主要的调节手段。在分税制中，中央财政必须常年掌握一笔雄厚的财力，专门用于对地方财政的补助，以贯彻中央政府宏观调控的政策意图和支持不发达地区的经济建设与社会发展。在设计分税制方案时，应当充分考虑这一方面的要求。

中央对地方的财力补助，自新中国成立以来，对于支持老、少、边、穷地区和不发达地区，发挥了重要的作用。目前在中央补助方面存在的问题主要有：

1. 确定补助额时运用基数法，在核定地方收支基数后给予"差额补助"。由于各地基数的核定过程中，一方面大框子放在承认既得利益上，谁把支出规模打大谁占便宜；另一方面牵涉到的主观因素也不少，"讨价还价"者多，因此基数很难体现出真正的客观性。而且，基数一旦确定，后续的变动又大都是依基数而来的"一刀切"或小修小补，基数的非客观性要影响整个体制周期。这样，对各地确定具体补助规模时，因缺乏科学的、具有令人信服的客观依据的方法而导致"苦乐不均"。

2. 中央补助款大部分不是专项使用的，地方拿到各自的一块补助总额后再自行安排，并不对这笔资金承担项目责任，也不必对资金使用跟踪问效。这样很不利于贯彻中央补助在优化国民经济结构等方面的政策意图，也不利于加强补助资金的管理及提高资金使用的经济效益与社会效益。

在今后实行分税制的过程中，可以借助中央，地方间划清各自收支

的有利条件，针对上述问题作出如下改进。

第一，根据"因素计分法"来确定对不同地区的补助规模。因素计分法的要领是，先确立在决定中央对各地的具体补助规模时所依据的诸项相关因素，如人口数量、土地面积、人均耕地、人均 GNP、少数民族居住情况、自然资源和社会发展状况的若干综合指标等等，再规定这些因素各自所占的分值或计分权数，然后分别计算出各省区市的分数，把所有地区的分数加总，去除中央财政的财力支持总额，得出每一分所对应的补助支出额，这时便可具体计算出各地区应得的中央财力支持的具体数量。这种因素计分法比传统的基数法科学合理，因为它有了基本统一的客观标准，体现了寓公平于差别对待之中的原则，没有留下"讨价还价"的余地。当然，为了保证其合理性，还需要周密地确定各个因素及其分值与权数，并进一步提高统计数据的准确程度。

第二，实行补助的专项化。在根据因素计分法确定各地补助规模之后，还需要通过补助专项化来具体确定对各地补助支出的结构，以贯彻中央在宏观上的政策意图，达到有效调节地区间发展差异和优化总体产业结构与社会发展结构的目的。这首先需要依据国家产业政策和区域发展政策，制定补助项目总目录和各项目的相关实施准则。各地每年依照项目范围和实施准则编制补助资金支出计划，通过中央补助管理机构的审查和地方的预算正常审议程序之后付诸实行。其次，要实行补助项目资金的专项使用责任制，从资金投入使用到项目完成的每一个环节，都要落实责任者。有关管理机构要建立项目专门账户和实施跟踪问效制度，每一个补助项目在其资金运用过程中，都应提交阶段性报告，在完成时，必须处理好一切"遗留问题"，提交决算报告和审计报告。对违反规章挪用资金和玩忽职守造成资金浪费者，要依照法纪严肃处理、直至追究刑事责任。

总之，由于在分税体制下中央、地方的各级预算各自独立编制，同时中央对地方的补助因采用因素计分法而具备了较强的客观依据以及确定过程的高度透明。因此各地在充分发挥积极性安排好本级预算收支的同时，既不必考虑如何扩张支出以提高基数，也不必花费精力去与中央讨价还价多争补助，各不发达地区从中央财政获取应得的财力支持，就能够得到更加切实、更为充分的保证。加之实行补助专项化，将使中央补助资金既有力地支持各地的各项发展，又有效地优化国民经济整体结构，从而发挥出较高的资金效益。

三、"资金向下流动"格局与政府事权

我国政府间的财力分配从总体上说，多年来是一种"资金向上流动"的格局，即中央财政支出的相当大的部分，要依靠地方财政的收入上解来满足其财力来源。今后实行分税制改革，总的体制框架是中央、地方预算各自独立编制，各自的收入分别来自其以税收为主的财源，地方向中央的收入上解将不复存在，而中央对地方的补助却并不能取消，因而以往总体上的"资金向上流动"格局，将不可避免地转变为"资金向下流动"的格局。

"向上"和"向下"虽为一字之差，但财力分配系统的运行状态与特点却迥然不同。资金自地方向上流动，容易发生地方"拥财自重"、尾大不掉的倾向和中央财力依赖性强、资金紧张、支出结构僵化、从而宏观调控能力不足的弊病。而在地方拥有一定的稳定财源基础上的资金自中央向下流动，则可以使中央政府在追求宏观目标与贯彻全局发展战略方面比较主动，能够通过规范补助的投向与数量，来实现资金的政策意图。因此，分税制在提供中央、地方预算各自的独立性的同时，保持一种资金向下流动的格局，比较有利和适当。

那么，在资金向下流动格局中把补助地区规定为多大范围，实际上要涉及政府事权调整中极为关键的一点，即生产性建设投资权如何划分。我认为，在比较彻底的分税制中，地方政府应当从一般营利性生产建设项目的投资领域退出，将自己的投资重点放到非营利性的基础设施建设方面，把一般营利性生产建设项目交由企业和企业联合体运用自有资金和信贷资金去办；而某些大型、长周期和跨地区的生产建设项目，或简称为"重点建设"项目，则应当由中央政府掌握，通过国有资产管理系统的投资公司去办。这样划分中央、地方政府事权的最主要理由，是在配合分税制打破对企业"条块分割"的行政隶属关系控制，消除中央、

地方政府间一向存在的投资权的纠葛，从而为各自划清财权提供坚实基础的同时，又适应我国的具体国情，通过中央政府承担重点生产项目投资来发挥财政必要的生产建设职能，优化生产力布局和加快产业现代化步伐。

既然在分税制体制下中央政府将承担那些大型、长周期和跨地区的生产建设项目，那么把中央政府对地方政府提供补助的范围安排得比较宽广，不仅包括不发达地区，也包括中等发达地区，甚至还包括比较发达的地区，就是很有必要的了。这样，中央政府才可以通过专项补助对必然会涉及各个地区的重点建设项目提供各个方面的配套条件，使中央宏观调控覆盖产业发展全部阶梯和生产力整体布局，以建设项目资金同补助资金两方面的相互配合来更为有力地提高资金使用效益。

需要说明的是，由于我国是一个幅员辽阔、各地区相互之间不平衡的状况十分突出的发展中的大国，在一些地区的一定时期，尤其是在那些不发达地区走向工业化的初期，地方政府结合本地资源条件来直接投资兴办某些营利性项目，恐怕是一个难以超越的发展阶段。因此，地方政府退出一般营利性项目的直接投资领域，不可能一蹴而就和一概而论，只能区分地区和区分先后，逐步实行。但是，将此作为分税制改革的远景目标，并从起步阶段时就与此目标相配套地考虑如何逐步创造其各项相关条件，却是极为必要和十分重要的。我们深知"退出"目标决不可能迅速地全面实现，但对逐渐接近此远景目标的各个步骤的设计，则决不应当掉以轻心。而且，在我国少数发达地区和某些经济特区，即使是在目前的阶段上，"退出"也已经大体具备了现实可能性，那么就应当积极地推进这一过程。

地方政府从生产建设项目的直接投资领域退出，以及与此相联系，在分税制中大部分甚至近乎全部地区接受中央政府提供的专项补助，体现了地方事权范围一定的收缩和与此相应的财权范围的收缩。我认为，这既是配套改革的需要，也有助于促使地方政府的积极性趋于合理化。这样做，一方面地方政府将不再去热衷于兴办那些仅从本地区利益考虑而不惜冲击全局产业结构平衡关系的生产建设项目，从而消除各地方政府的"盲目、重复建设"和"地区封锁"，推动统一市场发育；另一方面，地方政府可以专心致志地承担理应由地方承担的道路、桥梁、通讯、水利、环境保护等基础设施建设、公用事业发展和科教文卫、社会福利、社会治安等社会公共事务的组织与管理，并以此为主要标准改变以往以各地产值增长为主要指标考核地方政府政绩的做法，从而为企业自主经营、公平竞争创造良好的外部环境，并缓解多年来我国国民经济发展深受其制约之累的基础设施供给能力的短缺，以及扭转为害正日甚一日的生态环境恶化趋势。地方政府退出生产建设项目的直接投资领域后，某些与公益事业关联紧密，又具有一定营利性的项目，可以由地方政府以债券形式筹资后投资兴办。

总之，地方调整事权后失去一些方面的积极性而增强了另一些方面的积极性，其结果是使其积极性更趋向于合理。

世界上许多国家，如美国、日本、澳大利亚、英国、法国、瑞典、印度等等，其中包括以"分权程度高"为标榜的联邦制国家，也包括号称"有一定集中倾向"的单一制国家，都实行"资金向下流动"的财政体制，中央的补助遍及国内全部或绝大部分地区，其主要目的，就在于保证中央政府必要的宏观调控主动权。这方面的经验，是很值得我国借鉴的。此外，分税制改革还必然要求财政系统之外价格、计划、金融、投资等方面的体制改革来配套。只有作为一个系统工程来加以配套设计、配套实施，分税制改革才有可能取得预期成果。

美国财政体系的特点及其对我们的启示[1]

美国是个法治传统十分深厚的国家。各级政府的权力内容，必须以法律所确定的条文为依据。法律规定着、保障着并制约着政府的权力边界、活动范围与行为方式，包括政府的财政系统的运行。

与美国的总体经济制度模式相适应，政府不介入一般营利性企业的活动[2]，职责所在，集中于不能由市场有效提供的那类管理和公共货品（public goods）的运作，其中包括行政、国防、外交、社会治安、社会福利、公共基础设施等等。这些职责在不同层次的政府之间，以法律为基础作了比较清晰的划分。与各级政府的事权相应，确立了各级政府的财权与财政系统财力配置的格局。

联邦政府——主要负责联邦级行政、国防、外交、联邦债务、对州与地方政府的补助、社会保障，以及对若干大类研究、发展项目的资助（包括科技、能源、环境、农业、住宅、交通、教育、就业、保健等方面）。

州政府——主要负责州级行政、州社会福利、州教育、州债务、彩票以及若干类的基础设施等（依各州的法律规定而有一定区别）。

地方（郡、市、镇）政府——主要负责地方级行政、治安、消防、交通管理、公用事业、某些文化娱乐方面的公益设施、地方教育、地方基础设施，以及地方债务等（依各地方的法律规定而有一定区别）。

在权责划分中，除某些完全独立的事项（如联邦级的国防、州级的彩票、地方的消防等）之外，凡涉及需要各级政府之间，乃至各级政府与非政府的团体或企业间"分工协作"的事项，都通过法规形式具体落实到可准确操作的方案上。现举几个实例。

1　本文原载《改革》1990 年第 2 期。
2　严格地说，不排除某些特殊情况下通过一定程序而介入的可能性。

1.如教育。美国的教育是个具有突出特点的"分工协作"的例子。美国实行全民义务教育，儿童自 7 岁开始至 16 岁都必须进入学校接受初等、中等教育。除了存在民办的教会学校之类非公立中小学之外，由为数众多的公立小学与中学所形成的教育体系，属于独立于地方政府之外的"教育管区"或"学区"系统。每一个教育管区的地理区划，不一定与地方政府的区划一致，两者的财力系统也是分开的。学生在中等教育之后，对于进一步的学习，可以作出多种选择，或进入由郡举办的社区学院（其教育内容偏重于职业定向培养），或进入公立大学（多由州政府为主要资助者），或进入由民间基金会等所举办的私立大学。州资助的公立大学，郡立办的社区学院，教育管区的公立中小学以及私立的大、中、小学，都在管理上和财务上自成体系，各司其职。

2.再如航空及相关项目。美国的航空客货运输业由多家相互展开竞争的私人公司经营，但航线、航班的协调与班机起降的指挥系统，由联邦政府掌握；作为基础设施的机场，由郡负责建设与维护；与机场相接的交通干线，多由州负责。联邦、州、郡与私人公司，在这个"分工协作"中也是十分清晰地各司其职。

3.再如公路系统。美国的公路可划分为联邦级、州级、市级，直至镇级，各级政府负责以资金支持相应级别的路段的建设与维护，共同组成一个四通八达的公路交通网。在执行总体的发展规划的过程中，由联邦、州政府自上而下地给予某些补助。

总之，美国以宪法、宪章、法规等形成的法律体系，规定了各级政府的权力体系，使事权、财权的划分及分工协作关系，都稳定在法律基础上。

一、各级政府具有自己的独立预算与相对稳定的收入来源；政府间的资金转移支付是自上而下流动的

由于事权划分清晰，使财权划分的清晰化与各级财政的独立性，具备了前提条件。联邦、各州、各地方政府，都编制执行自己的独立

预算，有权依法掌握本级税种，税率的设置与变功，具有自己相对稳定的收入来源。

作为美国财政收入最重要来源的税收，以个人所得税和财产税为两大主要税种，联邦政府与州、地方政府都征收个人所得税但以联邦政府为主。联邦个人所得税是超额累进征收的，1986 年税收改革后，税率为 15%、28% 两个级距，该项收入占联邦 1990 财政年度预算总收入的 41%；而州、地方政府一般是定率征收，税率较低，如宾夕法尼亚州（以下简称宾州）1989—1990 财政年度中个人所得税占总收入的比重为 22.78%，税率为 2.1%。

财产（不动产）税是地方政府的大宗的稳定收入来源，联邦与州政府不征收。1989 财政年度，宾州阿里甘尼郡不动产税收入占预算总收入的比重为 53.18%，匹兹堡市不动产税收入比重为 32.52%。蒙特·雷巴伦自治镇财产税收入比重为 46%。按照宾州法律，财产的估价由郡政府掌握，市、镇政府则有制定本地财产税税率的权限。

可见，上述两大税种的配置与划分，与各级政府财源配置格局的形成，关系十分重大。

在两大税收之外，各级政府还有侧重点各不相同、与其事权关系密切的其他一些大宗收入来源。如联邦财政的社会保险收入，1990 财政年度中占预算总收入的 37%；州政府的销售税（各州税率不尽相同），宾州 1989—1990 财政年度中此项收入占总收入 37.4%；联邦与州的公司所得税，该项收入占联邦 1990 财政年度和宾州 1989—1990 财政年度预算总收入的比重都是 10%；郡、市、镇政府的专项收费，如 1989 财政年度预算总收入中，阿里甘尼郡航空费收入占 8.1%，匹兹堡市供水排水收费收入占 7.56%，停车费收入占 5.18%，蒙特·雷巴伦自治镇娱乐费收入占 11%。

此外，各级政府均可以依法发行各类债券来筹集收入，不少州政府还发行彩票，这使得各级收入来源更具弹性与应变能力，联邦政府 1990 财政年度债务收入占预算总收入的比重为 8%，宾州 1989—1990 财政年度为 2.6%，阿里甘尼郡 1989 财政年度为 0.76%。

在各级政府都拥有独立的一级财政的同时，也存在政府间的转移支付。美国政府间转移支付的形式是联邦对州与地方以及州对地方的自上而下的补助，由地方向州与联邦的上交则不存在。1990财政年度联邦对州与地方的补助在预算中共计1236亿美元，占总支出的11%，其中联邦对宾州的补助近5亿美元，约为宾州年度总收入的4%，资金自上而下的流动，使联邦与州政府在追求宏观目标方面比较主动，可以通过补助的投向与数量的掌握来贯彻资金的政策意图，所有补助都要落实到专门项目，它有一整套的申请与审批程序和计算公式等技术性规定，使得政府间的财力转移关系能够处理得相当清楚。当然，在这一领域里，所谓"游说疏通"这类私下或半私下进行的讨价还价仍是不可避免的，但由于制度性的规范化因素毕竟较强，它的作用一般仅限于全过程中的立法机关审议环节，不易扩张到更大程度上。

二、各级预算的编制、审定与执行，均严格遵守法律化、制度化的程序

经过多年逐步改进，美国各级政府的预算程序已达到相对稳定和严格的法律化、制度化。

（一）规定预算草案编制时要具有较深视野。

各级预算程序大都规定了着手编制特定年度预算的时间与编制时的视野深度。如联邦预算过程按照规定至少要在预算年度的18个月之前和向国会送交文本的9个月之前开始。以1989年10月1日开始执行的1990年度联邦预算为例，它必须在1988年春季开始编制，在1989年1月送交国会。每一年度的预算，都要被置于一个五年预算计划的体系中滚动编制。这种方式，有利于保证预算编制部门始终保持较深的预算视野，把每一年度的预算放在与前后年度的紧密联系，特别是后续年度的发展规划中来掌握，从而提高预算质量。

（二）行政系统外的议会与专门委员会对预算草案具有实质性的审议、修改权力；公众也可通过意见听取会等形式对预算草案提出质询与建议。

根据联邦法律，国会可以批准、修改或否决总统的预算建议，可以

改变基金水平，取消项目或增加新项目；可以制定关于税收及其他收入来源的法律；可以通过法律程序授权专门机构负责实施预算支出项目。依照1985年修改过的国会预算条例，国会在分项考虑各支出项目之前，先要考虑总预算盘子，以一个参众两院的共同决议案作为随后考虑支出安排与收入措施的基准文件，并对各年度预算赤字制定上限（1990年度的赤字上限为1000亿美元）。

国会的上述决议案并不需要总统批准，但关于实现预算目标的最后法案，必须送总统并得其批准，因此，这种相互制约关系，使得在国会领导者与行政领导者之间，要进行频繁的磋商。

议会在对预算草案的审议过程中，信息公开化程度很高，公众可随时通过新闻媒介了解有关情况，各地都规定在通过地方预算前必须举行公众意见听取会，公民可自由参加，提出质询与建议。

（三）预算的执行与修正均置于严格的法制之下。

预算一旦批准，即成为该财政年度的具有法律效力的资金计划文件，各有关机构均必须遵照执行。在联邦级，OMB（管理及预算办公室）要按时间和按项目把财政资金分拨下去。对于预算的任何修正，包括缓拨，都必须经过国会。撤销项目，必须在45天之内由国会通过，否则，原项目就将继续执行。地方政府的预算也同样要严格执行。各地有关负责官员都明白：若不照预算执行，就要受惩处进监狱。

（四）地方政府向联邦或州申请补助与运用补助，都要遵照法定程序办理。

凡是联邦或州所可能提供的补助，地方政府申请与运用时，都要按法定程序办理。这种程序可分四个阶段即：立项阶段、申请阶段、判定阶段和执行阶段。

三、税收体系相对健全，并在不断改进中

税收历来是美国财政收入的主要来源，美国的税收体系已相对健全，并继续在稳定的轨道依据实际情况处于逐步改进之中。这方面可指出如下要点。

（一）有稳定的、具有一定独特性的联邦、州、地方分税制。

美国的税制结构中，通过最主要两大税种中个人所得税的以联邦级为重点的多级同源分享征收和财产税的在地方各层次间的同源分享征收，以及其他诸多税种的各自独立征收，较好地处理了美国这样一个联邦制大国各级政府间的财力关系，为各级政府分别履行其职能，实现各种社会发展与经济调控目标，提供了资金保证体系。美国的这种带同源课税、财源分享内容的各级政府分税制，在世界各大国的财政体制和税制结构中，具有其独特性。

（二）有比较有效率的税收征管系统。

美国的税收征管，一方面凭借法律的权威性，另一方面又依靠上下联通、运用了现代技术成果的信息处理系统。任何企业的经营活动都要依法建账，使用出纳机，保存原始单据。作为纳税人的公民，亦在其个人所得的来源方有据可查，这些又成为提高信息系统数据准确性的基础。企业与居民的税收申报单与税款，由税务中心通过计算机化的设备加以处理，则大大提高了税收征管的效率。

（三）存在较好的居民纳税习惯和纳税咨询系统。

美国对培养居民的纳税习惯一向重视，人们的纳税习惯已成为一种类似"文化传统"的东西。美国关于各种税收的征收与减免的详细规定卷帙浩繁，除税务系统提供各种印刷宣传品与专门的电话答问服务之外，还有专家主持的私人开业的事务所和咨询机构，对各类公司与居民的纳税事项提供咨询、指导与代为填报的服务。

（四）灵活运用税收抵减来调节纳税者的投资、消费行为。

美国在税收的抵减方面作了许多规定，以求对经济行为加以灵活调节。比如，为鼓励纳税人将收入转为投资，规定企业收入用于投资和居民收入用于购买债券、股票的部分，可享受税收抵减；为鼓励居民将财产用于公益与慈善事业，规定纳税人将钱物捐赠公立或私立的公益性、慈善性机构或团体，可按量相应享受税收抵减（其最高抵减额可达全部个人所得税的50%）等等。

（五）在动态过程中完善。

美国的税收制度除每年都会有若干修正之外，在1986年又实行了一次较大的改革，主要内容是降低所得税率和简化档次，同时减少税收抵免等。其基本目标，是在总税收量不变的情况下，能使税收对于经济所产生的作用趋于优化。这些表明，美国在相对其他某些国家而言的较高起点上，仍在自觉致力于税收的改善这一动态过程。

四、不同层次的政府及财政各有侧重地追求
社会与经济的稳定、效益目标

美国政府对于总体上由市场导向的国民经济运行，加入了若干积极的国家干预，以实现某些特定的社会及经济目标。财政在此方面具有重要的作用。

政府的特定目标可认为包括相互关联又相互区别的两大方面：一是维持社会、经济生活的必要的稳定与秩序；二是促使各项发展从经济上衡量能够"有效率"地进行。前者可称为"稳定"，它较多地关联于公平分配原则和公共货品的一般运用；后者可简称为"效率"，它较多地关联于动力刺激原则和公共货品的某些有区别性的运用。在美国的分级财政体制中，各级财政都兼顾这两个目标，但联邦相对侧重于前者，地方则相对侧重于后者，也无疑适应了联邦政府。更充分了解最为宏观的一般稳定要求和地方政府更易于了解因地制宜区别对待的具体要求这种现实。

比如，联邦公债在公开市场上的发行，在筹集资金的同时主要着眼于调节整个经济的银根松紧状态（与货币政策相配合）；而地方政府公债则主要着眼于筹集资金以支持其地方性经济发展中某些特定的所需项目的建设，有些地方公债还要由所支持项目建成后的收益来归还。在联邦支出中，为维护社会稳定而实行的对个人的直接优惠性支出占了最大比重（1990财政年度为43%），其中包括一系列关于社会福利和社会保障的项目，绝大部分的美国人都已被纳入联邦政府的社会保障基金项目中。此外，还有与稳定问题联系密切的对农业的价格支持、信贷和收成保险项目，对部分城市社区与农村区域发展的支持项目，对灾害地区居民的救济项目，等等。而在州、地方支出中，基础设施与教育、文化

服务等项目则成为重点，地方性的发展可以更为突出效益原则地放手去办，地方性的服务可以较多地从经济的角度考虑而因地制宜。越是靠近政府系列下端的层次，侧重于效益的倾向越突出，而把调节地区间差异（发展不均衡）所产生问题的责任交给联邦政府和州政府，通过对地方的有区别的补助等来加以履行。

这里值得一提的是，地方财政的金库在普遍采用银行委托存款制时，均按照商业精神处理作为头等的资金款项，使之在金融市场上生息。

五、美国财政体系特点对中国财政改革的若干启发

中美两国是版图面积相仿的两个大国，但不论从人口、自然资源、文化传统、经济发展现状而言，还是从社会政治经济制度而言，都存在着巨大的差异，这意味着在美国特定环境下行之有效的成功经验，在中国却未必一定有效。但是，在人类的社会、经济发展中，毕竟存在某些共性的规律可循，在此种规律基础之上的一些方法性的东西，亦可以相互借鉴。

（一）分税制。

美国的分税制较好地处理了各级政府的财力分配关系，把各个层次政府的"积极性"，融汇于整体性与独立性的相对稳定的对立统一体之中。这种分税制的重要前提是，各级政府与企业间均不存在行政隶属关系，均不直接介入一般营利性企业的兴办与其经营活动，因而各级政府间的事权，没有类似中国现时存在的那种"投资权"上的重叠纠葛，使事权的清晰提供了划清财权的基础。中国改革的最重要目标是政企分离，使企业成为统一市场中的具有较硬预算约束，相互展开正常竞争的商品生产经营者，这就意味着需要改变现存的一般企业与政府间的行政隶属关系，调整与改变政府事权，同时也就意味着在新的体制框架中可以借鉴美国分税制的经验。一方面，考虑到中国分税制的建立或形成，将是一个与统一市场发育过程紧密相关的较长过程，美国同源分享课税的处理方式，似乎尤其可以在设计上和操作上加以吸收，因为它为中央、地方间不同比例的"共事"，提供了有弹性的选择空间与操作余地，可以

连接改革的渐进过程与终极目标。另一方面，考虑到中国的地区性差异要比美国远为显著，生产力水准的低下使财力的集中使用更需要加入政府干预，因而我认为中国中央政府的事权中，将不可避免地长期保持对于某些数量有限的大规模、长周期、跨地区的生产性项目（"重点建设"的投资权。与此紧密联系，必须在改革的设计与实施中坚决地使地方政府逐步从生产性项目投资领域退出。这样才能克服事权重叠的矛盾，既为企业摆脱近年"行政性放权"下仍大量存在的地方政府对企业的直接的或变相的行政隶属关系控制提供条件，又为形成有实质性意义的分税制体制框架提供条件。这是中国分税制改革成功所不可或缺的重要关节点之一。

此外，中国现时的财政，是一个明显的资金向上流动的系统，中央财政支出的相当大的一部分要依靠地方财政的收入上交来满足。这种局面自然容易产生地方尾大不掉、"拥财自重"的倾向和中央政府调控能力过弱的弊病。在分税制改革中逐步提高中央财力占全部财力的比重，吸取美国财政资金向下流动的优点，也十分必要。

当然，分税制改革的配套要点还有许多，这里不一一提及。

（二）政府职能与财政事权。

财政是国家政权为满足其实现自身职能的需要而对一部分社会产品的分配，因而财政权责归根结蒂取决于政府的职能。

政府职能以及派生于它的财政权责，不论在各国间有多少差异，但却有一些不可改变的共性部分，其中可分为两大层次。第一是维持国家行政管理、国防、外交以及公检法系统的正常运转；第二是提供基础设施、公益事业、环境保护、社会福利与社会保障以及公立教育等。第一层次内容在各国均由政府强占，第二层次内容则在多数西方国家有民间的基金会组织、慈善团体等介入，美国即如此。但无论如何美国政府在第二层次中也发挥着具有决定性意义的作用。而在中国的现实情况是：在第二层次中把居民的社会福利、社会保障甩出，主要由企业、事业单位和农村基层单位各自承担，其余则基本也由政府独占。然而，政府在热衷于从事生产性投资的同时，并不能很好承担由其强占的这第二层次的职责。我国的基础设施供给属于最严重短缺的"瓶颈"部分，公益事业服务也极为落后，近年生态的恶化、破坏与环境的污染，已近乎达到了危害民族生存的地步，教育亦处于严重的危机之中。这些成为制约国民经济总体发展迟迟不能走向良性循环的重要因素，而凡此种种，与我们过去过于强调政府职能的个性而严重忽视了其共性，没有很好掌握财政权责的顺序，显然有密切的关系。体制改革应当成为我们尽早纠正上述偏向的契机。我认为在此问题上应把握如下调整财政权责的要点：

1. 在分税制改革及其相关的配套改革中，坚决地使地方政府逐步从一般营利性投资领域退出，要把地方基础设施、公用事业建设与环境保护的状况，作为考察地方政府政绩与地方财政工作状态的最主要标准之一。某些与公益事业关联紧密、又具一定营利性的特殊项目，仅限地方政府以债券方式筹资后投资。

2. 中央政府的预算安排中，对履行各类政府职能应遵循合理顺序，其所承担的生产建设性项目，应当排在财政共性支出之后，量力而行。为更好地保证这种顺序，应尽快实行复式预算，将投资预算专列。

3. 配合企业机制的改革与价格、工资等方面改革，将公民的社会福利与社会保障与企事业单位分离，收归政府责权范围，相应在财政中建立与健全社会福利与保障的基金体系。

4. 在公立教育体系之外，积极鼓励和扶持民办教育的发展，促成公立与民办双方在教育质量上相互竞争、相互促进和在社会上多方开辟教育经费来源的局面。

5. 扶助与指导民间的基金会组织的发展，引导现已出现的高收入阶层将其所拥有的一部分财力，投入公益性服务和蓝善事业的领域，并使之在法律保护下持之以恒地发挥作用。

（三）法制建设。

中国今后不论是想在分税制改革、预算形式改进（单式变复式等）方面，还是在预算一般工作质量的提高方面取得实质进展，都离不开法制建设。唯有法律，才可能提供使财政部门足以有效地抵制其他部门或上级领导人的"需求饥渴"和不合实际的"长官意志"的力量，进而显著提高预算的科学性、严密性和预算执行过程的严肃性，有效发挥财政应有的宏观调控作用。中国财政的困难局面已持续若干年，其间虽不断有加强法制、提高预算严肃性的呼声，但各级财政遇到的有关部门加压力、领导批条子的情形，始终表现为某种无法、无序的过程，这无疑成为妨碍财政扭转被动局面、提高预算质量与调控水平的重要因素。借鉴美国的财经法制建设经验和预算编制、审定、执行程序等，将是十分必要和有益的。可以考虑在完善我国的相关立法的过程中，于近期从实质性地强化全国人大财经委员会的作用入手，进而强化各级人大对各级政府预算编制、审议、执行过程的介入、制约和立法机关应有的保障作用。

（四）居民纳税习惯。

中国的税收系统近年正处于逐步强化的过程中，但仍然不能很好地满足发展与改革的要求；征管工作虽然尽了极大的努力，但税源的流失依然十分可观。除了加强建账、申报、稽核等方面的工作之外，从长计议，需要把培养居民的纳税习惯作为一项基础性工作来抓。在美国，作为公民和纳税人，既有其纳税责任，又有其过问与监督财税问题的权力，与其承受偷漏税所引致的法律制裁，不如依法纳税来求实业的长期发展与个人生活的有保障的幸福——这些成为人们所普遍领悟的常识。当然，即使如此，偷漏税者仍然"大有人在"。而中国在数千年的历史发展中，虽然旧式"皇粮国税"的必要性也曾经是一种传统意识，但它已几乎被本世纪二三十年代军阀割据情况下的滥收苛捐杂税、国民党时代寅吃卯粮的税收"预征"，以及新中国成立以来税收问题上的极端化摇摆和近年地方上多如牛毛的摊派及种种与之相联的不正之风所损耗殆尽。逐步恢复与培养公众的纳税习惯，是现代化过程的要求，它将有助于减少税源流失，降低税收成本和充分发挥税收筹集资金、调节经济的作用。具体设想，至少可以掌握如下几方面要点：

1. 加强有关税收意义与作用的宣传教育，并在改革与法制建设过程中提高财政资金运用的透明度，使公民普遍了解税收与自身及社会生活的关系。

2. 对地方上的多种摊派加以清理，其中若有需要保留的部分，必须纳入规范化的税收渠道。

3. 在适当时机，与工资、物价改革相配套，推出较普遍的征收个人所得税的方案。低收入阶层可按零税率处理，中等收入阶层则可处理成较低税率，随着经济发展和人民生活水平的提高，以后再适度调高。这是建立现代化国家税收结构和培养现代化国家中公民纳税习惯的必由之路，从发展来看，意义重大，前景广阔。

4. 当还比较普遍地存在偷漏税情况时，要重点打击情节严重和态度恶劣者，待走过所谓"法不治众"的困难阶段后，则可更为严格地惩处一切偷漏税者。

县乡财政解困与财政体制创新 [1]

一、引言

中国在经历了 20 余年改革开放的转轨——经济管理模式和经济增长模式的"两个转变"之后，正在合乎逻辑地进入一个更为深刻的社会变革时期。毫无疑问，这种转轨给中国人民带来了巨大的物质福利。然而同样不能忽视的是，转轨又渐续地引发了一系列新的压力。近年显得非常突出的一个现象，就是"三农"（农村、农业、农民）问题的尖锐化和以此为背景而凸现的县、乡基层政权财政困难问题。

现在一种可观察到的传导关系是：在外部竞争和生产过剩压力下，原体制空间内农业的创收功能愈益降低→农村人口收入增长明显降低→基层政权财源捉襟见肘、财政困难→财政困难压力未能促成政府真正精简机构提高效能，却刺激了基层政府的乱收费→脱开正轨的乱收费愈演愈烈而"民怨沸腾"→决策层不得不下决心实施税费改革→税费改革试点暴露的矛盾问题"牵一发动全身"地引出了系统性、全方位实施制度创新的客观要求。在上面这个一环接一环的链式关系中所反映出的实质内容，主要是我国经济社会结构转型中，其过程本身必然要求制度转型的呼应与配套，而目前来自制度创新方面的有效支持明显不足。换言之，制度的创新和转型是在"治本"的深层次上解决结构变迁中的重大矛盾问题（如基层财政困难问题）的关键要素。

1994 年财政体制改革之后，中国地方财政收入快速增长，年均递

1　本文原载《经济研究》2002 年第 2 期，与白景明合作。浙江省温岭市财政局颜云初、林作明同志对本项研究提出了修改意见，在此鸣谢！

增 18.5%。2000 年地方财政收入为 6406 亿元，是 1993 年的 1.89 倍。但与此同时，许多地方县乡两级政府的财政困难却与日俱增，工资欠发普遍化、赤字规模不断扩大、实际债务负担沉重，财政风险日渐膨胀，如此等等，已引起各方关注，概括为一句话：基层政权的财政收支矛盾相当尖锐。有必要指出：这种地方财政困难已经危及部分地方的社会稳定和政府权威，任其发展势必会导致地方财政危机而最终拖曳中央财政步入险境。

对此，我们的基本判断是：中国的地方财政困难主要源于制度缺陷，因而解困的治本之策也在于制度创新。"三农"问题、县乡财政困难问题和政府体制（特别是省以下体制）问题的相互交织，是当前地方财政局面复杂性的突出表现。面对这种社会深刻结构转型从县乡财政困难角度反映出的难题，必须着眼于省以下财政体制和政府体制全局来求解。我们亟应尽早确立一个具备前瞻性思维的清醒认识，通过分析问题成因及其中的关键要素，寻求中长期的根本出路。

二、县乡财政困难的财政体制性诱因

1994 年建立的以分税制为基础的分级财政管理体制，带有强烈的制度创新性质，初步理顺了中央与地方之间（主要是中央与省级之间）的财力分配关系，又在政府与企业的关系方面大大淡化了条块分割的行政隶属关系控制，为政府适应市场经济发展、正确发挥调节经济和社会生活的职能作用创造了条件。然而必须看到，该体制为种种条件所制约，仍然带有强烈的过渡色彩，难免留下不少问题。随着时间推移，这些问题趋于明朗化，对地方财政运转的不良影响日渐突出。概括起来，现行财政体制对县乡财政困难的影响主要有如下三点：

（一）财权划分模式与"事权"（职责）划分模式不对称。

1994 年建立的财政管理体制重新界定了中央、地方政府之间的财权和事权范围，着眼点是增强中央政府的宏观调控能力，明确各级政府的责、权、钱。当时尚做不到配套确定省以下政府之间财力分配框架，原本寄希望于通过逐步深化省以下体制改革，在动态中解决此问题。

但由于省以下体制改革的深化近年并未取得明显进展，财权划分模式与事权划分模式出现了两相背离格局。这在很大程度上加剧了基层政府财政困难。

在实行分税分级财政体制的国家里，中央适当集中财权是普遍的做法。但省以下政府之间的财权划分模式并不尽然，具体格局要依职责划分结构而定。我国实行分税制的主要意图之一是扭转过去中央财政收入占全部财政收入比重过低的局面（到 2000 年，中央财政收入占全部财政收入的比重为 52.2%），这符合分级财政体制正常运行的基本要求。并且客观地说，与较充分发挥中央自上而下转移支付调节功能的要求相比，目前中央财力集中程度还不够，仍有待逐步提高。然而现在的问题是这种趋向被盲目推广和延伸，在省、市形成了上级政府都应集中资金的思维逻辑。1994 年以来，中央的资金集中度实际在下降（从 1994 年的 55.7% 下降到 2000 年的 52.2%），而省级政府的集中程度不断加大，年均提高 2%（从 1994 年的 16.8% 提高到 2000 年的 28.8%）。市一级政府同样在想方设法增加集中程度。2000 年地方财政净结余 134 亿元，而县、乡财政赤字增加。这些说明实际上财力在向省、市集中。

省以下政府层层向上集中资金，基本事权却有所下移，特别是县、乡两级政府，履行事权所需财力与其可用财力高度不对称，成为现在的突出矛盾。按照事权划分规则，区域性公共物品由地方相应级次的政府提供。近年我国省级政府向上集中资金的过程中，县、乡两级政府仍一直要提供义务教育、本区域内基础设施、社会治安、环境保护、行政管理等多种地方公共物品，同时还要在一定程度上支持地方经济发展（而且往往尚未有效排除介入一般竞争性投资项目的"政绩"压力与内在冲动），而且县、乡两级政府所要履行的事权，大都刚性强、欠账多，所需支出基数大、增长也快，无法压缩。比如 9 年制义务教育，该项支出有法律依据，而且由于人口规模扩大较快和相关支出因素价格上升较快，所需资金膨胀更快，主要发生在县、乡两级财政。再比如基础设施建设，县级行政区域内长期以来农村各类基础设施严重不足，欠账累累，而农村工业化、城市化进程又要求配套完善基础设施，对县级政府来说这是非常沉重的负担，经济发达地区同样如此。我们在调查中了解到，浙江温岭市属于财政收入较充足地区，但该市的县城公用事业改造所需资金就远超过全市年财政支出总额。又比如财政供养人口，我国有 2000 多个县级行政区域，如果按每个县财政供养人口为 7000 人、每人年工资为 7000 元计算，所需财政支出就达 1000 亿元规模。事实上，省以下地方政府还要承担一些没有事前界定清楚的事权。比如社会保障，1994年推出分税制时，该项事权没有界定在多大程度上由省以下政府特别是县级政府来承担，现在实际上要求地方政府负责，对原本就"四面漏风"的县"吃饭财政"来说，又增加了一笔没米下锅的饭债。[1]

很显然，转轨时期，工业化、城镇化推进和社会进步所需要的大量物质条件和社会条件是要由省以下地方政府来提供的，特别是县、乡两级政府，承担着宽广、具体的政治责任和经济责任。在这种背景条件下，亟须在明确各级政府合理职能分工和建立科学有效的转移支付制度的配套条件下，使基层政权的事权、财权在合理化、法治化框架下协调，职责与财力对称。这本是"分税分级"财政体制的"精神实质"所在，一旦不能落实，则成为基层财政困难的重要原因。

（二）政府层级过多，大大降低了分税制收入划分的可行性。

实行分税制财政管理体制，则要求政府间的财政资金分配安排，采用税种划分方法。我国目前有五级政府，是世界上主要国家中政府层级最多的国家。从国际经验看，政府层级多的国家，税种也比较多，这样有利于收入划分。但在任何一个国家里，税种数量都不可能过多，因为税种不应随意设置，那样势必扰乱市场经济运行并约束社会进步、损害社会效率与公平。而且市场经济近几十年发展中，简并税种是主流趋势。也就是说，不论政府层级有多少，税种设置的科学性不能违背。我国现行税种有 28 个，和其他国家比，为数不算少。然而问题的焦点在于，这 28 种税要在 5 级政府之间划分，是世界上其他国家未曾遇到的难题。

很显然，5 级政府与 28 种税的对比状态，使得中国不可能象国外那

1　调查中曾有县、乡领导发感慨说："我们基层政府实际承担着无限责任，××乡长或 ×× 县长就像一个'×× 无限责任公司总经理'"。

样主要是完整地按税种划分收入，而只能走加大共享收入的道路。如果硬要完整地按税种划分收入，势必形成政府间收入分配高度不均衡，这是由各个税种收入的高度不均衡所决定的。然而必须看到，一味扩大共享部分又会反过来影响分税分级财政基本框架的稳定。近年我国共享部分的比重一增再增，下一步如把企业所得税和个人所得税也改为共享税，则数得着的大税种已全部共享，这在过渡状态下是一种策略性的选择，但从长远发展着眼作战略性考虑，还是要在将来创造条件把若干共享税分解、融合于国税和地方税之中，进而使分税制得到贯彻并真正加以稳固。

那么从长远考虑，具体而突出的矛盾马上表现在，设立了 5 级政府也就是需要把税源切成 5 个层次，而从税收的属性和各税种的不同特点看，分成三个层次相对容易，分成 5 个层次难上加难。依美国的经验，三级政府财源支柱的概况是：个人所得税和工薪税归联邦（中央）；销售税和公司所得税归州（相当于我国省级）；财产税归地方（基层政府）。这样的划分符合各税种的具体特点，也符合分税分级财政的内在要求，如以联邦为主掌握个人所得税，符合使劳动力在全国统一市场内自由流动、不出现地区阻碍的要求，也符合使该税成为经济"稳定器"的宏观调控要求；地方掌握财产税，既具有信息和管理优势，又符合使地方政府以关注和改善本地投资环境为重点的职能定位。但是很难设想，在我国以一个"地方政府"概念囊括省以下四级政府的特殊情况下，这些税种该怎么切分？不论怎样设计，看来都无法把"分税种形成不同层级政府收入"的分税制基本规定性，贯彻到一个五级政府的架构内去。换言之，这一架构使分税制在收入划分方面得不到最低限度的可行性。我国省以下体制的现状是五花八门，各地不一，有的安排了复杂易变的分享，有的则对县乡干脆实行包干制，总体而言，"讨价还价"色彩浓重，与分税制的距离还相当大，并且看不清缩小这种距离的前景与具体路径。与此同时，大环境中市场的发育和政府职能与管理规则的转变也未步调一致，这使各层次财源不对位，财力分配紊乱、低效，矛盾不断积累。这样看来，可知五级政府架构与分税分级财政的逐渐到位之间，存在不相容性质，近年地方财政困难的加剧，在一定程度上正是由于这种不相容性日渐明朗和突出所致。

（三）财政支出标准决策权过度集中与规则紊乱并存。

作为一个行政管理规则确定权高度集中的国家，中央对财政支出标准的决策，无疑会有较大程度的集中控制，但在分税分级体制建立过程中，集中程度需要随体制的逐步到位而适当调低，给地方各级一定的"因地制宜"的弹性空间。事实上，多年来我国某些统一的支出控制标准（如公职人员差旅费）近乎一纸空文，形似集中，实则紊乱。根据实际的制度安排，财政支出标准很多不是由财政部门来决定的，中央政府级次确定支出标准，有些已经具体化为中央各部门随机和相互攀比地确定支出标准和要求。因此，下级政府的财政支出，往往要实行多个上级部门提出来的支出标准和要求。在形成了实际的紊乱情况的同时，我国现存的突出矛盾是，基层政府事权重、收入筹措功能弱、区域差异悬殊，却又被要求实行上级政府规定为一律却由上级部门多头下达的财政支出标准。这样，经济相对发达地区尚可维持，经济落后地区就常常无法度日。转轨期间县、乡两级公职人员工资欠发问题长期得不到解决，原因很多且复杂，但其中之一是由于工资标准按统一安排不断提高，加大了基层财政支出压力。近两年来调升工资时中央加大了专项转移支付，应当能使欠发工资压力有所缓解，但由工资推及其他事项，说明类似问题除中央应提供必要的转移支付之外，普遍的具体事务需区别对待，不宜包揽过多。总之，有必要给地方留出支出标准上的一定弹性空间。特别要防止"王爷"和"皇帝"分不清，部门有权出台多种政策，在支出要求上各部门相互攀比地全要"大干快上、一年一变样"等。处理不好，上级的集中控制加上"上级"内部的政出多门，便是形成基层财政困难的原因。

三、调整政府体制和省以下财政体制的基本构想

显然，县乡财政解困应从财政体制创新入手。这种制度创新是一个复杂的系统工程，必须寻求和树立标本兼治、治本为上的思路。为此，现提出如下基本构想。

（一）减少政府层级和财政层级。

考察一下搞市场经济的国家，尚找不出一个五级架构的政府。虽然

我国宪法明确规定是五级政府，但是按这样的架构，各级政府如都要求有自己稳定的税基，都能够按照分税分级的框架来形成财力分配，至少在基层看不到出路，乡一级没有大宗稳定收入来源来形成分税体制。因此有必要考虑修宪以减少政府的层级，把乡一级政府变成县一级政府的派出机构。这样一来，乡一级的人大主席团、政协联络组、政法委书记和其他七站八所等机构，都可以大大简化，把政府的职能到位、效率提高、精简机构和转变作风结合起来，做到系统合理化。虽然前些年我们曾作过建设乡财政的努力，但从实践情况看，乡级金库的建立在大部分地区不具备可行性，乡财政一直是很不完备的。而且，发展趋势是近年税务、金融、工商等管理系统都已按经济区域而非按行政区划在基层设所，财政系统如仍坚持按乡、镇行政区划建立乡财政机构，已丧失基本的配套环境。占乡级支出大半的乡镇教师工资由县级统一发放后，乡财政的内容就更"虚"了，确实已称不上一级财政。在上述这种四级政府加乡镇派出机构的简化之后，进而还可以考虑把地市一级政府虚化。原来地级就是规定为省级的派出机构，近年地市合并后，已经实化了，很多市级政府是由地区行署转化而来的。但像浙江、安徽等地，省和县之间的体制联系是很实的，而市是一种过渡的形式，浙江的市和县都对省政府"说话"来搭财力分配框架。如果能把政府缩到实三级加两个半级（地市和乡作为派出机构层级），就非常接近市场经济国家的通常情况了，这种情况下的分税分级体制和现在省以下理不清的体制难题，就有望得到一个相对好处理的方案。从中国的历史看，自秦朝行郡县制两千多年以来，不论朝代如何兴替、政府体系如何变化，县级政府始终是最稳定的一个层级，另外省级亦是相当稳定的层级，中央之下有了这两级实的，挂上两级派出机构，当可解决好既减少层次，又维护政府体系有效运转的任务。当然，实际的推进必须审时度势，建议先考虑乡镇层级的简化。总之，现在的改革已牵一发动全身，处处要求通盘考虑，我们要改变过渡色彩浓厚的财政体制，越来越需要政府体制全局的优化设计。

（二）合理形成推进地方财政体制改革的大思路。

我们认为，这个大思路应是在适当简化政府层级的前提下，按照"一级政权，一级事权，一级财权，一级税基，一级预算，一级产权，一级举债权"的原则,配之以自上而下转移支付制度的健全,来完善以分税制为基础的分级财政。

"一级事权",就是要解决政府职能合理设置的问题。中央一级和省以下各级政府事权应怎样规定,难点在于投资权的问题。其他的事权相对好办,比如气象预报工作部门,既向全国提供了服务,又向地方提供了服务,中央和地方在气象预报系统上,形成配合关系,财力分配如何处理,技术上相对容易。我国几十年最扯不清的事权,就是企业投资权,特别是在兴办一般竞争性投资项目方面。在1994年的体制里,这方面是"知难而退"的,体制文件里的措辞实际上是说各级政府都可以举办投资项目,没有明确一般竞争性领域政府怎样退出。我们认为,从方向上说,地方政府应该退出一般竞争性领域,使其投资收缩在公共工程、基础设施、公益性投资项目上,有别于经营性的投资;而中央对于一些大型、长周期、跨地区、对于优化生产力布局和增加国民经济发展后劲有突出意义、带有战略性质的投资项目,虽项目自身有一定竞争性,但也要参与(如京九、三峡、宝钢这样的大项目)。当然应该是有限参与,中央政府并不一定采取把资金百分之百地拨过去的方式,而是采取控股、参股以及其他的经济手段,牵头把项目做起来。这样事权上的纠葛可以得到理清,使政府职责按照市场经济客观规律的要求,结合中国的国情,得到理清以后,公共财政中的财权就能顺理成章搭好框架。进而,在界定好政府职能基础之上,可逐步形成详细的事权明细单,并分清哪些事权由哪级政府独立承担,哪些事权由哪几级政府共同承担。

"一级财权"最根本的问题,是分税制里的税基问题,各级政府都应该有自己大宗、稳定的税源。现在省以下政府大宗收入是营业税,而从前景来看,应该发展不动产税,在省级以营业税为财源支柱的同时,县级以财产税为财源支柱。不动产税是最适合基层地方政府掌握的税种。这类不动产税可形成非常稳定的税源,"跑得了和尚跑不了庙",只要地方政府一心一意优化投资环境,自己地界上的不动产就会不断升值,每隔3—5年重新评估一次税基,地方政府的财源就会随着投资环境的改善不断扩大,地方政府职能的重点和它财源的培养,便非常吻合了,正好适应政府职能和财政职能调整的导向。现在我国税收盘子中间不动产税还是一个很小的部分，对于外资企业征收统一的房地产税，对于内资企业是房产、地产分开的，而且没有充分考虑地段的因素，没有几年重评一次税基的规定。市场经济国家的经验我们可以借鉴，应逐渐把不动产税调整为统一的房地产税来征收，同时考虑不同地段的因素并几年一次重评税基。这样，不动产税就会逐渐随市场经济发展而成为地方政府的一个支柱性的重要税源。面积和造价差不多的一处不动产，坐落于繁华的闹市区和坐落于边远的郊区，在税基的体现上可以相差几倍、十几倍，甚至几十倍、上百倍。在市场经济条件下，地方政府应该看重的是优化投资环境，使辖区里的繁荣程度提升，房地产不断升值，同时便扩大自己的税源，而形成稳定的大宗的财政收入来源。这是"一级税基"原则用于基层政府层次所应该探讨的一个非常重要的方面。

分税制的另一个题中应有之义，就是地方政府从长远发展来看，势必应该具有必要的税种选择权、税率调整权，甚至一定条件下的设税权。1994年体制里，只开了一个小口子，有两个税种即筵席税和屠宰税，允许地方政府选择是否开征。在2000年以后，农村税费改革的方案里，屠宰税已被取消，筵席税在绝大多数地方也没有开征。这种地方政府很小的选税权，显然还不能适应今后分税分级体制的要求，所以在进一步深化财税体制改革的过程中，怎样扩大地方政府税收方面的选择权、税率调整权、一定条件下的设税权，在中央必要约束条件下通过地方的人大和立法形式来建立地方自己的税种，这也是一个值得研究的大方向。

"一级预算"，是适应社会主义市场经济间接调控所要求的规范化的政府收支管理形式。应当坚决推进统一预算的进程。1997年之后我国对预算外资金的整顿和管理逐步强化，成效显著。通过深化财政体制改革和预算管理改革，应把全部政府收入统统纳入预算管理，以规范的公共收入形式明确政府可分配资金规模并全程监督其运用。现在我国已经加入世贸组织，不合理的行政审批手续将取消，乘此东风，可进一步把收费和基金纳入预算内，像管税一样管理起来，并大力推进支出管理的改革。如果公共财政框架下的预算支出管理初具形态了，即可考虑在加强科学化信息监控的同时，逐步适度下放支出标准确定上的决策权，使人员工资和公务费标准等在各地有"因地制宜"的必要弹性。

接下来还有"一级产权"。"国有资产"现在仍是一个很笼统的概念，过去国有资产管理在无法形成人格化代表的情况下，产生了产权的虚置和悬空，说起来谁都对国有资产有责任，但出了问题谁都可以不负责任。全民的财产，原则上人人都有份，但这一份怎么体现，怎样保值增值，得不到有效的贯彻，国有资产的损失、流失，大家都无可奈何。解决这样一个深刻的问题，必须配合国有经济战略性重组，探索如何建立国有资产管理体系，使这个体系把明确产权的原则落实到各级政府。庞大的国有资产到底归属哪级政府，要在一级政府后面有一级产权，形成有效的保值增值的管理体制，这个事情在我国现在还远没有见到眉目。80年代后期，我们组建了国有资产管理局，要求把保值增值作为单一目标来追求，其他政策性的目标都交给别的行政部门，而在运作中，实际上该它管的事情到不了位，又产生了很多矛盾、牵制、扯皮。现在中央层次的国有资产管理局取消了，大多数地方国管局也相应取消。但上海、深圳等地在这方面继续着具有自己独特性的探索，建立了国有资产管理委员会或投资控股公司，目的仍是要解决国有资产人格化代表的问题。在具体的体系构建里面，看来还要解决一个中间层次的问题。"人格化"的政府管理机构，不可能"一竿子插到底"去管微观企业国有资产的经营。要组建控股公司，不按照行政隶属关系设置，相互之间开展竞争，不具体做微观的生产经营，主要做资本运营即价值形态的保值增值运作。国有资产管理体系如何搭建和合理运作需要进一步探讨，但无疑必须纳入深化省以下体制改革的通盘考虑。

在"一级产权"以后，省以下财政体制回避不开的，是一级政府怎样解决"一级举债权"的问题。我国《预算法》规定地方政府不许发债，但地方通过各种变通的形式，实际上已经在发债。这几年，积极财政政策执行以后，每年一千亿元以上规模的国债，差不多都有一半左右由中央转借给地方政府来使用，地方承担还本付息的职责，实际也就是地方债。从经济关系本身来说，地方政府作为一级政权，有一级财政，在接受中央级协调制约的前提下，应该有一级举债权。但是，在中国市场发育很不充分、信用关系还相当不规范的情况下，要附加更多制约条件。

从以后的发展方向来看，这个一级举债权的确立，似应不是太遥远的事情。在这几年实行积极财政政策的框架下，再进一步规范化，就没有必要再沿用中央政府代地方政府举债的形式，可把它逐渐处理成规范的地方政府借债（首先可在省级明确起来），同时接受宏观上必要的约束。从国际经验来看，澳大利亚有高水平的转移支付均等化制度，也有一个全联邦的债务规模协调委员会，发挥对州以下政府举债的约束功能。这对我们有借鉴意义。

总之，我国从发展方向来看，应该在"一级政权、一级事权、一级财权、一级税基、一级预算、一级产权、一级举债权"的框架下，寻求地方财政体制改革的深化，同时，积极健全中央自上而下的"因素法"转移支付的配套，作好分税分级财政良性运转的通盘考虑，一言以蔽之，从体制创新入手完善以分税制为基础的分级财政。

（三）要处理好深化省以下财政体制改革与相关改革的配套关系。

财政改革在现阶段已不可能单兵推进，解决好省以下体制问题，化解基层财政困境，在治本层次上离不开与"三农"问题密切相关的一些重大配套改革事项，其中核心的、实质的问题是如何按市场经济原则考虑农村区域和基层政府眼界下（辖区）生产要素流动的制度安排。这必然涉及：

1. 农村土地使用权的流转制度。这种要素流动是市场化的内在要求、题中应有之义，并关联着农村经济的"产业化"转型和今后地方层级财产税（不动产税）的发展和地方税体系的构建。现实生活中土地流转早已在发生，但远未使其相关制度明朗化、规范化，亟有必要加强试验和引导。

2. 资金的流动、融通制度。农村的融资体系和信用体系是农村市场发育不可缺少的组成部分。城镇化、工业化大潮中业已形成的融资迫切需求与滞后的融资制度建设两者之间的尖锐矛盾，表现为农村区域高利贷、乱集资等问题的层出不穷。"堵不如疏"，应积极考虑结合"贷款式扶贫"和"小企业融资支持"等政策，探索和推进农村区域的"金融深化"和融资制度的现代化，并促使政策性金融的潜力得到必要发挥。

3. 与市场化资源配置机制相适应的农业与农村区域税制建设。农业税如何改革，在农村税费改革试点之后，已成为各界更为广泛关注和研讨的大问题，并紧密关联着基层政府在"分税制"下的财源格局。现农村税费改革试点方案体现"摊丁入亩"导向的措施，看来并不能适应市场化客观要求，必须按市场机制的规定性来理顺农村的租（地租，即土地所有权收益）、税（政府的"正税"）、费（政府规费和准公共产品"使用者付费"）及集资（一次性项目建设公共筹资）的相互关系，使之分流归位。按此思路，农村区域税制的发展方向应是渐进到普遍化、城乡一律的增值税、营业税、不动产税等构成的复合税制（开始阶段某些税种的税率上可在城、乡有区别对待），并最终也包括被城乡统一的个人所得税所覆盖。

4. 人口的流动制度。居民出生于农村便成为"天生的第二等级"的城乡分隔户籍制度，近来已日见松动，各省、市纷纷出台新的放松控制的管理制度，足以证明打破城乡分隔是大势所趋、人心所向。当然，在此过程中要掌握好稳定原则和渐进安排，但总体上应当十分积极地推进。

5. 与建立统一市场、推进工业化和城镇化相呼应的农村区域社会保障制度建设。多年城乡分隔的户籍制度等，使市场经济所要求的社会保障制度只能首先于城市区域寻求"一体化"的形式，但随着前面所述各项所论及的我国诸种生产要素和经济资源的市场化配置渐成气候、统一市场日见眉目，则势必要解决农村人口如何进入社会保障"一体化"系统的问题。近年一浪高过一浪的"民工潮"和愈益显露的农村人口与社保体系建设隔绝的矛盾，必须从建立和完善统一市场（首先涉及劳动力统一市场）的思路来考虑其解决方案。似可首先试验在过去农村"合作医疗"等形式上生长起来的加入县级统筹因素的单项农村社保改革方案（江苏铜山县等地数年前已有这样的试验），再逐步形成和推开较全面的农村社保体系，并与城市社保体系打通，最终达到"一体化"。届时政府基本社保资金筹集的形式，理应归位于"社会保障税"，并纳入分税分级财政框架作协调合理的安排。

总之，我们认为，只有在正确解决"三农"问题、使农村区域经济与财源的互动得到市场化制度创新有效支持的情况下，才能真正推进分税分级财政改革，走活基层财政这步棋。

参考文献

［1］财政部科研所课题组．改进、健全省以下分税制的探讨［J］．财政研究，1997，8。

［2］国家计委"三农"问题课题组．大力发展农业和农村经济，稳定增加农民收入［Z］.2001.

［3］贾康，赵全厚．减负之后：农村税费改革有待解决的问题及对策探讨［J］．财政部科研所研究报告，2001，18.

［4］贾康，白景明．财政与发展［M］.杭州：浙江人民出版社，2000.

［5］项怀诚.学习贯彻江泽民总书记"七一"讲话精神，不断开创财政工作新局面［J］.中国财政，2001，8.

财政的扁平化改革和政府间事权划分[1]

——改革的反思与路径探讨

一、财政改革的反思

首先要表明一下我对财政的理解，并归纳一下中国改革开放之后财政改革的进展和主要问题。

所谓财政，可以这样把它作一个简明的阐述：它是国家政权体系为主体的一种"以政控财，以财行政"的分配体系，它的基本的规定性是：国家政权体系要凭借社会统治者、社会管理者的政治权力控制和掌握社会总产品中的一部分，而在现代经济生活中，这一部分必然是以价值形态的财力表现出来的，即"以政控财"；这个政权体系掌握了这一部分财力以后去做什么？就是"以财行政"，要运用财力去履行它应该履行的职能。可见财政对于政府履行和转变职能的重要性，也可知财政改革必然成为整体改革的一个重要组成部分。

在 20 世纪 80 年代以后，整个财政体制改革的基本的方向和特点，可以用分权改革这样一个概念来做它的描述。而财政体制的分权改革，大致可以分成两个阶段。在改革开放之初，宏观层面上，我们启动了"划分收支，分级包干"的"分灶吃饭"财政体制改革，作为总体改革的一个先行部分，这以后的十余年间，财政的分权可以概括为一种行政性的分权，是把过去传统体制下高度集中的这样一种特征，首先在分配领域里改变，中央向地方下放自主权，从财政分配开始，使原来的所谓"条

1　本文原载《财政与发展》2008 年第 8 期。

条"为主的这样一种运行状态，变成了"块块"为主，但是在实行分灶吃饭的财政包干制的历史阶段上，我国财政分配的基本特征仍然是按照行政隶属关系组织财政收入，各级政府凭借着自己对于企业的行政主管的身份，即人们平常所说的"婆婆"的身份，通过行政隶属关系组织收入，那么在具体的一个地方政府辖区之内，不同企业隶属于不同层次的行政主管婆婆，在这种条块分割的隶属关系控制之下，企业必然受到不同行政主管的过度干预和过度关照，相互间公平竞争的环境便不能够有效形成。这种行政性的分权越到后来越被人们认识到，必须再做一次比较彻底的改造。经过反复探索，我们在1994年进入了财政分权改革的第二个大的阶段，就是经济性分权，实行了以分税制为基础的分级财政这个新体制。当然在1994年，主要是在中央和以省为代表的地方之间，构建好了这个分税制的框架。

在这种新体制之下，首先从政府和企业的关系来看，所有的企业都改变了原来的那个地位，不论企业的大小，不分行政级别的高低，在税法面前一律平等，该交国税交国税，该交地方税交地方税，税后可分配的利润按照产权规范和按照国家政策环境，做自主分配，那么就真正刷出了不同所有制的、大大小小的各种企业一条公平竞争的起跑线，这个意义显然是全局性的。分税制在适应市场经济的要求正确处理政府和企业关系的同时，又相当规范和稳定地处理了中央和地方之间的分配关系，按照分税制的基本规则，就没有包干制下的所谓"三年不变""五年不变"的这种"体制周期"，有利于形成地方政府的长期行为。

很显然，这样的分税分级的财政体制与市场经济相配套，在财政这个分配体系里，能够二位一体地正确处理政府和企业、中央与地方两大基本经济关系。

我们在进入1994年以后的经济性分权的分税制阶段以后，中国的财政运行和经济运行体现出了一系列随之而来的正面效应，但在1994年以后，在中国的县乡即被人们称为基层的地方政府低端的层级上面，出现了比较明显的财政困难，虽然过去这种困难就有，但是在1994年以后，对于这种困难反映的程度之高，可以说前所未有。在2000年前后，曾经有过这样一个代表性的指标，反映那时面临的基层财政困难，就是全国两千多个县级单位里，统计下来，最高峰的时候，有 1000 多个县欠发工资，它是县乡财政困难的一个非常直观的、非常有代表性的反映，即维持政府体系的基本运行都出现了问题。有个顺口溜大意说，中国财政运行看起来是中央财政喜气洋洋，省市财政满满当当，县级财政紧紧张张，到了乡镇财政，叫做哭爹喊娘，非常困难。

面对这样的基层财政困难，就要分析这个困难由何而来。1994 年以后，是不是中国整个经济运行的基本面出了什么问题？答案是否定的，我们的国民经济和综合国力在 1994 年以后，不断提升，而且可以说提升得更加稳定，更加引起全世界的瞩目。是不是在经济基本面很好的同时，我们整个的分配方面出现了财政收入占 GDP 比重下降这样的一个背离呢？实际情况也不是，1994 年的改革之后，从 1995 年、1996 年开始，中国财政收入占 GDP 的比重一路上升，从那时候最低端的 10% 多一点，已经逐渐回升到了现在接近 20%[1]。那么是不是在财政收入占 GDP 比重提升的过程中间，地方财政所得的部分相对萎缩了，造成基层财政困难呢？实际情况也不是这样。有一个基本的统计，1994 年到 2000 年之间，地方财政四级合在一起，它的预算内收入增长幅度是 89%，就是几乎翻了一番[2]。那么还有一个可能性，是不是我们地方财政的管理一塌糊涂呢？回答也是否定的。应该说在我们地方财政体系里面，基层县乡两级的财政工作人员里面，有千千万万非常辛苦、非常努力的工作人员，他们的管理水平也处在不断地提高过程之中。我们研究以后所得到的基本结论是，对于这种 1994 年分税制实行之后出现的地方政府低端的县乡财政困难，必须看作是一种体制没有理顺带来的突出矛盾的表现。

如果按照一种学术上的话语来说，我们把它归结为：基层财政困难是在中国经济社会结构转型之中，制度转型的有效支持不足而积累的矛盾，在基层政府理财层面的一个集中反映，看起来问题发生在县乡两级，

1　国家统计局.中国统计摘要 2007［M］.北京：中国统计出版社，2007.

2　贾康，白景明.县乡财政解困与财政体制创新［J］.经济研究，2002，2.

实际上后面的问题，是内在于整个体制运行的，这个问题必须深究它的根源，要找到体制上的原因。

二、问题原因的分析

体制原因怎么分析？简要地说，我们可以观察到，1994 年以后，在实际运行中间，我们地方政府四个层级中间，很明显地出现了事权的重心下移而财权、财力的重心上移的这样一种背离。事权的重心下移可以看得很清楚。在 1994 年的改革文件里面，关于各级政府所承担的基本职责，被称作事权的这种规定是不太清晰的，1994 年文件里没有明确规定的一些事权，比如说社会保障职责，在实际运行里面，一层一层，最后都要落实到最基层，都要求地方政府的低端保障这些事情要做到位。比如社会保障方面有哪个地方出了纰漏，那么叫做"不能保一方平安"，这是官员政绩方面的一票否决，整个政绩免谈。这样所谓事权的重心下移，就带来了地方政府在县乡的低端层面，需要有更充分的财力去履行事权。而同时，财权和财力却背离这种事权下移的趋势而上移。省和市是地方四个层级中的高端，我们有一个基本的统计，在 1994 年到 2000 年之间，省级财力的比重从 16.8%，一步一步上升到了 28.8%，每一年差不多提高两个百分点[1]。那么市一级呢，还很难拿到详尽的统计数据，但是我们可以观察到，中国有 333 个地市级的单位，这些行政单位里边，现在统计是 280 个实行了市管县体制，在市管县体制下，高端它有这样的作用空间，把财权和财力的重心往自己这个层级上提升。这样一来，中央在分税制之后，当然要提高中央占整个财力分配中间的比重，来履行中央转移支付、支持欠发达地区的这个职能；省和市两级，作为地方的高端，也提高了自己在财力分配中间所占的比重，所苦的自然就是县乡两级。

这样的一个事权重心和财权重心的背离，必须从整个体制的运行，从这个体制本身所形成的这种制度安排的角度来解释。那么我们接着就

---

1 贾康，白景明.县乡财政解困与财政体制创新［J］.经济研究，2002，2.

问，也必须这样问：1994 年所实行分税分级财政体制，它内在的逻辑本来是增加各级财政的事权和财权的呼应性，那为什么会在地方政府的低端上出现这种背离，是分税制出了什么问题吗？调查以后，我们得出的基本结论是，1994 年实行分税制后的整个运行，到现在十几年了，省以下实际上没有进入真正的分税制状态，当时我们寄希望于在中央和省为代表的地方之间搭成了分税制体制框架之后，通过试验，在渐进改革中间去解决中国省以下四个层级怎么样分税，怎么样真正进入分税制体制运行轨道这个现实的问题，但是也注意到了，国际经验表明，一般实行分税分级财政体制的国家，大一些的，它的层级就是三级，小一些的层级更少，但是在种种制约条件下，当时我们只能先启动这样一个过渡。

十几年过去了，事实证明，我们省以下的财政体制，即使在发达地区，也没有进入实质性的分税制状态。那么它演变成什么呢？演变成了各种形式的、五花八门的、复杂易变的、讨价还价因素非常浓厚的分成制和包干制，这些传统体制下和过渡形态下，我们已经意识到有明显弊病的分成制、包干制，在过渡中间变成了省以下体制的凝固态，这种凝固态带来了运行中间所出现的县乡财政、基层财政的困难。所以板子不应该打到分税制上，如果要打板子的话，必须打在我们还没有消除的分成制和包干制的体制弊病上面，这是一个基本判断。

那么再往下，我们还必须要问，为什么省以下的过渡，变成了分成制和包干制的凝固态？回答是：我们中国现在整体而言财政层级过多，从中央到乡镇是五个层级，省以下是四个层级，这个基本的现实造成了和分税制在省以下实质性得到贯彻之间的不相容性。原来曾经寄希望于能够走出一条有中国特色的、五个层级的分税制道路，但现在，现实已经可以说做出了回答，此路不通，二十几种税，在五个层级里怎么分，分不下去。这是又一个基本判断。

在这种情况下，能不能简单地依靠增加中央的转移支付去解决县乡财政困难呢？我们认为，这不是长久之计。可以努力地增加中央对欠发达地区、对基层的转移支付，但是在整个体制安排没有理顺的情况下，中央这么做，是事倍功半、力不从心、难以持续的。

三、对策思路探讨

如果是这样的话，我们就把问题集中到一点，中国财政体制回顾起来，做一个基本的反思，1994 年的基本制度成果应该坚持和完善，分税制的方向不能动摇，分税制对应的上下连贯打通的统一市场和与这个统一市场相匹配和各级政府事权能够良好结合的这样一个"一级政权，一级事权，一级财权，一级税基，一级预算"的制度安排，应该想方设法寻求一个实现路径。这样一个基本的看法，就可以概括总结前瞻性的基本认识并引出对策思路和要点。

从国际经验来看，一般来说，分税制的大国家，就是三个层级左右，比如说实行联邦制的美国，还有实行单一制的英国，这是老牌的或者说最有代表性的市场经济强国。我们东方比较近邻的日本，它有单一制特征，又有它的所谓地方自治特征，也是三个层级。那么我们过去曾经寄希望于在中国走出一个五个层级的分税制道路。实践证明，这条路走不通。与国际经验对照，我们当时和到现在，得不到可对应的可借鉴的一个什么模板；从我们自己的探索来看，有千千万万的工作人员在这方面，花费过他们的心血，但实践证明，不可能出现这样一个境界。按五个层级分税，分不下去，那么我们原来所追求的分税制为基础的分级财政，它的正面效应，就不能够充分发挥出来，而在过渡中间，这种正面效应不能发挥的同时，负面效应却被分成制和包干制的实际状态把它固化了，使越来越令人感觉不能忍受的县乡财政困难这样一个突出问题暴露出来。

这样一个基层财政的困难之所以说它牵动着体制全局，总结一下，首先它联系到我们的财政层级，然后联系到我们的行政层级，然后它联系到我们各级政府自己的合理职能和合理的事权划分是不是到位。这么多层级的政府，怎么样使它们的职能既不越位、又不缺位，这个技术性的事情，已经提升到一个非常深刻的、联系整个市场经济能不能够积极有效地健全起来这样一个非常根本的问题，而且它还联系到，在这种五个层级的政府架构之下，它的各级的政府的事权不能够合理化的情况下，生产要素的充分流动，有没有可能进一步打开它的空间。在中国现在渐进改革走了将近 30 年之后，很多人都意识到这样的一个问题，就是一方面政府自己的事权职能要合理化，另外一方面，要使市场能够进一步地、充分地规范化、透明化，充分地发育。这些事情相互之间的对应性，已经上升到从经济管理体制到行政管理体制、到相关的政治体制的配套改革层面来考虑，才能够得到一个通盘的把握了。

回顾了中国财政体制改革，它的大体的发展过程，分析了现在还没有很好解决的县乡财政、基层财政困难这个问题的由来和它后面所蕴含的这种体制上没有真正理顺的深刻弊病之后，就可以讨论我们的对策思路和要点。

我认为，要把握住标本兼治，治本为上这样一个理念，使以后我们的基层财政困难能够得到一个长效机制来解决它，并理顺整个体制关系，那么就必须考虑以减少财政层级的扁平化改革为前提，在省以下，实质性地推进和贯彻分税制，这样来打造一个从中央到地方的低端——就是我们的基层，能够真正上下贯通、能够顺畅运行的以分税制为基础的分级财政，来和我们要构建的整体性的社会主义市场经济配套。

如果要实质性地贯彻这样的分税制，为什么要把扁平化改革作为前提？就是出于前面所观察的那样一个基本的描述：五级行不通，那么我们能不能考虑扁平化，比如说，有没有可能在中国，首先把财政层级扁平化到三级左右。如果按照三级来分税，国际经验和我们国家自己可做的探索，就马上可以使我们考虑一个看起来操作性相当强的方案：中央的事权，明确地要求掌握和全局宏观调控、和国家主权紧密相连的一些税种，比如说关税，比如说我们以后要逐渐使它成为主力税种的个人所得税——它关系到人力资本在统一市场中无阻碍自由流动的这样的税种，而且是宏观经济调控里的所谓"自动稳定器"功能比较明显的这个税种，应该归中央。下面的省级要掌握的可以考虑是营业税，营业税最密切关联的是第三产业的发展，适合省级地方政府来掌握这样一个属于自己的大宗税源，同时也就更集中精力去发展第三产业。那么到了低端，如考虑市和县这样一个新的基层，在这个平台上，最适合他们掌握的税种，按照国际经验来看，应该是不动产税。地方政府只要专心致志地去发挥自己的职能作用，优化本地投资环境，它辖区之内的不动产就进入升值轨道，每隔几年重评一次这个不动产税的税基，就成为地方政府培植财源努力的套现，地方政府就可以心无旁骛地履行市场经济所要求它的这样一种职能，它的职能的合理化，也就跟着经济社会转轨所要求的职能调整，内在地和它的财源建设合乎逻辑地结合在一起。

对于这样的一种似乎柳暗花明的前景，在现实中，我们已经比较清晰地看到了非常值得试验的切入点。在中国这些年的实践中，在地方政府四个层级里，有两项非常值得看重的、应该努力地去积极推进、去总结经验的改革，一个称为乡财乡用县管，这是在最低端，乡镇这一级，关于这个管理体制创新，现在统计下来：全国已经有 28 个省级单位在推行乡财县管，占了绝大多数。这种乡财县管，说全了叫乡财乡用县管，它的实质性的意义，如果我们从财政学的描述上说，就是不再把乡镇的财政看作一级实体财政，而是把乡镇财政看作是县级财政预算下管的一个预算单位。这样的一种乡财县管的改革试验，大体上能够适应中国比较广大地区的现实情况。在农村税费改革之后，工商业不发达的区域，乡镇这一级基本没有收入了，支出呢，原来占支出比重 70% 左右、有的高到 80% 左右的小学教师工资的发放，税费改革以后，已提升到县级管理，它现在已经变成了一个（在现实情况考察之后可知）没有一级实体财政的这样一个基本状态了，乡镇的金库，也失去了基本的配套条件，因为要建金库所必须倚仗的金融机构，早已不再按照行政区划，而是按照经济区划设立它下面的分支机构。其他的工商、税收等等的政府管理的配套系统，也都纷纷地实行按照经济区划而不按照行政区划设它们的基层站所，所以乡财乡用县管这样的一个改革，我们认为是顺应现在大部分地区实行农村配套改革在基层的现实需要的。

另外一个很值得打主意的扁平化改革的切入点，就是省直管县。据现在的统计，全国的省级单位里边已经有 18 个在积极地推行省管县的改革。省管县的这个体制，最早是在浙江，形成了比较稳定的经验，随之而来的是大家看得到的，浙江的经济活力，在全国各个省级单位里边是名列前茅的，它的县级经济、民营经济发展得好，总结来总结去，有很多的经验，但其中一条重要的经验，是浙江一直坚持的省直管县的体制。现在很多的地方注意到了这一点，所以也在积极地试验省直管县，那么怎么处理相关行政层级的问题？浙江同志说得好，我们现在这个做法，在实行过程中，其实没有硬的障碍，我们承认市和县行政不同级，但是财政同级，是在一个平台上，由市和县对省里说话来搭体制。有的地方是把省直管县和乡财县管同时推行的，在这些试验的区域里边，已经初步形成了一个从中央到省、到市县的三级框架，这是扁平化的一个雏形。

市和县放到一起，也有中国的历史经验可循。自秦始皇实现中国大一统的这个基本格局之后，两千多年来，历史学家们发现，最稳定的行政层级是县级，把这些考虑放在一起，我们有国际经验可借鉴，也有国内的现在的一些试验给我们启示，所以我们认为，以扁平化改革作为系统的改造现行财政体制的一个切入点，是非常值得看重的。

有了这样扁平化后的政权、事权、财权、税基的匹配，后面就能有一个现代意义的分级的预算，于各个层级上，以现代意义的预算来追求公共财政所有的理念、目标，通过这样一个现代意义的预算，来履行各级政府应该发挥的调控职能。这样的一种我们值得追求的前景，是和中国建立统一市场、建立和完善社会主义市场经济体制能够形成匹配关系的今后财政改革的一个基本的对策思路。

当然，在这个前面所勾画的这样一个体制图景的旁边，还应该再强调一句，中央和省两级，这是以后收缩为三个层级的扁平化以后的高端，都要按照比较客观科学的"因素法"实行自上而下的转移支付。这样即使是最欠发达的区域里面的基层，也可以在自身的体制安排合理化的基础上，得到自上而下的强有力的转移支付以后，摆脱它的运行困境，而且依靠这样的体制，进入一个有长效支撑的良性运行状态，从根本上为地方基层财政解困。

财政的这种改革，对于全局的贡献，是可以观察到的，但另外一个方面，它又必须得到全局中其他的方方面面的配套改革的支持。要真正地贯彻实行这种扁平化为前提的财政体制的深化改革，必须在其他的行政管理体制、市场制度的建设，还有基本的财产制度的完善等等方面，做出一系列的努力。

四、关于中国政府间事权划分的基本看法

（一）财政体制与政府间关系中的事权。

关于事权划分的问题，具有重要意义，因为在中国建立社会主义市场经济新体制，必须要推进配套的改革，财政体制的改革是配套改革事项中的重要的部分。而财政体制要安排好，就需要在政府之间的关系里，沿着事权、财权和财力的内在关联，做好制度设计。我们理解，所谓事权合理化，就是应该按照市场经济的客观要求，界定好各级政府自己的职能范围，政府既不能越位，也不能缺位，该做的事情要做好，不该做的事情一定不要做。这种比较合理的职能的界定，需要制度上有一个稳定的事权界定。这种事权合理化进程，基本的背景是中国经济社会的转轨必然要促使政府的职能和财政的职能做一系列的调整和变化。在这一系列的变化中，中国经过十多年的探索，在 1998 年，明确提出了要建立公共财政框架，即强调财政作为政府理财系统的公共性，强调这种公共性如要能够得到比较好的履行，必须要有规范的公共选择的一套决策程序和监督体系，必须要发展政府理财的民主化和法治化，必须要发展现代意义的规范的预算制度等等。在这里面，处理好这样一套转变的初始的环节，或者说它基础上的安排，就是必须合理界定政府的职责。如果政府的事权和职责相对清晰了以后，需要往下推导的重要的环节就是所谓的财权了。在具体的制度安排上，财权首先是广义税基的安排和配置。包括各级政府可以拿到什么样的税源，还有它可以做哪些收费，所以说是广义的。收税为主，加上收费，配合在一起，在各级应该以制度的形式做出配置。和广义税基相关的，还有一个财权里面不可回避的重要的内容，就是税权或者是税费权，它涉及各个政府的层级上，可以通过立法确定税种和收费项目等的权利。现在中国的研究者也意识到，对中国的地方政府可能也需要给它一定的设税权，虽然现在所有的税种都是由中央政府掌握设税权的。有远景上设税权的问题，还有现在回避不开的税种选择权和税率调整权的问题，这些合在一起，是从事权往下说的，必须和它呼应的财权的基本的内容。

事权和财权的呼应性，是保证这样的体制安排能够正常运转的内在要求，但是哪怕我们把事权做了清晰的界定，把财权做了比较合理的安排之后，不同区域在财力上还会有不小的差异，需要再附加另外的手段，即需要有自上而下的转移支付，支持欠发达地区。按照比较规范的财权的配置，欠发达地区由于它所在地税收的丰度不足，不能满足政府职能需要的话，有必要得到自上而下的从中央和省，这比较高端的两级政府的转移支付的财力支持。

（二）下一阶段中国财政体制改革从事权视角的基本要求。

中共中央关于"十一五"规划的"建议"要求建立健全与事权相匹配的财税体制。胡锦涛同志在党的十七大报告中指出，要"健全中央与地方财力与事权相匹配的体制"。很显然这种要求的初始环节，或者第一个环节，就是要把事权合理化、清晰化。事权有了相对合理的、清晰的界定之后，其他的制度安排要和它匹配在一起，内在衔接，统筹协调，实现整个体制的正常运转。

（三）中国政府间事权长期未理清的纠葛：投资权问题。

这里最棘手和复杂的问题是投资权到底怎么配置。在传统的体制下，曾经提出过要发挥多个积极性，中央、地方两条腿走路。20世纪50年代，毛泽东就在这样的表述下，探讨过中央和地方怎样发挥自己的积极性的空间。在那个时候的认识里，是要解决中央集权过度的问题，但是有过1958年的实验和1970年的实验，两次大规模的分权，效果都不很好，因为当时整个经济指导思想上出现严重的偏差，具体财政体制里面处理分权的问题也不可能找到一个很好的解决方案。当时的认识是不区别投资权的，如果分权，便是允许地方掌握更多的企业，地方做更多的投资。

到了改革开放之后，80年代和90年代，在相当长的一段时间里，投资权由原来大家认为天经地义的中央和地方都应该拥有，逐渐转变为需要在中央和地方之间合理分工，有一些研究者提出了从发展的方向来看，地方政府的投资权似乎要打一个问号，主要指的是地方政府办企业的投资。本来有一个在中央和地方的投资权上作出划分的可能机会，就是1994年，中国实行财税的配套改革。从1994年开始，确立了以分税制为基础的分级财政的框架，跳出了过去中央、地方分成、包干制的思路，按照市场经济比较通行的原则，试图把不同的税种划分到中央和地方各级，各级有自己的税种、有自己的税基，按照这样财权的安排，使中央和地方形成稳定的分配关系。而在当时，对中国改革来说，意义更重大的进步，是走到了分税制的框架，就意味着中央和地方各级政府对于企业的控制方式，有重大的变化。

过去没有走到分税制状态的时候，是按照企业的行政隶属关系来组织财政收入的。改革开放以后，地方分权的过程中，实行地方包干制的过程中，地方空前的积极性体现在尽量多办自己的企业，按照行政隶属的关系，都是自己的财源。所以地方政府在投资权上，曾经很长一段时间成为它的兴奋点，多办自己的企业，多有自己的行政隶属关系下的企业提供财政的来源，就壮大了自己的实力。这当然调动了地方的积极性，但是在很大的程度上，把过去中央政府集中控制财权情况下对于企业的控制方式，转移到了地方政府控制企业的方式上来，都是对企业过多的干预和过多的关照。企业在分权的过程中，总是反映活不起来，因为按照行政隶属关系组织收入，行政上主管它的政府就是它的婆婆，这个主管者，可以对它过多干预和关照，从而难以使不同的企业得到公平竞争的起跑线来开展自己的生产和经营。

所以很长一段时间，中国改革过程中遇到的问题是，在中央和地方的关系不稳定的同时，政府和企业的关系上存在弊病和问题，始终不能形成使企业公平竞争的起跑线。这个问题到了1994年财税配套改革的时候有了重大的进步，搞分税制，说清楚所有的企业不分大小，不论行政级别，在法律面前一律平等，该交国税交国税，该交地方税交地方税，税后的收益按照产权规范和政策调节自主分配。这当然是在市场经济发展过程中一个重大的进步，是形成企业公平竞争环境的重大进步。

但是，中央和地方兴办企业的投资权，在1994年当时处理体制问题的文件里，是做了模糊处理的。这样一来，可以讲，1994年在政府投资的事权方面仍然没有非常清晰的指出，在各级政府的生产经营项目投资权上，谁可以进入、谁不可以进入的区别。现实生活中，所有的各级政府（在中国是五级），在以后的发展过程中，体现了投资办企业的兴奋程度迟迟不能降低。地方政府在财政困难的情况下，仍然从它的政绩考虑，从地方官员"为官一任、造福一方"的压力考虑，千方百计从预算外筹集资金，或者不惜去借款，以拼盘的方式或者其他的方式操纵兴办企业。这种对于企业投资的行为上的兴奋状态，造成了再往后深化改革里面难以处理的问题。

到了1998年的时候，中央明确提出建设公共财政，让地方政府把自己的职能转到公共服务、提供公共产品方面来。而他们的行为方面，实际上往往是更多地把自己的职能定位在政策倾斜和生产经营的投资活动方面。在一些发达区域，领导者的意识转变更快一些，他们已经说地方政府可以不直接进入企业投资了，但是他们也要千方百计以政府官员出面的形式做招商引资和比较直接的操作，以优惠的措施把国外的和其他地区的企业投资吸引到自己的辖区里来。这样的状态，在建设公共财政的过程中，造成了、延续了过去的中央和地方投资权的纠葛。过去体现在中央和地方之间互相指责，兴办企业之后，地方指责中央把那些经营状态好的企业通过一些并不规范的程序上收，有油水的地方企业上收到中央。而这个企业经营状态不好的情况下，又可能下放到地方政府。所以地方指责中央在这方面对他们有不合理的处理。而中央又指责地方在兴办企业的事情上，没有全局的眼界，搞了大量的低水平和盲目、重复建设，影响产业结构的优化等等。中央和地方这种相互的指责和实际形成的投资权的纠葛，按照我刚才的理解，本来1994年有一个加以解决的机会，但是当时种种的制约条件下，这种机会利用得很有限。1994年的文件没有明确说地方政府应当逐步退出生产经营性投资的领域。延续了这样的惯性，也没有有效改变地方政府政绩考核的具体的指标。所以地方政府继续以直接或者间接兴办企业作为自己行为里的兴奋点，从而在市场经济不断发展的情况下，在中央和地方事权之上延续了投资权的纠葛。

而到了更加正面地建设公共财政的时候，就需要进一步理清这个问题，到底怎么处理生产建设性的投资，兴办企业的投资权问题。现在从研究的角度，有这样一种认识，我本人是赞同和主张的，就是从中长期的发展来看，在中国应该使地方政府逐步退出兴办企业的投资领域。地方政府在中国现有四级，可以首先要求比较低端的政府，乡镇和县一级的政府，在财力很困难的情况下，真正把自己的职能收缩到公共产品的提供和服务上来，而不再去介入兴办企业的投资。比较高端的政府应该逐渐在地方政府层面上退出生产经营的领域。如果以后能够"扁平化"，大致就是省和市县两个层级。按照市场经济总体的要求，中央和地方事权的划分，如果要得到相对合理和清晰化的处理，比较可行的就是明确地方政府，最后从省到市县，都退出生产经营的投资权。

如果那个时候还有"地方投资"的话，它的投资是公共工程、公益性的基础设施，还有一些在当地带有准公共产品性质的自来水厂等一些相关的、可以仍然被称为投资的实体建设，但已经明显区别于一般竞争性的投资领域。退出一般竞争性的投资领域这一条对于地方政府明确了以后，中央政府按照现在我们研究里面的主张，是比较有限地参与这种竞争性的投资。主要应该介入一些特大型、长周期、跨地区的带有战略意义的项目。比如说在中国 80 年代的时候就兴办了宝钢这样特大型的钢铁企业，这种特大型的项目，中央政府在可以预见的将来仍是必须介入的。还有像三峡工程，它已经带有一定的自然垄断性，但是它实际又和市场的竞争行为有密切的关系，以后的电力供应里面厂网分开，水电和其他的发电厂之间的关系，有一定的竞争性。这种特大型的项目，中央政府不参与是不现实的。还有京九铁路，也有垄断性，但也会发展出竞争性。所谓中央政府有限参与这种特大型的项目，一个是数量上不会太多，再一个就是在投资的方式上，应该是尽可能少花钱，多办事。比如说以后并不一定沿用政府办什么项目就百分之百把钱投入的方式，可以采取控股、参股，甚至某些项目的贴息和调动社会资金来兴办的方式。如果能够靠贴息解决问题，政府就不一定参股，如果能以参股的方式把项目兴办起来，就不一定用控股，如果能用相对控股的方式解决问题，就不一定要绝对控股，尽可能把公共的财力更多用于比较纯粹的公共产品和其他准公共产品上面去。有一定竞争的、市场调节功能的投资，尽可能让市场发挥资源配置的作用，引导企业和企业集团更积极地进入这些投资的领域。这样的一种分工既能够处理好政府和企业的关系，同时也有利于解决过去中央和地方之间长期扯不清的投资权的纠葛。

（四）逐步形成中央到地方各级的事权明细单和职责分担具体方案。

如果最为棘手的各级政府投资权问题能够合理地理清，其他公共产品和公共服务方面的事权便相对好处理，哪些分别承担、哪些共同分担，可以动态调整优化，由粗到细地形成从中央到地方各级的事权明细单和职责分担具体方案。

因为对于形成中央和地方的事权合理分工的大的框架，如果把投资权这样一个过去始终在中央和地方之间谈不拢、伤感情的纠葛问题得到相对好的处理，其他的问题，处理起来就相对简单。如果投资权地方政府退出，中央政府有限参与，其他的事权处理起来技术上都不是复杂的问题，因为大家都容易认同。其他的事权比如外交和国防，显然是中央政府的事权。有一些区域性的公共产品显然是地方政府的事权，社区服务显然是最基层的地方政府要适当管理的事权；有些基础设施可以在中央和各层级之间形成相对清晰的分工，而不会造成多大争议，比如道路有国道，中央政府要牵头建设它，省级的干道省级牵头，负主要的管理责任。气象预报系统，从中央到地方都有台站，气象预报的信息对各级政府都有用，在技术上大家可以商量，经费分担上定怎样的比例。这样可以逐渐形成一套事权明细单。

参考文献

［1］贾康，白景明.县乡财政解困与财政体制创新［J］.经济研究，2002，2.

［2］贾康，白景明.关于中国分税分级财政体制安排的基本思路［J］.经济学动态，2005，2.

［3］贾康.中国财政改革：政府层级、事权、支出与税收的安排［J］.改革，2005，2.

［4］贾康，阎坤等.完善省以下财政体制改革的中长期思考［J］.管理世界，2005，8.

［5］贾康.正确把握大思路，配套推进分税制［J］.中央财经大学学报，2005，2.

正确把握大思路配套推进分税制 [1]

——兼与"纵向分两段，横向分两块"的主张商榷

以分税制为基础的分级财政体制在我国的推行，自 1994 年以来已逾十年，在取得应当充分肯定的积极成效的同时，也显露和积累了一些问题，引发了一些诘难和怀疑。

面对地方县乡财政困难的问题，有一种意见认为分税制只适宜于中央和省级之间，而省以下不宜提倡都搞分税制，主张区分发达地区和落后地区，后者不搞分税制。这种思路和主张，可简称为"纵向分两段，横向分两块（类）"。实际上类似的主张，自 1994 年实施分税制改革后，特别是在县乡财政困难问题凸显之后经常有反映，地方工作的一些同志对此往往产生共鸣。但我认为它忽略了市场经济新体制所要求的总体配套，背离了配套改革中"治本为上"的思路和原则，实际上属于一种使财政体制格局重回"条块分割""多种形式包干"的思维方向，是不妥的。在中国渐进改革中，采取种种过渡措施，以"分类指导"方式逐步完成省以下分税分级财政体制的构建，是一种必然的选择，但分类指导中，决不应当把种种条件约束之下不得已的过渡安排，放大到否定分税制最基本的一体化制度框架的层面。

跳出财政看财政：分税制为基础的分级财政，是市场经济新体制所要求的财政体制配套，需要在统一市场构建中，逐步使之上下左右贯通运行，过渡措施不应凝固为实现中长期目标的障碍。

怎样构建一个合理的财政体制（就全局而言则是如何配套构建合理的经济管理体制），新中国成立之后已有几十年的探索。在 20 世纪

1　本文原载《中央财经大学学报》2005 年第 12 期。

50 年代前期，就形成了财政"分级"概念和初步层级框架；1958 年和 1970 年，都曾有过大力度下放财权的试验，由于多种原因，均表现为"放、乱、收、死"的循环而无法收功。改革开放后，改变"总额分成、一年一定"体制，前面的十余年中先后试行多种形式的"分级包干"办法（"分灶吃饭"可认为是其总称），在发挥了一定积极效应之后，其负面作用又很快放大。直至在明确树立社会主义市场经济目标模式的 90 年代初（邓小平同志"南方谈话"之后），决策层下决心改"行政性分权"为"经济性分权"，即改走"包干制"之路为走分税制之路，并于 1994 年的财税配套改革中得以实施。

搞市场经济，为什么财政体制必须要搞分税制？对此早已有许多的讨论。简而言之，财政体制如要适应市场经济的客观要求来"两位一体"地处理好政府与企业、中央与地方两大基本经济关系，除了分税制之外，别无他途。

许多同志谈到分税制时，往往只看到它是处理中央与地方关系的。其实在一定意义上说，对于整体改革更具前提意义。首先是凭借分税制正确处理政府与企业的关系，即以分税制来革除按照企业行政隶属关系组织财政收入的旧体制症结，将企业置于不分大小、不论行政级别、依法纳税、公平竞争的地位，由此才解决了在我国打造市场经济微观基础的一个关键性难题，即"真正刷出让企业公平竞争的一条起跑线"。同时，分税制跳出了包干制下中央、地方"讨价还价"（"一定 × 年不变"）的"体制周期"，可以形成稳定、规范的中央地方间、政府各层级间的财力分配关系和地方政府长期行为。

分税制对于中央、地方关系的处理，也是密切关联市场经济全局的，即在分税制体制框架下，各级政府的事权、财权、财力的配置，可望得到一种与市场经济逻辑贯通、顺理成章的安排：所谓事权，是要合理界定各级政府适应市场经济而既不"越位"也不"缺位"的职能边界。所谓财权，是指在各财政层级上匹配与各级政府事权相呼应的税基，以及在统一税政格局中适当安排各地的税种选择权、税率调整权、收费权等。比如，中央政府为履行宏观调控职能，应当掌握有利于维护统一市场正常高效运行、流动性强、不宜分隔、具有宏观经济反周期"稳定器"功能的税种（个人所得税），以及有利于贯彻产业政策的税种（消费税等）；地方政府为履行提供区域性公共产品和优化辖区投资环境的职能，应当掌握流动性弱、具有信息优势和征管优势、并能和自身职能形成良性循环的税种（不动产税等）。所以，决不应认为财权的合理配置不重要，似乎可以跳过财权配置直接寻求"事权与财力的一致"，因为财权（广义税基）的配置，是配合各级政府事权方面在统一市场中的合理分工、进而总体形成政府体系与市场之间合理分工，使政府能够稳定、规范地"以政控财、以财行政"的重要制度安排，是不可回避和不可忽视的。当然，即使较好地做到了事权与财权的呼应和匹配，也绝不等于做到了"事权与财力的一致"，因为同样的税基，在发达和欠发达地区的丰裕程度很可能大不相同，体制设计中，必须在尽可能合理配置财权之后，再配之以合理、有力的自上而下的转移支付，以求近似地达到使欠发达地区的政府，其财力也能与事权大体相一致的结果。但是，我们不能用财权设置之后转移支付的重要性，来否定"财权设置"的重要性，因为它是使转移支付能够长效、良性运转的前置环节，是分税分级财政制度安排中不可缺少的重要组成部分。其实欠发达地区在一定历史阶段上，不论怎样的税基配置，都不可能做到自身财力完全支撑事权，但这不是表明财权的配置不重要，而是表明仅有财权配置还不够，如同不能以吃药的重要性否定吃饭的重要性，不能以外援的重要性否定自力更生的重要性。

总之，对于1994年分税制改革的大方向和基本制度成果，必须肯定和维护。当时，在中央与省为代表的"地方"之间先搭成分税制框架，并要求和寄希望于其后在动态中逐步解决省以下如何理顺体制、贯彻分税制的问题，是在正确的大方向之下合乎实际的过渡安排，意图是随着统一市场的逐步发育和完善，使分税制在省以下也逐步进入较为规范和贯通运行的境界。但实际情况是，1994年之后，省以下体制在分税制方向上却几乎没有取得实质性的进展，"过渡性"有凝固之势，过渡中的一些负面因素在积累和放大，各种制约因素，迫使中央与地方在税种划分总体框架上，"共享税"越搞越多；在地方的四个层级之间，则实际上搞成了一地一策、各不相同、五花八门、复杂易变的共享和分成，越靠近基层，越倾向于采用"讨价还价"的各种包干制和分成制。不仅在欠发达地区，即使在发达地区，县、乡层级上也没有能够真正搞分税制。总体而言，直到目前，可以说我国省以下财政体制并没有真正进入分税制轨道（其原因和解决路径将在后面作更多讨论）。

所以，如果我们以"跳出财政看财政"的全局思维和前瞻思维看问题，应当看到，在我国省以下推行与事权相匹配的分税分级财政体制的大方向和按照市场经济客观要求使分税制逐步贯通的决心，不可动摇，问题的关键和当务之急，是应努力解决如何过渡的问题，避免现行非规范状态的凝固化，抑制其负作用的放大。

基层困局剖析：过渡不顺，矛盾积累，引致县乡财政困难凸显；地方四级财政框架，与分税制在省以下的贯彻落实之间，存在不相容性质。

1994年财税配套改革之后，由于省以下体制的过渡不顺利，过渡状态中原有矛盾与新的矛盾交织、积累，引致财权的重心上移而事权的重心下移，在综合国力不断提升、全国财政收入强劲增长、地方财政总收入也不断提高的情况下，中央和地方层级高端（省、市）在全部财力中所占比重上升，而县乡财政困难却凸显出来，欠发达地区的反映最为强烈。本来，使各级政府增强事权与财权的呼应与匹配、并通过自上而下的转移支付使欠发达地区也大体达到事权与可用财力的一致，正是分税制财政体制的"精神实质"和优点所在，为什么在现实生活中却没能体现出来？前述关于过渡之中现实情况的勾画可以表明，由于省以下还一直没有真正实行分税制，所以"事权重心下移、财权重心上移"造成的基层困难和问题，并不是分税制之过，恰恰是没有真正进入分税制轨道而使实际执行的"包干制""分成制"等体制的负面作用累积和放大之过。不按划分税基模式而依照讨价还价的包干与分成模式处理省以下四个层级的体制关系，地方高端层级上提财权、下压事权的空间大，转移支付做不实（客观地说，中央财力比重提高是必要的；省级财力比重提高也并非全无道理，但应考察其后对县乡转移支付是否加强；"市管县"地区市级财力比重提高则有可能带有所谓"市卡县""市刮县"因素，但似也不宜一概简单地作完全否定。关键问题是体制自身未能理顺，财权上提后转移支付却跟不上力度，使最困难的状况出现在县乡基层）。当然，基层困难与中央层级转移支付力度虽在努力提高、但仍远远不够也有关，但如果省以下体制不构建好，面对这么大的国家、如此悬殊的地区差异，光靠中央转移支付是力不从心的，不可能形成长效机制。

农村税费改革以来的实践表明，基层困难（农民和基层政府都困难）问题已"牵一发动全身"，我国经济社会转轨中"三农问题"背景下县乡财政的困难，是社会结构转型所要求的制度转型的有效支持不足和体制过渡不顺所积累的矛盾，在基层政府理财上的集中表现。应当强调，省以下分税制难入轨道而使县乡财政困难加剧，与现行财政与政府"五层级"的大框架有直接关系。

既然要搞分税制，不可避免要借鉴市场经济的国际经验，并立足中国国情找到实施方案。从前者说，在五级框架下搞分税制，无任何国际经验可循（国际经验的普遍模型是"三层级"）；从后者说，十余年的实践表明，在我国，把20多个税种在五个政府层级间按分税制要求切分，是"无解"的（我和合作研究者曾在一些文章中对这些作过一些探讨分析，主要文章篇目列于本文后面"参考文献"中，在此不赘述）。问题的症结于是就表现在：五级财政、五级政府的框架，与分税制在省以下的落实之间，存在不相容性质。且不说欠发达地区，即使是在发达区域，省以下的四级如何分税？按现在的基本框架，是看不清方向和找不到摆脱"过渡态"的路径的。因此，近年地方基层财政的困难加剧，在一定程度上正是由于五级财政框架与分税分级财政逐渐到位之间的不相容性日渐明朗和突出所致。

"山重水复疑无路，柳暗花明又一村"。如果我们借鉴世界主要市场经济大国大都实行三级框架的国际经验，并结合我国国情寻求在渐进改革中以"扁平化"为导向逐步实质性落实省以下的分税制，则前行路径就有可能豁然开朗。

对症下药，治本为上：积极推行"扁平化"改革试验，进而为分税制在省以下的贯彻创造配套条件。

现实生活中市场经济的发展，已越来越清晰地把实施进一步的配套改革以理顺省以下财税体制的迫切性摆在我们面前，也把应当抓住的主导因素提示给了我们。在采取一些调动基层积极性、挖掘潜力以增收和精简机构、缓解基层财政困难的可行措施之外，从中长期看，我们特别需要把握"治本为上"的要领，积极、稳妥、系统地改造省以下体制安排。其中有所作为的要点，正如不久前党的十六届五中全会《关于制定国民经济和社会发展第十一个五年规划的建议》中指出的，"理顺省级以下财政管理体制，有条件的地方可实行省级直接对县的管理体制"，并要"巩固农村税费改革成果，全面推进农村综合改革，基本完成乡镇机构、农村义务教育和县乡财政管理体制等改革任务"。

"省管县"和"乡财县管"等改革试验，基本导向是力求实现省以下财政层级的减少即扁平化，其内在逻辑是进而引致政府层级的减少和扁平化。改革中，市、县行政不同级而财政同级，不会发生实质性的法律障碍；"乡财县管"后何时考虑变乡镇为县级政府派出机构，也可与法律的修订配套联动。我们如在"地市级"和"乡镇级"这两个层级的财政改革上"修成正果"，则有望进一步推进到贯彻落实五中全会"减少行政层级"的要求，实现中央、省、市县三级架构，即乡镇政权组织变为县级政府的派出机构；地级能不设的不设，如需设立则作为省级政府的派出机构。这可以使省以下的分税制，由原来五级架构下的"无解"，变为三级架构下的柳暗花明、豁然开朗，从而有力促使事权的划分清晰化、合理化和构建与事权相匹配的分级财税体制，明显降低行政体系的运行成本，更好地促进县域经济发展，再配之以中央、省两级自上而下转移支付制度的加强与完善，必将有效地、决定性地缓解基层财政困难，形成有利于欠发达地区进入"长治久安"的机制。按照三级架构和"一级政权、一级事权、一级财权、一级税基、一级预算、一级产权、一级举债权"的原则，塑造与市场经济相合的分税分级财政体制，是使基层财政真正解困的治本之路。今后一段时间，我们应当抓住"扁平化"改革这个始发环节，并积极推动相关制度创新，为分税制在省以下的贯彻落实创造条件。

如何把握分类指导，因地制宜：合理区别对待之中，渐进走向总体的规范化制度安排。

我国各地情况千差万别，"省管县"和"乡财县管"的改革，都不宜"一刀切"地简单硬性推行，而应强调因地制宜、分类指导。管理半径过大的省份，省管县需要更多的行政区划变革配套因素；发达地区工商业已很繁荣的乡镇，目前不宜照搬"乡财县管"办法；边远、地广人稀区域的体制问题，有待专门研究而必须与内地区别对待；等等。

但我认为，所有这些分类指导、区别对待，是不宜归之于"纵向分两段、横向分两块"的思路的。

从纵向说，省以下体制的方向不应是"不宜提倡都搞分税制"，而应是创造条件在配套改革、制度创新中力求逐步脱离十余年来实际上滞留于非分税制的困局，争取实质性地贯彻分税制，其要点除了推进"扁平化"改革之外，还包括逐渐构建各级、特别是市县级的税基，使各级政府都能在合理事权定位上依托制度安排取得相对而言大宗、稳定的收入来源。对现行的"共享税"，也应积极创造条件分解到国税、省税、基层地方税三个方向上去（但在多种制约因素下，可以在较长时期内维持增值税的"共享税"地位）。市县级的财源支柱，可考虑顺应工业化、城镇化、市场化的大趋势，通过物业税（房地产税）来逐步塑造。党的十六届三中全会《关于完善社会主义市场经济体制若干问题的决定》中"实施城镇建设税费改革，条件具备时对不动产开征统一规范的物业税，相应取消有关收费"的要求，和现已启动的物业税初期试点，都预示这个制度创新空间正在打开。

从横向说，如以"发达地区和落后地区"或"农业依赖型县乡和非农业依赖型县乡"为划分，选择性地走分税制与非分税制的不同路径，既不符合培育统一市场要求消除"块块"制度壁垒和十六届三中全会"创造条件逐步实现城乡税制统一"的取向，也很难具备实际工作中合理的可操作性，一旦想依靠某些指标作为实行不同体制的依据，实际上就很容易陷入"讨价还价"的陷阱和发生较严重的扭曲变型。一个可类比的例子是：试想如接受不少欠发达地区的同志提出的"增值税中央地方分享比率应一地一率"的建议，那么分税制基本框架可能就此出现"突破口"而一步步演变为支离破碎之状，重回中央与地方间五花八门的"分成"与"包干"。那将要付出多高的而且无休无止的谈判成本？如何防止"会哭的孩子有奶吃""跑步（部）前（钱）进的吃偏饭"的弊病再次严重起来？

从横向与纵向的协调来说，最重要的是积极发展和强化自上而下的"因素法"转移支付，同时也包括发展适当的"横向转移支付"（在我国这早已经以"对口支援"等方式存在），来动态地调控地区间差异，扶助欠发达地区。

总之，因地制宜、分类指导就其原则本身，永远是成立的，就其表述而言，永远是正确的，但就财政体制改革而言，这一表述应主要是指处理好渐进改革中的过渡问题，是分税制推进中的"策略"和"操作"层面的要领，而从"基本框架"和"战略大方向"层面来说，还是要首先把握好市场经济新体制所要求的总体目标模式，使策略的掌握服从于、服务于战略取向，逐步打造一种合理、规范、稳定、长效、内部贯通的制度安排，逐步接近社会主义市场经济所要求的长远目标。

参考文献

[1]贾康.我国地方财政体制改革探讨［J］.中国财经信息资料，2002.

[2]贾康，白景明.县乡财政解困与财政体制创新［J］.经济研究，2002，2.

[3]贾康等.地方财政问题研究［M］.北京：经济科学出版社，2004.

[4]贾康，白景明.关于中国分税分级财政体制安排的基本思路［J］.经济学动态，2005，2.

[5]课题组.改进省以下财政体制的中长期考虑与建议［R］.北京：财政部科研所，2005.

中央地方财力分配关系的体制逻辑与表象辨析[1]

——客观存在的地区间"横向不均衡"，需要合理的中央、地方间"纵向不均衡"机制加以调节

近年来，我国国民收入分配和政府间财力分配格局问题，是各方关注的现实重大问题与热点问题。在我国财政总收入"蛋糕切分"的分配比例中，中央政府目前拿52%左右（即地方拿其余的48%左右），而同时，在支出中，中央所占的比重不足30%，地方要占70%以上。这种情况带来了诘问之声："地方以48%的收入负担70%以上的支出，还怎么过日子？"这其实是一个很久以来令非专业人士普遍疑惑的发问，并在不少场合，直接引出了"应提高地方收入占财政总收入的比重"的看法；而就专业人士而言，这个问题确实也是一个需要力求头绪清晰、深入浅出地把相关道理讲明白的重大现实问题。本文试对此作一番分析。

一、分税制下中央、地方间财力分配关系的内在逻辑

大道理管小道理。讨论中央、地方间财力分配关系，首先需要明确，为什么我们必须把这一关系放在"分税制"的制度框架之下。搞市场经济，就必须实行分税分级财政体制——这是世界各国在市场经济发展中不约而同形成的体制共识与基本实践模式，也是我国改革开放在经历了前面十余年探索后，以1994年财税配套改革为标志而确立的财政体制的基本框架与现实性质。其内在的逻辑要点不可不察。

1　本文原载《财政研究》2011年第1期。

（一）政府与企业关系和中央与地方关系需要在分税制框架下"二位一体"得到正确处理。

学术界已有不少讨论涉及如下的辨析：对于财政体制，虽然不少人看到是处理中央与地方政府分配关系的规范性制度安排，但需要十分明确地指出，财政体制绝不仅仅只是处理这一项关系——在全局意义上，财政体制首先需要处理政府与企业分配关系，进而"二位一体"地处理好政府与企业、中央与地方两大基本经济关系[1]。我国 1994 年的变革，之所以具有里程碑式的意义，就是它终于突破了以往不论"集权"还是"分权"都是按照企业行政隶属关系组织财政收入的体制症结，首先在企业"向谁交"和"按照什么依据向谁交"的制度规范上[2]，形成了所有企业不论大小、不分行政级别，在税法面前一律平等、一视同仁，"该交国税交国税，该交地方税交地方税"的真正公平竞争环境，同时也使中央与地方间告别了分成制下无休止的扯皮和包干制下"包而不干"延续扯皮因素的"体制周期"，形成了政府对市场主体实行宏观"间接调控"的机制和中央与地方间按税种分配各自财力的比较规范、稳定的可持续体制安排。

（二）按税种划分收入，对于不同地区必然要求规范一律，但各地实际的税收丰度和公共品供给成本又必然高低不一。

税种在中央、地方间的划分即税基的配置，一般认为要遵循如下一些基本原则：与国家主权和全局性宏观调控功能关系密切或税基涵盖统一市场而流动性大的税种（如关税、消费税、个人所得税、社会保障税等），应划归中央；而与区域特征关系密切、税基无流动性或流动性弱、宜于因地制宜的税种（如房地产税、资源税、耕地占用税、特定地方税等），应划归地方。关于这套税种划分的原则，在一个体制内，应是上下贯通、规范一律的，那些不宜由中央或地方专享、出于过渡性的或者甚至是长期存在的理由不得不划为中央地方共享税的税种（如我国现行税制中的国内增值税和所得税），也需要执行全国一律的共享比例。假

1　贾康.分税制改革与中央、地方政府间关系［J］.改革，1990，4.
2　这种企业"想谁交"和"按照什么依据向谁交"的制度规范属于"财政体制"应解决的问题；其后企业"交什么""怎么交"，才是由税制方面的规定所解决的问题。

如我们不能坚持最基本的"全国一律"特征，我国分税制的根基就会动摇——试想，如按有些同志听来似乎"有道理"的主张，把欠发达地区的增值税25%分享比重（或所得税40%分享比重）提高，用以"因地制宜地缓解地方困难"，那么这一个省（区）如果调为50%，另一个省（区）马上会抬出一大堆理由要求升为60%，最欠发达的边远省（区）则可能会要求70%以上，而发达地区同样会忿忿不平地摆出一大串"困难"来也要求改变比例，这样，体制的实际规则，就会转变为"一地一率"、讨价还价的分成制，分税制体制的框架便将随之而轰然倒塌，于是乎，原来弊病丛生、苦乐不均的"跑部钱进"、"会哭的孩子有奶吃"、无休止的扯皮等等问题，就都会卷土重来。总之，一句话，按税种划分中央、地方收入的基本逻辑，是要求全国保持规范一律，即使是共享税，其切分办法也必须全国一致，否则，便不成其为与统一市场、公平竞争环境及体制稳定规范性相契合的"分税制"体制了。

但由此而来，各地税种一律、分享比例一律，但实际的税收丰度（某一税种的人均可实现收入数量）却会由于地区经济发展水平的差异及其他相关因素而大相径庭。比如同是25%的增值税，工商企业数量多、发展水平高、增值额规模大的沿海省（区市），与工商业还很不活跃、经济发展水平低下、增值额规模往往还很小的西部边远省（区），定会有人均对比上的巨大反差；同是拿取40%的所得税，但企业效益水平和居民收入水平、进而人均比较的所得税数量，在不同区域往往完全不可同日而语。这就注定会产生区域间财政收入丰度显著的"横向不均衡"。与此同时，地方政府提供"基本公共服务均等化"所需的公共产品的供给成本，又会因巨大的地区差异而产生另一个支出负担上的"横向不均衡"，使欠发达省（区）面临更大困难：税收丰度很低的地方，大都是地广人稀、高原山区、自然条件较严酷而提供公共产品的人均成本非常高的地方；税收丰度较高的地方，一般都是人口密集、城镇化水平高、自然条件和生存环境较好因而提供公共产品的人均成本比较低的地方。财政的收入丰度低而支出成本高，这就是欠发达地区普遍面对的困难处境，因此分税制框架下对这个问题的解决之道，便主要需依仗"自上而下"的中央财政（还有省级财政）对欠发达地区的转移支付制度安排（也不排除中央政府或高端政府协调组织之下开展的发达地区对欠发达地区的"横向"转移支付），形成可持续的调节区域差异的通盘方案。

（三）收入与支出二者在政府间划分遵循不同原则，体制目标应是在财权与事权相顺应的基础上，力求使各级政府的财力与事权相匹配，于是中央、地方本级必不可能各自收支均衡。

了解上述情况后便可知，在市场经济条件下，收入划分需要考虑税种与生产要素流动的影响以及中央宏观调控功能的实现，所以通常将税源易流动、税负易转嫁以及发挥宏观调控功能所需要的税种划为中央税；将税基不易流动、不会引起地区间过度税收竞争和需要"因地制宜"的税种划为地方税。同时，还可能有一部分在中央与地方之间规范共享的税种。至于支出责任在政府间的划分，则需考虑公共产品的属性及其"外部性"的覆盖面、相关信息的复杂程度、内洽于全局利益最大化追求的激励—相容机制，以及公共品提供效率等因素。属于全国性的公共产品，应由中央政府提供，地区性的公共产品，则应由地方政府提供，具体的支出责任，也应合理地分别划归中央与地方。同时，由于地方政府较中央政府更具有信息优势，更加了解本地居民的需要，因而在中央政府和地方政府均能提供某种公共品的情况下，基于效率的考虑，也应更倾向于由地方政府提供。

一个设计合理的分税制体制，目标应是在合理配置各级税基（税费收入），使财权与事权（支出责任）相顺应而不相互悖反违拗的基础上，进而加上转移支付来使各级可用财力与事权相匹配。于是，主导性的体制特征，必然是要求形成"中央本级多收少支、以转移支付支持欠发达地区"的模式，换言之，从分税制之下中央与地方之间"收入分配"的内在逻辑来看，全局的合理性必然是要求首先"中央本级收大于支"，然后，再依靠中央自上而下的转移支付，实施倾斜支持，有针对性地使欠发达地区也能将其财力与其事权相匹配，得以多拿到一些可用财力来推进基本公共服务均等化（于是地方本级总计必然支大于收）。

（四）地区间的"横向不均衡"现实，需要负责调节区域差异的中央政府设计和把握好"纵向不均衡"机制。

如前所述，由于各地收入差异必然存在，支出成本负担也大不相同，并且收入种类划分与支出责任划分遵循不同的原则，因而中央、地方政府各自的本级收支规模不相一致的情形必然出现（某一地方行政区内自身达到收支平衡只能是偶然的情况）。在这种情况下，有必要运用转移支付制度手段对财政资金余缺在政府间进行适当调节，这种转移支付有效运行的基本前提，就是中央取得与其宏观调控功能相称的财力，进而去调节地区间的"横向不均衡"。因此，体制常态在分税制下必然是中央"收大于支"（在100%的蛋糕切分中，这也就必然成为地方"收小于支"的同义语），又形成所谓的"纵向不均衡"。地方发展水平差异和财力差异的客观存在，在我国尤为突出，所以我国中央政府的一项重要责任，就是以合理方式"抽肥补瘦"，抑制地区间差距扩大——这种中央政府针对"横向不均衡"履行区域差异调节责任的物质前提，就是形成合理设计与实施的中央、地方间"纵向不均衡"的财力分配框架。因此，在各自本级的收支账上中央政府收大于支、地方政府（合计）支大于收的格局，必然成为分税分级财政体制下的常态格局。相应地，转移支付也将主要表现为"自上而下"的财力转移即"资金向下流动"格局。这是市场经济下分税制的通行逻辑，我国在1994年改革后也不例外，并且这是分税制概念下我国必须进一步大力推进的重大制度建设，必须按"长效机制"要求来打造并加以动态优化。

从转移支付的形式看，可分为两类，一类是旨在平衡地方基本公共服务能力的转移支付，称为一般性转移支付（我国这些年也称为财力性转移支付）、无条件转移支付或均衡补助；另一类是实现国家某些特定宏观调控目标的转移支付，称为专项转移支付或有条件转移支付，该类转移支付实行专款专用。

在此值得一提的是，我国除规范的转移支付外，在中央与地方之间还存在另外两类财政资金的流动，即中央对地方的税收返还和地方对中央的上解收入，它们是1994年分税制改革为稳妥处理中央与地方利益关系而出现的一种具有过渡性质的"转移支付"，包括1994年引入的"两税"（消费税、增值税）返还、2002年的所得税基数的返还及2008年成品油价格和税费改革返还。其中的上解收入，已于2009年将其与税收返还进行对冲处理，此后不再存在；随时间推移，由地方所得的税收返还，对财政资金纵向流动的影响也越来越小（即数学上所说的其极值是趋向于无穷小）。

二、我国中央、地方间的财力分配现行框架 与运行情况分析

（一）现行框架。

我国 1994 年财税配套改革后的中央地方财力分配基本关系框架如图 1 所示。

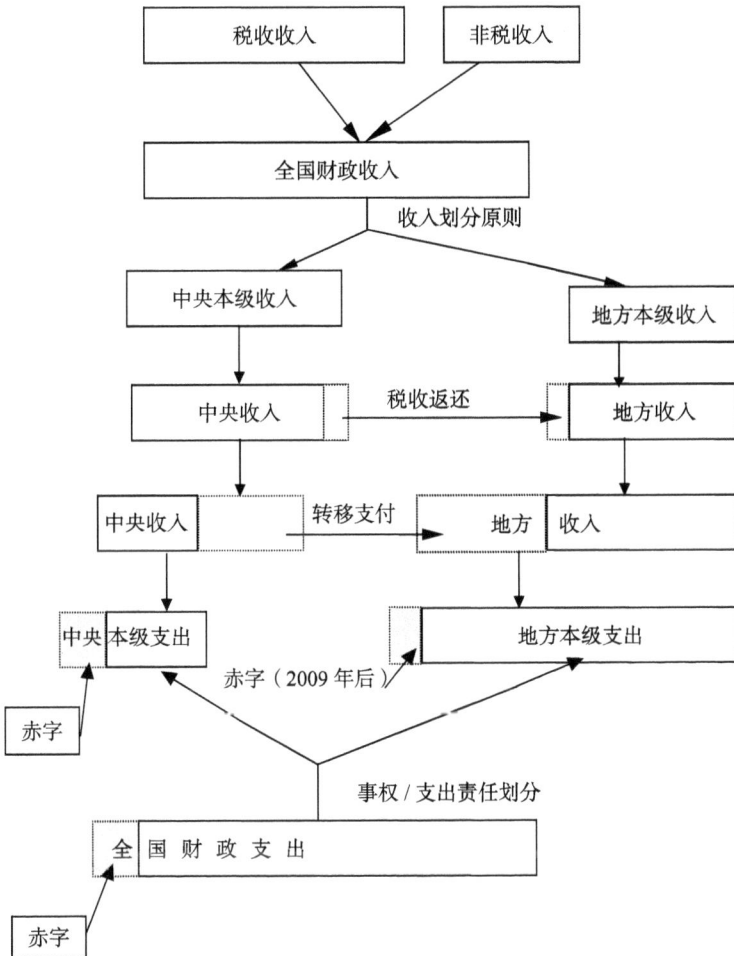

图 1 我国政府间财政关系简要图示

545

表1 我国税收收入分享情况

税种	类别	具体分享办法
关税	中央税	收入划归中央
增值税	共享税	进口增值税划归中央，国内增值税 75% 归中央，25% 划归地方
消费税	中央税	收入划归中央
营业税	共享税	铁道系统、各银行总行和各保险总公司集中缴纳的营业税收入划归中央，其余归属地方
企业所得税	共享税	60% 归中央，40% 归地方
个人所得税	共享税	60% 归中央，40% 归地方
资源税	共享税	海洋石油天然气资源税属于中央，其他属于地方
印花税	共享税	股票交易印花税的 97% 归中央，其他归地方
房产税	地方税	收入归地方
城镇土地使用税	地方税	收入归地方
耕地占用税	地方税	收入归地方
车船税	地方税	收入归地方
车辆购置税	中央税	收入归地方
契税	地方税	收入归地方
土地增值税	地方税	收入归地方
城建税	地方税	收入归地方
烟叶税	地方税	收入归地方
船舶吨税	地方税	收入归地方
固定资产投资方向调节税	地方税	暂停征收

资料来源：根据相关政策文件整理。

表2 目前我国转移支付分类

类　别	具体内容
财力性转移支付	一般性转移支付
	民族地区转移支付
	农村税费改革转移支付
	调整工资转移支付
	县乡奖补转移支付
	其他财力性转移支付
专项转移支付	社会保障支出
	农业支出
	科技支出
	教育支出
	医疗卫生支出
	其他

注：2009 年起，进一步规范财政转移支付制度。将中央对地方的转移支付简化为一般性转移支付、专项转移支付两类。其中，一般性转移支付包括原财力性转移支付，主要是将补助数额相对稳定、原列入专项转移支付的教育、社会保障和就业、公共安全、一般公共服务等支出，改为一般性转移支付；原一般性转移支付改为均衡性转移支付。由于下文数据分析多为 2009 年之前的数据，因而本文仍以此分类为标准。

资料来源：根据李萍主编《中国政府间财政关系图解》（中国财政经济出版社 2006 年版）第 50 页图 2-1 整理。

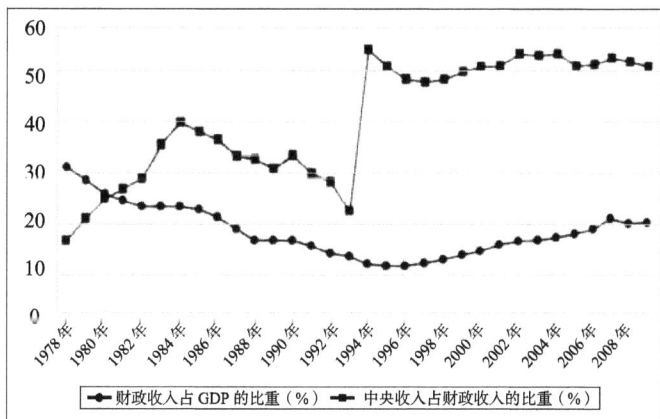

图2　1978—2009 年"两个比重"趋势图

表3 1994—2009 年转移支付情况

单位：亿元

年度	转移支付	财力性转移支付	专项转移支付	财力性转移支付占比（%）	专项转移支付占比（%）
1994	590	229	361	38.81	61.19
1995	667	292	375	43.78	56.22
1996	774	285	489	36.82	63.18
1997	845	327	518	38.70	61.30
1998	1239	361	878	29.14	70.86
1999	1966	542	1424	27.57	72.43
2000	2459	846	1613	34.40	65.60
2001	3693	1493	2200	40.43	59.57
2002	4345	1944	2401	44.74	55.26
2003	4836	2238	2598	46.28	53.72
2004	6357	2934	3423	46.15	53.85
2005	7727	4198	3529	54.33	45.67
2006	9571	5159	4412	53.90	46.10
2007	14017	7125	6892	50.83	49.17
2008	18709	8747	9962	46.75	53.25
2009	23679	11320	12359	47.81	52.19

资料来源：根据李萍主编《财政体制简明图解》（中国财政经济出版社 2010 年版）第100 页和第 88 页相关数据整理。

（二）我国财政体制运行情况分析。

根据上述情况，我们已可以清楚地知道，分税制下中央财政收入中应有一部分专门用于对地方的补助（在我国包括税收返还和转移支付，前者也可纳入广义的转移支付概念），这方面在我国分税制财政管理实践中的具体情况，见表4和图3。

表4 1994—2009年中央收入与补助情况表

年度	中央收入（亿元）	中央本级收入（亿元）	对地方的补助支付（亿元）	中央补助占中央收入的比重（%）	中央补助占中央本级收入的比重（%）
1994	3476.55	2906.5	2389.09	68.72	82.20
1995	3866.63	3256.62	2534.06	65.54	77.81
1996	4264.95	3661.07	2722.52	63.83	74.36
1997	4830.72	4226.92	2856.67	59.14	67.58
1998	5489.13	4892	3321.54	60.51	67.90
1999	6447.34	5849.21	4086.61	63.38	69.87
2000	7588.29	6989.17	4665.31	61.48	66.75
2001	9173.7	8582.74	6001.95	65.43	69.93
2002	11026.6	10388.64	7351.77	66.67	70.77
2003	12483.83	11865.27	8261.41	66.18	69.63
2004	15110.27	14503.1	10407.96	68.88	71.76
2005	17260.49	16548.53	11484.02	66.53	69.40
2006	21243.89	20456.62	13501.45	63.55	66.00
2007	28611.95	27749.16	18137.89	63.39	65.36
2008	33626.93	32680.56	22990.76	68.37	70.35
2009	35896	35896	28563.79	79.58	79.58

说明：① 1994—2008年中央收入、中央本级收入以及对地方转移支付数据取自《中国财政年鉴》（2009年），2009年数据取自财政部内部资料《关于财政体制运行情况的汇报》。

②中央收入＝中央本级收入＋地方上解收入，中央本级收入是指按照收入权划分中央

本级的收入，地方上解收入是指中央收到地方按照有关法律法规或财政体制规定上解的各项收入。主要包括1994年分税制改革时保留下来的地方原体制上解收入和出口退税专项上解收入。2009年，将地方上解与中央对地方税收返还作对冲处理，相应取消地方上解中央收入科目，因而2009年中央收入与中央本级收入相等。

　　③中央对地方的转移支付中包括中央对地方的税收返还。

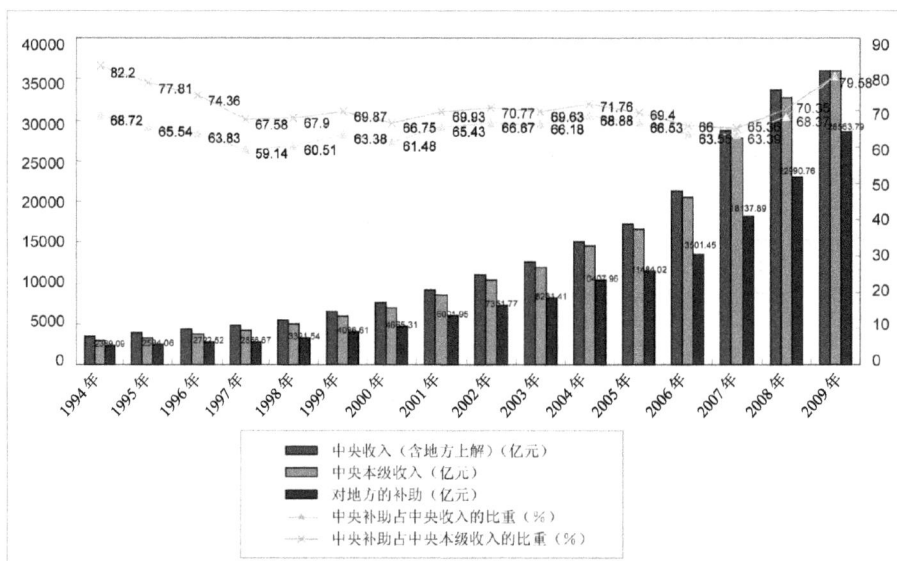

图3　1994—2009年中央对地方补助情况

资料来源：同表4。

　　从表4和图3中我们可以看出，我国实行分税制改革后，中央对地方的补助逐年增加，已从1994年的2389.09亿元增加至2009年的28536.79亿元，16年增加了11倍，年均增长率为18%。自1994年以来，中央财政收入半数以上用于对地方的补助，各年度中央补助收入占中央本级收入以及中央收入比重均超过65%，近年已高达80%，对地方的补助是中央收入的主要使用方向。所以，尽管运行的表象上是中央在收入比重上占大头，但其资金使用的大头，却是用于对地方的补助。

　　从同一过程的另一角度来说，中央收入的流出意味着地方收入的增加，支撑着地方财政支出。1994年以来，中央补助收入占地方财政支出的比重情况见图4和表5。

从图 4 和表 5 中可以看出，中央补助对地方财政支出的贡献较大。自 1994 年以来，除个别年度，中央补助占地方财政支出的比重均在 45% 以上，有些年度高达半数以上（如 2004 年为 50.54%），因而已成为地方财政支出的重要支撑——当然，这些补助主要流入了我国欠发达的西部与中部地区。

在中央补助到位后，我国地方本级支出占全部财政支出的情况如图 5 所示。

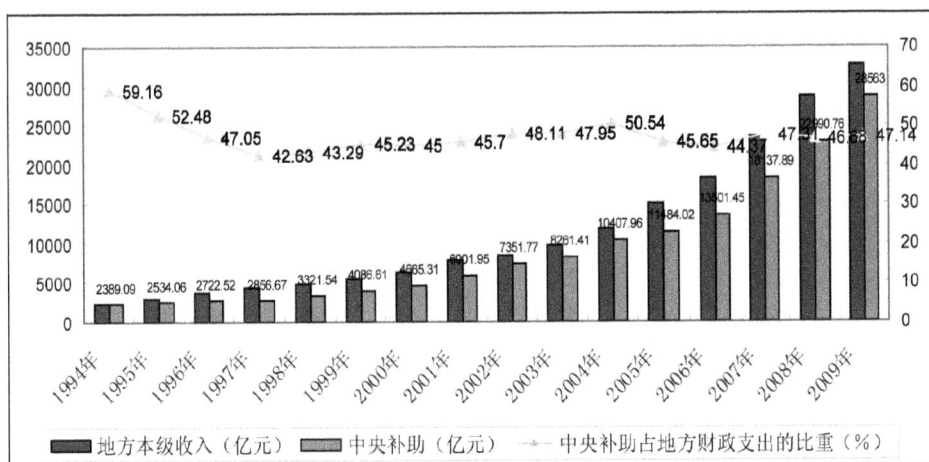

图 4 1994—2009 年中央补助占地方财政支出情况

资料来源：同表 5。

表 5 1994—2009 年中央补助与地方财政支出情况表

年度	地方本级收入（亿元）	地方财政支出（亿元）	中央补助（亿元）	中央补助占地方财政支出的比重（%）	中央补助占地方收入的比重（%）
1994	2311.6	4038.19	2389.09	59.16	50.82
1995	2985.58	4828.33	2534.06	52.48	45.91
1996	3746.92	5786.28	2722.52	47.05	42.08
1997	4424.22	6701.06	2856.67	42.63	39.24
1998	4983.95	7672.58	3321.54	43.29	39.99

续表

年度	地方本级收入（亿元）	地方财政支出（亿元）	中央补助（亿元）	中央补助占地方财政支出的比重（%）	中央补助占地方收入的比重（%）
1999	5594.87	9035.34	4086.61	45.23	42.21
2000	6406.06	10366.65	4665.31	45.00	42.14
2001	7803.3	13134.56	6001.95	45.70	43.48
2002	8515	15281.45	7351.77	48.11	46.33
2003	9849.98	17229.85	8261.41	47.95	45.61
2004	11893.37	20592.81	10407.96	50.54	46.67
2005	15100.76	25154.31	11484.02	45.65	43.20
2006	18303.58	30431.33	13501.45	44.37	42.45
2007	23572.62	38339.29	18137.89	47.31	43.49
2008	28649.79	49248.49	22990.76	46.68	44.52
2009	32581	60594	28564	47.13	42.09

说明：① 1994—2008 年数据取自《中国财政年鉴》（2009），2009 年数据取自财政部内部资料《关于财政体制运行情况的汇报》。②地方财政收入＝地方本级收入＋中央补助。

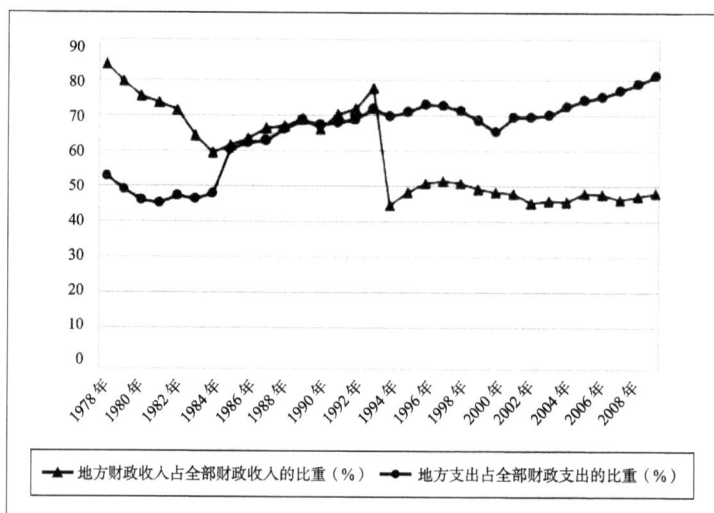

图5　地方财政收入和支出占全国财政收入和支出的比重

资料来源：1978—2008 年数据取自《中国财政年鉴》（2009），2009 年根据相关数据计算得到。

（三）从国际比较来看，我国中央财政收入占比不高，地方支出对中央转移支付的依赖度目前尚处于大体合宜水平，今后可随部分事权合理划升中央而有所降低或企稳。

分权财政体制在世界市场经济国家广为应用，这为评价我国分权财政体制的特点提供了一个较好的参照系。从国际实践来看，收入上移、支出下移是分税分级财政体制的普遍特点。表6列示了世界部分国家1995年中央政府税收收入占总收入的比例（包括社会保障收入），表7列示了我国自1994年以来中央收入占比情况。

从表6可看出，许多国家中央收入占比在70%以上，即使是占比较低的国家，如加拿大和美国，也在50%左右（加拿大为49%，美国为58%）。我国自1994年分税制以来，中央收入占比在50%上下徘徊，最高年度（1994年）也仅为55.7%，不及美国；最低年度仅为48.9%，与加拿大持平。所以，从国际比较视角来看，我国中央政府收入占比还处于较低水平。

地方政府财政收支存在缺口是世界各国普遍存在的现象，因而依靠转移支付平衡地方财政收支情况也是惯例，但依赖程度却无一定"数量界限"可循。图6列示了OECD国家2005年地方政府收入中税收收入与转移支付的对比情况，可以看出，转移支付占地方政府收入的比重从10%至80%不等。荷兰、希腊等少数国家转移支付占地方政府财政收入的比重高达80%以上；韩国和波兰等国都在60%以上；卢森堡、波兰和韩国在50%以上；丹麦、挪威、葡萄牙等国在40%以上；澳大利亚和德国地方财政对联邦政府的依赖程度都不超过25%。

我国自1994年分税制改革以来，转移支付占地方政府的收入比重在40%—47%之间波动（除1994年外），16年平均占比为43%，从国际比较视角来看，我国地方财政对中央补助的依赖程度处于中间水平，还比较合宜。今后随中央、地方间事权调整，如把一部分事权（如基本养老统筹、边境事务管理、跨流域协调等）合理划升中央，并对已有的一些垂直工作系统（包括缉私和证券犯罪侦察等）加以强化，则地方支出对中央转移支付的依赖程度可能有所降低，或在与中央强化对欠发达地区转移支出的效应对冲后企稳。

表6 部分国家中央收入占比情况

单位：%

国 别	中央政府收入占比	国 别	中央政府收入占比
奥地利	82	西班牙	86
比利时	71	瑞 典	67
捷 克	87	瑞 士	62
丹 麦	69	英 国	96
芬 兰	78	葡萄牙	95
澳大利亚	71（1991）	阿根廷	62（1989）
印 尼	90（1990）	荷 兰	98
德 国	71	新西兰	95
匈牙利	94	挪 威	81
冰 岛	80	波 兰	93
日 本	76（60—65）	美 国	58（1990）
墨西哥	80	印 度	68（1989）
加拿大	49（1989）		

说明：①日本数据括号中是根据日本总务省代表团最新数据信息。其他括号内数字表示年度。②数字后没有标注年度的均为1995年数据，均根据李萍主编《中国政府间财政关系图解》（中国财政经济出版社，2006年）240—241页图表整理得到；其他年度数据取自朱萍《论我国现阶段政府间转移支付规模的合理界限》（《上海财经大学学报（哲学社会科学版）》，2007.1）。

表7 1994—2009年我国中央收入占比情况表

单位：%

年度	中央收入占比	年度	中央收入占比
1994	55.7	2002	55
1995	52.2	2003	54.6
1996	49.4	2004	54.9
1997	48.9	2005	52.3
1998	49.5	2006	52.8
1999	51.1	2007	54.1
2000	52.2	2008	53.3
2001	52.4	2009	52.4

说明：1994—2008年数据取自《中国财政年鉴》（2009），2009年数据取自财政部内部资料《关于财政体制运行情况的汇报》。

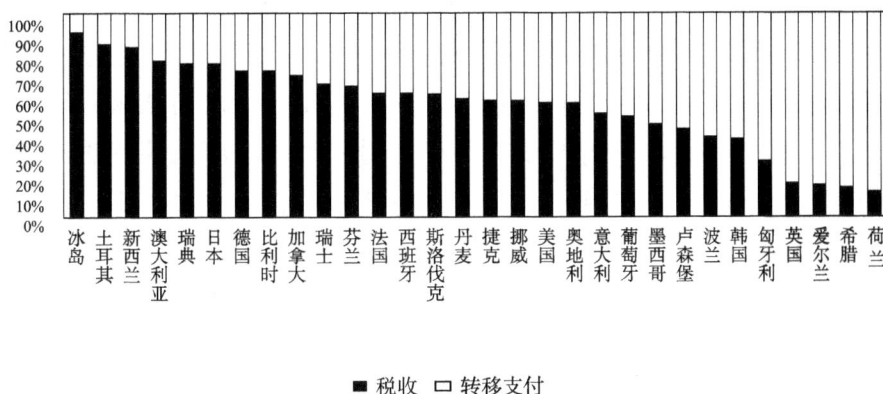

■ 税收 □ 转移支付

图6 2005 年 OECD 国家地方政府税收收入与转移支付对比情况

注：本图摘自 Hansjorg Blochliger and Oliver Petzold, Tax and Grants: on the Revenue Mix of Sub2 central Governments. COM / CTPA / ECO / GOV / WP（2009）7，笔者对其国名和说明做了中文化处理。

（四）我国东部地区为中央收入的主要贡献者，而中西部地区为中央补助的主要受益者，因而补助政策较好地发挥了"抽肥补瘦"、平衡地区发展的作用。

1994 年分税制改革以规范统一的方式明确了中央与地方之间收入划分与共享办法，在以法定的税收形式作为财政收入主要来源的情况下，地方财政收入与经济发展水平直接相关，经济越发达，财政收入能力越强。在主要税种多为共享税且中央分享比例大于地方的情况下，不但地方本级财政收入受益于经济发展，而且经济发展对中央本级收入的贡献尤大。其后，中央通过税收返还与转移支付的形式，又将一部分财政资金用于地方，特别是中西部地区。这种"抽肥补瘦"的制度安排，较好地发挥了平衡地区间财力、促进区域间经济协调发展的作用。

以 2008 年为例，东中西部地区对中央税收收入的贡献度以及从中央补助的受益情况见表 8 和图 7。

从表 8 和图 7 中可以看出，2008 年东部地区是中央税收收入的重要贡献者。其贡献的绝对规模是中部地区的 4.55 倍、西部地区的 7.26 倍、中西部地区之和的 2.8 倍，是其获得中央补助的 3.76 倍，占全部中央税收收入的相对比重也高达73.67%，远远高于中西部占比之和（26.33%）。而中西部地区恰为中央补助的主要获益地区，两地区获得补助规模均明显高于东部，占全部中央补助的比重分别为36.53%和31.93%，均明显高于本地区对中央收入的贡献，因而是财政资金净流入的获益地区。2008年，中部9个省（自治区）中，有8个中央补助收入高于其一般预算收入，西部10个省（自治区、直辖市）中，有9个中央补助收入高于其一般预算收入，个别省份（如贵州、甘肃、青海和宁夏）的中央补助收入是其一般预算收入的2倍以上。显然，从转移支付的角度分析，中西部地区受益最多。由于东部税收返还基数（1993年增值税和消费税收入）大，因而其税收返还在一定阶段上还显得较多，相应增加了其中央补助收入，但这个因素是递延递减的。以2009年为例，转移支付地区分布情况如图8所示。从图8可以看出，无论是财力性转移支付还是专项转移支付，中西部都是绝对受益者，现实情况是地方政府级次越低，受益度越大（如2009年甘肃省庆阳市正宁县从上级政府获得补助是其自有财政收入的9倍）。

表8　2008年东中西部地区对中央收入的贡献及获得中央补助情况

地区	对中央收入贡献度		从中央得到的补助		受益与贡献差额（亿元）
	绝对规模（亿元）	相对比重（%）	绝对规模（亿元）	相对比重（%）	
东部	26724.49	73.67	7114.4	31.54	−19610.09
中部	5870.43	16.18	8239.82	36.53	2369.39
西部	3681.51	10.15	7203.52	31.93	3522.01

　　说明：①本表中的东中西部地区分别为：东部地区包括北京、天津、河北、辽宁、上海、江苏、浙江、福建、山东、广东、广西、海南12个省、自治区、直辖市；中部地区包括山西、内蒙古、吉林、黑龙江、安徽、江西、河南、湖北、湖南9个省、自治区；西部地区包括重庆、四川、贵州、云南、西藏、陕西、甘肃、宁夏、青海、新疆10个省、自治区、直辖市。②对中央税收收入的贡献情况根据《中国税务年鉴》（2009）中相关数据整理得到。从中央得到补助的受益情况根据《中国财政年鉴》（2009）中相关数据整理得到。

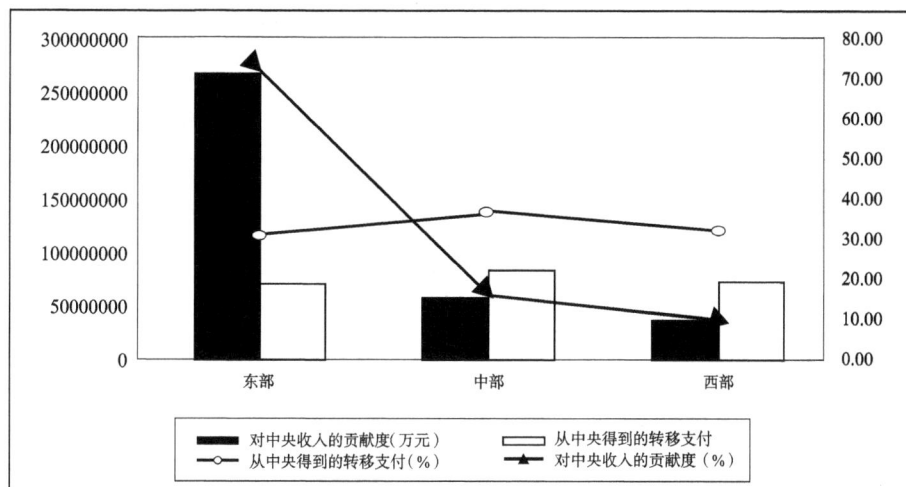

图7 2008 年东中西部地区对中央收入贡献度及从中央获取补助对比情况

注：贡献度计算公式为：对中央税收贡献额／中央全部收入；补助率计算公式为：取得的中央补助／中央补助总额。

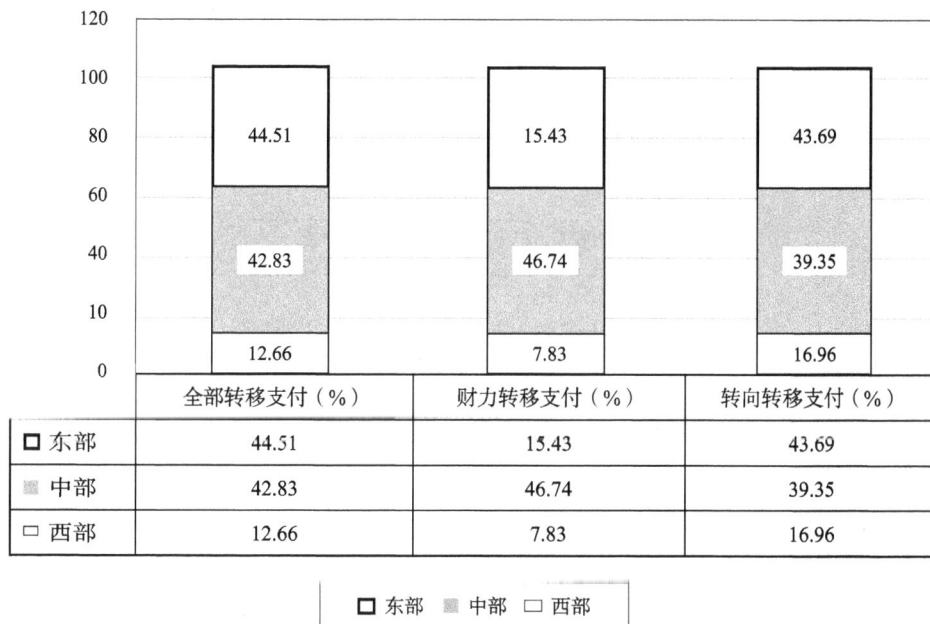

	全部转移支付（%）	财力转移支付（%）	转向转移支付（%）
□ 东部	44.51	15.43	43.69
▩ 中部	42.83	46.74	39.35
□ 西部	12.66	7.83	16.96

□ 东部 ▩ 中部 □ 西部

图8 2009 年转移支付地区分布图

资料来源：李萍主编《财政体制简明图解》（中国财政经济出版社，2010 年第 101 页）。

（五）从转移支付的结构上看，财力性转移支付占比逐步提高，专项转移支付占比逐渐降低。

相比较而言，财力性转移支付纳入地方政府的一般预算中，地方可因地制宜统筹安排和使用资金，灵活性较大，对于促进地区间公共服务均等化效果更佳。因此中央政府在财力允许的情况下，逐步调整转移支付结构，增加财力性转移支付比重。财力性转移规模从 1994 年的 229 亿元增加至 2009 年的 11320 亿元，16 年增加 48.4 倍，年均增长率达到 29.7%，占全部转移支付的比重也从 1994 年的 38.81% 提高到 2009 年的 47.81%，具体情况见表 3 和图 9。

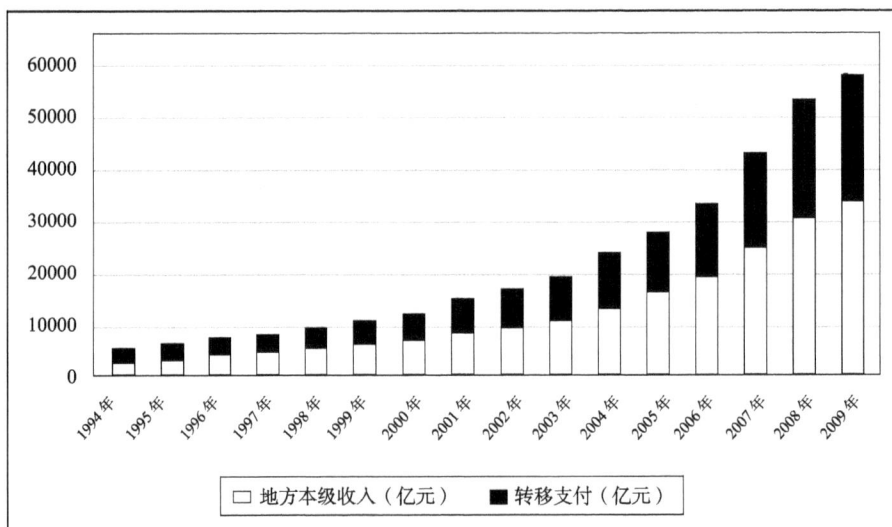

图9　1994—2009 年各类转移支付占比情况

（六）总之，我国分税制财政体制正在运用"纵向不均横"调节矫正"横向不均衡"，使地方财政的日子总体而言过得更好。

1994 年分税制改革统一了政府间财力配置方式，初步理顺了国家与企业、中央与地方之间的分配关系。中央收入占比不断提高，从 1993 年的 22% 提高到 2009 年的 52.4%，这为中央政府发挥宏观调控职能，更有力、有效地调节区域差异，提供了资金保障。

总结起来，逐年增加的转移支付规模对于增加中西部地区财力，提高中西部地区人均财政支出水平，促进地区间协调发展，发挥了重要作用。以 2009 年为例，中西部地区人均自有财政收入仅为东部地区的 31% 和 33%，通过转移支付，使得中西部地区的人均财政支出达到东部的 67% 和 86%，地区间的差距明显缩小。人均财政收入基尼系数是用以衡量地区间财政收入分配差异程度的统计指标。我国地区间经济发展的不均衡导致地区间自有财政收入差距很大，2009 年我国各省区市人均一般预算收入（与自有财政收入口径相当）的基尼系数为 0.418，差异明显，实行中央补助后（包括税收返还、财力性转移支付和专项转移支付），各省区市人均财政收入基尼系数下降至 0.278，下降了 0.14，降幅达 33%。

这些都表明，我国的分税制财政体制正在运用其"纵向不均衡"的制度设计，发挥调节和矫正"横向不均衡"的体制功能，使欠发达地区共享改革开放的成果，使我国地方财政的日子决非如表象式疑问提出的那样"过不下去"，而是总体而言过得更好，促进了区域协调、社会和谐，维护了国家统一、民族团结，保证了改革开放所取得的成果为全体人民所共享。

三、在深化改革中，使财政体制更好保证中央宏观调控职能的发挥和促进地区间协调发展

我国中央地方关系还处于进一步走向合理化的历史进程之中。如向前作一展望，我们应特别重视研讨"十二五"时期深化财政改革、特别是省以下财政体制改革的思路和要领，力求更好地保证中央宏观调控职能的发挥和促进科学发展观所要求的地区间的共赢式协调发展。

（一）需要特别注重总体设计、配套改革思路。

在未来 5 到 10 年时间，争取从"省直管县改革"和"乡财县管与乡镇综合改革"切入，推进到使我国财政层级框架"扁平化"，进而破解省以下无法实质性贯彻落实分税制的难题，使扁平化后的中央、省、市县三级，均按照"一级政权、一级事权、一级财权、一级税基、一级预算、一级产权、一级举债权"的原则处理好体制安排，再加上中央、省两级自上而下的转移支付，建设成为上下贯通、覆盖统一市场、财权

与事权相顺应，财力与事权相匹配的公共财政体系。

（二）需要充分重视地方税体系和地方债制度的构建。

结合经济、社会综合转型、发展方式转变与政府职能优化，打造主要以不动产税（房地产税）和资源税为大宗、稳定收入支柱的地方税体系，使地方政府的收入激励与职能转变优化内在契合，并积极探索适当扩大地方的税种选择权、税率调整权，乃至给予某些地方政府对于区域性小税种因地制宜的设税权。我国的地方债制度，应在2009—2010年"登堂入室"的基础上，按照"阳光融资"的导向继续规范发展，适当扩大其规模。

（三）需要继续积极推进转移支付体系制度的改进。

在科学化、精细化管理导向下，在近中期推出并贯彻县级财力保障制度，从近期延伸至中长期着力于动态改进一般性转移支付因素指标与制度设计，使之更加客观、公正、有效，同时扩大其占全部转移支付财力的比重，适当减少专项转移支付的比重，归并、整合专项中的相似内容或可归并项目，提前其具体信息到达地方层面的时间，并尽可能取消其"地方配套资金"要求，以利地方预算的通盘编制与严肃执行。此外，还应积极探索优化"对口支援"和"生态补偿"等地区间的横向转移支付制度。

参考文献

［1］李萍.财政体制简明图解［M］.北京：中国财政经济出版社，2010.

［2］贾康.转轨时代的执著探索——贾康财经文萃［M］.北京：中国财政经济出版社，2003.

［3］预算司.关于财政体制运行情况的汇报［Z］.财政部内部资料.

［4］朱青.从国际视角看我国的分税制改革［J］.财贸经济，2009，9.

［5］朱萍.论我国现阶段政府间转移支付规模的合理界限［J］.上海财经大学学报（哲学社会科学版），2007，1.

［6］Hansjorg Blochliger and Oliver Petzold，TaxandGrants：on the Revenue Mix of Sub2central Governments.COM/CTPA/ECO/GOV/WP(2009)7.

［7］IMF.政府收入统计（2008）.

［8］财政部.中国财政年鉴（2006—2009）［M］.中国财政杂志社.

［9］国家税务总局.中国税务年鉴（2009）［M］.北京：中国税务出版社，2009.

［10］美国、加拿大财政部网站.

第六篇

收入分配与税制改革

论居民收入分配中政府维护公正、
兼顾均平的分类调节[1]

一、"公平"的概念和"公平与效率"的关系需要廓清

我国居民收入差距的扩大和相关的收入分配问题，已引起各方面的广泛关注。政府的收入分配调控对于促进居民收入分配合理化，无疑应当有所作为。但什么样的收入分配格局、何等程度的收入分配差异是收入分配"合理化"的标尺，却并没有一定之规，依经济社会发展阶段、国情条件、文化传统和社会心理等的不同而不同（笼统而众说纷纭的"基尼系数"等指标，并不能形成可靠依据）。因而不少研究者首先在哲理层面上把调节居民收入分配的"合理化"标准，定位于"正确处理公平与效率的关系"。我国改革开放以来，从"注重效率，兼顾公平"的主张，演变到"更多地注重公平"的要求，反映了公平与效率关系权衡中侧重点的阶段性变化，但这种表述的内在逻辑，还是把公平与效率看作两者此长彼消的关系。近些年更深入的探讨已使不少研究者指出：公平与效率的关系并非是简单的互为消长的对立关系，也有相互促进、互为条件的关系，这是很有道理的。我认为，如果作细致、严谨的把握，应该把中文的"公平"之内涵再拆分一下。通常人们谈到很多的公平问题，但如果翻译到英语的语境中去，要视情况的不同翻译成两个单词才能较准确地表达原意，分别是 fairness 和 equity。比如说现在大家越来越多地认同权利的公平、起点的公平、过程的公平和结果的公平这样的划分，

1　本文原载《地方财政研究》2007 年第 7 期。

我理解权利公平、起点公平和过程公平是英语fairness之意，这三个公平，与效率之间是没有矛盾的，并且是保护、促进效率的，主要是指通过公正的人权和公民权待遇、起始条件和过程处理，使大家各自发挥相对优势，都得到一种发展中的规则公平的环境。这些公平要素越是掌握得好、落实得到位，越有利于激发人们提高效率。但到了结果的公平，则主要是指英语equity之意，实际是指结果的均平状态，这种均平确实与效率激励是反向的，同效率之间有一定的此长彼消的关系，调控者需要作出合理的权衡掌握。我们过去的问题是，实际上人们讨论公平问题时，往往是把这两个概念混同而"一锅煮"了，后边带来的问题就是"捣浆糊"，无助于问题的廓清。

区分汉语中"公平"在不同情形下实际分别所指的规则公正的"公平"和结果相近的"均平"这两个不同对象，对于我们现在深入讨论问题会很有帮助，有利于消除中文语境中"公平与效率"问题的混乱，使大家讨论时有的放矢，不打"三岔口"。

二、居民收入分配方面的政府责任应当是维护公正，兼顾均平，高端调低，低端托底

如果从权利公平、起点公平、过程公平（意在公正）的角度来看，政府的应尽之责是制定和维护必要、合理的法律制度和规则，廓清与保护合法的产权、公民权利和公平竞争的环境（"刷出一条起跑线"）。如果从结果公平（意在均平）的角度来说，政府的作用应更多地体现为通过再分配手段抑制、缓解收入悬殊。高收入阶层的收入应通过税收等规范手段适当调低；低收入阶层收入不足以满足基本生活需要的缺口，应通过社会救济、社会保障措施填补。由于对社会成员的发展而言，前期的"结果"在一定场合又是后期的"起点"，于是应当明确政府的另一项应尽之责，就是努力发展和实现基本公共产品、公共服务的"均等化"，即政府应该提供的诸如普及义务教育、实施基本医疗、住房的社会保障这类"公益品（公共产品）"，对其应该保证的（至少是最低限度的）公共供给，必须由政府托底，给所有社会成员最基本的发展起点。

（但是这并不应理解为政府可以和应当大包大揽地起过度的作用，把在公平竞争之中和之后必然形成的差异压得十分扁平。）总之，收入分配方面政府的相关责任可表述为"维护公正，兼顾均平，高端调低，低端托底"。

以这样的认识看待公平和效率关系的处理，我认为可以更有利于清晰地形成一些政府职责边界和"政策理性"的要点，解开一些对于公平和效率矛盾的困惑，促成收入分配相关政策的正确把握与合理化调整，进而有利于一些社会矛盾的缓解与多元主体活力的持续释放，保障和支持中国现代化事业的持续发展。接下来，就有必要讨论促进居民收入分配合理化的分类调节问题。

三、把握好收入再分配需以对近年收入差异 形成原因的正确分析为前提作分类调节

结果的公平（"均平"）与效率确有一定的负相关关系，在我国经济社会"黄金发展期"与"矛盾凸显期"交织状态下正确处理收入分配"均平"与效率的权衡点，既是各方都非常关注的事情，也是非常复杂、很有难度的事情，是把握好政府于再分配领域的政策理性的核心问题之一。任何一种分配状态都可能"仁者见仁，智者见智"，但从社会公众总体的可接受程度而言，在维护公正即维护公民权利公平和经济活动起点公平、机会公平、过程公平的前提下所形成的分配结果，是最接近于"合理"的状态，政府只需以再分配手段（也包括鼓励公益慈善行为等）作适当的"均平"处理即可。相反，如果前面起点、机会的公正和过程的公平没有维护好，那么对于结果无论作多大力度的调节，都必然是进退失据和事倍功半。

毫无疑问，政府以必要的调节、控制、规范手段介入收入再分配，遏制收入差距悬殊、防止"两级分化"的固化并促其收敛，是政府的应尽之责，但既然首先需要定位和坚持的是公正，便需要以对居民收入差异作出正确分析为前提，来有针对性地在公正基础上实施分类对待的调节政策，并与政府其他政策协调、组合、配套。

概而言之：在维护权利、起点、过程公平的前提下，应鼓励的收入差异还需要有所鼓励；正当的收入差异应尽量容忍；不规范的收入差异要调控抑制；不正当的收入差异则应大力消除，这样才有利于把握好均平—效率的权衡。这种分类对待的认识，是从居民收入差异的具体分析而来的。我认为中国改革开放以来社会成员收入差距扩大的原因，至少要作出如下七个层次或七个方面的分析、区别。

四、简析七种收入差别的原因

第一是源于诚实劳动中努力程度和辛劳程度不同而形成的收入差别。在传统体制平均主义大锅饭环境中，"干好干坏一个样"，那是养懒人的机制和体制，收入差异小，但生产力也得不到解放，被有识之士深恶痛绝。改革开放之后，总体的"勤快"程度提高了，但"勤快人"和"懒人"的相对差异仍然存在，新的体制和机制使"懒人"和"勤快人"的收入差异明显扩大，这种以公正为前提，源自努力程度、辛劳程度不同而形成的收入差别，或者说作为收入差别中的一种重要构成因素，在社会生活中必然出现。

第二是源于各人禀赋和能力不同而形成的收入差别。社会成员间必然有禀赋和聪明才智方面的一定差异，在改革开放之后发展起来的竞争环境下，先天禀赋和基于其他原因在后天综合发展起来的聪明才智，结合构成各人各不相同的能力、才干。客观存在的这种差异必然带来各人收入水平上的差异。一些特殊的、稀缺的能力与才干，如企业家才能、科技人员创新才能，也包括文体明星的特殊技能等，一旦在市场中具体化为竞争力，则相关收入差别的扩大，比"努力程度"带来的差别往往要高出许多倍。只要权利、机会和竞争过程是公正的，这种在竞争中形成的高收入应无可厚非。

第三是源于要素占有的状态、水平不同而形成的收入差别。由于种种客观原因（如继承关系），每一个具体社会成员在资金、不动产、乃至家族关联、社会人脉等方面（这些都可归于广义的"生产要素"范畴），必然是有所差异的，而由此带来的收入（如利息、房租、以及经营活动中的重要信息、正确指导与规劝等促成的收益）高低不同，也是客观存在的，并且有可能形成一定的传承和"自我叠加"的关系。权利、过程和规则是否公正，是我们判断这方面收入正当、合理与否的主要依据。

第四是源于机遇不同而形成的收入差别。比较典型的是市场态势变动不居，不同的人做同样的事，可以纯粹由于时点不同（当然实际生活中也会伴随其他方面可能的种种不同）而结果大相径庭，甚至"好运"的好到一夜暴富，"坏运"的坏到血本无归，这里面机遇的因素也是不可否认的，在市场经济的某些场合，其作用还十分明显。权利、过程和规则的公正，也是在这方面应掌握的关键所在。

第五是源于现行体制、制度某些不够合理的"明规则"因素而形成的收入差别。有些由体制造成的垄断因素和制度安排因素，在现实生活中可以强烈地影响社会成员的收入水平的高低。比如一般垄断行业职工的收入明显高于非垄断行业，又比如公职人员收入水平与组织安排的具体位置关系极大（一位财政局长对我说，组织上曾调他去当地银行当行长，收入一下子翻了几十倍，后来又调回来当财政局长，收入又一下子掉下来几十倍，"组织上让我富我就富，让我穷我就穷"）。这中间的规则即使是"对内一致"的，对社会其他群体也已有不少明显的"不公"问题，需要切实地重视和改进。

第六是源于现行体制、制度中已实际形成而不被追究、或暂时不被追究的"潜规则"而形成的收入差别。这大体相当于一般人们所说的"灰色收入"。现实存在，透明度很低，往往在规范渠道之外，按"心照不宣"方式或"内部掌握"方式实施其分配。比如公职人员相当大的一部分"工资外收入"，在没有"暗账翻明"而阳光化、规范化之前，很多可归于这种收入，其因不同条件、不同部门等等，又往往差异很大。再比如国有企业在法规不明不细或监管松弛环境下，因怎样"打擦边球"不同而形成的职工收入分配水平差异，也可能十分显著。这些潜规则许多是明显地不公正的，亟须整改。

第七是源于不法行为、腐败行为而形成的收入差别。这大体相当于一般人们所说的"黑色收入"，往往数额巨大，与违法偷逃税款、权钱交易、贿赂舞弊、走私贩毒等相联。这种因素形成的高收入，从起点、过程来看，就已经毫无公正可言，不属公民权利，而且是构成罪行的。

五、分类调节的基本框架

上述多个角度、不同层面的收入分配差异形成原因，在现实生活中的某一个具体案例之内，到底有多少因素介入，各起多大作用，都需要具体分析，不可一概而论。从政策原则和政策理性来说，首先应明确对应于各个收入源头的不同针对性政策导向与可选择措施。

一般地说，我认为：1. 对于勤劳致富、才能致富（前述第一、二项原因），政策都应当大力鼓励，或以鼓励为主加上再分配的适当微调。

2. 对于要素占有和机遇不同（前述第三、四项原因）而形成的收入差异，政策上应当作适当调节，但不宜作抹平处理（否则开放条件下的要素外流将十分严重，市场经济中客观需要的首创、冒险精神也将受极大抑制）。

3. 对于体制性明规则、潜规则不周全、不合理（前述第五、六项原因）造成的收入差异，在明确需有所调节、抑制的同时，关键是以政策和制度建设推动深化改革、机制转变（包括"花钱买机制"），追求制度合理化、规范化，再配之以必要的再分配调节（光讲调节不注重制度建设，必然流于"法不治众"或"扬汤止沸"）。

4. 对于违法乱纪的"黑色收入"（前述第七项原因），必须坚决取缔、惩处，打击其行为，罚没其收入，并注重从源头上加强法治、制度建设以抑制违法乱纪、腐败行径的滋生土壤与条件。

此外，还要特别强调，对由于特殊原因（如因残疾丧失劳动能力、遭遇天灾人祸、鳏寡孤独等），收入不能维持基本生活的社会成员，一定要以"应保尽保"的原则提供基本生活保障。

在上述的政策思路和定位具备了正确的方向和针对性要领之后，再作出具体的政策设计（包括政策工具选择、政策组合和有效率的实施方式与程序等，以及不同阶段政策力度的把握），方可以落实政府在收入再分配中应当具有的政策理性，正确把握公正—均平—效率间的权衡，发挥好政策应有的功能，处理好短期利益和长远、整体利益的关系，追求全体人民根本利益的最大化。

六、对待高收入的调节要领

1. 以个人所得税（并在适当的时候开征不动产税、遗产税、赠予税）等税收杠杆调节高收入阶层的收入。以规范的税收杠杆调节个人收入，这是对待高收入阶层的一种基本政策。我国的税收制度改革方向也是由间接税为主逐步向以个人所得税等为代表的直接税过渡。我国当前存在的一个大问题，是个人所得税流失较严重，特别是收入水平最高端的社会成员，个人所得税流失非常严重。主要原因包括富豪阶层往往把个人收入混入生产经营的管理费用，个人收入数据不真实、不全面、不及时、不透明，居民纳税意识不强，税收征管水平低等。在大力加强个人所得税征管工作方面，现阶段的重点首先要放在高收入群体方面，并积极研究、准备推出物业税（房地产税，或称不动产税）和遗产税、赠与税等，使高收入阶层的收入和财富，真正得到必要的再分配调节。

2. 加强法治，整顿吏治，积极克服制度缺陷，大力遏制非法收入暗流。以非法收入为基础形成的高收入群体是社会的毒瘤，在任何时候都应当打击、遏制。不法之徒之所以能够得逞，主要是利用了法律缺陷、制度漏洞、行贿买通、管理落后、惩戒措施难以落实等可利用手段和条件。要从法律、制度、管理、治安等方面加强防范，更多地依靠制度建设和制度创新从源头上抑制非正常收入的暗流、浊流，反腐反贪，整顿吏治，加强司法公正性、减少公权扭曲和公权机关不作为，严厉打击非法暴富活动和其背后的黑恶势力。

3. 深化改革，为居民提供进入高收入阶层的均等机会，壮大中等收入群体。获取高收入是绝大多数人的愿望，但事实上只能有少数人实现这种愿望。政府的职责是取消特权，打破垄断，保护公民权利，让社会成员之间实现公开、公平竞争。就像体育比赛，最终得奖牌的只是极少数人，但只要参与的权利和公平竞赛环境得到保证，公众是可以接受竞赛结果的。由于接受良好教育是获取高收入的基础，所以政府要特别注意义务教育投入，将其作为教育投入的第一优先考虑项目，使贫困家庭的子女也能得到合乎标准的义务教育，为社会成员之间的公平竞争打下坚实的基础，并逐步使社会中的中等收入群体壮大起来，形成社会主体，即发展"两头小、中间大"的橄榄型社会结构。

4.完善社会保障机制，保证低收入阶层的基本生活，提高社会对高收入阶层的理解与容忍度。实行市场经济体制，则收入分配主要是由市场经济的内在机制决定的。对高收入阶层的收入，政府只能调节，不能禁止，合法合理的高收入不应人为想当然地"一对一"规定上限。政府能做的，也是政府必须做的，是建立完善的社会保障机制，保障低收入阶层的基本生活，提高社会对高收入阶层的理解度与容忍度，使社会安定与发展活力高度统一研究表明，社会安定的关键，是使低收入阶层的基本生活需要得到保障，并注重提供社会成员问"权利和机会的公平"，有效打击非法致富者，从而提高社会各界对高收入阶层的理解与容忍度，在动态发展中逐步走向"共同富裕"，而不是简单地把高收入阶层的收入水平一律和一味压低。

参考文献

[1] 楼继伟，等. 关于效率、公平、公正相互关系的若干思考 [N].学习时报，2006-06-21.

[2] 周其仁. 收入分配的一个倾向与另一个倾向 [N]. 21 世纪经济报道，2006-11-13.

[3] 贾康. 论分配问题上的政府责任与政策理性 [J].经济与管理研究，2007，2.

[4] 贾康，刘保军.如何认识改革开放中出现的高收入阶层 [J].财政研究，2002，10.

从国家最高利益出发
考虑社保管理体系框架选择[1]

如何抓住我国现代化进程的战略机遇期，在实质性推进经济体制模式和经济增长方式"两个转变"之中，积极构建与统一市场和政府职能合理化相匹配的、可持续的社会保障体系，是构建和谐社会、贯彻落实科学发展观的极为重大的事项。从国家和人民最高利益出发来考虑我国社保管理体系的框架选择问题，需要跳出部门眼界，理清以下几个方面的基本取向。

一、中国社保管理体制的取向："自治型" 还是"政府主导的共济型"

法制体系意义的社会保障，最早成型于欧洲（广为人知的是德国1883—1889 年俾斯麦的社会保障法，而在英国则可追溯到 1601 年伊丽莎白的济贫法）。在世界各国，社会保障的管理体制已发展变化出多样化的特征，十分简括地说，德国、希腊的"行业自治（行业工会管理），政府补助、监管"特征与美国、英国的"政府主导、统一管理"特征，可称为两大不同模式。中国在经历了近代落后沉沦的百年苦痛和 1949年以来、特别是改革开放以来经济社会发展的奋起直追之后，社会保障体系也正在加速建立、健全，其管理体制模式的选择，应如何考虑？

新近的一种意见，是主张我国应当主要借鉴德国"自治"模式，"劳资分类，政府（财政）担保，主管部门行政监管（财政则"保持距离"），社保自成系统，自我平衡，自我发展"。这里的关键点，是中国为什么

---

1 本文原载《财政研究》2007 年第 11 期。

应以"自治"型的"自成系统"为取向？上述意见的论据是：一是德国为社保"创始国"，最有"发言权"；二是德国的社保100多年走得相当平稳；三是这符合我国国情；四是这符合社保制度的本质。然而，上述四点论证不具备最低标准的严谨性。第一，德国是创始者，并非就能天然地成为社保体系管理模式的"定于一尊"者，否则还有什么英、美模式和其他模式生长的空间和多样化发展的必要性呢？第二，事实上德国近几十年的社保走得并不平稳，其自治型社保体系的"自我平衡"，在养老这个最主要、最具代表性的领域早已不能实现，不得不由联邦政府提供财政补助来弥补亏空，这种补助在1996年已高达812亿马克，占联邦支出的17.82%，成为联邦政府最大项的社会福利开支。也就是说，"自我平衡"在德国早已难以为继，"自我平衡"被打破后的"自治"，也在很大程度上只具有形式意义了（德国已有人建议改行一种统一的、由税收筹资的基本养老金制度）。第三，"自治"恰恰不符合中国国情。德国社保制度的源头，可追溯到那里中世纪矿工们自己组织的"集体金库"，并深受19世纪社会主义思潮推动的工人运动的影响，因而比较强调行业牵头的"自治"性，而中国恰恰没有这样的国情和传统。第四，要说社保制度的本质，是其"互济""共济"的功能，即成为市场经济"减震棒"和"安全网"的公共产品属性，这才成为超越微观主体眼界、也超越一般行业眼界的"社会性"保障，因而美、英式的"政府主导、统一管理"模式，倒是更在形式上与这一本质贴近。德国出于历史上的遗留因素和一些不得已的原因采取"行业自治"的管理体制，其实倒更容易引起"社保制度的碎片化（分割化）"弊端而与其本质发生背离，德国联邦政府以财政资金超越自治"自我平衡"的介入，可理解为对这种背离的一种社会性矫正。

作了上述这种分析，我们已可以（从"驳论"角度）得出中国不应走"自治"取向之路，而应走政府主导"共济型"取向的社保管理体制之路的认识。然而，对此还有必要（主要从"立论"角度）指出如下两点：

第一，中国是世界上最大的二元经济和单一制国家，二元经济弥合过程，必然产生主要来自乡村的、巨量累积至以数亿计的社会保障对象，而他们毫无"行业自治"的传统；同时，单一制国家又相对有利于推行最终覆盖全体国民、实行全社会统筹的社会保障，以求低社会成本地与人力资本（劳动力）在统一市场中的"无壁垒流动"相配套，因而在管理体制上也必然倾向于政府主导的"共济型"。

第二，中国是坚持社会主义市场经济道路的大国，社会主义与中国特色的结合，也内生地要求贴近基本社会保障管理体制的"政府主导、统一管理"模式。当然，由于起点低和多种制约因素，基本社保的覆盖面在中国只能渐进扩大，基本社保的标准在相当长的历史时期内也只可能是有节制的较低水平，但这些并不能否定在我国以政府主导型体制为取向的必要性，相反，我们在我国黄金发展期与矛盾凸显期的交织状态中，已经可以清楚地观察到：在中国只有选择政府主导的"共济型"社保体制，才可能保证无动乱地完成其低标准渐进覆盖过程，服务于建设全面小康社会与和谐社会的目标；如走"自治"取向之路，却很有可能在城镇化、工业化进程中孕育出一系列的社保待遇"不患寡患不均"的不安定因素，乃至某些触及政治层面的不良因素。在中国，社会保障从政治角度来看甚至可以说："共济"为主则安，"自治"为主则乱。

最后，针对"自治"主张背后的部门利益视野，还可退一万步说：即使认为在中国可以走"自治"取向之路，其逻辑结论也绝不是让政府财政与其"保持距离"而"劳动保障部门承担构建和推进社保自成系统、自我平衡、自我发展的重大责任"。请看一下德国，其社保"自治"，恰恰排除了由政府建立类似美国的"社会保障署"或中国的"劳动与社会保障部"这种机构的可能性，而只是在联邦级设立了直属联邦财政部领导的"养老保险局"，负责全国养老保障的监管和补助事务。[1] 而且，德国这样做的原因，恐怕并不是出于所谓财政的"部门利益眼界"，而是出于国家最高利益层面的考虑来适应社保"社会性"的内在规律及公共财政的客观要求。

1　项怀诚，刘长砚.德国财政制度［M］.北京：中国财政经济出版社，1999：97.

二、中国基本社保资金的管理形式取向：机构的"单独预算"，还是公共财政框架下的复式预算？

政府必须介入的基本社会保障，不论是采取基金积累制、现收现付制还是两者结合的"部门积累制"，在我国已遇到了一个资金管理形式问题上的重要选择（这一选择也直接影响社保制度体系的规范性、稳定性和可持续性），即是应取向于管理机构负责的"单独预算"，还是取向于公共财政框架下的复式预算？

主张前者的依据，主要来自前述"自治型"与"共济型"权衡中对于"自治型"的偏爱，认为保证社保制度"自成体系、自我平衡、自我发展"的重要条件与标志，就是"实行单独预算制"。那么分析了"自治型"在中国的不可取，实际上就已经可以知道"单独预算制"的不匹配。

但在这里如果作一下稍微展开的考察，还可以知道，所谓社保机构负责的"单独预算制"本身，就是一个混乱概念和假问题。在现代公共财政的基本理念中，最主要的一条原则，就是一个政权体系只能有一套预算，不可能形成部门、机构的"单独预算制"——部门的、机构的一般收支预算，都必须纳入通盘的公共收支预算；另外，再加上社保预算和国有资本经营预算，可以成为公共财政框架下与公共经常收支预算并列的三个相对独立的组成部分，来共同构成一套相互间可以统筹协调、有效联通的复式预算。这种公共财政下具有公共资金"完整性"的现代意义的预算，是贯彻科学发展观和实施全局性统筹协调必不可少的运行载体，是使国家和人民最高利益能够落实于公众资源配置的基本制度保障。具有"完整性"的预算再加上国库集中收付制度，便有望实施公共资金运行的全面、全程监督，包括保证基本社保资金的安全性和使用及时性，不被挪用和不被拖延。因此，"单独预算制"其本身的基本概念就是无法成立的。

如果戴上部门利益的有色眼镜，可能会认为，所谓单独预算制，是表明机构、部门可以掌握用钱的权力，殊不知公共财政中，用钱的决策权力决不在机构、部门，包括不在财政部（以往财政业务环节所实际掌握的"自由裁量权",正在公共财政的"自我革命"中日渐缩小),而只能是归于预算的审查批准机构——立法机构,在我国即是全国人大和地方人大。财政部门在复式预算运行过程中,应尽之责是会同各有关部门(包括复式预算要涉及的社保机构、国资机构等),处理好编制、执行等具体工作。如何用钱,应透明地体现于预算,而预算的决定权,只能是归于人大(及其所代表的全局利益)。这种资金管理形式上现代意义的预算形式取向,是以制度安排来防止公权分割、扭曲、异化,服务于实现国家和人民的最高利益(也就是经济学语境中的"追求社会总福利最大化"),是内涵于市场经济的整体模式和合理有效提供公共产品、构建和谐社会的客观要求的。

三、中国基本养老社保资金
筹集形式的取向:收费还是征税?

养老是社保体系中最具代表性和普遍性的重大事项。前述关于我国社保管理体制和基本社保资金管理形式取向的分析,正是我们讨论基本养老社保资金筹集形式发展方向的逻辑前提。既然从完成中国经济社会现代化的全局高度看,应取向于政府主导的"共济型"社保管理体制和公共财政复式预算的资金管理形式,那么将筹资的具体形式作顺理成章的考虑,就应当是在我国逐步创造条件,争取推出规范、稳定、低运行成本的社会保障税,即争取实现基本养老社保("社会统筹"部分)的"费改税"。

社会保障税是与市场经济相匹配的现代复合税制体系中的一种"目的税"(earmarked tax),既带有专款专用的特征,又可以把税收的法治化、规范性、透明度等属性施加到资金"专用"领域,特别适合于以制度安排可持续地支撑由国家介入的基本养老社保系统的运转,天然地适合于作为基本养老社保"社会统筹"部分的筹资形式。美国分税分级体制中联邦级掌握的"工薪税",即是其社会保障税,成为养老基本社保的主要筹资手段(由雇员和雇主各付一半,并在某个数量之下,有占雇员年工薪总额固定比例的限制),是适合于全社会统筹和劳动力在统一市场内无壁垒自由流动的市场经济客观需要的。在不能不取向于"政府主导的共济型"社保管理体制的中国，在逐步提高基本社保统筹级次，按照中央《关于完善社会主义市场经济体制若干问题的决定》要求，"条件具备时实行基本养老金的基础部分全国统筹"的方向下，当然应当在战略层面上借鉴美国模式的经验，选择以社会保障税与之相匹配。至于养老金的个人账户部分，可以继续以缴费形式运行，也可以税的形式收上来后再拆分作实，与此都是并行不悖的关系。

新近一种颇有代表性的意见，是认为社保"费改税"不是目前的国际大趋势，也不适合我国的国情，主张坚持缴费制。其实，所谓的"国际大趋势"并不能直接用来说明中国应有的取向，正如同谈论"国企私有化"是不是国际大趋势而与"中国应该怎么办"之间的关系，不足为据。至于说费改税不适合我国国情的论证依据，该项意见中主要有如下几点：一是税的特征是其"无偿性"，而费的特征是其"补偿性"，即"缴费数量与受益程度之间基本存在着一对一的对称的关系"，而我国社保"应该加强这种联系，弱化'大锅饭'的税性，强化'私有性'的费性"（"建立个人账户就等于建立了个人产权，这就是费的意义。费改税以后就不可能进入个人账户了"）。二是费改税使统账结合的制度"人为地复杂化了"，税费之间的比例难以全国统一。三是难以界定纳税人范围和农民工与务农农民的税率。

这三个论据都是站不住脚的：第一，社保税对应的是基本养老的社会统筹部分，这一部分恰恰不是强调和着眼于"一对一"的补偿性（要真是这样就不可能存在社保的"互济""共济"功能和公共产品属性了），社保费与税"统筹"的实质，都是一种"蓄水池"和"大锅饭"，当然是最必不可少的规范的"大锅饭"。所谓"强化'私有性'的费性"的必要功能，只能由以后"新人"所做实的个人账户承担。实行社保税并不影响个人缴费的拆分，税务部门征收含有个人缴费的社保税，可以同时将征收明细送社保机构，后者可根据征收明细中个人缴费数量记入个人账户，即使将来个人账户全部做实，也只需要将社保税中个人缴费部分划入个人账户而已，只是技术性的操作问题。瑞典等国的经验已表明，个人账户的存在并不妨碍税务征收的实施，社保税的征收也不妨碍个人账户制度的运行。第二，既然社保税针对的是基本养老的社会统筹即"共济"的部分，又既然是为全社会统筹情况下劳动力在全国统一市场中的无壁垒自由流动提供配套条件，那么当然在税率和待遇标准上要实行全国统一，这并不存在什么"复杂化"的问题。至于另当别论的个人账户，如需要做实，税的规范化统一，丝毫不妨碍其继续保持适当的多样化和复杂性。第三，社保税的纳税人范围，可以和缴费覆盖范围扩大的原理一致，而渐进地扩大，我国费改税出台时，可考虑首先覆盖进城务工人员，种田农民待条件成熟后再考虑，这里也完全不存在什么逾越不了的困难和硬障碍。

总之，基本养老资金筹集形式的"费改税"，是我国经济社会转轨中使社保逐步定型并可持续发展的必然合理取向，我们应当胸怀全局、出以公心来看待这个问题。

四、当前我国部分地区基本养老费的税务机关征收办法应何去何从？

在确立了前面三大取向之后，这个在现实生活中正饱受争议（具有强烈的部门利益背景）的问题就可以很明白地得到回答了：既然长远的发展方向应是"费改税"，又既然有不少地方已实行了税务机关代为收缴的办法，那么至少应允许当前已实行这一办法的地区继续运行和进一步积累经验，并可适当鼓励未实行的地区向此办法靠拢。

从国际经验和我国实际情况看，税务机关征收的正面效应都是十分明显的。结合我国实践，应当指出：

1. 我国37个征缴地区（含省、自治区、直辖市、计划单列市和新疆生产建设兵团）中，已有18个地区全部或部分由税务机关征收基本社保费。在改革过程中国务院赋予税务机关征收社保费的职能，是针对20世纪90年代劳动保障部门和经办机构集收、支、管职能于一身，难以实施有效监管的体制弊病而采取的重要举措，有利于规范和完善社保体制，健全社保基金管理机制，增强基金的安全性。所以当前应审时度势推动这项工作，而不是走回头路。

2. 由税务机关征收社保费，可充分利用目前已超出 39 万人的地税专业征收队伍，避免再单独搞一套人马专门负责社保费征管工作，符合政府行政体制改革的方向，有利于充分利用行政资源，节约行政成本，降低征收成本，提高征管效率；也有利于将经办机构（全国约 12 万人）从社保费征缴工作中解脱出来，集中力量做好社保社会化管理服务工作。

3. 税务机关征收，有利于提高征管力度，操作上具有简便高效的优势。税务机关能够较为全面地掌握企业工资发放情况和生产经营信息，可以便捷地通过对比税收申报和缴费申报，显著提高缴费基数的准确性，而且税务机关征收也更具有威慑力和制裁力，能够有效地防止偷、漏、拖欠等问题。据统计，2005 年，实行税务机关征收地区的基本养老费收入增长 23.6%，明显高于经办机构征收地区 18.7% 的增长幅度。事实上，我国除社保费外，税务机关还已经承担起了其他一些原由主管部门负责征收的规费，如残疾人就业保障金等。

4. 实行税务机关征收社会保险费，与个人缴费拆账、个人账户记录、参保人权益确定等问题并不矛盾。个别地区在个人缴费拆账方面存在的个别问题，并不是税务征收本身的问题，与经办机构配合不到位也有关系，对此应通过加强部门间协调，明确税务机关和经办机构职责，建立信息共享和披露机制等措施加以解决。国际经验（瑞典等）也已表明，个人账户的存在并不妨碍税务征收的实施。

5. 实行税务征收与我国社会保障管理模式相适应。从国际经验看，在由政府组织实施社保的国家，如美国、英国等，都从机构设置、征收效率以及行政成本角度考虑，由税务机关征收社保费。德国等国家之所以由社会保险经办机构征收社会保险费，是因为这些国家实行社保的行业自治，而且即使在这类国家中，也有实行税务征收的，如荷兰。我国不宜简单比照德国等国的做法。

总之，真正从国家、人民的最高利益出发，亟须拨开某些流行中的（带有部门利益背景的）似是而非观点的迷雾，对我国社保管理体系的框架性重大问题，作出符合市场经济规律和现代化长远要求的正确而明智的方向性选择。

参考文献

［1］项怀诚，刘长琨.外国财政制度丛书［M］.北京：中国财政经济出版社，1998.

［2］财政部资料。

［3］贾康，杨良初.调整财政支出结构是减少养老保险隐性债务的重要途径［J］.财政研究，2000，6.

［4］贾康.建立中国基本社会保障体系的大思路［J］.审计与理财，2006，5.

［5］郑秉文.社会保障费与税孰优孰劣？［N］.人民日报（海外版），2007-02-14.

以"一元化"公共财政支持"市民化"
为核心的我国新型城镇化[1]

一、城镇化是我国经济社会成长的有力引擎和潜力源泉

改革开放以来的30余年，我国在"市场化"改革和"国际化"开放中，坚定贯彻经济建设为中心的基本路线，积极调整工业化、城镇化发展方略，工业化、城镇化加速，取得了巨大的成就，有力地支撑了30多年的经济高速增长。我国城镇化率以每年约1%的速度增长，2011年人口城镇化率已达到51.27%，城镇常住人口首次超过农村人口，达到了6.91亿人。这种城镇化水平的一路上升是前面30余年我国经济增长的重要内生因素之一，支撑了年均达到9.8%的GDP增长，未来仍有继续支撑经济增长的巨大潜力。

根据揭示工业化以来市场经济条件下城镇化演进一般趋势的诺瑟姆（Ray. M. Northam）曲线来看，城镇化率达到30%后开始加速，达到70%后趋于平稳，城镇化在30%—70%区间为加速发展期。

按此经验曲线，我国的城镇化正处于上升最快的发展阶段，其所代表的"弥合二元经济"的成长过程，已经并将不断地继续释放出中国这个世界第一人口大国的巨量需求，并可得到在WTO（世贸组织）框架下全球市场有效供给的回应，形成一种继续支撑中国经济高速成长的大循环。城镇化蕴含的人口高密度聚集、人力资本培养、收入提高、消费提升，进城农民生活方式和社会地位的"市民化"改变，以及基础设施

1　本文原载《经济研究参考》2014年第1期，与刘薇合作。原文部分内容曾发表在《中国金融》2013年第4期。

和公共服务一轮接一轮的升级换代等，将成为我国经济增长和社会发展的持久的内生动力。从国际经验看，城镇化作为现代化的必然要求和主要标志之一，要在城镇化率达到75%—80%甚至更高时，其增长速率才会明显趋缓，那么今后伴随着中国现代化进程的推进，城镇化水平的较快提升还有至少20个百分点的巨大空间。如考虑到目前城镇常住人口中还有1亿多人实为未取得户籍、未完成市民化、不能享受与户籍人口均等化基本公共服务的社会成员，则中国目前的真实城镇化水平应在35%左右，未来的提升空间还要更大些，对经济实现长期高速增长的支撑力量还要更有后劲。

因此，总体而言我国经济社会仍处于加速发展的重要战略机遇期，城镇化可说是支撑我国经济持续增长的最重要的潜能与动力源泉。自从"十五"规划第一次把"积极稳妥地推进城镇化"作为国家重点发展战略并第一次把"工业反哺农业，城市支持农村，加大对'三农'的支持力度"作为城镇化的目标以来，城镇化在国家规划中的地位不断提升。"十二五"规划明确提出，"积极稳妥推进城镇化，坚持走中国特色城镇化道路"，"把城镇化发展战略放在经济结构战略性调整的重要位置上"。党的十八大报告又进一步强调："坚持走中国特

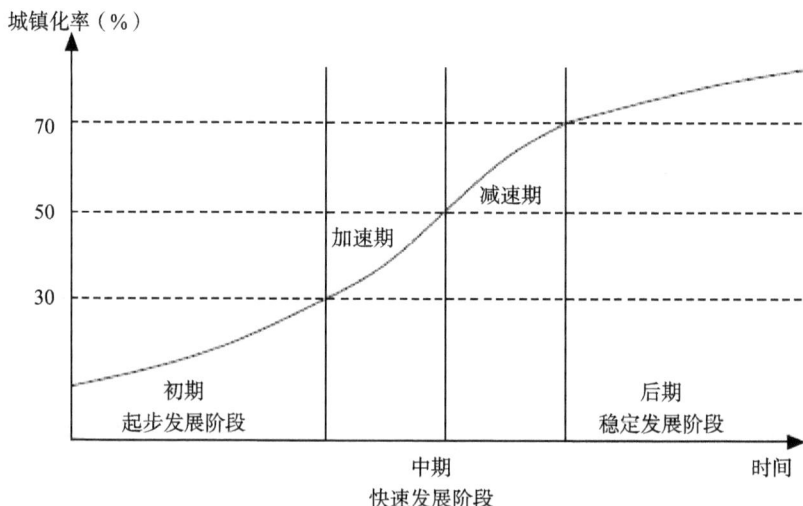

图1　城镇化率的演进轨迹

色新型工业化、信息化、城镇化、农业现代化道路，推动信息化和工业化深度融合、工业化和城镇化良性互动、城镇化和农业现代化相互协调，促进工业化、信息化、城镇化、农业现代化同步发展"。国家层面高瞻远瞩的现代化战略定位和新型城镇化概念的提出，成为我国工业化和城镇化快速发展的指导方针，也为解决我国改革发展进入"黄金发展和矛盾凸显相伴"时期所暴露的一系列经济社会矛盾，提供了重要着力点。积极稳妥地推进以"市民化"为核心的新型城镇化，对于加快现代化进程、支持结构调整产业升级、弥合二元经济实现城乡统筹发展、提振消费和扩大内需、推进基本公共服务均等化和社会和谐有重要的现实意义和深远的历史意义。

二、科学发展观指导下的以"市民化"为核心的新型城镇化，肩负着弥合二元经济、实现城乡统筹发展的现代化历史任务

需要强调，在我国30多年城镇化推进过程中，必须高度关注的问题首推城镇化进程中的农民工的"市民化"问题。

目前我国实际城镇化率在35%左右，远远低于发达国家近80%的平均水平，也低于一些与我国发展阶段相近的发展中国家60%左右的平均水平，并低于世界52%的平均水平。在多年城乡分隔分治的体制框架下，我国以往城镇化的基本特点是以流动就业的农民工为主体，以流动就业为主要形式，并没有很好完成农村人口向城镇人口的"落户"迁徙，也就是城镇发展其实已大大滞后于农村人口转移。真正使进城农民"市民化"，还存在主、客观诸多障碍，如何克服这些障碍，使城镇公用基础设施和基本公共服务、社会福利与保障的提供，对进城农民工消除歧视性政策和非均等化待遇，是新型城镇化和城乡一体化、可持续健康发展的内在要求和基本逻辑。按照党的十八大提出的城镇化质量明显提高的要求，需要通盘考虑，在城乡统筹中推进城镇化与新型工业化、农业现代化的协调发展，其实质和核心内容就是以人为本的农民"市民化"。

具体考察，城镇化是一个涉及经济、社会、空间等多重因素的复杂

的人口迁移过程和社会发展进步系统工程，未来几十年间，我国将有3亿—4亿人口从农村转为在城镇定居。以实现城乡一体化为目标，积极推进集约型可持续发展的新型城镇建设，同时亦促进农业现代化，才能缓解环境、资源制约，和收入分配等方面的矛盾制约，促进人际关系和谐。在"以人为本"的科学发展观统领下，走出集约高效、功能完善、环境友好、社会和谐、城乡一体、大中小城市和小城镇协调发展的城镇化新路，必然要求以"市民化"为核心，即最终消除户籍制度的歧视，使进城务工定居常住人口，以及农村居民，享受一视同仁的"国民待遇"式基本公共服务均等化待遇。这是保证城镇化建设质量、加快实现经济社会全面协调可持续发展的关键内容。

我国的城乡二元结构是历史原因、传统工业化发展战略和城乡分治体制的产物。改革开放以来，我国努力发展市场机制，但是一定阶段上城乡二元结构尚无法得到根本改变，总体而言区域差距和城乡差距还一度有所扩大，"一条腿长、一条腿短"的局面制约了国民经济平稳快速发展，积累了不少矛盾并趋于凸显。以城乡统筹理念推动新型城镇化，有利于减少城镇化过程中对农民所造成的权益损失，让进城农民工、农村居民能够与城市居民一样得到公平的公共福利和发展机会，最终使大量农村富余劳动力进城并真正融入城市，拥有和城镇居民同等的身份、社会地位、社会保障等各种待遇。因此，引导好中国这种"市民化"为核心的城镇化进程，发挥城镇化红利，需要对阻碍市民化的现行户籍制度及其附属的福利制度、农村土地制度、城市社会管理、社会保障制度、城市规划体制、行政区的协调机制等一系列制度，创建条件进行相应的变革。必须在弥合"二元经济"的历史过程中，以经济实力、财政实力、制度建设、经济手段和其他各种调控手段与政策措施的优化组合，走出一条伴随新型工业化、服务业升级而同时推进新型城镇化、农业现代化而最终达到城乡一体化一元经济和谐境界的"中国道路"。

此过程中的一个明显的现实矛盾，是城市区域吸引人口聚集的同时，以财政为后盾的公用事业、公共服务对新入居民的有效供给滞后。仅强调理念和政策导向还远远不够，必须在"以政控财、以财行政"的财政分配中，基于客观条件的演变着力支持上述使全社会成员共享"国民待遇"的融合过程走得尽可能快一些和平稳一些。所以,有必要专门讨论财政的支持如何匹配。

三、推进以"市民化"为核心的城镇化,
必须以一元化的公共财政作为支持后盾

我国传统体制下成型、改革开放后仍有延续的城乡分治的二元经济结构,形成了以户籍制度为核心,包括二元就业制度、二元福利保障制度、二元教育制度、二元公共投入制度等在内的一系列二元社会制度体系,已产生和积累的矛盾问题妨碍着城镇化质量的提升。随着大批农村人口进入城镇,近年来,农民工占全国非农就业比重迅速提高,2011年农民工总量已达到2.53亿,占非农就业总量的50.7%,首次超过一半。但是,全国80%被统计为城镇人口的农民工都是流动就业,其中举家迁徙的农村人口只占20%左右。这20%举家迁徙进城就业的农民工虽已成为城镇的新居民,但大都还缺少一个户籍身份的认定,他们长期在城镇从事服务业或在工厂打工,逐渐融入了城镇的社区生活,成为城镇居民不可或缺的重要组成部分,但是却因为非市民的身份,在福利、住房、教育、医疗等方面实际仍受到歧视性政策等的诸多限制。

一般考察,使农民工及其家庭成员市民化,需要构建统一的就业、社保、定居等制度,需要处理农民工因其农民身份形成的农地权利的合理传承的制度安排,需要解决农民工参与城市社区治理的市民权利的确认与落实等一系列问题。"户籍"等问题后面物质层面的资源配置,首先是公共服务的相应提升和公用事业的扩容。政府是城镇化的规划主体,公共财政是政府处理城镇化问题的公共资源配置主要手段,按照公共财政的内在逻辑和职能体现,消除我国财政的"二元"特征遗存、构建我国"一元化"的公共财政,是破解二元结构,走向"市民化"为核心的城乡一体与现代化过程的重要的机制化支持后盾。

这种一元化的公共财政应体现在:

第一,按照党的十八大提出的"加强对政府全口径预算决算的审查和监督"的精神,构建符合公共财政要求和透明高效配置公共资源需要

的全口径预算管理体系，在真正的"全景图"下优化"结构图"，使可用公共资源在优化配置中最充分地支持"市民化"过程。

全口径预算管理（Full-Covered Budget Management，FCBM），就是要对全部政府性收支，实行统一、完整、全面、规范的预算管理，即凡是凭借政府行政权力获得的收入与为行使行政职能所管理的一切支出，都应纳入政府预算管理范围。从公共财政建设角度来看，无论是预算内，还是过去所称的政府预算外或制度外收入等，都必须纳入全口径预算管理。

2003 年 10 月，党的十六届三中全会通过的《中共中央关于完善社会主义市场经济体制若干问题的决定》中，明确提出"实行全口径预算"，此后，国务院在《关于 2005 年深化经济体制改革的意见》中进一步提出"改革和完善非税收入收缴管理制度，逐步实行全口径预算管理"。随着改革的深化，我国已经初步确立了以公共收支预算（政府一般收支预算）、政府性基金预算、国有资本经营预算和社会保障预算为主要内容的政府预算体系，形成了各自相对独立又统一协调联结的有机整体。2012 年，财政部门已明确宣布"预算外资金"概念退出历史舞台。党的十八大报告再次明确强调"全口径预算管理"的原则和要求。在此制度规范框架中，我们应乘势推进一元化公共财政服务于"市民化"的具体机制创新和法律体系建设。

完整的政府预算体系是财政管理制度运行的基本平台。在这个预算体系平台上，应真正废除各级政府和部门的"自筹"和执收执罚中的"收支挂钩"制度，政府部门所有权力环节只能通过财政收入形式获得各种收入，并从事预算法案通过的活动，切断各个政府职能部门的行政、执法同其经费供给之间的直接联系，从而真正实现财政部门统揽政府收支的一元化财政，使其能够真正成为接受立法机构和社会公众委托与问责的主体。要以"全口径预算"为契机，在政府一般预算、政府性基金预算、国有资本经营预算及社会保障预算之间形成统一、对接、协调和均衡体系，建立规范透明的资金往来渠道，必要时也可建立类似的特别预算或专门预算，从而稳步推进政府预算体系的完善与健全。全口径预算管理体系的内在逻辑，正是在建立一套涵盖所有政府收支项目的预算报表体系的基础上，结合推进预算的编制、审批、执行、监督审查的各个阶段的民主化、法治化水平，使公共资源首先真正形成"全景图"，再在越来越充分的公众参与和监督之下，形成资源配置、资金运用中以公众利益最大化为取向的"结构图"。这是包括预算法律制度规范、预算会计体系、预算权配置、预算管理的范围、预算管理模式及预算报告体系等要素在内的系统工程，也是支持"市民化"过程的最合理、最高效的公共资源配置体系。

第二，在新时期进一步强调全面协调发展，服务全局，积极消除歧视性的、非均等化的问题与弊端，不断推进基本公共服务均等化新举措的出台，最终实现基本公共服务城乡一元化体制和运行机制。

在城乡之间提供大体相当的基本公共服务是公共财政的重要职责和"市民化"的必备条件，但是城乡分治下城市偏向型的公共品供给制度已累积地形成城乡差距、农村基本公共服务供应短缺和城乡公共服务不均等现实问题。尤其是，随着城镇化进程的加快，大量农村人口涌入城市，而与之相关的收入分配制度、城乡经济差距、国土开发利用、环境资源开发、社会保障制度、文化教育医疗等改革措施，往往无法匹配和无力跟进，造成了农民工在城镇的非市民化现状，歧视性的、非均等化的问题表现为"半城镇化""浅城镇化"问题。这种按照人们的身份和地域来城乡分离式提供公共服务的体制，需渐进消除。在推进基本公共服务均等化过程中，应积量变为质变，致力于消除二元因素，实现城乡之间及整个国家基本公共服务的一元化，即构建面向全体国民、城乡一体、标准统一的基本公共服务体系。这种一元化是城乡居民平等享有基本公共服务和"市民化"为核心城镇化的制度基础和保障。

为实现基本公共服务均等化服务于"市民化"目标，首先，需加快建设统一、规范、透明、合理、有力的财政转移支付制度；其次，应建立与经济发展和政府财力增长相适应的基本公共服务财政支出增长机制，切实增强各级财政特别是县级财政提供基本公共服务的保障能力；再次，建立健全区域基本公共服务均等化协调机制和加强中央政府各部门与省级政府间的协调磋商，逐步使区域间基本公共服务范围和实际标准基本一致，推动相关制度和规则衔接，做好投资、财税、产业、土地和人口等政策的配套协调。

第三，使财政分配与国家主体功能区规划、宏观经济发展和区域发展、土地制度改革等实现全面的协调配合。

新型城镇化的推进涉及主体功能区规划建设、产业结构调整、农村土地流转制度、社会保障制度、户籍制度改革等方面综合的顶层规划和体制机制改革，公共财政在支持新型城镇化建设的进程中，要在科学发展观的指导下，在规划的政策支持和体制改革等方面，积极与国家"十二五"规划和主体功能区规划、国民经济发展战略、区域发展战略等国家规划，以及土地制度改革 等，实现全面的协调配合。

按照国家基本公共服务体系"十二五"规划实施主体功能区规划、区域发展战略的要求，公共财政要大力促进公共服务资源在城乡、区域之间均衡配置，缩小基本公共服务水平差距。其中，为进一步消除相关的体制、制度和政策性障碍，增强以市民化为核心的城镇化发展的动力和活力，公共财政要配合土地、户籍、投融资体制、社会保障等方面体制改革和制度创新，提供改革所需要的基本财力保障和制度配套支持。

土地是城镇化的重要载体，与之相关的重大现实问题，是农村基本农田土地使用权的流转制度，和城镇化必然征用土地的"农转非"全套制度如何合理化。已可看清：在我国农村土地的"集体所有制"无法与市场、法制完整匹配、路子越走越窄的制约条件下，所谓使土地"私有"的方向又至少于政治上在中国不可行，如何处理土地制度这一重大而棘手的难题，是中国统筹城乡和实现民族复兴愿景面临的巨大历史考验之一。我们认为未来的改革大方向，可以按照"排除法"，选择"集体所有""私有"之外的唯一余项——国有制，把必保的基本农田和其他所有土地，都纳入"国有"法律框架后，其中对基本农田确立永佃制，在非基本农田用地上则一揽子、一次性、一劳永逸地处理好宅基地、"小产权房"等历史遗留问题（物质利益补偿可以分步按合约实现），进而给予全体社会成员"国民待遇"，其后即有可能进入一个统一市场中土地产权的规范化、一元化状态：就是我国全部土地都是国有土地，其使用权可透明、规范地流转，凡是土地使用权流转环节上的租金，就进入国有资本预算（基本农田另行处理，实际上可不要求或象征性低标准要求务农者上缴农地的地租）；凡是其流转和持有环节上应征缴的税收，就进入一般公共收支预算。生产要素包括土地要素的流转、配置，可以均进入无壁垒状态。政府应专注于做好国土的开发、土地利用的顶层规划，同时非农田建设用公地由一套市场规则和特许权规则来调节其交易或特定用途配置。除基本农田用地"封闭"式流转和发展规模化经营之外，真正把所有土地资源放上统一市场的一个大平台。这个前景，是配套于城乡统筹发展和市民化为核心的城镇化历史过程的一个值得探讨的可选改革方向，如果一旦形成决策思路，公共财政理应支持其方案化实践和推进优化过程。

参考文献

[1] 李克强. 协调推进城镇化是实现现代化的重大战略选择［J］. 行政管理改革，2012，11.

[2] 贾康，刘薇. 构建城乡统筹发展的财税体制的建议［J］. 经济纵横，2011，1.

[3] 国务院关于印发《国家基本公共服务体系"十二五"规划》的通知［Z］. 国发〔2012〕29号 .http://www.gov.cn/zwgk/2012 — 07/20/content_2187242.Htm

[4] 罗宏斌. 新型城镇化的内涵与意义［N］. 湖南日报，2010-02-19.

[5] 李铁. 正确处理城镇化发展过程中的几个关系［J］. 行政管理改革，2012，9.

[6] 钱莲琳. 全口径预算：健全政府预算体系的突破口［J］. 地方财政研究，2011，4.

[7] 项继权. 我国基本公共服务均等化的战略选择［J］. 社会主义研究，2009，1.

我国地方税体系完善构想[1]

一、以服务全局的开阔视野看待我国地方税体系的构建完善

（一）需全方位、多层次理解地方税体系。

梳理现有关于地方税的文献便可发现，关于地方税体系及相关问题有多种理解与解说。我们认为，从我国目前地方税存在的问题看，既包括因营改增后可能导致地方政府自有税收收入大幅下降从而导致地方政府收入不足和地方主体税种缺失的问题，也存在共享税收入划分不科学、不合理问题，还存在悬而未决的对地方如何下放税权问题。基于问题导向的研究方法，我们认为，应该以更开阔的视野，全方位、多层次研究探讨我国地方税（体系）改革与完善，地方税基的选择、地方税种的重构、共享税的收入划分调整、地方税权的下放等均应纳入研究范围。基于此，我们的看法是：（1）地方税体系是包括地方税种以及共享税种在内的所有能为地方政府筹集税收收入的多税种的有机组合；（2）地方税权不仅应包括税种选择权和税率调整权，还应包括条件成熟时地方政府因地制宜的设税权。

（二）地方税体系完善目标不应仅着眼于稳定地方政府自有收入，也应看重对社会主体收入、行为等的规范、引导和调节作用，还应一并考虑对国家各项制度建设和机制创新乃至其他配套改革产生推动作用，从而有效提升国家政权体系的治理能力，服务于国家现代化赶超战略和"五位一体"的全面协调、可持续发展。

不可否认，为政府筹集收入是税收基本的首要的职能，地方财政的

1　本文与梁季合作，原载《新供给：创构新动力》，经济科学出版社 2016 年版。

区域性特点更凸显了地方税体系的收入作用，但这并不能成为构建和完善我国地方税体系的唯一目标。如果仅从保持地方政府收入在各级政府总收入中占比不变的角度出发，弥补"营改增"带来地方收入下降的方法，可以简单地采取重新划分增值税分享收入比例之策即可，无需大动干戈地对税种、税基乃至税权进行系统性调整。

1. 税收除具有筹集政府收入作用外，其调控调节作用也不容忽视，尤其在中国改革攻坚期，需要在市场经济不断趋于成熟要求市场发挥资源配置决定性作用并更好发挥政府作用的情况下，税收更是成为政府能够采用的为数不多的规范、有效调节手段之一，因此亟应重视税收因涉及经济社会方方面面的利益而对经济、社会生活产生的引导、激励和规范、调节作用。比如房地产税（居民住房保有环节的税收），暂且不多说其税基不易流动因而不会产生区域间税源竞争故成为地方税种的良好选择，也先不考虑短期内其对地方税收收入的贡献大小，仅其对地方政府和纳税人行为的规范、引导和激励、调节，便将产生不可忽视的积极作用。这是因为，房地产税是以房地产的评估价作为税基，因此房地产税的收入高低直接取决于评估价水平，而评估价水平的高低又取决于该地区投资环境、工商业繁荣程度和公共服务的水平，因此房地产税制度的确立与完善，将对地方政府的职能转变产生正向、内洽的引导与激励效果，即地方政府只要专心致志、心无旁骛地优化本地投资环境，提升本地公共服务水平，辖区内的房地产就自然而然地进入升值轨道，相应有望获得"水涨船高"的税收收入，即连带解决了其"财源建设"问题。从而将地方政府的注意力从目前的"招商引资""上马大型生产性投资项目"，转移到政府分内的事务，如创造公平规范营商环境、提供优质公共服务上来。同时，房地产税率定期调整机制是根据本地公共服务支出成本，要通过充分听取社区、基层民意而设定具体方案，这无疑对于依法理财、民主理财、预算公开、为当地居民提供合意公共产品，具有制度性的积极促进作用。多元主体互动、特别是辖区居民参与房地产税税率调整，是一种具有现代特征的多元治理模式，对于提升地方治理体系的水平和能力具有重要意义。由于房地产税是针对居民财产的保有环节征税，税负不易转嫁，会对纳税人产生实实在在的影响，从而可以培养公民纳税意识，进而提高对政府理财的监督意识和能力。同时，房地产税是十分符合"支付能力"原则的直接税，其征收具有收入再分配作用，可使拥有好房、大房、多套房的社会成员对于公共金库多做贡献，为适当降低间接税比重，进而降低中低端消费大众的"税收痛苦"，优化税收的调节作用，增进社会和谐形成宝贵贡献。此外，房地产税对于现阶段的中国而言，更具有一种抑制房地产投机炒作、减少楼市泡沫成分、降低空置率和活跃租房市场、抑制地方政府"圈地卖钱"动机、鼓励地方政府"养地升值"积极性、提高我国城镇化过程中稀缺土地资源利用率的特别重要意义。

2.税收制度本身作为一国制度体系中非常重要的组成部分，具有"牵一发动全身"的联动效应，税制改革和完善也能为其他方面的配套改革提供契机和条件，倒逼和敦促其他改革。在此不展开探讨营业税改征增值税对财政体制配套改革产生的倒逼作用，也不展开论述房地产税改革对包括土地开发、不动产建造、销售及保有各环节相关税费制度改革的影响，但我们仅就资源税改革的联动效应稍作观察，便可以获得很好说明。我国在一般商品的比价关系和价格形成机制已经较充分地实现市场化之后，资源、能源产品的比价关系和价格形成机制却长期呈现改革滞后、严重扭曲局面。"市场煤、计划电"的格局存在多年，其弊端已十分突出，但由于种种既得利益阻碍形成藩篱，电力体制改革和电力市场化定价改革举步维艰。为此，国家主席习近平2014年6月13日主持召开中央财经领导小组第六次会议研究我国能源安全战略时指出："坚定不移推进改革，还原能源商品属性，构建有效竞争的市场结构和市场体系，形成主要由市场决定能源价格的机制"，而在此重大改革事项上，煤炭资源税从量变从价的改革，可以为其提供契机、切入点和正向动力。此项"还原能源商品属性"的配套改革对于全局及长远发展更为重要的效应是，通过化石能源开采环节的资源税、煤炭使用环节的环境税以及油电使用环节的能源消费税等改革，进而"倒逼"我国基础能源产品和主力能源供给品——电力的比价关系与价格形成机制的市场化，于是借助市场力量、优胜劣汰机制和利益驱动，可望在我国"内生地"形成贯穿整个产业链上全部环节(开采、生产、使用)的节能降耗减排激励机制,[1]从利益关系的规范调整优化入手,促使千千万万的市场主体和社会成员千方百计地厉行节能降耗、千方百计地开发有利于节能降耗的工艺、技术和产品,从而形成有利于可持续发展的资源合理与高效开采、能源节约与清洁使用、促进生态环境保护的长效机制。

总之,完善地方税体系不仅需要关注地方政府收入问题,需要算筹资账,更要通盘审视和把握其对中国"现代国家治理"提升包容性释放发展潜力方面的制度体系建设、体制机制创新的重要作用和独特贡献。

(三)地方税体系的完善要正确认识把握各税种属性、遵循一般原则,也需要适度考虑中国国情特点和现实制约因素。

地方税体系的构建与完善,包括地方税种确定、共享税收入划分方法与比例以及税权对地方下放等,均应以尽量少影响生产要素自由流动和市场主体自主决策为一般原则标准,相应的税种(税基)在中央与地方间的划分,则需要考虑具体税种对生产要素流动影响以及对中央、地方分层级的宏观、中观调控功能实现的影响等因素。税种在中央、地方间的划分即税基的配置,一般认为要遵循如下基本原则:与国家主权和全局性宏观调控功能关系密切、税基覆盖统一市场而流动性大的税种,应划归中央;与区域特征关系密切、税基无流动性或流动性弱,以及税基信息复杂程度高、较为地域化、不易引起地区间过度税收竞争和需要"因地制宜"的税种,应划归地方。按此原则,如关税、增值税、个人所得税、社会保障税等应划归中央(或主要部分应划归中央),另如房地产税、陆上资源税、特定地方税等,应划归地方。

从各国具体实践情况看,在基本遵循上述原则的情况下,不同国家根据本国情况,必有一些灵活、变通选择,我国最明显的现实因素是后发国家赶超战略要求政府更多承担一部分发展经济的职责和巨型经济体

---

1 具体分析见财税改革课题研究组.新一轮价税财配套改革的基本思路、主要任务和实施构想[J].财政研究,2014,1.

客观需要充分发挥地方政府积极性，而且税制在相当长时间段内的社会可接受性制约势必更加要求"简税制，宽税基"，这些决定了共享税在地方税体系中于很长时期内必然具有举足轻重的作用。具体考虑当前阶段：（1）我国经济发展和税收制度现状决定了大宗税源还要在流转税形式上形成，主要包括增值税（营业税将较快全部转为增值税）、消费税这些"间接税"。另外，也要注重逐渐提升企业所得税和个人所得税、房地产税等直接税的比重。从促进商品和生产要素充分流动、形成全国统一市场以及提高资源配置效率的角度考虑，增值税、个人所得税本来不宜作为共享税，而应由中央政府独享，但在地方别无主力税种构成大宗、稳定的独享财力来源的情况下，增值税等不得不处理为中央、地方共享的税收。地方政府从中分享一部分收入，客观上对激励地方政府发展经济、发挥其"地方竞争"式的积极性也将产生推动，至少在一定时期之内无法根本改变这个格局；（2）营改增到位后，地方税种主要包括资源税以及与房地产有关的相关税种，从现实情况看，收入体量都较小，而资源税和房地产税改革虽有其后劲，未来收入规模可望增加，但"远水解不了近渴"，短期内均不足以支撑维持目前地方政府自有收入占比水平。因此，从地方税收入规模看，也需要共享税提供支撑。基于以上考虑，共享税在我国有其长期存在的客观必要，但是需要坚持共享方案"一刀切"式的规范性，谨慎、合理设计共享方法与共享比例，所有在"共享税"概念下解决不了的地区财力差异等问题，需由转移支付机制等另行解决。

（四）地方税体系完善应与非税收入等其他税费制度改革统筹配套、协调联动。

地方税体系的完善不能也不应该单兵突进，应该同时考虑非税收入等其他政府收入制度改革的统筹配套。

公有制经济的制度特点与资产累积决定了我国政府较其他国家拥有更多的自然资源、资产和资本，相应政府以所有者身份取得非税收入有其理论依据和现实需要，特别是随自然资源（土地、矿产等）的日益稀缺致使其经济价值凸显的情况下，政府尤应重视以规范合理方式获取收入，为政府履职提供支撑。近年来的财政实践也验证了这一点，如 2012 年地方公共财政收入 61078.29 亿元，其中税收收入为 47319.08 亿元，占比为 77.5%，非税收入为 13759.21 亿元（不包括土地出让收入），占比为 22.5%，非税收入中有相当一部分为产权收入。当前资源税税费关系和定位尚未厘清，税费负担分布也不甚合理。因此，应借地方税体系完善之际，规范非税收入制度，从而形成科学、系统、完整、有机配合的地方税收和非税制度体系。当前需要重点关注的是矿产资源税费制度搭配设计，如探矿权、采矿权等收入与矿山资源税关系；煤炭价格基金与煤炭资源税关系；土地出让收入与房地产相关税收之间关系，等等。在完善地方税体系，尤其是房地产税改革时，应将现有与地方辖区内房地产相关的税收（包括流转税、所得税以及财产税）及各种收费进行归并、整合，均衡化，理顺开发、建设、流转和保有环节税费负担。

二、构建和完善我国地方税体系的整体构想

针对当前我国地方税体系存在的问题以及经济社会发展对地方税体系的要求，我们认为，地方税体系的构建和完善应从地方税基确定、税权下放、地方税种制度改革以及共享税收入划分办法的完善四个方面作为重点切入。

（一）我国地方税税基应由商品服务（消费）、所得和财产共同组成，近中期以消费和所得为主，中长期以消费和财产为主。

按照税基不同，税收可以划分为商品服务类税收、财产类税收以及所得类税收，需要解释的是，对财产税可以有两种理解，一是征税对象为财产，那么财产税则包括对财产征收的所有税收，包括财产流转和保有环节税；还有一种是特指对财产保有征税，即通常意义上所说的财产税。本文所指的对财产征税不仅仅包括对财产保有征税，如房地产税，还包括对居民不动产所有权和使用权转移（如房产交易、租赁和赠与）等征收的各类税。

我国目前商品服务类税收占绝对优势，所得税次之，财产税占比极低（2012 年房产税、耕地占用税以及船舶吨税不足 3%），即使按照最

大口径计算（将二手房交易和居民用房租赁营业税纳入）也不会超过5%。选择地方税体系税基既要考虑收入充足，更要考虑税种属性，兼顾发挥地方政府的积极性以及受益性原则。从目前中国现实情况看，将所得类税基全部作为地方税体系税基也无法满足收入规模原则（2012年，个人所得税、企业所得税以及土地增值税三税收入为28192.86亿元，占比不足27%），更何况也不应将所得税类税基全部作为地方税税基，否则会使地区间因税源竞争而导致阻碍生产要素流动，进而影响资源配置效率；财产类税收短期内更无法担此重任。对于商品服务类税收而言，增值税占绝对优势，但也不能将其作为主要考虑对象，目前25%的地方分享比例引致的地方政府投资冲动弊端已非常明显，关税和进口商品服务税（进口增值税和进口消费税）更不适宜作地方税税基。因此，综合考虑各方因素，最好选择是三税基的组合搭配，即财产税税基全部作为地方税税基，加上商品服务类一部分（以改革后的消费税和资源税为主，关于改革办法的讨论见后文），再加上部分所得税。从近中期来看，地方收入上会是以消费类为主，所得类为辅，可将所得类税收作为省级独享，将财产类税收作为市县级独享，将商品服务类税基作为共享税种（包括资源税）。之所以这样考虑，是基于生产要素的流动性和个人所得税的调控性质，以及商品服务类税收收入规模较大、资源税收入分布不均等特点。中长期来看，则应以商品服务类税基为主，财产类税基为辅，其中财产类税收为市县独享，商品服务类为省市共享，所得税类比重继续收缩，尤其是随个人所得税综合与分类改革到位后，将个税逐步上收中央。

从成熟市场经济国家情况看，也是三类税收收入（税基）共同组成地方政府税收来源，具体见图1。OECD成员国在地方政府（省以下层面）收入来源中，所得类税收占比最高，其次是财产税。本文认为，中国以商品服务税为主体的税收收入基本格局短期内尚难变化，再加之转轨过程中建立全国统一大市场、促进生产要素充分流动以及调节收入分配的重任，无法将所得类税收作为地方税体系的主要税基。

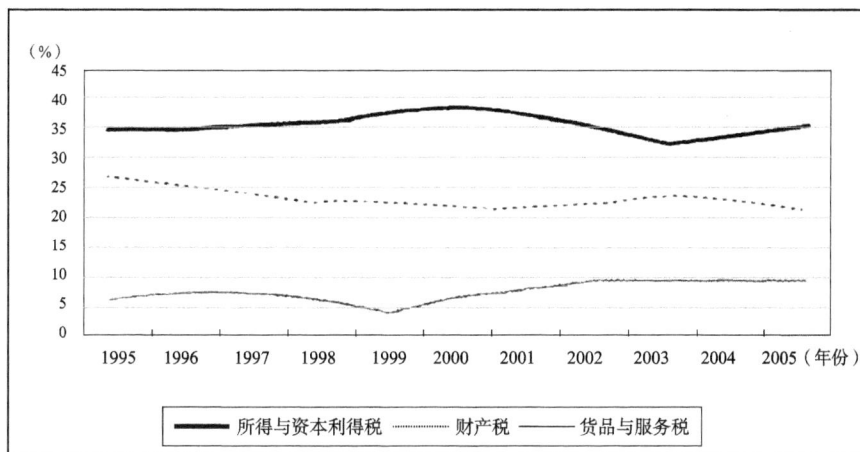

图1　OECD国家除中央政府之外的层级合计的各类税收收入占比情况

（二）逐步下放地方税权，条件成熟时给予地方政府一定的设税权。

地方税体系完善应非常注重地方税权下放的研究与设计，这是分级财政、地方政府自主理财、发挥地方政府积极性的重要手段。当然在地方税权下放过程中，应充分考虑税权下放的度与节奏，以避免对市场公平环境的下放。

税权下放不仅包括税种选择权，税率调整权，也包括最终于一定条件下的因地制宜设税权。地区间各具特色、互补发展的态势早已显现端倪，近年国家也有意引导各地区按照"功能区"模式发展，这意味着各地的"特色税基"将会由潜在状态而浮出水面，"靠山吃山、靠水吃水"，在体制规范化条件下，地方政府应可以考虑适当、依法、按照科学合理的方式从"特色资源"中获取收入。由于"特色资源"不易流动，相应也不会产生税源竞争。同时特色资源的开发维护需要特殊成本支出，这种收入恰可以弥补这部分支出，也符合税收的"受益"特点。可以设想，在消费税中讨论增设特色消费税税目，各地区可以因地制宜地按照本地区特色资源设定具体税目和税率。比如一些中西部欠发达地区，其自然资源或"红色文化"积淀比较有特色，便可以考虑对来此的旅游者开征特色消费税（可比照借鉴美国旅游胜地凡在当地住宿旅客均要缴纳宾馆床位税这类办法）；再比如，针对东部大城市的拥堵问题，可以考虑开征"拥堵税（费）"（比照借鉴伦敦等地经验）；等等。

（三）完善地方税体系的相关税收制度和收入划分办法。

综合考虑各方因素，我们认为，从当前和未来发展来看，可以纳入地方税体系的税种包括：国内增值税（包括营改增后全国的该项税收）、国内消费税、企业所得税、个人所得税、环境税、资源税、不动产相关税种以及车船使用税。

1. 国内增值税：改变收入分享办法。目前地方政府按照征收规模25%的比例分享国内增值税收入，对现实经济发展带来的弊端（地方政府抢夺税源、刺激投资冲动）较为明显。从学理上分析，增值税是一种消费税，其税基为GDP中的消费部分，依受益性原则可以作为地方税收入，但由于增值税可转嫁的性质决定了纳税人与赋税人不同，从而带来对于特定地区征收规模与负税规模不一致的问题。从各国实践来看，多将国内增值税作为中央税，然后按照人口等因素转移支付至地方政府，这种处理方式名为中央税，实际功用则为地方税，且利于实现地区间分享规模与赋税规模基本一致，因为总体而言，人口与消费规模直接正相关，人口数量占全国人口的比重能够大体反映本地区消费规模占全国消费规模的比重。但这种分配方法也有弊端，由于完全切断了征收量与分享规模的关系，也出现对经济发展的消极作用。从中国现实情况看，即使营改增完全到位后，要达到国内增值税的完全消费税特征，还需要时日，因为完全消费型的增值税除了要保证所有固定资产进项税完全纳入抵扣范围外，还要保证所有投资完全不负税，这意味着目前所采用的负税额（当期销项税款小于进项税款）向下期结转的处理方法要改成完全退税，短期内不但征管条件不具备（试观目前出口退税中骗退税情况仍时有发生），也会带来财政减收。[1]同时出于适当发挥地方政府发展经济积极性的考虑，我们建议仍将国内增值税作为共享税，但尽可能较大幅地降低地方政府分享比例，比如可考虑降低至10%—15%，然后将中央政府分享的收入作为中央政府对地方一般性转移支付的来源。

1　笔者曾对某市2010—2012年增值税入库收入与留抵税款进行过调研。2010—2012年，该市国内增值税入库税款与留抵税款的比分别为2.84：1、2.36：1和6.12：1。这意味着，保守估计，如果留抵税款全部退给纳税人，则至少导致该市增值税减收15%（1/6.12）以上。

2. 国内消费税：完善税收制度[1]、改革收入划分办法。无论从收入规模还是从辖区财政的"受益性"原则来衡量，国内消费税是营改增后短期内最直接有效的"顶替"税种。从学理上分析，某些消费具有明显的地域化消费特征（如某地汽车消费量大，汽车消费税收入则高；烟酒消费量大，烟酒消费税收入就多）、税收收入与某类财政支出具有较直接的对应关系（如汽车消费量大，因汽车消费导致的城市交通维护、治理拥堵的财政支出就相应较高；烟消费量大，因吸烟引发的各类疾病的卫生保健医疗成本也会较高），那么这类消费税收入是宜于划归地方的。

从现实可行性上看，消费税也具有作为地方税收入的可能。首先，从规模上看，2013 年消费税收入 8230 亿元，收入规模相当大。其中90% 以上来源于烟、酒、汽车和汽油，而这四类税目的批发零售环节主体较为规范，如烟酒为专卖体制，批发公司多为国有企业；汽油的批发零售也多由中石油、中石化等大型国有企业所垄断，且因控管增值税的需要，各地加油站多安装了税控机，汽车销售也多由各个地区 4S 店所控制。所以，将目前消费税的主要税目征收环节后移至批发或零售环节是可能的，这为将消费税打造为地方税主要税基之一提供了可能。有些论者担心会因此激励地方政府鼓励消费、达到多收税的目的，实际上，无论是燃油还是烟酒，均已主要成为大众化消费品（"八项规定"实行后原先往往以"奢侈品"定位的高档烟酒很多都回归了原形），地方政府没有能力、也没有手段对千千万万消费者的消费行为进行干预，其对消费者的影响力远小于可由其控股的屈指可数的国有生产企业。地方政府看重消费税（销售税）收入，其主要作为空间将是更加注重改善本地市场环境和公共服务，促使辖区内市场购销两旺，这倒也不背离地方政府职能行为合理化的基本轨道。

另外，从税基上看，目前车辆购置税与汽车消费税大致相同，未来可考虑将车辆购置税并入汽车消费税一并作为地方税。2013 年，车辆购置税收入为 2596 亿元，将其作为地方税，也可以较好地缓解营改增带来的地方自有收入减少的问题。

1　此处消费税税制改革主要讨论与地方税体系完善相关部分。

从长远来看，应探索研究开征电力消费税，这既可以调控电力消费，实现节能降耗的发展目标，也可以为地方筹集财政收入。2010年，全国电力消费量为41934.5亿度，按每度电0.05元消费税计算，电力消费税收入则可达到2096亿元，收入也较为可观。如果按照电力消费量的不同采用阶梯税率，其收入将更为可观。目前讨论和实践阶梯电价的较多，笔者认为，阶梯电价仍然没有脱离政府控制或调控能源价格而非由市场定价的惯性思维，而电力消费税，即使采用阶梯式税率方式计征，也反映了政府在尊重电力市场定价基础上的间接调控理念。同时，如果说阶梯电价和阶梯电力消费税能达到相同的调控电力消费的效果，但阶梯电价所带来的收入首先和主要成为企业收入，而电力消费税则完全成为政府收入，不但体现了"多使用多负担"原则，也为政府治理因电力消费带来的环境污染提供了收入来源（德国电力消费税的经验可为我国借鉴）。

3. 所得税：逐步调整分享比例。目前，地方政府对企业所得税和个人所得税的分享比例均为40%。未来可视税制改革情况和地方收入规模缺口（按照现在地方自有收入占比）适度调整分享比例。从学理上分析，个人所得税是对生产要素（人力资本）征税，从我国目前促进劳动力作为生产要素无壁垒充分流动的提高资源配置效率角度看，个人所得税收入不宜与地方政府分享，但原来迫于地方自有收入占比不能过低的压力，还是将其与企业所得税一起作为地方收入来源之一，未来则可探讨将其完全划为中央专享税。同时还要指出，由于个人所得税在我国税收总收入中的占比近年已降低为不足7%，相比较而言，地方政府可能更青睐企业所得税（对资本要素征税），且目前我国企业所得税的法人纳税特点已经对地区间收入分配产生不良影响，今后适度降低企业所得税地方分享比例可一定程度上缓解地区间财力差距问题。

4. 资源税和环境税：统筹税费制度改革。推进资源税和环境税的改革方向已达成共识。但在这两种税的改革过程中，均面临一个有一定难度的问题，即协调税费关系。如环境税中的费改税，煤炭资源税从价计征改革中需要一并清理规范各项煤炭收费和煤炭价格调节基金，以保证税费负担的协调与可承受。资源税今后还面临扩大征税范围的改革，即逐步将其他金属、非金属矿及水流、森林等可再生资源纳入征税范围。

环境税可先作为共享税考虑，但地方政府分享比例应占绝对优势。这一方面是考虑与现有环境收费政策下的收入归属相衔接，便于推进改革，另一方面环境治理责任也主要归属地方政府，相应于符合收入的"受益性"原则，同时环境税基本不会引起税源竞争，从税种属性看，比较适宜作为地方收入（未来如将环境税收入全部归属地方，也是可以设想的）。

5. 房地产相关税收改革。与房地产相关的税收应作为地方税体系完善在中长期内考虑的重点，因为房地产这类税基不可转移，最适宜作为地方税，且城镇化必然带来房地产价值的上升，相应税基规模提升空间大。所以，只要房地产相关税种设计科学合理，未来可以成长为许多地区的地方税主力收入支柱。目前应借营改增"倒逼"之际，系统研究设计房地产相关税制。

仅考虑房地产销售和使用（租赁和保有）环节，目前涉及的税种便包括企业所得税、个人所得税、营业税、契税、印花税、耕地占用税、城镇土地使用税、土地增值税等诸多税种，其中契税、耕地占用税、城镇土地使用税和土地增值税是专门针对房地产而征收。目前房地产税存在的比较大的问题是同一环节征收多种税，如二手房交易既要缴纳营业税，又要缴纳契税，其税基基本相同；税负分配不均衡，流转环节税负偏高，保有环节税负过低甚至空缺。同时，随着营改增的逐步到位，房地产的增值税设计也面临现实挑战。

根据消费型增值税理论以及增值税的发票抵扣机制，对房地产交易较理想的增值税处理方法是，对其购买、使用或租赁，无论是建筑的首次出售还是二手房的买卖，不管是商业用房产还是居住用房产，都应该缴纳增值税，同时对经营者的消费实行进项税额抵扣。但理论上的分析在实践中却遇到了困难。对于经营用房地产，不存在困难，即在产品销售时可以从销售税额中抵扣因购买房产发生的进项税额；如果房产是用于出租，那么发生的租金需要缴纳增值税，并抵扣其购买房产发生的进项税额；然而，对于业主自住的房产，虽然在理论上可以按估算租金价值征收增值税，但在实践中估算租金价值非常困难，相应使增值税征收也无法实现——如果对自住的估算租金免税，却依然对市场出租行为征收增值税，又会造成对不动产租赁行为的歧视。此外，在市场出租房屋的大多是自然人，要对数量如此庞大的人群征税，也是征管机构难以胜任的。解决此问题的一个变通办法是对提供居住服务，无论是涉及出租租金还是自住的估算租金都不征收增值税，而对新建住房的销售全额征收增值税。

基于以上考虑，我们认为：

1. 对于居住用房的租赁和居住用二手房的交易，可免征增值税，这样一方面规避了居住用房的租赁和二手交易纳入增值税的征税困难；另一方面，可考虑将目前二手房交易和居住用房租赁适用的营业税和二手房交易适用的契税合并为居住用房交易租赁税，税负适度降低。从而降低流转环节税负，为保有环节税负提高预留空间。二手房交易因牵涉到房屋主管部门产权过户，征管较为容易，对于租赁税收的征管，可委托房产中介代扣代缴，随着现金交易的减少以及个人所得税改革和征管的加强，租赁行为的流转税也可以得到有效控管。

2. 归并耕地占用税、城镇土地使用税以及房产税为房地产税，并将其扩大至居民用房，按照评估价计征，成为真正意义上的财产保有环节税。

3. 房地产销售所得，正常纳入企业所得税和个人所得税的征缴范围。

4. 在正常征缴所得税的基础上，可加征一道超额利润税，作为土地增值税的改革完善，定位为土地资源租金税性质。此时，土地增值税代表土地资源的稀缺性，其与市场主体生产经营无关，不会影响资源配置（可借鉴石油暴利税思路和经验）。

如按上述思路改革设计我国房地产税收，则有望既覆盖房产交易、保有全环节、税负分布均衡，又能体现合理分配房地产收益（中央与地方，政府与企业）的不动产税收体系。

三、近中期构建、完善地方税体系的重点任务

表1列出了我们关于构建、完善我国地方税体系的基本设想。

表1 地方相关税种改革完善设想

税种	改革重点	收入划分	说明
国内增值税	（1）调低地方分享比例 （2）将中央收入作为一般性转移支付来源	共享税	
国内消费税	（1）烟酒海汽车征收环节后移 （2）将车辆购置税并入汽车消费税 （3）开征电力消费税 （4）将重点税目作为地方税收入	共享税	
所得税	（1）调低企业所得税地方分享比例	共享税	待个人所得税改革到位后，逐步将其调整为中央税
资源税和环境税	（1）扩大资源税片税范围 （2）调整资源税计征方式，提高资源税税负 （3）通过费改税，开征环境税 （4）统筹税费关系	资源税作为地方税，环境税（碳税）作为共享税，其中地方政府分享高比例	整合、理顺相关税、费
房地产税相关税种	（1）归并居民用二手房交易和租赁适用的营业税和契税为居民住房交易租赁税，作为地方税种 （2）合并城镇土地使用税、耕地占用税以及房产税为房地产税，将征税范围扩大至居民用房（高端），改计税基础为评估值 （3）对房地产销售加征超额利润税，通过改革土地增值税来实现	居民住房交易租赁税、房地产税和土地增值税均为地方税	整合、理顺相关税、费

前述的全套设想不可能在短期实现，需要攻坚克难，循序渐进，稳妥协调联动推行。近中期需要推进的改革重点包括：

1. 积极推进营改增改革，研究开征居民二手房交易与租赁税；

2. 推进消费税部分税目征税环节后移改革，适时将车辆购置税归并至汽车消费税中，研究开征电力消费税；

3.积极推进煤炭资源税从价计征方式改革，以提高煤炭资源税税负为契机，统筹资源税费改革和我国资源、能源产品价格改革；

4.积极立法推进环境费改税；

5.积极推进不动产统一登记制度的建立，加快房地产税立法，为房地产税改革及相关税、费、租配套改革奠定基础；

6.以"综合与分类相结合"为基本要领适时推进新一轮个人所得税改革，合理设计考虑家庭赡养系数、住房按揭给付等因素的专项扣除；

7.积极推进涉税信息共享机制。在大力推进信息定税管税体系建设的前提下，有效协调各相关部门，建立健全由社会信息共享机制支持的各相关税种的监管、治理体系。

中国房地产税改革的方向、要领与路径选择[1]

房产税改革问题正成为各方关注的热点。笔者认为，房产税的唯一目的并不是打压房价，实质上是通过对房产保有环节征税形成规范的经济调节杠杆，以产生多种正面效应，包括对地方政府职能转变的合理激励，以及在配套改革中改变地方政府对土地财政的过度依赖。这一改革也是优化中国税制结构和收入再分配的组成部分。

对于保障房与商品房（产权房）的双轨统筹，是优化房地产调控和解决目前房价过高问题的大框架，全概念的住房配置不能只靠市场。首先政策轨上的保障房供给，是政府要牵头做好的"托底"事项。对于商品房价来说，政府不应该再急着用行政手段一味按着它、强力干预它，在市场轨上政府应该主要管规划、管规则、管收税——不光是在交易环节收税（包括遏制炒作的对住房持有人按持有时间递延递减的交易税），而且应该在保有环节的高端收税。

现在为各方所关注的上海、重庆已启动试点的房产税改革，从严格概念上讲，所涉及的税种应该是指房地产税或不动产税。在中国现阶段多种因素制约之下，这一改革是在全国人大审批通过、授权国务院制定实施办法的"房产税"框架下启动的，引入了两个实质性的新机制：一是把房产税覆盖面扩大到一部分消费住房；二是要作一定形式的税基规范，确立房产评估值概念并发展其方法。虽两市试点方案细则不尽相同，但都包含向较标准的"房地产税"（不动产税）靠拢的取向。

我们需要联系现实生活充分认识此税可能产生的正面效应及其意义。由于与社会中的既得利益格局有非常密切的关系，这项改革十分复杂、非常敏感、牵动感情，存在公开的和内部的激烈争论。笔者认为应

1　本文原载《中国税务报》2012 年 10 月 10 日。

该推动相关的理性探讨，寻求有利于社会、民族长远根本利益，又有益于较短期经济运行趋向平稳健康的可行性方案，形成经得起历史考验的真知灼见与创新实践。

一、大方向与正面效应

可以从两个大角度作观察分析：

中国税制面临的突出问题，正在牵动人心和全局，呼唤改革。第一，中国的税制结构里直接税比重偏小成为突出问题。间接税比重很大，在全部税收中占比近 70%（老百姓所愤愤不平的"馒头税"，就是消费品里以间接税形式存在的税负）。这种税制结构带有累退性质，即愈是低收入阶层，实际的税收痛苦程度越大，因为低收入阶层的恩格尔系数高，其收入 100% 的盘子里可能有 60%—80% 甚至更大的比重用于满足生存需要的基本消费品支出，因而不得不承受这里面所含的间接税负担。高收入阶层的恩格尔系数低得多，全部支出中购买更多的属于发展资料、享受资料，实际的税收负担痛苦程度要小很多。与市场经济的国际经验相比照，还会发现宏观调控方面的弱点：从美国为代表的调控模式看，最明显的"自动稳定器"是联邦政府手里占整个收入盘子 40% 以上的个人所得税——因为有超额累进的税率设计，在经济高涨的时候，自动地使很多社会成员税负往上跳到更高的边际税率上，进而使经济降温；而在经济萧条的时候，则自动落档，落到比较低的边际税率上，进而使经济升温。然而，中国现在于这方面的类似机制还基本上无从谈起，超额累进税率只在工薪这个很窄范围里设计，对于其他的个人所得，基本就是比例税率。自 2011 年个人所得税改革之后，工薪收入者的纳税面由原先的 28% 收缩为不足 7%，超额累进机制更成为十分边缘化、微不足道的状态。

第二，中国地方税体系不成型。1994 年的财税改革建立了与市场经济配套的分税制为基础的分级财政框架，具有历史功绩。但是走到现在，针对基层困难、土地财政等问题，对分税制的抨击不绝于耳。许多人把板子打在分税制上，是打错了地方。实际上省以下体制的状况迟迟未能进入分税制状态，还是五花八门、复杂易变和讨价还价色彩非常浓重的分成制或包干制。为什么省以下迟迟不能进入分税制状态？简要分析：其一，财政层级太多，除了中央级，省以下还有 4 个层级，分税分不清楚。总共有 19 种税，不可能形成相对清晰稳定的 5 层级分税制。其二，地方政府没有成型的地方税体系，没有大宗稳定的主体税源和收入支柱，不得已搞出很多隐性负债。另外，必然特别看重土地批租，在招拍挂中力求把价位冲得很高，在某一任期之内把土地交易环节的收入一次性拿足，尽可能满足出政绩的需要。而以后这块地在十几届甚至二十几届政府任期之内是不会再产生一分钱现金流的。如果没有其他的制度制约和配合，这种不断创造"地王"的势头就很足，但地皮有限，从长期看一定难以为继。如果有保有环节的税收可以年复一年提供现金流，又有其他的融资条件，各方参与者的预期就都改变了，就不会动不动把土地批租冲到天价上去。所以问题的实质是，有效制度供给与激励——约束机制不足。可知中国地方税体系要从不成型向成型转变，并优化相关制度安排，需要寻找其财源支柱，这也是绕不开不动产税问题的。

中国上下各方都特别关注的房地产调控和收入分配状况，正在牵动人心和全局，呼唤改革。从整个国民经济看，有两个突出的问题：一个是中国房地产业的情况牵动人心与全局。房地产业与国民经济其他组成部分的联动关系一目了然。它在城镇化、工业化历史过程中必然成为经济成长的引擎，表现出广泛、长远的辐射力、影响力和支撑力。但其现实情况很容易被加入不健康的泡沫化的过度炒作因素。必须真正解决房地产业在必要调控下的健康发展问题。对此，税收不是万能的，但是要使房地产业健康发展，不考虑在房地产保有环节逐步建立一个像美国、日本等市场经济相对成熟的经济体都具有的房地产税或不动产税，又是万万不能的。不应把所有的调控任务都指望于某一个税种，比如房地产税，也不应在相关的改革实施中操之过急、动作过猛，但又不能把这样一个很明显的经济手段放在一边不加考虑、弃而不用。

另一个是中国的收入分配差距扩大牵动人心与全局。邓小平曾指出，如不能真正走向共同富裕，我们的改革和发展就失败了。在这方面作研究分析，可知收入分配差距的扩大，实际上是和财产分布状态的差距扩大如影随形而且相互激励的。收入差距迅速扩大，在很大程度上源于财产性收入，最主要的构成原因之一是来自于不动产财富的增值、溢价收入。这客观上需要得到一定的调节和制约。不动产税即房地产税这样一个税种，显然应该发挥收入分配方面的优化作用。

以上所涉及的重大现实问题都在告诉我们：在大的改革方向上，关于直接税和房地产税，我们没有其他选择，需要积极考虑如何坚定稳妥地把握这一方向往前走。

因此，在中国实施房地产税改革，是完成经济社会转轨与现代化的必要制度建设，将会产生四个方面值得肯定的正面效应：一是增加直接税的比重而减小中低端收入者的税收痛苦程度。二是为解决地方税体系不成型的问题而提供地方层面的支柱税种。三是促使已实施的房地产调控新政体现其应有的"治本"水准。四是优化收入和财产的再分配以抑制两极分化。因此，这一改革一举四得、一举多得、势在必行。

二、开征房地产税的可行性

1. 中国在改革中已推出的"土地出让金"，其性质是土地使用权的价格，即凭借所有者身份对使用权持有人收取的地租；而房地产税，其性质是不动产保有环节上使用权持有人所必须缴纳的法定税负，收取者（国家）凭借的是社会管理者的政治权力。"租"与"税"两者是可以合理匹配、并行不悖的关系，不存在所谓不可克服的"法理障碍"和不可解决的"不能容忍的重复征收"问题。

2. 前些年，在没有每隔若干年重评一次税基的房地产税制度框架的情况下，土地出让金的生成价位较高，而一旦推出房地产税，其生成价位会因交易者预期的改变而相对较低，这种差异也并不是开征房地产税的硬障碍。在渐进改革已形成"路径依赖"的情况下，我们完全可以设计"老房地产"与"新房地产"有所不同的税务区别对待办法。

3. 中国城镇土地都为国有土地，有人认为这迥异于国外在私有土地上开征房地产税的情况，从而形成了中国特有的法理冲突。其实国有土地终极所有权与对房地产使用权持有者开征房地产税并无硬冲突，不存在法理障碍。理由是：第一，从国际经验（如英国）和海外经验（如香港）看，房地产税可以对私有、公有（英国可区分为中央政府、地方政府和公共组织等不同主体所有）一视同仁地全覆盖。第二，中国改革实践中，国有企业"利改税"的自身经验也可援引——虽然终极产权是国有的，但掌握使用权的主体（不论企业或个人）是具有自身相对独立物企利益的主体，根据客观需要完全可以在通过立法程序后，以税收手段对利益主体的利益情况施加调节，以利公平竞争或优化再分配。

4.开征房地产税需要有产权登记与保护、税基评估、信息管理与沟通、税收征管等方面各环节的专业力量与条件，但这也并不能成为否定开征此税可行性的理由。中国有关部门已在10个地方推行数年的物业税基模拟评估和相关工作试点，所要试验的就包括此类问题的解决方案。相关的信息系统、人员培训、评估软件和收缴管理等，都不存在硬障碍。

5.开征房地产税在市场经济国家有多年积累的丰富经验，中国完全可以结合本国国情与实际，借鉴吸收而形成"后发优势"。当然，中国近些年的"小产权房"、历史上形成的"经租房"等问题，是其他国家一般没有的情况，需要稳妥处理。

三、如何看待保有环节税收促进住房供需平衡和产业健康发展

对不动产（房地产）的相关调节，其原理上是寻求一个供需状态的合意。供需状态如果平衡，价格就不会往上猛冲。但是恰恰在不动产方面，最根本的要素——地皮，确具天然垄断、特别稀缺的性质。人类社会各中心区的地皮是最稀缺而无法增加的，必然越来越金贵。不能说按照中国960多万平方公里平均下来，每个人拥有的土地还是很宽松的。实际上，所有利益相关者争夺的都是中心区、黄金地段的不动产，即他们都争取在里面享有一个份额，谁享有，谁就垄断。这样一来，垄断就造成供需长期倾斜失平。我们应力求合理地调节这样一个状态，并尽可能达到最多社会成员的基本满意。为此，必须强调双轨统筹，而且应该

在高端住房保有环节征税。

这个税会产生什么效应？第一，想买房自住的人，会改变预期，倾向于购买更实惠、相对小户型的房子。这正好收敛了需求方面的冲劲，并提高了土地集约利用水平。第二，买房为囤在手里做自己的"商业性社会保险"的人，会考虑买房以后不再空置，而是租出去。于是在社会没有增加投入的情况下，增加了租房市场的供给，并缓和供需之间的矛盾。第三，炒房的人，会收敛自己的行为。因为这时整个社会氛围和利益相关者的心态和预期都有所改变，炒房者自然会估计风险悠着点儿，而且会考虑多数接手人是要用于自住，应多炒中小户型。这样一来，需求方整体结构变了，开发商拿了地皮后当然也会考虑更多提供中小户型，而且在自己参加土地招拍挂的环节上不能像原来想的利润空间那么大，要谨慎一点。综合起来，需求沉稳收敛了，同时有效供给增加了，总体的供需情况就会趋于更平衡、沉稳和健康，转变发展方式所追求的一些"可持续"的因素，也会注入在里面，比如土地集约利用。

四、大方向下的路径选择

笔者认为必须充分肯定上海、重庆两地房产税改革试点敢为天下先、在打开局面方面的重要意义和作用。这种试点体现了邓小平理论里面一个非常重要的哲理，就是在方向判断了以后不争论，如要通过争论来取得共识，一百年也取得不了，不可能取得。那就必须先推动试点，先力求搭一个制度框架。试点取得经验、减少反对与疑虑、搭成制度框架以后，再考虑怎样动态优化，逐步健全完善。

前段舆论上有一些说法，指责上海、重庆两市的试点好像成效不大，"动静不大"：一个是税收很少，再一个是没有看到两个城市房价的急速下跌。其实对房产税试点效果的评判，不能这么表面化。因为，在上海、重庆这样的发达地区搞房产税试点，最重要的任务不是筹集收入，而是意在调节市场，影响人们的住房消费，并为省以下财税体制改革提供配套。房产税是按年可持续征收的，不要急于在目前按少数地方试点情况判断它一年可以征收多少税上来，而是要看到未来房产税的财源支柱属性将会逐渐显现。

还有一点，就是开征房产税，房价并不会应声而落。目前中国城镇化水平实际才40%多，以后要一路走高到70%—80%才能相对稳定。单靠一个税制不可能改变中国今后城镇化几十年历史进程中城市不动产价格上扬曲线的基本模样。但是有了这个施加于房地产（不动产）保有环节的税以后，它会使这个上扬曲线的斜率降低，减少泡沫，不会动不动就大起大落，造成对社会生活的负面冲击。试点后，两地高端的不动产，都明显出现了成交量下降，价格趋稳，这就是很明显的正面效应，是改革已体现的作用。另外上海管理部门原来多年追求的一些不动产配置方面如何优化的目标，这次通过税制的具体设计，很好地取得了实际调节效果。比如，上海有一个多年苦恼的问题——即使周边地区发展很好，大家也都愿意在城市中心区购置不动产。而这次上海方案里有一个很小的杠杆——中心区域的税率是0.6%，周边区域的税率是0.4%。就差这么一点儿，便使现在的成交大量地被引流到周边区域。管理部门对这样的效果非常肯定。这明显体现了搞市场经济要间接调控，运用规范的经济手段，而经济手段里面税收是不可忽略的政策组合工具。

五、关于推进这一改革的若干要领

首先，管理部门应该更开明，适当披露已搞了多年的物业税模拟试点"空转"的相关信息。各地试点具体的数据可以不披露，但是其框架完全可以披露一些信息。当公众了解大体情况以后，很多的反对意见就会不攻自破。比如有人说这项改革复杂得不得了，操作不了。而实际情况不是这样的。已做了多年的10个地区的试点，无论是沿海发达地区、东北地区还是西部，都要求对地面上所有的不动产确权之后，按照三大模式作不动产的税基评估：一种是制造业的房产、一种是商业的房产、一种是消费性住宅。三大类型都有已经形成的评估公式和技术上的一套评估方案，而且已软件化了。调查人员、工作人员只要把不动产的具体数据一一填入，给一个指令，计算机在软件支持下就会自动生成评估结果。当然这需要培训人员，需要进一步理清里面的技术细节，需要优化相关软件，但这都没有硬障碍。

　　其次，应该尽可能把政府关于未来改革的一些基本考虑作出必要的信息披露，给社会公众吃定心丸。比如，以后所有社会成员的第一套房或者家庭人均计算下来的一定标准之下的基本住房，是不被这个税覆盖的。试点中，上海方案只涉及增量，但依靠信息系统支持把新购房与原有房合并计算人均拥有面积，再对高端征税。重庆方案也是只调节高端。另外有人说，第二套房是自己给自己买了一个商业性的社会保险。这有一些道理。那么，对第二套住房能不能税率从轻？笔者觉得也完全可以探讨。如对这两点尽快形成相对清晰的原则性态度，再往下，便可讨论怎么按照支付能力原则去调节高端。对高端也不会硬要"伤筋动骨"，应该完全符合市场经济税制的"支付能力"原则，抽肥补瘦。这就是促进先富起来的阶层和低收入阶层在一个社会共同体里享受改革开放成果的和谐局面，实际上是一种共赢。总之，应该从方向、路径，到要领，认清我们应该共同寻求制度优化的基本认识，积极研讨并提出建设性的意见，支持相关管理部门在这方面更好地顺应形势，在改革中掌握好无可回避的制度创新和调控。

我国个人所得税改革问题研究[1]

——兼论"起征点"问题合理解决的思路

我国个人所得税下一步如何改革，是各方面所关心的一个热点和难点问题。本文对此试作条理化并力求深入、具体分析，在对我国个人所得税的地位、作用、现状、问题和可借鉴的国际经验作出勾画之后，提出我国个人所得税改革的取向、基本目标与原则、技术条件分析和具体方案设计建议，并针对各方热议的"起征点"问题提出其合理解决的思路。

新中国个人所得税的设计开端甚早，1950 年 1 月颁布的《全国税政实施要则》中明确规定，我国拟开征个人所得税、资本利得税等 14 个税种，只是其后因种种原因未能付诸实践。个人所得税的真正实施，是改革开放后的 1980 年，当时在对外开放的新形势下为维护我国主权和税收收益权，实际上设计为针对外国来华人员开征；80 年代后期，开始对国内居民征收个人收入调节税，至 1994 年全面税制改革，把上述两税与城乡个体工商业户所得税合并，形成目前个人所得税制基本框架。

个人所得税在 1994 年后，一度运行平静。收入稳步增长，调控功能逐渐增强，但社会各界反应平平，在 1999 年恢复开征个人储蓄存款利息所得税时，虽有一些不同意见和议论，但也未在社会上掀起大的波澜。然而最近几年，个人所得税已备受社会各界关注，政策的每次调整都会引起轩然大波。从工资薪金扣除额的提高，到利息所得税税率的下调，再到利息所得税的暂停征收，无不引来热议，讨论范围涉及个人所得税的方方面面，特别是关于所谓"起征点"即扣除额标准方面的看法，屡屡成为舆论界热炒的对象，每有一点风吹草动，便迅速演变为满城风

1　本文原载《财政研究》2010 年第 4 期，与梁季合作。

雨。其他种种议论，有关于收入规模及其增长速度的，有关于调控效果的，有关于国外"单一税"经验的（如人们关注的俄罗斯经验），甚至还有质疑个人所得税有无存在必要的。直率地说，近期关于个人所得税的各种议论中，情绪化、非专业的声音很高调，而且往往显得很受人注重和易得民众拥护，但理性的、专业化的、力求公允中肯的一些声音，却常常被"高声喧哗"的声浪所淹没。在某些个税专题讨论的场合，所讨论的内容也往往表现着粗疏肤浅。

在这种情况下，作为研究者，觉得有必要对我国个人所得税的地位、作用、现状，可借鉴的主要国际经验以及未来发展取向，做一番尽可能理性而深入的考察分析，以期有助于理清相关思路，辨识正确方向，为有关各方适应时代要求和现代化转轨发展的内在逻辑来积极推进个人所得税改革，提供参考。

一、个人所得税是适应社会主义市场经济发展的复合税制体系中不可或缺的一个重要税种，在我国其调节收入分配等作用已经显现，在未来经济社会发展中将发挥更大作用，但它现在和将来在收入分配调节领域都不可能"包打天下"

在以市场作为资源配置基础的经济环境下，收入分配状况是由个人掌握与提供的生产要素（劳动、资本、土地等）的数量及其价格决定，人们占有（或继承）财产情况的不同以及劳动能力、创业能力等方面的差别，必然带来收入状况的高低悬殊，收入分配差距趋于扩大的现象必然存在，因而需要政府干预来调节市场经济初次分配带来的收入悬殊，税收便是调节收入分配（既包括初次分配，也包括再分配）的重要手段之一。总体上看，税收同时承担筹集财政收入、调节分配以及稳定经济等职能，但落实到某个具体税种上，却各有所侧重，也正因为如此，才形成了税系（即税种的分类方法）理论，使得马斯格雷夫依各税种对经济社会作用和效果的不同而对之进行分类的方法盛行于世，各国均在多环节、多层次开征多种税，形成色彩斑斓的复合税制。按照马斯格雷夫的分析认识，所得税类和财产税类调节收入分配的效果较好，所得税类调节流量的收入分配，财产税类调节存量的收入分配，二者相互配合，共同发挥税收调节收入分配的作用。所得税类又以个人所得税调节收入分配的效果较佳，通过累进税率和宽免额的方式，达到高所得者多缴税、少所得者少缴或不缴税的目的，促进社会效率与公平的优化权衡。同时，随经济社会发展到一定阶段，个人所得税筹集财政收入的职能也往往得以充分发挥。因而个税被称为"良税"，深受市场经济发达国家之重视，纷纷将其作为主体税种，收入占比较高。如美国个人所得税收入始终是各税之首，在 2000 年，其收入占联邦级全部税收收入的比重曾高达 41.9%（2006 年该比例为 36.5%，仍明显高于 1965 年的 31.7%）。以注重流转税（增值税）作用为特色的德国和挪威，其个人所得税的地位也不可小觑，2006 年这两个国家个人所得税收入占中央级全部税收收入的比重分别为 24.5% 和 20.7%，均列居第三位。

所以，理论分析和发达国家的实践经验，都可以引出这样一个结论：市场经济需要个人所得税，个人所得税可以发挥在筹集财政收入的同时调节社会成员收入分配的重要功能。

我国在确立社会主义市场经济目标模式后，个人所得税实施 15 年的实践，也表明了该税的成长性和巨大潜力。1994 年以来，个人所得税收入以年均 34% 的增幅高速增长。1994 年我国个人所得税收入仅为 73 亿元，而 2008 年增加至 3722 亿元，15 年间收入规模增加了 50 倍，占全部税收收入的比重由 1.4% 上升至 6.4%，成为 1994 年税制改革以来收入增长最为强劲的税种之一，目前位居国内税收收入规模排序的第四大税种。在收入规模稳步增长的同时，调节收入分配的职能也得以发挥。2008 年，年所得 12 万元以上纳税人自行申报的人数为 240 万人，占全国个人所得税纳税人数的比例为 3%，缴纳税款为 1294 亿元，占全国个人所得税总收入的 35%，年人均纳税额为 53917 元。同时，工资薪金扣除额标准的提高，使较低收入者不缴税或少缴税。2008 年，年所得在 12 万元以下纳税人数为 7760 万，纳税额为 2428 亿元，人均纳税额为 3129 元，税负远远低于高收入者。据测算，月工薪收入分别为 3000 元、5000 元、8000 元和 10000 元的纳税人，其每月应纳个人所得税额一般为 20 元、175 元、535 元和 825 元，税收负担（应纳税额 / 月工薪收入）分别为 0.7%、3.5%、6.7% 和 8.3%[1]。从中可看出，各收入阶层税负差异较大，表明个税发挥着缩小收入分配差距的功能作用。

近些年来，我国"黄金发展期"与"矛盾凸显期"相伴，居民收入分配差距逐渐拉大是不争的事实和突出的矛盾之一。并且，随着市场经济的发展，生产要素价格水平越发按照市场供求决定，未来初次收入分配格局在前期已形成的生产要素存量分配明显不均的基础上，将会在一个时期内趋向更加不均，而政府可用于影响收入分配的工具随着政府职能的转变逐渐收缩在经济手段尤其是依托于法治而规范程度较高的税收手段上。这样，我国税收在调控收入分配中的作用将更为凸显，而目前我国调节财富存量的税种（如不动产税、遗产与赠与税）是缺失的，这就更将调节收入分配差距的重任集中赋予了个人所得税。因此，我国税收体系中个人所得税在目前社会感受中的地位和作用，既有"众望所归"的必然性，又有囿于现阶段税制不全与环境缺陷的"过度期盼"因素，有时还夹杂着在怀疑、质疑政府作用取向上生成的对之持基本否定态度的极端观点。

如从正面作出归纳，我们认为可以和应该总结形成如下几点基本认识：第一，个人所得税在我国适应社会主义市场经济的复式税制体系中，具有不可或缺、不可替代的地位与重要性。第二，个人所得税在筹集政府收入同时发挥的收入分配调节作用，是其重要性的最为核心的内容，在"允许一部分人先富起来"然而又要走向"共同富裕"的历史进程中，这一税种的潜力还将继续显现和发挥。第三，指出个人所得税的不可或缺和其重要性，并不意味着它可以在收入分配、再分配调节的领域"包打天下"，不论是现在还是将来，它只是若干应发挥作用的税种中的一种，其作用决不是万能的，但放弃和否定它又是万万不能的。

当前，我国的个人所得税制存在诸多问题，尚无法胜任现实所赋予的重任，迫切需要改革。但在正面讨论其改革思路之前，有必要先概略考察一番相关的国际经验。

1　该组数据来自财政部课题组：《我国个人所得税基本情况》。

二、国际经验借鉴与引发的思考

个人所得税良好的收入与调节功能为举世所重，其制度的复杂性和强政策性也为人们所普遍认同，其方案设计是否科学、合理，是否适应本国国情，直接关系到个人所得税功能的发挥。虽然具体的认识、学术的观点一向众说纷纭，但西方发达国家在开征个人所得税 200 多年的历史中，毕竟产生和总结了诸多带有规律性的经验和做法，对我国个人所得税的改革可以提供一些有益的参照和借鉴。

（一）个人所得税特点。

总结起来，国外个人所得税有以下几个特点：

——个人所得税收入多划归中央政府所有，且为中央的主要税种。将个人所得税设定为中央税，一方面是为避免地区间为争夺税源而人为设置障碍，阻碍人力资本这种生产要素在全国范围内的充分自由流动；另一方面，个人所得税的收入再分配功能和经济周期波动中的"自动稳定器"功能，也客观上要求由中央政府来掌握控制为宜。从市场经济各国的实践看，个人所得税大都成为国家的主要税种，在税收体系中占有重要地位，具体情况如表 1 所示。

表1　1965—2006年主要国家个人所得税收入占中央级财政收入的比重及其排名

年份	美国	挪威	德国	韩国
1965	31.7（1）	39.6（2）	26（3）	
1970	36.6（1）	35.2（2）	26.7（3）	
1975	34.6（1）	31.5（2）	30（3）	8.5（4）
1980	39.1（1）	28.5（2）	29.6（2）	11.5（2）
1985	37.8（1）	22.5（2）	28.7（2）	13.4（2）
1990	37.1（1）	26.2（2）	27.6（2）	21.1（2）
1995	35.8（1）	25.9（2）	27.5（3）	19.2（2）
2000	41.9（1）	24.1（2）	25.3（3）	14.6（2）
2005	35.4（1）	22.2（2）	23.3（3）	13.3（2）
2006	36.5（1）	20.7（2）	24.5（3）	15.2（2）

注：数据来源于财政部，每列括号内数字为个人所得税收入在所有税种中的收入排名。

从表 1 中可以看出，美国个人所得税收入始终位居美国联邦收入榜首，其占比均在 35% 以上，韩国个人所得税收入总体上呈上升趋势，自 1980 年以后跃居为第二大税种。

——个人所得税大都实行综合计征。一般而言，个人所得税课税模式大致可分为三种：分类计征、综合计征和混合计征（也称二元或综合与分类相结合模式）三种方式。分类计征即按照所得类型不同，分别使用不同的计征方式，如不同的扣除额或税率等。其好处在于可区别对待不同来源所得，适用不同税负，弊端在于不能很好地反映纳税人的纳税能力。综合计征即将全部所得看作一个整体，按照统一方式（如统一的扣除额、统一的税率）计征所得税。其好处在于更好地贯彻公平原则，调节收入分配，弊端在于对征管条件要求比较高。混合计征是指将大部分收入纳入综合计征范围，仅对特定项目所得实行分类计征办法。该方法吸收了前两种模式的优点，既能总体上体现按支付能力课税原则，又可以区别对待。

从各国实践经验来看，实行综合税制的国家占绝大多数。据不完全统计，在 110 个国家或地区中，有 87 个国家（地区）先后采用了综合税制，比例高达 80%[1]。无论在发达国家、新兴国家，还是在转型国家、发展中国家，实行综合税制相当普遍——其中既包括美国、英国等发达国家，也包括墨西哥、印度等发展中国家，还包括新加坡、台湾等新兴国家和地区。美国个人所得税的基本原则是，"纳税人从所有来源得到的收入都必须归为单一的即'综合的'收入，据此纳税"[2]。欧洲大陆国家也普遍实行综合个人所得税制。值得一提的是尽管英国将个人所得进行分门别类作出各种必要扣除，但要再统一扣除基本生计费用后适用一套税率计征。所以，英国看似分类，实为综合。从以上情况可知，综合计征为各国普遍采用的模式，而且是否实行综合模式，与经济发展水平并没有显著的相关性。

---

1 孙玉栋，陈洋.个人所得税综合税制国际比较与评价分析［J］.郑州航空工业管理学院学报，2008，1.

2 马斯格雷夫.财政理论与实践：第五版［M］.北京：中国财政经济出版社，2003：337.

——课税对象为净所得，并允许进行某些生计扣除和宽免，宽免额和生计扣除充分考虑纳税人的具体情况以及通货膨胀的影响。净所得，即个人总收入扣除为获得收入而发生的必要支出（如非法人企业的营业性费用）后的所得，它最能反映纳税人的支付能力，美国将其称为 AGI（Adjusted Gross Income），即"调整后毛所得"；日本在对各项所得进行源泉预缴时，以扣除某些成本性质的费用后的所得作为税基，按照一定比例进行代扣代征。

为保证纳税人基本生活和减轻纳税人负担，各国允许在净所得基础上，再进行某些生计扣除和宽免。如美国税法规定，在 AGI 基础上，根据纳税人的具体家庭情况（如家庭人口、抚养情况等），给予每个人一定的宽免额。2009 年单身个人的宽免额为 3650 美元，填写联合申报表的一对配偶为 7300 美元，一个四口之家为 14600 美元。依次类推，抚养人越多，宽免额越高。并且从 1989 年开始，宽免额每年根据通货膨胀的情况进行调整，比如 1989 年的人均宽免额为 2000 美元，而 2008 年的人均宽免额已上升到 3500 美元。尔后，美国再对剩余所得部分（AGI—宽免额）给予一定的免税额，即所谓的标准扣除额，该扣除标准每年也随通货膨胀情况进行调整。如 2009 年，夫妻联合申报的标准扣除额为 11400 美元（2008 年为 10900 美元），单身个人和已婚单独申报的个人的标准扣除额为 5700 美元（2008 年为 5450 美元）。此外，对于标准扣除额，纳税人还可以选择分项扣除的方法，允许分项扣除的项目有抵押贷款的利息支出、州与地方的某些税款和慈善捐款、高昂的医疗费等。通常只有高收入纳税人愿意选择分项扣除，因为对于低收入者来说，标准扣除已远远超过分项扣除额。英国 2008 年 65 岁以下居民个人所得税免征额为 6035 欧元，2009 年调整为 6475 欧元。

——除极个别国家外，多数国家个人所得税税率均为超额累进税率，税率档次 3—6 级不等，最高边际税率一般为 40% 以下。由于绝大多数国家的个人所得税承担了调节收入分配的职能，因而超额累进税率是个人所得税普遍采用的税率形式，典型国家的税率级次和级距情况参见附件。从中可看出，个人所得税税率档次多为 3—6 级。如美国、日本和新加坡为 6 级，德国和英国为 3 级。从最高边际税率来看，多数不超过

40%，如美国为35%，日本为40%，新加坡为20%（该国最高边际税率在不断下降，2005年为22%，2006年为21%），英国为40%（2010年将调整为50%），德国为45%。尽管后两个国家最高边际税率很高，但它们的税率档次很少，仅为3级，且德国多数应税收入适用14%的低税率，英国的低税率为10%。同时，最高边际税率与最低边际税率差距在30%以内。如美国为25%，英国为30%，新加坡为16.5%，日本为30%，德国为31%。

——征收方式上，以年为纳税时间单位，实行源泉扣缴和自行申报为主，年终综合计算税款，多退少补。源泉扣缴（pay as you earn），也称预提税（withdraw tax），是个人所得税征收的主要方式，被世界多数国家采用。如在OECD国家中，除法国和瑞士外，其他国家的工薪所得均采用源泉扣缴，22个成员国的股息所得以及21个国家的利息所得也采用此方式征缴。美国90%的个人所得税收入通过源泉扣缴来取得。源泉扣缴的好处在于税款支付与现有收入水平联系起来，保证税款及时入库，同时也可以有效控制税源，防止漏税。

自行纳税申报包括日常自行申报和年终综合申报两类。日常自行申报主要是针对不适用源泉扣缴的收入所规定的申报制度，几乎所有国家均采用这种制度。年终综合申报主要是为弥补源泉扣缴和日常自行申报的不足。不同国家对年终综合申报的规定有所不同。在30个OECD国家中，澳大利亚、美国、加拿大等10个国家规定，纳税人必须进行年度综合申报；英国、奥地利、意大利等16个国家规定，纳税人满足一定条件的，可不进行综合申报；挪威、芬兰、丹麦、瑞典等4个国家实行"预填制"申报制度，由税务机关根据从各种渠道获取的纳税人信息，填好相关表格，然后发给纳税人核实确认。"预填制"是介于申报与不申报之间的一种折中申报制度。各国自行申报制度安排与工薪所得源泉扣缴制度紧密相连。实行累进源泉扣缴的国家，如英国、奥地利、意大利，源泉扣缴的税款基本上等于年终综合申报应缴纳的税款，年终自行纳税申报意义不大，因此这些国家规定，满足一定条件的纳税人年底可不进行综合申报。对于某些国家来说，年底综合申报具有多退少补功能，因此纳税人必须进行申报。[1]

（二）俄罗斯的比例个人所得税[2]。

2000 年，俄罗斯普京政府推出了"中性"个人所得税，即一改传统，将个人所得税税率从传统的超额累进税率改革为比例税率（亦称"单一税"）。这一举措受世界瞩目，评判之声从未停止，有赞成，更有质疑。客观公正评价俄罗斯的个人所得税改革，从中汲取对我国有益的经验，不但要考察该项改革的主要内容，更要深刻理解改革背景和改革目标。

普京执政以来，俄罗斯官方崇尚供给学派的经济思想，反映在财政上，则主张平衡预算，反对财政赤字，认为减税是最有力的财政政策工具，而减税主要是指降低边际税率，反对累进税率。税收"中性"思想直接影响了普京政府的一系列税改，个人所得税便是其典型案例。

同时，俄罗斯的个人所得税改革有其深刻而独特的历史原因。20世纪 90 年代末，俄罗斯经济承受着"休克疗法"转型模式带来的沉重压力，生产下降，投资乏力。90 年代俄罗斯国内生产总值几乎下降了50%，国内投资持续下降，产业部门使用期在 5 年以下的设备在全部设备中所占比重从 1990 年的 29% 降低到 1998 年的 4.5%。财政预算连年赤字，国库亏空严重。在此局势下，恢复生产、增加财政收入成为普京政府首要的经济改革目标，而个人所得税在其财政收入中的重要地位又决定了个人所得税改革成为经济改革中的重中之重。从立法上看，俄罗斯的税种分为三类，即联邦税、地区税和地方税。个人所得税属于联邦税，即由联邦立法。在收入使用上，个人所得税收入划归地区统一预算，但由于中央预算连年赤字，在 2001 年之前个人所得税收入在联邦预算和地区预算之间共享。在联邦统一预算中，个人所得税是除增值税和企业利润税之外的第三大税种，2003 年该税收入占中央预算收入的比重为 12.9%；个人所得税收入在地区收入预算中的地位更是重要，为地区统一预算中的第一大税种，2003 年该税收入占地区统一预算税收收入的比重高达 36.2%。以上两个因素都形成了俄决策层"重收入"而"轻

---

1 《OECD 国家个人所得税征管制度及其借鉴》，财政部网站。

2 本部分内容根据刘微《俄罗斯个人所得税：实践比例税率》报告整理，财政部科研所《研究报告》2005 年第 22 期。

调节"的压力，此外，俄罗斯劳动力供给短缺也是促成个税实行比例税率的原因。资源丰富加之气候寒冷，部分俄罗斯人缺乏工作的主动性和积极性，加之俄罗斯地广人稀，劳动力短缺成为制约其经济发展的瓶颈之一。所以，普京政府寄希望于取消累进税率，提高居民税后可支配收入，进而提高居民的工作积极性。

基于"切实刺激工作积极性，充实国库，简化税制"的目标，2000年俄罗斯实施了个人所得税改革，改革的最大特点是取消累进税率，实行 13% 比例税率。这一比例税率比原来累进税制下的最低税率 12% 高了一个百分点，配合养老基金缴纳降低一个点，所有纳税人的实际税收负担率都没有增加，只有减少。

俄罗斯比例个人所得税运行 10 年来，基本上实现了改革之初的预定目标。居民工作积极性得到了提高，随居民实际收入和职工实际工资水平的提高以及纳税人偷逃个税动机的弱化，个人所得税收入大幅增加。2002 年扣除通货膨胀因素后，该税收入增长 20%；税制简化的思想在俄罗斯的实践中得到贯彻，但在取得一些正面效应的同时，不要忘记俄是以在很大程度上放弃、丧失个人所得税收入再分配调节功能为其代价的。

（三）引发的思考。

归纳分析国外个人所得税特点是为探寻我国个人所得税的不足，综合探讨我国个人所得税未来改革的框架。

与国际经验相比较，我国个人所得税在以下方面还存在缺点和不足。

——分类计征模式与无差别的宽免扣除制度，导致我国个人所得税税基无法真实反映纳税人的纳税能力，进而导致个税调节收入分配差距的功能不能充分发挥。公平与效率两原则是税制结构设计的基本标准，其中衡量公平的方法包括"受益原则"和"纳税能力原则"。纳税能力原则既要求拥有相同纳税能力的人们必须交纳相同税收（横向公平），也要求有较高纳税能力的人们多交税（纵向公平）。相应地，作为衡量纳税能力标准的所得应符合两个要求：一是全面性要求，"即所得应该更广义地定义为个人财富的总增加额。所有的财富增量都应包括在所得中，不管它是稳定的还是波动的、意料之中的还是意料之外的、实现了的还是未实现的"[1]。二是综合性要求，"即所得应该是一种综合性收入（所得），即无差别地合并一切来源的收入，在此基础上适用税率进行征税。如果没有这种综合性，累进税率就不可能达到目的，不可能适应根据纳税者纳税能力征税的要求"[2]。这一由著名财政经济学家黑格西蒙斯阐述的关于所得的观点成为衡量个人所得税税基是否公平合理的重要标准。反观我国个人所得税，实行分类计征模式，列入征税范围的所得有 11 类，分别采取不同的计征办法，适用不同税率。这不但不符合全面性的要求，也不符合综合性的要求，没有适用相同的税率，调节收入分配的能力自然大打折扣。更为极端的情况是造成个人所得税的逆调节，最典型的情况是：个人所得税制度设计的目标本应是高收入者多纳税，但从目前我国个人所得税的制度设计来看，却只是高薪酬所得者多纳税（因为工资薪酬所得是两类实行超额累进税率中的一种，且其最高边际税率最高，税率档次也最多）。这说明，我国个人所得税调节中是将高薪酬者和高收入者混同了，但现实生活中我国大部分高收入者恰恰不是以薪酬形式获取收入的群体（私营厂主、企业老板可以只给自己象征性地开一点薪酬，甚至也有完全不开薪酬的情况），尤其是在股票市场和房地产市场异常火爆的这些年，高薪酬者与高收入者愈发偏离。此外，从征管上看，工资薪酬所得税最易控管，代扣代缴成本低效率高，因而也是税务机关实际征收力度最大的形式。制度上的不平等叠加，征管上的此紧彼松，加剧了个人所得税的逆向调节，使个人所得税调节收入分配的功能被大打折扣。

同时，纳税人处境不同，相同的收入也不意味着具有相同的纳税能力。就家庭规模而言，这一事实显而易见，其他方面也有类似表现。比如，同样收入水平的两个纳税人，一个上有老下有小，另一个"自己吃饱全家不饿"，他们的纳税能力决不可同日而语；又比如，家有重病患者，需要承担昂贵的医疗费用，比起具有相同收入但无此情况的纳税人来说，纳税能力自然要低些；即使当期账面收入很高但需要负担房贷的

1　马斯格雷夫.财政理论与实践：第五版［M］.北京：中国财政经济出版社，2003.
2　同上。

白领，与收入比其低但享受福利分房的公务员来说，其实际纳税能力也相应要低。因此，纳税能力标准也要求个人所得税宽免扣除个性化，应能基本反映纳税人生活处境和家庭负担（赡养系数）。这对于正处于转轨过程中，各项保障制度尚不健全、城乡经济二元特点和经济生活各方面"双轨"特点明显的中国来说，个人所得税扣除的个性化其实尤其重要。

——税率设计档次过多，最高边际税率过高，增大征管难度，效果不佳。简并税率，降低最高边际税率，是世界各国个人所得税改革的趋势，而我国目前工薪所得9档税率以及45%的最高边际税率显然不符合此趋势，且从现实运行情况看，适用30%以上税率的纳税人少之又少，税率设计的实际效果不佳。2008年，年所得在12万元以上纳税人数占全部纳税人的比例仅为3%，2007年12万元以上纳税人人均申报年所得额36.4万元。这部分高收入纳税人适用的最高边际税率平均为25%，因而适用30%及以上税率的纳税人寥寥无几，从而收效甚微。相反，高边际税率和多档次税率，导致税制复杂，增加征管难度，诱致纳税人偷逃税。

（四）关于比例个人所得税（"单一税"）在我国的适用性问题。

俄罗斯实行比例个人所得税后，不断有国内外专家学者呼吁中国应借鉴俄罗斯实行此种个人所得税。我们认为，中国与俄罗斯的情况有迥然不同之处，不适宜采取比例个人所得税，主要理由如下：

首先，改革路径不同。俄罗斯的个人所得税改革是在"大爆炸"式改革造成GDP显著萎缩、生产下滑、税收秩序混乱以及国库严重亏空的沉重压力下进行的，而我国实行渐进改革，最初的"放水养鱼"阶段，实际是"基本免除国内居民个人所得税"未做相应的处理，个人收入提高后，已面临经济繁荣、财政收入连年增长局面，居民就业、工作积极性较高，主要压力倒是越来越表现于如何有效实行收入再分配调节。

其次，改革目标相异。由于俄罗斯个人所得税收入在联邦和地区级财政收入中占有重要地位，因而个人所得税筹集财政收入的职能被放在那次改革的首位，而比例税率的"中性"特点恰能低成本地满足筹集财政收入的需要。而我国个人所得税的理论定位和现实状况都决定了其以调节分配职能为首要职能。邓小平理论的核心观点之一，是中国特色的社会主义要在"允许一部分人先富起来"之后，走向"共同富裕"，并把这一点视作社会主义的本质内容。如不能有效调节收入差距，在邓小平看来，会引致中国社会主义现代化事业的失败。1993年颁布、1994年实施的《国务院批转国家税务总局工商税制改革实施方案的通知》（国发〔1993〕90号）中明确规定："个人所得税改革的基本原则是调节个人收入差距，缓解社会分配不公的矛盾。为此，个人所得税主要对收入较高者征收，对中低收入者少征或不征。"这表明在1994年搭建符合社会主义市场体系的税收体系框架时，国家将个人所得税定位于调节收入分配，而筹集财政收入的职能则居其次。1994年后税制运行的15年也印证了这种定位，尽管个人所得税收入连年大幅增长，但相对于流转税来说，其筹集财政收入的能力还相对较弱，2008年达最高水平，其占全部税收收入的比重仍不足7%。在这种情况下，如果实行比例税率，其累退性特点，即实际税率随所得规模增加而下降的特点，将弱化乃至放弃调节收入再分配功能的发挥。同时，我国财产税体系完善尚需时日，一个相当长的阶段中，个人所得税改革的重点必然是促其尽可能发挥收入再分配调节作用，待财产税基本到位后，未来个人所得税的定位也仍将为调节收入分配的税种。所以，中国国情下的个人所得税改革目标及其现实地位，决定了我国不适用比例个人所得税。

三、中国特色社会主义市场经济中个人所得税的取向，是实施有效的再分配调节，兼顾培养纳税意识和培育中等收入阶层

前文分析的个人所得税在我国税收体系中所占有的重要地位，以及现阶段其所存在的问题，都与这一税种在筹集政府收入时所应承担的居民收入再分配调节功能有关。中国特色社会主义市场经济中个人所得税的基本取向，是通过这一税种的调节而抑制和调减收入悬殊，其改革的关键问题，就是如何使之在这种不可或缺的收入再分配调节方面不辱使命。

（一）充分发挥调减收入分配差距的作用是我国个人所得税改革的基本取向。

任何国家的税收体系都要承担筹集财政收入和调控经济的任务，但对于每个税种来说，其内在特征和属性决定其功能定位有不同的侧重。对于个人所得税，在许多国家被同时作为筹集财政收入和调节收入分配的主税种。而具体到中国，在当前和今后相当长的一个时期内，个人所得税的功能定位需更侧重于调减收入分配差距（当然其收入功能也将在若干年内呈逐步提升之势）。这种认识主要是基于以下理由：

——收入分配制度的优化客观上要求个人所得税发挥重要的调节作用。中国现代化发展的重要战略机遇期，表现为"黄金发展期"和"矛盾凸显期"的交织，目前主要的矛盾之一就是威胁社会和谐与长远发展的收入分配悬殊问题。改革收入分配制度，合理调整收入分配格局，将成为未来相当长一段时间内中国制度建设和宏观调控方面的一项主要任务。收入分配格局的合理化，既需要调整初次分配中政府、居民和企业三者关系，也需要调整二次分配中居民间分配关系。而设计与实施科学、合理的个人所得税，恰能发挥其在这方面的应有作用，因此充分发挥个人所得税调减收入分配差距的作用，在中国是事关全局、"顺天应人"的重大问题，是深化改革、促进可持续发展、构建和谐社会的客观要求。

——中国经济的国际竞争环境、赶超发展战略和居民收入能力的相对低水平，制约着个人所得税筹集财政收入的能力。中国的现代化和平崛起，一不能靠海外殖民方式，二不能靠战争掠夺手段，只能依靠全面开放和 WTO 框架下的经济手段，并实施政策倾斜特点鲜明的适度赶超战略。当国际金融危机冲击表明我国"高储蓄、高投资"方式有必要适当地调整为扩大与促进消费方式时，我们可以更清楚地看到中国居民收入能力的相对低水平和个人所得税相应的低收入功能的由来：在我国弥合二元经济的一个很长的发展过程中，农村剩余劳动力不断转出对全国居民收入能力与水平的制约是显而易见的，为了更有效、长效地"扩大内需"，除了强化社会保障体系之外，中国个人所得税的基本特征也需要考虑总体低税负而有利于促进消费。适当增进消费，关乎我国经济结构的调整和在可持续发展中追求赶超目标，扩大消费已经成为经济发展战略层面的问题。由于个人所得税直接影响居民可支配收入，进而影响居民消费能力，所以个人所得税实际平均税负不可过高，以求降低其对消费的压抑性影响。而且，近年来"两个比重"[1]下降，也就是作为个人所得税税基的居民收入占国民收入的比重连续下降，会直接影响个人所得税筹集财政收入的能力。在现阶段我国居民收入能力的情况下，假设欲使我国个人所得税收入与流转三税（增值税、营业税和消费税）相比肩，个人所得税平均税负要高达16%，远高于目前的2%左右，这是无法想象的[2]，因而个人所得税在近期尚无任何可能成为筹集财政收入的主体税种。即使在今后"两个比重"有所提高的情况下，在可以预见的时期内，也很难想象能够使个人所得税成为我国财政收入的支柱式来源。

——我国覆盖生产流通全部环节的流转税开辟了良好的筹资渠道，不必急于使个人所得税成为筹集财政收入的主税种。流转税良好的筹集财政收入能力不但在理论上成立，在许多国家，尤其是在中国的税收实践中也印证了这一点。庞大的人口基数，快速的城市化、工业化进程以及世界出口贸易大国等因素，决定了我国未来商品生产、流通将继续维持购销两旺的态势，为流转税继续发挥筹集财政收入主体税种作用提供了广阔的空间。在这种格局下，对个人所得税发挥"收入功能"的要求自然也就不那么迫切，更加凸显了这一税种在我国突出的"调节功能"特色。

总之，与其他国家相比，我国个人所得税调减收入分配差距的任务要更重大，而筹集财政收入的任务却轻许多。前者作用的充分发挥，应当作为我国个人所得税改革的基本取向。当然，对于个人所得税调减收入差距的作用，也需要有清醒客观的认识，即个人所得税不是万能的，它发挥作用的领域也是有限的，对于影响与调节初次分配中的分配格局，以及取决于生产要素价格与配置规则的财产分配，它是勉为其难的，需要有其他的制度建设和其他税种的配套与它共同构成调

1　两个比重是指居民收入占国民收入的比重和劳动报酬在初次分配中的比重。

2　2007年，不变价格的居民收入为150152亿元，个人所得税收入为3184.9亿元，后者约为前者的2%。

控体系。

（二）个人所得税改革还应兼顾提高国民纳税意识和培育中等收入阶层。

对于中国的个人所得税来说，除承担调节收入分配的职能之外，还应在提高民众纳税意识以及培育中等收入阶层、促进中产阶级社会形成方面发挥作用。

自新中国成立至改革开放之前的30年内，除最初几年外，经济社会是在一种趋向"无税"的状态中运行的，这直接导致全民纳税意识淡薄。改革开放后，随着各项税收制度的不断建立，企业的纳税意识逐渐有所增强。但对于居民个人来说，意识到自己的纳税人身份要更晚些。1994年税制改革使个人所得税覆盖低收入阶层之外的所有居民时，普遍存在的民众纳税意识淡漠、偷逃税比率高现象，便与税收的规范性要求形成一种刺目的反差。从长远看，在市场经济中，培养公民的纳税意识是一项十分重要的工作，社会诚信度包括纳税诚信度，对市场经济的建立和完善是至关重要的。同时，居民纳税意识的提高，对于促进我国预算管理的公开、透明和法治化、民主化，也至关重要。

从这一角度考虑，与其他税种相比，个人所得税在培养民众纳税意识方面有其独特的优势，因为它是直接对居民征税，因而对民众的影响最大，纳税人感受最深切。在我国流转税中，营业税和消费税均为价内税，因此居民在购买商品或服务索取发票时，上面并未明确标出商品和服务所含的税收；而增值税尽管为价外税，但向民众开具普通发票时，也常常将税并入价内开具。只有个人所得税直观地影响其可支配收入，并且如有偷漏税，居民个人还可能会遭遇税务局的稽查，因此，个人所得税是提高国民纳税意识的有效方式。

此外，在我国经济社会转型中，中等收入阶层的培育与扩大，对于社会和谐稳定至关重要，党的十六大报告中已明确提出"扩大中等收入者比重"。对于我们国家来说，可成长为中等收入阶层的群体，大多具有一定技能，受教育水平较高，属主要依靠辛勤劳动和聪明才智获得较高收入的人们。他们既是中国改革和发展的直接受益者，也是改革和发展的直接推动者，对产业升级和消费换代都具有重要的推动作用。因此，中国个人所得税设计中，应充分考虑有利于培育中等收入阶层和促进中产阶级社会形成，这就要求相应收入水平区间内的个人所得税的税负决不可以过重，而应适当低平。

总之，在建立和完善中国特色社会主义市场经济过程中，个人所得税的取向既要符合其一般规律，也要适应中国具体国情和经济转轨、社会转型要求，以利于有效发挥其调节功能。

四、我国个人所得税改革的基本目标与原则

明确了我国个人所得税的基本取向与主要功能定位后，其改革目标自然也就可以明晰起来。既然我国个人所得税的主要功能定位于调减收入分配差距，兼顾培养纳税意识和促进中产阶级的形成，那么个人所得税改革基本目标和相关原则可以引申为如下四大方面：实行分类与综合相结合的税制模式；实行有差别的个人宽免制度；宽税基、低税负、超额累进；源泉扣缴和自行申报相结合。

——分类与综合相结合的模式。个人所得税发挥调节功能的重要前提是按纳税人的纳税能力征税，其中综合模式最能对应于纳税人的负担能力，但其管理难度大，成本高。因此分类与综合相结合的税制模式比较符合我国人口多、社会经济发展极不平衡、在一个历史时期中有必要适当鼓励资本形成与创业行为的国情，同时也能满足其调节功能，因而是我国今后比较可行的个人所得税制模式。具体设计上可考虑，除资本利得外，最终将其他所有收入均纳入综合模式，统一计税。

——有差别的个人宽免制度。有差别的个人宽免制度也是按能力课税的一种重要体现。我国个人支出负担情况的如实、细致统计与认定，工作上比较复杂，这给实行有差别的个人宽免制度带来困难，但这毕竟代表了个人所得税改革的方向。因此在困难比较多的情况下，基本原则是将目前有效信息可获取、可量化的某些个人支出纳入宽免之内。在初期，可设想在标准宽免额的基础上，考虑将个人的家庭赡养系数、大病医疗支出负担情况以及消费信贷利息支出情况，适当叠加在标准

扣除额上。

——源泉扣缴和自行申报相结合。一方面可保证个人所得税足额及时入库，避免税款流失，另一方面通过纳税人自行申报，培养居民纳税意识和降低征管成本。

五、我国个人所得税改革的技术条件分析

个人所得税"综合与分类相结合"的改革方向早在 2003 年中央文件中即已明确，而改革迟迟无法推进的主要原因之一在于征管条件不具备。普遍认为，这方面最主要的瓶颈为：部门间信息共享程度低、金融资产和其他财产收入实名制度不健全、现金使用量大，这些因素直接影响税务部门的监管能力。上述三方面问题在我国确实存在，但还应看到，现实情况并非如人们想象之严重，不至于税务部门对居民收入信息的监管完全无能为力。

——相关部门间信息共享程度已大大提高。十几年间，在以防范利用增值税专用发票骗税等为切入点的"金税工程"带动下，税收信息化有了长足的发展，并与许多部门建立了信息共享关系。据国家税务总局信息中心人员介绍，目前全国 22 个地区的国家税务局、17 个地区的地方税务局，已经实现税款的网上缴纳，即税务部门可以通过网络访问纳税人金融机构的银行账户，并可实时扣缴税款。这足以表明，区域内税务部门和金融机构间的企业纳税人的信息共享，已基本不存在制度和技术上的障碍，外推至居民个人，困难也不会大到无法克服。至于全国层面的个人金融账户信息的收集，可通过网络联结将其集中至国家税务总局，供全国各地税务机关查询。目前各地税务系统的纳税申报信息已集中至省级，国家税务总局可方便地从省级税务部门抽取所需信息。同时，修订的《中华人民共和国税收征收管理法》明确规定，"税务机关有权了解、收集个人所得税纳税人的银行存款、大额资产信息，金融机构、公安、国土管理、房产管理、知识产权管理等机关应按照税务机关要求的内容、格式、时限、口径提供本单位掌握的个人所得税纳税人的银行存款、大额资产信息"，这为税务机关搜集个人收入信息提供了制度保障。

此外，人民银行于 2005 年建立的个人征信系统，目前已收集了 8 亿自然人相关信用记录，包括个人基本信息、信用交易信息、公共记录信息和公用事业信息等 32 项信息内容。这可为税务机构利用第三方信息监管个人所得税提供强大支持。

——财产实名状况可支撑个人所得税改革。2000 年 4 月 1 日，我国开始实行存款实名制，即自然人在金融机构开立个人存款账户时，必须出示本人有效身份证件，并使用该证件上真实姓名存取款的制度。2008 年 7 月，人民银行重申存款实名制度。建立身份识别制度，对实施实名制之前（2000 年 4 月 1 日之前）开立的账户继续使用时必须进行身份的重新确认，同时对未按规定履行身份识别义务的金融机构按照《反洗钱法》予以处罚。并且，目前各金融机构均安装身份验证系统，并可实时登陆公安部身份证系统验证身份证的真伪，使得利用假身份证存取个人收入的可能理论上降低至零。存款实名制对于个人所得税来说，最大的意义在于可以通过监控经使金融机构获得的收入归总至个人名下，进而顺利实现超额累进征税。近年来，房产、股票等资产也基本实现了实名制。实际上，只要新增财产实行了实名制，就不会影响个人所得税的缴纳，因为个人所得税是对当期所得即"财产的增量"计征，因而对于目前未实名的财产，只要在处置依其取得的收入时实现实名制，也就不会造成个人所得税的流失。目前的制度框架，已基本能够保证新增财产实名制，因而财产实名状况可进而在技术上支撑个人所得税"综合与分类相结合"的改革。

——现金交易对个人所得税的不利影响也基本能够规避。中国是一个现金使用大国，这既与历史习惯有关，也与目前支付手段不完善以及诚信体系不健全有关。现金交易给个人所得税带来的最大问题是现金的坐收坐支，即个人收入以现金取得，又以现金的形式支出，这类收入独立于金融体系运行，使得税务机关难以监控。与以上两因素相比，现金交易其实是目前我国个人所得税改革面临的最大瓶颈，且短期内尚难以完全克服。消除这一瓶颈的最好办法是，规定企事业单位不得以现金发放工资、津贴等，要求劳务酬金超过一定金额的，必须采用转账方式等。目前，全国城镇企事业单位已基本实现了工资发放直达个人账户，再加上金融机构关于现金提取的各项规定趋于细密，以现金形式取得收入的情况在逐渐减少。从发展前景看，只要现金发放方遵守个人所得税源泉扣缴制度，现金收入带来的个人所得税流失问题会大大减少。

综合以上分析，我们可以认为，尽管目前我国征管水平不能完全达到个人所得税改革的理想要求，但毕竟已经有了一个初步的基础，社会环境也正在改善之中，经过认真准备，积极创造条件循序渐进，是可以支撑我国个人所得税改革的。

六、个人所得税改革方案具体设计方面的探讨和建议

基于以上分析认识，我们建议，我国个人所得税改革，不再仅仅停留在宽免额调整上（或"起征点"的上调上），而应在综合改革上迈出实质性步伐。仅仅调整宽免额对实现个人所得税调节收入分配目的意义不大，且会出现逆调节。这是因为：

首先，目前我国个人所得税免征额已不低，低收入者已无税。按照我国现行个人所得税制，工薪所得费用扣除标准为 2000 元／月，同时，个人按照国家规定缴纳的基本养老保险、基本医疗保险、失业保险、住房公积金等"三险一金"（一般应占职工月工薪收入的 20% 左右）均可在税前扣除，此外，个人取得的独生子女补贴、托儿补助费、离退休工资等都是免征个人所得税的。按此计算，每月工薪收入在2500 元（年收入在 30000 元）以下者已无须缴纳个人所得税。从国家统计局公布的城镇居民家庭收入情况看，中等偏下户就业者年均收入为 29005.4 元，这意味着，我国中等收入以下家庭（比例达 50%）是不需缴纳个人所得税的。更何况这种收入包括所有收入，如果将口径缩小至薪酬，则有更多家庭无需纳税。据统计，2007 年工薪收入者纳税比例为 30% 左右，意味着约有 70% 的工薪收入者是不需要缴纳个人所得税的。此外，2008 年我国城镇居民人均消费性支出为 11243元，即 937 元／月，远远低于 2000 元／月的扣除标准；考虑就业者赡养人数的因素，按 2008 年平均每一就业者人均负担人数 1.97 人计算，

则 2008 年城镇就业者人均负担的消费支出约为 1846 元 / 月，仍低于 2000 元 / 月的费用扣除标准。2008 年我国城镇单位在岗职工平均工资为 29229 元，即 2435 元 / 月，扣除 2000 元的费用扣除标准和"三险一金"约 500 元，实际工薪收入在社会平均工资水平以下的职工是不需要缴纳个人所得税的。从 2008 年各地最低工资标准看，深圳为 1000 元 / 月，上海为 960 元 / 月，北京、大连为 800 元 / 月，西安、郑州为 600 元 / 月，银川为 350 元 / 月，均远远低于 2000 元 / 月的费用扣除标准。

其次，如果目前大幅提高费用扣除标准，受惠多的会是高收入者，中等收入者得益少。比如将扣除标准提高至 3000 元 / 月，月薪为 5000 元的纳税人税负只能减少 100 元 / 月，而月薪为 1 万元的纳税人税负减少 200 元 / 月，占二者收入的比例均为 2%；将扣除标准提高至 5000 元 / 月，月薪为 5000 元的纳税人则不用交税，即税负减少 175 元 / 月，而月薪为 1 万元的纳税人税负减少 500 元 / 月，占二者收入的比例分别为 3.5% 和 5%；将扣除标准提高至 10000 元 / 月，月薪为 5000 元的纳税人仍然只减少税负 175 元 / 月，而月薪为 1 万元的纳税人税负减少 825 元 / 月，占二者收入的比例分别为 3.5% 和 8.3%。应当说，在这种情况下，扣除额提得越高，对高收入者是越有利的。这些有纳税能力的人本应交缴进入国库的资金，原来是转而增强财政再分配去扶助低收入阶层的，减少这种再分配功能只会与个人所得税设计的合理取向南辕北辙。

因此，我们认为可考虑的具体改革建议如下：

第一，纳税人和征税范围。纳税人包括中国居民或有来源于中国境内所得的外国人。征税范围：中国居民所有境内外货币和非货币所得；外国人：来源于境内的货币和非货币性所得。其中，农民的农业生产收入免税。对农民农业生产收入免税，是基于以下三点考虑：农民收入低，属于弱势群体；农业收入的成本不易核算；农民数量众多，农业收入多以现金形式获取，不易监管。

第二，除资本利得外，所有应税收入纳入综合范围，统一计征，以体现量能负担原则。

第三，实行有差别的宽免额制度，即在基本宽免额基础上，按照个人具体支出情况，实行常规化调整。目前可纳入动态的常规调整的因素包括：个人家庭赡养情况、大病医疗支出、消费信贷利息支出。基本宽免额设定为每人每年扣除 20000 元，以后随通货膨胀情况定期（可考虑 3 年左右）调整。该额度提出的依据是：本着扩大税基的原则，个人所得税纳税人应覆盖除低端收入者外的全部有收入者。国家统计局将我国城镇居民收入分为 7 个组，即最低收入户（10%）、低收入户（10%）、中等偏下户（20%）、中等收入户（20%）、中等偏上户（20%）、高收入户（10%）和最高收入户（10%）。2008 年低收入和中等偏下收入户就业者的平均年收入分别为 17702.24 元和 22093.67 元[1]，取二者平均值，即为 20000 元。这可以保证低收入者的上线或中等偏下收入者的下线以下的社会成员免交个人所得税，而其他人员均纳税，保证宽税基原则的实现。

第四，税率，综合所得部分适用 5 档超额累进税率。各档税率及适用范围见表 2，税负对比具体情况见图 1。

表2 改革后个人所得税税率表

税率（%）	适用范围
1	年应税所得额为 0—20000 元
5	年应税所得额为 20001—100000 元
15	年应税所得额为 100001—250000 元
25	年应税所得额为 250001—980000 元
35	年应税所得额为 980001 元以上

---

1 2008 年，低收入户平均每人全部年收入为 7916.53 元，家庭人口为 3.22 人，就业人口为 1.44 人（以上数据取自《中国统计年鉴（2009）》中表 9-6）。因此，就业者平均年收入为：$7916.53 \times 3.22 \div 1.44 = 17702.24$ 元。2008 年，中等偏下收入户每人全部年收入为 10974.63 元，家庭人口为 3.06 人，就业人口为 1.52 人（以上数据取自《中国统计年鉴（2009）》中表 9-6）。因此，就业者平均年收入为：$10974.63 \times 3.06 \div 1.52 = 22093.67$ 元。

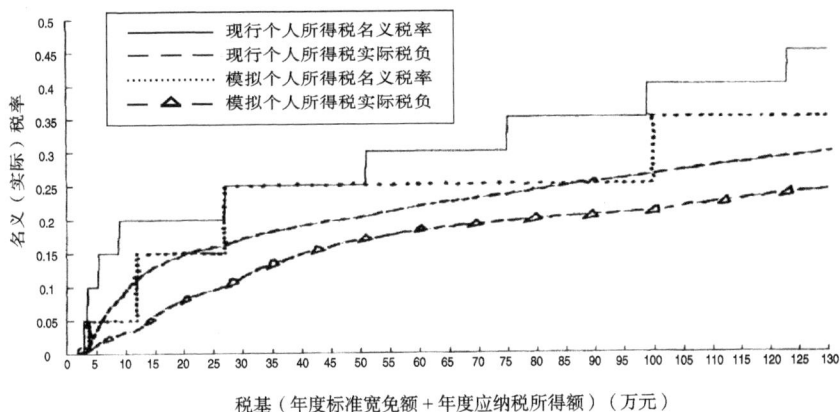

图1　现行个人所得税名义/实际税率与模拟名义/实际税负比较图

说明：本图中，现行税制下的年宽免额为30000元（2000+500）×12，模拟税制下年宽免额为20000（标准宽免）

从图1中直观地看，与现行税制相比较，各收入档次的模拟名义税率和实际税负，都有降低，尤其是中低收入者税负大大减轻。如对于年薪36000元的纳税人来说，在现行税制下，其税负为0.83%，而模拟税制下，税负为0.44%，相差几乎为1倍。对于年薪10万元的中等收入者来说，现行税制下实际税负为9.5%，而模拟的实际税负仅为3.2%，相差近3倍。

总之，该税率结构比较简单且最高边际税率降低10个点，既简化征管，又有利于保证税率的有效性。同时，低收入者纳税但税负很轻，满足既培养纳税人纳税意识又不对其构成较重负担的要求；中等收入者税负较轻，不伤及中等收入者的工作与消费积极性，有利于对中等收入阶层的培养和促进中产阶级的形成；高收入者名义税负比照原工薪所得的9级超额累进税率，总体上也是降低的，但考虑到实际生活中，高收入阶层的薪酬外收入占其总收入的比重明显高于中、低收入阶层，而原来这些收入基本得不到"超额累进"的调节，且很容易偷逃税收，在新个人所得税的"综合"部分覆盖下，这些收入将一并纳入较高边际税率的征收范围，实际的结果，必定是这些人的实际税负上升。这能够更好体现量能纳税、多得多缴税的原则，也将大大消除原先存在的"逆调节"

因素，强化调减收入差距的再分配。

第五，征管上，以年为时间纳税单位，实行源泉扣缴与自行申报相结合，年终汇算清缴，多退少补。工资薪金、劳务报酬、稿酬、利息、股息、红利等各项所得，实行源泉扣缴，其他所得由纳税人自行申报。次年第一季度结束前，所有纳税人自行申报，根据已缴纳和应缴纳情况，补税或退税。源泉扣缴旨在防止税收流失，同时保证税款均匀入库。自行申报旨在培养纳税人纳税意识并辅助源泉扣税、减少税收流失。

附件：美国等发达国家个人所得税税率情况

美国2007年个人所得税税率

单位：美元

税率(%)	单身申报	联合申报	已婚单独申报	户主申报
10	0—7825	0—15650	0—7825	0—11200
15	7826—31850	15651—63700	7826—31850	11201—42650
25	31851—77100	63701—128500	31851—64250	42651—110100
28	77101—160850	128501—195850	64251—97925	110101—178350
33	160851—349700	195851—349700	97926—174850	178351—349700
35	349701 以上	349701 以上	174851 以上	349701 以上

数据来源：*Individual Income Tax Returns 2007*，http://www.irs.gov/.

日本2009年个人所得税税率

税率(%)	应税所得（万日元）
5	1—195
10	196—330
20	331—695
23	696—900
33	901—1800
40	1801 以上

数据来源：http://www.worldwide—tax.com/japan/japan_tax.asp.

英国2009年个人所得税税率

类型	税率(%)	适用范围(英镑)
低税率	10	0—2440(仅适用于利息收入)
基本税率	20	0—37400
较高税率	40	37401 以上

数据来源：http://www.adviceguide.org.uk/index/your_money/tax/income_taxrates.htm._

德国2009年个人所得税税率

税率(%)	适用范围(欧元)
14	7835—52552
42	52553—250400
45	250401 以上

数据来源：http://en.wikipedia.org/wiki/Taxation_in_Germany.

新加坡2009年居民纳税人个人所得税税率

Rate (%)	应税所得(新加坡元)
0	
3.5	20000—30000
5.5	30001—40000
8.5	40001—80000
14	80001—160000
17	160001—320000
20	320001 以上

数据来源：http://en.wikipedia.org/wiki/Individua1_income_tax_in_Singapore.

参考文献

［1］贾康.总理"经济形势座谈会"汇报提纲［M］//转轨时代的执着探索——贾康财经文萃.北京：中国财政经济出版社，2003.

［2］贾康.合理促进消费的财税政策与机制创新［J］.财政研究简报，2009，21.

［3］理查德·A·马斯格雷夫，等.财政理论与实践：第五版［M］.邓子基，等，译.北京：中国财政经济出版社，2003.

［4］王传伦，高培勇.当代西方财经理论［M］.北京：商务印书馆，1989.

［5］高培勇.个人所得税改革内容、进程与前瞻［J］.理论前沿，2009，6.

［6］财政部课题组.我国个人所得税基本情况［EB/OL］.财政部网站，2009-10.

［7］刘微.俄罗斯个人所得税：实践比例税率［J］.财政部科研所研究报告.2005，22.

［8］李稻葵.中国需要什么样的个税改革［EB/OL］.http：//money.163.com/

［9］重庆课题组.目前国民中等收入问题研究与重庆实证分析［EB/OL］.国家统计局网站，2008-08.

［10］北京市地税局.OECD国家个人所得税征管制度及其借鉴［EB/OL］.财政部网站.

［11］国家税务总局.中国税务年鉴（2008）［M］.北京：中国税务出版社，2009.

［12］国家统计局.中国统计年鉴（2009）［M］.北京：中国统计出版社，2009.

［13］Department Of the Treasury Internal Revenue Service［EB/OL］.Individual Income Tax Returns 2007.http：//www.irs.gov/

"土地财政"论析[1]

——在深化财税改革中构建合理、规范、可持续的地方"土地生财"机制

近年来，在我国省以下地方政府层面，不同程度地出现了政府支出对于土地资源相关收益依赖偏重的现象，并在公众视野内形成了"土地财政"这样一种带有贬义的称呼。

其实从经济生活中的基本逻辑关系考察，"土地财政"问题所反映的如下各个环节的联结在框架上原本无可厚非：一是工业化和第三产业的发展，必然导致城市（镇）建成区的扩大；二是建成区的扩大必然涉及国家"征地"问题；三是土地征为国有后，在开发环节上必然需要采用有偿出让使用权的方式，即"土地批租"方式；四是"土地批租"的具体方式，最可匹配于市场经济客观要求的必然是公平竞争为取向的"招、拍、挂"等操作办法。在这几个方面，凡属技术层面的优化改进问题，都不足以动摇我们对其大框架的肯定。换言之，地方政府必然需要批地，以及必然需要取得批地收入，那么为什么在舆论上和社会心态上，会出现近乎"群起而攻之"的对"土地财政"的指责？也就是说，这个框架下出现了什么样的偏颇？造成偏颇的主要原因何在？今后应如何考虑纠偏？这些正是本文将主要讨论的问题。

从理论上说，土地作为基本的、稀缺的生产资料，所有权或使用权的占有者利用其参与社会经济活动并获得收益，是一种合理的经济行为；同样，政府作为公共产品（服务）的提供者，对于生产资料的交易、所

1　本文原载《经济学动态》2012 年第 1 期，与刘微合作。

得采取相应的税费措施，也属于以政控财、实现政府调控经济目的的合理内容。从法律框架看，我国实行土地公有制和土地用途管制制度，政府体系兼具土地资源管理的规划者、审批者、执行者乃至使用权的占有者等多重身份（权力并非集中于同一级或特定的某一政府），调控土地资源具有先天的强势地位。加之现阶段我国适逢城镇化、工业化高速发展阶段，土地作为政府配置资源手段的作用尤显重大。因此，无论是从经济理论上，还是从我国的法律规章上看，政府依靠土地优化资源配置，把土地作为调控经济的手段和形成政府收入的"生财"手段，本身并无问题。但是，由于相关的有效制度供给不足、约束和管理不到位，我国"土地财政"呈现的是土地收入从总量到结构皆有失衡、土地配置与财政分配事实上有所游离、基本格局中主要构成因素畸重畸轻的现状。这种出现严重偏颇的"土地财政"不具备可持续性，且在不断积累一些棘手的社会经济矛盾。

本文从分析"土地财政"畸重畸轻的表现与引发的问题切入，分析财政制度供给不足的相关情况，提出应平衡、规范土地生财秩序的命题，在认可土地生财的合理性的前提下，强调需要优化土地收入结构，而这又应主要依靠制度建设使"土地财政"回归中性内涵并加强相关事项科学化、精细化管理，求得地方"土地生财"机制长期可持续服务社会经济发展全局的有效制度安排。

一、近年"土地财政"伴随的畸重畸轻格局及其矛盾问题

"土地财政"为人所诟病之处，首先在于地方政府过于倚重土地批租收入。有畸重，便难免有畸轻，并产生矛盾和问题。

（一）土地收入占地方收入比重高、结构失衡。

1. 土地使用权交易环节出让收入规模独大。现阶段我国政府的土地收入集中在地方的土地使用权交易环节，土地使用权出让收入规模巨大。按照相关规定，国有土地使用权出让环节的收入包括国有土地使用权出让金收入、国有土地收益基金收入和农业土地开发资金收入、新增建设

用地土地有偿使用费等[1]。权威部门数据表明，"十一五"期间我国土地出让收入7万多亿元[2]。又根据相关法律法规，我国国有土地出让收入由市县人民政府征收管理，且从2007年1月1日起，国务院要求将全部土地出让收入缴入地方国库，纳入地方政府性基金预算，实行"收支两条线"管理，与一般预算分开核算，专款专用[3]。因此，土地出让收入的财力意义主要体现在地方政府[4]（特别是市县政府层面）。7万多亿元和"十一五"期间地方本级财政收入总和相比，比例约为0.5∶1。2007—2010年，全国国有土地使用权出让收入和地方本级财政收入的比例从0.35∶1上升到0.75∶1；和地方公共财政收入的比例从0.18∶1上升到0.41∶1。见表1。这标志着对于地方政府而言，2007—2010年，土地出让收入（未扣除成本）和地方本级财政收入几乎相当，占到地方公共财政总收入的四分之一左右。

广义的土地收入统计数据，还应加上土地使用权交易、保有环节的所有税费。这样会放大土地收入数据，但是并没有改变土地出让收入占据绝对大头的结构特征。由于缺乏全国数据，仅以地方政府为例。除土地使用权出让收入外，市县政府土地直接收入还包括土地及其附属物交易保有环节的税费收入，间接还包括房地产业的税收收入（地方分成部分[5]）。这些收入都无法和土地出让收入相比。以西部某城市为例：土地收入总量中，土地使用权出让收入、土地税费收入（直接）、房地产业税收收入（间接，地方分成部分）的占比大致为7∶1∶2。

1　在国有土地使用权出让收入中，又以国有土地使用权出让金收入为主，约占全部出让收入的93%左右，其他收入基本以此项收入为基数产生。

2　2011年1月7日国土资源部部长徐绍史《在全国国土资源工作会议上的讲话》。

3　2007年之前，土地出让收入先纳入预算外专户管理，再将扣除征地补偿和拆迁费用以及土地开发支出等成本性支出后的余额缴入地方国库，纳入地方政府性基金预算管理。因此，2007年起土地出让收入的统计口径更为规范准确，同时由于"收支两条线"管理，从规模上是全口径概念，因此数字上要比2006年前的余额概念高出很多。

4　土地使用权出让收入中，只有一部分新增建设用地土地有偿使用费属于中央政府性基金收入。该费由市县人民政府从土地出让收入中按规定标准向中央和省级缴纳，实行中央和省两级3∶7分成。

5　这同时表明，从土地的间接收入看，中央、省也分享了房地产业的一部分税收所得。

表1 2007—2010年我国土地使用权出让收入与地方财政收入的比例

单位：亿元

	2007 年	2008 年	2009 年	2010 年
①国有土地使用权出让收入	7285	9942	14254	30108
②地方本级财政收入	23573	28650	32603	40613
①：②	0.31：1	0.35：1	0.44 ：1	0.75：1
③地方公共财政收入	41711	51641	61166	72954
①：③	0.18：1	0.19：1	0.23：1	0.41：1

2. 土地交易环节收入的规模巨大和税收收入规模较小之间不均衡。和土地使用权交易环节土地出让收入的巨大规模相比，该环节的税收收入规模很小。目前，我国针对土地交易的税种主要是土地增值税、耕地占用税，还有土地及其附属物（即房产）交易环节的契税。此三项税收2010年合计4631.78亿[1]，和土地出让收入的比例为0.15 ：1，也就是三项税收之和仅相当于土地出让收入的15%。

3. 土地交易环节和保有环节的收入高度不均衡，土地出让收入形成政府收入[2]的表现形式为"一次性"。交易环节土地出让收入独大，再加上交易环节的税费：土地增值税、耕地占用税，以及土地复垦费、耕地开垦费、城市基础设施配套费等收费，其特点都是一次性交纳。反观我国土地保有环节，则税费很低或无税。目前我国土地（及其附属物）上保有环节的税种只有房产税和城镇土地使用税，两税均只对经营性房屋征收，规模较小。房产税的税基是房产原值和房产租金收入，而且税基一定不变，没有重评税基的机制，个人所有非营业用的房产一律免征。城镇土地使用税的纳税人包括在城市、县城、建制镇、工矿区范围内使用土地的单位和个人，但是各省、直辖市在执行细则中，对个人所有的居住房屋及院落用地，基本上都暂缓征收；其税基是土地占用面积，按照每平方米每年一定数额征收。两税规模均很小。

---

1 《2010年全国公共财政收入决算表》，见财政部网站。

2 含公共财政收入、政府性基金收入、国有资本经营预算收入、社会保险基金收入。

2010 年我国房产税和城镇土地使用税收入合计为 1898.08 亿元，和土地出让收入加出让交易环节税费的比例是 0.06：1，意味我国土地及其附属物上保有环节的收入只相当于交易环节土地收入的 1/20 强。土地交易环节和保有环节的收入极度不均衡，体现在形成政府收入的表现形式上就是特定地块对于"生财"的贡献是以一次性出卖使用权为主，40—70 年间不再由该地块产生新的政府收入。这样，一旦演变到接近 2010 年深圳那种"无地可批"状况时，地方政府收入便将面临极大危机。

4. 近年政府收入中土地使用权出让收入比例连年攀升、增长幅度远超税收收入。从表 2 可以看出，2007 年以来在我国政府收入中，土地使用权出让收入占比较高，增幅最快（平均为 67%）。相反，作为市场经济国家最为倚重的、相对而言最为公平、稳定、规范的税收收入，占比却呈下降趋势，增幅（平均为 17%）也远远不及土地使用权出让收入。

表2 2007—2010年我国政府收入结构及其比重

	2007 年		2008 年		2009 年		2010 年	
	绝对额（亿元）	占比（%）	绝对额（亿元）	占比（%）	绝对额（亿元）	占比（%）	绝对额（亿元）	占比（%）
一、公共财政收入 其中：税收收入	51332	72.4	61330	70.0	68518	68.1	83102	60.7
	45622	64.3	54224	61.9	59522	59.1	73211	53.5
二、政府性基金收入其中：国有土地使用权出让收入	10737	15.1	14989	17.1	18351	18.2	36785	26.9
	7285	10.3	9942	11.4	14254	14.2	30108	22.0
三、国有资本经营预算收入	140	0.2	444	0.5	989	1.0	559	0.4
四、社会保险基金收入	8729	12.3	10805	12.3	12780	12.7	16513	12.1
政府收入合计	70927	100	87568	100	100638	100	136959	100

注：（1）2007—2009 年数据直接引自《我国财政收入规模及国际比较》，来源于财政部简报，见财政部网站。（2）2010 年社会保险基金收入来源：根据《2010 年度人力资源和社会保障事业发展统计公报》公布的 2010 全年五项社会保险基金收入合计 18823 亿元减去财政补助 2309.8 亿元所得。（3）其他数据来源于财政部"2010 年全国财政决算"专栏，见财政部网站。

（二）土地财政畸重畸轻格局引发的矛盾与问题。

1. 土地使用权出让收入独大、保有环节税制缺失，易助推地价房价双高，地方经济易被房地产市场"绑架"。由于土地收入集中在土地及其附属物的交易环节，地方政府对"一次性"的土地出让收入预期很高，并往往要通过房产地价相互激励的攀爬高价来实现，客观上使得地方政府对于推高地价、房价具备足够的动力。加之土地及其附属物（即不动产）保有环节税制缺失，对于市场买方而言，一次出价几乎一劳永逸，无保有（持有）成本，购买意愿、投机意愿便十分强烈，更是成为助推地价房价的动力。在这些因素的综合作用下，房地产市场对于地方政府收入客观上形成了某种"绑架"效应：当市场流动性充裕、房地产交易活跃时，地方政府收入自然受益于高地价和高房价并继而会投入其支出来支持战略重点；而当楼市出现降温，土地交易冷清时，地方政府出于对收入的考虑，便面临巨大压力，甚至会采取政策性的救地市、救房市措施，如2008年一些地方就采取了购房补贴等办法扶持房地产市场及开发商。而在中央调控不利于房地产市场升温的情况下，地方政府和中央政府的博弈就难以避免，易出现调控效果耗损、政策效果大打折扣的现象。

2. "土地财政"并没有等幅提高政府"基本公共服务"能力，土地配置和财政分配很大程度上处于游离状态。土地批租形成政府收入后，需在扣除成本补偿性支出和垫付必需的"七通一平"等前期开发费用后，方有一部分成为地方可统筹使用的财力。根据已有的全国地方土地出让收支的材料看，2007年以来，征地和拆迁补偿支出在土地支出中占比接近40%。此外，按照国家和各省、直辖市规定，土地出让收入还要按比例扣除规定计提项目，强制用于特定的补助被征地农民社保支出、廉租住房保障资金、教育基金等。这些计提项目在各省市执行的标准不完全相同，在全国的地方土地出让支出数据中也缺乏细致反映。从调研及内部粗算资料看，包括征地和拆迁补偿支出、规定计提项目、缴纳新增建设用地使用费、业务费以及土地初步整理等在内的必要成本支出要占到土地批租毛收入的70%—75%左右。即在相对规范管理的前提下，扣除成本和较多计提后，土地出让收入大约只有25%可以作为地方政府可支配财力中的"活钱"。在关于土地收益提取10%作为教育支出等规定实施后，这一比重还会降低。

但是，这部分财力对于地方市县政府并非会必然"增强基层政府提供公共服务能力"，因为土地的配置与所生之"财"和财政分配事实上往往处于游离状态。首先，这部分可用财力的收支大都是在公共财政框架之外管理。自土地"生财"的起点，从开发规划、审批、招拍挂到具体征收，大都不受财政制度框架约束，财政部门介入很有限。其次，从支出方向和重点上，土地资产由政府统一配置，受"GDP政绩观"和事权界限不清等因素的共同作用，多数市县政府在将其用于城市建设、社会事业发展、产业园区时，虽大都在国家法律规章认可范围之内，对于加速我国城镇化、工业化进程发挥了重要作用，但未必与地方财政本应突出的基本公共服务稳定挂钩，批租收入"活钱"部分的使用，即地方政府可自主支配灵活使用的土地之财部分，也往往主要是解决"发展问题"，搞投资，直接用于提高基本公共服务水平的支出内容少，改善民生的作用往往有限。从这个意义上说，舆论大有指责之意的"土地财政"，其实际内容有很大成分事实上是游离于财政分配的。而且，在土地出让收入的地区分布上存在着很大差异。按照财政部汇总的《全国土地出让收支基本情况》（2009年）分地区看，全国土地出让收入约三分之二来自沿海省份。这一格局势必加剧地区间社会经济发展的不均衡和加剧政府财力上的不均衡，不利于基本公共服务均等化目标的落实。

3."土地财政"在加大地方政府调控资源能力的同时，隐含对市场和经济秩序的一些扭曲式干扰与短期行为。必须承认，"土地财政"对于补充地方财力，加速我国城市化工业化进程，促进区域经济发展，发挥了重要作用。"土地"和"不动产"可带来的丰厚收益，确实已经成为地方政府参与资源配置的主要能动手段。但其负面作用也比较明显，相应的配套体制和管理框架尚无法保证能够防止政府在运用土地资源中的越位行为（即使在政府性基金预算管理框架下，财力管理的规范性有所提高，但土地所生之财扣除成本补偿性支出和规定计提项目支出外，其支配权还是主要在地方政府领导决策人物）。土地可以去融资，去招商引资，在这些行为中，受不当"政绩观"的影响，不可避免发生某些短期行为对市场、对经济秩序的干预。以最近的新一轮产业转移而言，很多企业面向中西部多家政府进行一对多谈判，谁的优惠多，企业就最终选择哪里，而土地往往就是政府的最后筹码。特别是不规范的操作经常出现。国家要求"任何地区、部门和单位都不得以'招商引资''旧城改造''国有企业改制'等各种名义减免土地出让收入，实行'零地价'，甚至'负地价'，或者以土地换项目、先征后返、补贴等形式变相减免土地出让收入"，但此类现象事实上屡禁不止，城市的几乎所有大投资、大项目背后都有土地的影子。另外，地方政府依靠土地收入构建"融资平台"借债、偿账广泛发生，巧立名目进行了大量融资。按照审计署审计结果，2010年底，地方政府负有偿还责任的债务余额中，承诺用土地出让收入作为偿债来源的债务余额为25473.51亿元，比重达38%，共涉及12个省级、307个市级和1131个县级政府。

4.现行"土地财政"格局难以持续。土地是最为典型的稀缺资源，在我国进入中等收入阶段"矛盾凸显期"后，其稀缺性在工业化、城市化开发中益愈突出，加之我国严格的耕地红线制度，国有建设用地的供应对应于需求必然越来越趋紧张，以土地出让收入独大的"土地财政"格局在地方辖区地皮的自然限制下，必然无法长久持续。加之"一次拿足"机制引发的短期行为和"单打一"凭借土地批租支持地方战略中的扭曲，都会对于某些业已抬头的社会矛盾火上浇油，增加社会生活中的"火药味"和"维稳"难度，形成发展进程难以为继的制约与威胁。

二、财税领域有效制度供给不足，是造成"土地财政"畸重畸轻格局的重要原因

以上简要的考察已表明，"土地财政"绝不是单纯的"财政问题"。但是，财税领域的有效制度供给不足又确实是土地生财格局失衡及"土地财政"屡遭诟病的重要原因。总体上说，财政体制上存在地方事权与财力不匹配的问题，地方税体系建设有明显的缺位和滞后，地方政府信用无法实现"阳光融资"等，都和目前的"土地财政"现状高度关联。

（一）地方政府对于"土地财政"的依赖与财政体制相关。

1.政府间支出责任划分不够明确，政府支出边界不清晰，公共服务

相关的权责利制度安排不到位。从 1994 年分税制管理体制改革以来，从中央到地方优化体制的内在逻辑是形成事权合理化基础上其与财权、财力的顺应关系。但目前事权的界定、支出责任的划分依然进步有限，政府和市场的边界不清晰，各级政府间的事权和支出责任不清晰。我国宪法和有关法律法规对各级政府的事权只作了原则性规定，政府间支出责任的具体划分缺乏法律依据。现行财政管理体制对各级政府的基础设施和基础产业建设、支持农业、教科文卫等事业发展方面的支出责任的划分尚不具体，实际执行中出现大量的交叉、重叠、错位问题。各地省、市、县、乡政府间支出责任划分更为模糊，地区之间差别较大，基础教育、医疗卫生等最基本的公共服务以及农业等法定支出主要由县乡政府提供，县乡支出责任偏大。因此，基本公共服务均等化的贯彻落实中相关的政府间权、责、利的制度安排并不到位。

2. 专项转移支付无助于提高地方政府可支配财力，专项的配套要求过多却增加了地方财政支出压力。我国转移支付制度建设已取得显著进展，但迄今专项转移支付仍占据很大比重。一方面专项转移支付并不形成地方政府的可支配财力，另一方面专项转移支付中所要求的地方专款配套过多，则加重了地方财政的负担。尤其在欠发达地区，"配套"要求其实是逼着地方弄虚作假和"刮地皮"，负面影响很大。中央级专款是贯彻中央层面的政策意图的重要方式，但是专款配套目前却缺乏规范的设计程序和统一政策，一些部门自行出台配套要求，迫使不少地方挤占正常财政支出，而一些中西部地区的基层财政不得不向银行和非金融机构借款配套，土地则成为抵押物。此外，中央或省级一些部门法律或法规，要求地方对农业、教育、科技、计划生育、社会保障、文体、卫生等有关支出要高于财政经常性收入的增长或达到财政支出的一定比例，肢解了地方政府的财政分配自主权，也影响了地方财政预算的统筹平衡。

3. 省以下财政体制还不完善，分税制尚未贯通。现行省以下财政体制存在一些明显需要改进的方面。一是省以下各级收入划分很不统一，五花八门复杂易变，影响了统一市场机制功能的发挥。目前，省以下分税制尚未贯通，在收入划分方面"因地而异"，不少地区仍然保留一些按企业隶属关系划分收入的做法，客观上影响了企业之间的公平竞争与生产要素的合理流动，不利于资源的合理配置和产业结构的优化。二是基层财政保障能力仍然较弱。2005年实施"三奖一补"政策后，形成了中央地方各级政府共同缓解县乡财政困难的机制，调动了县乡基层财政的积极性，基层财政困难有所缓解，但是，县乡财政总体支出水平仍然偏低，特别是随着近年一系列民生政策的出台和相关支出标准的提高，一些县乡的财力仍然捉襟见肘，基层政府对于义务教育、农业、医疗卫生等民生支出重点的保障力度仍然明显不足。

（二）税制存在缺位、滞后，客观上使"土地财政"的畸重畸轻普遍发生。

1. 地方税体系建设迟迟不到位。现行税制是1994年配合分税制财政管理体制出台的。1993年党的十四届三中全会上就明确提出，要"建立中央税收和地方税收体系。充实地方税税种，增加地方税收入。"但是，十多年过去，我国的地方税体系建设仍然没有明显进展，目前看，五级政府间的收入划分主要是以共享收入为主，增值税、所得税、资源税等大宗税种均已共享。从长期看，这并不利于分税制财政体制基本框架的稳定。级次越低的政府，越是缺乏稳定增长的主体税种，过长的收入划分链条延至县乡两级，财源的规范性和支撑力已相当低下。地方的税收收入中，大宗税种仅有营业税（2010年营业税收入占到地方税收收入的34%，占地方本级预算收入的27%）。由于营业税容易形成重复征税，不利于产业分工细化，党的十七届五中全会已经明确，要扩大增值税征收范围，相应调减营业税等税收。因此，设置、培养后营业税时期的地方稳定税源、构建可持续的地方税体系的任务迫在眉睫。

2. 土地税制设计明显滞后，特别是在不动产保有环节的税制缺位是重大缺陷。靠土地生财本无可厚非，但是如何生财却有科学性、规范性的内在规律。我国税制改革在土地和不动产领域明显滞后，特别是保有环节的税制缺失和城镇化、工业化飞速发展的现实极其不相适应。我国城镇土地使用税设立时间是1988年、房产税是1986年，耕地占用税是1985年，土地增值税是1994年，契税是1997年，设立最短的税种距今也有14年，而我国国有土地资产管理与土地市场建设的飞速发展，恰恰是在近十年来发生的。1998年修改的《土地管理法》和颁布的《土地管理法实施条例》确立了土地用途管制制度和土地有偿使用制度，此后，土地的市场化配置范围不断扩大，土地收购储备制度广泛实施，国有建设土地使用权招标拍卖挂牌出让逐步推开，国有土地管理制度体系不断改进。但是，税制方面没有相应的跟进和调整。2004年，国务院出台《关于深化改革严格土地管理的决定》，提出"在加强耕地占用税、城镇土地使用税、土地增值税征收管理的同时，进一步调整和完善相关税制，加大对建设用地取得和保有环节的税收调节力度"，但迄今并无大的进展。上海、重庆2011年先行先试的房产税改革，代表着在不动产保有环节构建属于直接税的财产税制并以其覆盖一部分非经营性消费住房的方向，内在逻辑是打造地方税体系中的主体税种并使之形成与地方政府职能合理化、行为长期化的"内洽"机制。这一改革要修成正果，可能还需待以时日，但其大方向应当充分肯定。

在已经总体上滞后于国有土地管理形势发展的同时，税制下一步还将面临房地产市场新情况的挑战。随着城镇化、工业化推进和国有建设用地逐步减少，农村集体建设土地流转是大势所趋，而严格意义上说此环节上的税制还处于空白。

（三）地方政府阳光融资发债机制进展缓慢，政府信用被"土地信用"强制替代。

我国地方政府事实上已经形成了大量隐性债务，由于缺乏合理的制度渠道，债务的产生与管理多年间实际上由潜规则主导，"土地信用"的利用成为地方政府常见方式。近年来，在中央层面的重视下，各种规范、约束地方政府债务的文件陆续出台，地方政府债务管理逐步建立明规则，原有的举债方式、路径往往不再适用。从2009年起连续三年，中央财政每年为地方政府代理发行2000亿元债务，事实上结束了我国地方不得发行债务的历史。但中央财政代理地方发行债券还是一种变通和过渡办法，是一种发债主体和用债、偿债主体分离的模式。从规模上，中央代发行的现有安排也还远远满足不了地方融资需要，有全套法律保护和约束的地方政府阳光融资机制，亟待进一步发展健全。

三、优化土地收入结构，将土地出让收入纳入合理、规范、可持续的土地生财机制与预算管理

改变"土地财政"畸重畸轻格局，如仅从规模上降低土地出让收入总量，一段时间内似可以做到，但是解决不了根本问题，还很有可能由于巨大的支出缺口影响地方政府正常运转。因此，首先要正视土地生财的必然性与合理性，从制度建设入手，以地方税制度建设和地方阳光融资机制建设优化地方公共收入结构，完成现行"土地财政"格局的平稳优化转换，构建以保有环节税收为支柱的合理、规范和可持续的"土地生财"机制。

（一）在逐步改造土地出让收入机制的同时，要考虑如何应对地方政府支出压力。

1. 在土地出让收入管理上的局部改进尚不能根本上解决土地财政的问题。转变"土地财政"畸重畸轻，仅强调土地出让收入上加强管理是不够的。比如现在呼声较多的就是继续增加土地出让收入的计提项目，强制地方政府必须计提某类支出，以此达到减少地方政府自行支配土地收入数量、使土地收入统一服务于中央调控、乃至降低地方"卖地"积极性等目标。这种方法不能从根本上解决土地财政问题，反而可能引发新的失衡和寻租行为。计提项目的大量增加，把一部分政府公共服务支出通过土地收入来解决，实际上是又在加大土地出让收入的强势地位，加重地方政府对于"卖地"的依赖，土地生财的可持续性更加难以保障。而且，不分地区，不考虑级差地租，计提同等比例服务某一政策目标，本身就不具备较充分的科学性。此外，还有人建议由中央统筹分配土地出让收入。此思路在分层管理理论视角上看完全不可成立，硬要做的话，只会在加剧目前事权与财权、财力的不顺应、不匹配和增加信息不对称的同时，更不利于土地出让收入使用效率的提高。

2. 土地出让制度的加强管理应与深化改革降低土地使用权出让收入比重相呼应。改变"土地财政"畸重畸轻格局，基础之一是要依靠制度建设降低土地使用权出让收入比重，建设用地出让制度改革需与之相呼

应。在这个问题上需要一个中长期视角，如果能通过税制、地方债制度改革等用十年左右时间完成土地出让收入比重的平稳下降，那么土地生财的正面形象与可持续机制也就会逐步树立。这一期间，在国有建设用地出让方面，重在加强管理，其中如何促使市场更多发挥配置资源的基础性作用是重点。从实际情况来看，很多城市已经形成五年或十年的国有建设用地使用规划，今后，原则上应尊重现行国有建设用地的有偿出让框架，在具体方式上优化健全，加强管理的规范性。《国土资源部关于坚持和完善土地招标拍卖挂牌出让制度的意见》（国土资发〔2011〕63号）强调，国有土地使用权招拍挂出让制度是市场配置国有经营性建设用地的基本制度，并围绕坚持和完善这一制度提出了一系列政策措施和要求。有些地方已在推出综合指标招投标和"限房价竞地价"或"限地价竞房价"等新操作方式。如果这些措施和创新有效可行，将有助于降低政府在国有建设用地交易中的过分主导作用，遏制土地出让收入的攀升。二是抓住农村集体建设用地管理制度构建的重要机遇。随着国有建设用地的减少，以及城乡统筹一体化的推进，农村集体建设用地会成为建设用地竞争的主要目标。因此，今后农村土地流转制度如何设计运行，对于"土地财政"走势至关重要。如果在集体建设用地交易环节真正做到由市场配置资源，打破政府垄断土地一级市场的格局，推动集体建设用地市场化流转，避免变相复制国有建设用地出让中的一些弊端，将有利于防范和遏制土地出让收入独大格局。当然，这也需要相关税费等机制创新的配合。

3. 土地出让收入减少后的地方财力缺口如何解决是必须面对的难题。转变过程中，土地出让收入减少以及连带的政府土地资源调控余地的收缩，对于地方财力、政府行政的影响十分巨大，不仅关系发展，还会涉及稳定。首先冲击的就是政府还债支出如何解决。（1）前述二万多亿元与土地相关的地方债务如何偿还是个大问题；（2）出让收入减少，也会使多项计提项目的份额相应下降，相应的公共服务改进如何保障，资金从何弥补也需要重视。地方政府城市建设的升级换代也需要有应对之策。如果土地批租之路走不通，没有相关机制的跟进，政府很多融资公司、融资平台无法运作，融资受阻，将影响城市化、工业化进程，也可能降低政府公共服务水平。

（二）形成土地生财的合理、规范、可持续机制至关重要。

降低土地出让收入的同时，要同步跟进"合理、规范、可持续"的土地生财制度，回归"土地财政"的中性定位。规范制度建设下，市场经济国家地方政府以不动产保有环节税源为主的"靠山吃山、靠水吃水"，是最符合地方政府具体情况的一种财政模式。地方政府依托土地生财，所得用于履行公共财政、改善民生之责，营造更好的吸引投资与宜居环境。以美国为例，地方层级税收以财产税（房地产税）为主，成为地方主要的财力来源支柱。在房地产取得、转让、保有环节都有相关税种，其中又以保有环节的房地产税为主力。财产税要占到地方政府（美国州为"state"，州以下的县、市镇等均称为"1ocal"即"地方"）税收收入 50% 以上（见表 3）。以此为借鉴，降低土地出让收入是改造我国当前"土地财政"格局的应有结果，关键是要立足土地和不动产，构建合理、规范、可持续的生财新机制作为"土地批租"的部分替代。

表3　美国财产税占各级政府税收收入的百分比（2001）

名称	比例（%）
州政府	1.9
县	68.3
市镇	52.9
学区	68.3
特区	95.1

资料来源：U.S. Census Bureau. 2002 Census of Governments

（三）综合施治，政府领域改革十分关键。

1.进一步明确政府间事权划分。合理而明确的事权划分是保证地方政府职能不越位、不错位、不缺位的基础，同时也是配置相应财权、财力的关键依据。今后，应该在加快政府职能转变的基础上，遵循事权划分一般规则，参照市场经济国家的通常做法，尽快在义务教育、公共卫生、社会保障、支持"三农"等基本公共事务领域，明确界定各级政府的管理权限和筹资责任，并以法律规章的形式加以固定下来。

2. 加快政府职能转变步伐。从根本上降低地方政府关联于"土地财政"的错位与短期行为，必须依靠政府职能的转变，找准政府的定位。在我国经济社会的转型期，政府在发挥宏观调控、市场监管职能的同时，要更加突出和加强政府的社会管理和公共服务职能，扭转以 GDP 为核心的政绩指标考核机制，真正把政府由"全能型"转为"服务型"，由"无限型"转为"有限型"，要以建设人民满意的政府为目标，更加注重和改善民生，特别是关心和解决城乡低收入群众的生活困难，使全体人民共享改革发展成果。

四、深化财税改革，构建合理、规范和可持续的"生财有道、聚财有度"机制

针对财政制度在体制、税制及其地方政府阳光融资机制方面的缺位、滞后等问题，改变当前"土地财政"畸重畸轻格局，迫切需要深化财税改革，配合、支持降低土地出让收入的政策导向，构建合理、规范、可持续的土地生财财税制度和"生财有道，聚财有度"机制。

（一）研究建立农村集体建设用地流转环节的税费体系。

在城乡统筹、加速城镇化、国有建设用地供应逐渐减少的大背景下，今后一段时期农村集体土地的"城镇化"是必然趋势。农村集体建设用地流转制度的走向和内容，对于改变土地财政畸重畸轻格局是一个重要关联因素。当前在农村集体建设用地流转方面只有少量的费，税收制度基本空白。党的十七届三中全会作出《中共中央关于推进农村改革发展若干重大问题的决定》后，在国家缺乏统一、严格、详细的制度和规则规定的情况下，地方政府正在根据各地实际探索农地流转的制度和方式。税制设计应当针对农村土地流转特点和改变"土地财政"畸重畸轻格局的需要，和国土部门形成密切配合，尽快建立起农村集体土地流转的税费体系，发挥税制对于农村土地流转的引导作用，支持以规范的方式筹集一部分税收收入。

做法上，可考虑参照国有土地使用权流转的税费制度，征收营业税、契税、土地增值税等。但是这种参照，不应简单照搬，而是要有利于推进农村土地流转的市场化导向改革，有利于规避政府的不适当干预和过度主导。对于农村集体土地流转这样关系长远、影响全面的重大事项，如何有针对性地设计税种、税率，需虑事在先。

（二）加强土地及其附属物保有环节的征税设计，推进房产税改革，构建地方税体系。

推进房产税改革，使不动产税成为地方政府（首先是城市政府）的主体税种，既是国际惯例，也是优化我国土地收入结构的重要举措。改革的重点是把现行房产税的征收范围扩大到非经营性房屋，并建立定期重评税基机制。从国外的实施效果看，房产税可以成为地方政府的一个大宗和稳定的税收来源，并促使地方政府领导层把注意力和兴奋点放到优化本地投资环境、提升本地公共服务水平上。对于我国，上海、重庆率先启动了对房产税改革，一方面能够为地方政府提供稳定的地方财源主力税种，使地方税体系得到重大推进；另一方面，强化了土地及其附属物保有环节的税制而有利于优化土地收入结构，通过稳定的、可持续的房地产税收收入弥补政府因土地出让收入减少带来的财力缺口，培养地方政府长期行为，并抑制房地产投机和优化收入再分配。房地产税对于我国势在必行的地方税体系的构建，意义重大，渴望与资源税一道，组合或有所侧重地成为不同区域地方政府的财源支柱。

（三）加快推进地方债制度建设，建立中央层面的全局财政风险监控与预警机制。

市场经济所要求的分税分级财政体制，内含地方适度举债的必要性和合理性。地方政府层级上债权实现阳光化，是取代包括"土地信用"融资等各类不规范举债的最好方式，也是降低土地出让收入后保持地方财政经济政策连续性、实现平稳过渡的重要措施。作为地方债发行的改革配套，还应包括建立中央层级自上而下的监控与预警机制，落实对包括地方债的全部公共债务的监控体系，形成从中央到地方的风险预警机制。

（四）深化财政体制改革，增强地方政府支出责任与财力的匹配度。

1. 完善财政转移支付制度，进一步突出均衡功能。在完善一般性转移支付制度的同时，加大整合规范专项转移支付力度，严格控制新增专项转移支付项目，区分不同情况取消、压缩、整合现有专项转移支付项目。规范专项转移支付配套办法，充分考虑地方承受能力，属于中央的事权，不再要求地方配套；需要地方配套的，逐步实行按项目配套或按类别配套等办法，对于欠发达地区应基本不作"配套"要求。

2. 积极推进财政层级扁平化，增强分税制财税体制的稳定性和内在协调性。以"省直管县"和"乡财县管综合配套改革"为标志的财政层级扁平化目前在全国已经得到了较大范围的推广，被认为是解决中国地方政府层级过多、省以下分税制体制无法贯通落实的有效举措。从试点情况来看，部分省已触及行政层面的"省直管"。财政层级扁平化的效应之一是有利于夯实县以下的基层财力保障，有利于根本解决财政运行中的低端困难问题。中长期内，应水到渠成地引致政府层级的减少和扁平化，贯彻落实党的十六届五中全会与十七大"减少行政层级"的要求，实现中央、省、市（县）三级架构并按照"一级政权、一级事权、一级财权、一级税基、一级预算、一级产权、一级举债权"的原则，塑造与市场经济相契合的分税分级财政体制，促进基层财政增强基本公共服务能力、保障地方经济可持续发展。

参考文献

［1］财政部财科所课题组.我国地方政府债务态势及其国际借鉴［J］.改革，2009，1.

［2］财政部预算司.国外地方政府债务管理经验比较与借鉴［J］.经济研究参考，2008，22.

［3］协作课题组.地方财政风险的管理与控制研究［J］.财政部财政科学研究所研究报告，2003，4.